本报告的出版得到
国家重点文物保护专项补助经费资助

元 中 都

——1998—2003年发掘报告

（上）

河北省文物研究所 编著

文物出版社

封面设计　周小玮
责任印制　陆　联
责任编辑　窦旭耀

图书在版编目（CIP）数据

元中都：1998—2003年发掘报告/河北省文物研究所编
著．-北京：文物出版社，2012.11
ISBN 978-7-5010-3446-8

Ⅰ．①元… Ⅱ．①河… Ⅲ．①中都-古城遗址（考
古）-发掘报告-河北省-1998—2003 Ⅳ．①K878.35

中国版本图书馆CIP数据核字（2012）第155640号

元　中　都

1998—2003年发掘报告

河北省文物研究所　编著

*

文 物 出 版 社 出 版 发 行

（北京市东直门内北小街2号楼）

邮政编码：100007

http://www.wenwu.com

E-mail：web@wenwu.com

北京燕泰美术制版印刷有限责任公司印制

新 华 书 店 经 销

889×1194　1/16　印张：80.75　插页：3

2012年11月第1版　2012年11月第1次印刷

ISBN 978-7-5010-3446-8　定价：890.00元(上下册)

ZHONGDU IN YUAN DYNASTY
Report on the Excavation from 1998 to 2003

(WITH AN ENGLISH ABSTRACT)

（ I ）

by

The Institute of Cultural Relics of Hebei Province

Cultural Relics Press

序

谢 飞

宏观看来，河北省的考古工作是从城市考古开始的，也是成果最为丰硕，分量最为厚重的考古发掘和研究项目。从燕下都、赵邯郸故城到中山古城的考古成果，无不显现出一代又一代考古工作者所付出的艰辛，他们用智慧和汗水揭示出每座城市恢宏的气势和在社会文明发展进程中的作用。元中都的考古发掘和研究，又为河北城市考古增添了崭新的一页。

20 世纪 80 年代，通过历史学家和考古学家们的努力，终于揭开了元中都的神秘面纱。上世纪末至本世纪初，河北省文物研究所设立科研课题，和张家口市、张北县的同仁们共同对元中都遗址展开了大规模的系统的考古测量、勘探和发掘工作。到目前为止，基本查明了元中都的保存状况、环境、布局和结构，对宫城南门、皇城南门、中心大殿基址、宫城西南角楼基址等进行了考古发掘，发现大批珍贵文物和重要遗迹，较完整地掌握了元中都的科学价值和文化内涵。

《元中都》是一部正规严谨的科学考古发掘报告，作者使用大量的考古资料和考古信息，分八个章节，对元中都的发掘成果进行了较为全面的科学的记录分析和总结，有不少新的发现，也有不少新的见解。正如作者所言："它确定了元中都的具体位置，准确定位了重要建筑的基址，全面揭示了部分重要建筑的基本特点，使城市整体布局趋于明晰，证明元中都不是一座单纯的行宫或军事性的地方城市，而是一座具有三套城墙架构的都城。"我热切盼望这部图文并茂的巨著早日面世。

对于考古遗址而言，考古发掘是文化遗产保护的重要环节，科学地保存下先人们留下的珍贵遗产是考古学家的历史责任。元中都的保护、展示与宣传工作，成绩是巨大的，是令人欣慰的。如今，宫城南门、西南角楼、中心大殿等基址，都得到了较为妥善的保护。元中都国家考古遗址公园的建设已初具规模，有可能成为我省第一个国家层面的考古遗址公园。元中都博物馆建成并业已开放。中都文化已经成为张北县最为响亮的历史文化名片。这些成就的取得，一方面与地方政府重视文物保护有关，另一方面更凝结着考古工作者们的责任和良苦用心。在这里，文化遗产得到了尊重，有了自己应有的尊严，文化遗产保护工程既给当地民众带来了实惠，又对县域经济和社会的发展起到刺激或引领作用。无疑，元中都的发掘研究工作是我省考古发掘与遗产保护双丰收的典型范例。

在元中都勘察、发掘和保护期间，我到现场参观和考察的次数已多得数不清了，曾经目睹过重要遗迹再现和珍贵文物出土的瞬间；在考古队驻地摘吃过队员们亲手种的鲜嫩黄瓜，品尝过考古队食堂清香可口的野菜馅包子；在发掘现场和讨论交流中，不断受到元中都所承载的厚重的文化内涵的感染，使我对蒙元文化的恢宏气势，特别是蒙元文化广泛吸收汉文化的现象感到由衷的赞叹。在此，我用当年陪同许倬云先生考察发掘现场时，先生所作《中都令》为结束语，因为，他既表达出对蒙元文化的歌颂和怀念之情，也表达了对考古工作者们的尊敬和肯定之意：

遥想大汗当年，坝上牛羊无数，

名王鞭梢南指，鸣镝劈空，胡马骄嘶。

七百年沙埋，名都今日出土，

考古学家手中，一铲铲开兴亡，一刷刷落沧桑。

角楼夕阳，螭首眼底，看尽多少起伏荣枯，

俱往矣，草原满目，青青如故。

健儿长歌，斟白酒三杯，

一杯敬天，一杯酹地，

一杯祭吊蒙古。

目 录

插图目录

彩版目录

图版目录

第一章　绪　言

"敕勒川，阴山下，天似穹庐，笼盖四野，天苍苍，野茫茫，风吹草低见牛羊。"千古传唱的《敕勒歌》，是阴山草原的绝妙写真，张北便是阴山臂弯里的一颗明珠。这里的每一块土地都长满风景，每一段历史都富有传奇，元中都就是这风景中的奇葩、传奇中的神话。

一　依塞皇都锁幻梦　昙花一现绽瑰奇

阴山山脉东西横亘，中段灰腾梁山从内蒙古进入河北省境微微南转，而后又向东北弯回，延接东段大马群山，就像一只温暖的手臂揽抱着内蒙古高原。回转的肘弯是一段狭窄而舒缓的山岭，它环拥着高原东南陲，短短的 16 公里，却曾大大影响了中国历史的走势和格局（彩版一至三）[1]。

这段山岭西隔镇虎台坝口与白龙山相望、东至黑风口同茴菜梁相接，有着阴山的普遍特征，又独具险中藏奇的个性（彩版四、五）[2]。这是一条极其重要的地理分界线，山岭南北两侧的地形、气候、民族、经济、文化、风俗截然不同。它是半干旱与半湿润气候交汇处，勾勒出七月平均气温 20℃ 等温线和 400 毫米年降水量等值线。它是黄土和风沙土的过渡带，划开了农业和牧业的分野。它是外流区和内流区的分水岭，界定了海河流域的北部边际。在中国古代，它既是游牧文化与农耕文化的分界线，又是一条重要的政治军事分界线，历代长城东延西展，无数烽台遥遥相望（彩版六至九）。

阴山最大的特点就是南北不对称，在这段山岭上也突出地表现出来：山北侧坡缓川平，悠远地通向锡林郭勒大草原；山南侧则山势峻峭，陡然如一道高大的堤岸，俗称为"坝"（彩版一〇、一一）[3]。坝南正对着的洋河流域，是阴山、太行、燕山辐辏之地。洋河匍匐在三山之间，汇聚蒙古高原和黄土高原的水脉，冲过一连串盆地，切出一道道峡谷，像一只俯卧的巨蝎，尾扫阴山，气吞居庸，扬起巍巍太行和莽莽燕山两只大螯，紧紧地钳住华北平原。白龙山向西、茴菜梁向东，或群峰绵延、崎岖难行，或山高谷深、无路可走。唯独穿越此段山岭、过洋河谷地的道路，是从草原腹地到中原地区最易通行的捷径。坝头以陡坎直壁与坝下地区衔接，山峰夹峙坝口，像大锁牢牢扼住道路咽喉[4]。史籍记载的无穷之门就在这里（彩版一二至一四）[5]。随着中原王朝都城的东移及北方游牧民族的崛起，位于蒙古高原与中原结合部的这段山岭成为草原民族与中原政治、经济、军事交往的重要关隘。

坝头这段东西走向的山岭向南、北两侧延伸的区域，全然是一幅自然风情的长画卷。东西耸峙的群峰就像巨人，相向伸出臂膀，共同把它捧在胸前。画卷南部下垂飘拂，青山错列，沟谷深切，山谷间飘荡着袅袅炊烟，盆地边坐落着"陆路商埠"张家口；画卷北部平缓舒展，草原辽远，缓坡上点缀着莜麦、油菜和胡麻，五彩斑斓簇拥着"坝上重镇"张北城（彩版一五）。

　　1211年就是在这条山岭里，发生了一次空前惨烈的鏖战，刀光剑影照亮了一个浪漫不羁的名字——野狐岭[6]。桃山傲视古城河谷，野狐、虞台二岭相接，成为控扼南北要道的隘冲（彩版一六至一八）[7]。1205年、1207年和1209年成吉思汗三次大举西征，西夏纳女请和，签订城下之盟。消除了后顾之忧，军事天才成吉思汗，展现出极目四海的豪迈胸襟与开疆拓土的雄才伟略，把目光转向南方。不及敌军四分之一的蒙古军队，在这里大败曾经所向披靡的金军精锐四十万，叩开了金国的北大门。这次蒙金大战史称"野狐岭之战"（彩版一九至二一）[8]。这一战决定了金国北方战局的全盘崩溃，从此大元王朝统一中原的大幕徐徐拉开，七十年后平定南宋，"四海混一"，结束了四百年的战乱分裂，为中华民族多元一体格局和中国疆域的最后形成奠定了基础。

　　野狐岭之战之后，通过坝头山口连接大漠南北与中原的交通要道逐渐繁华（彩版二二、二三）。"万里赴诏，一言止杀"的长春真人丘处机，远赴西域觐见成吉思汗走过这里[9]；张德辉与好友元好问一起北上拜会忽必烈走过这里[10]；元朝皇帝巡幸南返，带领十万余人的庞大队伍走过这里[11]。后来明成祖出塞北征的大军浩浩荡荡也走过这里。此战之后，万里长城的价值第一次出现了颠覆性的转变：不见了烽火狼烟的动荡，淡化了落日悲歌的苍凉，曾经的壁垒化为民族融合的象征，草原文明与农业文明更加紧密地结合在一起。

　　这一战还引发了一件匪夷所思的大事：百年后，一个叫孛儿只斤·海山的年轻人，在名为"旺兀察都"的草原上，建起了一座神秘而壮美的城市——中都（彩版二四至三一）。塞关成为京畿重地，走向历史巅峰。

　　海山何人？这"旺兀察都"之地的中都和野狐岭又有什么关系？海山乃成吉思汗的六世孙。十八岁正是英姿勃发的年纪，他临危受命，穿越瀚海大漠，去平叛戍边。北疆寒烟，沙场烽火，冶铸了他的心智。九年征战，使这位原本就有厚武薄文基因的青年，更加习惯于奔放、狂热和激情的喷发。他是皇太子真金次子答剌麻八剌的长子，即元世祖忽必烈的曾孙。1299年接受伯父元成宗的命令统兵漠北，同西北窝阔台汗国的君主海都和察合台汗国的君主笃哇作战，为元朝结束和西北宗王的战争，以及1303年四大汗国全部承认元朝宗主地位做出了重要贡献，因为战功卓著被封为怀宁王。1307年正月初八，元成宗铁穆耳病逝，君位虚悬。赫赫军功和精良部众，为海山争夺帝位奠定了基础。弟弟爱育黎拔力八达政变成功，囚禁了争位的安西王阿难答，虽有母亲答己的偏祖爱护，也不得不把到手的皇位拱手让出。公元1307年五月海山在上都继位，他就是元武宗。

　　在兵分三路南下夺取帝位的路途中，海山徘徊在野狐岭一带，等待派往大都打探消息的使者康里脱脱。想起太祖在此大败金军的壮举，他雄心摄动。1307年六月，刚刚登基十天，就下令"建行宫于旺兀察都之地，立宫阙为中都"[12]。一纸诏书，元中都拔地而起。可惜这位"慨然欲创治改法而有为"[13]的皇帝，却为酒色所伤，盛年而逝。在中都修建到第四个年头，1311年正月二十，继位十二天的仁宗一纸诏书，如火如荼的工程戛然而止。这座满载着武宗雄强梦想、光芒初绽的草原都城，也随着武宗一起殒没了。

　　毋庸置疑，政治因素是元中都最强力的支撑。据《武宗皇帝尊号玉册文》说，武宗从和林南下，"还跸龙兴（隆兴，今张北），徘徊太祖龙旗九旐，剪金于斯，肇基帝业，为城中都"[14]。这一鳞半爪的文字,是我们从史料里所能找到的、有关元中都建都原因的全部信息。它告诉我们:武宗海山到达隆兴,在成吉思汗龙旗飘过的地方徘徊,感念太祖在野狐岭消灭金军的壮丽功业,开始为成就帝业打下基础而建立中都城。然而,这绝不应是建都原因的全部。仅仅是为了表达对先祖崇敬和抒发自己的创业激情,在上都和大都地位确立的前提下,又贸然建立一座新都,无论如何也不可能让人完全信服。武仁授受,中都就像昙花倏闪而过,短暂而朦胧。它的建立还有哪些更深层次的原因?它是行宫,还是都城?它的地位如何?它建到了什么程度?很多学者在浩瀚的书海里孜孜以求,但终未找到铁证一锤定音。解开谜团的钥匙恐怕只能到中都遗址中去寻找了。

二　紫塞要途起军镇　三朝继进步巅峰

当年的中都具体又在哪里呢?史书的记载太简略了,以至于当代很多历史学家都不知道,除了忽必烈于至元元年将燕京改名为中都以外,元代历史上还曾经存在过另外一个中都。值得欣慰的是,明代文渊阁大学士金幼孜,扈从成祖朱棣出塞北征阿鲁台,留下了一卷《北征录》,其中有这样一段记载:"初七日早发兴和,行数里过封王陀,今名凤凰山。山西南有故城,名沙城,西北有海子,驾鹅鸿雁之类满其中。……上又曰:'适所过沙城,即元之中都,此处最宜牧马。'"[15]清朝官修地理总志《大清一统志》写道:"沙城,在镶黄旗牧场西三十里,旧兴和城北三十里,元时所建。"[16]这些记载明确告诉我们:元中都在旧兴和城北,明清时期称作沙城。

翻开《中国历史地图集》,元代"兴和路"被清晰地印在张北这个地方,明前期"兴和"也明确地注在这里,它北部就赫然标着"沙城"[17]。兴和与张北有着怎样的关联呢?

历史沿革引导我们解开了谜题。张北东邻沽源,北与康保、商都相连,西毗尚义,南与张家口市、崇礼、万全接壤,县南界为坝头的一段。县域东西109、南北67.6公里,面积4185平方公里[18]。历史对这块美丽的地方,总是投以青睐的目光。上古时期就有人类繁衍生息,多处地点发现了细石器遗存[19]。商代活动着一个游牧部落,时人称之"鬼方"。春秋时属山戎无终国,为晋所灭。春秋后期至曹魏时期,先后有东胡、匈奴、乌桓、鲜卑柯比能部等民族在此移徙游牧。其间,战国后期为秦、赵、燕北境,西汉时地属上谷郡造阳地,游牧民族与中原国家屡起战事,属地变幻无常。西晋时期鲜卑拓跋部崛起,建立北魏后,为防强大的柔然,设六镇戍守长城要害,张北为怀荒镇治,开创了张北行政建制的新篇。六镇暴动后柔然乘机占领六镇故地,后来北齐天保三年突厥击败柔然,开皇三年后为东突厥势力范围。直至唐初又为库莫奚、黑车子室韦、契丹活动区。自北齐后,中原国家封疆及境多为遥领虚设。唐末五代时期契丹"尽有奚之地"[20]。这里受到北方游牧民族的特殊垂青,逐渐由游牧之野到军事要地,从荒蛮僻壤到建邦立国的根据地,在辽、金、元三朝谱写出最为壮丽的篇章。

历史上张北的称谓不下十个。接踵而至的契丹、女真、蒙古,在开放的高敞舞台上,上演了一幕幕异彩纷呈的历史大剧,把时代特质鏊刻在次递演变的地名里。辽时张北名"燕子城"或"燕赐城",频见于《辽史》,隶西京道奉圣州。辽秦国大长公主建抚州,其名为金所沿用[21]。因张北地区气候凉爽,禽兽众多,辽代成为皇帝夏季"捺钵"的主要地区之一,境内有鸳鸯泺、野狐岭、燕子城等多处捺钵地，皇帝多次避暑、狩猎于此[22]。其中鸳鸯泺，即安固里淖，金代也称昂吉泺，自辽迄金，不但一直是帝王畋猎之地，还是屯兵之所。金代张北属西京路大同府[23]，金初西北路招讨司曾设在燕子城，金世宗采纳大臣移剌子敬的请求，将西北路招讨司北迁，建起桓州[24]。金设柔远镇。大定十年置柔远县于燕子城，隶宣德州，张北始见县置。柔远县境内的行宫有枢光殿。章宗明昌三年复置刺史，升抚州，为桓州支郡。明昌四年置司候司。明昌七年，桓州下属的昌州归属抚州。承安二年升抚州为独控一方的节镇，军名镇宁，军事作用也越来越大[25]。

1211 年成吉思汗率军进攻金朝，首先占领了昌、桓、抚三州[26]。在征伐金朝的战争中，成吉思汗经常到这一地区避暑。由于战争破坏，抚州可能一度荒废。1254 年八月，忽必烈"驻桓抚间，复立抚州"[27]。1262 年 11 月，"升抚州为隆兴府，以昔刺斡脱为总管，割宣德之怀安、天成及威宁、高原隶焉"[28]。高原县治张北。昌州亦同时划入。当年十二月即建行宫于此[29]。1267 年正月，"析上都隆兴府自为一路，行总管府事"[30]。隆兴路境到沙岭，元代设有盖里泊、遮里哈剌、苦水河儿、回回柴、忽察秃、隆兴路、野狐岭、得胜口、沙岭多处纳钵[31]。这里距元帝经常纵鹰游猎的察罕脑儿行宫[32]、得胜口御花园和行宫[33]都很近。元帝在幸上都期间，有时还到离上都七百里的三不剌川（今内蒙古乌兰察布盟北部一带）去游猎，而三不剌川就在隆兴路西北境[34]。

抚州由桓州支郡到独控一方的节镇，从上都辅郡隆兴府继而析为隆兴路，地位不断提高，建置逐步升级。正是丰厚的历史积淀，才使元武宗毫不犹豫地下诏在这里建立中都。至大元年（1308 年）以"旺兀察都行宫成，立中都留守司兼开宁路都总管府"[35]。至大三年十二月，"中都立开宁县，降隆兴为源州"[36]。至此张北地区成为京畿重地，达到历史发展的巅峰。

此后中都地区的建置盛极而衰。至大四年（1311 年）四月，仁宗即位"罢中都留守司，复置隆兴路总管府"[37]。皇庆元年（1312 年）十月，"改隆兴路为兴和路"[38]，直至元末。此间，兴和路一直是一座比较繁华的城市。顺帝朝跟随皇帝往来上都的周伯琦在《兴和郡》诗中写道："我行已旬浃，所历皆朔漠，兴和号上郡，陂陀具城郭。滦阳界东履，汾晋直西略。提封广以遐，编氓半土著。连甍结贾区，层楼瞰寥廓。要会称雄丽，势压诸部落。兴王远垂裕，百载承制作。北巡必西还，远拟东邑洛。供亿须浩繁，抚循在恭恪。四邻慎备虞，三辅严寄托。贤愚不同调，虫沙与猿鹤。长愿四海清，汉仪岁辉烁。"[39] 在《扈从北行后记》中他还说，"兴和路，世皇所创置也。岁北巡，东出西还，故置有司为供亿之所。城郭周完，阛阓丛夥"，描绘了一座不折不扣的草原重镇。文中还提到了中都："府之西北名新城，武宗筑行宫其地，故又名中都。今多圮毁，大驾久不临矣。"[40] 张北历辽金元存废变迁，建置曾有名：怀荒镇、燕子城、燕赐城、柔远镇、柔远县、高原县、隆兴路、兴和路、源州等。其间还在境内今白城子元中都置开宁路、开宁县、中都留守司。明洪武三年（1370 年）置兴和府，四年后为北元占据，府废，七年明将蓝玉再拔兴和，入明版图。洪武三十年（1397 年）置兴和守御千户所，永乐二十年（1422 年），被蒙古攻破，后迁至宣化，本县遂为鞑靼牧地。清代张北为镶黄旗牧场。1724 年后置张家口理事同知厅，隶口北道张家口厅。1913 年改厅设县，因地处张家口以北而得名"张北"，号称坝上首县。此后又几经撤并改隶，但名称基本相沿[41]。2005 年河北省人民政府确定张北县为第一批扩大管理权限的县（市），仍隶属张家口市。

云开月明，今天的张北镇就是元代的"兴和路"、明代的"兴和府"和"兴和守御千户所"驻地。

据《北征录》和《大清一统志》所记：元中都在旧兴和城北三十里，"里"是起源于周代传统的长度单位，后世实际长度历代不同，但均约为 500 米，也就是说，元中都就在张北镇以北约 30 里。

三　九垓碧毯接朔漠　一岭隔天控燕关

1998 年的夏末，我们沿着元代的"纳钵西路"北上。出北京、越居庸，海拔由几十米升至 700 余米，像是跃上一个台阶，道路在山谷盆地延伸 400 里到张家口。再向西北开始攀升，山高谷深、坡陡弯急，207 国道忽隐忽现，像一条巨蟒迅急地窜向高高的山巅（彩版三二）。身后山峰如跌落井底，飞鸟驮着迷离的阳光穿梭在云雾里。皲裂的坡岭上野草狠命地抓着裸露山岩和粗砂砾石，稀疏的矮树倔强地否定着"荒山秃岭"这个概念。道路连续划了几个"之"字儿，在两座山峰之间豁然穿出，40 里惊悚顿成惊奇，海拔 1500 余米的山顶竟然还有一层别样的世界：圆融的绿丘，明丽的旷野，海水般澄净的天穹似乎触手可及，仿佛站到屋顶就能扯下一团白云，水流梳顺了溪边青草、抛出浪花叮叮咚咚，空气溜出花丛，揉碎了凉凉的清波沁入心脾，坝上到了！

"细草和烟展翠茵，杂花匀簇道傍春"，元代的张养浩在《中都道中》一诗中，写出了当年的迷人景象。我们正是踏着这条花香之路来到了元中都，揭开了考古发掘的序幕。冀中的都市此时还是热浪翻涌，这里清凉的夜风却把我们带入杨奂的《抚州》诗境里："月明鱼泊夜，云冷鼠山秋"[42]。与中原迥异的风貌、凉爽清新的气温立刻让我们感受到草原的不同。

张北的版图，像一只玉兔，正在朝拜东方初升的月亮。尾翘西北，蹲踞西南，头望东北，屈肢于胸[43]（彩版三三）。元中都恰好位于它的中心腹地，这块地方在史书中叫作"旺兀察都""王忽察都""旺古察""汪火察秃""晃忽叉""忽察秃"或"瓮郭察图"等[44]。它南距野狐岭 60 里、张北镇 30 里，安固里淖在它的西北 60 里。此地西倚狼尾巴山，东、南、北为开阔的原野，长满绿草和庄稼。"旺兀察都"的释义为王的驯鹿场，当年应是适宜养鹿的草场[45]。这里自古以来就是一片广阔的优良牧场，金朝著名学者赵秉文在《抚州》诗中写道："燕赐城边春草生，野狐岭外断人行，沙平草远望不尽，日暮惟有牛羊声。"明成祖北征路过中都时说"此处最宜牧马"，康熙皇帝器重和笃信的高士奇描绘了这样一幅图景："云山绝好塞垣图，浓黛轻烟晓暮殊。野外八屯分畜牧，马牛千里富青刍"[46]。坝头的野狐岭，前文已经提到过，"高岭出云表，白昼生虚寒。冰霜四时凛，星斗咫尺攀。其阴控朔部，其阳接燕关。涧谷深叵测，梯磴纡百盘"。这是元代监察御史周伯琦对其地理形势的精要概括，诗中还提到这里农牧共荣的景象："牛羊多蕃息，土沃农事专"[47]（彩版三四）。狼尾巴山即杨奂《抚州》诗中的"鼠山"，忽必烈曾驻跸于此[48]。安固里淖蒙语意为"有鸿雁之湖"，古称鸳鸯泊（泺）、遮里哈剌、昂吉泺、昂古里泊、昂兀脑儿、昂古立脑、昂裋闹儿等[49]。水草丰美，"驾鹅鸿雁之类满其中"，是辽金元三朝夏宫所在。武宗在中都修建期间曾经游猎于此[50]。元时这里曾经是一片农牧兼有、商业活跃、非常宜居的富庶之地，周伯琦在《扈从诗·鸳鸯泊作》里有专门的描写："山低露草深，天朗云气薄。积水风飕飕，平沙烟漠漠。凫鹭杂翔集，巨鳞倏潜跃。居人岁取给，远眺近一勺。原隰多种艺，农畡犬牙错。涤场盈粟麦，力穑喜秋获。"[51]清代这里成为张库大道上一个重要的商贸中心。诗人们形象地描述了元中都周围险关要塞的形势和农牧交错的情景。

　　带着对历史文化的感受，再从地理学角度巡礼张北，会对这里的环境有更深入的理解。这里位于河北省西北部，是内蒙古高原东南陲。张北域内地形地貌呈高原丘陵景观，可分为东南坝头区、西部丘陵区和中北部平原区三个类型，平均海拔 1400—1600 米，东南部坝头区海拔 1600—1800 米，桦皮岭海拔 2128 米，为"坝头"群峰之首；西部丘陵区，坡度平缓，河谷纵横；中北部平原区，波状起伏，岗梁环绕，湖淖棋布。县境地势南、东、西部高，由南至北地面从山峦绵延变微波起伏。野狐岭所在的坝头南陡北缓，峰谷相间，弧形环列。

　　安固里河汇合众多的支流，从南部坝头逶迤北流，绕过元中都城址东部，就像一条向北游走的章鱼，头部是由东大淖、黄盖淖、张飞淖、三盖淖、义城淖连在一起组成的湖泊群，分散的上游支流就像众多的触手，紧紧吸附在坝头一带。章鱼头部的湖泊群还聚拢了张北东部除灯笼素河和马圐圙河以外的所有河流，向西从黄盖淖输出黑水河，绕过中都北部注入安固里淖。安固里淖是张北地势最低点，除了接纳黑水河和张北西部的十大股河之水，源于坝头的另一条主要河流三台河也流入其中，这三条干流囊括了十七条支流，集注成华北最大的高原内陆湖泊。安固里淖面积约 60 平方公里，水面 47.6 平方公里[52]。烟波浩渺，水禽育集，素有"坝上明珠"之称。元中都就处在三台河、安固里河、黑水河、安固里淖水系环绕的中间地带，附近二圪塄淖、白沙淖、新地湾淖、二先生淖、张汉营淖、北壕堑淖等大大小小的湖泊星罗棋布（彩版三三、三五至三八）。

　　在元中都城址西侧 3 公里，一列弧形低山南北延伸，从高空俯视极像一只肥滚滚的大老鼠，蜷卧在那里回望中都，这就是元代人们所说的"鼠山"。山的南部膨大呈椭圆形为鼠头，顶部茂草漫生，点缀稀疏的杨树和杏树（彩版三九）；北部呈细长条状是鼠尾，为草场和农田（彩版四〇）。鼠尾部位又像一条长长的狼尾，故而今天人们称之为"狼尾巴山"[53]。山顶平缓，多有与元中都出土石质构件相同的玄武岩出露。山坡地带土层较厚，林带、耕地和草坡交错分布（彩版四一）。在狼尾巴山北部尾端山坡上，野杏成林，登顶极目四望，四周数十公里的风景尽收眼底（彩版四二、四三）。山顶东西两侧视野开阔。鼠山呈弧形环抱着新地湾淖，山湾里芦草泛波，湖水如镜，成群的大雁盘桓飞翔（彩版四四至四七）[54]。在元中都城址东、南、北三面远处亦隐约可见山势合围，南部山丘连绵起伏，东南黄花脑包在太阳照射下白色的石头格外显眼（彩版四八）[55]，东北迭不齐山在徘徊的天光云影里若隐若现[56]。"凡立国都，非于大山之下，必于广川之上；高毋近旱，而水用足；下毋近水，而沟防省；因天材，就地利，故城郭不必中规矩，道路不必中准绳"。这是研究城市的学者最常引用的《管子·乘马》中的建城理念。元中都位于狼尾巴山下、高于淖儿 6 米左右的广川上，因地形平坦，城郭布局对称，在建城选址上既与《管子·乘马》的建城思想十分契合，又没有偏离更为人熟知的《考工记》所描绘的方正规矩的理想蓝图。

　　张北地区属于东亚大陆性季风气候中温带亚干旱区。光照充足，雨热同季，昼夜温差大、多风、少雨、无霜期短是主要的气候特征。冬季漫长严寒，夏季短促凉爽。多年平均气温 2.6℃，1 月份月均气温零下 15.6℃，7 月份月均气温 18.3℃。全年日照总时数 2907.9 小时，是河北省日照条件最好的县之一。降水分布不均，多集中在 6—8 月，年平均降水量 401.6 毫米，年平均 7 级以上大风日数 30 天左右，全年无霜期约 90—110 天。原始生态草原保存完整，自然植被属于干草原类型，野生植物 300 多种，优良牧草居多，柴胡、防风、蕨类杂生其间，黄芪、蘑菇久负盛名，野菊、黄花、干枝梅等争奇斗艳。兽类以小型为主，马鹿、黄羊、狍子、野猪等四十余种动物生存栖息。鸟类以适应干草原及内陆湖泊类为主。农产以莜麦、小麦、马铃薯、胡麻和甜菜为主。畜牧业发达，盛产马、牛、骡、羊，尤其是"张北马"闻名全国[57]。

特殊的地理气候造就了四季殊异的景色：春风冬雪，夏绿秋黄。烈风暴雪出现在边塞诗中，以浪漫想象和独特意境再现出瑰丽的边地风光，萧索酷寒转化为绚丽烂漫，饱含磅礴、豪放、浪漫的气质，凸显出人们面对战争或恶劣环境时的不屈意志和必胜信心，阳刚之美喷涌而出，自有夺人心魄的艺术感召力。然而，虽春风冬雪那风骨凛然、豪纵不拘的张力，使诗句具有永不泯灭的魅力、成为中华民族的最强音，莽苍雪原、玉树琼花有观赏性，但是此时坝上地区毕竟是充斥着肃杀、荒凉和寂寥，除了能进行一些狩猎活动，在生产和生活方面说不上有多少优势（彩版四九、五〇）。

展露独特魅力的季节在于夏秋，这时才真正是"花的世界，云的故乡"，绽放出无限生机（彩版五一）。丘陵曼甸连绵起伏，天然草原远接天际，森林禾稼交相呼应，像琴弦上淌出的优美乐曲，又似变化莫测的风光大片。这里的夏天是看不到汗珠的，碧草流翠、绿树环合，油菜敷金、胡麻绽蓝，河流清浅、湖水无波，阳光拨弄着云影，清风裹挟着花香。这里的秋天是让人意醉情迷的，水草丰茂、千芳斗艳，野鹭驻足、大雁成行，成群的牛羊像珍珠一样滚动，黄鼠、旱獭、沙狐等在草丛中跳跃，成熟的莜麦呈现出淡雅的象牙黄，漫山层林尽染、遍野溢金流丹（彩版五二至五六）。值得一提的还有境内最高点桦皮岭，独树一帜的是它背坡的原始桦木林，野草没腰，野黄花、野玫瑰、金莲花、干枝梅、芍药花、凤帽菊、蘑菇铺满坡岭，森木葱郁、山花烂漫，是夏季最佳的避暑圣地（彩版五七、五八）。夏秋时节的张北，是空灵澄澈润泽成的水晶世界，是翠玉蓝晶幻化出的童话王国。无边的草、分畦的田，爽风、幻云和高天，还有醉人的黄、绿、蓝，自然元素在高原构组的意境，醇得能融化你的所有思绪。随意按下快门，定格的都是精彩。

张北地区和其东部金莲漫野的闪电河流域连在一起，像轻笼纱幔的苍森秘境，山水间藏着历史，草窠里埋着故事，美丽而神奇（彩版五九）。忽必烈总领漠南军事，常"驻桓抚间"，就是指的这里。在郦道元的《水经注》里对闪电河有专门解说，它是坝上草原的母亲河（彩版六一）。古称濡水，为滦河上游，穿过沽源迤逦北行，绕内蒙古蓝旗折向东流。闪电河流域北魏建有御夷镇，辽代为皇帝夏"捺钵"的地方，在滦源大马群山有"炭山"或"凉陉"等避暑圣地，辽人称作"旺国崖"（彩版六〇）。金世宗多次到此避暑，并筑有景明宫、扬武殿等宫殿。这里野生的金莲花，"花瓣似莲，较制钱稍大，作黄金色，金黄七瓣环绕其心，一茎数朵，若莲而小。六月盛开，一望遍地，金色灿然"[58]。大定八年（1168 年）五月金世宗以"莲者连也，取其金枝玉叶相连之义"，将原名"曷里浒东川"改为金莲川[59]。朝代更迭，而金莲川这个名字却一直沿用到今天。金王朝为了抗击蒙古军南下，在北部边境挖掘了壕堑，筑堡屯守，并在沿线设置了三处招讨司，即东北路招讨司、西北路招讨司、西南路招讨司。西北路招讨司最先设在燕子城。金世宗大定年间，移剌子敬考虑到皇帝的安全，请求将西北路招讨司从皇帝行宫范围的内侧，北迁至壕堑附近的金莲川上，以便护卫皇帝的夏"捺钵"。以其地为汉代乌桓族世居之地，所以命名为桓州，军额为威远军节度使。桓州成为金王朝在西北边境的一处军事重镇。章宗明昌三年（1196 年）改桓州为刺史州，在旧桓州之北约 30 里另筑新城，即今正蓝旗四郎城[60]。

1215 年夏天成吉思汗亲征漠南时，曾在金莲川驻扎避暑休整军队。1251 年 36 岁的忽必烈看准了这块令人如痴如醉的宝地，此后几年金莲川成了世界瞩目的地方。他建立了有名的"金莲川幕府"，在金莲川北部的闪电河边上，崛起了蒙古族在漠南草原上的第一座城市——上都。满腹经纶的学者、精通治道的谋士、身怀绝技的巧匠纷至沓来，元上都成为蒙古族入主中原并统一全国的战略基地，元朝鼎盛时期的政治、军事、文化中心，当时的世界大都会。元朝 11 位皇帝中有 6 位皇帝是在上都举行继位仪式的。元代"儒林四杰"之一虞集在《贺丞相墓志铭》中这样评价上都："控引西北，东及辽海，南面而治天下，形势尤重于大都。"[61]

抚州、桓州、昌州是金时塞外三重镇。元中都遗址之南三十里的张北镇，正是辽金抚州和元隆兴路的治所。隆兴路辖区以野狐岭所在的山岭为界分为坝上和坝下两部分。坝上的张北、沽源东西相连的这方土地正是隆兴路的核心地区，在金朝时属抚州和昌州[62]，北与桓州相连。重要的交通区位及其险要的地形，决定了这一地区的重要战略地位。元人杨奂《抚州》诗云："北界连南界，昌州又抚州。月明鱼泊夜，霜冷鼠山秋。"[63] 形象地说明了抚、昌、桓三州的地缘关系。诗人是从北向南而来，北部的桓州是通往临潢的要道，而连接桓、抚两者的昌州，坐落在今沽源境内的九连城。抚州扼守蒙古南下中原的咽喉，北控界壕，南倚长城跌宕的野狐岭，是金代三道纵深防御蒙古势力南下的中心环节，是金西京（大同）和中都（北京）的屏障，它的得失关系到蒙金战争的成败，这已被史实证明[64]。

蒙元时期这里是中原汉地通向漠北的交通要道。元朝从大都通往漠北"兴王故地"和林有"兀鲁思两道"，过境的木怜站道是其中的西道[65]，它是诏使往还、官吏迁转、粮饷运输的干道。忽必烈定都大都后，上都与大都之间有四条驿路可资交通，自东向西分别为古北口东路、黑谷东路、望云驿路和纳钵西路[66]。忽必烈以前南北使臣往来都走西路，公元 1260 年前这条交通要道为"正站"，凡使臣、官员均取此路，一般称为"孛老站道"[67]。忽必烈在开平即位以后，命中书省于缙山至望云取径立海青站，传递急速军情公事，只许持有海青牌者走望云道，其余人员一律经由西路[68]。因望云道较孛老道为近，后来便取代孛老道而成为大都至上都间的正站。但西路的交通地位仍然非常重要，一是肩负"专一搬运段匹、杂造、皮货等物"的运输任务[69]，二是皇帝每年两都巡幸"东出必西还"的必由之路，故又称"纳钵西路"[70]。

隆兴路地处大都路、上都路、集宁路、净州路之间，还与作为上都粮食物资重要来源地的宣德府、大同路等毗连，恰好位于"木怜站道"与"纳钵西路"的交汇处。另外南下野狐岭，经隆兴路坝下区域可西通大同路，自此过丰州境即可至东胜州与纳怜道相连。纳怜道是为军情急务而设的小道，其大致路线是自东胜州（今内蒙古托克托县托克托城）溯黄河北而西，经甘肃行省的北部而至和林[71]。隆兴路可谓锁控咽喉的要地，尤其输往和林、上都的各种食粮、物资大多经过这里，其战略地位不言而喻。这里正处在农业地区和游牧地区的交错带，它是接济漠北诸部食粮及驻军给养的基地，本身也比较富足，与大都、上都一样，是一些王公贵族聚居之所。有许多民户从事生产，盛产良马，还设有隆兴毡局、杂造鞍子局、匠人提举司等管理手工业作坊，境内专门为皇室设立了鹰房，建有粮仓[72]。

元代的皇位继承采取了一种蒙汉杂糅的方式——皇太子袭位与忽里台推戴的双轨制，军事力量往往成为决定成败的关键因素，漠北征战经历使海山深知"兴王故地"和林的重要性。都城事关重大，不论是政治、经济或其他原因而建都，都要寻找条件最为优越的所在，以便进行统治。元武宗选择这里建立中都，必定是考虑到"旺兀察都"之地具备建都的地理基础，这是建立都城的必要条件。张北地区地理环境与武宗浓重的蒙古贵族传统相适应，在经济、交通、战略方面具备一定基础，在一定意义上此地经济供给要比上都更有优势。既能满足联系漠北就近控制的政治需要，又能作为根据地摆脱各种不利因素，同时控引其他两都，再加上草原民族建立的辽金元都有实行多京制或建立行宫的传统，所以武宗登基十天就立即开始兴建中都，其间虽然屡次受到劝诫与质疑，但由于武宗立场坚定，终使工程得以在国家财政困难且灾荒接踵的情况下顺利实施。中都的建立是政治、地理、个人等多方面因素共同作用的必然结果。

四 抽丝剥茧真迹现 拨云见日雾霾开

元中都的发现和考古历程是漫长而曲折的。20世纪80年代以来，在历史爱好者、历史学家、考古学家、考古专业人员的共同努力下，取得了令人欣喜的成果。经过搜集史料、实地调查、勘察发掘，元中都得到确认，考古工作取得了重大进展。

1. 文献记载

大德十一年夏五月（1307年），海山在上都宣布继承皇帝位，六月甲午即决定"建行宫于旺兀察都之地，立宫阙为中都"[73]。七月庚辰"置行工部于旺兀察都"[74]，至大元年（1308年）正月癸亥"敕枢密院发六卫军万八千五百人，供旺兀察都建宫工役"[75]，二月戊戌"以上都卫军三千人赴旺兀察都行宫工役"[76]，至大元年七月"旺兀察都行宫成"[77]，八月，武宗来到中都，并举行宴会[78]。至大二年四月壬午（1309年），"诏中都创皇城角楼。中书省臣言：'今农事正殷，蝗蝻遍野，百姓艰食，乞依前旨罢其役。'帝曰：'皇城若无角楼，何以壮观！先毕其功，余者缓之'"[79]，至大三年八月，又有记载武宗来到中都"猎于昂兀脑儿"，十一月戊子"敕城中都，以牛车运土，令各部卫士助之，限以来岁四月十五日毕集，失期者罪其部长，自愿以车牛输送者别赏之"[80]。武宗在建筑中都的同时，为加强管理，还着手建立了一系列的行政机构管理中都地区。至大元年七月壬戌，"立中都留守司兼开宁路都总管府"[81]，八月戊申"立中都万亿库"[82]，九月癸未"立中都虎贲司"[83]，十二月庚申，"中都立开宁县，降隆兴为源州，……以大同路隶中都留守司"[84]，至大三年六月乙酉"立上都、中都等处银冶提举司，秩正四品"[85]，七月乙亥 "中都立光禄寺"[86]。监察御史张养浩上时政书，把中都列为"害政之太甚者十事"之一，因"当国者不能容"而罢官，变名遁去[87]。建中都宫殿的祭文表达了这样的愿望："伏愿万国来朝，共仰京都之壮丽"[88]。正当中都建设工程如火如荼地进行时，至大四年正月庚辰 "帝崩于玉德殿"[89]，其弟元仁宗爱育黎拔力八达即位，正月壬子即"罢城中都"[90]，二月甲寅"还中都所占民田"[91]，中都修建工程停止，四月癸亥"罢中都留守司，复置隆兴路总管府，凡创置司存悉罢之"[92]，有关中都的各种机构被撤销，中都恢复原有的建制。

中都不再作为都城，但其宫阙仍在，皇帝还偶有巡幸之举。泰定帝也孙铁木儿至治三年（1323年）十一月乙丑"车驾次中都，修佛事于昆冈殿"[93]、泰定三年（1326年）八月辛丑"次中都，畋于汪火察秃之地”[94]。泰定帝之后，武宗的两个儿子文宗和明宗为争夺皇位，在此演出了骨肉相残的丑剧。天历二年（1329年）八月乙酉（初一），"明宗次于王忽察都，丙戌（初二），帝（文宗）入见，明宗宴帝及诸王、大臣于行殿。庚寅（初六），明宗崩。帝入临哭尽哀"[95]。明文之争的真相，正史没有详细记载，但在一些史料的字里行间，还是可以看到它的影子[96]。文宗因旺兀察都之事，不敢再巡幸中都，自此中都被冷落，逐步变成一座荒城。

至正四年（1344年），时任监察御史的周伯琦扈从元顺帝避暑上都，回大都途中，过中都旧址，记载："府（张北）之西北名新城，武宗筑行宫其地，又名中都，今多圮毁，大驾久不临矣。"[97]此时的中都已经成为一座荒芜的废城。至正十八年（1358年），红巾军破头潘、关先生、沙刘二等北伐元军，经山西出塞，"掠大同、兴和塞外诸郡"，攻克上都，焚毁宫阙，沿途被攻陷的城市在农民起义军的熊熊烈火中化为了灰烬[98]。元中都很可能也未能幸免，至此彻底退出了历史舞台。

2．认知过程

在金幼孜的《北征录》、《后北征录》以及清代的《大清一统志》中把元中都遗址称作沙城。到了乾隆二十三年，黄可润纂修《口北三厅志》，他说："炭山，在兴和故城东北，辽时清暑之地……《辽本纪》云，太祖三年置羊城于炭山以北以通事易。而《金史·地理志》云，柔远县有北羊城，《食货志》亦云，国初于北羊城燕子城之间置榷场，易北方畜牧。夫燕子城即后之兴和城也，而羊城与之相近，疑即后所称沙城者是。"[99]就这样，沙城与北羊城搭上了联系。

民国二十三年（1934年）《张北县志》参考此说进行考订，"北羊城在第一区县城北三十里白城子村，内有皇城，外有大城。皇城遗迹均高约丈余，有门四。外城甚大，形迹已不甚明显。是否为北羊城待考"[100]。《察哈尔省通志》沿用此说，但未言"待考"二字，白城子即为北羊城之说，遂为定论[101]。1979年河北省张家口地区坝上联合经济调查组编《坝上四县解放前的历史资料》沿用此说："北羊城，辽太祖三年置，张北城北三十里白城子，内有皇城、外有大城，皇城有四门，为通货市场，易北方之畜牧"[102]。1986年，张北县文化馆将刻有"北羊城"的文物保护标志碑树立于白城子遗址。

到了近现代，日本学者箭内亘在1919年发表《元代的东蒙古》一文中提到，《大清一统志》所载沙城——插汉巴尔哈逊城是元中都。但该文又犯了一个致命的错误，认为中都与昌州实异名同地，叫人摸不着头脑[103]。1981年，张北县第一中学教师尹自先带着对家乡的至爱情怀，实地踏察，1982年发表《元代中都白城子》一文，提出了"此城实为元代中都城遗址"的真知灼见[104]。后来在《河北地方志》上发表《白城子说》一文，进一步证实了白城子就是"元中都遗址"而不是"北羊城遗址"[105]。他写信到南京大学历史系，得到蒙元史研究专家陈得芝先生的认可。怀有同样情怀来到元中都遗址的，还有刘建华女士，她发表了《河北省张北县白城子古城址调查简报》[106]。1993年经河北省政府批准，白城子遗址列为省级重点文物保护单位，更名"元中都"。1997年7月，时任国家文物局局长张文彬、河北省文物局副局长刘世枢、中国社会科学院考古研究所教授徐苹芳先生及北京大学考古学教授宿白先生，对白城子遗址进行实地考察。1997年8月，在张北县召开了"元中都学术研讨会"，与会代表参观了张北县举办的"元中都及元代文物陈列展览"，并实地考察了元中都遗址，专家、学者们一致认为张北县白城子遗址就是当年的元中都[107]。

3. 研究简况

元中都的研究主要涉及地理环境、历史沿革、兴废原因、修建过程、相关事件、平面布局等方面。

关于元中都的地理环境，周良霄先生著有《三朝夏宫杂考》[108]，认为"张北地区是辽金元三代的夏宫所在"，唐代称这一带为冷陉山，是奚部的避夏之所。辽时，皇帝夏捺钵地点，有王国崖、曷里狄、凉陉（炭山）、胡土白山、燕子城、冰井、得胜口、鸳鸯泺、三义口、大鱼泺等，但"辽代张北一带的行宫，多是临时以车帐环卫而成，随驾迁徙，今天恐已无迹可寻了。"金代世宗"从大定六年开始，连年或每隔一两年四五月就离开中都（今北京），来张北一带避暑行猎，秋凉后返还"。 金代夏宫在金莲川有景明宫、扬武殿，大鱼泺有枢光殿，三义口有泰和宫，都有相当规模。从元初开始，隆兴不单是上都的畿辅重郡，而且也是行宫之所在，地位重要。

关于中都地区的历史沿革，无专文论述，但在《张北县志》[109]和《坝上的历史沿革》[110]中均有涉及，对中都所在地区人类在原始社会后期至今的历史长河中的活动及建置有所记述和考释。

关于元武宗建造中都的原因，意见不一。陈高华先生[111]和魏坚先生[112]认为，武宗海山急功近利，想效世祖建上都而建中都，以此为己树碑立传、巩固统治，且很可能欲以中都代替上都作为避暑巡幸之地。史为民先生认为武宗建造中都是考虑了此地在交通上具有特殊地位，并且因地形险要，地处农耕与游牧地区的分界线上，具有不可忽视的军事地位[113]。韩志远先生指出，元武宗建中都，可能是效仿金朝重视首战取胜之地而使出河店规格逐步升级的做法，借此纪念1211年成吉思汗在野狐岭破金之事[114]。孟繁清先生认为中都的兴建有武宗好大喜功的心理因素，但不能完全认为是一种个人行为，它是辽金多京制的继续，隆兴是上都强劲的支撑点、具有重要的战略地位，是兴建中都的重要政治军事背景，同时中都之兴与坝上地区的社会经济发展分不开，而这又是民族和解、民族交流的结果[115]。张羽新先生[116]、郑绍宗先生[117]和叶新民先生[118]都指出，中都地区具有适于驻跸避暑的自然条件，地处大都、上都中间，北通和林、西达西域，可北控漠北、南俯中原，对于统治全国的蒙古贵族来说是理想的建都之地。

关于中都停废的原因，孟繁清先生认为其一是仁宗受儒家文化影响较多，他对武宗的肆意挥霍和铺张极为不满，但根本原因还是国家面临的无法解决的财政危机[119]。张羽新先生认为，一是为了缓和因建造中都所造成的财政困难和社会矛盾的激化，二是元朝国家统一，上都和大都地位确定，没有另建新都的迫切需要，三是中都地区没有大河缺乏水源，生产力低供给不足，缺乏历史的、传统的政治、经济、文化的深厚基础[120]。郑绍宗先生认为，"因其位于西路驿道上，即从上都至大都的返程上，但此路不如走黑谷路（沽源——赤城一线）近而方便，特别是两都之间的紧要军情非走黑谷路不可，这也是建后未经久用而渐放弃的原因之一。但它的废弃应该说主要还是政治原因"[121]。

关于元中都修建过程与相关事件之研究，具有代表性的是陈高华先生，他在《元中都的兴废》一文中，对元中都的始建时间、领导行宫建设的工部派出机构、建造中都的队伍、工程的速度、元政府采取的征用劳动力的措施做了翔实叙述。对武宗着手建立的行政管理机构也作了考释：武宗立中都留守司兼开宁路都总管府，是将中都和大都、上都并列，立开宁县应是管辖中都所在地，以大同路隶属于中都留守司，是便于调集人力、物力供应中都的需要，立中都万亿库掌管各种财物，立光禄寺负责供应宫廷和诸王、百官所需的酒。立虎贲司是负责中都安全。对中都的罢废过程——"罢城中都"、退还民田、机构撤改、器物收归、及其后泰定两幸、明文之争都依次析说，指出文宗因内疚冷落中都，至正四年（1344年）时中都宫殿已开始毁坏，到明初已有"沙城"之称[122]。

对元中都平面布局的研究，学者们根据传说认为，中都有大、中、小三城，等级很高，指出宫城布局有对称性，可能建有完备的排水系统，与上都、大都在建筑风格上既有继承，又存在一定差异[123]。

丰硕成果为我们的工作提供了理论基础和宝贵经验，但是也有一个方面需要认识到，这些研究大都是以文献史料为出发点，尚无考古资料的强力支撑，主要涉及历史背景、政治、军事、经济方面，建都原因众说纷纭，于中都城本身的探索相对薄弱，外城情况均是根据传说，建筑特点论及不多，在布局方面多是从直观角度对尚存明显遗迹的宫城皇城进行综述而无法深入分析。补充考古资料正是本书努力的方向。

4．勘查发掘

对元中都遗址的考古工作以1997年为界，可分为前后两个阶段。

第一阶段，20世纪80年代至1997年，考古调查。主要是短期的或个人的踏查。

1981年，张北县一中教师尹自先先生对白城子遗址进行实地考察，并结合史料考证它就是元代中都城[124]。

1983年张家口市文化局的刘建华女士和张北县文化局的张书平女士对城址进行了调查，发现城址为边长约560米的正方形，城址内有高出地面的建筑基址19处，采集到琉璃、汉白玉等建筑构件，指出"此城当为中都"[125]。

从80年代起，张北县文保所工作人员先后在元中都遗址内采集到许多建筑构件，并从遗址周围的魏家房、积善、淖沿子、陈家房子等村征集了瓷罐、瓷碗、兴和路广储仓印、莲花灯、铜权、双鱼纹铜镜、摩羯纹长柄镜等文物[126]。

1997年夏，河北省文物研究所陈应祺先生对白城子城址进行了调查，并草绘了平面图[127]。

第二阶段，1998—2003年，考古发掘。在国家文物局的大力支持下，受河北省文物局的委托，河北省文物研究所会同张家口市文物管理处、张北县文物局（前期为张北县文保所、元中都管理处）组成联合考古队，历时六年，对元中都遗址进行了连续性、有计划的勘察，对城墙、城址内建筑进行勘测，对外城城墙局部、宫城西南角楼基址（西南角台）、中心大殿基址（一号殿址）、宫城南门、宫城南墙一号排水涵洞、皇城南门进行考古发掘，共计发掘18074.5平方米（表一）。初步查明四面外城城墙位置，基本完成遗迹现状等高线测绘。证明了元中都是采用三重城墙相套的都城规格，在三套城内现已发现可能为建筑的遗迹54处、坑4座，城外淖沿子遗址也发现可能为建筑的遗迹4处、可能为窑的遗迹3处。通过发掘发现了三出阙形制的角台、内附广场重门结构的两阙三观三门道过梁式宫城南门、"工"字形中心大殿的"土"字形台基、石砌排水涵洞、简略式皇城南门，出土了汉白玉螭首、牡丹龙纹角柱、宝装莲花柱础、龙纹琉璃瓦当滴水、屋脊琉璃走兽、阿拉伯数码幻方等大量重要文物。从考古学角度证实了白城子遗址确为元代的中都城，多项发掘填补了考古空白。将本阶段的发掘成果翔实公布，是本书的重心所在。

表一　元中都发掘面积统计表

地点	发掘建筑遗迹			解剖地基探沟		
	编号	面积(平方米)	小计(平方米)	编号(平方米)	面积(平方米)	小计(平方米)
外城	东墙（WDT1）	20	49.5			
	东墙（WDT2）	13				
	南墙（WNT1）	6				
	西墙（WXT1）	7.5				
	北墙（WBT1）	3				
皇城	皇城南门（ZYHNM1）	900	900			
宫城	西南角台（ZYGXNJ）	625	17125	T3—1	8	87
				T8—1	12	
				T9—1	7	
				T7—1	60	
	一号殿址（ZYGD1）	9750		T1	10	85.5
				T2	21	
				T3	10	
				T4	10	
				T5	10	
				T6	24.5	
	南门(ZYGNM1)	6550				
	南墙排水涵洞（ZYGNS1）	200				
合计		18074.5	18074.5		172.5	172.5
说明	1.解剖地基探沟的位置均在发掘建筑遗迹的范围内，因而发掘面积未重复计算。 2.T7—1超出整体布方以外的南北延长部分因未发现文化遗迹在总平面图上未表现。					

五　耀古烁今涵珠玉　躬逢盛世再风华

　　蒙元时期先后建有四个都城：和林位于今蒙古国南杭县哈剌和林郡内；上都位于现在内蒙古自治区锡林郭勒盟正蓝旗上都河镇东北20公里；大都位于今北京市旧城的内城及其以北地区；中都在河北省张北县馒头营乡魏家房村西南。元代都城上承宋金、下启明清，对于了解我国古代都城制度的渊源演变颇具重要性。最能代表元代制度的大都，宫城已毁于明永乐间营建北京之役，遗址压在今明清故宫和景山之下，其他城区也为现代都市所覆压，钻探和发掘可能性都不大。元中都直接继承大都，虽未正式作为都城长期使用，但它的等级是按都城规制建造，保护较好、时代单一，在研究元代城市制度、政治、军事、历史、经济、建筑、雕塑等方面均有重大意义，对它的研究有实物资料作基础，可补充大都研究的不足，而大都又在文献方面具有优势，二者可以相辅相成，并与草原特色较多的和林、上都的研究相互促进，有力地推动元代都城及其相关问题的研究，具备了研究元代都城和建筑得天独厚的条件。通过对四座都城进行比较，并结合其他都城文献记载作为中都勘察的参考，取长补短，互相印证，捋清发展脉络，意义非常重大。

元朝是中国历史上第一个由少数民族建立并统治全国的封建王朝，结束了长期存在的南、北分裂状态，奠定了元、明、清六百多年国家的长期统一局面，不仅在中华文化史上发挥了承上启下的作用，而且在诸多领域出现了新的飞跃。今天的中华民族早已是一个聚集各民族血液与智慧的综合体，而元朝就是中国历史上最为重要的民族大融合时期。它是中国历史上向世界开放的黄金时期，疆域空前辽阔，交通发达，影响了世界，加速了中国与世界经济文化双向交流。少数民族入主中原，接受汉文化，并吸收了多种文明的长处。这在都城建设方面也集中体现出来。北京的历史约有 2000 年以上，而它今天的格局和规模正是在元大都的基础上发展起来的。正如有识之士所言，如果沿着时间的纵轴在世界上进行横向比较，元大都是北京历史上最辉煌的时期。元大都堪称享誉中外的建筑学艺术瑰宝。作为技术方面的主持设计与参与建设者，来华的穆斯林建筑学家也黑迭儿，与一大批专家、学者、能工巧匠一起，运用中国传统的建筑学特色，结合世界上先进的建筑学风格，设计出格局宏大、规划严整，与自然和谐相融的元大都，它集我国古代建筑艺术和风格之精华，成为世界建筑史上的壮举。之后的元中都，正是在前者经验积累基础上模仿建立的又一座都城。考古发掘和初步研究表明，元中都具有鲜明的时代特点，反映了统治中心集团的认知，它不仅仅是对唐宋传统文化的照搬，而且在继承传统的基础上，对其他先进技术也兼收并蓄、融会贯通。中国的许多科学技术在元朝有了质的飞跃，反映了元代博采众长、互通有无的气度。用阿拉伯数字排列的六六幻方就是最好的一个例证。美妙的阿拉伯数字就是从元朝开始使用的，它是元朝时期来华穆斯林赠与我们的礼物。六六幻方其纵、横、对角线的数字之和为"111"。它是作为一号大殿奠基埋设的。作为建造最晚的元代都城，中都是元代都城建设水平的集中、真实的体现，在很大程度上可以说是元代建筑发展的集大成者，是 13—14 世纪中国古代都城的杰出代表，具有非常重要的研究和展示价值。

元中都在坝上特殊的地理环境、不便的交通和冬季漫长寒冷的气候条件下，短短四年里能迅速崛起，之后突然停建，并在极短的时间里便淡出了人们的视线。它是大量建筑技术、艺术成就、历史事件的集中体现，文化因素保留了最纯粹的时代特色。元中都是蒙元四都中建立最晚的一座，代表了当时最先进的建城理念，完美体现了周礼思想和当时的最高建筑水平。一般来说，考古遗存越是浓缩在短暂的时段里，意义就越是重大。元中都在建造原因、速度、理念、技艺等方面都无不让人感到惊讶。游牧民族的领袖，把适应定居生活、具有中原传统的都市，安放在了"行则车为室，止则毡为庐"的适宜狩猎游牧的草原上，把优美、清新的草原风情，与庄严富丽、金碧辉煌的汉式宫廷结合在一起，创造了又一个传奇。

有关元中都的考古工作近年来备受考古界关注。在 1998 年以前，因元中都兴废匆匆、文史记载寥若晨星，其地点不明确、结构不清晰、性质无定论，遗址湮没地下鲜为人知，被人称为"沙城"、"北羊城"或"白城子"，学术界对其城墙建置、宫殿布局、建筑特点等多有臆测，观点不一。为从考古学角度给元中都正名定性，然后能够在较高层次上全面、系统地廓清元中都地理环境、历史背景、建都原因、建设进程、城市结构、平面布局，进一步揭示元代城市演变规律，河北省文物研究所立项在 1998—2003 年进行了考古勘察发掘，对具有代表性的重要建筑基址或关键节点做了揭露，在每个发掘地点为避免发掘造成的不必要的破坏，均力图以最小的发掘面积最大限度地获取相关信息。历时六年的勘察发掘取得重大突破，使元中都遗址入选 1999 年全国考古十大新发现，大量谜题得到了相当程度的破解。它确定了元中都的具体位置，准确定位了重要建筑的基址，全面揭示了部分重要建筑的基本特点，使城市整体布局趋于明晰，证明元中都不是一座单纯的行宫或军事性的地方城市，而是一座具有三套城墙架构的都城。

元中都三重城墙，是只有都城才能采用的、最高等级的城市规格。建筑对称布局，是古代都城中继元大都之后又一遵从周礼的典范。三出阙的角楼形制，工字形大殿下面用汉白玉栏杆和螭首装点的土字形台基，都体现了天子之制。装饰殿脊的琉璃龙吻和走兽，光洁鲜活，仪态万方，瓦当和滴水达到功能性和装饰性的完美结合。各种龙纹或沉静团坐，或凌空飞动，体现了皇家的气派。构件中的雕塑造型是难得的上乘之作，各种手法相结合，起伏婉转，线条流畅，看似疏朗粗放，实则细致入微，追求神似，惟妙惟肖，深刻地把握了艺术形象的精髓，就像一个个真实的生命，活灵活现。普通的砖瓦，细看也会发现精妙之处，不同局部采用的砖瓦是不同的，效率、功用、材质在施工过程中得到充分考虑，细微深处匠心独妙。从残缺的铁、石构件中感悟历史的沧桑，那远远不是我们的目的。通过残缺和冰冷的铁石，还能清晰地看出宏伟建筑的轮廓，其高超技艺令人叹为观止！

武宗建立中都，创下了从边远朔方入主中原、再回头去建造一座都城的先例。就像在历史长河中锦鲤跳过龙门，猛然回身搅起了一朵奇异而美丽的浪花。它是时代背景下一个特殊的个案，带有很大的偶然性，体现了游牧民族首领对传统的眷恋。隆兴（张北镇）是中都的根脉和依托，物候是外在条件，军事占据重要位置，政治几乎是其唯一的原动力。综观自然、人文因素，地处偏远塞外的中都，锁要控扼的交通并非上善坦途，且随着"兴王故地"不再是帝国重心，其军事地位也在下降。生长期短、资源不丰、地广人稀、以牧为主的传统生活方式，不利于财富积累，雪灾、旱灾、蝗虫灾、沙尘暴等自然灾害的影响力相当大。短暂夏秋里山坡诗境、流水琴波和旷野绿意的清休，难以弥补物质匮乏、欠缺悬隔和蕴积亏欠的单薄。作为一个军镇或是仅作行宫的风情小城，此地应是上佳的选择，而偏偏这是一座宏伟的都城架构。要作为大一统王朝的心脏，即使仅在夏季承当起经略全国的中枢作用，运行成本也十分高昂，其总控辐射的能力存在先天不足，在经济、商贸、文化、传统以及精神层面上都缺乏足够的内驱力。在修建过程中，反对声音不绝于耳，甚至被列为十大弊政之一。仁宗的罢城与其说是政治斗争的结果，不如说是历史的必然。这是一个梦幻般的错误，沉沦是它的宿命，因而此后塞上再未崛起过新都，元中都成为草原都城史上带有悲情色彩的绝唱。也正因为突破常规和出乎意料，造就了它的神秘个性和传奇品格。它昙花一现，淡出了人们的视野，却保留了纯正的元代风格，留下了元代城市的一个活化石，这正是它最为重要的意义所在。它的肇兴和湮没以及与之相关的历史故事，富含耐人寻味的历史教益，供人们鉴往知来。它在研究元代都城建设理念、城市制度、建筑特征以及雕塑工艺方面的标本作用，无可替代。随着经济发展、文明进步和交通改善，沉淀奢华、个性鲜明的元中都，整合塞上独特的生态元素和文化因子，对当下以及未来的影响力不可限量。

研究复原中都城的原貌是我们的主要目的，达到这个目的的前提是发掘丰富和科学的基础资料，这正是目前亟须完成和我们正在开展的工作，本书便是这项工作的开篇环节。它包括：公布勘察发掘资料和最近阶段的相关认识，从宏观上速写出时空轮廓，试图在平面上以中都为中心，逐渐向外围扩大区域，简要描绘地理人文环境，并在时间纵轴上，概括其历史背景和建设历程，让人们对中都有个初步的认识，这是本书的前奏和铺垫。在微观上阐述城市的基本框架，并从局部入手，逐步深入和细化，让人们了解中都的城市内涵，理解其特色、重要性和闪光点，这是本书的重点和主旨。

在系统区域调查、全面钻探测绘、科学精确发掘的基础上，形成了这部有关元中都的基础研究性科研报告。它是对前一阶段元中都遗址考古成果的全面反映，发表了翔实的资料，探索了历史之谜，为平息争议提供了有力证据。为研究元中都的布局、建设进程、以及元代的都城制度提供了比较充分的的资料，同时为下一步元中都考古工作规划提供了依据，为今后深入研究的科学有序进行和大遗址保护奠定基础。

报告从八个章节进行表述，每个章节按照不同时间和不同的勘察发掘地点进行划分。第一章《绪言》，概述地理历史背景、建设史、研究史，粗线条勾勒出中都大形轮廓和认知要点，使读者对中都生存的广阔环境与背景有个初步印象。第二章《调查勘测》，介绍城址现状、建筑格局，让人们对中都城市风貌有个基本概念。第三至七章，详述五处地点的考古发掘成果，这是对元中都结构与功能的纵深探索，力图客观再现其有机组成，为今后深入探讨夯实基础。第八章《结语》，总结收获和展望前景，试图解释中都的个性和品格，使中都复原研究所需要的元素趋向丰富和丰满，为推动科学保护和合理利用做好准备，为学术延伸提出建设性意见。附录研究和认识，通过对中都城墙、宫殿及其他建筑遗迹和出土文物的观察与分析，从物质存在提炼内涵要素，求觅其发生发展的轨迹和规律。

本报告采用文字、表格、图片等多种形式相结合，力求翔实而全面地阐述勘测研究情况。努力做到阐释科学、客观、详尽，语言严谨、洗练，表格数据精确、信息量大，图片重点突出、精美清晰、能直观地反映环境、遗迹和文物，尤其是在本章《绪言》中所引用的图片，经过严格挑选，无一不是与元中都地理环境、历史背景、相关事件、文化遗存息息相关的场景，或用语言难以表述的意境。有些图片与后面的章节存在关联，希望能有一些启发作用，让读者在通读本书后产生联想和共鸣，对元中都内涵有更加深刻的认识和理解。同时为今后广大读者到元中都实地考察提供一些线索。着墨最多之处是对发掘过程、建筑形制、出土遗物的叙述分析，注重对发掘过程的完整展现和考古信息的全面提取，小结试图以点睛之笔对发掘成果简明扼要地加以客观述评，并提出下一步工作思路。在每一章节，大量的内容和庞杂的数据，浓缩在较为简短的篇幅中，崇尚科学求实的态度和朴实严谨的文风。在内容和结构的安排上，尽量详略得宜，图文并茂，避免赘笔，以期具有较高的学术水平和应用价值。另外，在不偏离考古报告主旨的前提下，在一些章节的行文顺序和语言组织上做了些浅浅的尝试，稍稍突破了一点考古报告的传统固定模式，希望能使更多的读者有兴趣读下去，增进对考古的理解和支持。

本部报告也不可避免地存在着局限性，主要表现在三个方面：首先，中都的文献记载似雪泥鸿爪，难以厘清来龙去脉，没能在发掘操作中发挥出足够的指导意义。其次，微观研究刚刚起步，阶段性工作和局部的发掘，加之考古发掘本身也具有无法全面揭露的局限性，使考古认识还徘徊在基底层次。再者，出土遗迹和文物林林总总，但考古知识积累还未细化到包罗万象，在发掘整理过程中，可能会在一些元素本质的把握上，出现偏差的现象，因而在细节处理上可能会有疏漏。举个简单的例子，发掘出土的一块用做垄脊的"当沟瓦",因我们对古建结构和名称术语不能熟谙于心,当时没有认识到它的用途,险些当做意义不大的一般性残块对待。总之,中都研究是个多学科交织的庞杂体系,如果把它比作一株藤蔓缠绕的葡萄树,典籍考据的枝条在诸多学者的汗水浇灌下,垂挂下串串水晶般光亮的果实;勘测发掘枝条抽出的果穗方才结出青涩的子粒,离硕果满藤还尚待时日;而环境考古、动植物考古以及保护远景等延伸课题才刚刚抽出新枝或萌生新芽。离复原城市全貌还差之千里。这些局限,都可能会使本报告与期望值产生距离。这是我们竭力避免的,也是未来需要努力完善的。

元中都在七个世纪的漫长岁月里鲜为人知,简略的记载使真相扑朔迷离。它是历史留给我们的宝贵财富,一砖一瓦都凝聚着智慧,吉光片羽皆金玉珠贝。在盛世曙光里,元中都再次受到历史垂青。这颗划过大元天空的流星,湮没沉积了 700 年,已然幻化成一颗晶莹的琥珀。国学大师季羡林先生说:"一个不懂自己历史的民族,是不会知道去爱国的。"[128] 为了历史的复原和完整,尽一点点绵薄之力,是件很有意义的事。关于元中都我们所做的,就是细心擦去这颗琥珀的风尘,希望让它更清晰、更美丽,也让更多的人感悟到它的神奇和光辉。

注释:

[1] 《蒙元时期四都时空关系图》参考资料:1. 谭其骧主编:《中国历史地图集》第七册《元·明时期》,中国地图出版社 1982 年版。2. 史为民:《都市中的游牧民——元代城市生活长卷》第 263 页图 35《元代两都交通示意图》,湖南出版社 1996 年版。3. 陈永志:《论草原丝绸之路》,2011 年 7 月 11 日《内蒙古日报》。关于纳怜驿道,一般相关文章中均提到自东胜州溯黄河而西,陈文志先生明确指出,经行云内州,本图采用此说。4. 木怜站道经兴和路北境,但无明确路线,李逸友先生在《文物》1987 年第 7 期发表的《黑城文书所见的元代纳怜道站赤》一文中提到该驿道从李陵台向西,本图据此标示;同时纳怜驿道也没有查到确切经行路线,故二者均用虚线标示。5. 贾文毓、李引主编华夏出版社 2005 年 8 月第一版《中国地名辞源》第 164 页:"灰腾梁山,又称奎腾梁山。在内蒙古自治区中部。属阴山山脉中段。近东西走向。西接大青山。东接大马群山。海拔 1500 米以上。'灰腾',蒙古语音译,意为'冷'。这是一个蒙汉语合成的地名。因天气寒冷而得名。"6. 刘明光主编:《中国自然地理图集》第 177—178 页《内蒙古地区普通地图》及 125—126 页《华北地区普通地图》,中国地图出版社 2010 年版。灰腾梁山和大马群山位置参考此图,同时洋河为永定河上游,有三条支流,在一般地图上很少表示西洋河,根据此图绘出。

[2] 关于黑风口、镇虎台坝口和白龙口。黑风口,旧称"神威台坝口"。位于张北县油篓沟乡狼窝沟,是张家口通向坝上的交通咽喉,军事要隘,因风力猛烈,俗称"黑风口"。1945 年苏蒙联军在此对日军展开激烈的阻击战,为了纪念牺牲的联军烈士,在狼窝沟西山上修建了墓地和烈士纪念碑。镇虎台坝口在台路沟乡镇虎台村西、哈叭气村东。坝口深切,1994 年版《张北县志》记载古有人马小路以资通塞,现在沿坝口东侧山缘修有公路可通汽车。从镇虎台坝口以西,从哈叭气村向西、南延伸之山,即正边台村坐落之处,以深切的河谷与东侧的山岭分开,有学者认为这应是当年的交通冲要"虞台岭",并认为擒狐台即明代镇胡台,现代称镇虎台,把亮马台顶端的烽台定为虞台岭台(《野狐岭考》第 84 页,《野狐岭长城峰台与道路交通考》第 119、123、127 页,《张北长城》,解放军出版社 2009 年第 1 版。下引此书同此)。表述这些观点时没有详细说明其依据,似有可商榷之处。我们观察山形走向,结合对春垦、镇虎台、小麻坪、哈叭气、正边台等村庄访问的情况,由镇虎台坝口向西南翼展的山应是白龙山,即在 1936 年编修的《张北县志》坝头山脉示意图中标注的"白龙洞山—虞台岭(帷台岭)—野狐岭—李太山"这列山岭中所处位置最西的"白龙洞山",此山在新华出版社 1992 年出版的由万全县志编纂委员会编修的《万全县志》第 821 页中被称为"白龙山"。

[3] 关于坝。坝在蒙语中是山岭的意思,蒙古人以山为坝,它不同于我们所理解的大坝、堤坝。现在河北省所说的坝,是指华北平原与内蒙古高原的过渡连接地带,坝头一般为垄状山脉,总体呈东西走向。内蒙古高原南缘自南而北地势陡然升高而形成阶梯状地带,故名"坝上",平均海拔高度约 1500—2100 米,所在纬度为北纬 41°—42° 之间,年平均气温约 1.4℃—5℃,因气候原因形成草甸式草原。它西起张家口市的尚义县,经张北县、沽源县,东至承德市的丰宁县、围场县。本文所说的坝是其中的一段,位于万全县与张北县交界处。

[4] 关于坝口和驿道。坝头南缘受强烈切割作用形成多处隘口,古来为南北往来孔道,即为坝口。以威远门坝口、汉淖坝口、

黑风口（亦称神威台坝口）、土边坝口最为重要。其中关于元代驿道通过之处有两种说法。第一种：一般认为通过狼窝沟之南的坝口黑风口，这是目前较为流行的通俗说法。今天张石高速、207国道通过这里，是现在经过张北上、下坝的主要道路。第二种：通过张北县台路沟乡春垦村之南千余米的土边坝口，一些学者持这种观点（胡明：《野狐岭长城峰台与道路交通考》第130页）。目前这条道路已经废弃，仅作为民间耕种或村间往来的经行道路。古代交通要道原来经行上述这两处地点的哪一处，还有待进一步考证。1994年出版的《张北县志》第70页记载，清代"草原丝绸之路"张库大道，通过汉淖坝口，把"陆路商埠"张家口和草原腹地的库伦连接起来。当时人们说那路上流淌的都是金银财宝，所以叫它"金钱大道"。另外，通过坝头的二十余处崎岖狭窄的人马小道，与古代要道无关。

[5] 关于"无穷之门"。"无穷之门"是赵国北疆国门、军事要塞，最早见于《战国策·卷十九·赵二》中"王破原阳"一节，赵武灵王说服大臣牛赞同意其"胡服骑射"时说："昔者先君襄主与代交地，城境封之，名曰'无穷之门'，所以昭后而期远也"。《史记·赵世家》记载："十九年春正月，……王北略中山之地，至于房子，遂之代，北至无穷，西至河，登黄华之上。"谭其骧主编《中国历史地图集》把它标注在今万全、张北交界处的野狐岭上，现在民间一般认为它是在今天的黑风口，也有人认为是在春垦村之南千余米处的土边坝口。但因历史地图比例较小，从图上无从判断是在黑风口、还是土边坝口。经笔者实地调查，以土边坝口的可能性较大，在本文中暂时倾向于此种说法，但尚需找到确凿考古证据。

[6] 关于野狐岭的位置主要有三种说法。第一种，野狐岭是一个比较宽泛的概念，大体包括张北、万全之间的坝，多数意见认为尤指狼窝沟（黑风口）以西至镇虎台坝口这段山岭，此说目前被广泛地认同，《中国历史地图集》即把野狐岭标在狼窝沟以西、虞台岭以东。另外，还有很多人认为狼窝沟以东、包含茴菜梁在内延伸至崇礼县边界的山岭，亦属野狐岭，其中一些现代经济和交通建设项目，均以野狐岭命名，如"野狐岭风力发电"、"野狐岭2号隧道"等。第二种，野狐岭位于狼窝沟坝口处，《畿辅通志·关隘篇》、《清史稿·地理志》、1992年修《万全县志·山脉》、1994年修《张北县志·名胜》、《万全文史资料》等倾向此说。第三种，认为土边坝所在的位置应是史书记载中的野狐岭（《野狐岭考》，《张北长城》第76页）。需要说明一点："野狐岭"这个从辽代就已频现于史料的地名，其所指范围随着历史的发展，可能会有位移和延展。目前关于野狐岭的历史地理内涵还没有明确的定论，这是迫切需要寻找考古证据来解决的一个学术问题。我们对土边坝进行调查，从坝下由南而北上到坝上之后，地势又渐渐低下，有道路直通春垦村，在道路西侧的山北坡下发现一处遗址。遗址内沟壁有灰坑遗迹和灰陶瓦片等遗物，尤其是发现了龙纹滴水、瓦当和走兽羽翼残块，除了未施釉外，其特征与元中都城址内出土的同类构件非常相似，由此推测很可能这里就是当时"纳钵西路"之位于野狐岭上的"纳钵"或"孛老"驿站。元代从大都到上都有四条驿路，由西向东依次为孛老驿路（西路）、望云驿路（有时与位于其东侧的黑谷路相比较而称为西道）、黑谷路和古北口路。元人在文献中把后二者均称为"东路"或"东道"。"孛老"，又称"孛落"，是蒙元时期在大都与上都之间的西路上位于野狐岭以北的第一个蒙古驿站，当是以管理站赤的蒙古人名字而命名的，孛老驿路的名称即来源于此。元政府在中统四年（1263年）五月正式发布关于"上都以西隆兴府道立孛老站"的命令，此前蒙古国时期这一直是驿道正路，被人们称为"孛老站道"，元政府也已把它称为"正站"。中统元年（1260年），忽必烈在开平即位后，开始整治望云驿路，因其比孛老驿路近三百多里，逐渐成为大都与上都之间的主要驿路。其中"东道"之一的黑谷路"历纳钵凡有十八，为里七百五十有奇"，是四条驿路中里程最短的，是皇帝每年"两都巡幸"从大都到上都清暑的专道，俗称为"辇路"。从上都回大都大多走孛老驿路（西路），即文献所言"东出西还"，在这条驿路上设有24处"纳钵"，因此又称作"纳钵西路"。《元史·世祖十二》记载至元二十五年（1288年）三月，元世祖忽必烈曾驻跸野狐岭。关于野狐岭"纳钵"和"孛落"驿站的地点，在周伯琦作《扈从北行后记》和明代叶盛撰《水东日记》里均有记载，但今天ești并不能够找到具体所在。"纳钵"是"捺钵"的转译，"捺钵"是契丹语的汉文译音，意为"行宫""行营""行在"或"行帐"，在辽金元文献中，"捺钵"一词的异译有"刺钵""纳跋""纳钵""纳宝"等写法。金代"捺钵"制度模仿和因袭辽代，不过在金代文献中"捺钵"一词并不常见，多径称为"行宫"。元人承用"纳钵"一词，专指"车驾行幸宿顿之所"，由固定的帐幕和房舍组成，供皇帝及其随行人员使用，帐幕的规模一般小于斡耳朵（宫帐）。此处遗址为我们确定野狐岭"纳钵"或"孛老"驿站的地点和形制，提供了非常重要的线索，进而为确定"纳钵西路"的确切走向和元代野狐岭地理位置提供佐证，应作为下一步考古工作的一个重点。还需要补充一点：距黑风口不远处的西侧山坳里，有一个相对平坦的台地，也散见元代的瓷片，在今后的野狐岭调查中也应当引起重视。

[7] 关于桃山和虞台岭。要确定野狐岭西部范围，首先需要对"虞台岭"作些简要解释：虞台岭（元代或称帷台岭）亦为要冲之地，明代叶盛撰《水东日记·虞台岭观音堂记》载："兴和西南五十里曰桃山，桃山之东五里曰虞台岭，供奉尚鹰，每夏居焉。岁丁丑，有旨造鹰室，刻二石鼓以纪岁月矣。然其地乃草漠之冲，毂辖交错，由秦、晋、燕、齐而北者，由滦京辽东而西者，道必出焉。"《元史·阿沙不花传》记载元中书右丞相、顺宁忠烈王阿沙不花曾请诏有司在此造鹰室，

并筑观音堂两楹。《畿辅通志·关隘》记载"野狐虞台二岭为辽金元往来大道"。明弘治十八年（1505 年）发生了一场明军抗击蒙古鞑靼入侵的恶战非常著名，史称虞台岭之战。在《张北县志》、《万全县志》等一些方志或其他文献中对虞台岭都有记载，但记述均较粗略或有矛盾之处，根据目前所能查到的资料中对虞台岭位置的表述，可了解到它大致在万全县新河口村以北的坝头山岭里，但都无法对其精确定位。从新开口村西北开始向北到镇虎台坝口西侧的哈叭气村向东、转向镇虎台村，再一直向东延伸到黑风口，这一列坝头山岭里，除野狐岭、虞台岭外，还有白龙（洞）山、桃山、李太山等名称，另外还有名称众多的瞭望台，对于它们的时空逻辑关系众说纷纭。桃山在历史上也是一处军事要地，《万全县志》记载有"桃山之役"。在谭其骧主编的《中国历史地图集》所标注的明时期虞台岭，大体地点在新河口堡（今新河口村）东北，没有标注"桃山"和"野狐岭"。而在辽金时期的地图中"桃山"也被标在这里，并且在其东侧也标注了"野狐岭"，但当时未有"虞台岭"。元时期地图中标注了"桃山"和"野狐岭"，未标注"虞台岭"。因地图比例较小，根据这些图上标注也不能确定准确位置。顾祖禹《读史方舆纪要·卷十八·北直九》记载新河口堡东北有桃山，又东北九里有虞台岭；旧《宣镇志》、《畿辅通志》等记载新河口东北十二里为"虞台岭"。这些文献都表明了"桃山"和"虞台岭"的相对位置："桃山"在张北县西南、万全西北、新河口堡东北，"虞台岭"又在"桃山"东北。各种文献对它们的方位记载都类似，唯里程略有差异。1994 年出版的《张北县志》认为"李太山"相当于"野狐岭"之地，"虞台岭"在其西，记载："砖台（虞台岭），台路沟乡黄土圐圙正南 2.4 公里处，与万全分界，长约 2.5 公里，相对高度 130 余米，可牧畜，局部也可耕种。" 此位置与前者明时期地图所标"虞台岭"的大体地点相合，实地调查此处山岭，其南面多为陡崖峭壁，但自镇虎台坝口一直向东延伸的山岭，并无明显自然界限与从黑风口西延而来的山岭区分开来。若此地为明代的"虞台岭"，则其包含在今天一般所说的广义"野狐岭"的西段里。在万全县政协文史委《万全文史资料》第七辑之《万全明代战争故事》中，提到"虞台岭"时认为在新河口村北 0.5 公里处，但又说是一道东西向的山梁。此说可能是采用的 1992 年出版的《万全县志》第 98 页《第二节·山脉》对"虞台岭"的记述，实地调查，所指不明。明代王质在《虞台感事》中写道："擒胡迤逦接虞台，万马从容压境来。才见秦城尘一动，战云凄惨角声哀。"说明"虞台岭"与"擒胡台"相接。韩春林、乔玉、尹自先、柴立波等几位先生先后七次调查，查阅大量史料，作《破解虞台岭、桃山之谜》，尚未刊出，余得先睹。他们认为今天的"高山台"即"桃山"，其东北为"虞台岭"，是在土边坝口转而呈南北走向往南伸出的一段山岭，主体在野狐岭之南，局部与野狐岭有交叉，"其北半段与南北通道土边坝口平行相邻，古往今来，成为扼守土边坝口的天然要塞"，颇为认同。此段南北走向的山岭北部正与"擒虎台"（擒狐台，擒胡台）相接，这与王质诗中"擒胡迤逦接虞台"描述的位置相合，也与很多史料所记相符。

[8] 关于"野狐岭之战"的地点"獾儿嘴"。"野狐岭之战"是"獾儿嘴之战"、"浍河堡之战"等一连串战斗组成的一个战役，"獾儿嘴"是木华黎突击的具体地段，浍河堡是蒙古军队最终追歼金国主力的战场。笔者曾实地考察黑风口和春垦村之南的土边坝口附近的地理形势，这两处地点的丘岭、河流、谷地等地形非常相似。从这两处地点分别向北流出的河流，是安固里河上游众多支流之中的两条，在 1994 年 5 月由中国社会科学出版社出版的《张北县志》中，将这两条河流分别称为玻璃彩河和台路沟河。玻璃彩河南面对应黑风口，台路沟河的次级支流群马河对应土边坝口。东部玻璃彩河的两个源头、西部台路沟河及群马河分别从一座山丘的东、西两侧谷地流出。玻璃彩河两源头所夹的东部山丘位于油篓沟乡东坊子村之东、克头脑包之南，台路沟河和群马河所夹的西部山丘在台路沟乡大圪塔村东南。这两条支流的各自两个源头支流，在中间山丘以北交汇处，都形成较为开阔的地带，从北向南眺望，北山嘴均呈三山夹两谷，或一山分两河，地形都似"獾儿嘴"。其中哪一处是当年"野狐岭之战"的地点，还有争议。经实地调查，笔者认为西侧大圪塔村附近大营滩水库所在位置，因北为宽阔的河谷，南过土边坝口很快便可进入古城河——洋河谷地，直达浍河川（位于今万全、怀安两县交界，东、西、南洋河会合地带），地形与历史记载的当时战役情形契合点要多一些，因而作为古战场的可能性要更大些。

[9] （元）李志常：《长春真人西游记》，内蒙古教育出版社 2001 年版。

[10] （元）张德辉：《纪行》，王恽《秋涧集》卷一，《四部丛刊》影印明弘治十年马龙、金舜臣刻本。

[11] 史为民著：《都市中的游牧民——元代城市生活长卷》戊编之《皇帝避暑：两都大游行》第 262—269 页，湖南出版社1996 年版。

[12] 《元史》卷二二《本纪第二十二·武宗纪一》，中华书局 1976 年版。下引《元史》同此版。

[13] 《元史》卷二三《本纪第二十三·武宗纪二》。

[14] （元）姚燧：《武宗皇帝尊号玉册文》，《牧庵集》卷一，丛书集成本。

[15] 明代称中都遗址为"沙城"，参见（明）金幼孜《北征录》和《后北征录》，民国胡思敬辑《豫章丛书》第五函第 42 册，1984 年杭州左旧书店刷印民国间南昌豫章丛书编刻局刻本。

[16] 《大清一统志》卷 548 第 12 页《牧厂·镶黄等四旗牧厂》，《四部丛刊续编》第 45 册，上海书店据商务印书馆 1934 年

版重印，1984年版。

[17] 谭其骧主编：《中国历史地图集》，中国地图出版社1996年版。

[18] 尹自先、赵仲等主编：《张北县志》，第26页，中国社会科学出版社1994年版。后文1994年《张北县志》均指此版。

[19] 闫永福：《河北张北县一带的细石器遗存》，《考古》2001年第三期。

[20] 《张北县志》第1—2页及第26—27页，中国社会科学出版社1994年版。

[21] 《金史》卷二四《志第五·地理上》，中华书局1975年版。下引《金史》同此版。

[22] 《辽史》多见皇帝驻跸、狩猎于张北地区的记载。如《辽史》卷六八《巡幸表》重熙六年正月，"猎于鸳鸯泺"、二月"猎于野狐岭"；《辽史》卷八《本纪第八·景宗上》保宁五年七月"驻跸燕子城"；《辽史》卷九《本纪第九·景宗下》乾亨二年四月"清暑燕子城"等；《辽史》卷一八《本纪第十八·兴宗纪一》六年夏四月"猎野狐岭"。所引《辽史》为中华书局1974年版。鸳鸯泺，位于中都西北，今称安固里淖。野狐岭位于今张北县与万全县交界处的坝头地区。燕子城，今张北县城。

[23] 同[21]。

[24] 《金史》卷八九《移剌子敬传》。

[25] 同[21]。

[26] 《元史》卷一《本纪第一·太祖纪》。

[27] 《元史》卷四《本纪第四·世祖纪一》。

[28] 《元史》卷五《本纪第五·世祖纪二》。

[29] 同[28]。

[30] 《元史》卷六《本纪第六·世祖纪三》。

[31] 陈高华、史为民：《元上都》第45—49页，吉林教育出版社1988年版。

[32] 郑绍宗：《考古学上所见之察罕脑儿行宫》，《历史地理》第三辑，1983年。

[33] 周伯琦：《扈从集》，《近光集》卷三。

[34] 叶新民：《元上都研究》第51页和239页，内蒙古大学出版社1998年版。

[35] 同[13]。

[36] 同[13]。

[37] 《元史》卷二四《本纪第二十四·仁宗纪一》。

[38] 同[37]。

[39] （元）周伯琦：《兴和郡》诗，转引自《张北县志》第565页之《诗歌》，中国社会科学出版社1994年版。

[40] （元）周伯琦：《扈从北行后记》，（民国）陈续淹修、许闻诗纂：《张北县志》卷八《艺文志·奏议》，民国二十四年铅印本，台湾成文出版社影印。下引民国县志同此。

[41] 同[18]。

[42] （元）杨奂《抚州》诗："北界连南界，昌州又抚州。月明鱼泊夜，云冷鼠山秋。为客无时了，劳生有许愁。残年婴世网，吾欲谢浮鸥。"现一般据此诗描写的行程路线和情境推测，鼠山即指狼尾巴山。即元中都城址西侧3公里的弧形山脉。1994年版《张北县志》第66页记载："狼尾巴山：公会镇、馒头营乡交界，县城西北20余公里处。长约5公里，海拔1431米，相对高度130米，总趋东西走向。土石间有，可耕牧。"其中"总趋东西走向"一句是不太准确的，应为南北走向。鼠山是与中都城址距离最近的一列山丘，在元中都城址选择方面，此山应是首先需要考虑的重要地理元素之一，后文还将提到。在明代可能曾叫作"封王陀"或"凤凰山"。永乐八年（1410年），明成祖朱棣出征蒙古，金幼孜《北征录》记载，二月"初七日，早发兴和，行数里，过封王陀，今名凤凰山。山西南有故城，名沙城，西北有海子，驾鹅鸿雁之类满其中。……上又曰：'适所过沙城，即元之中都，此处最宜牧马。'语久始退"。笔者调查，在中都附近之山，唯有狼尾巴山位于其西。而在中都以东黄花脑包和东北迭不齐儿山均分别距此30里和40里以外，只有晴天始可远远望见，附近再无其他山。按明成祖所走路线方向，有"海子"在山西北，是过了距兴和（张北）"数里"的"封王陀"之后向西北方向行进，至"海子"，即今安固里淖。如果此"封王陀"是指迭不齐儿山，其行走的路线就是从中都城址所在地又折向东北，再行数十里到东北方向的迭不齐儿山，若要抵达安固里淖，需要再折向西南行走数十里。当时行军不可能绕这样的一个大圈子，且文中所述"早发兴和，行数里"便过封王陀，所以这个"封王陀"不可能是离中都城又几十里地以外的迭不齐儿山。同样，封王陀如果是指城址东侧的黄花脑包，绕远不说，也没有与记载相符的地形，所以也不可能是黄花脑包。鉴于此，当时"封王陀"应该指的就是今天的狼尾巴山，地理位置与当时记载最为符合。"凤凰"与 "封王"谐音，"凤凰山"可能因"封王陀"音转而来。但中都是位于狼尾巴山东南方向，

文中所记为"山西南有故城",这也不难理解,古时走路,并非完全按正南、正北方向,且狼尾巴山北部是向东弧弯的,当从东南斜向西北走过此山尾端北侧后,回想中都的位置,在方向上出现偏差是常有的现象,况且在草原上因参照物较少,迷路现象本来也时有发生,把"山东南"记成"山西南"是不足为怪的。另外,《后北征录》记载永乐十二年(1414年)朱棣北征,曾于四月初五日"移营于兴和北十里沙城,初六日,大阅军士",中都在兴和约30里,而记载为"十里",当时没有准确的测量,只是大致的估算,"十里"尚可算为"数里",这恰好为证明当年经过中都附近的山即狼尾巴山提供了佐证,若为其他山,又均在几十里以外,再称"行数里",就不妥了。金幼孜的这段记载,是被研究元中都的学者们经常引用的十分重要的一条文献,故在此略作解释。

[43] 此图参考张北县民政局2009年6月编制《张北县行政区划图》和中国社会科学出版社1994年版《张北县志》第71页《张北县河流分布图》而绘制。

[44] "旺兀察都"见《元史》卷二十二、二十三本纪第二十二和二十三《武宗一》和《武宗二》;"王忽察都"见《元史》卷三十一本纪第三十一《明宗》,清代顾祖禹《读史方舆纪要》卷十八《北直九》提到明文之争事件时亦以此称;"旺古察"见《元史》卷一三八列传第二十五《康里脱脱》;"汪火察秃"见《元史》卷三十本纪第三十《泰定帝二》;"晃忽叉"见元代权衡《庚申外史》卷上,提到明文之争事件时使用此地名;"忽察秃"按周伯琦《扈从北行后记》记述理解;此纳钵应在鸳鸯泺(今安固里淖)东南,"(鸳鸯泺)是而南则属兴和路矣,……曰忽察秃,犹汉言有山羊处也,地饶水草,野兽兔最多,又西二十里为兴和路",一般据此按里程和读音推测"忽察秃"即指元中都所在地,但原文所记方向不准确,兴和路应在其地之南。此说尚无确证。"瓮郭察图"见注[88]。

[45] 2011年7月应邀参加第八届中国·内蒙古草原文化节·草原文化论坛·元代的城址研究研讨,作《元中都发现与考古研究》主题发言,并以"旺兀察都"蒙语之意就教于呼和浩特职业学院特格舍先生,后函复内容如下:"张春长研究员:对给我寄来这么多好资料,表示衷心感谢!关于'旺兀察都'一词,初步查阅了一些资料,作了初步分析,仅供参考。一、'旺兀察都'一词,在《元史》中有两种写法:1.旺兀察都。①出现于'甲午,建行宫于旺兀察都之地,立宫阙为中都'一句中(见《元史》(二)480页)。②'秋七月,辛巳,置行工部于旺兀察都'(见《元史》(二)484页)。③—⑥另见《元史》(二)493、495、498、500页(此句为笔者据原文意思简要概括)。2.'天历二年八月乙酉朔,明宗次于王忽察都。丙戌,帝入见,明宗宴帝及诸王、大臣于行殿。……'(《元史》(三)737页)。这样'旺兀察都'由一般地名升为行宫(行殿)之名。二、查阅了一些资料后的初步分析:查阅了三部蒙古文词典,一部汉蒙词典(第三版)后发现了'察都'一词,解释都表明'意为驯鹿'。我未查到'旺兀'、'王忽'的解释,估计'旺兀'、'王忽'是对'王'字的蒙古音(蒙古语不分声)的译写,一般没有固定字。我觉得第二种写法'王忽'的'王'字,未用'旺'而用了'王'字,是否是有对'旺兀'的脚注的性质。这样可以理解'旺兀'和'王忽'应是'王的xx'的意思。因'旺兀察都之地'是以地('是以地'这三个字原文没有,是笔者所加)名出现的,所以在'驯鹿'之后可有'场'或'苑'字理解为地点。这样,建行宫之地是'(诸)王的驯鹿场、或王的驯鹿苑。行宫(行殿)名为驯鹿场行宫。叫起中都之后驯鹿场可以隐居了。我的声明:我查的词典都是近、现、当代的工具书,是不是保留了古蒙语的意思,现在还不敢定论,加上北方少数民族互相借用名词术语,'察都'也许不是蒙语而是其他民族的语言。我如发现新的资料、新的解释要及时奉告。……特格舍于寓所,2011年8月20日。"

[46] 此诗以《自湖滩和朔至三岔》之名收录在1994年出版的《张北县志》之《诗歌》第567页,下加原注:张家口外官牧余地分授八旗放牧,各据一方,每夏加遣人员督率之。"湖滩和朔"在宁夏一带,而"三岔"所指不明。一般认为此诗所反映的内容就是张北坝上一带,并为很多人引用。以此就教于县志主编尹自先生,他也持此种观点。

[47] 同[33]。

[48] 《元史》卷一六《本纪第十三·世祖纪一三》。

[49] "遮里哈剌"见《扈从北行后记》:"由此转西至怀秃脑儿,犹汉言后海也,有大海在纳钵后,故云。曰平陀儿,曰石顶河儿,土人名为鸳鸯泺,其地南北皆水,水禽集育其中,国语名其地曰遮里哈剌纳钵,犹汉言远望则黑也";"昂兀脑儿"见《中国历史地图集》之元时期中书省图,"昂禑闹儿"见明时期京师(北直隶)图,"昂古里泊"见清时期山西图。"鸳鸯泊"见辽时期南京道图;"昂吉泊"和"鸳鸯泊(泺)"见金、南宋时期西京路图。"昂古立脑"见清乾隆年间编纂的《口北三厅志》:"金史地理志,抚州有昂吉泺,又称鸳鸯泺……今呼为昂古立脑,即金之鸳鸯泺也。"1994年版《张北县志》第535、559页还有"安固里诺儿"和"安固林诺尔"的称呼。应是蒙语音译。

[50] 《元史》卷二三《本纪第二十三·武宗纪二》记载:"(武宗至大三年八月)甲子,猎于昂兀脑儿"。

[51] 《鸳鸯泊作》之诗见1994年《张北县志》之《诗歌》第564页。

[52] 1994年《张北县志》之《淖儿》第72页:安固里淖在公会镇域内,面积约60平方公里,水面47.6平方公里,呈椭圆形,水深4米,水量11900万立方米,显碱性。

[53] 1994 年《张北县志》之《山脉》第 66 页：狼尾巴山"总趋东西走向"。书中所述或与鼠山范围有所不同，可能是指北部的"鼠尾"部分，而不包含鼠山的南部"鼠头"部分，就整体而言，应趋于南北走向。

[54] 1994 年《张北县志》第 73 页《淖儿》记载：新地湾淖隶馒头营乡，水面面积 1.44 平方公里，水深 3 米，水量 432 万立方米，水质碱（群众评议）。此淖是与中都城址距离最近的湖泊，在城址选择时应是与元中都相关的重要地理元素之一，后文还将提到。

[55] 1994 年《张北县志》之《山脉》第 67 页记载："黄花脑包：县城东北 11.9 公里之馒头营、郝家营乡交界处，海拔1440.2 米，土石相间，不能耕种。蕴藏大理石和软白石。"中都螭首等构件的用料是否与此地石料有关，下一步需要做测定，此可作为线索。

[56] 1994 年《张北县志》之《山脉》第 66 页记载："迭不齐山，县城正北约 34 公里，张（北）康（保）交界处。海拔 1600米以上，东西走向，土层较厚，可耕种。" 这是元中都东北方向最近的山，距离约 19 公里，天气好时清晰可见。

[57] 参考 1994 年《张北县志》第三章《自然环境》第 59—105 页、第五章《畜牧业》第 116—136 页、第七章《农业》第148—169 页。

[58] （清）金志节原本、黄可润增修：《口北三厅志》卷五《风俗物产》，乾隆二十三年刊本，台湾成文出版社影印。下引本书同此。

[59] 《金史》卷六《世宗纪》、卷二十四《地理上》。

[60] 内蒙古草原地带文物干部考古培训班：《正蓝旗四郎城调查简报》，《内蒙古文物考古》1999 年第 2 期。

[61] 虞集：《贺丞相墓志铭》，《道园学古录》卷十八，中华书局据明刻本校刊。

[62] 《金史》卷二四《志第五·地理上》。

[63] 同 [42]。

[64] 韩志远：《略论金抚州地区在蒙金战争期间的战略地位及元武宗在抚州建元中都的军事原因》，《文物春秋》1998 年第 3 期。

[65] 李逸友：《黑城文书所见的元代纳怜道站赤》，《文物》1987 年第 7 期。

[66] 叶新民：《元上都研究》第 114—157 页《元上都的驿站》，内蒙古大学出版社 1998 年版。

[67] 交通部中国公路交通史编审委员会：《中国古代道路交通史》第 375 页，人民交通出版社 1994 年版。

[68] 《经世大典站赤》，《永乐大典》卷 19416。

[69] 同 [68]。

[70] 同 [66]。

[71] 同 [65]。

[72] 叶新民等：《元代的兴和路与中都》，《文物春秋》1998 年第 3 期。

[73] 同 [12]。

[74] 同 [12]。

[75] 同 [12]。

[76] 同 [12]。

[77] 同 [12]。

[78] 虞集《河图仙坛之碑》记载：至大元年，玄教嗣师吴全节从武宗"至中都，中秋赐宴，上顾其貂裘弊，改赐黑貂三百以为衣。"《道园学古录》卷二五，《四部丛刊》本。

[79] 同 [13]。

[80] 同 [13]。

[81] 同 [12]。

[82] 同 [12]。

[83] 同 [12]。

[84] 同 [12]。

[85] 同 [13]。

[86] 同 [13]。

[87] 张养浩《归田类稿》卷二《上书·时政书》："今闻创城中都，崇建南寺，外则有五台增修之扰，内则有养老宫展造之劳，括匠调军，旁午州郡。或渡辽伐木，或济江取材，或陶甓攻石，督责百出，蒙犯毒瘴，崩沦压溺而死者，无日无之。粮不实腹，衣不覆体，万目睊睊，无所控告。以致道上物故者，在所不免，以此疲氓，使佛见之，陛下知之，虽一日之工，

亦所不忍。彼董役者，惟知鞭扑趣成，邀功觊赏，因而盗匿公费，奚暇问国家之财诎、生民之力殚哉？"台湾商务印书馆1986年影印文渊阁《四库全书》第1192册第486页，上海古籍出版社1989年版，1991年印刷，下文引用此书简称《四库全书》。

[88] （元）程钜夫：《瓮郭察图建宫殿祭文四首·后土》，《雪楼集》卷一，《四库全书》第1202册第9页。

[89] 同[13]。

[90] 《元史》卷二四《本纪第二十四·仁宗纪一》。

[91] 同[90]。

[92] 同[90]。

[93] 《元史》卷二九《本纪第二十九·泰定帝纪一》。

[94] 《元史》卷三〇《本纪第三十·泰定帝纪二》。

[95] 《元史》卷三三《本纪第三十三·文宗纪二》。

[96] 关于明文之争"旺兀察都事件"，明宗之子元顺帝在至元六年（1340年）的诏书里揭示于天下："文宗稔恶不悛，当躬迓之际，乃与其臣月鲁不花、也里牙、明里董阿等谋为不轨，使我皇考饮恨上宾。"见《元史》卷四《本纪第四十一·顺帝纪三》记载。元代权衡《庚申外史》卷上记载，"文宗召皇后及太子燕帖古思、大臣燕帖木儿曰：'昔者晃忽叉之事，为朕平生大错，朕尝中夜思之，悔之无及。燕帖古思虽为朕子，朕固爱之。然今大位乃明宗大位也，汝辈如爱朕，愿召明宗子妥欢帖睦尔来登兹大位。如是，朕虽见明宗于地下，亦可以有所措词而塞责耳。'言讫而崩"。晃忽叉者，乃明宗皇帝从北方来饮毒而崩之地。人之将死，其言也善，从情理上推断这段记载是可信的。元代诗人萨都刺在其《记事》诗中写道"当年铁马游沙漠，万里归来会二龙。周氏君臣空守信，汉家兄弟不相容。只知奉玺传三让，岂料游魂隔九重。天上武皇亦洒泪，世间骨肉可相逢？"此诗有"诗史"之称，笔锋直指最高统治者，揭露了文宗为争夺皇位杀兄明宗的这一宫禁秘事。

[97] 同[33]。

[98] 《鸿猷录》卷二《宋事始末》第20页，王云五主编丛书集成初编本第390函，商务印书馆1937年版。《元史》卷四五《本纪第四十五·顺帝八》第945页。《明史》卷一二二《列传第十·郭子兴 韩林儿》。《庚申外史》卷下，《豫章丛书》第五函第38册。

[99] 《口北三厅志》卷二第28页《山川·炭山》。

[100] （民国）《张北县志》卷二《地理志下·古迹》。

[101] 沈云龙主编：《察哈尔省通志》第207页，文海出版社1966年版。

[102] 河北省张家口地区联合经济调查组编：《坝上四县解放前的历史资料》，见存张家口图书馆，1979年编，转引自尹自先主编：《张北县志》第560页《白城子说》。

[103] ［日本］箭内亘：《元代的东蒙古》，《蒙古史研究》第636页，刀江书院，1930年。

[104] 《张家口日报》1982年2月22日第4版。

[105] 尹自先：《白城子说》，《河北地方志》1987年第2期。收录在尹自先主编1994年《张北县志》。

[106] 刘建华：《河北省张北县白城子古城址调查简报》，《辽海文物学刊》1995年第2期。

[107] 李惠生、赵淑英整理：《元中都学术研讨会在张北县召开》，《文物春秋》1998年第3期。

[108] 周良霄：《三朝夏宫杂考》，《文物春秋》1998年第3期。

[109] 1994年《张北县志》第26—27页。

[110] 尹自先：《坝上的历史沿革》，《河北学刊》1984年第1期。

[111] 陈高华：《元中都的兴废》，《文物春秋》1998年第3期。

[112] 魏坚：《浅议元中都的兴建及对保护工作的建议》，《文物春秋》1998年第3期。

[113] 史卫民：《元代都城制度的研究与中都地区的历史地位》，《文物春秋》1998年第3期。

[114] 同[64]。

[115] 孟繁清：《漫议元中都的兴衰》，《文物春秋》1998年第3期。

[116] 张羽新：《加强元中都城址保护利用，促进张北县两个文明建设》，《文物春秋》1998年第3期。

[117] 郑绍宗：《考古学上所见之元中都——旺兀察都行宫》，《文物春秋》1998年第3期。

[118] 同[72]。

[119] 同[115]。

[120] 同[116]。

[121] 同 [117]。

[122] 同 [111]。

[123] 陈应祺：《略谈元中都皇城建筑遗址平面布局》；冯恩学：《元中都城址观感》；贺勇、李惠生、马逵：《元中都遗址认定及其历史考古价值》；另参见 [112]。

[124] 同 [105]。

[125] 同 [106]。

[126] 李惠生、赵桂香：《元中都遗址及其周围村庄出土的元代文物》，《文物春秋》1998 年第 3 期。

[127] 陈应祺：《略谈元中都皇城建筑基址平面布局》，《文物春秋》1998 年第 3 期。

[128] 季羡林：《都市中的游牧民》之《总序》，见史为民著《都市中的游牧民——元代城市生活长卷》，湖南出版社 1996 年版。

第二章　调查勘测

　　元中都，在1307年由元武宗下诏创建，1311年元仁宗敕令停建，元末以后未再见有文献记载其使用情况，可能即已废毁。因建造和存续时间短暂，史籍记载不多，遗址长期湮灭，明初被称为"沙城"，清代土人名"插汉巴尔哈逊城"，蒙语意即"白色的城"，后误传为辽通市易之"北羊城"，现在当地人还称之为"白城子"，这也一直被用作附近积善村和魏家房村的合称之名。20世纪以来直至90年代前期，一些学者实地考察为其正名，逐渐引起关注。1997年，由河北省文物局、中国元史研究会、张北县人民政府联合举办"元中都学术研讨会"，学者们依据文献进行了较为详尽的论证，大大推动了元中都研究进程。但从考古学角度，研究还有待深入。作为性质单一、保存相对完整的元代都城遗址，元中都具有极其重要的考古价值。有关元中都的研究应是多方位的，而搞清平面布局、揭示遗址内涵是其首要任务。为此经国家文物局批准，受河北省文物局委托，河北省文物研究所、张家口市文物管理处、张北县文物保管所联合组成元中都考古队，在1998年，制定了连续性的考古勘察工作规划，首先按计划对城址周围环境及平面布局进行勘察，并完成了现状测绘。因地理环境范围广阔、城址面积巨大、地面遗迹少见、确切线索无定、涉及元素较多等原因，此项工作费力耗时、复杂繁琐、收效缓慢，在整个考古工作开展期间贯穿始终。现将1998—2003年勘察情况报告如下。

一　地理位置及环境

　　元中都遗址位于河北省张家口市张北县县城西北15公里，在馒头营乡积善、魏家房（二村合称白城子村）和淖沿子三村之间，原张化（张家口—化德）公路呈东南—西北方向斜穿城址，从宫城南墙而入、西墙而出。外城大致地理坐标：西南角北纬41°16′29.17″，东经114°36′16.98″，海拔1363米；西北角北纬41°18′5.64″，东经114°36′11.56″，海拔1363米；东北角北纬41°18′7.88″，东经114°38′17.60″，海拔1361米；东南角北纬41°16′31.90″，东经114°38′20.78″，海拔1363米；中心点按一号殿址中心即前殿北部中心点测得地理坐标为北纬41°17′34.19″，东经114°37′16.21″，海拔1364.69米[1]（图一、二；彩版一、三）。在中都之南32公里，盘转的山路，像一条巨龙，在错列的群峰中由南而北、由低而高，翻越野狐岭，从"坝下"延伸到"坝上"（彩版四、三二）。"坝"，是一条东西向横亘在内蒙古高原南缘的垄状山脉，这是一条天然地理分界线，海拔由南侧的700余米陡然升高到1500多米，然后再向北缓缓下降，自此以北风情迥异，"山无头，水倒流"，生动地道出了这里的地形特点。不见峰谷沟壑纵横，但见大地坦荡悠旷。山缓水曲，草远云低。顺着张化公路，便来到元中都，它位于三台河、安固里河、黑水河、安固里淖水系环绕的中间地带，附近俗称"淖儿"

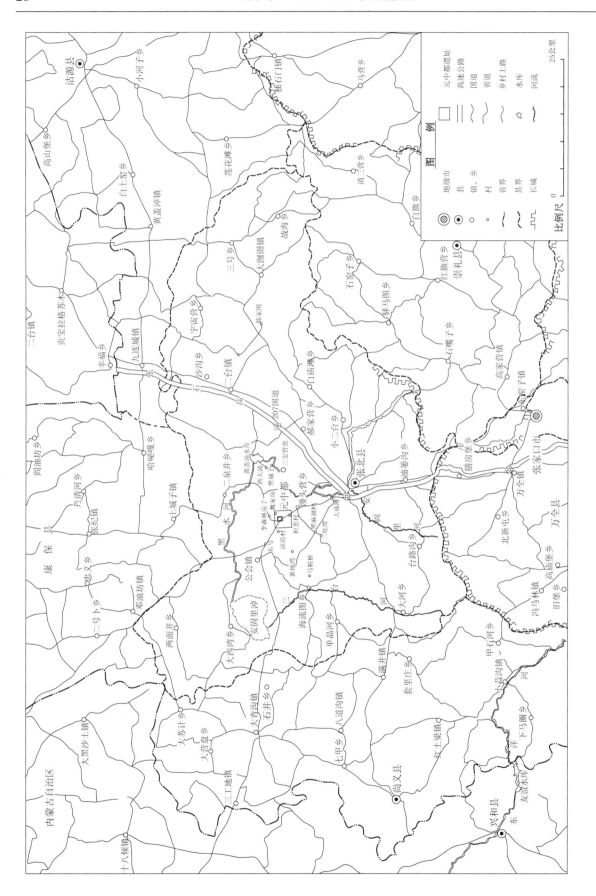

图一 元中都行政位置图

的小型湖泊星罗棋布，如二圪塄淖、白沙淖、新地湾淖、二先生淖、张汉营淖、北壕堑淖等。安固里淖是华北最大的高原内陆湖泊，湖边有多处前人留下的石刻文字（彩版三三、六二、六三；彩版六四，1）[2]。"淖畔有大小土城，形迹可辨，为辽金元时行宫或邑落遗址。"[3] 元中都城址西侧 3 公里，狼尾巴山略呈弧形南北延伸，城址南部野狐岭、东南黄花脑包、东北迭不齐山隐约可见，呈合围之势。由城址西望，狼尾山上的树木清晰可辨。城址西南及西侧、淖沿子村的南侧，与山地之间的大片地带，地势由周围渐趋低洼，海拔最低 1357 米，积水之处形成湖泊，当地人称作"淖儿"，但无人能说出其具体名称；1994 年出版的《张北县志》，根据位于该淖儿西南侧的新地湾村而称之为"新地湾淖"[4]，这是距离中都城距离最近的一处湖泊，主要以降雨为其主要水源，20 世纪 80 年代以前常年积水，现今雨后仍水泊连片（彩版四四至四六）。中都城址宫城所在位置海拔 1361—1363 米，与城西淖儿高差可达 6 米。狼尾巴山东坡和南坡还有不少泉眼，作为淖儿水源补充。有的泉眼在现今干旱季节仍有泉水渗出流向淖儿，经访问和调查发现五处泉水迹象。其一，新地湾泉，坐标：北纬 41° 17′ 14.0″，东经 114° 34′ 32.0″，海拔 1367 米。在 2009 年以前还有泉水流出，周围芦草荡漾，泉眼附近，碧野葱茏，现尚存一直径约 3、深 0.5 米的浅坑（彩版六四，2）。其二，胜世永"水泉"，坐标：北纬 41° 15′ 50.2″，东经 114° 34′ 43.3″，海拔 1391 米。2010 年以前清水长年不断，其东 50 米有一蓄水围坝，现泉眼之内水已不流，存一直径 2、深 2 米的圆坑，坑内尚存有清澈的泉水（图版一，1）；其三，狼尾巴山南坡泉水，今已干涸，流淌出弯弯曲曲的水道，悠远南行（图版一，2）；其四，豆腐窑西泉水（图版二，1），北纬 41° 14′ 44.70″，东经 114° 34′ 11.90″，海拔 1386 米。至今仍有甘冽的清水流出，向南逶迤而行，汇聚成月亮形水湾，成群的牛羊前来饮水。其五，庙脚底泉水，北纬 41° 11′ 53.7″，东经 114° 32′ 38.2″，海拔 1437 米。原本由北向南流淌，村民利用其浇灌，东引汇集成一泓碧水（彩版六五）。在"新地湾淖"东部和南部为大面积的草滩，牛羊成群。在淖儿北岸、淖沿子村所在高地的南缘有厚达 4 米的水淤沙层，沙层中含有小石子，砂粒粗细混合，说明古代可能水域很大，边界及此（图版二，2）。中都南侧和北侧地势平坦，林带、农田和草滩交错分布，城址东侧辽阔悠远，碧草如茵，禾稼间作（彩版二七至二九、四一、四七、五六）。

二　城墙状况

元中都城墙由内向外由宫城、皇城、郭城（外城）三重城墙相套而成（图三）。

（一）宫城城墙及附属遗迹

1. 宫城城墙现状

在魏家房村西南 300 米可见内外两周相套的城墙，内周即为宫城（图四；彩版六六、六七），平面呈南北长方形，城墙可分作上、下两部分。上层墙体是民国十五年依宫城城墙遗址原基所夯筑的围寨[5]，其墙体与下层截然分开，受雨水冲刷和风力剥蚀，参差不齐，残高 1—3 米，顶宽 0.2—0.6 米，为版筑，每版宽 3.05—3.25 米，夯层明显，每层厚约 0.2 米。土色灰白，土质干硬，在西墙和东墙南段中上部各有厚 0.4 米左右的泥坯夹层（彩版六八，1）。围寨四面墙体中部各有一个缺口，四角上部建有方形角台（彩版六八，2；彩版六九，1；彩版七〇、七一）。民国围寨的下部即为元中都宫城

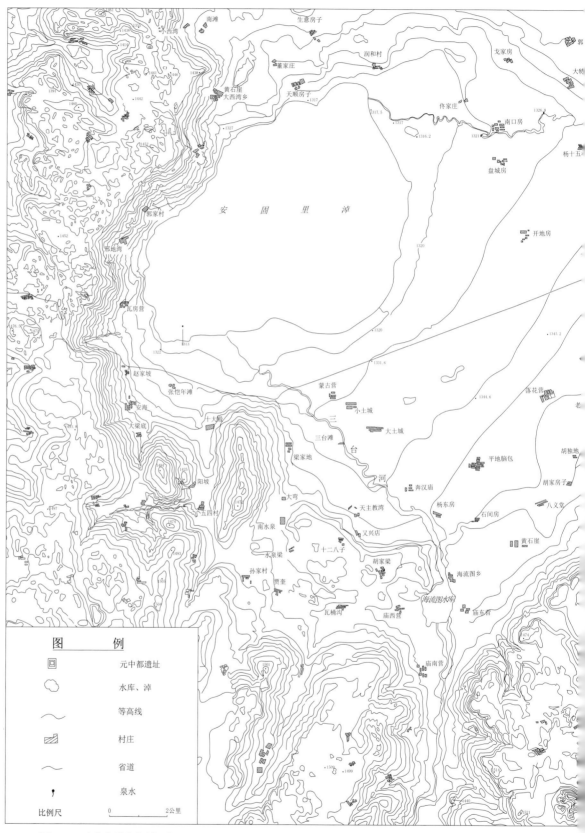

图二　元中都周边地形图

说明：垂直南北图廓线为"坐标纵线北方向"

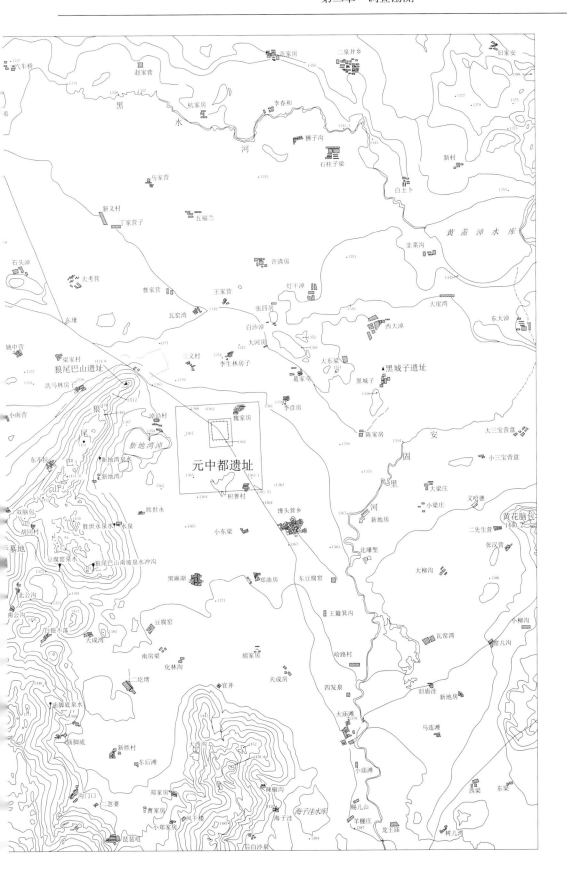

城墙遗址，墙体呈丘状，高出地表 3—5 米，青草漫生，四角处内、外侧丘垄均较宽，堆积亦高于其他部分墙体 1 米左右。城墙四面中部与上层围寨缺口相对应处，各有一个"U"形缺口，位置与上层缺口相同。2004 年退耕还草前，附近村民入城耕种便走此处。据他们反映，这四个"U"形缺口处就是原来的四个城门。其中南面缺口，即当地群众所说的宫城南门，两侧对称分布两个相距 70 米的高大土丘（彩版六九，2）。西墙和南墙局部显露原有夯层，系版筑，每版宽 2.9 米，局部留有直径 0.15 米的圆孔，内有朽木粉末，当是纴木遗迹，它水平方向与墙体交成 0°—20° 角。夯层不明显。土色浅褐，土质沙性大，夹有黄白粗砂粒，但比较坚硬（彩版七二，1）。原张化公路呈东南—西北方向从宫城南墙遗址东段和西墙遗址北段穿过（彩版七二，2；彩版七三）。

东墙　将东墙均分为三段叙述。东墙南段南部接近东南角台处的民国围寨保存相对较好，残高 2—3 米，下部灰白，在下部丘垄以上 1.8 米先砌一层泥坯，其上夯土呈黄白色。泥坯为褐色土质，个体长 0.36—0.38、宽 0.19、厚 0.67 米（彩版七四至七六）。南段之北部有一段可见有明显的版筑痕迹，残高 2.7 米，土色表面黄白、内部呈浅褐色（彩版七七，1）。东墙北段和中段的民国围寨保存均不太好。东墙中段围寨残高 0.9—2.3、顶宽 0.1—1 米，土色外表发白，呈浅褐色，沙性大，有红、白粗沙粒，夯层厚 0.23 米（彩版七七，2）。东城门豁口宽 3.15 米（彩版七八）。在东门北侧不远处的墙体下有防空洞，洞口宽 1.5 米（彩版七九，1）。此处因背风向阳，墙基下的防空洞成为狐狸的安家之所。东墙北段围寨比中段略高，残高 1—2.3 米，自北向南有 2 个豁口，分别宽 3 和 5 米。夯版宽 3.05、顶宽 0.2—0.6 米（彩版七九，2；彩版八〇；图版三，1）。东墙南、北端均连接角台（彩版八一）。

南墙　南墙西段围寨残高 3.3 米，在距西南角台中心点 66 米处有一宽 2.7 米的豁口，50 年代在宫城以内、西南部区域曾开过车马店，从此处打开缺口作为通道进出城内。同时白城子村中的部分居民曾住在城内，也从这里出入（彩版八二；彩版八三，1；彩版八四）。南墙东段遗址下层土垄较高，上部民国夯墙残高 1—2.6 米，因雨水冲刷剥蚀，夯版痕迹不明显（彩版八三，2；彩版八四、八五；彩版八六，1）。在原张化公路穿过的墙体东断面上有一个防空洞口开凿于元代城墙上。洞口残高 0.6、宽 1 米，已淤塞（彩版八六，2）。公路穿过城墙的豁口宽约 20 米。在公路的西侧、南墙中段的上层民国夯墙残高、残宽各 1 米，该段城墙中间为一豁口，为宫城南门旧址（彩版八七，1）。门口西侧有长 12 米的民国围寨内含有石头和瓦块。下层元代宫城南墙遗址保存较高，城墙北侧较陡，南门东侧近豁口处的南侧上层夯土为褐色和灰色土质相间，夯层厚 0.1 米，应为元代残墙，褐色层内含有大量粗砂及石子。南门西侧有一段，夯土质量较好，黄褐色土夹有砂粒，夯层厚 0.15 米，留有纴木洞，与墙体斜交角度大约 20°，可能为元代残墙，残高 2.5 米。南门外侧东、西各有一丘状堆积，应为墩台建筑遗址（彩版八七，2）。南墙的西、东两端为高起的土丘，是西南角台和东南角台遗址，上层坐落民国时期的方形夯台。

西墙　宫城西墙南段基址以上的民国围寨，保存相对较好，高 3 米（彩版八八，1）。距围寨基部 1.5 米高处有 0.45 米厚的用泥坯砌筑的夹层，其下为版筑，每版宽 3.05 米，夯层厚 0.25 米，夯墙内夹有小石子，土质为黄白土，夹有褐色土块，沙性较大，雨水冲蚀严重。泥坯共有 8 层，呈浅灰色夹有麦秸，每块泥坯长 0.36—0.38、宽 0.23、厚 0.05—0.06 米。泥坯上部又为夯筑，土色比下部夯土微黄夹有砖块、小石子等物，冲蚀严重，墙上部宽 0.2—0.7 米（彩版八八，2；彩版八九，1）。该

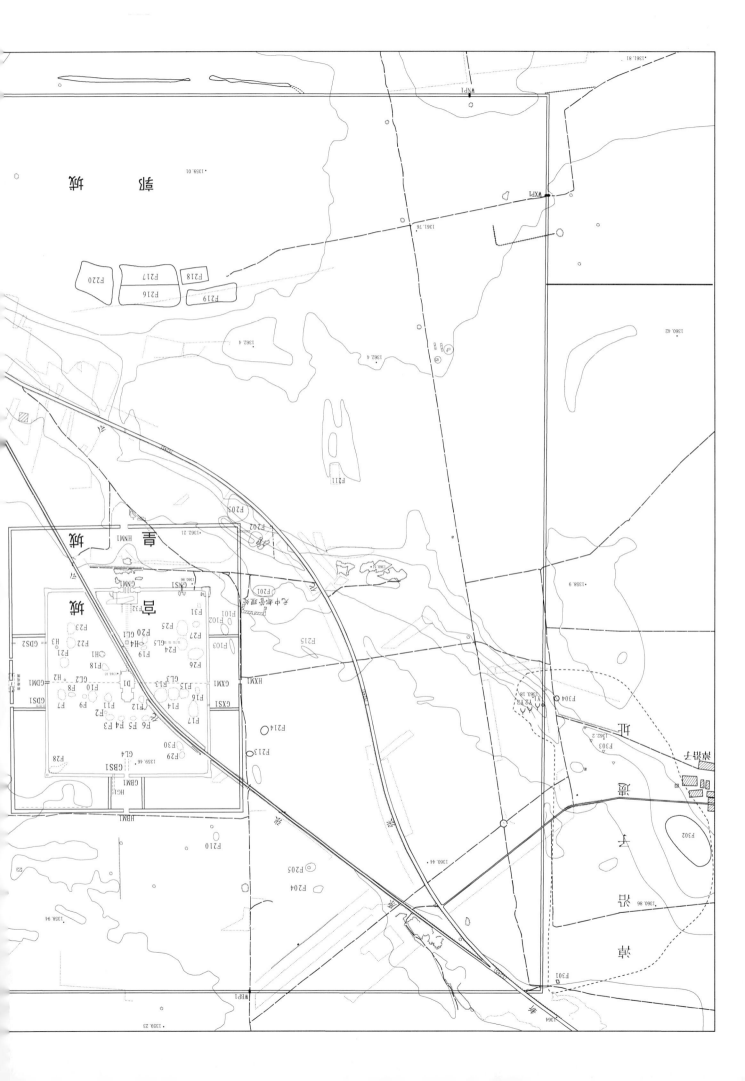

图三　芒中都贵发掘图

说明：本书除北针所指示的方向均为磁子午线北方向

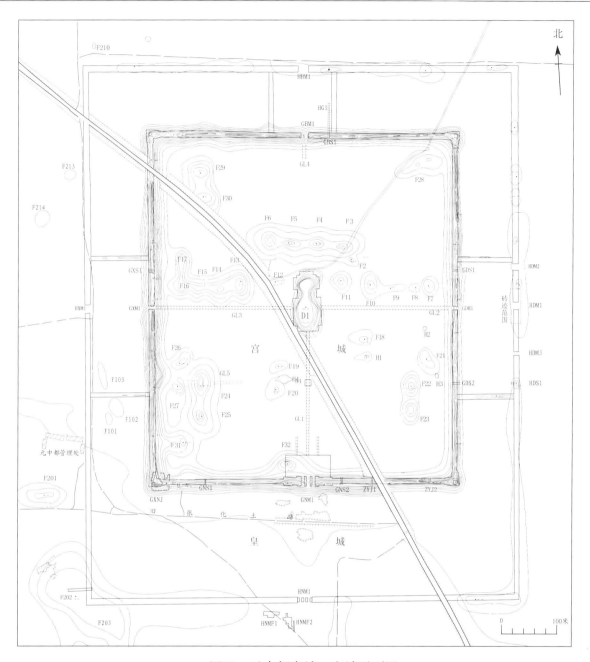

图四　元中都皇城、宫城平面图

段墙体内侧留有密集的小孔洞，为当年民兵打靶留下的弹坑痕迹，后来孩子们在墙上挖子弹头而使弹坑扩大，其中住有蝙蝠和戴胜鸟儿（彩版八九，2）。西墙中段元代墙体及其上的民国夯土墙保留均较差，塌毁严重。下部看不到元代墙体，只余土垄，其上有高约 1 米的民国残墙，土质土色与南段相同。此处和宫城南墙的墙根处长有一种丰茂的蒿草，被当地人称作"宫墙草""皇城草""富贵草"或"吉祥草"。这种草在中都以外的坝上地区难以见到，当地无人能叫出它的名字，并被赋予很多美妙的传说。它的学名叫做驼绒藜[6]（彩版九〇、九一）。中段中间部位留有宽 4.1 米的豁口，原是群众进出城内的通道，恰好亦是利用了元中都宫城的西城门旧址，地表散见大量的碎砖块、瓦块（彩版九二；彩版九三，1）。西墙北段民国夯墙保存最好，壁面较严整，夯层明显。每层厚 0.2 米，夯打较硬，每版宽 3.25 米，残高 3 米，土质硬，沙性大，夹有黄白色粗砂及小石子，夯筑比西墙南段要结实（彩版九三，2；彩版九四至九六）。其下部为缓坡丘垄状的元代城墙墙体遗址，上半部尚能看出高约 1 米的元代残墙体，有纤木洞，孔径 0.15 米，纤木在水平方向与墙体呈 15° 夹角，夯层不明显，土质较硬，土色呈浅褐色，夹有黄白粗砂粒，土质沙性较大，局部尚可看出版宽 2.9 米（彩版九七、九八）。接近西北角台处的夯层内夹有砖瓦残块（彩版九九，1）。西墙的南、北两端分别为宫城西南角台和西北角台遗址，其上层为民国时期的方形夯土台（彩版九九，2；彩版一〇〇）。站在西墙上可清晰地望见西侧的狼尾巴山（彩版一〇一）。

北墙　北墙东段残高 1.5—2.5 米，在距东北角台 51 米处有一土路自原张化公路向东分出，屈曲而来，穿过北墙通向魏家房村中（彩版一〇二；彩版一〇三，1）。宫城东北角北侧有挖取砖石而形成的沟，上层民国围寨东北角台北壁有雨水冲刷的竖沟（彩版一〇三，2）。北墙中段下部元代墙体夯土残留较高，因雨水冲刷剥蚀严重，已非原来宽度，高出地表 2.5 米。上部围寨残高 0.6 米。北门口两侧土丘堆积较小（彩版一〇四）。北墙西段围寨高低参差不齐，残高 1—2.4 米，黄褐土夹有红、白砂粒，并有砖、瓦等残块夹杂其中（彩版一〇五、一〇六），夯打较好，版宽 3.1—3.3 米，夯层厚 0.2 米。西北角的外侧保存相对较好（彩版一〇七；彩版一〇八，1）。西段在西北角台以东 55 米和 136 米、地表以上 2.5 米处，各有豁口宽 4.1 米和 2.5 米（彩版一〇八，2；彩版一〇九）。

2. 钻探情况

在地面踏查的基础上，对四面宫城城墙分段钻探。每隔 50 米与城墙垂直方向钻探一排探孔，孔距 1 米，了解城墙的宽度及地层堆积情况。然后在墙体外侧 1—5 米的范围内，沿城墙方向，呈梅花形布孔普探，孔距 2、行距 2 米，了解城门、马面、水道及其他遗迹。发现遗迹随时调整布孔形式及密度，尽量探明遗迹的现状。有砖、瓦、石堆积的地方，探出其堆积范围。因受干燥气候及沙性土质影响，钻探难度很大，许多地点因探铲打到一定深度便带不上来土样，钻探无法达到预期效果。对四面城墙的钻探情况分述如下。

宫城东墙　地层堆积北、中、南部略有不同。

北部（城门以北—东北角台段）第①层，表土层，厚 0.1—0.3 米；第②层，黄沙土层，系风沙堆积，厚 0.4 米；第③层，黑沙土层，厚 0.4 米，该层下为生土层。

中部（城门处）第①层，表土层，厚 0.1—0.25 米；第②层，淤土层，厚 0.2 米，系风沙和雨水淤积层；第③层，砖石碎块杂土层，厚 0.8 米，该层下有城门底部石条。

南部（城门以南—东南角台段）第①层，表土层，厚 0.1—0.3 米；第②层，黑色风沙土，干燥细腻，厚 0.4 米；第③层，白色淤积层，是雨水冲刷下来的城墙夯土堆积，厚 0.2—0.4 米；第④层，黑灰色沙土，颗粒粗，含砂粒，系原生地面，厚 0.2 米；第⑤层，白胶泥土，即为生土。

根据钻探情况可知，城墙底部夯土宽度约 11—13 米，未见马面遗迹。

发现遗迹 3 处。

城门　1 座。GDM1。在宫城东墙中部豁口处钻探，距地表 1.4 米深处有条石，分布范围南北宽约 12 米，在其东西两侧及附近地表下 0.8 米深处有碎砖块等物。在城门北侧地面有一块玄武岩石条，可能是被拆毁的角柱（彩版一一〇、一一一；图版三，2）。因地层中含有大量的碎砖，钻探十分困难，城门具体宽度、长度无法准确认定。没有发现瓮城迹象。

排水涵洞　2处。

GDS1　在宫城东北角台以南235米，呈东西方向垂直穿过宫城东墙。向南距离城门GDM1约50米，向北距离皇城东区北隔墙与宫城东墙相接处约10余米。地表被挖成一条垂直于城墙的沟，应为盗掘石材所致，现已淤塞。城墙上有防空洞，夯土以下有石块，范围南北宽约3米，当地群众亦说此为水道（图版四，1）。

GDS2　位于城门GDM1南侧，在皇城东区南隔墙与宫城东墙相接处之北约10米，地表无任何迹象，经钻探在夯土以下发现有平石，分布宽约3米（图版四，2）。

宫城西墙　地层堆积较为简单。

第①层，耕土层，厚0.4米；第②层，红沙土，松散，绵软，纯净，厚0.5—0.8米。

发现遗迹2处。

城门　1座。GXM1。墙体上有"U"形豁口，城墙西侧的地面上散见有许多砖、瓦、石块，散见范围为东西3、南北32米。经钻探于地表下亦有此类堆积，而且在局部深1.8米下探出有石块和砖砌平面。推测这里应是宫城西门及附属建筑的遗存。

排水涵洞　1处。GXS1。在城门北侧约50米，此水道1997年测绘的图上有标注，1998年之后再次钻探时因土质干燥、探铲不带土，未能证实。暂列于此，以便今后继续工作。

宫城南墙　城墙遗址外侧有深1.1—2.4米的自然堆积层，自墙体向外侧呈坡状倾斜。南墙的东部、中部和西部各部位的地层堆积情况不尽一致，分述如下：

东部　原张化公路东侧—东南角台段。第①层，耕土层，浅灰色，含细沙，干燥，松散，深0—0.4、厚0.4米；第②层，黄沙土，松软，深0.4—1.1、厚0.7米；第③层，黄褐土，较松软，深1.1—1.5、厚0.1—0.5米；第④层，红褐色，生土，城墙夯筑时的原始地面。这一带的地层是自然堆积地层，一般在地表以下1.4米深处达到夯筑城墙前的原生地面，土层呈红褐色，厚0.3米，此层下是纯净的黄土，即生土。在角台部位，地上墙体外侧亦有夯土，深1.7—1.9米到黄色生土层，不见上述红褐色地面土，说明夯土基址是在深于地表的层位上夯筑的，可能在角台处开挖有宽于地上墙体的基槽。

中部　南门以东—原张化公路西侧段。第①层，耕土层，浅灰色，含大量细沙，松散，干燥，深0—0.35、厚0.35米；第②层，细沙土，灰色，干燥，松散，系冲积层，深0.35—1.15、厚0.8米；第③层，黄褐土，含沙较多，干而且硬，深1.15—1.3、厚0.15米；第④层，淤沙层，灰色，松软，深1.3—1.7、厚0.4米；第⑤层，红褐土，沙性较大，松软，深1.7—1.9、厚0.2米；第⑥层，灰土层，湿而发黏，类似矸子土，深1.9—2.4、厚0.5米；第⑦层，黄土层，质地细腻纯净。其中第⑤—⑦层，应即为生土。

南门处　在厚0.2米的表土层下为黄褐色花土、砖瓦残块等废弃物堆积，很难有探孔能打到底部，在距地表0.5—1米下有条石分布。

西部　南门以西—西南角台段。第①②③层与中部基本相同，第④层为夯土，一般在0.9—1.15米深时见到，厚0.35—0.6米，距地表深1.5米到黄色生土。可能是因上层围寨略向内偏离原宫城墙体中心线，布孔时钻探到了城墙边缘上，在没有夯土的地方0.9米时到黄色生土。

发现遗迹 4 处。

城门 1 座。GNM1。记录和行文中有时编号简称为 GNM。位于城墙的中段，现在墙体上存在一个东西向宽 3.5 米的豁口，中间形成一个进出城内的南北方向通道。在豁口外侧东、西两侧堆积有大量的砖石块和白灰渣。钻探甚难，在距现地表 0.7—1 米的深度上，多个孔内探出平铺石块，局部石块表面有厚 0.2—0.3 米的夯土。从位置、现状、堆积等诸多因素分析，此处当为宫城南门，而且在城门的两侧原应有砖石建筑。建筑已成一片废墟，在豁口东侧分布东西长 30、南北宽 8 米，在豁口西侧分布东西长 30、南北宽 8 米。此门后经发掘已证实，保护工程正在实施（彩版一六九，2）。

排水涵洞 2 处。

GNS1 位于城门以西，在西南角台中心点以东 84 米处的城墙基上，呈南北向横穿城墙。此处形成垂直城墙的浅沟，沟内地层堆积为：第①层，表土，有杂乱草根，厚 0.15 米。第②层，夯土，在 1.3 米深的夯土下有平砌的石块，当是涵洞的顶部，在东壁外有 0.5 米宽的散乱石块。石壁之间没有发现夯土，而在深 1.9 米处则见石头，应系水道的底部。宽度约 3、存高 0.6 米以上。据群众反映，此处曾发现铁栅栏，应是用来防止盗贼自此出入而在涵洞内设置的。此涵洞后经发掘证实。

GNS2 位于宫城南门 GNM1 东面墩台废墟的东侧，地势较两侧略低，钻探发现夯土断开宽 1 米有余，在耕土层下有小沙石，很干燥，虽经努力，终究未能钻探到底。推测此处有可能为水道，附记于此，以待发掘确定。

砖砌建筑遗迹 2 处。

ZYJ1 位于东南角台中心点以西 155 米处，在原张化公路的西侧 10 米。此处宫城城墙已破坏，在横贯墙基南北 10、东西 5.5 米的范围内，距地表 0.9—1.3 米深处，北部普遍有砖，南部有 2 米宽的范围内有石头等遗物，砖层以上有夯土或淤土。此砖体建筑遗迹的南面有一南北长 10、东西宽 8 米的土坑，坑内填满淤土和夯土块，淤土在底部厚 0.6 米。

ZYJ2 位于东南角台中心点以西 43 米处，局部与城墙相连，在地表以下 1.2—1.5 米深时发现有砖砌遗迹，据钻探情况判断砖墙宽 0.4 米，遗迹平面近长方形，南北长 4、东西宽 2.5 米，其周围有少量散乱砖块。

宫城北墙 城墙遗址外侧有深 1.1—2 米的自然堆积层，自墙体向外侧呈坡状倾斜。东部、中部和西部各部位的地层堆积情况不尽一致，分述如下：

东段 第①层，表土层，紧密，厚 0.1 米；第②层，黄沙土层，十分干燥，深 0.1、厚 0.2 米；第③层，灰黑沙土层，疏松，深 0.3、厚 0.6 米；第④层，夯土层，坚硬，为五花土，深 0.9 米。此处城墙夯土宽约 10 米。

中段 地层同东侧地层基本相同，深 0.85 米见夯土。此处城墙夯土宽约 11 米。

西段 第①层，表土层，疏松，厚 0.2 米；第②层，黄褐色，沙土层，深 0.2、厚 0.7 米；第③层，黑沙土层，疏松，深 0.9、厚 0.7 米；第④层，青灰色土层，黏性大，深 1.6、厚 0.4 米；第⑤层，夯土层，深 2 米开始出现夯土，松散，为五花土。此处城墙夯土宽约 13 米。

发现遗迹 3 处。

宫城北门 GBM1。在宫城北城墙中段豁口处，距地表 1 米深处发现可能有较大的条石，无法再向下进行钻探，其范围东西宽有 10 米，北部最外边距城墙约 6 米远，据此推断，此处应当是宫城北门所在，同时在此处向东、向西两侧各宽约 15 米范围内，在地表以下 0.3 米处有砖、石、瓦当等残块，地表也见有乱砖瓦等。

排水涵洞　2 处。

GBS1　在北门以东，"522 元中都分支 47 号"电线杆的东侧，位于正对皇城北区的沟 HG1 的北墙上，在城墙夯土之下发现有较大石块，分布范围东西 2.5 米，因多数探孔在深 1.5 米时便无法再打下去，因而其形制无法究明。

GBS2　另外在城门建筑西侧，"522 元中都分支 48 号"和"522 元中都分支 49 号"号电线杆之间，在城墙北侧夯土范围内宽约 1.8 米的地带之内，钻探没有发现夯土，土质为淤土，据此推测此地有可能为北墙的另一处涵洞，编号为 GBS2。但在宫城北城墙中心线上相应位置钻探因土质干燥未能打到下部，因而是否为排水涵洞尚存疑问，亦列于此处为进一步工作提供线索。

宫城角台　宫城四角的上部，各有平面略呈方形的土台，当是民国十五年夯筑的围寨角台。其下的土丘，是元代宫城角台遗址，共计 4 处。钻探均发现有砖、石等遗迹，说明原用砖石包砌，但破坏严重，地表沿角台外围还可见有挖取石条和砖块的沟，土内含有大量砖块，外边有转折，钻探无法究明其具体形制（彩版六八，2；彩版六九，1；彩版七〇、七一）。

3．测绘

以现存墙体和角台遗迹的中心线或中心点为基准计算，城墙东、南、西、北四墙分别 603.5、542、608.5、548.8 米，周长 2302.8 米。经过钻探，我们确定宫城四面墙垣"U"形缺口处即为四门所在，但因地层包含大量石、砖、瓦块，钻探无法究明其具体形制。在南墙与原张化公路的交叉口西侧、东南角台中心点以西 155 米处的地下砖石遗迹 ZYJ1，也有门址遗存的可能性，尚需进一步工作证实。

（二）皇城城墙及附属建筑

1．皇城城墙现状

皇城城墙位于宫城周围，分别与宫城四面城墙平行。东、北城墙在草地之中穿过，在地面上形成一条土垄，较两侧地势略高，局部在上面散有砖瓦碎块等遗物。东墙最为明显，土垄高出地表 0.5—1 米（彩版一一二；彩版一一三，1）。北墙东段和中段土垄高 0.5 米，西段已与地表相平（彩版一一三，2；彩版一一四，1）。南墙东段在耕地中穿行，在与东墙相接处尚能辨出较高的丘垄，此处现有一棵柳树恰好生长在土垄上。南墙向西越过原张化公路后进入杨树林带，亦能辨出微微高起的土垄迹象，再向西出林带进入耕地，地形趋低后又渐渐高起。较低处恰位于宫城南门之南，后经钻探并发掘证实为皇城南门所在。西部渐渐高起的土垄边界不易与两侧区分（彩版一一四，2；彩版一一五，1）。西墙中段被覆压在南北向的旧张化公路土路下（彩版一一五，2），南段在旧张化公路土路东拐后继续向南延伸，虽然不明显但还隐约可辨，跨过杨树林后，南端西南角处与一片遗址区连在一起，形成较高的土丘；西墙北段在取土坑壁可见有残余高 0.1—0.2 米的夯土痕迹。皇城四个角中，东北角和西北角已破坏；仔细观察，东南角和西南角尚可见高于地表的拐角现象，但也仅仅表现为略微高起的土垄。

2. 钻探情况

对皇城城墙以及宫城和皇城城墙之间区域进行大规模的普探工作，以便弄清城墙的宽度，水道、城门、马面等遗迹的具体位置，以及皇城内建筑分布情况。前期由于当地干旱，土层较硬，探铲不带土，钻探难度很大，后又因秋雨绵绵，无法开展田野工作，再加上元中都一带系沙性土壤，城墙内的一些夯土层沙性较大，且又仅存残基，辨认夯土较为困难，常要通过多孔比较，才能确定土层性质。同时还有一些现代遗物，如石块、路土等干扰，诸多因素影响了工作的进展与成效。每隔50米在与城墙垂直方向打一排探孔对城墙进行钻探，孔距1米，以确定城墙宽度。然后在城墙外侧1米处，与城墙平行每隔2米打一探孔，以寻找马面遗迹。同时注意观察地表情况，对最有可能是遗迹的地方进行详细钻探。最终寻找到了四面城门及东墙涵洞的位置。

皇城东墙　是皇城四面城墙中保存相对较高的城墙遗址。从地表上来看，城墙仅仅为一条比两侧地面高0.5—1米的时断时续、横断面为"∩"形的土垄。通过钻探，表土下即为夯土。夯土保存较薄，高约0.3米，质量不太好，北段地势低的部分，夯土无存。一般夯土残存宽约6—8米，此即城墙保存的宽度。

城墙外侧地层堆积　第①层，表土层，厚0.1米；第②层，黑沙土，干燥，颗粒细小，系风力堆积而成，厚0.1—0.2米；第③层，灰白土，质密，厚0.3—0.4米；第④层，生土层，白色或黑色胶泥土，黏性较大。城墙部位在表土层下即为夯土。城墙残存夯土宽约6—8米，有的部位被完全破坏。

城门处地层堆积　第①层，表土层，厚0.1米；第②层，黑色淤土层，沙性大，厚0.1—0.2米；第③层，白色淤土，系下雨冲刷城墙夯土并淤积而成，厚0.5米；第③层下有青灰色石条。

城门　3处。

HDM1　与宫城东城门东西相对、在同一直线之上。在皇城东墙上形成浅浅的"U"形凹口，南北宽约10米，夯土在此处断开，推测即为皇城东门门道处。在门道中心线向南、向北各约25米之外，各有一处南北向宽约4米的地带，地表散见较多的碎砖块，并有绿釉条子瓦残块，地表下0.4米为灰褐土与乱砖碴混合，其下是夯土，无法确定是何遗迹。

HDM2　在HDM1之北、皇城东墙与北隔墙相交处向南约10米，东墙墙体上有一处南北宽约8米的地带，与两侧夯土层不同，地表有较多的小砖块，在0.2米深的表土下有0.2米厚的黄土和0.005米厚的砖末堆积等，内含有红色墙皮颗粒，其下为一层较薄的黄沙土，向下即为灰色生土。局部在0.8—0.9米深处见砖，砖上有薄薄的一层淤土。推测这里可能是一处较小的便门遗址。此门与宫城水道GDS1在一条东西线上，其性质还需发掘证实。

HDM3　在HDM1之南，有一处宽约9米的地带，地表有碎砖、瓦残块，地层与南北两侧不同，其中也见有砖渣、红墙皮、白灰碴等遗物，深0.9米到黄色生土。有可能也是一处门址，但尚需发掘证实。

涵洞　1处。HDS1。在HDM3之南、皇城东墙与南隔墙相交处之北约10米，有一个东西向长圆形的扰坑，坑南散乱弃置有碎砖块，钻探推测为一处用青砖砌筑的涵洞。该涵洞与宫城东墙水道GDS2在同一条东西直线之上，南北宽约2.5米，东西长度与城墙宽度相同，约6米，在深1米处见有青砖。在砖之上有一层厚约0.3米的灰色淤土层（彩版一一六，1）。该遗迹性质尚需发掘证实。

皇城南墙　其东段在耕地之中穿过，中段穿过杨树林带，西段为耕地。在西南部，其所在位置地势稍高，夯土局部破坏，暴露在地表之上。此段城墙的南侧地势较高，上面分布有大量的砖瓦残片以及动物骨骼等，这里应有较多的建筑遗迹存在，有可能时代要晚于元代。在皇城南墙与西墙交接处，在距地表 0.4 米深处，有砖块等物，无法向下进行钻探，可能是皇城角楼毁弃堆积，其具体情况需进一步发掘才能确定。该墙不如皇城东墙保存完整，夯土宽约 7 米，夯土残存高度一般在 0.1—0.45 米之间，没有发现涵洞和马面遗迹。

城门　1 处。HNM1。位于与宫城南门相对的轴线之上，地处一条南北向的浅沟北端，其向北、向东各约 40 米外均为杨树林带，东侧的杨树林带沿原张化公路西侧一直向南延伸（彩版一一六，2）。该城门遗址向北距宫城南门约 210 米。在地表以下 0.2—0.4 米发现条砖、石块、琉璃构件、粉红色墙皮、白灰渣等。在东西长 31、南北宽 1.5 米的范围内，钻探有东西向的间断砖墙，多处发现石块，但不连续分布。在砖墙西部南北向穿过砖墙一线，发现有路土南北延伸，应为城门的一个门道，东西宽 5.5 米。据该门道所处位置推测，皇城南门应为多门道，其他门道没有探明具体情况。城门西侧夯土墙残宽 6—8 米，城门东端向东 11 米内夯土不明显，仅可辨零散夯土碎块，再向东夯土南北宽约 8 米。此门已经发掘证实（彩版一一七，1）。

由皇城南门中间向南，沿南北向的中轴线以东、以西，两侧地形渐渐高起约 2 米，中间形成一条南北向的浅沟，横断面呈"U"字形，像一条笔直的河流由北向南贯通。在浅沟的西岸、由皇城南门西侧夯土城墙向南 20 米，呈现微微高起的圜丘，地表之草与周围不同，可看到小灰砖块、小瓷片等遗物散落草间。在此处自西而东布 2 米 × 2 米梅花孔钻探，在皇城南门南部 24 米处发现有夯土遗址两处，由西而东可分为第一处（HNMF1）和第二处（HNMF2）。

第一处夯土遗址　HNMF1。据钻探，距地表深 0.2—0.3 米，夯土厚 0.5—0.6 米，个别地方为 0.2—0.3 米，土质中等硬度，主要为黄色花土。夯土平面呈东西向不规则"凸"字形，东西向长 27、南北宽 5—10 米，中部向南凸出部分，距地表深 0.25—1 米，发现砖块较多，推断应为砖墙。根据钻探情况，周围地层堆积为：第①层，表土，厚 0.2 米；第②层，灰褐色绵沙土，包含碎砖、白灰渣等，大部分范围为地表以下 0.7—0.8 米到生土。南侧局部距地表深 1—1.6 米到生土。夯土遗址的北侧地层中还发现有灰土现象。

第二处夯土遗址　HNMF2。在第一处夯土遗址东约 8 米，距地表深 0.2—0.3 米，现存夯土厚 0.1—0.2 米，土质中等硬度，主要为黄色花土。夯土在平面上分布在南北长 26、东西宽 15 米的范围内，形状不规则。夯土北部凸出长条形，西侧为曲尺形凸出或缩进，南端再向东拐，夯土东侧北部亦有凸出或缩进状况，南端东拐后，与一道南北向长 18、东西宽 0.9 米的夯土相接，此段南北向的夯土，距地表深 0.2—0.3、厚 0.7—0.8 米，土质较硬，主要为黄色花土，很可能为一道墙基。

在浅沟的东岸钻探发现一条宽 3—4 米的路土，呈西北——东南走向，推测为近代道路。

皇城西墙　皇城西南角一带是较高的土梁，其北侧为东西向的林带。地表隐约可见有间隔 35—40 米的两条平行的南北向土垄，与皇城南墙土垄一线垂直相接。其中东侧的土垄探得夯土残宽 3—4 米，向北延伸、跨过杨树林，南北长约 100 米左右。夯土距地表深 0.3—0.4 米，现存夯土厚 0.1—0.3 米，夯土较硬，主要为灰褐土。再向北，夯土断断续续与旧张化公路土路所覆压的皇城西墙相接。这条土垄应即皇城西墙的南段。西侧的土垄，在西墙之西35—40米，地势高起，南北向延伸，它与东侧土垄之间的区域，地势较低没有发现夯土，土层中有散乱的砖块、灰土等。西侧土垄距地表深0.3—0.6米，发现残砖、碎瓦、石块、泥质灰陶片、瓷片、琉璃建筑构件、兽骨等，瓦砾下面局部发现有夯土迹象，较硬，土色为灰褐色花土，向北延伸，距地表深0.6—0.8米，由南向北瓦砾逐步减少，现存夯土厚0.2—0.3米，由南而北逐步加宽，东西宽9—15米，跨过杨树林，地势渐低，再向北夯土消失，断断续续南北长约80米。西侧土垄在距南端30米处，夯土向西跨出5×5米的遗迹。此处因夯土现象及其他遗存较多，钻探无法究明详细情况，所以须经发掘才能搞清原貌，也不排除为晚期遗存的可能性。

皇城西墙南段穿过杨树林向南与皇城南墙相接，尚隐约可辨出微高的土垄。而西墙中段和北段已经夷为平地，中段上面有一条土路呈南北方向延伸，该土路即早期尚未经硬化的旧张化公路，后来张化公路改道穿过宫城，此路仍作乡间土路使用。现在从南部积善村而来的群众下地耕种或去公会镇，还走这里。该路原为双车道，现车道东侧部分已辟为农田，西侧耸立的白杨树为原来的道路边缘。路边原有道沟，宽1米左右，现也已填平。此路北部向西略拐后继续向北，皇城西墙北段偏离土路在其东侧继续向北延伸，与柏油硬化后呈东南—西北方向的原张化公路相交，跨过柏油路，城墙再向北在耕地之中穿过，仔细观察，在路北隐约可辨地形略高。西墙与北墙相接处，即皇城西北角，已被破坏，局部在土坑断崖处可见到保存较薄的夯土层。西墙夯土质量欠佳，比较松软。由于旧张化公路土路的覆盖及破坏，给钻探带来很大困难，无法探明涵洞情况。

地层堆积：

西墙北段（城门北部一带）　对墙体及其两侧进行钻探。墙体东侧地层堆积：第①层，黄沙土，质地松软，细腻，厚0.3米；第②层，灰沙土，厚0.15米；第③层，灰褐土，厚0.3米；第④层，黄褐土，厚0.2—0.3米。在0.95—1.05米以下为白色生土。在墙体西侧1米、南北向沿墙体走向布孔3排，孔距2米、排距2米，未发现马面等遗迹。再向西，为路边杨树林带，未钻探。墙体上地层堆积　第①层，表土，黄褐色，含沙，松软，厚0.1米；第②层，夯土，无包含物，较软，呈灰褐色，下部含沙较多，厚0.5米；第③层，花土，黄褐色，多含较大的颗粒，厚0.35米；第④层，在0.95米之下到白色生土。通过对各探孔的比较，没有发现城墙有开挖基槽的情况。

西墙中段（城门一带）　第①层，耕土层，黄褐色，质地松软，无遗物，厚0.35米；第②层，淤沙层，较纯，有较大的沙粒，深0.35—0.36、厚0.01米；第③层，细砂层，红褐色，结构较紧密，深0.36—0.66、厚0.3米；第④层，灰白土，质较松，深0.66—0.96、厚0.3米；第⑤层，石头及红褐土，厚0.3米。城门以南部分的西墙中段因被路面覆压，无法详细钻探。

西墙南段　夯土距地表深0.3—0.4米，现存夯土厚0.1—0.3米，夯土较硬，主要为灰褐土。在旧张化土路东拐后，向南延伸的西墙因破坏有间断。

城墙夯土残宽6—8、高0.3米。夯层明显，一般保存3层，每层厚0.1、共计厚0.3米。夯土结构十分松散，质量较差。

城门　1处。HXM1。在对应宫城西门中心线的地方，向南20、向北20、东西宽10余米的范围内，在地表下0.8—0.9米均有石块或砖块，一些探孔中伴有白灰渣，个别探孔在地表下1.7米深处有砖或石头，这些砖石不排除因修路形成的现代物体的可能，但属于皇城城门遗存的可能性更大。

皇城北墙　除西段外，皇城北墙在现地面上可以看到有明显凸起的土垄。夯土宽度约7—8米，由东北角从东向西的100米处的地层堆积为：

墙体上第①层，表土层，灰褐，干燥质硬，较纯，厚0.25米；第②层，夯土，质硬，厚0.3米；第③层，白生土。墙体外侧（北侧）第①层，灰褐土，厚0.25米；第②层，白生土。墙体内侧（南侧）第①层，灰沙土，松散，厚0.2米；第②层，黑灰土，厚0.3米，松软；第③层，灰土，厚0.01米。

从地层对比情况看，东段墙下生土略深，似乎有基槽存在，但无确切证据。而西部一带则墙体下与墙体两侧生土层相平，没有发现基槽现象。

东西向沿墙体以1.5米的间距布孔一排，探寻城门及涵洞。没有发现涵洞。

城门　1处。HBM1。在与宫城北门相对的地方，地表上有散乱碎砖。在此地钻探，发现墙体上有两处于地表下0.4—0.6米深有砖、石遗迹。西部为石块，范围：东西1.4、南北1.6米；东部为青砖，范围为：东西2、南北1.5米。两者相距3.7米，可能为城门的两个墩台或隔墙遗存。在此遗存向南与宫城北门之间的空地上，在耕土层以下，局部存在3米宽的路土，厚约0.05米，内含较为纯净。城门的整体情况，因干燥土质影响钻探，效果不佳，未能究明。

夯土遗迹　沿皇城北墙的北侧1米，以间距2米的孔距布孔，了解马面情况。城墙西段从皇城西北角向东100余米的范围内有0.8米厚的近现代垫土层。在城墙东段沿墙体北侧边缘发现夯土遗迹7处。夯土遗迹面积和间距不等，排列不规范，夯土质量不好，是附属建筑、抑或是墙体破坏后坍塌散落所致，仅依钻探情况尚不能确定，因而暂未标绘在总平面图上。堆积情况以最东端的一个遗迹为例。遗迹内探孔地层：第①层，表土层，厚0.15米；第②层，夯土层，厚0.15米；第③层，白色生土。遗迹外探孔地层：第①层，表土层，厚0.15米；第②层，黑灰土，厚0.15米；第③层，白色生土。

其余6处遗迹情况皆大致相同，不做一一叙述。下面记录的是各遗迹的面积和相对位置，为了方便，顺序从东而西，将遗迹分别编为1—7号。

1号遗迹位于皇城东北角向西67.5米处，南北4×东西2.5米，以下遗迹尺寸皆以"南北×东西"的次序记录。2号，5×5米，距1号40米；3号，3×3.3米，距2号47米；4号，8×5.2米，距3号6米；5号，3×5米，距4号183米；6号，2×3米，距5号26米；7号，4×4.5米，距6号18米。

3. 测量

钻探得知夯土残存宽度：东墙约6—8、北墙约6—8、西墙约6—8、南墙约7米（可能包含城墙两侧塌落的夯土，因土质干硬、颜色相近，钻探结果可能存在误差）。以现存遗迹中心线（或中心点）为基准计算，东、南、西、北分别距宫城115、207.5、113.78、115.85米。以各土垄中心线延长交汇点为基点测量东南西北四墙长度分别为927.7、770、930.6、778.34米，周长3406.64米。

（三）皇城隔墙及皇城内部区域

1. 隔墙现状

在宫城和皇城的城墙之间，东、北、西三面（简称皇城东区、北区、西区）各有两道隔墙将每面皇城区域分为三段。因皇城南面区域（简称皇城南区）筑路、植林等，且大部分地点已被取土挖低，尤其是宫城南门以南的区域形成较大的土坑，目前没有发现隔墙线索，是否原来亦有隔墙尚待进一步证实。隔墙微高于地表，呈土垄状。在宫城东侧和北侧的皇城内，即皇城东区和北区，隔墙较为明显（彩版一一七，2；彩版一一八）。宫城西侧皇城西区内的隔墙隐约可见（彩版一一九）。每道隔墙中段较低，破坏严重，可能有门址，但钻探没有发现确切证据。

2. 钻探情况

对皇城内部东、西、南、北区及隔墙进行普探，采用 3×3 米梅花孔，一般土层下即为白生土，个别地方有沙窝或沙沟，深 0.8—1.1 米。在隔墙上面加孔密探，与隔墙平行每隔 1 米布一个探孔，每隔 10 米垂直墙体横布一排探孔，孔距 1 米，以了解墙宽。

皇城东区　皇城东墙与宫城东墙之间的区域。较平坦，地表一般为草地（彩版一二○）。宫城与皇城城墙之间与之垂直有两道隔墙相连，两隔墙宽度约在 5 米左右，每道隔墙中间部位地势较低，可能为门的位置所在，但没有发现遗迹现象。厚 0.2 米的耕土层下即为白色胶土，生土层。隔墙上的地层堆积为：第①层，表土层，厚 0.1 米；第②层，夯土层，厚 0.1—0.15 米；第③层，白色胶土，生土层。隔墙墙宽 4—5 米。

皇城北区　皇城北墙与宫城北墙之间的区域。

东隔墙上的地层堆积为：第①层，耕土层，深 0—0.3、厚 0.2—0.3 米；第②层，夯土层，夯土软硬区别较大，个别探孔中有较明显清晰的夯层平面，厚 0.05—0.4 米；第③层，沙土层，松散，厚 0.3 米；第④层，灰沙土，较硬，纯净，厚 0.3 米；第⑤层，白生土，深 1.1 米。墙体外侧地层堆积：第①层，浅灰沙土，厚 0.2 米；第②层，白色生土。墙宽为 4—5 米。没有发现门道等遗址。

西隔墙上的地层堆积：第①层，灰沙土，厚 0.2 米；第②层，夯土，质量较软，灰黑色，厚 0.35 米；第③层，0.57 米深见白生土。墙体内侧堆积 第①层，灰沙土，厚 0.45 米；第②层，灰褐土，较硬，厚 0.1 米；第③层，黑灰土，较硬，厚 0.3 米；第④层，浅灰土，松软，厚 0.3 米；第⑤层，1.15 米深时见白生土。墙宽 4—5 米，没有发现门及其他附属建筑遗迹。

在皇城北区除发现 1 条沟 HG1 外，没有发现其他建筑遗迹。在东隔墙以东，地面有些较浅的取土坑和小土堆，略显不平（彩版一二一）。

沟　1 条。HG1。在皇城北区，东隔墙向西 3.5 米处发现一道沟，向南与宫城北墙相连，南北向长 30、东西宽 3、深 1.4—1.5 米，其内堆积情况为：第①层，表土层，0.25 米；第②层，灰土，厚 0.45 米；第③层，浅灰土，厚 0.3 米；第④层，花土，厚 0.2 米；第⑤层，灰花胶土，厚 0.2 米；第⑥层，黄生土。沟内含有红色的瓦渣及灰渣，土质发黏。在此范围内于沟的两侧局部有砖，似有砖墙，宽 0.5 米，在距地表深 1 米深时发现。从 30 米处再向北长约 40 米的范围内，生土较其他地方略深，在地表下 0.8—1.1 米到底，而其外侧的探孔 0.5—0.6 米到底。地层堆积较外侧的探孔也有区别，但堆积情况明显有异于南部，二者从宽度上感觉可以连为一体，但土质又不一样，深度不同，连在一体又很勉强。这道沟从其所在位置上正对涵洞 GBS1，其性质需要通过发掘来解决。

皇城南区　皇城南墙与宫城南墙之间的区域。该区东部有原张化柏油路呈东南——西北方向斜穿，旧张化土路自原张化柏油路分出后，在该区内由东向西穿行，土路两侧地势较低。尤其是宫城南门南部区域，形成大坑，近现代一度作为处决罪犯行刑之地。没有发现隔墙及其他确切的遗迹现象，在土路南侧和皇城南墙之间为杨树林带（彩版一二二）。

皇城西区　皇城西墙与宫城西墙之间的区域。南部较平，北部略有起伏（彩版一二三、一二四）。耕土下即为生土。在南部发现建筑基址 3 处（F201—F203，详见后文）。呈微高出地表的土丘状，因较相对高度较小且无明显边界，照片无法反映出建筑的遗存状况。隔墙墙约宽 4—5 米，没有发现门及其他附属建筑遗迹。

3．测量

以中心线和中心点为准，东面皇城内北隔墙距宫城东北角台 215.4 米，南隔墙距宫城东南角台 147.4 米，两墙间隔 240.7 米；北面皇城内东隔墙距宫城东北角台 215 米，西隔墙距西北角台 217.6 米，两墙间距 116.5 米；西面皇城内北隔墙距西北宫城角台 214.7 米，南墙距宫城西南角台 154 米，两墙间隔 239.3 米。

（四）郭城（外城）城墙

郭城情况文献缺载。首先进行访问、踏查，根据调查情况对郭城四面城墙进行钻探或解剖。

多次访问无果，在 2002 年到魏家房村中许多老人家中进行座谈，终于发现一些线索。时年 81 岁的王存义老人，师范毕业，曾教过书。他说元中都城是有三套城墙。中间是"皇宫"，外围有"头道边"和"二道边"，也就是在第一道城外，还有第二道城和第三道城。村东的白沙淖干渠就修在东部"二道边"上，也就是外城东城墙上。当年闹饥荒死了很多人，都埋在那道墙上了。他生于民国十一年，村东挖渠还能记得。据他回忆：因为那里地势高，以前就是一道大土埂堎，1950 年开挖一条大渠，上游为海子洼水库，输往白沙淖水库蓄水，渠名叫"安固里大渠"。原来外城也有西城墙，在淖沿子村东窑场的东边。以前北城墙也有明显迹象，位置就在魏家房村北 50 米的树林中，但是现在地表已难辨迹象。老人说原来村北那片树林是耕地，土垄还有一定的高度，他的长辈们都说这是北边的外城城墙，后因年年耕种而夷平，再后来种上杨树，现已绿树成荫。他领我们去现场察看，那里的确尚可见微微高起的土垄。另外还访问了积善村的王玉，当时也是 81 岁，他说在积善村东南，村边有土垄，我们现在看到的土垄原来比现在还高，老人们都说那里就是白城子（元中都）的第三道城，也就是外城南城墙。这个土垄东西延伸很长，从积善村南边第一排房子下面经过，一直通到积善村西很远，土垄上面还有两块经过加工的青石，很大，其中一块下面有一个槽。王玉听他爷爷说，原来村里有人从山上运下这块石头来，想做个石槽子给牲畜饮水，拉到那里压坏了车，老人们迷信，就放在那里了。虽然不知道这种说法是否可信，但果然在那里发现有两块石料。根据访问情况，我们进行了实地调查。

1．东墙

通过调查，在宫城东墙以东 1188.46 米，有一处 20 世纪 60 年代修筑于高垄上的南北向水渠——白沙淖干渠，其南段东拐后，土垄仍向南延伸，当地村民称其为白城子"二道边"，或"大城城墙"，在渠边及土垄局部发现有夯土迹象，推测土垄应为郭城东墙所在。

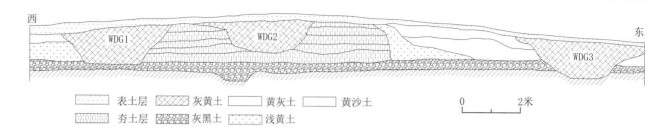

图五　郭城东墙剖面图（WDP1）

钻探情况　先在位于宫城东南角台正东方向的白沙淖干渠上，沿土垄向南钻探，有夯土现象。至一片东西向分布的杨树林带再向南，夯土无存。沿夯土中断处向南约250米，应是群众反映的东墙与南墙延长线相交点。自此交叉点处向北，有高起地表的缓坡，但没有发现夯土。据村民反映，早年土垄较高，且明显具有拐角现象，因耕地不便而被村民取平。自杨树林带向北存在夯土，距地表深0.25—0.3米，夯土厚0.1—0.3米。主要为黄褐色花土，硬度中等。地表可见土垄明显向北延伸，在一路高压线的两个水泥杆之间穿过。土垄现存高度约0.5—1米，局部仅存土垄而钻探不见夯土。这路电线原为张家口——康保高压线，现在在杆上附有红色牌子，土垄东、西两侧的两个线杆上分别写有"522元中都分支20号"和"522元中都分支21号"标号。白沙淖干渠从东南而来，北拐后基本沿土垄东侧向北延伸（彩版一二五，1）。水渠为高于地表、横断面为凹字形的沟，两壁高于地表约1.5米。自馒头营村与魏家房村耕地交界处向北100米，白沙淖干渠拐至土垄西侧。位于土垄东侧的一段水渠约有400米。再向北，水渠东拐西绕但主线均未离开土垄，主要顺行在土垄之上，即在土垄中间将土挖出、置于两侧作为渠岸，因而对城墙墙体造成较大破坏（彩版一二五，2）。此段白沙淖干渠基本顺外城城墙而北（彩版一二六，1），干渠现已废弃。据说原来干渠很深，经常有水，孩子们还在其中抓鱼（彩版一二六，2）。在渠两边局部均能探得夯土，一直延伸到魏家房村东北的一座小石桥处，与一条东西向的土路交汇。此土路东达李彦房村，即在郭城北墙的延长线上。小石桥即是此土路横跨白沙淖干渠而修建的。约在此小桥附近，郭城东、北二墙相交（彩版一二七，1）。总之，东墙北段基本与白沙淖干渠重合，中段有约400米位于干渠东侧，南段位于干渠的西侧，地表为南北向延伸的微微高起的土垄，可观察到高起的土垄东西宽约3米。为了了解城墙结构，在南北各解剖探沟一条。

郭城东墙1号探沟（WDT1）　坐标：北纬41°17′11.44″，东经114°38′19.24″，海拔1362米。与土垄垂直布一探沟进行解剖。探沟东西长10、南北宽2米，方向为90°。

地层堆积　以探沟北壁剖面（郭城东墙1号剖面，编号：WDP1）为例（图五）。

第①层，黄沙土，表土层，土质松软，包含物只有草本植物根系，遍布整个发掘范围，属自然形成，厚0.08—0.24米。该层下开口三条沟。

第②层，黄灰土，土质较坚硬，比较细腻，含少量植物根系，无其他包含物，分布在城墙夯土层的两侧，在东部有薄薄的路土。距地表深0.2—0.46、厚0.1—0.34米。

第③层，黄沙土，土质松软，分布在城墙东侧，两侧被挖沟时破坏，属于自然风化形成。距地表深0.28—0.76、厚0—0.32米。

第④层，浅黄土，土质较坚硬，分布城墙两侧，属冲积形成，无包含物。城墙叠压于此层下。距地表深 0.4—0.9、厚 0—0.4 米。

第⑤层，灰黑土，土质较坚硬，包含物有粗砂、石粒等，遍布整个发掘区，属自然形成。距地表深 0.32—1.08、厚 0.1—0.28 米。

第⑥层，白沙土，生土层。无包含物。

遗迹　共发现沟 3 条、城墙 1 条。

沟　3 条。分别编号：WDG1、WDG2、WDG3。这三条沟均开口于①层下，位于西侧的 WDG1 和 WDG2 打破城墙。三条沟均属近现代沟，呈西南——东北方向，因延伸到探沟南、北壁外而长度不明，开口东西宽 2、沟底宽 0.94—1 米，沟内填土为灰黄土，多次冲积形成，没有包含物。

城墙　现存夯土东西宽 4.1、高 0.63 米，有夯层 5 层。

第①层，黄白色花土，含有白色土质较多，土质较坚硬，无包含物。距地表深 0.22、厚 0.12—0.14 米。

第②层，黄褐色花土，含有白色土质比第一层较少，中间有黄胶土颗粒，土质较坚硬。距地表深 0.34—0.38、厚 0.1—0.14 米。

第③层，灰白色花土，含白色土质较少，中间无黄胶土颗粒，土质较坚硬。距地表深 0.44—0.48、厚 0.8—0.12 米。

第④层，灰褐色花土，有黑色土夹杂其中，含白色土较少，土质较坚硬。距地表深 0.54—0.56、厚 0.8—0.12 米。

第⑤层，黑褐色花土，为黑褐色土及黄胶土相掺杂，含白色土较少，土质较坚硬。距地表深 0.68—0.88、厚 0.14—0.16 米。

花土中含有白色胶土颗粒，与白灰粒非常相似，是否有意加入以增加硬度，还有待今后与其他地点发掘情况进行类比研究。城墙夯层夯打迹象不明显，与当地土质含沙量高有关，亦可能与气候变化、反复水浸和风干、夯打程度或其他因素有关。

郭城东墙 2 号探沟（WDT2）　坐标：北纬 41° 17′ 56.40″，东经 114° 38′ 17.99″，海拔 1360 米。

位于魏家房村东南，其北 50 米有一座横跨水渠的小石桥，自魏家房村向东的一条土路与此桥连接。水渠高于地表，东、西两壁多遭破坏坍塌，与水渠垂直布一条探沟，其西侧有一棵大杨树。探沟东西长 13、南北宽 1 米，方向 90°。

地层堆积以探沟北壁剖面（郭城东墙 2 号剖面，编号：WDP2）为例说明（图六）。

此处水渠正位于夯土城墙上。

第①层，表层土，灰褐色，有大量草根。

第②层，黑褐土，修渠时挖出来的土。该层下暴露夯层。夯层叠压一座灰坑，灰坑填土为黄白土。

第③层，黄灰土，夯土之下原来地表土。有灰坑打破该层。

第④层，灰白土，生土层。

遗迹　共发现城墙 1 道、灰坑 1 个。

城墙 1 道。残余夯层 6—7 层。每层厚 0.12—0.2 米。

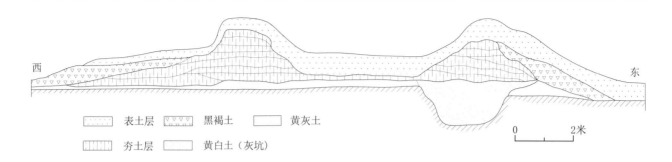

图六　郭城东墙剖面图（WDP2）

灰坑1个。填土为黄白土，土质干硬，纯净，无遗物。

2. 南墙

在宫城南墙以南1633.74米，有一条东西向延伸的条带区域，土色与其南北两侧不同，内含有黄褐色大小不一的粗沙粒以及棱角模糊的小石子。与宫城西墙北段下部露出地表的元代夯土层土质非常相似，且杂草很少，由正对宫城南门处向西形成微高的土垄，向东进入积善村、越过张化公路继续向东延伸，地表也可观察出微高的土垄，可与东墙的延长线交汇。土垄不连续。村民讲述其为白城子（元中都）南部的"二道边"，即外城的南城墙，联系周围情况，附近均为平坦地表，并无其他城址或古代遗迹，则此垄应为元中都之郭城南墙。此墙中段之南约40米，还有一段横断面呈"∩"形的东西向土垄，断断续续，绵延约260、宽约15、高约1米，土呈黄色，沙性较大，夹有小石块、沙粒，与其附近土质土色明显有别，土质坚硬而与上述土垄相似。该土垄钻探夯土现象不太明显，其西端呈弧形向北拐弯，与郭城南墙相接。因此处北侧地势较低，雨大时容易造成积水北流汇集，推测此墙可能作为副墙，起到拦水作用，以防止郭城南墙被南来之水冲毁（图版五，1）。此土垄再向东间隔约600米，还有一段高起的土垄，位于积善村西南方向。从北侧看此土垄十分明显，土垄南侧有废弃的院墙痕迹微高出地表，访问村民得知此为积善村旧址的一排房基所在。积善村旧址上的这排房基也有可能曾经利用了元代的副墙作为基础（图版五，2）。

钻探情况　沿馒头营乡积善村南端前排房下的土垄向西约2000米处，有一小片杨树林。在该片树林东约20米，探得外城西墙向北延伸。郭城西南角即位于此处。树林有35棵树，其中东南部的1棵树较孤立，西南侧的11棵树和北侧的24棵树（同根分2个树干的算2棵，其中有一棵树冠已缺失，另外还有一棵树桩高约0.2米）较为集中（彩版一二八，1）。

西段　自杨树林东侧20米，郭城城墙西南角处，向东沿略高起的土垄延伸约1000米，此段夯土距地表深0.3—0.4米，夯土厚0.1—0.3米，主要为灰褐色花土，土质较硬，城墙宽8—9米，该段墙基两侧探出内外各有3米宽的略硬的地面，似经夯打，可能是当时活动面或起到护墙作用的护坡（彩版一二七，2）。

中段　南墙延伸到积善村以西600米的草滩处，土垄已毁无存，地表发现料石2块，即前述王玉老人所言石块。其中一块石块基本为方形，边长1.1、厚0.5米，料石四面加工较细。另一块已埋入地下。料石所处位置向北与皇城南门、宫城南门均位于同一条中轴线上，据此推测也有可能此处为郭城南城门所在地(图版六，1)。因当时积水没有细致钻探，料石以东距积善村约600米地段土垄无存。

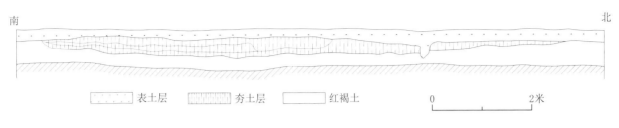

南 北

▭ 表土层   ▨ 夯土层   ▭ 红褐土   0   2米

图七 郭城南墙剖面图（WNP1）

再向东接近积善村附近，可见土垄微微隆起，但被积善村前排房子所压而无法钻探。位于南侧的副墙，南北宽约 13 米左右，两墙南北相距约 40 米（彩版一二八，2）。局部现存土垄高度 0.5—1.4 米，土质与附近不同，含有较多的小石子，夯土现象不太明显，其西端向北转弯与主墙相接（图版六，2）。两条土垄的关系还有待在今后工作中进一步确定。东部积善村旧址下的土垄经钻探亦有夯土，很有可能是上面的建筑利用原来的城墙作为地基。

东段 到张化公路以东 50 米左右，由西而来的南墙土垄依然向东延伸，从两棵较大的榆树之间通过。钻探发现夯土距地表深 0.3—0.4 米，夯土厚 0.2—0.3 米，主要为灰褐色花土，土质有一定硬度，南北宽 5 米左右，再向东约 300 米，仅存略高起的土垄，未发现夯土。据当地群众所说，此处以前明显有一道土垄向北拐去，因种地不便取高垫低，有可能因此夯土均被破坏。北拐的土垄恰好是在东墙的延长线上。

郭城南墙 1 号探沟（WNT1） 坐标：北纬 41°16′30.09″，东经 114°36′29.20″，海拔 1363 米。

在南墙西段，垂直于微高起地表的土垄，有一条南北向的土路，路边种植杨树。在该路与南墙相交处、路的东侧，垂直南墙解剖长 12、宽 0.5 米探沟一条，地层堆积以探沟西壁面 WNP1 为例说明（图七；彩版一二九）。

第①层，耕土层，厚 0.2—0.35 米。该层下发现夯土。夯土南北长度即外城南墙残余宽度为 11 米，夯土残高 0.02—0.4 米。残余 1—3 层，其中上层厚薄不匀，且较松软，可能局部经过扰动。中下两层夯打较好。

第②层，红褐土，厚 0.4 米。该层质地也较密，夹有粗沙粒，为修筑城墙前的表层土，在此层以上夯打墙体。此层以下即为生土层，未发掘。

3. 西墙

在宫城西 1150.65 米处。淖沿子村东边再向东 200 米范围内有一现代砖窑和取土场。淖沿子村砖窑取土场东侧 50 米，发现与宫城西墙平行的微高土垄，隐约断续南北向延伸。此处原为淖沿子村和白城子村的田地自然分界。这里有一条大致呈东南—西北走向的岗阜高地，在土梁坡北，出淖沿子村向东有一条东西方向的土路，路边有杨树。土垄在该路以南直至高地南坡下，约有 100 余米较明显。在东西方向的土路以北，地表无迹可寻。

经钻探，发现两段外城西墙夯土。

北段 在南北延伸的土垄上发现夯土，向南延伸到高地南坡，向北延伸到淖沿子村东之东西土路南侧。此段夯土墙长约 100 余米，自南坡至高地最高处，城墙夯土东西宽 8—9 米。由高地向北、城基夯土东西宽 5—6 米。夯土坚硬，距地表深 0.3、厚 0.1—0.3 米，夯层厚 0.1 米。在淖沿子村东，

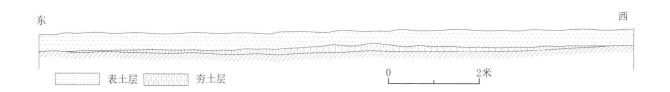

图八　郭城西墙剖面图（WXP1）

东西土路以北地段，断断续续还可钻探出夯土迹象，与一条南北向田间路重合，北端与外城北墙交界处夯土迹象不明显。

南段　在宫城西南方向的草滩上有一处红砖房，是近年来新建的羊圈。在羊圈的西南约700米处有一片杨树林（前文已述及，共35棵）。经钻探外城的南墙和西墙在杨树林的东侧20米交汇，此即外城西南角。因早年修筑东西向的水渠，拐角西南侧被挖去了一小部分。西墙自拐角向北沿略高起的土垄延伸。距地表深0.3—0.4米，发现夯土厚0.1—0.3米。土质较硬，土色主要为黄褐色花土，夯土下面为红褐色沙土，再下为灰褐色生土。建城墙时没有挖基槽，就平地而建，城墙东西宽8—9米。城墙在草滩上向北延伸约600米，再向北地势开阔平坦，未发现夯土（彩版一三〇，1）。

郭城西墙1号探沟（WXT1）　坐标：北纬41°16′39.64″，东经114°36′16.26″，海拔1361米。

西墙南段被一条东西向的土路东西横穿，路边有路沟，暴露夯层。沿南侧路沟的南壁布探沟东西15、南北0.5米，方向90°，进行清理。据探沟南壁剖面WXP1观察，在耕土下保留一层夯土。表土厚0.35—0.45米。夯土厚即西城墙残高0.02—0.2米，东西长即西城墙残宽13.5米（图八；彩版一三〇，2；彩版一三一，1）。

4. 郭城北墙

在宫城北713.96米处。在宫城西北角向北为一片杨树林，林中有一条土路，即原来未经硬化的旧张化公路向北延展而来。东侧路沟距宫城北墙713.96米处可见有夯土，由此向东发现一条呈东西方向延伸的地垄，微高起于两侧地面0.3米，在土垄上的取土坑壁局部也发现夯土迹象，夯土较薄，厚约0.2米，是花土但质量较差，比较疏松（彩版一三一，2）。土垄一直向东伸展约800米，正对一棵大柳树，柳树为同根三干，枝叶繁茂，位于魏家房村西北约250米处（彩版一三二，1）。再向东，土垄跨过一条位于魏家房村西呈南北走向的乡间路，过此路进入杨树林，向东出树林后，正对一排杨树方向延伸。再向东位于魏家房村东北角的一排房子压在土垄上。房子东边，土垄已不明显，一条向东的土路与土垄延长线基本重合，自房子向东约400米有一座用石块垒砌的小桥，此桥前文已提到东西横跨白沙淖干渠，这里应为郭城东墙与北墙的交界处（彩版一二七，1）。钻探夯土呈灰褐色，在土垄中部残存较高，距地表深0.2—0.3、残存宽度5、残高0.1—0.4、每层厚0.1米。

郭城北墙1号探沟（WBT1）　坐标：北纬41°18′6.51″，东经114°36′57.08″，海拔1362米。

在原未硬化的张化公路土路向北，与北墙现存土垄相交处，沿东侧路沟东壁布南北长6、东西宽0.5米、方向0°的探沟，剖面（WBP1）可见有夯层（图九；彩版一三二，2）。

第①层，表土层，厚0.18—0.34米。

第②层，夯土层，残高0.04—0.44米，夯土层南北向分布的长度即城墙残宽5.6米。夯土层下即为生土。

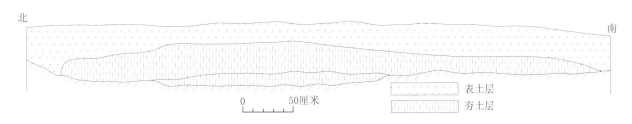

图九　郭城北墙剖面图（WBP1）

5．测量

元中都的四面外城城墙均钻探证实，墙体在平地起建、没有基槽。从城墙设置方面证明了其由三套墙构成的都城规格。四墙长度分别为：东墙2964、西墙2964、南墙2881、北墙2906米。

三　城内建筑基址和遗迹

中都的三重城内，均发现建筑遗迹。宫城内最多，外城内次之，皇城内最少。建筑遗迹所在位置地势较周围高，在上面发现有青砖、灰瓦、琉璃瓦、汉白玉等残块，还有白灰渣，个别还有瓷片。这些遗迹除宫城1号殿址外，其余均未发掘。经初步钻探，宫城内多数建筑遗迹下面可确定发现有夯土，但因砖、石、瓦等影响，加之土质干燥探铲带不上土样，无法探明建筑形制。也有部分未经钻探或虽经钻探但无法确定夯土的情况。我们对城址现状进行测量，绘制等高线图，并对现存遗迹编号统计，为区别三重城区，宫城、皇城、郭城及郭城外建筑遗迹分别从F1、F101、F201和F301开始编号（表二）。

1．宫城建筑

宫城内原为耕地和草地相间，农作物有莜麦、小麦、胡麻、油菜、马铃薯、甜菜等，2004年已退耕还草。建筑遗迹除1号殿址F1（原编为F1或E1，发掘确定为宫殿遗址后改为D1）较高外，其余相对高度均在3米以下，以1米左右居多，多数能明显看出高起的土丘，但与周围地表相接处呈慢坡状过渡，无明显界限，即使在冬季不受庄稼和高草影响的情况下，照片也很难反映出其详细情况（彩版一三三至一三九）。只有在适合的季节、区分植物生长情况并在适宜的光线角度照射下，部分遗迹才能在照片中有所反映。宫城内共有建筑遗迹32处，编号为F1（D1）—F32（图四）。其中F1台基位居宫城中心，宫城四门与之相对，现已发掘，未发掘前平面为亚腰长圆形，台上长满青草，腰侧草茂色深与中腰及南北两侧区别明显且分界整齐，当时据此并结合局部勘探情况分析台基平面原呈"士"字形，现已经发掘证实（彩版二二九至二三一）。其北部为4处略呈圜丘状的建筑基址东西排列相连，编为F3—F6号（彩版一四〇至一四二）。在F3东南部有一处不规则的建筑遗迹，编号为F2。F2—F6其东、西、北部与城墙之间形成三处空白带。F1左右侧翼各保留5处东西排列的建筑遗迹，分别编为东侧F7—F11（彩版一四三、一四四；彩版一四五，1）、西侧F12—F16号。其中F8和F9破坏非常严重，地表微微高起，散见大量呈粉碎状的砖块颗粒。F12位于张化公路与通往魏家房村的乡间小路交汇处，现已完全被覆压，但从土路面上可见有砖瓦等遗物，推测这也应该为一处殿址（彩版一四五，2）。在F16北部与之相连亦有一土丘，编号为F17。这一组殿群占据宫城中北部的中央区，其南部有空白地带。在宫城南部F1东南50米有一个较小遗迹，编为F18。F1

西南约 70 米亦有两个小土丘南北相连，编为 F19、F20。F18 遗址东南 90 米有一处遗址编为 F21（彩版一四六，1）。在宫城东南部和西南部以 F1 与南门一线为轴两侧对称位置，东西各有两个南北相列的建筑基址，分别编号 F22、F23（彩版一四六，2；彩版一四七；彩版一四八，1）和 F24、F25（彩版一四八，2；彩版一四九；彩版一五〇，1），F22 基址上发现一个直径 1 米的玄武岩柱础。在 F24 的西北和西部各有一个建筑基址 F26 和 F27。在宫城的东北有一处基址，上面有明显的柱础坑位遗迹，编为 F28（彩版一五〇，2）。在宫城西北有两个南北相连的低丘，编为 F29、F30。在 F30 地表可见有玄武岩柱础（彩版一五一；彩版一五二，1）。在宫城西南部靠近西墙的地方有一个建筑遗址，编号 F31，有晚期居址的可能。在南门北侧约 20 米有一列东西向的长条遗迹，以门之西北侧最为突出，发掘证实为门的附属结构广场围墙的废弃堆积，原编为 F32（彩版一三六，2）。在 F18 遗址南侧 10 米、东侧 90 米、F21 东南边缘、F20 的东北边缘各有一个坑，分别编号 H1、H2、H3 和 H4（彩版一五二，2）。F1 台基南北长约 118、东西宽约 38—59、高出地表 3.69 米，为"工"字形宫殿基址。其余台基高出地表 0.2—2 米，有的可见排列整齐的柱础石遗迹，并有琉璃瓦当、滴水、雕花砖残块等遗物。柱础石直径大者在 1 米以上，质地可分玄武岩和汉白玉两种石质，瓦饰以龙纹为主。具体遗迹现状尺寸详见表二。另据调查，在魏家房（白城子）村内存在大量从元中都遗址建筑基址上运回的砖石构件，砌筑在院墙或置于门门口处；在修筑黑麻糊村教堂、黄盖淖水库等工程时，也曾经从元中都遗址运走一些建筑材料，可能这些材料被砌于建筑内部，目前无法从外表看到。

2. 皇城建筑

皇城内仅发现 3 处建筑遗迹，编号 F101、F102、F103。位于皇城西区南隔墙两侧。地表可见白灰碴，均微高出地表，照片难以反映其形状。钻探也无法奏效，尚需发掘证实。其他地方未发现明显的建筑遗迹。

F101　东边边缘与宫城城墙西侧相距约 70 米，西边距南北向旧张化土路 20 米左右。为南北向的椭圆形土丘，地表有大量白灰渣、砖块、瓦片等遗物，南北长 23.2、东西宽 11 米。基址钻探可知：第①层为耕土层，为浅灰色，土质松软，深度为 0.2 米；第②层为红褐土，土质较软，内含有白灰渣颗粒、砖块等遗物，可能为原建筑废弃堆积形成，厚度 0.2 米；第③层为五花土，土质较硬，似为夯土，厚度为 0.15 米。

F102　位于 F101 北侧，基址呈现比周围微高的土丘状，略呈东南——西北方向的椭圆形，地表可见白灰渣、砖块、瓦片等遗物。此建筑基址土丘南北长 41.8、东西宽 36.8 米。钻探地层同 F101。

F103　位于 F102 西北侧，平面形状南北向不规则长方形，略呈葫芦形，明显高于地表。基址两端较高，也可能为两个建筑遗迹。土丘南北长 68.5、东西宽 15.1 米。钻探情况：第①层为耕土层，为浅灰色，土质松软，内有白灰渣，深度为 0.2 米；第②层为灰褐土，土质较软，内含有个别白灰渣颗粒、砖块等遗物，可能为原建筑废弃堆积形成，厚度 0.2 米。此层底部在钻探过程中部分探孔可见有砖；第③层为五花土，土质较硬，似为夯土，厚度为 0.15 米（彩版一五三，1）。

3. 郭城建筑

发现建筑基址 20 处，编号 F201—F220。

F201　位于郭城西部，上有大量的灰砖，局部露出有垒砌的墙体（彩版一五三，2；彩版一五四）。

F202　在皇城的西南角部西侧，地势高，在西南角西侧形成较大的土丘，与角部连成一片，形状不规则，地表散见琉璃块和瓷片等遗物。

F203　在皇城西南角部位南墙的南侧，地表隐约可见呈微高于地表的土垄围成的院落残迹，北部大致呈东西向长方形，中间有一道南北向的土垄隔为两部分，南部不规则，附近地带地表散见有一定数量琉璃残块和瓷片，还发现两块用玄武岩柱础改造的石臼（图版七，1）。在该处院落的西南方向原来还有一眼用石块砌壁的水井，修建新张化公路时已压住。访问群众得知，此院落原来叫"胡家围子"，原来围墙很高，在围墙的东北角和西南角还有两个很高的"炮楼"，即是建于高台上的用于防卫或瞭望的建筑，现在东北角还有一个较高的土堆，可能就是东北角的"炮楼"塌毁后形成的。20 世纪 50 年代以前胡姓人家在此居住，后来搬走，分散在积善村、淖沿子村、李彦房子村去了。是否当年他们利用了元代的建筑，村里已经没有人能说清楚了。

F204 和 F205　位于郭城西北部，地表散见砖瓦遗物。

F206、F207、F208 和 F209　4 处建筑遗迹位于郭城东南部，地表为土丘，散见青灰砖块，偶见琉璃残块。还可见有瓷片、动物骨骸等遗物。前三者距离很近，土丘边缘相连。

F210　位于郭城北部，在皇城北墙西段之北约 50 米处。

F211　在郭城西南方向的草滩中，隐约似有长方形的院落，地表未见遗物。

F212　在郭城东部草地中，地表发现有灰砖块。上面坐落现代小庙一座。

F213　位于外城西部，在皇城西墙北段以外，东部距皇城西墙约 30 米，在南北向的张化小土路西侧，紧挨着路边，明显高于路面，平面略成圆形馒头状。地表仅发现一片儿红陶瓦片。基址南北15、东西 22 米。钻探情况：第①层为耕土层浅灰色，厚 0.1 米，土质松软；第②层为灰褐色土，土质松软，内含有白灰渣砖块，厚 0.2 米。此处未发现夯土。

F214　位于外城西部，皇城西墙北段以外，F213 西南、电线杆南侧，略显土丘，微高于平地，呈东南——西北斜向椭圆形，地表未发现遗物。基址南北长 40、东西宽 35 米。

F215　基址在外城西部新张化公路以东，在元中都管理处的西北方向 186 米处。呈东南——西北方向长条形，明显高于平地，地表可见瓷碗残片、小砖块等遗物。长 99.5、宽 17 米。经钻探部分探孔可见有砖块。

F216 和 F217　在郭城南部，积善村的西北部，在通过宫城南门和皇城南门的南北向中轴线附近，2 处院落南北并列，以一道土垄间隔，略呈"日"字形。

F218　在 F217 西侧，为一处长方形的院落。

F219　在 F216 西侧，可见东西长方形的围墙遗迹，高出地表约 0.5 米，积善村村民称之为乱塌房，并称在 50 年代前比现在要高一些。地表有较多的碎砖块，还发现有一块中间带有圆孔的石磨盘（图版七，2；图版八）。

F220　在通过宫城南门和皇城南门的南北向中轴线略偏东，隐约有土垄围成的一处略呈方形的遗迹，有可能也是一处院落。

另外，在外城北墙之北约 50 米，约与宫城北门相对之处，杨树林带的南侧，有土坑，坑壁见有文化层，并发现有土坯等。据当地群众反映，那里曾是一个小村子，叫"二木匠营子"，二十年前与魏家房村合并。

4. 宫城道路

5处。因距地表较浅，早年耕种破坏严重，钻探了解残存路基宽度分布范围3—8米。

GL1 1号台基至宫城南门道路：1号台基至南城门，现存宽为3—6.4米，大部分距地表深0.2—0.25米存在灰褐色路土，最深0.5米见路土，内含砂粒，路土厚0.05—0.15米。路土硬度不高，层次不明，少部分路土坚硬，层次分明。

GL2 1号台基至宫城东门道路：1号台基东、西两侧各在前殿和柱廊部位分别设有两处上殿通道，东、西城门均由南侧前殿通道通往大殿。自大殿前殿东通道向东60余米以内没有发现路土。再向东距地表深0.2—0.25米发现灰褐色路土，内含砂粒。路土厚0.1—0.5米。路土范围南北宽5.4—8米不等，东部路土坚硬，层次分明。

GL3 1号台基至宫城西门道路：该段道路不见路土，钻探时根据灰褐色、内含砂粒的土层划分出来。距地表深0.2—0.25米出现灰褐土，上层内含碎砖块，推测可能为灰砖铺路，南北宽3.7—8.5米不等。

GL4 1号台基至宫城北门道路：该段道路没有从北门直接通往一号殿址，由宫城北门进城后向南，至四组东西向排列的建筑F3—F7北侧中断，有可能向东西两侧绕行。距地表深0.2—0.25米出现灰褐色路土，内含砂粒。路土坚硬，层次分明。路土厚0.1—0.5米。

GL5 宫城西南部配殿便道：宫城西南部南北排列两殿F24和F25，坐西朝东。在北殿F24东侧中部由西向东延伸一条东西向道路，路面用砖平铺，南北宽2.5米。东端距GL1约40余米，未发现铺砖，可能已被破坏而没有与南北向道路GL1相接。

据钻探情况初步推测，1号台基至四座城门道路可能均应用泥质灰陶条砖平铺。

四 郭城以外遗存

1. 淖沿子遗址

在淖沿子村东南，有一条呈东南——西北走向的土梁，沿130°—310°方向延伸。由淖沿子村东边再向东200米范围内，为一处现代砖窑场房和取土场，取土场将土梁北侧挖去一半，断面可见灰坑。场房已于近几年拆毁并将取土场填平。土梁南面形成土坡，土坡向南渐低，进入草滩。土梁向西经淖沿子村南边直达狼尾巴山前，向东南通向积善村北。以此土梁为界，向西、南方向地形渐渐低下形成广袤的草滩，近山根处形成山湾和水淖儿。东、北方向则渐渐高起形成平地。这条土梁东、西两端在约1米厚的土层下为沙层，是水淤而成，在淖沿子村西南因挖沙形成较大的沙坑。群众高泉井讲述：沙层中能拣到贝壳，孩子们叫它"鱼鳞甲"，村里人们都传说这里以前曾是大海，这条土梁是龙脉，东南积善村一带是龙头，西北狼尾巴山根部是龙尾。在这条土梁上，东出淖沿子村、再一直向东南约500米的范围内，地表有大量的砖、瓦残块。在淖沿子村东至中都外城西墙，南起土梁、北至中都外城北墙向西的延长线之间，散见砖块等遗物，此地应为一处面积较大的遗址区（图三；彩版一五五；彩版一五六，1）。外城西墙在淖沿子村砖窑取土场东侧 50 米，呈南北走向的微高土垄与土梁相交。

建筑基址　在郭城西墙之西，淖沿子遗址范围内，发现有 4 处基址。编号 F301—F304（表二）。

F301　位于中都外城西北角的西侧。地表散落有较多的砖块（图版九，1），这些砖与中都出土者特征相同。

F302　在淖沿子村东北处。在一片小树林西南侧地势略高起，地表堆有大量的青砖块，此处基址分布范围较大，有可能是多个遗迹连成一片。由此向西北方向约百米外有一口石砌水井，已经枯竭（图版九，2；图版一〇；图版一一，1）。

F303　在淖沿子村东南的土梁上，因取土地表已被挖走 1.5 米深的土层，现在一个编号为"三四〇"的电线杆下面还保留一个椭圆形台子，周壁可见有二至三层夯土（图版一一，2；图版一二，1）。

F304　在 F303 东南方向、土梁的南坡下，地表有较多的碎砖块。但遗迹范围无法确定。

陶窑　在淖沿子村东 300 余米的土梁高坡处，地面可见有砖、瓦等建筑材料残块及白灰碴等，据群众反映在窑场取土时还曾发现许多陶器，钻探发现可能为陶窑的遗迹 3 处。

Y1　在外城西墙东侧 5 米，有窑址一处，东西宽 4、南北长 5 米，呈椭圆形，填土有草木灰、红烧土块、碎砖块等。窑壁有红烧土。在窑址南部向西距地表深 0.3—0.4 米有条砖，东西长 6、南北宽 1.5 米左右，在沟壁暴露条砖 3—4 层。

Y2　在 Y1 东北方向。东西长 9.1、南北宽 1.6—5.2、深 1.8 米处钻探发现有砖，窑内填土为五花土，内含红烧土粒、碎砖块，土质较硬，似夯土，靠中部南、北两壁有条砖，砖外有红烧沙土，本窑呈不规则形，与其他两窑结构不同。

Y3　在 Y3 东北方向。东西长 4.5、南北宽 3.8、深距地表 2 米处钻探发现有砖，窑内填土为花土，内含草木灰、红烧土粒、碎砖渣。四周窑壁用条砖砌筑，砖外有红烧沙土，该窑为椭圆形。

这些可能为窑址的遗迹距外城西墙很近，可能已进入外城西墙以内的城区，但此处没有发现城墙的夯土，即外城西墙夯土在此段形成一段缺口。窑址与城墙的关系有待进一步确定。另外，窑址的定性根据主要是红烧土和草木灰等迹象，尚存疑问。

2. 狼尾巴山遗址

在狼尾巴山的北端，山顶表层有土层覆盖，有大量零散的青灰色玄武岩露出地表。此山顶为山的尾端，从西南方向延伸过来，形成区域性制高点，在其附近东、北、西方均无山，因而视野非常开阔，现在为防火、禁牧等还用红砖修建了一座 3 米多高的方形瞭望台（图二；彩版一五六，2）。山顶局部露出大量玄武岩石块，有些大石块上还可见有开采石材留下的工具痕迹（彩版一五七，1；图版一二，2；图版一三，1）。尾端顶部凸起一个大致呈东西方向的长圆形高丘，坐标：北纬 41°1′23.00″，东经 114°34′55.40″，海拔 1418 米。高丘长 40、宽 20、高 4 米，长轴方向 102°。高丘东南部和东北部，发现有被从石缝里掏出的青灰砖块，有卷草纹、粗绳纹、条带纹等纹饰，与中都宫城发掘出土的砖相同（彩版一五七，2；彩版一五八、一五九；图版一三，2；图版一四、一五）。还有粘有琉璃釉的砖残块，以及不规则且烧制火候不太高的陶块，在中都没有发现此类砖和陶块，仔细观察，琉璃似乎不是施釉上去的，而更像是在烧造过程中滴在上面或粘上去的，陶块类似于烧结窑壁残块（图版一六；

图版一七，1）。现场观察这些构件应是从石缝中被挖出来的。在高丘的西北侧地层内发现有厚0.005米的白灰层（图版一七，2）。推测此地遗存的性质应有四种可能性：烽火台等报警系统、墓葬、寺庙或烧造琉璃釉的地点，需进一步发掘确认。

3．新地湾遗址

在淖沿子西南方向，新地湾村之北，新地湾淖儿西侧，狼尾巴山的东侧漫坡上，偶可发现有瓷片。询访当地村民，传说附近曾是古代蒙古人居住之地，但未能确定准确地点。作为线索附记于此，有待进一步调查。

4．马鞍桥墓地

海流图乡马鞍桥村是一个具有浓郁坝上特色的小村子，位于元中都西南约8公里。墓地位于村东北400余米的山坡上，地形为一个东北西三面高、南面开敞的簸箕形山弯，山湾南部箕口处有东西向的沟渠，再向南略远处面对东西走向的山岗。墓地周围山坡被覆青草、有石块出露，南岗局地有成片树林（彩版五四）。墓地北倚山坡、遥望南岗，原来在神道上有玄武岩牌坊和石像生，现已被移至张北县文保所存放。民国《张北县志》对此墓地有记载："在县城西北三十里第一区三台马鞍桥子村东北孤坟山有古坟一座，内有石羊四、石人四、石狗四、石猪四、香炉一、石奠爵一，是征为古墓无疑。"[7]

5．黑城子遗址

二泉井乡黑城子村在元中都东略偏北约5.5公里（图二）。遗址位于村北约150米，北部不远处有淖儿，现已干涸。村民反映原来遗址可能存在城墙，还能看出城门所在，局部确实可见有略高起的土垄，基本可以确定这是一处古代城址，略呈方形，边长约200米。城内地表尚明显可辨有三个微微高起呈土丘状的建筑遗迹，有一口石砌的大口井，至今村民浇地还在使用。在遗址内可见有玄武岩柱础、泥质灰陶砖、筒瓦、板瓦、瓦当、瓷片等遗物。村民说当年这里能找到琉璃瓦，以绿釉为多，黄釉的较少见。从散落的遗物分析，元代应是此城的重要使用期，且它很有可能始建于辽金时期。此城很可能与元代的"纳钵西路"存在关联。

五　遗物

城内各遗迹散落的遗物，以砖块和红陶胎质的琉璃构件小碎块为主，且年代特征一致，因目前已经对城址采取了逐步退耕还草的保护措施，为不使调查资料零散，我们对多数遗迹上的文物暂未采集，准备在对每一个遗迹做详细考察时再行处理。附近村中也有很多散落的砖石等建筑构件，以魏家房村中较多，大部分构件被村民用于砌墙铺路，嵌在墙体和路面内，暂时无法全面登记，仅对村民门口和院落内暴露的部分构件进行了测量（彩版一六〇）。根据近年对宫城西南角台、南门、一号殿址等遗址的发掘，元中都遗址城内各遗迹上散落的遗物与上述地点出土文物特征一致。

在皇城西南角台一带的地表，除发现砖瓦及绿、黄釉琉璃残块等遗物外，还散布有陶瓷器具残片，因距离公路较近，容易被人捡取，因而采集了部分标本，以ZYHC（张北元中都皇城采集品）顺序编号。同时在淖沿子村遗址，在耕地中也采集了部分标本，该地点以ZYNC（张北元中都淖沿子遗址采集品）

顺序编号。散落白城子村中的文物，以 ZYBS（张北元中都白城子散落）顺序编号。张北县文保所早年采集的文物以 ZWBSK（张北文保所库存）顺序编号。

现简介如下。

1．石质构件

26件，可分汉白玉和玄武岩两类。

汉白玉构件　20件。

螭首　5件。形制与宫城一号殿址发掘出土者相同。据张北县文保所人员所述，征集于白城子村中，早年村民也是从一号殿址挖取，故统一列于表一七，此不赘述。

石猴　1件（ZWBSK:1）。采集于黑麻湖村。汉白玉石质，用螭首竖起改雕而成。将原螭首头部雕刻成一只大猴，螭首后部、凹槽前部雕刻成石山及两只小猴，凹槽及其后部位改成须弥座及底榫。须弥座前左角、大猴右腿、右前臂、左指、右额头、鼻梁、脚趾下部、手持之桃右部、左侧小猴头部及左臂、右侧前部小猴头部有残缺。锈斑黄白色，侵蚀风化较轻，部分有脱落。大猴坐于假山上，右腿残缺，左腿膝盖上顶肘部，左手持桃欲吃，猴眉、眼、上唇皱纹均为阴刻线，右臂残，左脚蹬在石山上。猴头呈心形，面部两眼呈椭圆形，眼睑较清楚。两眉为两道阴刻弧线。鼻梁微凸、中间残损，鼻翼两侧各有三道阴刻弧线，呈胡须状。嘴为弧形、微张，石桃右残，中间有一阴刻弧线，嘴和石桃紧凑在一起。左手表现四个手指，大拇指和食指呈V形拿着桃子，左肘呈V形放于左膝盖上，左手腕略细，左前臂和左上臂较粗，表现出肌肉感。左腿呈屈蹲式，左脚踝部前侧和左侧各有阴刻线三道。左脚前部有阴刻竖线表现脚趾，下部微残。石山上有杂乱无序的凿刻痕迹。右腿、

図一〇　石猴（ZWBSK：1）

0　　　　　　　20厘米

右前臂残失。左侧石山侧面有一只体型较小的猴子，为蹲屈状，头部、左臂及左手所持物已残，右手前伸抓住山石。上身前倾，两腿微蹲，左右脚各有两道阴刻竖线表现脚趾。右侧石山侧面雕刻一只蹲猴，石猴头部呈桃形，有一条阴刻线刻出桃形脸廓，眼眶呈圆形、中间有一乳突代表眼珠，鼻梁模糊，中间有一条横阴刻线，嘴部微前凸，左臂伸直抓住石山，臂上刻有3个麻点，左手用阴刻线刻出手指。右臂屈呈V字型用四道阴刻线区分五指，握住一个树枝扛在肩上。小猴蹲在须弥座上面。大猴背上尚留有原螭首头部颈下的鳞片及腹甲痕迹：两侧各刻有两行竖线，线内有波状纹饰6道，有线条状工具痕。背后石山呈不规则的凿痕。石山下为仰覆莲须弥座式，上面呈长方形，长28.5、宽24.5厘米，上涩高2.8厘米，子涩在低于上涩1.5厘米处有一条阴刻线、其下为仰莲上限，仰莲瓣为压地隐起，外缘有一阴刻线刻出轮廓，瓣尖内凹，莲瓣共14个：四角各1、前后各有3、左右各2个。仰莲下部也有一条阴刻线，在仰莲和覆莲中间为素腰、上下各有凸起的线脚，束腰长22、宽18、高2.5厘米。下部为覆莲子涩、与仰莲对称，下涩呈长方形，长27、宽24.5、高8厘米，周围刻有竖直的工具痕。须弥座下有榫，与须弥座底相接处为长方体、长22、宽21厘米，下部横截面为椭圆形、直径为12厘米，在长方体右侧与底座相交处有深槽。长方体较不平整，留有较乱的工具痕。在长方体与椭圆形榫中间有较乱的凿痕。通高87.5厘米（图一〇；彩版一六一；图版一八至二〇）。

刻字碑　1件（ZWBSK：2）。采集于黑麻湖村。上部为长方体、下部出榫，顶部不规整，榫残断，三面有字，背面毛面。文字为阴刻，笔画宽1.5—2、深0.2厘米。有文字的三面经加工形成较平坦的平面，尚留有加工的横向凿痕，左侧面周缘由于风化严重不太平直，右侧面还有加工留下的斜线凿痕。背面只有一条经过加工但中间断开的直线。顶部为风化糙面，其余地方没有加工的痕迹。通高42.5、宽28.5、厚20—21、底榫残高7.5厘米（图一一；图版二一，1—4）。

柱头　1件（ZWBSK:3）。采集于黑麻湖村。横截面呈正六边形的矮柱。顶面残，中心下凹。侧立面顶部和下部有宽出檐，六个立面中间均浮雕麦穗，根部有茎，麦穗的上下出檐内侧凸起边框。底平。直径上部14.3(立面之间)—16(对角之间)、下部14.8(立面之间)—17(对角之间)、高15厘米（图一二；彩版一六二，1）。

柱础　2件。

ZWBSK:4　采集于白城子村（魏家房村）中。下为方形础座、上为鼓镜，侵蚀风化较轻，整体颜色成灰白色。下部方座，上凸起矮圆柱形鼓镜，棱角圆滑，鼓镜中央凸起圆饼状。鼓镜上面外圈为放射线，但局部有不均匀现象；内圈圆饼状凸起的凿痕分为六部分，每部分均为整体形状呈三角形、由斜向平行錾线组成的区

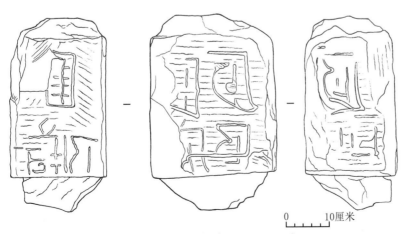

0　　　10厘米

图一一　刻字碑（ZWBSK：2）

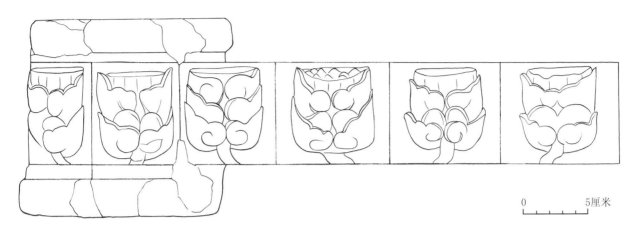

图一二　柱头（ZWBSK：3）

域。方座上面鼓镜以外的区域（主要为四个角部），基本以对角线分开不同斜向的錾刻线，方座上半部分侧面有竖向錾刻线，下部为打剥粗略就平后的自然毛面断茬。底部粗略取平。柱础边长44—47、座高24—26.5、鼓镜直径43.5—44、高5.5—6厘米，鼓镜顶部中央凸起圆饼高0.2—0.5、直径32厘米（图一三，1；图版二一，5、6）。

ZWBSK：5　平面基本为方形，边长52—54、厚17—19、上面线脚高3.5厘米。中央孔径边长13、13、深11厘米。孔边距未雕线脚的两边分别为21、22.5厘米，孔边距有线脚的两边16.5、19.5厘米。线脚距石侧边1.3厘米。未全雕线脚的两边，线脚长10、14厘米。上面原本不露明的部分、被上部栏杆或立柱压住的部位可见有錾刻痕迹，原本可能置于一号殿址慢道两侧望柱之下（图一三，2，彩版一六二，2；图版二二，1、2）。

门枕石　6件。分为两型。

Ⅰ型　3件。

ZWBSK：6　与宫城一号殿址出土该型门枕石形制相同。在石条中部偏向前端凿有一凹槽，石条纵断面为长方形、横断面呈平行四边形。槽内前后两壁经过磨光，底部为凿痕麻面，前后台上面凿有纵向沟状凿痕。前、后座凿有横向沟状凿痕。后座经磨平，纹饰较清楚。前、后座边缘经过磨光加以修整，长方体两侧均为竖向沟状凿痕，底面有横向沟状凿痕。后座底部有一角缺失，风化轻微，锈斑呈黄褐色，整体呈灰白色。前座长12.5、宽29、高24.5、前台（凹槽与上面前部

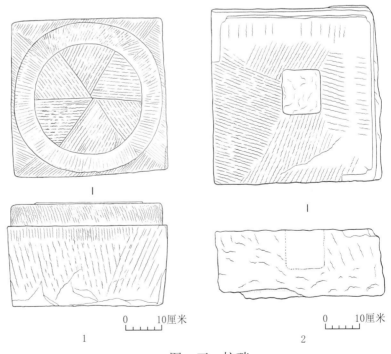

图一三　柱础
1.ZWBSK：4　2.ZWBSK：5

相交处略高起的窄台）长 3、宽 29、高 24.5、后座长 24、宽 29、高 26、后台（凹槽与上面后部相交处的略高起的窄台）长 4、宽 29、高 26 厘米，凹槽长 20.5、宽 30、高 8.5—10、抹边宽 2—3 厘米（彩版一六三，1；图版二二，3）。

ZYBS：18　在魏家房村民刘存义家门口（图一四，1）。

ZYBS：19　在魏家房村民薛金花家门口（图一四，2）。

Ⅱ型　3件。

张北县文保所库存或散落于白城子村（魏家房村）中。形制相同。

ZWBSK：7　汉白玉质。整体颜色呈灰色，锈斑为黑色，底角部侵蚀风化严重。与Ⅰ形类似，但整体为较方正的长方体，纵断面为长方形，横断面基本接近正方形。在石条中部略偏前端的部位，凿一横向凹槽，凹槽内部两侧，经过磨光修整。上面前座、后座经磨砻取平，但隐约可见凿痕，边缘有斜削，但凹槽两侧各有 3、4 厘米宽的区域没有抹边，是为前台和后台。门枕石左右两个侧面均经细漉取平，密布錾凿竖道纹，上半部分细斫砭修平凿痕较浅。前端面较平，后端面经粗搏加工留有稀疏的凿痕且下部微有出沿。底部仅经粗略打剥和粗搏大体就平，留有凿痕。通长 63、宽 32.5、高 29—34、凹槽长 19、宽 32.5、深 8—10、前座长 17、宽 32.5、高 29、后座长 25.5、宽 32.5、高 34、斜削抹边宽 1.6—2.7 厘米（图一四，5；图版二二，4—6）。

ZYBS：21　在魏家房村民王正才家门口（图一四，3）。

ZYBS：22　在魏家房村民殷枝家门口（图一四，4）。

石块　4件。

ZYBS：23　位于魏家房村民忻瑞门口。长方体，上平面基本为方形，长 48.1、宽 42.2、高 14.9 厘米（图一四，6）。

ZYBS：24　位于魏家房村民王志喜院内。长方体，上平面略近方形，长 33.5、宽 33.2、高 25.1 厘米（图一四，7）。

ZYBS：25　位于魏家房村民魏进禄院内。现用作井台。长方体，上平面略近方形，靠一侧有一个圆孔，井管穿于其中。长 67、宽 51.8、厚 12.3 厘米（图一五，1）。

ZYBS：26　位于魏家房村民魏秀宝房基下面。长方体，宽面光平，侧面可见凿痕。长 125.2、宽 54.8、厚 20.1 厘米（图一五，2）。

玄武岩构件　18件。

雕花石刻件　1件（ZYBS：1）。散落在白城子村中。一角断缺。略呈直角三角形，斜边为锯齿状，边缘凸起边框，压地隐起花纹，较漫漶。因当时村民不配合而未能画图测量，两直角边长约 30 厘米（彩版一六三，2）。

柱础　5件。

ZYBS：3　位于村民李枝门口。基本为方形，侧面为劈裂面，上面凸起圆形鼓镜，柱础上面、鼓镜周围有斜向的凿痕。鼓镜边缘圆润，上面阴刻一周凹弦纹，弦纹外围为放射性的斜线，内区为不同方向的凿痕，长 95.2、宽 84.6、鼓镜高 8、鼓镜直径 83、通高 38.1 厘米（图一五，3；彩版一六四，1）。

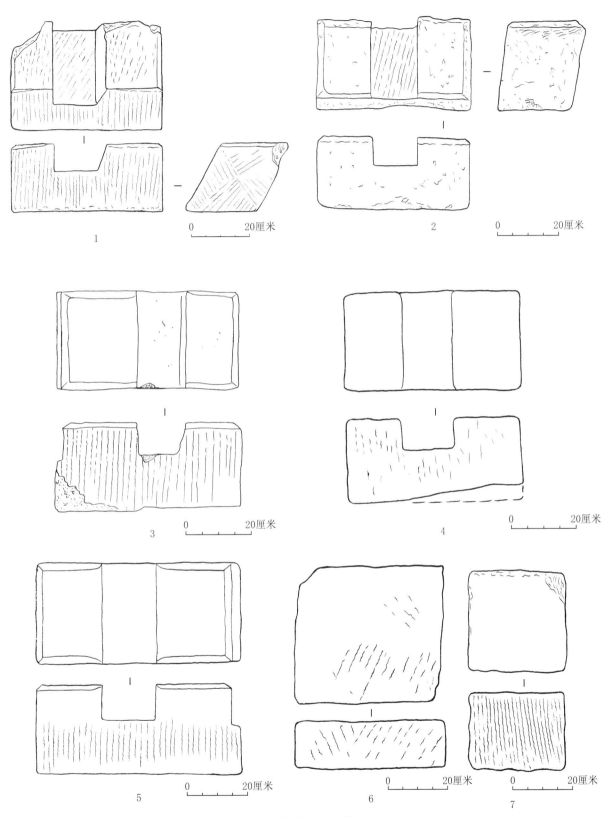

图一四　门枕石及石块

1.门枕石（ZYBS：18）　　2.门枕石（ZYBS：19）　　3.门枕石（ZYBS：21）　　4.门枕石（ZYBS：22）
5.门枕石（ZWBSK：7）　　6.石块（ZYBS：23）　　7.石块（ZYBS：24）

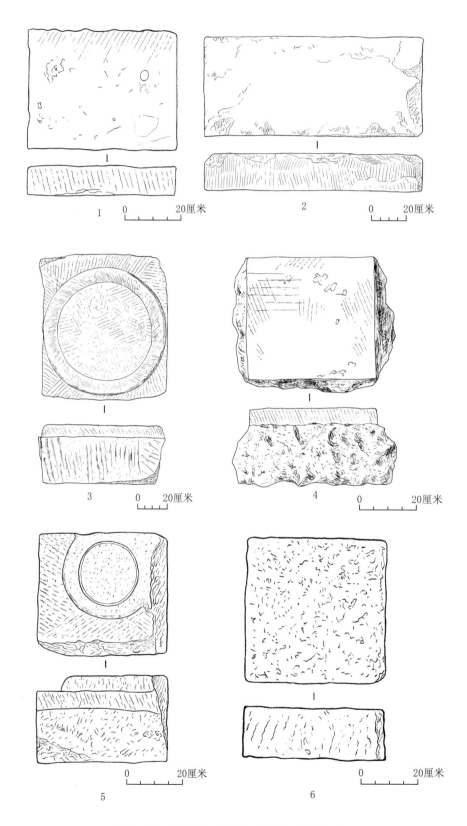

图一五　散落魏家房村中的玄武岩柱础

1.汉白玉石块（ZYBS：25）　2.汉白玉石块（ZYBS：26）　3．玄武岩柱础（ZYBS：3）
4.玄武岩柱础（ZYBS：5）　5.玄武岩柱础（ZYBS：6）　6.玄武岩柱础（ZYBS：7）

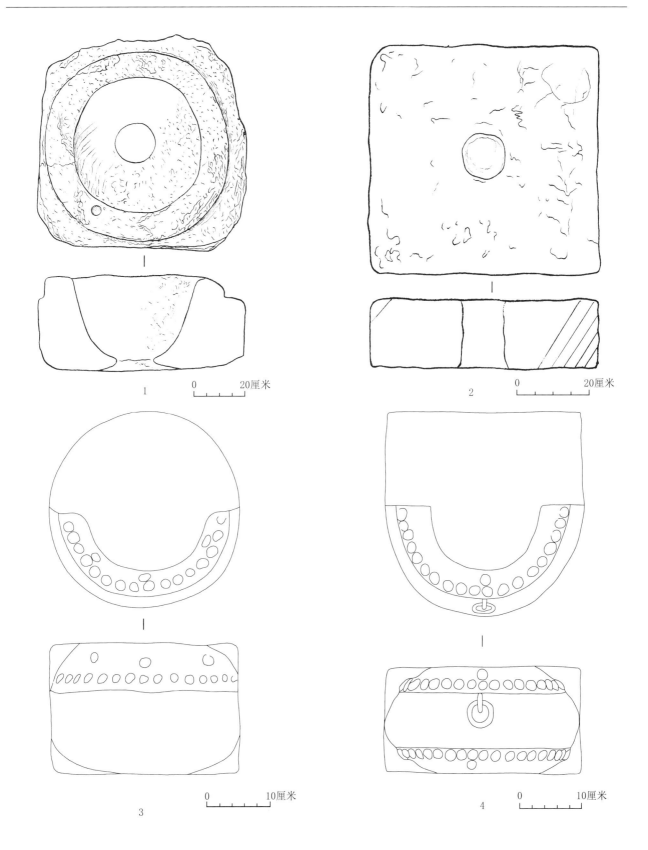

图一六　散落魏家房村中的玄武岩构件

1.石臼（ZYBS：10）　2.圆孔方石（ZYBS：8）　3.门墩（ZYBS：11）　4.门墩（ZYBS：12）

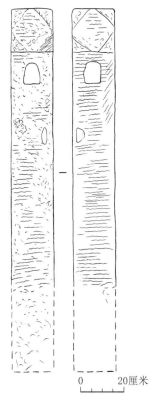

图一七　玄武岩拴马桩
（ZYBS：9）

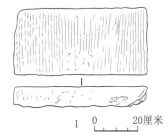

ZYBS：4　位于魏家房村民门口。方形，侧面为劈裂面，上部有稍加修整的凿痕。上面凸起圆形鼓镜，鼓镜为矮圆柱状，边缘转折生硬，鼓镜上面、周围、侧面均有凿痕（彩版一六四，2）。

ZYBS：5　位于魏家房村民魏进禄西房下。基本为方形。下部四周为粗糙的毛面，上部比下部略小、四壁修整较为规则。上面平整，上面及上部四壁有修整凿痕。上面长52.1、宽48.2、下面长65.8、宽53.6、上部高6、通高31.5厘米（图一五，4）。

ZYBS：6　位于魏家房村民魏秀宝房子东北角。在方形底座的一角有一个凸起的圆形鼓镜，上面有一周凹弦纹。底坐周边上部有凿痕，下部为毛面。底座边长47、宽43、鼓镜高5、鼓镜直径30、通高30厘米（图一五，5）。

ZYBS：7　位于魏家房村民李仁房子东侧。整体为长方体，上面基本为方形，可能是角柱下面的柱础或土衬石。边长46、高16厘米（图一五，6）。

圆孔方石　1件。

ZYBS：8　位于魏家房村民胡万福院内。方形，中央有一个通透的圆孔。边长54.3—56.3、厚16.4厘米（图一六，2）。

拴马桩　1件。

ZYBS：9　位于魏家房村民王生贵院内。下部埋在地上。四棱长柱形，横断面为方形，顶部抹角，上部有一拱形穿孔，中上部靠近一条边棱亦有一个半月形的穿孔。高170、横断面边长20.3厘米（图一七）。

石臼　3件。

ZYBS：10　位于魏家房村民张保山院内。底座基本为方形，上部有

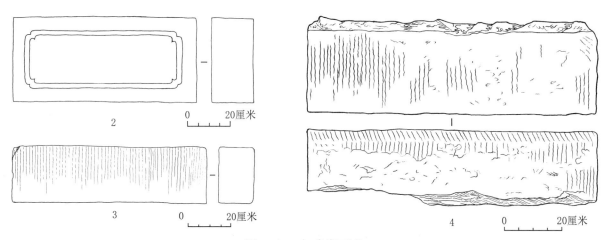

图一八　玄武岩石条
1. ZYBS：16　2. ZYBS：13　3. ZYBS：14　4. ZYBS：15

圆形凸起，中央为圆底锅状臼窝，底部有一个通透的圆孔。边长 72—75、通高 33 厘米（图一六，1）。

另外在皇城西南角外发现 2 件同类构件，见前文 F203（图版七，1）。

门礅　2 件。

ZYBS：11　位于魏家房村民魏进禄西房前。半鼓半圆柱形结合体。鼓侧面雕有两行鼓钉装饰，上面一行仅有三枚。直径 30、高 20 厘米（图一六，3）。

ZYBS：12　位于魏家房村民王斌门口。半鼓形和长方体结合在一起，石鼓侧面有两行圆形鼓钉，两行鼓钉之上下还各有一个鼓钉。中部雕有一耳并垂套一环。长 32、宽 32、高 16 厘米（图一六，4）。

石条　4 件。

ZYBS：13　位于魏家房村民魏进禄北房墙基内。长方体，正面雕刻有凹角长方形边框。长 87.5、宽 38.9、厚 20 厘米（图一八，2）。

ZYBS：14　位于魏家房村民魏进禄北房墙基内。长方体，侧面可见有凿痕。长 108、宽 30、厚 20 厘米（图一八，3）。

ZYBS：15　位于魏家房村民魏秀宝门口东边。基本为长方体，两个端面和两个侧面平整有凿痕，而另两个侧面为毛面，不规整。长 119、宽 33.1—37.3、厚 24.2—29.8 厘米（图一八，4）。

ZYBS：16　位于魏家房村民郭彦青屋门口。长方体，可见有凿痕。长 70、宽 33.8、厚 10 厘米（图一八，1）。

石磨盘　1 件。

ZYBS：17　在元中都外城南区烂塌房子 F219 处。圆盘形，中有孔，半埋于土中，直径 152、孔径 12、厚 23 厘米（图版七，2）。

2. 陶器

采集标本 9 件。

瓦当　1 件（ZYNC：1）。采集于淖沿子遗址。泥质灰陶，火候很高，陶质坚硬。圆形龙纹瓦当，残缺约 1/5。外区为宽素缘，凸棱贴在外缘内侧并高于外缘，龙头位于内区中央，龙首昂起，龙颈细长，呈流畅的 S 型、目视前方、龙嘴紧闭，龙角并列紧贴于颈部、角尖上弯，角前部有突起，鬃毛向后波曲平飘、毛尖下垂又上扬，龙身环龙头盘绕翻滚，龙身粗壮浑圆，身披鳞甲，共有四列呈扁圆的珍珠状，脊背起凸，两个前腿一前一后将爪置于凸棱内缘，有肘毛，胸前有一个云朵装饰。右前爪上举于龙吻前方，右前腿根部缠绕飘带，龙尾从右后肘下穿出，向上绕过右后腿，尾后部屈曲贴附在凸棱内侧，尾尖下垂、略呈 M 形。右后爪三趾张开、伸于龙吻的上方；龙头上方有流云一朵，左后腿仅表现出与龙身相接的腿根部位。瓦当背面无纹饰，有制作过程中手抹痕迹和细划道。瓦当背面残留部分筒瓦。筒瓦内面有布纹，背面素面。瓦当直径 13、缘宽 2.1、厚 1.6 厘米，筒瓦残长 6、厚 2 厘米，瓦当与筒瓦夹角 95°（图一九；彩版一六五，1）。

檐口重唇板瓦　2 件。ZYHC：28，采集于皇城南墙西段南侧。泥质灰陶，呈浅灰色，火候很高，质地坚硬。板瓦瓦头向下斜折为重唇，唇下尖缘微呈连弧状，唇面下部为波浪形，浪弯内有压印的斜向细条纹，唇面中上部有三道弧形凸棱，其间填以锁链纹。唇面残宽 20.3、高 4.9 厘米，厚度从其与板瓦相接处向下至下缘渐薄，最厚 3 厘米，下收呈尖缘。唇面与板瓦夹角 100°。瓦内面接近唇

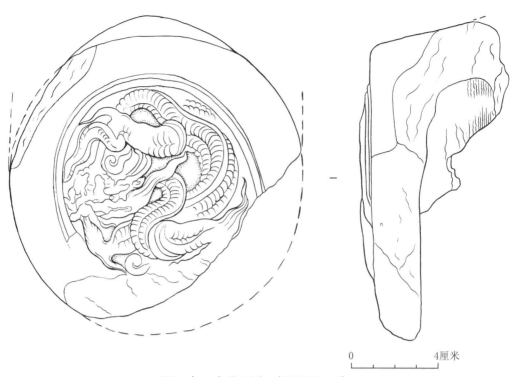

0 4厘米

图一九 灰陶瓦当 (ZYNC：1)

面的一头素面，其后有布纹，有平缓的纵向凹沟；瓦背光滑，有横向细抹纹，侧缘有从内向外深0.7厘米的切痕，沿切痕掰开，切痕较齐而掰茬粗糙。残长16、残宽9、厚2.3厘米（图二〇，1；图版二三，1）。ZYHC：29，采集于南部皇城南墙西段南侧。泥质灰陶，深灰色，质地硬度一般。板瓦瓦头向下斜折为重唇，唇下缘较圆。唇面下部为粗绚索纹，有明显斜向的绳股印。中上部为两道弧形凸棱，凸棱之间为一道细绚索纹。唇面上也涮有一薄层白灰浆。唇面宽12.7、高3.5、唇厚1.5厘米。瓦内面接近唇面的一头素面，可观察出板瓦与瓦唇接合的痕迹，其后有布纹；瓦背光滑，有横向细抹纹，并粘有白灰泥；其中一个侧缘由从内外深0.4厘米的切痕，沿切痕掰开，切痕较齐而掰茬粗糙，另一侧缘不明显，也有可能为后来残断。板瓦残长6.1、宽11、厚1.6—2厘米（图二〇，2；图版二三，2）。

青灰色条砖 1件（ZYHC：30）。残余约1/2。火候较高，质地中等，正面及侧面较光滑，背面粗糙、有沙眼，侧面有火柴棍一般粗细的工具划出的阴线卷草纹。残长19.5、宽16.5、厚5.4—5.8厘米（图二〇，3；图版二三，5）。

雕花砖 1件（ZYBS：2）。余一角。略呈长方形，宽缘低下，框边并立两道，较窄，内区浮雕花鸟（彩版一六五，2）。因当时村民不配合而未能画图测量，长边尺寸约30厘米。

沟纹方砖 1件（ZWBSK：8）。方形，正面素平，背面沟纹，沟纹大致分为三段，有错位现象。边长33厘米。现存张北县文保所，早年采集（图二一；图版二三，3、4）。

牡丹风轮龙纹方砖 2件。ZWBSK：9，方形，背面为素面，不光滑，正面模印浮雕界栏、龙纹、风轮、牡丹等纹饰。横竖界栏垂直相交呈井字形，在方砖的四个角区以界栏交点为中心，以相交的两条界栏为对角线，以界栏与砖边交点之间的连线为边长，有四个呈45°斜向的小正方形，内有圆形

图二〇　元中都和淖沿子遗址采集的文物

1.檐口重唇板瓦（ZYHC：28）　2.檐口重唇板瓦（ZYHC：29）　3.青灰色条砖（ZYHC：30）　4.球体陶范（ZYNC：2）

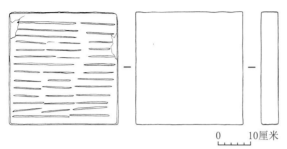

图二一　沟纹方砖（ZWBSK：8）

风轮。轮内有米字形辐条，界栏与轮圈相交处压在圆轮之上，斜十字线条带压在界栏线之上，但其外端又压在轮圈下。砖的中央区域饰有一条升龙，龙头上扬，吻部上翘，头后鬃毛屈曲飘拂，有弯角，向前平折又向下折回。下颌部胡须向颈部回飘，后背伸出一支分成两叉呈鱼尾状的装饰。左前腿上举，右前腿曲肘，左后腿蜷屈，右后腿弯曲后伸，均有张开的尖钩状三爪，肘毛或向肘后拂动或向下垂飘，末端均分两叉类似鱼尾状，龙身后段如细颈瓶口，尾部似从瓶口中伸出并分枝，形如火焰飞腾。砖的四个边区，各填半朵牡丹花，花瓣呈层叠状。四个侧边为趄面，由正面向背面内斜，横断面呈倒梯形，是有意为之。若以龙头向上竖放，高大于宽。高29.4、宽28.7厘米、砖背面略小于正面0.8、厚5.2—5.5厘米（图二二，1；图版二四，1）。ZWBSK：10，角尖部位向头后上方翘起，鬃毛较为舒展，高28、宽26、砖背面略小于正面1、厚5.2—5.5厘米（图二二，2；图版二四，2）。此2件均为早年采集，现存于张北县文保所。

六角编扣花叶纹方砖　1件（ZYBS：20）。位于魏家房村民李仁东墙上。正面模印花纹，中心区域边框为一个六边形，其内有六个叶片围绕中心的乳突。中央六边形的六个角均与周边相邻六边形交叉勾结、编织在一起。各角交叉处形成菱形格10个，各边相交处形成三角格6个。厚度稍不匀。背面不光滑。正面边长27.5—28、背面边长27.1—27.5、厚5.3厘米（图二三）。

陶范　2件

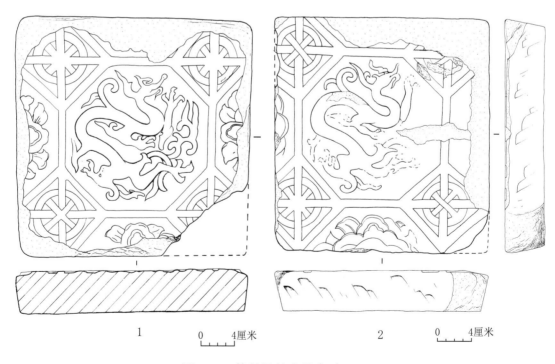

图二二　牡丹风轮龙纹方砖
1.ZWBSK：9　2.ZWBSK：10

球体陶范　1件（ZYNC：2）。采集于淖沿子遗址。残余半面。泥质灰陶，制作球体的陶范，像一个边缘缺损的钹形。胎呈灰白色，火候高，坚硬。外面周边平、而中心鼓起呈圆丘状，表面有细旋纹；内面为凹进的半球状，周边为粗糙的断茬。此范可能用来制作脊饰龙头的眼珠。残块长8.7、宽8、高3厘米，球状凹坑直径4.5厘米（图二〇，4）。

凤鸟陶范　1件（ZYNC：3）。残余半面，泥质灰陶，陶范中凤鸟呈站立状，仰头，眼微凸、短喙、翼后抿，凤尾下垂，悠闲自得。陶范通长34、宽12、边宽2厘米。此件陶范由张北县文物保护管理所从元中都遗址西北部淖沿子遗址采集，具体位置在淖沿子村东南之瓦窑地，原馒头营乡砖厂取土坑内采集。2001年5月18日《张北报》第三版有介绍。

罐　2件。

ZYHC：23　泥质灰陶罐口沿，口沿外卷，弧腹，口径40厘米（图二七，7）。

ZYHC：24　泥质灰陶罐口腹残片，形制少见，敛口圆唇，弧腹，底部残缺，高度较矮。口径16、底径17.4、高4厘米（图二七，4）。

盆　1件（ZYHC：25）。泥质灰陶盆口沿，口沿外折，圆唇，斜直壁，微弧，外腹有旋棱，上腹有一小圆孔，口径29厘米（图二七，5）。

3. 琉璃脊饰

1件（ZWBSK：11）。附板龙头残块。为龙头的下颌部位。正面浮雕，可见有唇缘、腮肉、虬髯、鬣毛、鳞片；背面较平，可见有两道粘附痕迹，原应与其他部位相接，长59.4、高50.8厘米（图二四；彩版一六六）。

4. 瓷器

采集标本23件（彩版一六七）。

碟　1件（ZYHC：1）。残缺1/2。斜壁，口沿平折，圆唇，白釉，内满釉、有六个支钉痕迹，外壁口沿以下没有施釉，釉色白泛青黄，施白色化妆土，胎呈黄白色，多杂质，圈足。口径12、底径5.6、高2.2厘米（图二五，1；图版二四，3、4）。

碗　11件。

ZYHC：2　白釉点彩碗底，弧壁圈足，内壁碗底残余7个支钉痕迹，其中心1个，外围6个，可能外围原有7个。底有两圈褐彩，圈外饰有褐色叶状点彩，再外又有两圈浅褐色纹道。胎白泛微黄、质地稍粗，施白色化妆土，釉色白中泛黄。底径7.2厘米（图二五，2）。

ZYHC：3　白釉碗底，圈足，外腹及底无釉，内满釉、有7个支钉痕迹，釉色白中泛黄，外底内

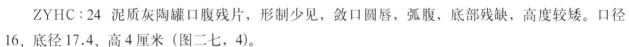

图二三　六角编扣花叶纹方砖（ZYBS：20）

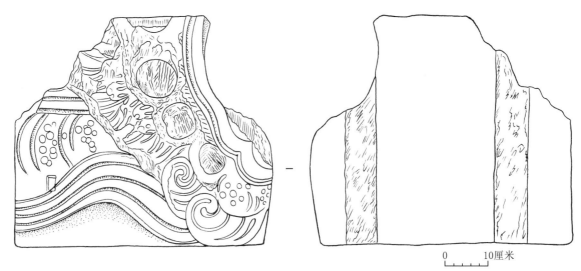

图二四　琉璃脊饰（ZWBSK：11）

有墨书字迹，漫涣不清，底径7.8厘米（图二五，3）。

ZYHC：4　白釉碗底，圈足，内满釉，残余5个有支钉痕，其中中心1个，外围4个，可能原有7个。外腹及底无釉，胎微黄，釉泛青黄，外底有墨书"王"字。底径8厘米（图二五，4）。

ZYHC：5　白釉小碗底，圈足，胎灰色有杂质，内满釉，无支钉痕迹，外釉不及底，施白色化妆土，底径4.5厘米（图二五，5）。

ZYHC：6　双色釉碗底，圈足，内施白釉泛黄，有支钉痕迹7个，其中一个位于中心，外施酱釉及圈足，外底墨画六瓣花朵。底径7.4厘米（图二六，1）。

ZYHC：7　酱釉碗底，圈足，内施酱釉，涩圈一周，外下腹及底无釉，底径7.8厘米（图二六，2）。

ZYHC：8　灰绿釉碗底，圈足，斜壁，内施灰绿釉，外腹下部及底无釉，胎粗微红，底径5.9厘米（图二六，3）。

ZYHC：9　双色釉碗底，圈足，内黑釉，底壁交界明显，无支钉，外壁黑釉及下腹后施酱色釉，圈足无釉，胎白较细。底径6厘米（图二六，4）。

ZYHC：10　茶叶末色釉碗，残余碗下部残块，圈足，胎粗黄褐色，内施茶色釉，有支钉，残余2个，外壁下部及底无釉。底径10厘米（图二六，5）。

ZYHC：11　影青刻花碗底，圈足，足底无釉，余部满釉，胎白质细，内刻花叶，刀法犀利。底径5.6厘米（图二六，6）。

ZYHC：12　影青印花碗片，残余碗壁一小块，胎白质细，内印卷草（图二六，7）。

盆　4件。

ZYHC：13　双色釉褐彩盆口沿，重沿宽唇，直壁微弧，胎白微红，内施白釉，有褐色弦纹和点彩，外唇下一周宽3.5厘米的无釉带，其下为酱色釉，口径按弧度推算约34厘米（图二六，8）。

ZYHC：14　白釉褐彩平折沿盆口沿，敛口平沿外折圆唇，胎灰白质稍粗，白釉泛青黄，外部口沿下为褐彩弦纹圈带，腹部施褐彩草叶。口径32厘米（图二六，9）。

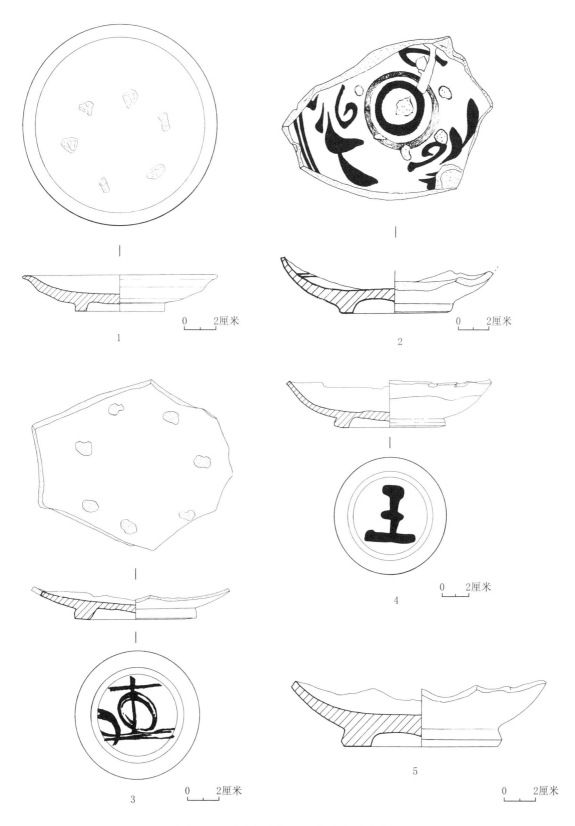

图二五　皇城西南角一带采集的瓷器

1. 白釉碟（ZYHC：1）　　2. 白釉褐彩碗底（ZYHC：2）　3. 白釉碗底（ZYHC：3）
4. 白釉碗底（ZYHC：4）　5. 白釉小碗底（ZYHC：5）

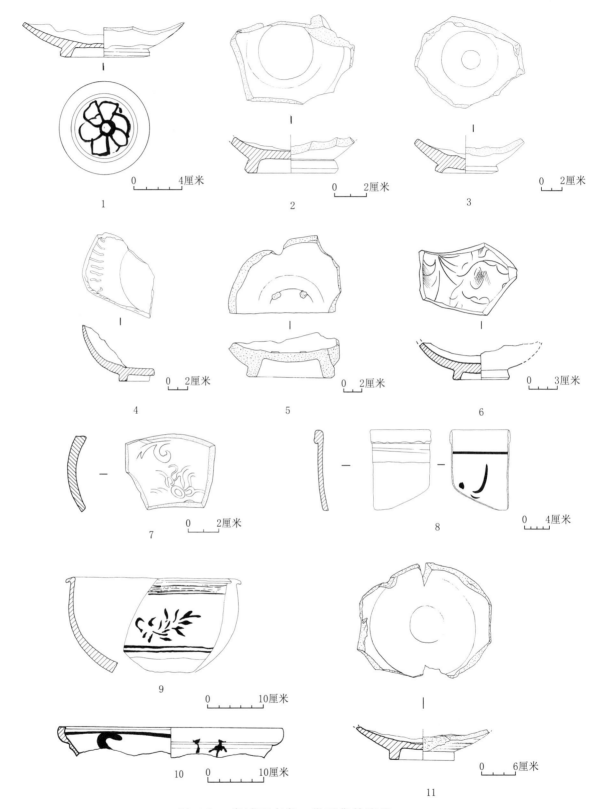

图二六　皇城西南角一带采集的瓷器

1．双色釉碗底（ZYHC：6）　2．酱釉碗底（ZYHC：7）　3．灰绿釉碗底（ZYHC：8）　4．双色釉碗底（ZYHC：9）
5．茶叶末釉碗底（ZYHC：10）　6．影青刻花碗底（ZYHC：11）　7．影青印花碗底（ZYHC：12）　8．双色釉褐彩盆
（ZYHC：13）　9．白釉褐彩平折沿盆（ZYHC：14）　10．白釉黑花盆（ZYHC：16）　11．白釉盆（ZYHC：15）

　　ZYHC：15　白釉盆底，底裂为两半。胎黄白，施白色化妆土，釉白泛黄，内有垫圈沾痕，圈足，壁厚，底径 10.5 厘米（图二六，11）。

　　ZYHC：16　白釉黑花盆口沿，平沿内折，宽唇，胎红质粗，白釉泛黄，内沿下一周黑弦纹，内腹残有一道黑色钩形纹饰，外部口沿以下无釉。口径 40 厘米（图二六，10）。

　　罐　3 件。

　　ZYHC：17　双色釉绘划花罐口沿，直口圆唇，弧腹，器内施黑釉，唇露胎，外施白釉，肩部施弦纹 8 道，黑、褐色交替，腹饰黑色交叉条带，纠结处的墨团内用细线划出兽面云朵状花纹。口径 20 厘米（图二七，1）。

　　ZYHC：18　双色釉褐彩罐口沿，直口，唇部及内器壁施酱釉，胎褐色，质粗，外施白釉，口下及肩部各施褐色弦纹 3 道，其间以三条横短线和二至三条竖短线相间，随意性强，不规整，腹部亦

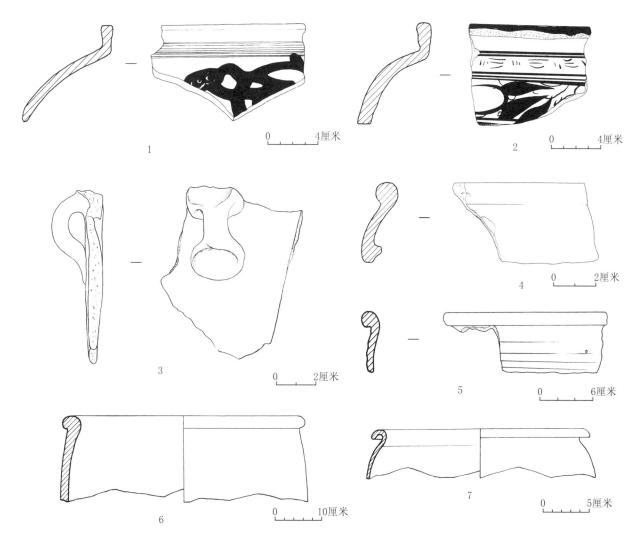

图二七　皇城西南角一带采集的陶器和瓷器

　1．双色釉绘划花罐口沿（ZYHC：17）　2．双色釉褐彩罐口沿（ZYHC：18）　3．酱釉带系罐片（ZYHC：22）
　4．泥质灰陶罐口沿（ZYHC：24）　5．泥质灰陶盆口沿（ZYHC：25）　6．茶叶末色釉粗瓷缸口沿（ZYHC：26）
　7．泥质灰陶罐口沿（ZYHC：23）

施弦纹，与肩部弦纹间绘褐彩花叶。口径28厘米（图二七，2）。

ZYHC：22 酱釉带系罐片，胎呈红色，夹砂，器壁较薄，器内无釉，泥条系两端贴按在器外壁。残高9.2厘米（图二七，3）。

鸡腿瓶　4件。

ZYHC：19 鸡腿瓶底，黑釉凹足较高，足部微外侈，粗胎微红，夹细砂施褐釉。底径10.6厘米（图二八，1）。

ZYHC：20 茶叶末色釉，平底，腹下部束收，粗胎夹粗砂粒，浅灰色胎，底略呈椭圆，底径8.2—8.8厘米（图二八，2）。

ZYHC：21 白釉瓶底，凹足微外侈，白胎微黄，外施白釉，釉色泛青黄。底径12厘米（图二八，3）。

ZYHC：27 黑釉瓶底，圈足，胎灰色，质粗夹砂粒，外底心及内外壁均施黑釉，内底涩圈一周，底径11.1厘米（图二八，4）。

缸　1件（ZYHC：26）。茶叶末色釉粗瓷缸口沿，胎褐色夹粗砂，圆唇，口沿露胎，内外施酱釉。残高18.5厘米（图二七，6）。

六　小结

调查和勘探取得了一定的成果，为下一步工作提供了线索。其中很多结论仅仅是对元中都遗址的初步印象和认识，必须经过发掘才能彻底搞清和证实。通过勘察有以下几点认识：

1．据《张北县志》记载，民国十五年曾依宫城旧址建围寨，现在宫城城墙上层的墙体即为民国时期所建；现代村庄白城子村（魏家房村和积善村）在20世纪70年代以前曾坐落其中，现已搬出至皇城外东北部和东南部。现在宫城上层墙体局部所见的泥坯夹层，为当时村民所补筑。宫城以内除民国时期和20世纪70年代前白城子村民在其中生活的这两个时期可能留下一些近现代遗迹遗物外，没有发现元代以外任何其他时代的遗物，遗址时代比较单一。

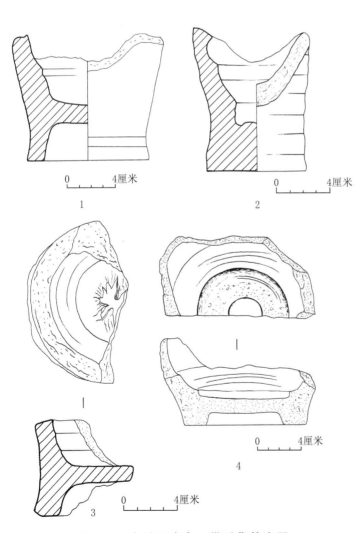

图二八　皇城西南角一带采集的瓷器

1．褐釉鸡腿瓶底（ZYHC：19）2．茶叶末色釉瓶底（ZYHC：20）
3．白釉瓶底（ZYHC：21）4．黑釉瓶底（ZYHC：27）

2．调查勘测了解了城址附近的山脉、水源等地理环境，对研究元中都建城原因和背景提供了重要线索。确定了元中都的城墙配置，证实元中都采取了三套城墙的规格，是都城架构，等级很高。初步了解了元中都建筑布局。根据宫城内建筑遗迹分布状况分析，其宫殿建筑基本按照通过宫城南门和北门的南北向中轴线对称分布。淖沿子遗址中存在窑址，并发现有与城址相同的琉璃块和烧造凤鸟的陶范，这里有可能为中都建筑材料的烧造地。城址西侧现今淖沿子村南的低地，应当为当年的主要水源，以降水为主要来源，并有泉水作为补充。城址西侧狼尾巴山上很可能有报警系统，应该进一步细致调查、勘探。

3．存在问题：有些工作还不够完善。因土质影响，钻探在元中都很难奏效，需要等待湿润时期才能进行。测绘使用的工具和仪器设备不断更新，测绘人员短缺，测绘技术需要不断学习和摸索，因而可能会有误差。本报告中所统计的各建筑遗址尺寸是指高出地面的现存堆积的范围及最高点的相对高度，因各处遗迹毁废严重，均埋于地下，其确切规模及性质需要进一步钻探或发掘方能确定。对于城墙的长度，是根据现存遗迹现象的中心线而测量或计算的，很可能与其遗迹的原貌有误差。对城墙的具体情况，如准确长度、宽度、高度及修建进程等，应在今后的工作中选取关键节点进行重点发掘，以确定其精确数据。可能一些建筑遗迹保存较差，或地面无痕迹，在测绘时会有疏漏；同时部分遗存较大，可能会统计为两个，或相邻遗存距离较近，废弃堆积连在一起而统计为一个。另外，文中按建筑遗址编号（F××）的一些遗迹，尤其是外城遗迹，很多可能不是元代遗存，而是晚期遗存，甚至有的也不一定是建筑遗迹，但目前尚无法辨别出来，在此表述以提供线索，有待进一步勘察。

4．目前，在发掘过程中对已经发掘的遗迹进行回填或临时性保护措施，并按保护规划正在实施保护工程（彩版一六八至一七二）。

5．另外，对元中都附近的生态环境有了初步了解（彩版一七三至一七七）。

6．本报告的数据若有与此前有关元中都的报导和研究文章中公布的数据不一致的情况，以本报告数据为准。

表二　元中都遗址建筑遗迹统计表

编号	坐标 纬度 经度 高度（米）	位置	遗迹现存状况（米）				备注
			平面形状	南北	东西	相对高度	
D1 （F1）	N41°17′34.19″ E114°37′16.21″ H1364.69	宫城中心	亚腰长圆形	南60、腰20、北38、总长118	南部59、腰部38、北部49	3.69	台面平坦，有大量绿釉琉璃瓦残块、青灰砖块、小铜钉等遗物
F2	N41°17′43.41″ E114°37′19.98″ H1361.39	F1东北部	不规则土丘	19	21	0.39	底部北侧与F3连在一起

续表二

编号	坐标 纬度 经度 高度（米）	位置	遗迹现存状况（米）				备注
			平面形状	南北	东西	相对 高度	
F3	N41°17′44.08″ E114°37′41.40″ H1363.5	宫城中北部偏东，F1东北	圆形土丘	55	60	2	F3、F4、F5、F6东西成排，四者底部堆积连在一起
F4	N41°17′44.07″ E114°37′39.61″ H1363.5	宫城中北部	圆形土丘	60	50	2.5	同F3
F5	N41°17′44.00″ E114°37′37.86″ H1363.6	宫城中北部	圆形土丘	60	45	2.6	同F3
F6	N41°17′43.87″ E114°37′36.23″ H1363.0	宫城中北部	圆形土丘	65	60	2	同F3
F7	N41°17′41.79″ E114°37′48.51″ H1361.6	宫城东部	圆形土丘	36	32	0.6	西邻F8，F7—F11东西成排，有灰瓦和琉璃瓦块
F8	N41°17′41.78″ E114°37′46.86″ H1361.2	宫城东部	略呈长圆形	16	25	0.2	东邻F7，F7—F11东西成排，有灰瓦和琉璃瓦块
F9	N41°17′41.62″ E114°37′45.71″ H1361.2	宫城东部	东西长条形土丘	13	50	0.2	东邻F8，西邻F10，有大量小碎砖块和一定数量琉璃瓦块，有龙纹砖块
F10	N41°17′41.77″ E114°37′43.93″ H1362.13	宫城中东部	南北椭圆形土丘	52	37	1.13	东邻F9，西邻F11，发现灰瓦和琉璃瓦块
F11	N41°17′41.79″ E114°37′41.59″ H1362.43	宫城中部偏东	圆形土丘	40	39	1.43	东邻F10、西邻F1，发现灰瓦和琉璃瓦块
F12	N41°17′41.79″ E114°37′36.15″ H1362.96	宫城中部偏西	不规则	15	20	1.96	土路与张化公路交汇处，被路覆压
F13	N41°17′41.44″ E114°37′33.87″ H1363.2	宫城中部偏西	椭圆形土丘	70	45	2.2	东邻F12、西邻F14，F12—F16东西成排，下部连在一起
F14	N41°17′41.09″ E114°37′32.36″ H1363.0	宫城中西部	不规则椭圆形土丘	60	45	2	东邻F13、西邻F15
F15	N41°17′40.99″ E114°37′30.66″ H1362.5	宫城西部	不规则椭圆形土丘	46	40	1.5	东邻F14、西邻F16

续表二

编号	坐标 纬度 经度 高度（米）	位置	遗迹现存状况（米）				备注
			平面形状	南北	东西	相对 高度	
F16	N41° 17′ 41.22″ E114° 37′ 29.34″ H1362.6	宫城西部	不规则长圆形 土丘	45	40	1.6	东邻F15，西面下部 与墙体堆积连在一 起
F17	N41° 17′ 42.63″ E114° 37′ 29.20″ H1362.6	宫城西部	不规则长圆形 土丘	46	40	1.6	南部与F16连在一起
F18	N41° 17′ 38.70″ E114° 37′ 43.71″ H1361.5	宫城中央偏东 南部	椭圆形土丘	28	45	0.52	位于F1东南，上有 小琉璃块
F19	N41° 17′ 37.05″ E114° 37′ 36.76″ H1361.6	宫城中央偏西 南部	不规则椭圆形 土丘	20	35	0.6	南邻F20
F20	N41° 17′ 35.61″ E114° 37′ 36.59″ H1361.7	宫城中央偏西 南部	椭圆形土丘	40	30	0.68	北邻F19
F21	N41° 17′ 37.70″ E114° 37′ 48.76″ H1361.9	宫城中东部	不规则土丘	50	40	0.9	西南邻F22，有灰瓦 青砖残块，少量琉 璃残块
F22	N41° 17′ 36.18″ E114° 37′ 47.39″ H1362.5	宫城东南部	椭圆形土丘	46	39	1.5	南邻F23，二者下部 连为一体，大量灰瓦 和一定数量琉璃瓦 块，有玄武岩柱础
F23	N41° 17′ 34.77″ E114° 37′ 47.52″ H1362.8	宫城东南部	椭圆形土丘	47	47	1.8	北邻F22，二者下部 连为一体，有大量 灰瓦和一定数量琉 璃瓦块
F24	N41° 17′ 35.80″ E114° 37′ 31.02″ H1363.61	宫城西南部	南北向椭圆形 土丘	80	68	2.61	南邻F25，二者下部 连为一体
F25	N41° 17′ 34.37″ E114° 37′ 31.15″ H1363.33	宫城西南部	不规则圆形土 丘	62	65	2.33	北邻F24，二者下部 连为一体
F26	N41° 17′ 36.77″ E114° 37′ 29.37″ H1362.2	宫城西南部	不规则土丘	40	45	1.2	西邻城墙、南邻F24 和F27
F27	N41° 17′ 36.02″ E114° 37′ 29.20″ H1361.8	宫城西南部	不规则土丘	25	25	0.8	东邻F24
F28	N41° 17′ 48.79″ E114° 37′ 47.19″ H1362.0	宫城东北部	不规则形土丘	42	90	1	上面排列有土坑， 似为柱础位置

续表二

编号	坐标 纬度 经度 高度（米）	位置	遗迹现存状况（米）				备注
			平面形状	南北	东西	相对高度	
F29	N41°17′49.48″ E114°37′31.15″ H1363.2	宫城西北部	圆形土丘	70	105	2.2	南邻F30，二者下部连为一体
F30	N41°17′47.87″ E114°37′31.20″ H1363.1	宫城西北部	椭圆形土丘	50	50	2.1	北邻F29，西部被原张化公路打破，有玄武岩柱础
F31	N41°17′32.30″ E114°37′30.71″ H1362.91	宫城西南部	不规则土丘	48	50	1.91	下部向西与城墙相接，可能为现代建筑基址
F32	N41°17′24.72″ E114°37′36.44″ H1363.8	宫城南部	不规则土丘	45	85	2.8	城门附近，下部向南与城墙相接。应是门内广场围墙废弃堆积
F101	N41°17′32.90″ E114°37′24.81″ H1362.34	皇城西区	不规则椭圆形土丘	23.2	11	1.34	土丘范围内有白灰渣
F102	N41°17′34.28″ E114°37′24.56″ H1362.2	皇城西区	不规则椭圆形土丘	41.8	36.8	1	土丘范围有白灰渣
F103	N41°17′36.31″ E114°37′23.38″ H1362.2	皇城西区	不规则长方形土丘	68.5	15.1	1	土丘范围有白灰渣
F201	N41°17′29.15″ E114°37′20.17″ H1363	郭城西部	椭圆形土丘	50	80	2	在皇城西墙南段以西40米，有大量砖瓦，局部保存砖基
F202	N41°17′19.02′ E114°37′20.16″ H1364.68	郭城西南部、皇城西南角西侧	不规则形土丘	100	100	3.68	与皇城西南角连为一片，地表可见较多的琉璃块与瓷片
F203	N41°17′21.52″ E114°37′27.87 H1362	郭城西南部、皇城南墙西段南侧	土垄围成的长方形院落	100	80	1	地表可见较多的瓷片
F204	N41°17′59.28″ E114°37′11.04″ H1361.1	郭城西北部	不规则形土丘	30	25	0.1	F205之西北，散见灰色砖瓦
F205	N41°17′57.12″ E114°38′13.02″ H1361.59	郭城西北部	圆形土丘	30	20	0.59	F204之东南，地表可见灰砖块

续表二

编号	坐标 纬度 经度 高度（米）	位置	遗迹现存状况（米）				备注
			平面形状	南北	东西	相对 高度	
F206	N41°17′13.26″ E114°38′2.64″ H1361.86	郭城东南部	不规则形土丘	45	125	0.86	F207的西南、F208西侧地表可见灰砖块，被土路打破，路边可见砖墙体
F207	N41°17′18.02″ E114°38′26.07′ H1361.95	郭城东南部	不规则形土丘	40	40	0.95	F208北，地表可见灰砖块
F208	N:41°17′19.54″ E114°38′26.30″ H1362	郭城东南部	不规则椭圆形土丘	50	80	1	西邻F206，北侧被地边沟渠打破，地表可见灰砖块
F209	N:41°17′19.70″ E114°38′33.36″ H1361.87	郭城东南部	不规则椭圆形土丘	63	90	0.87	地表可见灰砖块
F210	N41°17′54.9″ E114°37′21.06″ H1362	郭城北部	不规则椭圆形土丘	20	15	0.45	皇城城墙西段北侧，地表可见灰砖块
F211	N41°17′16.77″ E114°37′09.37″ H1363	郭城西南部	土垄围成的长方形院落	66	35	0.5	地表可见灰砖块及瓷片
F212	N41°17′48.96″ E114°38.153′ H1364	郭城东部	不规则椭圆形土丘	40	45	0.5	地表可见灰砖，上有现代小庙一座
F213	N41°17′47.04″ E114°37′19.86″ H1362	郭城西部	椭圆形土丘	15	22	0.5	皇城城墙北段西侧，未见遗物
F214	N41°17′42.54″ E114°37.15.42″ H1362	郭城西部	椭圆形土丘	40	35	0.4	F213西南，地表散见较多的砖瓦残块
F215	N41°17′36.29″ E114°37′17.09″ H1361	郭城西部	长条形土丘	99.5	17	0.5	东南—西北向，地表可见小砖块、瓷碗残片
F216	N41°16′51.9″ E114°37′24.48″ H1361	郭城南部	土垄围成的长方形院落	60	190	0.4	南北中轴线偏西处。F217北侧，二者以一道土垄隔开，呈"日"字形

续表二

编号	坐标 纬度 经度 高度（米）	位置	遗迹现存状况（米）				备注
			平面形状	南北	东西	相对高度	
F217	N41°16′48.42″ E114°37.24.48″ H1361	郭城南部	土垄围成的长方形院落	63	190	0.4	F216南侧
F218	N41°16′48.43″ E114°37′16.11″ H1361	郭城南部	土垄围成长方形院落	50	95	0.5	F217西侧
F219	N41°16′52.02″ E114°37′13.51″ H1361	郭城南部	不规则形	45	160	0.8	F216西侧，人称乱塌房。地表有较多的青砖及瓷片
F220	N41°16′50.01″ E114°37′35.29″ H1362	郭城南部	土垄围成的略呈方形院落	100	105	0.2	南北轴线偏东部
F301	N41°18′0.19″ E114°36′33.60″ H1632	郭城城墙之西	长方形土丘	20	20	0.5	淖沿子遗址，地表有一些灰砖块
F302	N41°17′53.82″ E114°36′15.37″ H1364	郭城城墙之西	椭圆形土丘	260	100		淖沿子遗址，可能为多个遗迹连成一片
F303	N41°17′44.18″ E114°36′30.37″ H1363	郭城城墙之西	椭圆形土台	10	5	1.5	淖沿子遗址因取土破坏严重，残存局部夯土
F304	N41°17′39.92″ E114°36′33.72″ H1363	郭城城墙之西	土丘状			1.5	淖沿子遗址，地表散落较多砖块
H1	N41°17′37.76″ E114°37′43.90″ H1360.37	宫城中央偏东南部位	不规则东西长圆形坑	18	33	—0.63	北邻F18
H2	N41°17′39.36″ E114°37′48.32″ H1359.0	宫城东部	不规则圆形	9	8	—1.6	南邻F21
H3	N41°17′36.73″ E114°37′49.56″ H1360.08	宫城东南部	不规则圆形坑	9	8	—1.36	位于F21东南边缘
H4	N41°17′30.00″ E114°37′15.00″ H1360.45	宫城西南部	不规则形坑	16	32	—0.55	位于F20的东北边缘
GXNJ	N41°17′30.02″ 114°37′27.89″ H1368.44	宫城西南角台	方形	6—7	6—7	7	上部为民国十五年所建，下部丘垄为元代遗迹
GDNJ	N41°17′30.03″ E114°37′27.78″ H1367.9	宫城东南角台	方形	6—7	6—7	6.9	同上

续表二

编号	坐标 纬度 经度 高度（米）	位置	遗迹现存状况（米）				备注
			平面形状	南北	东西	相对高度	
GXBJ	N41° 17′ 49.88″ E114° 37′ 26.46″ H1369.26	宫城西北角台	方形	6—7	6—7	8.26	同上
GDBJ	N;41° 17′ 50.66″ E114° 37′ 50.05″ H1367.59	宫城东北角台	方形	6—7	6—7	6.59	同上
WXBJ	N41° 18′ 5.64″ E114° 36′ 11.56″ H1363	外城西北角	地势略高				南侧有一现代坟
WDBJ	N41° 18′ 7.88″ E114° 38′ 17.60″ H1361	外城东北角	无明显迹象				附近有一个小石桥
WXNJ	N41° 16′ 29.17′ E114° 36′ 16.98″ H1363	外城西南角	地势微高				西侧20米有小片杨树林
WDNJ	N41° 16′ 31.90″ E114° 38′ 20.78″ H1363	外城东南角	地势略高				附近有东西土路一条
Y1	N41° 17′ 40.00″ E114° 36′ 35.30″ H1364	外城西墙以东	椭圆形	5	4	深0.3—0.4米有砖	红烧土，草木灰、碎砖块
Y2	N41° 17′ 40.07″ E114° 36′ 35.46″ H1364	外城西墙以东	不规则形	1.6—5.2	9.1	深1.8米见砖	红烧土、五花土、碎砖块
Y3	N41° 17′ 40.15″ E114° 36′ 35.57″ H1364	外城西墙以东	椭圆形	3.8	4.5	距地表深2米见砖	砖壁、红烧土，草木灰

注释：

[1] 因外城建设没有完成，当地土质沙性大、城墙夯土保存较差，大多地段地表几无迹象可寻，钻探确认的夯土也是断断续续，尤其是城角部位是根据城墙延长线交汇而求得，加之所用 GPS 仪器本身精度不高，所以在测量坐标时，会存在一定的误差。

[2] 这些石刻文字，据专家分析是藏文。应是清代一个不知名的人路过此地，随意写的藏文的六字真言，而且是重复六字真言，内容是"OM MA NI PAD ME HUM"。

[3] 尹自先、赵仲等主编：《张北县志》之《淖儿》第 72 页：安固里淖在公会镇域内，面积约 60 平方公里，水面 47.6 平方公里，呈椭圆形，水深 4 米，水量 11900 立方米，显碱性。关于"淖畔有大小土城"见同书《名胜》第 535 页。中国社会科学出版社，1994 年 5 月第一版。下引《张北县志》同此。

[4] 《张北县志》第 73 页《淖儿(湖泊)》记载：新地湾淖隶馒头营乡，水面面积 1.44 平方公里，水深 3 米，水量 432 万立方米，水质碱（群众评议）。

[5] 《张北县志》第 531 页《围塞》记载："白城子，民国十五年筑，土夯，高 1 丈 2 尺，厚 5 尺，南北 156.5 丈，东西 150 丈，四门，残存。在同书第 560 页《白城子说》中，也记有："墙垣早已坍圮（现存者系民国十五年依原基所筑）。"民国《张北县志》也有类似记载。访问村民老者，还有民国十八年筑寨之说，待考。

[6] 柴立波：《宫墙草》，《苍天褐土》第 105—107 页，作家出版社 2009 年版。

[7] 陈继淹、许闻诗：《张北县志》卷二《地理志下·古迹·古墓》。中国方志丛书·塞北地方·第三五号，1968 年成文出版社，据 1935 年铅印本影印。

第三章 宫城西南角台

经国家文物局和河北省文物局的批准,河北省文物研究所在张家口市、张北县文物部门的配合下,在 1998—2000 年对元中都宫城西南角楼基址(西南角台)进行发掘,下面将发掘情况报告如下。

一 布方情况

宫城西南角台,编号 ZYGXNJ,位于元中都宫城的西南角隅,是西南角楼下部的台基基址。发掘本着不破坏现存整体景观的原则,在角隅部位统一布方,但仅对墙体的外围进行发掘,实际揭露面积 625 平方米,清理出角台的内外结构,了解了角台的地基情况。具体工作过程是:1998 年 9 月,为避免盲目发掘造成失误,在钻探无法奏效的情况下,在角台外侧,布方向为 0° 的 2 个 4 米 ×4 米的探方和 1 条 1 米 ×4 米的探沟,对角台地层堆积进行了局部试掘,了解角台的地层堆积和部分结构,当年进行了回填。1999 年 8—10 月,结合角台现存规格,在以角台为中心的 896 平方米的方形区域内统一布 8 米 ×8 米探方 16 个,对角台外围进行发掘揭露,部分隔梁和边远探方没有发掘,探方依发掘先后顺序编号。此前试掘的 2 个探方和 1 条探沟均包含在此次统一编号的探方中。现存角台中央区域未作发掘,除此以外,在角台外围共发掘探方 12 个,包括角台外部西侧 4 个:编号 ZYGXNJT1—T4,其中位于转角部位的 T1 是西侧与南侧共用;南侧 3 个:ZYGXNJT5—T7;角台内侧 5 个:ZYGXNJT8—T12,其中 T11 和 T12 最后发掘。为便于叙述,本章下文中将探方编号中表示"张北元中都宫城西南角"位置的字母前缀"ZYGXNJ"略去。因河北坝上地区可发掘季节非常短暂,为节约时间,T4 西部 3 米、T9 北部 2 米(含北隔梁)先未发掘。在发掘过程中根据需要将 T4 东隔梁打掉并又向东扩方 1 米,扩方部分包括位于 T4 南部的 T3 北隔梁;将 T8 和 T10 向南扩方 4 米,即 T11 和 T12 北部 4 米。这些探方发掘到角楼建成后的地面为止。2000 年为了了解角台地基的情况,在角台内、外侧地面解剖探沟 4 条,位置如下:1.T3-1,在 T3 内,探方南壁之北 1 米处,沿角台夯土西侧,发掘方向 90°、长度自夯土西侧边缘至 T3 西壁、南北宽 1 米的探沟 1 条,了解角台外侧地槽构造;2.T8-1,在 T8 内,沿东隔梁剖面发掘宽为 1 米的 0° 方向探沟一条,了解角台内侧地基基槽的宽度和深度;3.T9-1,在 T9 内沿北壁发掘宽为 1 米的 90° 方向探沟 1 条,了解角台地基基槽沿墙体方向的延伸情况;4.T7-1(与 T12-1、T10-1 南北相连,下文均以 T7-1 称之),在角台东部与宫城南墙相接部位,沿 T7-T12-T10 的东壁(各探方东隔梁的西壁面),与城墙垂直发掘 0° 方向的探沟 1 条,长 24、宽 1 米(其中 T7 北部和 T12 南部为保存上部墙体未予发掘),了解墙体的宽度及地基情况。该探沟内除城墙墙体地面以上部位未予发掘,其余部位发掘到原生地层,墙体部位仅沿墙体地面以上部位之南北两侧,将宽出墙体的地基基槽解剖到底,为了了解是否有护城河或

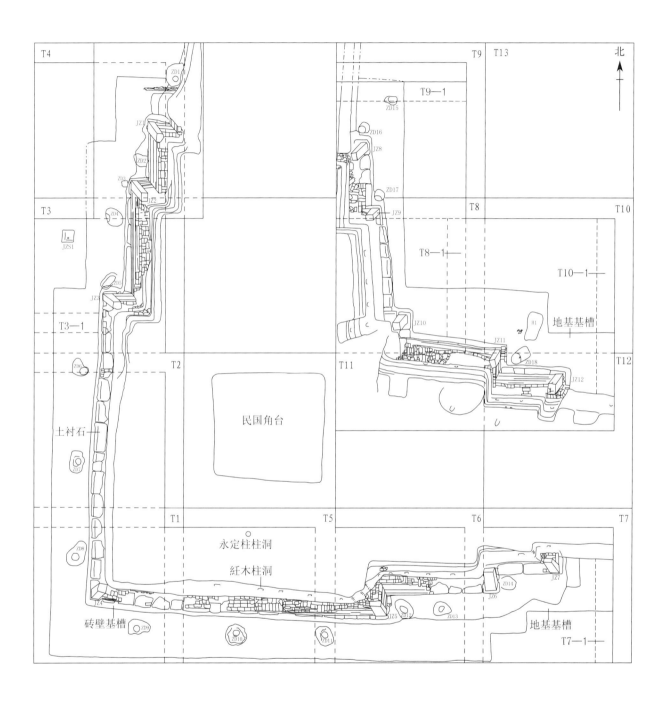

图二九　宫城西南角台发掘布方图

其他遗迹，将该探沟南延26米、北延10米，其中北延的10米中有8米位于T13内，北端2米位于T13之北、因南延的26米和北延的10米探沟内没有遗迹的现象，故在平面图中未表现（图二九）。

二　地层堆积

根据发掘情况，宫城城墙壁面并非全部用砖包砌，包砖壁面仅限于角台部位。在角台经三次缩折与墙体相接后，向东和向北两个方向延展的城墙壁面未再见有用砖包砌的情况。西南角隅基址内侧和外侧地层堆积情况基本一致，均可分为两种情况。第一种，是原砌砖部位的地层堆积，在沿砖壁内部夯土台外围，普遍存在一条因拆取砖壁而形成的近现代扰沟。土层由角台向外围呈坡状堆积，沿角台内外边缘的甃砖部位均有扰沟（扰沟内现已被土填塞）直达下部残存的砖壁，甚至通到砖壁基部，为近现代人们取砖而形成的。土层在原甃砖的部位可分5层。第二种，是角台与城墙相接处原未砌砖部位，是自然形成的由墙体向外侧倾斜的斜坡状堆积。在原未砌砖的部位，第①—④层与前

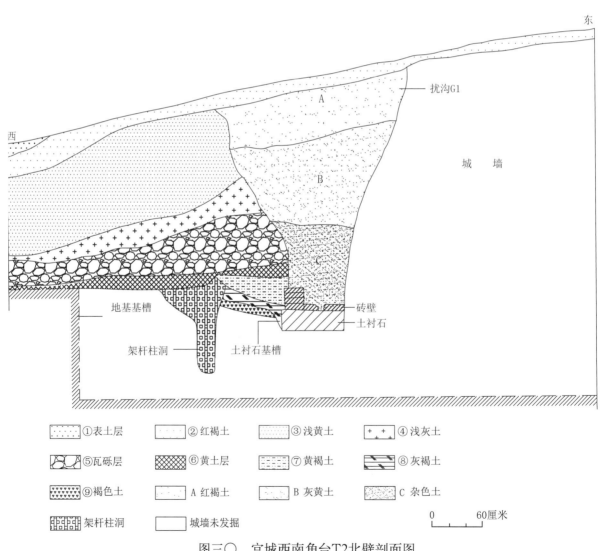

图三〇　宫城西南角台T2北壁剖面图

者相同，但第④层之下多了一层④ A 层，第⑤层下多了一层淤土层（参见下文 T9-1 剖面）。同时，根据地层分析，宫城城墙建成后，有一段使用期，即淤土层形成期，经过突然毁弃，形成了瓦砾层堆积，然后是间歇期，又有风沙土形成。至近现代，人们拆取壁砖，在有包砖的部位沿角台形成扰沟。

现将关键剖面举例说明。

1. 原砌砖部位地层堆积

以探方 T2 北壁剖面地层为例说明（图三〇；图版二五，1）。

第①层，表土层，厚 0.15 米，仅西部有一小角，在地表上呈斜坡状，现代扰乱层。

第②层，红褐土，风积而成，沙性大，疏松，厚 0.1—0.3 米。在第②层下开口一个扰沟 G1，位于探方的中部，沿角台外侧直达角台基部，为现代人们取砖而形成的。G1 堆积自上向下分为 A、B、C 三层，A 层为红褐土，淤积层；B 层为灰黄土，颗粒较粗；C 层为杂乱土，拆取墙砖后回填的灰渣、砖渣和散乱土等掺杂物。

第③层，浅黄土，沙性大，柔软，较纯净，亦杂有砖块，未见元代以后遗物，厚 0.7—1.05 米。

第④层，浅灰土，夹有较多的砖块，未见元代以后遗物，厚 0.3—0.35 米。

第⑤层，瓦砾层，由大量砖头、瓦块、白灰渣构成，间以松散灰土，包含物均为元代遗物，应为角楼初毁后的废弃物堆积，厚 0.4—0.6 米。

第⑥层，黄土层，较为纯净，土质稍软，含少量白灰渣，为遗址本身及使用过程中形成的堆积，其上面为使用面，厚 0.1 米。

第⑦层，黄褐土，仅沿角台砖壁外侧存在，在剖面上显示形状呈三角形，最宽 1.4、最厚达 0.4 米。含有较多的碎瓦块和白灰渣，为修建角台砖壁后沿墙体充填的废弃余物。

第⑧层，灰褐土，厚 0.25 米左右，较硬，是砌好土衬石后填充基槽踩踏形成的一层土。

第⑨层，褐色土，厚 0.1 米左右，最宽为 0.9 米，是开挖土衬石基槽挖出的褐色夯土堆积形成。该层以下，靠近墙体处见宽出角台而开挖的地基基槽开口，基槽西侧为黄白色沙性土，柔软，含有小石子，即为生土，发掘至该层为止。地基基槽深度结合钻探并结合 T7-1 的解剖而绘出。

2. 角台与宫城南墙相接部位的地层堆积

以 T10—T12—T7 东壁剖面为例说明。为了解角台与宫城南墙相接部位的地层堆积、基槽构造及城墙宽度，并试图了解是否有护城河情况，在 T7、T12 和 T10 内，沿其探方东壁发掘宽度 1 米的探沟 T7-1（包含其北部相连的 T12-1、T10-1），并向南延伸 26 米、向北延伸 10 米（因未发现遗迹，延长部分在本剖面图中未表现）。探沟内宫城南墙露在地面以上的部分没有发掘。在 T7、T12 和 T10 东壁以外的地方钻探没有发现遗迹现象（图三一；图版二五，2；图版二六，1）。

第①层，表土层，在地表上呈斜坡状，含有白灰块，为现代扰乱层，厚 0.1—0.5 米。

第②层，红褐土，风积而成，沙性大，疏松，纯净，厚 0.2—0.3 米。

第③层，浅黄土，沙性大，土质细软，杂有泥质灰砖块和瓦块，未见元代以后遗物，厚 0.2—0.7 米。

第④层，浅灰土，土质较为疏松，夹有较多的砖块，内含白灰碴，未见元代以后遗物，厚 0.1—0.8 米。

第⑤层，瓦砾层，由大量砖头、瓦块、白灰渣构成，间以松散灰土，包含物均为元代遗物，应为角楼初毁后的废弃物堆积，厚 0.1—0.5 米。

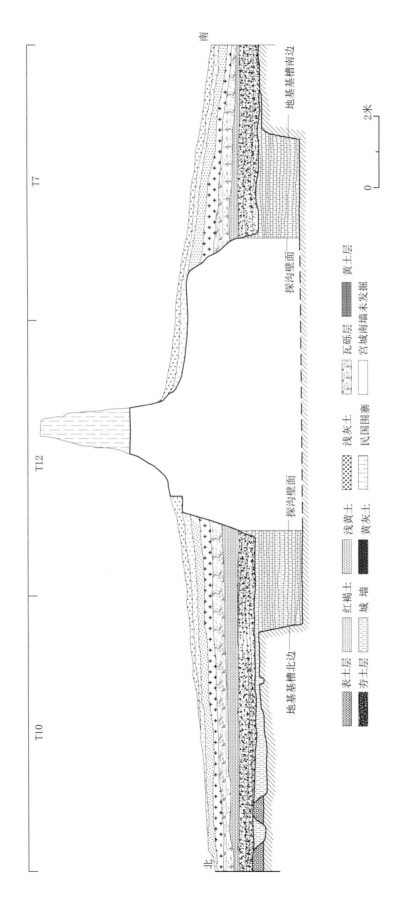

图三一　宫城西南角台T10—T12—T7东壁剖面图

第⑥层，黄土层，较为纯净，土质稍软，含少量白灰渣，不含其他遗物，由墙体向外渐薄，为遗址本身及使用过程中形成的堆积，其上面应为废弃前的使用面，厚0.1—0.7米。

第⑦层，黄褐土，内含少量白灰碴、瓦块等，经过粗略夯打，较为致密，本层在城墙北侧T10的南部和T12北部有3个小夹层。A层，灰褐色，颜色较深，土质松软，含有白灰块、瓦片，厚0.1厘米；B层，浅褐，内有淤土条，其上面有明显的硬面，沿墙体分布，可能经过夯打，厚0.1米；C层，黄灰，含少量的碎瓦，厚0.1—0.2米。该层应该是修建角楼过程中或角楼修成后短期内形成的。⑥⑦层之间未见明显的地面使用迹象。

第⑧层，黄褐色花土层，褐色土与黄土掺杂，褐色土比例较大，不含遗物，土质硬，内含少量大小不一的石块，经过夯打，上面有较为明显的硬面，厚0.1—0.15米。

第⑨层，黄色花土层，褐色土与黄土掺杂，黄土块含量高，颜色比第⑧层稍浅，结构现象与第⑧层相同，经过夯打，与第⑧层均为不与城墙连为一体的夯层。

第⑩层，灰白土，不含遗物，土质较细，比较坚硬，在城墙南侧分布在与距离城墙较远的部位，延伸较远，城墙近处没有分布；在城墙北侧仅有很薄的一小层分布于城墙根部。该层夯打程度逐渐由城墙两侧向南、向北减弱，推测为筑起墙体后，平整地面经过粗略夯打而形成，厚0.05—0.4米。

第⑦—⑩层是在城墙修建完成后铺垫在地面上，并经过夯打。第⑨和⑩层（第⑩层在城墙南侧未分布到墙根部，近墙体处只有第⑨层）以下即为城墙墙体及其地基基槽。基槽南北向开口宽度为14.7、底宽14.3、深1.1—1.3米。第⑨层和⑩层以下覆压有14—15层城墙夯土层（城墙北侧15层、南侧14层），其中由基槽底部向上夯打12—14层后（城墙北侧14层、南侧12层），已与基槽开口处的地面持平，在地面以上又夯打1—2层（城墙北侧1层、南侧2层），上层这1—2层夯土宽出槽口由墙体向南、北两侧延伸，南侧宽出0.75、北侧宽出3.5米。

第⑨和⑩层下的夯土层，十分坚硬，每层厚度0.05—0.18米，均为五花夯土，每层颜色呈黄褐色、灰褐色、灰绿色、红褐色等间杂不一，多数层内杂有不规则的小石块，有石块的层次其中石块含量也有区别。石块为大小不一的毛石块，尺寸一般在0.05—0.12米。以城墙北侧为例简介如下，共15层。

第⑪层，浅黄褐色花土，内含较纯，有极少量的小石块，夯打程度逐渐减弱。厚0.05—0.3米。

第⑫层，浅灰褐土，分布均匀，土质硬，无石块，厚0.07—0.1米。

第⑬层，灰褐土，分布均匀，内含不规则小石块，为五花土夯成，厚0.1米。

第⑭层，灰褐土，分布均匀，土质较硬，不含石块，为五花土夯成，厚0.06—0.11米。

第⑮层，浅灰褐土，五花土夯成，厚0.05—0.06米。

第⑯层，灰褐土，有明显的夯打痕迹，本层中夹有少量不规则石块，厚0.07—0.12米。

第⑰层，灰绿土，本层以石块为主，内夹有少量的灰绿色五花土夯成，厚0.05—0.1米。

第⑱层，浅黄褐土，本层为石块层，含少量的浅黄褐色五花土，厚0.12—0.18米。

第⑲层，浅黄褐土，本层石块与浅黄褐土分布均匀，以石块为主，厚0.06—0.11米。

第⑳层，浅黄褐土，本层含有少量的石块，以浅黄褐色五花土为主夯实，厚0.07—0.12米。

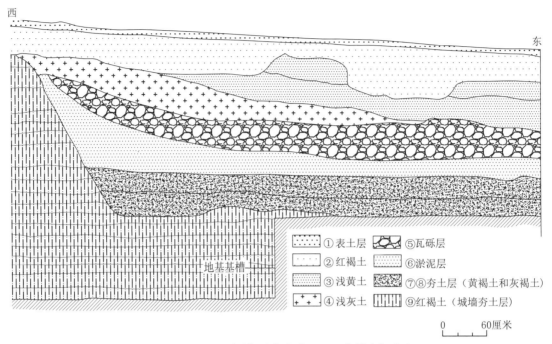

图三二　宫城西南角台T9-1北壁剖面图

第㉑层，灰褐土，含有少量的石块，以灰褐色五花土为主夯成，厚0.13米。

第㉒层，黄褐土，不含石块，分布均匀，厚0.07米。

第㉓层，红褐土，分布均匀，土质较硬，红褐色五花土夯成，内含少量不规则石块，厚0.09—0.16米。

第㉔层，红褐土，分布均匀，内含少量石块，厚0.14米。

第㉕层，浅红褐土，不含石块，厚0.09—0.12米，此为最下部的一层五花夯土，

第㉖层，灰白土，应为原生土层。很纯净，但灰白色土层面上有明显的夯窝，圆形圜底状，直径0.1、深0.04米。另外在基槽北壁有明显的镢类工具痕迹，印痕宽0.08米。

3．角台与宫城西墙相接部位的地层堆积

以T9-1北壁剖面为例说明。为了了解角台和城墙地基基槽的开挖范围、深度、构造等，在T9内沿已发掘部分的北壁解剖探沟T9-1（T9北部包含隔梁在内2米未发掘），宽度1米、方向90°。经发掘确认，西南角台开挖的地基基槽，在T9-1北壁以北0.1米便到北端（图三二；图版二六，2）。

第①层，表土层，较薄，草根较多，厚0.05—0.1米。

第②层，红褐土，风沙堆积层，厚0.35米。

第③层，浅黄土，可分两层，土质土色基本一致，厚0.3—0.37米。

第④层，浅灰土，含有较多砖块，厚0.3—0.4米。

第⑤层，瓦砾层，废墟堆积，厚0.02—0.35米。

第⑥层，淤土层，无遗物，细腻，从城墙上冲刷下来的淤土，可能是在角楼废弃前有一段间断期形成的。厚0.25—0.75米。

第⑦层，黄褐土，遗址本身或修建角楼过程中形成的。城墙护坡经夯打，但与城墙夯层不连。

该层上应是修建角楼后形成的原始活动面。厚 0.25 米。

第⑧层，灰褐土，经夯打，城墙护坡，但与城墙夯层不连。厚 0.2—0.3 米。

第⑨层，红褐土，该层与城墙夯层相连，覆盖在角台基槽的开口以上，比基槽开口分布面积大。厚 0.15 米。基槽便开口于此层下。

基槽内为夯土层，与上部城墙连为一体。

4. 角台内侧地层堆积

以 T8-1 东壁剖面为例说明（图三三；图版二七）。为了了解角台内侧地层堆积、角台地基基槽开挖范围、深度、构造等，在 T8 内沿东壁解剖探沟 T8-1，宽度 1 米、方向 0°。南部沿城墙处为近现代取砖所挖扰沟 G2，沟内堆积很杂乱。北部地层可分 9 层。

第①层，灰白土，比较纯净，草根较多，厚 0.4—0.5 米。

第②层，浅黄土，土质较松散，内含较多白灰渣，深 0.4—0.5、厚 0.2 米。

第③层，黄灰土，土质松散，内含较纯，仅有少许碎砖、瓦残片，深 0.6—0.75、厚 0.35—0.4 米。

第④层，灰褐土，土质较松散，内含较纯，有少量碎砖、瓦残片，深 1—1.1、厚 0.35—0.4 米。

第⑤层，浅灰土，土质疏松，内含砖瓦、琉璃构件，大量白灰渣，深 1.3—1.75、厚 0.4—0.45 米。

第⑥层，瓦砾层，土质松散，内含大量砖、瓦、琉璃构件、白灰渣等，深 2.25—2.5、厚 0.55—0.75 米。

第⑦层，黄土层，该层厚 0.5 米，土内亦含有少量的琉璃构件残片等遗物。经过轻微夯打，其上面即建成角台后的原始活动面。

第⑧层和第⑨层为黄褐土和灰黄土，是修完城墙后铺垫在地面上，经过夯打，分别厚 0.2、0.25 米。

5. 角台外侧地槽构造

以 T3-1 剖面为例（图三四；图版二八、二九）。该探沟位于 T3 中部，呈 90° 方向。T3 发掘到当年元代开挖砖壁基槽时的活动面，T3-1 该面以上地层堆积，以 T3 南壁向北水平移动、与 T3-1 南壁相接而绘出。

第①层，表层土，现代扰乱层，不连续分布，厚 0.15 米。

第②层，红褐土，风积而成，沙性大，疏松，厚 0.1 米。该层为现地表，表面长满杂草。在第②层下开口一个扰沟 G1，位于探方的中部，沿角台西侧直达角台基部，为现代人们取砖而形成的。沟内堆积自上向下分为 A、B、C、D 四层，A 层为红褐土，淤积层；B 层为扰乱土，大致为灰褐色，颗粒较粗；C 层为黄灰土，拆取墙砖后回填的灰渣、砖渣和散乱土等掺杂物；D 层为灰白土，杂乱，白灰渣、碎砖块较多，亦为取砖扰乱层。

第③层，浅黄土，沙性大，柔软，较纯净，少见遗物，厚 0.3—0.7 米。

第④层，浅灰土，夹有较多的砖块，未见元代以后遗物，厚 0.3—0.35 米。

第⑤层，瓦砾层，由大量砖头、瓦块、白灰渣构成，间以松散灰土，包含物均为元代遗物，应为角楼初毁后的废弃物堆积，厚 0.34—0.6 米。

第⑥层，黄土层，较为纯净，土质稍软，含少量白灰渣，为遗址本身及使用过程中形成的堆积，其上面为使用面，厚 0.1 米。

第⑦层，黄褐土，仅沿角台砖壁外侧存在，剖面形状呈三角形，平面分布最宽 1.4、最厚达 0.5 米。

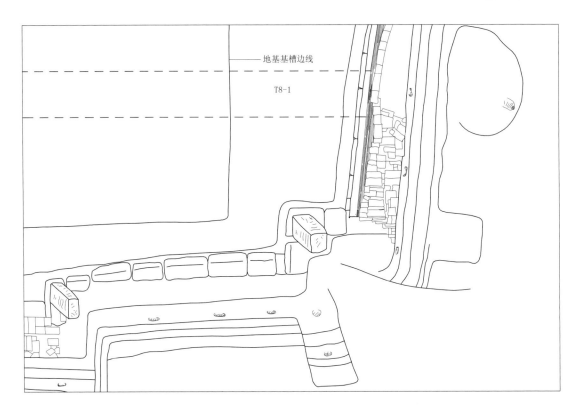

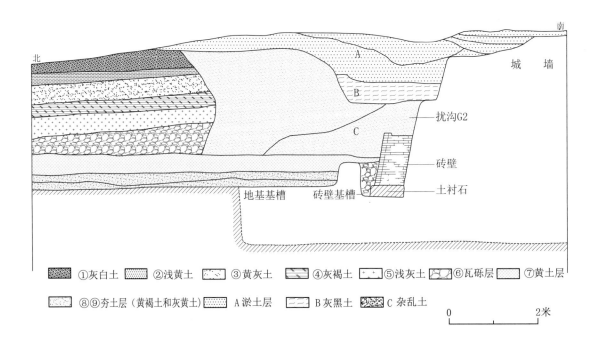

图三三　宫城西南角台T8-1平面、东壁剖面图

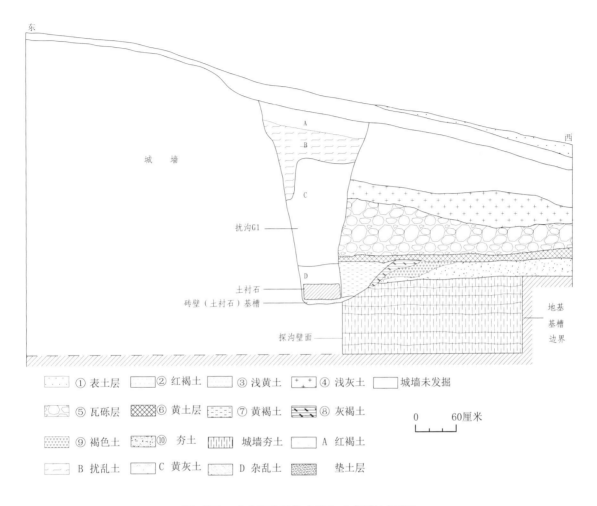

图三四　宫城西南角台T3-1南壁剖面图

含有较多的碎瓦块和白灰渣，为修建角台砖壁后沿墙体充填的废弃余物。

第⑧层，灰褐土，厚0.2米左右，较硬，是砌好土衬石后填充基槽踩踏形成的一层土。

第⑨层，褐色土，厚0.1—0.15米，褐色土和黄褐土混合形成，是开挖土衬石基槽挖出的夯土堆积形成。

第⑩层，黄褐色花土，经过夯打，厚0.1—0.2米。该层以下，靠近角台处见地基基槽开口，基槽开口线向西0.76米即为T3西壁。基槽开口线的西侧为黄白色沙性土，柔软，含有小石子，即为生土，发掘完第⑩层为止。

基槽深0.9—1.1米，其内填土共有8层：第⑪—⑱层。均为黄褐土或红褐土，经过夯打，由红褐色土和黄白色土混合而成，每层厚0.1—0.2米。土质十分致密，且含有小毛石块，石块靠近角台处较多、尺寸在0.1—0.3米之间。

三 遗迹

角台呈曲尺三出阙形，内部为夯土台，夯土台外侧用砖甃面，其具体做法是：先开挖地基基槽，在基槽内填土、层层进行夯实，直至地槽内的夯土与地面相平，然后在地槽的中央部位夯筑角台，角台周围再铺垫1—2层土，经过夯实。然后再沿夯筑的角台外壁，在夯土面上挖出砖壁基槽。在砖壁基槽内铺砌土衬石，在土衬石上再垒砌角台的外壁包砖。角台用砖甃壁后，把因砌土衬石而开挖的砖壁基槽以及脚手架的架杆柱洞填满，将修建完角台后的废弃物也一同填入，至与夯打的地面相平，再铺垫1层土，在砖壁以外最后堆积形成一个新的活动地面（图三五）。

1. 角台

角台平面及总体做法

主体为正方形，向东、向北经三次缩折后分别与宫城南墙和西墙墙体连接。砖壁内部为夯土台，夯土台残高2—3.5米，底部大于顶部，大致为高三收一，边缘部位的夯土有脱落现象，夯层厚度一般在0.11—0.2米左右，以0.18—0.2米最常见。夯土台的外侧按其转折和收分情况用砖甃面，采用露龈砌法。角台的内、外侧结构基本上相同，每面都经过三次向城墙方向内缩转折后，与夯土城墙相接，最后一个转角处的砖壁垂直嵌入到夯土城墙外皮以内。每个向外侧凸出的转角处均立有玄武岩石质角柱一块，其外侧边缘与砖壁的外皮持平，并向夯土墙内侧倾斜，有的底部外侧垫有小石块，使其向内倾斜（表三）。沿夯土方台基部外侧有宽约1米的砖壁基槽，基槽随着角台的转折而转折，基槽底部垫土找平、经过夯打，槽内砌土衬石。

土衬石为青灰色玄武岩石块，大小不一，一般长0.8—1.2、宽0.45—0.74、厚0.2米，上面外侧有宽0.1—0.13、高0.01米的凸起金边。有个别土衬石长达1.25—1.5米，个别较短仅0.4米，亦有的较薄，厚度0.1—0.16米。土衬石外侧边缘较整齐，内侧沿夯墙一侧参差不齐。在土衬石上包砌砖壁，土衬石上面为了找平，局部沿着石面的外侧，在砖壁下铺垫有板瓦，并用白灰泥勾抹。砖壁大部分被破坏殆尽，最高处保留高度有1.5米，底部壁宽0.7—0.8米、一般为0.8米，较土衬石外缘向内缩进0.12米左右，现残余壁砖的顶宽0.55—0.6米。砖壁的外侧平齐，或走或丁，逐层向夯台收退0.015—0.02米，以形成自底向上的收分，内部多为半砖垒砌，或间以残碎砖块杂乱放置、充填缝隙，无一定之规。砖壁基部为一走一丁砌法，再往上砌法不一，有一走一丁，二走一丁，三走一丁，甚至有四走一丁和五走一丁。同时局部突破规矩，走砖中又有丁砖，丁砖中亦有走砖。包砖墙面及角柱石收分较大，大致为高三收一。角台底部外围开挖的地基基槽，其外侧（城角外部）坑壁与夯土方台周壁的距离在2.9—3.5米之间，外侧基本随着夯土台的转折而转折，内侧（城内）槽的东边（与西墙方向一致）未经内缩、为直边，与南墙平行的槽的北边仅有一次缩折（彩版一七八至一八〇）。

角台的主体为正方形，四边长度即角柱石JZ3、JZ4、JZ5、JZ10底面外角之间距离，分别为东（JZ5JZ10）15.51、南（JZ4—JZ5）15.73、西（JZ5—JZ10）15.71、北（JZ3—JZ10）16.14米。

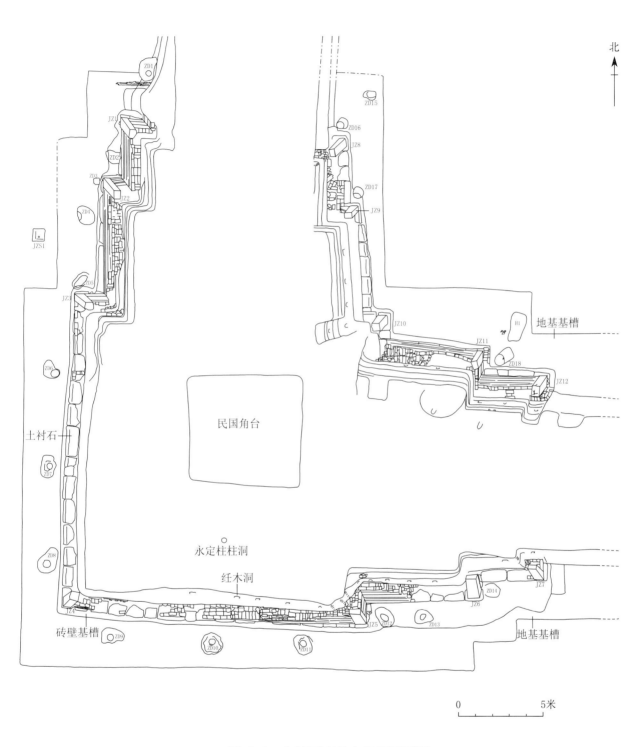

北

ZD1

ZD15

ZD16

JZ1

JZ8

ZD22

ZD17

ZD21

JZ2

JZ9

ZD4

ZD5

JZ3

JZS1

JZ10

H1 地基基槽

JZ11

ZD6

ZD18

JZ12

土衬石

民国角台

ZD7

永定柱柱洞

ZD8

纴木洞

JZ7

ZD14

砖壁基槽

JZ6

JZ5

ZD13

地基基槽

ZD9

ZD10

ZD11

0　　　　　　　　5米

图三五　宫城西南角台发掘平面图

表三　宫城西南角台角柱（GXNJ—JZ）统计表

编号	名称	尺　寸（厘米）			倾斜方向及角度
JZ1	角柱	东北侧高114，西北侧高118 西南侧高110，东南角高106	东西宽38.5—47	南北厚43.5—45	向南16.8° 向东15.9°
JZ2	角柱	东北侧高128，西北侧高131.5， 西南侧高124.5，东南侧高120	南北宽42—46	东西厚31—33	向南14.3° 向东21.2°
JZ3	角柱	东北侧高132，西北侧高140 西南侧高140，东南侧高128	东西宽46—47.5	南北厚26—30.5	向南15° 向东18°
JZ4	角柱	东南侧高126，西北侧高130 西南侧高133，东北侧高123	东西宽40.5—44	南北厚31.5—39	向东17° 向北16°
JZ5	角柱	东南侧高141，东北侧高142 西南侧高136，西北侧高134	东西宽60—61.5	南北厚23.5—27	向西18° 向北18.9°
JZ6	角柱	东南侧高127，东北侧高120 西南侧高118.5，西北侧高117	东西宽43.5—46.5	南北厚30—37.5	向西15.7° 向北19°
JZ7	角柱	东南侧高120，东北侧高113 西南侧高112，西北侧高110	东西宽45—46	南北厚23.5—27	向西20° 向北21°
JZ8	角柱	东北侧高125，东南侧高125 西北侧高119，西南侧高114	南北宽36.5	东西厚24—33.5	向西28° 向南18.1°
JZ9	角柱	东北侧高118，东南侧高120 西北侧高113，西南侧高110	东西宽42.5—46	南北厚30—36	向西16.5° 向南14.8°
JZ10	角柱	东北侧高117.5，东南侧高114 西北侧高102，西南侧高98	东西宽42—47.5	南北厚36—39.5	向西17.2° 向南18°
JZ11	角柱	东北侧高160，东南侧高124 西北侧高158.5，西南侧高124	南北宽46	东西厚34—35	向西16° 向南18°
JZ12	角柱	东北侧高173，东南侧高141 西北侧高169，西南侧高140	南北宽45—49	东西厚38.5—40	向西13.2° 向南23°

说明：

1.2003年9月22日测量。编号JZ1—7为西南角台外侧（城外）角柱石，按从北向南再向东的顺序排列；编号JZ8—12为西南角台内侧（城内）角柱石，按从北向南再向东的顺序排列。

2.角柱倾斜度测量方法：先把经纬仪调至水平，然后用其望远镜分划板的水平或竖直刻线，检验竖于角柱石（要紧贴）所测倾斜面旁边的塔尺和与塔尺相垂直的钢卷尺（钢卷尺用来测量倾斜面至塔尺的水平距离），塔尺一定要竖直，钢卷尺保持水平。然后读取塔尺和钢卷尺上的数据。接着在米格纸上，按1：10的比例把所测得的数据绘成直角三角形，再用半圆仪量出斜边的度数，此度数即为所测角石的倾斜度数。

台内夯土结构　西南角台的内部为方形主体夯土台，由底向上外壁为向内收缩的倾斜面，壁面没有发现有二层台。而在由方形夯土台向东、向北缩折后的夯土墙壁面上，有一至二层叠涩内收的台阶。角台外侧（城外）南墙南壁有一层台阶，西墙西壁有两层。角台内侧（城内）西墙东壁和南墙北壁均有两层台阶。外侧西壁的两层台阶由南向北经过角柱 JZ2 处转折后依然是通连的；外侧南壁的一层台阶由西向东经过角柱 JZ6 处转折再向东的部分，台阶消失。而内侧的两层台阶，从角台内角对应 JZ10 处分别向北和向东延伸，在角柱 JZ9 和 JZ11 处经过转折后，分别低于前者的两层台阶。具体情况如下。

宫城西墙自方形夯台以北在平面上次第缩进后，外侧夯土墙西壁由下向上收退两个台阶，第一层台阶高于土衬石上面 1.25—1.3 米，第二层台阶高于土衬石上面 1.95—2.1 米，台阶台面宽度为 0.15—0.3 米（图版三〇）。内侧夯土墙东壁自角台方形夯土台东北角（朝向城内的角，即 JZ10 处）以北向西内缩后，自下向上有向墙内收缩的两层台阶。在角柱 JZ9 处向墙内收缩转折之后，再向北则台阶高度比前者降低。在角柱 JZ9—JZ10 之间两层台阶分别距土衬石上面 1.45—1.5、2.35—2.4 米，台阶面宽 0.22—0.28 米；在角柱 JZ8—JZ9 之间两层台阶距土衬石上面 1.1、1.65—1.75 米，台阶面宽 0.22—0.3 米（图版三一，1）。

宫城南墙自方形夯台以东在平面上次第缩折后，外侧南壁在角柱 JZ5—JZ6 之间的夯土城墙由下向上收退一个台阶，该层台阶高于土衬石上面 2.01 米，台阶宽 0.25 米。在该二层台的上面，与位于其南面的角柱 JZ5 相对之处，残存砌砖 5 块，说明当时二层台的作用很可能是使砖壁与夯土结合更加坚固而设（图版三一，2）。JZ6 处向北转折后，台阶尚存，台面比前者低 0.2 米，但破坏已不明显。再向东折后则台阶消失。南墙内侧北壁自方形主体夯土台东北角对应 JZ10 处以东向南内缩后，自下而上有向墙内收缩的两层台阶。在角柱 JZ10—JZ11 之间，第一层台阶距土衬石上面 2.0 米，第二层台一般比第一层台高 0.8 米，高出土衬石上面 2.75—2.9 米（图版三二，1）。在角柱 JZ11—JZ12 之间，两层台较低，分别距土衬石上面 1.5、2.4—2.5 米。两层台阶均延伸转折进入到嵌入墙体的土槽内，该土槽是为砌砖壁而在城墙壁面上挖成的，以使砖壁与城墙牢固结合。两层台阶台面宽度均为 0.22 米（图版三二，2）。

角台主体正方形夯土台，在土衬石以上残余夯层 17 层，上部已被破坏。夯层有两种情况：较厚的大层和较薄的小层。多数较厚的大夯层，每层又可分为 2 小层，即每大层分两次夯成，土色以红褐色为主、杂有黄色胶土，红褐色土层内含有少量的小石粒，大层之间界限分明，而小层之间界限不太整齐。大层厚 0.12、0.18、0.2、0.25 米，以 0.18、0.2 米者为多。每小层厚 0.1、0.11、0.12 米（图版三三，1）。

角台外侧壁面结构

西壁　由主台向北经三次东折、向内缩进后，与夯土城墙相接，总长度 15.71+5.84+3.04 =24.59 米（角柱石底部外侧角之间的长度）。最后一个转角处的砖壁深入夯土城墙内 0.2 米，内折长度分别为 1.48、0.9、1.1 米（角柱石外侧角至砖壁折角线之间的长度），立有角柱石 4 块（JZ4 为角台西边和角台南边共用）。JZ1—JZ3 间的砖壁保存较好，最高处保留 21 层，残高 1.4 米。角柱石尺寸见表三（图三六）。在 JZ1 东缩后，壁砖保留 18—20 层，用走砖错缝垒砌，东折后又向北转砌 0.18 米（最底部宽度），嵌进夯土墙体内，此处夯层厚 0.2 米，为黄胶土夹杂红褐色土（彩版一八一至一八三；图版三三，2；图版三四，1）。

在角柱 JZ1 土衬石基槽的北侧有南北宽 1.3、东西长 1.4、高出地表 0.3 米的不规整的夯土台

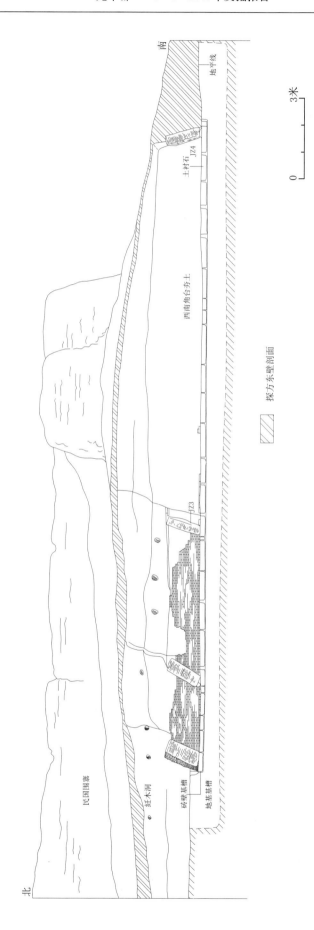

图三六　西南角台西壁侧视图（西→东）

与城墙连为一体。在 JZ1 北侧底边向北 1.6 米，夯土内夹有一根东西向的圆木，埋于地面夯土层内，直径 0.12 米（图版三四，2）。该土台向北 0.3 米有脚手架柱洞 ZD1。该夯土台周围为五花土，有白灰粒、砖块等，经夯打，形成墙外护坡，其与上层土的界面应是原来宫城角楼建成后的原始使用地面。再上有 0.75 米的淤土，沙性较大，自墙体向西渐低形成坡状，为墙体建成以后而逐渐堆积形成的。淤土层之上为角楼废毁堆积。墙体自原建成时的地面向上高 1.5 米处，有两个纤木洞。在 JZ1 之上的土墙上也有一纤木洞，洞内为淤土，洞内下面有烧土灰和朽木痕迹。

角柱 JZ1—JZ2 之间砖壁（图版三五），保存最高 20 层，平砖错缝垒砌，除第 13 层为丁砖（短边向外）外，其余各层均为走砖（顺向垒砌）。

角柱 JZ2、JZ3 之间，残余包砖最高 21 层，平砖错缝垒砌，从下向上 1—11 层、12—21 层均为走砖，第 12 层为丁砖，均用白灰泥粘接，每层向上均向夯土台倾斜内收 1.5、1.8、2、2.8 厘米，最外层为走砖，其内用丁砖或半砖铺实，与夯土台之间的缝隙填以砖块，夯土台向内倾斜，愈上愈窄，有台阶两个，上层台阶面宽 23、25、28，下层台阶面宽 30 厘米，夯层厚 20—23 厘米（图版三六，1）。由 JZ3 处转折处向北，夯土台土色与主体正方形夯土台有所区别，以黄胶土为主，杂有红褐色土块，有可能是二者分开夯筑（亦有可能仅是局部土色不同），大夯层中间的小夯层也不如角楼主体部位明显，可能不如主体正方形土台做工精细。夯层厚 0.2—0.23 米。两层台阶之间有纤木洞三个，直径 15—20 厘米，上层台阶之上靠北部位亦有一个纤木洞。洞内下部有烧木灰、或朽木灰。砖壁并不是严格沿着土衬石金边内侧，向南内缩较多，土衬石比砖壁宽出 0.15—0.44 米。而土衬石置于宽出它 0.2—0.4 的砖壁基槽内，基槽挖于深 1.2 米（经夯实与地面相平）的地基上（图版三六，2；图版三七；图版三八，1）。

角柱石 JZ3、JZ4 之间，即角台主体正方形夯土台西壁包砖已尽毁，土衬石尚存，其上局部保留沿着土衬石金边内侧铺垫的一层灰陶素白板瓦，板瓦不完整，应为砌砖壁垫平而设，用白灰泥与土衬石粘接（图版三八，2；图版三九，1）。

南壁　结构基本与西边相同，由主台向东经三次北折、向内缩进后，与夯土城墙相接，总长度为 15.72+5.93+3.4=25.05 米（角柱石底部外侧角之间的宽度）。最后一个转角处的砖壁深入夯土城墙内 0.2 米。该壁三次内折的长度分别为 1.25、1.2、0.82 米（角柱石底部外侧角至砖壁折角线之间的长度）。在该壁每个向外凸出的转角处均立有长方体角柱石一块，角柱石外侧边缘与砖壁的外壁面相持平，共 4 块。夯土台外侧 JZ4—JZ5 之间，砖壁大部分被拆毁，破坏殆尽，局部在接近角柱处残留 7—16 层（图版三九，2；图版四○；图版四一，1）。大部分只留下有土衬石，在第二角柱石（JZ5）与第三柱角石（JZ6）之间有一段砖墙保留较高，有 19 层，残高 1.3 米。砌法从下往上依次为一走一丁、二走一丁、五走一丁、二走一丁、四走一丁，但在个别地方有不按此规矩之处，走砖中有夹杂丁砖、丁砖中亦有走砖的情况。靠近角柱石处，多为走砖，砖与砖之间用白灰抹缝，砖壁内部多填以半砖和碎砖。在距离土衬石高 2 米处，夯土台壁有一个内收的台，宽 0.25 米，在此台下 0.2 米处，有一排修建角台时遗留下来的纤木洞，间距在 1.5 米左右，共 14 个（图三七；图版四一，2；图版四二；图版四三，1）。在地面上残有 6 个修建角台时遗留下的搭设脚手架的架杆柱洞（彩版一八四；彩版一八五，1；彩版一八八）。

JZ6—JZ7 之间砖壁破坏殆尽，仅 JZ6 北侧保留 11 层。JZ7 北侧砖壁与城墙垂直相交，嵌入墙内

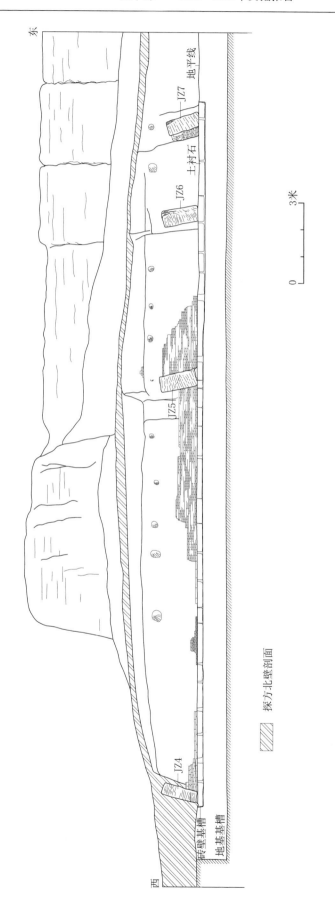

图三七　宫城西南角台南壁侧视图（南→北）

（图版四三，2）。

角台砖壁外侧的护坡，即位于砖壁外侧的呈斜坡状的土层。护坡高度埋住6—8层砖壁，8层以下砖壁保存较好，从第9层以上剥蚀较严重。护坡的形成，即砌好土衬石后，将基槽填满，垫土形成。

角台内侧壁面结构

与角台外侧基本相同（图版四四）。只是砖壁基槽的做法与外侧略有不同。外侧砖壁基槽是在角台基槽与地面夯平后，又统一在地面以上夯出一至两层夯土，直接挖砖壁基槽。而角台内侧在角台地基的基槽与原地面夯平后又夯出高0.28米、宽出角台夯土1.2—1.8米的夯土台，该夯土台与地槽内的夯层以及角台夯土连为一体，其上沿角台夯土墙体挖口宽0.8—1.3、底宽0.8、深0.6—0.8米的砖壁基槽，内砌土衬石，上至壁砖（图版四五）。在该夯土台的以外地面上与角台外侧的做法相同，也夯两层夯土。然后在其上统一铺垫一层土，该层土即为T8—1的第⑦层黄土层，该层厚0.5米，土内亦含有少量的琉璃构件残片等遗物，经过轻微夯打，其上面即建成角台后的原始活动面，该层向南漫过砖壁基槽外的夯台，砖壁基槽的开口应在该层之下，但因基槽内的填土含有废弃的构件残块、砖瓦等，较杂乱，且在回填时局部已高出开口层位，因而在该层层面上显出砖壁基槽处的填土与其他地方不同，在发掘时将基槽先行清理（彩版一八五，2）。

角台内侧西墙东壁结构，是向北经三次西折缩进后与夯土城墙相接，总长度为15.51（JZ5—JZ10之间）+5.47+3.4=24.38米（角柱石底部外侧角之间的长度），内折长度分别为1.05、0.75、0.7米（角柱石外侧角至砖壁折角线之间的长度），在三个转角处自南向北立有石质角柱JZ10、JZ9、JZ8，共3块（图三八；彩版一七九、一八七；图版四六至四八）。

内侧南墙北壁，向东经三次南折缩进后与夯土城墙相接，总长度16.14（JZ3—JZ10之间）+5.08 +3.4=24.62米（角柱石底部外侧角之间的长度），内折长度分别为1.25、1、1米（角柱石外侧至砖墙折角线之间的长度），转角处立有角柱石，自西向东JZ10、JZ11、JZ12，共3块（第一块角柱石与前述西墙的第一块为同一角柱石）（图三九；彩版一八〇；彩版一八五，2；彩版一八六；图版四九至五三）。

角台内侧收分很大，约在高三收一。每层叠涩内收1.5—4厘米。在JZ11处量得砖壁：东侧砖高1.05、向内收分0.3米；北侧高1、内收0.33米。砖的外侧有的地方有白灰泥，可能用白灰浆涂刷了一遍。

角台的包砖部位，在与不经包砖的夯土墙相接的四个地方，均在墙上垂直挖槽，将砖壁嵌入，但有显著差别。角台外侧西壁在角柱JZ1处向东转折与西墙相交后，砖壁又北折一小段；而外侧南壁在角柱JZ7处向北转折与南墙垂直相接则止，没有再向东折的砖壁。角台内侧南墙北壁在角柱JZ12处南折与南墙相交处，砖壁嵌入夯土墙后又有一小段东折；内侧西墙东壁在角柱JZ8处西折与西墙相交处，壁面已拆毁破坏，但据夯土墙壁内的土槽宽度推断，砖壁也没有再北折的现象。

2．角台地基

根据钻探并结合探沟T3—1、T8—1、T9—1、T7—1解剖得知，角台地基基槽宽出地面以上的夯土角台基部外围2.9—3.5米，其外侧边缘（南墙南边和西墙西边）随着角台的转折而转折。内侧西墙东边无转折、而南墙北边向东有一个南缩转折。基槽深0.9—1.35米，用红褐色土、掺和玄武岩

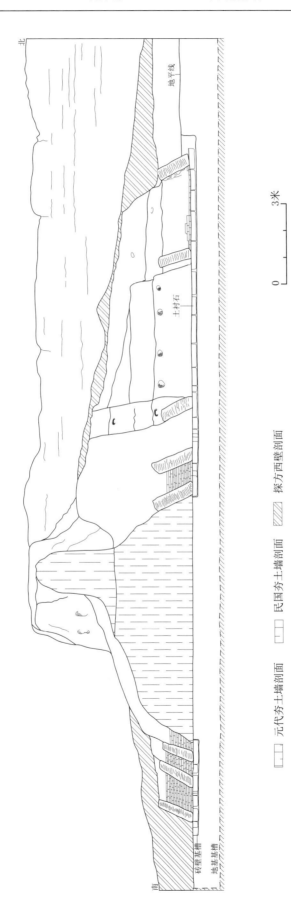

图三八 宫城西南角台东壁侧视图（东→西）

☐ 元代夯土墙剖面   ☐ 民国夯土墙剖面   ▨ 探方西壁剖面

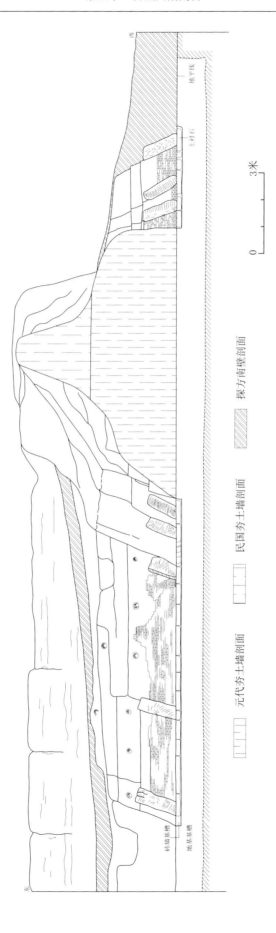

图三九 宫城西南角台北壁侧视图（北→南）

小石块和白灰渣层层夯打至与地面相平，夯层厚 0.05—0.15 米，一般以厚 0.1 米的夯层为多（图三〇至三五）。地基基槽内的小石块上外表有锈，呈现白色，类似于粘了一层白灰浆。在地基基槽的夯土与地面相平后，再夯打一层或二层夯土，将整个地表找平，然后在中间部位夯筑角台。修建完角台后，踩踏形成一个建筑面，再将剩余的废弃物堆积在角台的周围形成新的地面——即后来的使用面（图版五四、五五）。使用面比建筑面高出约 0.4 米。

3. 架杆柱洞

在地基基面的土衬石外侧约 1 米左右，发现有架杆柱洞痕迹，角台外侧南部有 6 个，西部有 8 个，内侧因局部未完全发掘到建筑面，仅发现 4 个柱洞，情况与角台外侧者相同。柱洞之间间距不等。架杆柱洞均是口大底小的坑状，底部有圆形木柱洞。其上口略呈圆形、椭圆形或不规则，下部为立柱留下的遗迹，径 0.8—1.2、柱径 0.2—0.3、深 0.6—1.3 米，有的还在洞的一侧边缘残留有将木柱斜放入柱洞或向上提取木柱时斜压洞壁形成的圆弧形凹沟残迹，同时在柱洞内发现有碎瓷片，这些架杆柱洞是修建角台搭设脚手架所残留的痕迹，图见 7、10、11 号柱洞，照片见 8、10、16、17 号柱洞（图四〇；图版五六、五七；图版五八，1）。另外在 T10 内还发现一个不规则圆角长方形的灰坑 H1，填土内杂有砖瓦碎块（表四；图版四五，1）。

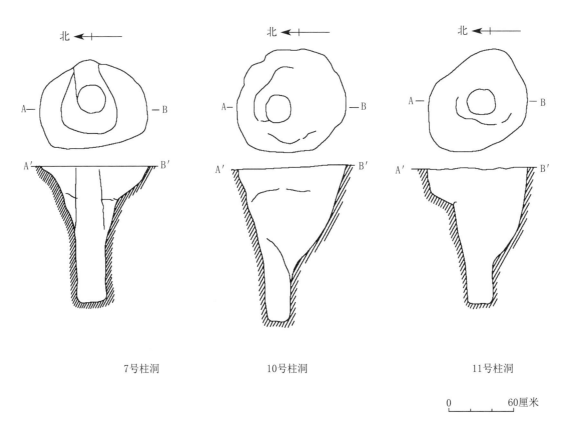

7号柱洞　　　　　　　　　10号柱洞　　　　　　　　　11号柱洞

0　　　　60厘米

图四〇　宫城西南角台外侧柱洞ZD7、ZD10、ZD11平、剖面图

表四 宫城西南角台架杆柱洞（ZYGXNJ—ZD)统计表

编号	①位置②探方③坐标 （所属探方向南×向西）（单位：米）	尺寸
1	①外侧西壁外；②T4东北部，东边紧邻宫城西墙；③6.3×4.3	开口不规则长圆形，底部有圆形柱洞，南北1.13、东西0.75、柱径0.23、深0.9米
2	①外侧西壁外；②T4东南部；③1.9×2.5	开口不规则长圆形，底部有圆形柱洞，南北0.62、东西0.6、柱径0.25、深0.9米；出土白釉小瓷碗残底
3	①外侧西壁外；②T4中南部；③1.2×1.7	略呈方形，边长0.3、深0.6米
4	①外侧西壁外；②T3北部；③7.0×4.2	略呈圆形，内有圆形柱洞，南北0.94、东西0.88、柱径0.2—0.3、深1.2米
5	①外侧西壁外；②T3中部；③3.7×3.75	不规则长圆形，内有柱洞和木柱斜压洞边的印痕，长1、宽0.6、柱径0.2、深1米
6	①外侧西壁外；②T2北部；③7.15×2.25	开口不规则，内底有圆形柱洞，南北0.9、东西0.75、柱径0.25、深1.2米；出土白釉敞口碗
7	①外侧西壁外；②T2中南部；③2.4×2.1	不规则长圆形，南北1.15、东西0.76、柱径0.25、深1米
8	①外侧西壁外；②T1西北部；③5.5×2.1	开口不规则形，内有圆形柱洞，南北1.25、东西1.1、柱径0.3、深1.2米。出土白釉碗，粘有石绿色颜料，外有墨书，还有酱釉碗
9	①外侧南壁外；②T1东南部；③1.85×5.4	不规则形，中有柱洞，东西1.2、南北0.76、柱径0.3、深1.3米。出有白釉碗片，有墨书
10	①外侧南壁外；②T5西南部；③1.5×2.66	开口略呈圆形，直径1.1、柱径0.3、深1.1米
11	①外侧南壁外；②T5东南部；③1.5×7.25	开口略呈圆形，直径0.94、柱径0.25、深1米；有瓷片；出土青灰色釉敞口外碗
12	①外侧南壁外；②T6中部；③2.8×3.6	不规则椭圆，直径0.7—0.9、柱径0.25、深1.3米。出土白釉敞口碗
13	①外侧南壁外；②T6中东部；③2.85×5.6	不规则椭圆，直径0.7—0.9、柱径0.25、深1.3米。出土黑釉敞口碗
14	①外侧南壁外；②T7西部JZ6东北侧；③4.1×1.25	坑不规则椭圆形，中有柱洞。直径东西0.95、南北0.6、柱径0.25、深1.3米。出有黄白釉敞口碗
15	①内侧东壁外；②T9—1内；③5.03×2.91	不规则椭圆形，直径长0.65、宽0.46、柱径0.3、深1.1米
16	①内侧东壁外；②T9中西部；③3.53×1.35	不规则圆形，长0.63、宽0.59、柱径0.25、深0.8米
17	①内侧东壁外；②T8西北部；③7.63×2.65	椭圆形，长0.66、宽0.6、柱径0.26、深0.9米
18	①内侧北壁外；②T12西北部；③7.71×1.76	不规则长方形，长1.09、宽0.64、柱径0.3、深1米
H1	①内侧北壁外；②T10中南部；③1.2×2.5	不规则长方形，长1.52、宽0.8、深0.3米，此坑为修建角台留下的灰池或扰坑

4．纤木洞

在夯土方台上发现有残留的纤木洞，角台部位探方范围内共发现37个，其中在角台外侧的南壁发现12个、西壁7个；内侧东壁9个、北壁9个。纤木洞位于砖壁土衬石以上1.15—3.25米的高度，大部分处在1.5—2.3米高度。纤木洞的水平间距变化较大，一般在1.5米左右。纤木洞直径0.12—0.28米，以0.2米为主（表五）。与墙体壁面垂直、或在水平面上与夯土墙之间呈15°左右的夹角，有的内部还残留有木柱朽灰的痕迹。纤木是用来加固起到木筋的作用，也有可能是夯筑墙体时支撑夹板（图版五八，2）。

5．永定柱洞

T5北部还有竖向柱洞一个，直径0.26米，为不破坏墙体，没有下挖至底，可能为永定柱（表五）。

表五　西南角台纤木洞和永定柱洞统计表

纤木洞编号 ZYGXNJ—RM	位置	高度(距土衬石上皮)(单位：米)	中心点距前者水平距离(单位：米)	直径(单位：米)	备注
1	T4	1.9	0	0.12	角台西壁4个
2		1.9	2.3	0.16	
3		2.1	1.1	0.2	
4		2.3	2.16	0.21	
5	T3	1.8	3.3	0.2	角台西壁3个
6		1.8	1.3	0.21	
7		1.75	1.42	0.2	
8	T5	1.5	0	0.3	角台南壁4个
9		1.6	2.25	0.22	
10		1.6	1.1	0.2	
11		1.55	1.55	0.16	
12	T6	1.74	1.7	0.18	角台南壁6个
13		1.6	2.0	0.12	
14		1.75	0.65	0.18	
15		1.8	0.9	0.2	
16		1.75	1.1	0.2	
17		1.75	1.3	0.2	
18	T7	1.75	3.64	0.28	角台南壁2个
19		1.8	1.5	0.2	

续表五

纤木洞编号 ZYGXNJ—RM	位置	高度(距土衬石上皮)(单位：米)	中心点距前者水平距离(单位：米)	直径(单位：米)	备注
20	T9	1.5	0	0.15	角台东壁1个
21	T8	1.45	1.56	0.2	角台东壁8个
22		2.3	0.02	0.2	
23		1.24	1.25	0.2	
24		1.2	0.93	0.22	
25		1.2	1.52	0.21	
26		1.15	1.14	0.25	
27		1.36	1.1	0.22	
28		3.0	0.3	0.21	
29	T8	1.7	0	0.15	角台北壁5个
30		1.65	1.95	0.2	
31		1.65	1.15	0.2	
32		1.65	1.35	0.2	
33		3.05	0.01	0.2	
34	T10	2.0	1.15	0.2	角台北壁4个
35		3.25	0.1	0.2	
36		1.97	1.3	0.2	
37		1.95	1.56	0.2	
竖向柱洞(永定柱)YDZ1	T5	距探方西壁3.43、北壁0.21米有一圆形竖立柱洞，直径0.26米。并有朽木痕迹。			

说明：1.纤木洞编号，角台外侧自西墙西壁T4北壁向南、至T1转向南墙南壁向东，至T7内为止。2.角台内侧自西墙东壁T9北壁向南，至T8、T11转向东至T12东壁为止。3.竖向柱洞单独编号。4.角台西壁T1、T2内没有发现纤木洞。

6．城墙

城墙为夯筑，根据 T10—T12—T7 东壁剖面，自地基基槽开口层面以上底部残宽 9.1、顶部残宽 7、残高 2.2—3.8 米，在其顶部又有民国时期的夯土围寨，寨墙高 2.8、断面宽约 1 米。西南角台向东与宫城南墙相接处的地基基槽南北向宽度为 14.7、深 1.1—1.3 米。根据西南角台的发掘况，除角台部位外，其他部位的城墙是在原地面上直接夯筑而成的。夯墙底部夯土范围一般比城墙向外宽出约 2 米左右。夯筑完城墙后，在城墙的外侧先垫上一层纯净的黄土或黄褐土，再垫上一层内含白灰渣、碎砖渣以及灰黑色小石块的灰褐色土，两层土由城墙根部向远处渐薄，经过夯打，形成护坡，在城墙的根部厚度达0.7米，以起到保护城墙的作用。城墙夯层厚0.18—0.2米，夯土坚硬。

7．其他

在探方T3的西北部，地面上（当时的建筑面）有一块置于原地面的方石，向北距探方的北壁0.83米，向西距探方西壁1.3米。编号：ZYGXNJ—JZS1。石为方形，南、西两边都有宽0.1、高0.01米的金边，与土衬石相似，但中间有一个圆洞，不通透。石边长为0.64、厚0.18、洞径0.08、洞深0.04米（图版三六，2）。有可能为建设角台时利用土衬石所做的基准石。

四　出土遗物

在西南角台的发掘过程中出土了大量珍贵文物，有铁、陶、琉璃釉陶等，其中以灰陶砖瓦和琉璃釉陶脊饰为主，大部分为建筑构件。现介绍如下（文中残块尺寸如无特别说明，均按长 × 宽—厚列出）。

（一）灰陶建筑构件

分为青砖和灰瓦两类。

1．砖

青灰色陶质砖。可分为条砖、方砖、楔形砖和花纹砖四种类型（表六）。

表六　宫城西南角台出土砖分类统计表

种类	数量	用途	规格（单位：米）		标本编号 ZYGXNJ	备注
			长（窄边—长边）×宽×厚（窄边—长边）			
条砖	大量	砌墙	长度34.2—37.5不等，以35.8最多 宽度16.8—17.5不等，以17.5最多 厚度4.0—5.9不等，以5.3最多		角台砖壁没有起取	正面光平背面凸凹不平
			36×17.1×5.3		T6⑤：10	
方砖	2	铺地	37×37×6.5		T9⑤：17	正面光平背面凸凹不平
			37×37×6.5		T10⑤：30	
楔形砖	2	砌墙	(33.7—34.2)×18×(5—6)		T7⑤：5	正面素面背面有斜向宽带纹
			(35—36.7)×18.5×(5.5—6)		T7⑤：39	
卷草纹条砖	1	砌墙	37.5×18.5×6		T7⑤：4	正面卷草纹，背面素面

条砖　全部为泥质灰陶，形制基本为长方体，胎质含有细沙粒，火候较低。有一部分砖略呈楔形，长边和短边区别不大，长侧稍厚，短侧略薄，制作不很规整，薄厚不甚均匀，素面，主要是用于垒砌砖墙。长度34.2—37.5厘米不等，以35.8厘米最多；宽度16.8—17.5厘米不等，以17.5最多；厚度4—5.9

厘米不等，以5.3最多。标本T6⑤：10，正面素面光平，背面粗糙，长36、宽17.1、厚5.3厘米（图版五九，1、2）。

　　楔形砖　2件。青灰色澄浆泥质，质量较高，比条砖要规整，但也不是特别精致，一边略长且厚，一边略短而薄，两侧为斜边，正面素面，背面有铲出的斜向宽带纹。并非严格规整匀称的楔形。标本T7⑤：5，两个短边中一边较直、另一边较斜（图四一，1；图版五九，3、4）。

　　方砖　2件。形制相同。青灰色泥质陶。T10⑤：30，完整，正面光滑平整，背面粗糙，边长37、厚6.5厘米（图版五九，5）。T9⑤：17，缺失一角，边长37、厚6.5厘米（图四一，2；图版五九，6）。

　　卷草纹条砖　1件。T7⑤：4，青灰色澄浆泥质，质量较高。砖为长方体，模印卷草纹。正面沿两条长边各有宽2.5厘米的边缘，每条边缘的内外两侧均突起凸棱，以内侧凸棱较明显、而外侧凸棱若隐若现。主体纹样浮雕卷草位于两侧边缘之间，枝蔓和叶片的边缘起突。背面为素面，不甚平整，较为粗糙。砖的规格为37.5×18.5-6厘米（图四一，3；图版六〇，1、2）。

　　2. 瓦

　　分为板瓦和筒瓦两种，全部为泥质灰陶瓦。均为普通的黏土瓦，呈青灰色，即《营造法式》所言"素白瓦"。

表七　宫城西南角台出土灰陶板瓦统计表

标本单位 ZYGXNJ	质地	规格（单位：厘米）通（残）长／口径（小端内—外）·（大端内—外）／矢高（小端内—外）·（大端内—外）／厚度小端·大端·最厚	主要特征	备注
T8⑤：3	泥质灰陶	34／（16.9—20.2）·（19—24.5）／（3.4—4.4）·（4.6—6.4）／2·2.5·3	侧缘内侧有切痕，里面布纹、背面局部有布纹。	
T9⑤：15	泥质灰陶	34.1／（16.3—19）·（18—21）／（3.5·4.4）·（4.5·6.3）／1.5·2·2.2	侧缘内侧有切痕，里面布纹、背面素面。	
T9⑤：16	泥质灰陶	34.2／（16.5—19.5）·（18.5—22.1）／（3.7—4.8）·（4.2—6.3）／1.5·2.2·2.4	里面布纹、背面素面。左右两侧边缘内侧距大、小端缘5和8厘米处各有一凹坑，可能是切割掰坯时留下的手印。切痕深0.5—1厘米。瓦背面有横向细抹纹。	图四一，4；图版六〇，3、4

　　板瓦　3件。形制尺寸基本相同（表七）。根据板瓦的弧度，四块可组成一个圆周，可见板瓦的做法是先做成一个大圆桶后，由内面竖切四道划开很浅的凹槽分成四份，掰开成为四块板瓦，然后烧制而成。板瓦坯在筒模上划成4片，其横断面成1/4圆弧曲线。灰陶胎质含有细沙粒，内面左右两侧边缘有较浅的刀切痕迹，切痕深0.5厘米，但未切透，沿切痕掰开，使纵向瓦缘断面接近瓦内面的部分平齐、而接近瓦背面的部分为糙面茬口。瓦的长度相同，因分割不匀而致弦宽略有差异。

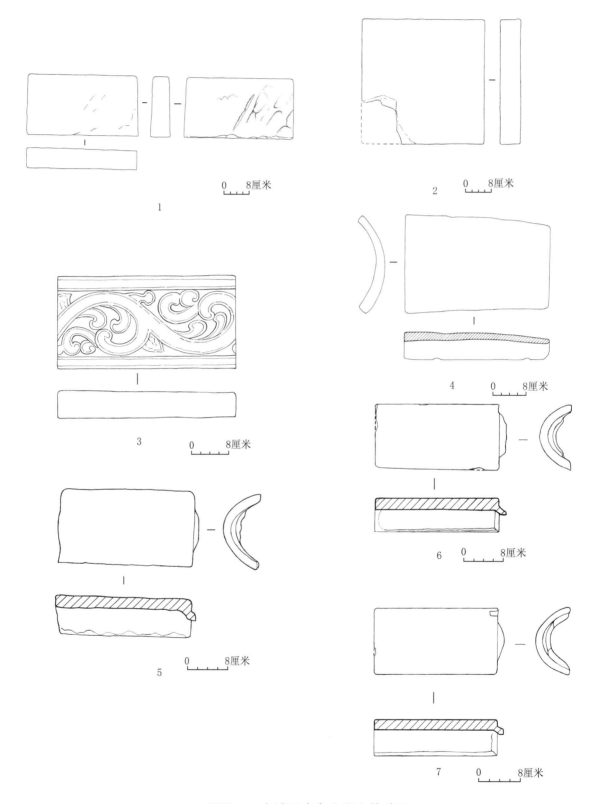

图四一　宫城西南角台出土的砖瓦

1.楔形砖（T7⑤：5）　2.方砖（T9⑤：17）　3.卷草纹条砖（T7⑤：4）　4.灰陶板瓦（T9⑤：16）

5.灰陶筒瓦（T8⑤：4）　6.灰陶筒瓦（T8⑤：25）　7.灰陶筒瓦（T8⑤：5）

瓦一端宽、一端窄，大端平齐、小端内圆外尖，瓦背光滑、内面有布纹。标本 T9 ⑤：16 ，左右两侧边缘内侧距端缘 7 厘米处各有一凹坑，可能是切割掰坯时留下的手印。长 34.2、弦宽小端 19.5—大端 22.1、矢高内面小端 3.7—大端 4.2、背面小端 4.8—大端 6.3、厚 1.5—2.4 厘米（图四一，4；图版六〇，3、4）。

筒瓦　22 件。形制尺寸基本相同，其中 6 件较完整进行测量统计（表八）。泥质灰陶，胎质含有细砂粒，火候较低，瓦坯在筒形模上制作，每筒划成二片，横断面呈半圆形，前端凸出瓦舌，形似圆形子母口器物之半圈子口，平面观察略呈梯形。舌尖有的为尖唇，有的为平唇但比舌根部要薄。舌根部向瓦内面突出、舌尖向下斜出。舌侧有刀削痕迹。瓦壁有的在坯体上修整切削，有的在烧好后又经砍斫。未经修整的瓦壁厚 2 厘米，削切或修整后两侧缘厚 0.8—1.1 厘米，有的成为尖缘。T8 ⑤：25 在未烧之前，前后两端及左右两侧内缘经过削切，削痕明显，比较平齐。内面布纹，瓦背光滑，通长 26.4、厚 2、弦宽 12.5—13、矢高内面 4.4—背面 6.5、瓦舌长 1.5、宽 7.5、厚 1.5 厘米

表八　宫城西南角台出土灰陶筒瓦统计表

标本单位 ZYGXNJ	保存状况	质地	规格（单位：厘米）	特征
			通长／弦宽／矢高（内—背）／厚／＋瓦舌长（尖—根）／宽／厚	
T8⑤：4	边缘微残，瓦舌略残	泥质灰陶	26.6／（12—12.8）／（5.5—6.8）／（0.9—2）＋1.3／（?—7.5）／（0.1—1）	火候较高，陶质较硬。背素面、内布纹，有残余的白灰泥痕迹，坯体四边内侧削切痕宽1.4—2厘米，侧边削后余宽0.9厘米。内、背近边缘粘有白灰泥。
T8⑤：5	较完整，瓦舌略残	泥质灰陶	24.9／（12.8—13.1）／（5—6.2）／1.8＋1.2／（?—7.5）／（1—1.3）	背部光滑，内侧缘经过粗糙砍斫，凸凹不平，局部粘有白灰泥。
T8⑤：6	侧缘稍残	泥质灰陶	24.5／（12.5—13）／（5.1—6.2）／2＋0.7／（6—7.8）／（0.5—1）	胎含少量沙粒，火候较好，内侧缘经过粗糙砍削，凹凸不平，内、背近边缘粘有白灰泥。
T8⑤：25	一角残	泥质灰陶	26.4／（12.5—13）／（5.3—6.1）／（0.8—2）＋1.3／（6.3—8.3）／1.5	背部表面隐约可见有纵向压印痕略呈凸棱状，内部边缘左右及下端均削切呈平滑斜面，削痕宽2.5—3厘米，局部已削成尖缘。
T8⑤：23	角、缘有残	泥质灰陶	24／（12.7—13.3）／（5.5—6.8）／1.8＋1／（6—7.5）／（0.2—1.2）	内侧边缘经过粗糙砍削，在两侧边缘内侧粘有白灰。
T8⑤：24	缘及瓦舌稍有残缺	泥质灰陶	24／（12—12.3）／（5.2—6.2）／2.2＋1.2／（?—7）／（0.5—1.1）	内侧边缘经过砍削，砍痕粗糙。
其他16件	残	泥质灰陶	尺寸与上述标本相似，因残缺未统计	与上述标本相似

（图四一，6；图版六一，1、2）。标本T8⑤：4，烧前削切内缘，在烧成使用时侧边又经略加修整（图四一，5；图版六一，3、4）。标本T8⑤：5烧制好后在使用之时，为使扣合严密，又经过砍削使边缘及两端变得很薄，砍削留下的疤痕不规则，凸凹不平。瓦缘粘结有白灰泥，推测瓦扣合部位系用白灰泥粘接抹缝（图四一，7；图版六一，5、6）。

（二）琉璃釉陶建筑构件

可分为筒瓦、板瓦、当沟瓦、线道瓦、条子瓦、檐口花头筒瓦、檐口滴水板瓦七类。

1. 板瓦、筒瓦、当沟瓦、垒脊条子瓦和线道瓦（表九）

共出土绿釉板瓦残块44件、绿釉筒瓦残块52件、黄釉板瓦残块14件。这些筒、板瓦残块，其中大部分应为垒脊条子瓦和线道瓦的碎块，还有一部分为普通板瓦和筒瓦残块。但残碎严重，其功能无法严格区分。垒脊条子瓦和线道瓦由筒瓦、板瓦切割打造而成。有黄、绿两种釉色，较窄，未见完整者，胎体皆黄红色泥质陶。仅一边施釉露明，未见大块板瓦，说明仅局部使用，垒脊条子瓦用作垒砌屋脊上部，线道瓦砌在条子瓦之下、当沟瓦之上的屋脊下部。

板瓦　标本T10⑤：76，残余约1／2，为板瓦窄端。泥质红陶，火候中等，质地一般，胎内含个别白色细沙粒，颗粒大小不均。板瓦坯在筒模上划成4片，其断面成1／4圆弧曲线。板瓦窄端端部边缘外翻呈重唇状，唇上有一道浅凹沟，背面距窄端10厘米处残余3—7厘米的红白色化妆土，内部饰布纹，距窄端10厘米处残余5×8厘米不规则形状的绿釉。两侧边缘可见在烧制之前由内向外、深0.4厘米的较浅切割痕迹，沿此痕掰开。残长12.5、厚2.4、弦宽17.7—18.5、矢高5.2厘米（图版六二，1、2；图四二，1）。

表九　宫城西南角台出土琉璃板瓦、筒瓦、线道瓦、条子瓦统计表

序号	标本单位 ZYGXNJ	名称	质地	规格	釉色	备注
1	T10⑤：76	板瓦	黄红胎琉璃釉陶	残余约1／2，为板瓦窄端。泥质红陶，火候中等，质地一般，胎内含个别白色细砂粒，颗粒大小不均。板瓦坯在筒模上划成4片，其断面成1／4圆弧曲线。板瓦窄端端部边缘外翻呈重唇状，唇上有一道浅凹沟，背面距窄端10厘米处残余3—7厘米的红白色化妆土，内部饰布纹，距窄端10厘米处残余5×8厘米不规则形状的绿釉。两侧边缘可见在烧制之前由内向外、深0.4厘米的较浅切割痕迹，沿此痕掰开。残长12.5、厚2.4、弦宽17.7—18.5、矢高5.2厘米。	绿	有可能为滴水的后部 图四二，1；图版六二，1、2
2	T8⑤：29	筒瓦	黄红胎琉璃釉陶	残余约1／2。瓦舌突出部分由厚渐薄、由大渐小、平面观察略呈梯形，舌侧有平齐的切痕。坯体左右两侧内缘经过削切使壁变薄，削痕明显、比较平齐。瓦背光滑施绿釉，内面无釉、有布纹、并粘有白灰泥。在距瓦舌端缘6.5厘米处有一直径1.3厘米的圆形穿孔，由瓦的背面向内面穿透。残长17.5、厚2、弦宽12.7、矢高内面4.5—背面6.5厘米，瓦舌长1.2、残宽5—7、厚1—1.5厘米。	绿	图四二，2；图版六二，3、4

续表九

序号	标本单位 ZYGXNJ	名称	质地	规格	釉色	备注
3	T6⑤：5	条子瓦	黄红胎琉璃釉陶	由绿釉板瓦打造而成。宽度为板瓦二分之一，长度因残缺不明，可能为一块板瓦打造四块。瓦背一侧宽3厘米的局部、侧缘和一端施绿釉，其余部位无釉，施釉一侧侧缘平齐，另一缘有从瓦内面切割的深0.1厘米的划切痕迹，沿此切痕掰开，茬口为糙面，瓦背面沿此缘宽5.7厘米无釉、粘有白灰泥；瓦内面无釉为布纹。内面近切缘一侧呈褐色，局部粘有白灰泥，应为垒砌压叠形成的痕迹。瓦端内缘圆抹。残长14.7、宽8.5—8.7、厚1.6—2.3厘米。	绿	图四二，3；彩版一八九，3、4
4	T6⑤：6	线道瓦	黄红胎琉璃釉陶	由黄釉筒瓦打造，宽度为板瓦二分之一，长度因残缺不明，推测为一块板瓦打造四块。一端残断缺失。背面、侧缘、端缘施黄釉，内面无釉、施有布纹。侧缘一边整齐且内面平切使边缘很薄，边缘可见宽3—4厘米的平切面；另一边内侧有一道深0.1厘米的浅浅切痕，沿切痕掰开、断面粗糙不整齐，且瓦背沿此缘有1.4厘米未施釉。瓦端部有4厘米削切坯体，呈弧面渐薄，瓦内面沾有少量白灰泥。残长15.5、宽10.6、厚0.8—2.3厘米。	黄	图四二，4；彩版一八九，5、6
5	T7⑤：7	线道瓦	黄红胎琉璃釉陶	同前者。有一侧边不整齐，且施全釉，但靠近该边有白色的锈。	黄	
6	T8④：1	线道瓦	黄红胎琉璃釉陶	同前者。靠近一侧边有宽1.5厘米的区域有被其他瓦叠压痕迹。靠近另一侧边有白色的锈。	黄	
7	T5⑤：4	线道瓦	黄红胎琉璃釉陶	沿切掰侧缘有3.5厘米无釉，可见褐色化妆土及白灰泥。中部残断已拼接。残长12.3、残宽9.7、厚0.7—1.9厘米。	黄	图四二，5
8	T4⑤：1	当沟瓦	黄红胎琉璃釉陶	残余三分之二。由绿釉筒瓦打造而成。在筒瓦的一个侧面将两角部修成内弧形，以便扣合在相邻两侧筒瓦之上。	绿	图四二，6；彩版一八九，1、2

说明：共计出土绿釉板瓦残块44件、绿釉筒瓦残块52件、黄釉板瓦残块14件。此数量包含上述标本在内。除上述标本外，其他残块残碎严重，其功能无法严格区分。

筒瓦　标本T8⑤：29。残余约1/2。泥质红陶，火候中等，质地一般，胎内含有个别白色细沙粒，颗粒大小不均。瓦坯在筒形模上制作，每筒划成二片，横断面呈半圆形，前端凸出瓦舌，形似圆形子母口器物之半圈子口，瓦舌突出部分由厚渐薄、由大渐小、平面观察略呈梯形，舌侧有平齐的切痕。坯体左右两侧内缘经过削切使壁变薄，削痕明显、比较平齐。瓦背光滑施绿，内面无釉、有布纹、并粘有白灰泥。在距瓦舌端缘6.5厘米处有一直径1.3厘米的圆形穿孔，由瓦的背面向内面穿透。残长17.5、厚2、弦宽12.7、矢高内面4.5—背面6.5厘米，瓦舌长1.2、残宽5—7、厚1—1.5厘米（图四二，2；图版六二，3、4）。

当沟瓦　T4⑤：1。残余2/3。由绿釉筒瓦打造而成。这种瓦是垒砌在屋脊下部，与瓦垄成垂

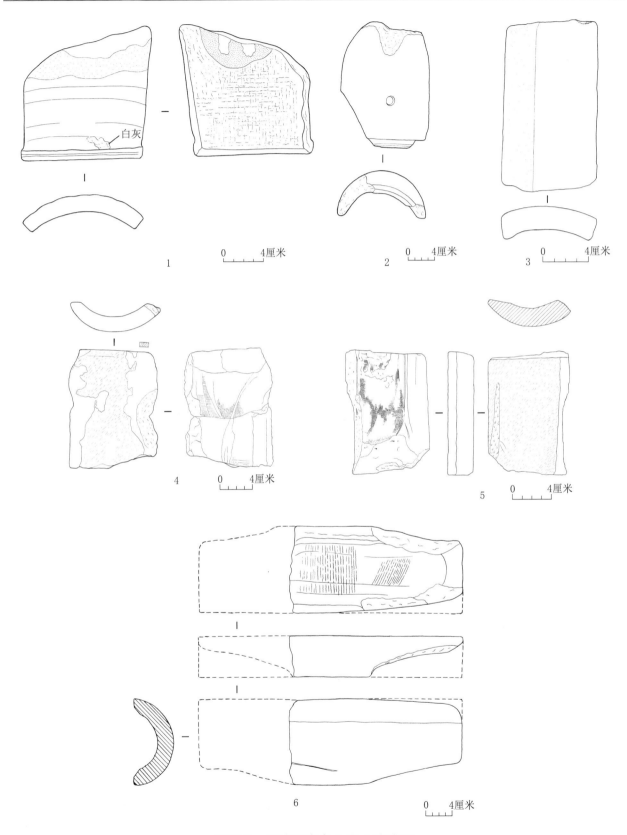

图四二　宫城西南角台出土琉璃瓦

1.板瓦（T10⑤：76）　2.筒瓦（T8⑤：29）　3.垒脊条子瓦（T6⑤：5）

4.线道瓦（T6⑤：6）　5.线道瓦（T5⑤：4）　6.当沟瓦（T4⑤：1）

直放置，盖住瓦垄头部。在筒瓦的一个侧面将两角部修成内弧形，以便扣合在相邻两侧筒瓦之上，沿一侧有宽 6.7 厘米的区域无釉。残长 25.7、弦宽 12.7、尾端厚 1.3、两侧缘厚 1.5、断茬处胎厚 2.5 厘米（图四二，6；彩版一八九，1、2）。

垒脊条子瓦　标本 T6 ⑤：5。由绿釉板瓦打造而成。宽度为板瓦二分之一，长度因残缺不明，可能为一块板瓦打造四块。瓦背一侧宽 3 厘米的局部、侧缘和一端施绿釉，其余部位无釉，施釉一侧侧缘平齐，另一侧缘有从瓦内面切割的深 0.1 厘米的划切痕迹，沿此切痕掰开，茬口为糙面，瓦背面沿此缘宽 5.7 厘米无釉、粘有白灰泥；瓦内面无釉为布纹。内面近切缘一侧呈褐色、局部粘有白灰泥，应为垒砌压叠形成的痕迹。瓦端内缘圆抹。残长 14.7、宽 8.5—8.7、厚 1.6—2.3 厘米（图四二，3；彩版一八九，3、4）。

线道瓦　标本 T6 ⑤：6，由黄釉筒瓦打造，宽度为筒瓦二分之一，长度因残缺不明，推测为一块筒瓦打造四块。一端残断缺失。背面、侧缘、端缘施黄釉，内面无釉、施有布纹。侧缘一边整齐且内面平切使边缘很薄，边缘可见宽 3—4 厘米的平切面；另一边内侧有一道深 0.1 厘米的浅浅切痕，沿切痕掰开、断面粗糙不整齐，且瓦背沿此缘有 1.4 厘米未施釉。瓦端部有 4 厘米削切坯体、呈弧面渐薄，瓦内面沾有少量白灰泥。残长 15.5、宽 10.6、厚 0.8—2.3 厘米（图四二，4；彩版一八九，5、6）。标本 T5 ⑤：4 沿有切掰痕迹的侧缘有宽 3.5 厘米的无釉带，可见褐色化妆土及白灰泥（图四二，5）。

2. 檐口花头筒瓦（即清式"勾头"）（表一〇）

由瓦当和筒瓦构成，分别模制又粘结在一起。陶质为泥制红陶，红白色或黄白色，胎质包含有少量白色细沙粒，火候中等，质地一般。花头筒瓦后面的筒瓦较为完整者数量极少。

标本 T6 ⑤：3，筒瓦完整，瓦当残缺半块。一端连接圆形龙纹瓦当，一端为子口瓦舌。瓦胚在筒形模上制作，每筒划成二片，横断面呈半圆形，前端凸出瓦舌，形似圆形子母口器物之半圈子口，瓦舌自瓦端部由瓦背面向内面斜前方向凸出，凸出部分由厚渐薄、由大渐小，平面观察略呈梯形，舌侧有切痕。坯体烧成前左右两侧内缘经过削切修，整使瓦壁变薄成斜边，削痕明显，比较平齐。瓦厚 1.9—2.1 厘米，削切后的瓦壁厚 1 厘米。瓦背光滑施绿釉，有从瓦当一端向瓦舌一端斜向下的流润现象，内面无釉、有布纹、并粘有白灰泥，瓦舌及侧缘也无釉。在筒瓦背脊上距瓦舌唇缘 8 厘米、瓦当 25 厘米处有一个边长 1 厘米的方形瓦钉孔，该孔自瓦背面向内面钻透，但位置不正。瓦当与筒瓦交角 95°。瓦长 33.5、弦宽 12.8、厚 1—2.1、矢高 7.5 厘米，舌长 1.8、宽 7—9.4、厚 1.3—2 厘米（图四四，1；彩版一九〇，1、2）。一般筒瓦仅残留一部分，如标本 T10 ⑤：12（图四四，2；彩版一九〇，3、4）。

花头筒瓦多数都断开为瓦当与筒瓦两部分。共出土瓦当及残块 187 件（含标本 T6 ⑤：3），较完整或残块较大的瓦当 34 件，其中有 11 件残留一部分筒瓦。瓦当为圆形，正面为宽缘，缘内侧有一周凸弦纹，内区为浮雕团龙纹，人工刷釉，先内后外，背面施绿釉，有流釉现象。后文中提到龙纹的各部分名称请参考下图（图四三）。根据纹饰可分为三型。

图四三　元中都龙纹复原图及龙的各部位名称

表一〇　宫城西南角台出土琉璃瓦当统计表

类型	数量	序号	标本单位 ZYGXNJ	瓦当筒瓦夹角	保存状况	规格（单位：厘米）直径×厚×缘宽+筒瓦通（残）长	穿孔	按窝˅	颜色 边缘+内区
A	Aa 14	1	T3⑤：1		基本完整，锈脱	12.7×1.8×2.3+0	4		绿色+黄色
		2	T6⑤：2		基本完整	13×1.5×2.5+0	4	˅	绿色+黄色
		3	T6⑤：3	95°	半残，带完整筒瓦	12.5×2×2.5+33.5	余3		绿色+黄色
		4	T8⑤：3		缘残	12.3×1.6×2.3+0	3	˅	深绿+黄褐
		5	T10⑤：10		完整	12×1.5×2.5+0	4	˅	绿色+黄色
		6	T10⑤：11		完整	12.8×1.7×2.4+0	5	˅	深绿+深黄
		7	T10⑤：12		缘残	13×1.8×2.5+8	5		绿色+黄色
		8	T10⑤：15		缘残	13×1.4×2.5+0	4	˅	绿色+黄色
		9	T10⑤：16		脱釉	13×1.5×2.5+0	2		绿色+黄色
		10	T10⑤：18		有粘脱	12.5×1.7×2.5+0	5		深绿+褐色
		11	T10⑤：19		微残	12.1×1.5×2+0	5		绿色+黄色
		12	T10⑤：20		微残	13×1.5×2.5+0	5		深绿+深黄
		13	T10⑤：70		面残	13×1.5×2.6+7	2	˅	绿色+黄色
		14	T12⑤：1		缘残	13×1.8×2.5	无孔	˅	绿色+深黄
	Ab 3	15	T5⑤：6		半残；火烧	13.8×1.7×2.5+0	？		浅灰色
		16	T5⑤：7		残缺；火烧	残长10.5、宽6.5、厚2+1.5	？		灰黄色
		17	T10⑤：13		缘残	13.5×1.9×2.5+0	5		深绿+深黄
	33	18	33件残块		残缺大部	——			

续表一〇

类型	数量	序号	标本单位 ZYGXNJ	瓦当筒 瓦夹角	保存状况	规格 （单位：厘米） 直径×厚×缘宽+筒瓦通 （残）长	穿孔	按 窝 ˇ	颜色 边缘+内区
B	64	19	T4⑤：2	94°	残缺1／4	12×1.5×2+7.5	5		绿色+黄色
		20	T6⑤：9		残缺	11.9×1.6×1.9+0	5		绿色+黄色
		21	T7⑤：40		残缺	11.8×1.7×1.8+4.5	5		绿色+黄色
		22	T8⑤：26		残缺	11.8×1.7×1.9+4	4		绿色+黄色
		23	T8⑤：27		残缺	11.8×1.4×1.8+0	5		绿色+黄色
		24	T8⑤：28		残缺	11.9×1.5×1.9+0	4		绿色+黄色
		25	T9⑤：5		残缺	11.7×1.6×1.9+0	5		绿色+黄色
		26	T9⑤：35		缘残	11.9×1.8×1.8+5.5	5		绿色+黄色
		27	T10⑤：9		脱釉	12×1.8×1.8+14.5	5		绿色+黄色
		28	T10⑤：14		缘残	12×1.8×2+0	5		绿色+黄色
		29	T10⑤：71		缘残	12×1.5×2+0	5		绿色+黄色
		30	53件残块		残缺大部	——			
C	55	31	T1⑤：2		基本完整， 脱釉	12.2×1.5×2.2+0	4		绿色+黄色
		32	T6⑤：8	95°	缘残	12.3×1.8×2.2+6.5	5		绿色+黄色
		33	T7⑤：41		残缺	12.3×1.7×2.1+0	4		绿色+黄色
		34	T9⑤：36		残缺	12×1.6×2.1+11	5		绿色+黄色
		35	T9⑤：37		残缺	12.5×1.3×2.3+0	？		绿色+黄色
		36	T10⑤：17		残缺	12.3×1.5×2.2+0	5		绿色+黄色
		37	T9⑤：72		基本完整	11.9×1.7×2.1+0	4		绿色+黄色
		38	残块48件		残缺	——			
无型	18	39	无法分型残 块18件		残缺大部	——			

A 型瓦当 50 件。其中完整或保存较大者标本 15 件。可分两亚型。

Aa 型 14 件。凸弦纹贴在外缘内侧并高于外缘，龙头位于内区中央，龙首昂起，龙颈细长，呈流畅的 S 型，目视前方，龙嘴紧闭，胡须飘逸飞扬，角部紧贴于颈部，双角上翘，鬣毛向后波曲平飘、毛尖下垂，龙身环龙头盘绕翻滚，龙身粗壮浑圆，身披鳞甲，两个前腿一前一后将爪置于弦纹内缘，有肘毛，胸前有一个圆球状装饰。龙尾从右后肘下穿出，向上绕过右后腿，尾后部屈曲贴附在凸棱内侧，尾尖下垂、略呈 M 形。右后腿的爪伸于吻的上方，左后腿仅表现出与龙身相接的腿根部位或无表现。内区有 2—5 个穿孔，位置多在龙嘴上部、龙嘴下部、颈下、颈后和左前腿上部的空隙内，不够 5 孔者背面中心多有一个手指按窝。穿孔从瓦当正面向背面穿透，方向不甚一致，说明并非五孔同时一次性穿过，而是一个一个分别穿透，外缘及弦纹施绿釉，内区施黄釉。瓦当背面无纹饰，有手印痕迹，边缘施绿釉，中部露胎。在瓦当背面，有釉子从正面通过穿孔流出又往下流的痕迹，瓦当上的釉子也有下流的痕迹，背面比正面明显。在瓦当背面下缘有粘结现象，穿孔有的在烧制时有堵塞现象，穿孔通畅的瓦当，施釉均匀、龙纹清晰，穿孔堵塞的和无孔的瓦当，釉子厚重、纹饰漫漶。瓦当与筒瓦断开的茬口，有划道，以利于与筒瓦粘结。前述标本 T6 ⑤：3，亦带此型瓦当（图四四，1）。标本 T10 ⑤：11，直径 12.8、厚 1.7、缘宽 2.4 厘米（图四五，1；图四六，1；彩版一九〇，5；彩版一九一）。龙纹较清晰者，还有标本 T10 ⑤：12（图四四，2；彩版一九〇，3、4）、T10 ⑤：10（图四五，2；彩版一九二，1）、T10 ⑤：20（图四八，4；彩版一九〇，6）、T10 ⑤：15（图四五，3；彩版一九二，2、3）、T10 ⑤：19（彩版一九二，4）。因制作过程中受施釉厚度、摆放角度、釉受热流动情况以及个体差异等因素影响，不同瓦当纹饰的细节部分清晰度不同，为便于比较研究，附标本 T12 ⑤：1（图版六三，1）、T10 ⑤：18（图版六三，2、3）、T10 ⑤：70（图版六三，4）、T3 ⑤：1（图版六三，5）、T6 ⑤：2（图版六三，6）、T8 ⑤：

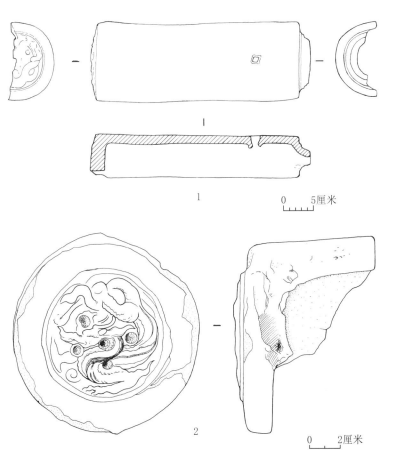

图四四 宫城西南角台出土檐口花头筒瓦
1. T6⑤：3 2. T10⑤：12

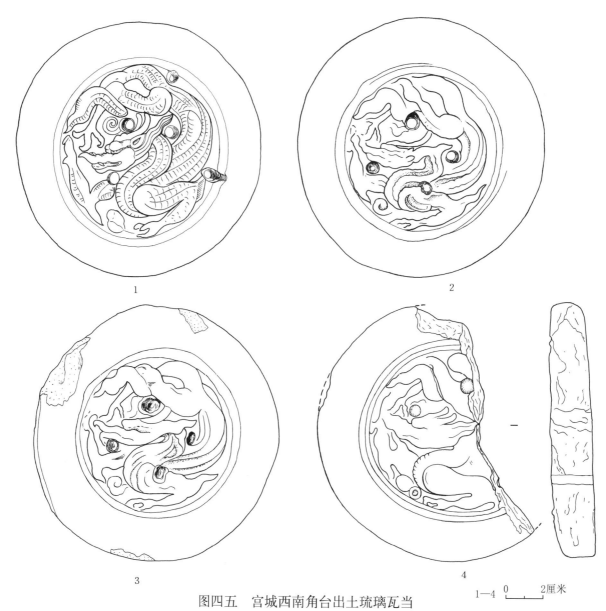

图四五 宫城西南角台出土琉璃瓦当
1.Aa型（T10⑤：11） 2.Aa型（T10⑤：10） 3.Aa型（T10⑤：15） 4.Aa型（T5⑤：6）

3（图版六四，1）、T10⑤：16（图版六四，2）的照片于后。

Ab型3件。标本T10⑤：13，主体纹饰同Aa型，区别于此的是外缘，其宽素缘与凸棱以凸弦纹隔开、类似B型（彩版一九二，5）。有两件经大火烧过。标本T5⑤：6，残余瓦当约2/3，严重烧焦，正面呈浅灰色，背面釉色略呈灰白泛绿色，缘部釉色基本全部脱落，内区部分釉色脱落，直径13.8、厚2.2厘米（图四五，4；彩版一九二，6）。标本T5⑤：7，残余瓦当约1/4，被焚烧过，瓦当背面呈灰黑色，正面釉色因焚烧呈灰白泛黄色，并且脱釉严重，背面残余筒瓦长1.5厘米。瓦当残块长10.5、宽6.5、厚2厘米。

B型瓦当 64件。其中较大者11件。凸弦纹与外缘相平用一道压印的凹弦纹隔开。龙纹与A型相似，龙颈粗短，较为僵直，不如A型流畅，鬣毛呈波曲状后飘尖部上扬，尾部较平缓、不如A

图四六　宫城西南角台出土琉璃瓦当

1 Aa型（T10⑤∶11）　2. B型（T10⑤∶14）

1　　　　　　　　0 └─┴─┴─┘ 2厘米

2　　　　　　　　0 └─┴─┴─┘ 2厘米

图四七　宫城西南角台出土琉璃瓦当
1. C型（T1⑤：2）　2. C型（T6⑤：8）

图四八　宫城西南角台出土琉璃瓦当

1．B型瓦当（T10⑤∶14）　2．C型瓦当（T1⑤∶2）　3．C型瓦当（T6⑤∶8）　4．Aa型瓦当（T10⑤∶20）

型屈曲，尾尖上挑、略呈V形，右后腿完全未表现出来，而不像A型表现出与龙身相接的腿根部位。胸前的饰物也不清晰。穿孔分别位于团龙的头部上方、下颌下部、角尖后部、身侧肘下及尾部下面的空隙间，分布较A型分散。左肩部有一条云气纹，可能为火焰披毛。标本T10⑤∶14，缘部有残，较为清晰，直径12、厚1.8、缘宽2厘米（图四六，1；图四八，1；彩版一九三）。T10⑤∶9，亦保留有部分筒瓦，内有布纹，外素面，瓦厚1.7—2.1厘米，内边亦经削切，削切后的两侧边壁厚1厘米。瓦当与筒瓦夹角96°（彩版一九四，1、2）。该型其他较清晰者有标本T10⑤∶71（彩版一九四，3）、T9⑤∶5（图版六四，3）、T9⑤∶35（彩版一九四，4、5）、T4⑤∶2（彩版一九四，6）、T6⑤∶9（图版六四，4）、T7⑤∶40（图版六四，5）、T8⑤∶26（图版六四，6）。

C型瓦当　55件。其中较大者8件。凸弦纹与外缘相平用一道压印的凹弦纹隔开。团龙与A型相似，龙颈细但较短，转折不如A型流畅，鬣毛下拂，龙吻部贴于右侧缘部，右前爪举于颌下，左后腿蜷曲于头后、龙爪隐藏于头下，尾部不似A、B两型绕右后腿、而是直接上扬屈曲于上缘凸棱内侧，左后腿仅现出与龙身相接的部位但不清晰。标本T1⑤∶2，较完整（图四七，2；图四八，2；彩版一九五；彩版一九六，1）。

其他标本有 T6 ⑤：8（图四七,2；图四八,3；彩版一九六,2）、T7 ⑤：41（图版六五,1）、T10 ⑤：72（彩版一九六,3）、T10 ⑤：17（图版六五,2）。

另外还有 18 件瓦当残块，因尺寸太小而无法分型。

3. 檐口滴水板瓦

共出土残块 147 件，其中基本完整或残块较大而有代表性者 14 件详细测量（行文中，面对滴水以左手一侧为左，右手一侧为右，龙纹部分以其自然属性而分左右）（表一一）。

由滴水和板瓦构成。滴水为三角连弧缘尖滴水，质地均为红黄色泥质琉璃釉陶，胎内含少量白色细砂粒，极个别有较大粗砂粒，火候中等，质地一般。釉色为黄、绿两种。正面接近三角形，上边为弧形，两侧边缘由对称的海棠曲线合出下尖而成，每侧曲线由三个连弧组成。外区为素缘、凹沟和凸棱，施绿釉。内区为云龙纹，施黄釉。烧制时，釉有流散现象，一侧边缘的绿釉流向内区沁润龙纹黄釉，一般为从右侧向左侧流散沁润，但有个别如 T7 ③：7 为从左侧向右侧流散，这和烧制放置情况有关。顾首云龙，龙首居中，嘴部向前吐出火焰纹，三股鬣毛屈曲后飘。身躯盘绕翻滚，右前腿向前伸至龙嘴前，爪握一球状物；左前腿向后上扬，爪部伸至右上角，左后臂沿缘后伸，右后臂蹲曲，并饰一条飘带；内区左角处及左后爪前有云朵，龙身周有流云飘浮。滴水上端后侧接有琉璃板瓦，滴水背面及板瓦内外均施绿釉。板瓦内面布纹，施满釉，外光滑素面，釉约1/3。缘宽以凸棱外侧计，一般约1—1.6厘米；上缘凹沟和凸棱一般不清晰，有的与凸棱界限不明显，且宽窄变坏较大，约1.1—2.1厘米；滴水最宽处在左右两角下方第一连弧的中部，滴水比其后的板瓦略宽；板瓦分大、小头，滴水接在大头一端；滴水与板瓦形成94°—118°夹角。板瓦侧边有从内面向背面的切痕，深度在0.7—2厘米，然后掰开，掰痕茬口为糙面。滴水形制及龙纹相同，尺寸及厚度因个体的做工而略有差别。板瓦有的较平，有的弧度略大，厚度有厚薄之分，有的甚至相差一倍以上，背

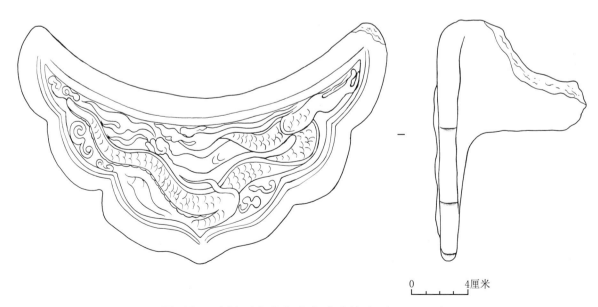

图四九　宫城西南角台出土琉璃滴水（T1⑤：1）

面前半部施绿釉，有向一侧流釉的现象，后半部露胎。内面布纹。瓦头外翻似重唇。标本 T1⑤：1（图四九、五三，2；彩版一九六，4、5）、T10⑤：21（图五〇；图五二，1；彩版一九六，6；彩版一九八）、T10⑤：23（图五三，1；彩版一九九；彩版二〇〇，1）、T10⑤：24（图五一；图五二，2；彩版一九七；彩版二〇〇，2）滴水保存较好。T10⑤：23，滴水面部完整。廓宽 2.5 厘

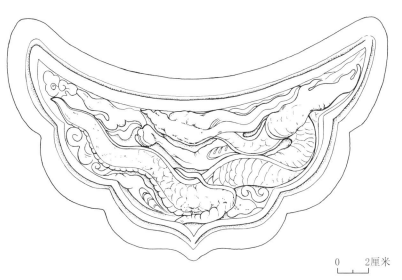

图五〇　宫城西南角台出土琉璃滴水（T10⑤：21）

米，内施绿釉，外缘有连弧纹，内缘亦有随外缘的连弧纹，瓦面正中浮雕盘龙一条。虽然形式一致，但各滴水纹饰局部清晰程度不同，为便于今后科研对比，将一些纹饰较清晰的下列残块附上彩版或图版。标本 T2⑤：1（图五四，1；图版六五，3）、T2⑤：2（图五四，2；彩版二〇〇，3）、T3⑤：4（图版六五，4）、T7⑤：6（图五四，3；图版六五，5、6）、T7⑤：7（图版六六，1）、T8⑤：4（图五四，4；图版六六，2）、T9⑤：13（彩版二〇〇，4）、T9⑤：14（图五四，5；图版六六，3）、T10⑤：22（图五四，6；图版六六，4）、T10⑤：25（图版六六，5）。

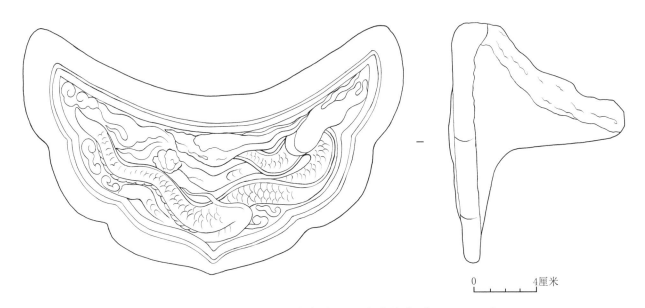

图五一　宫城西南角台出土琉璃滴水（T10⑤：24）

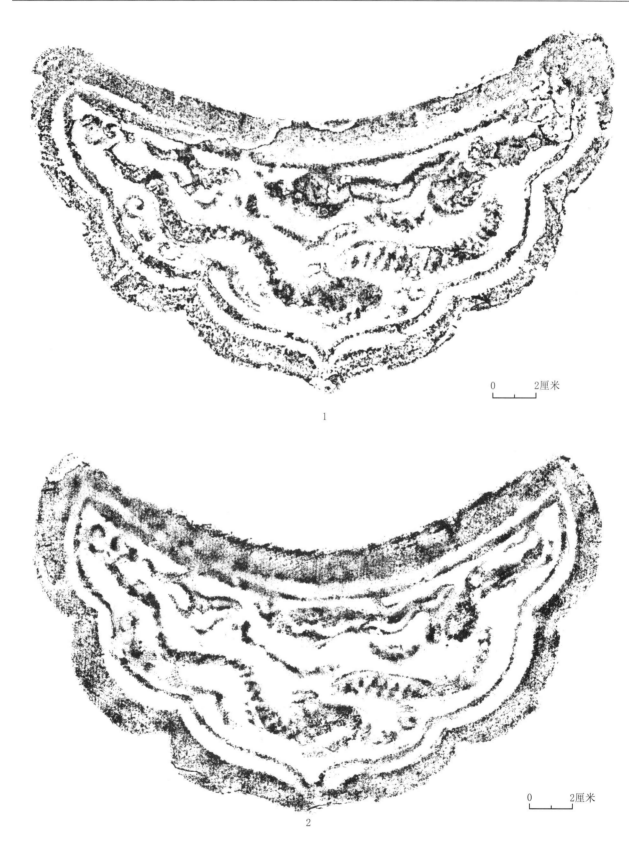

图五二　宫城西南角台出土琉璃瓦当

1.T10⑤：21　2.T10⑤：24

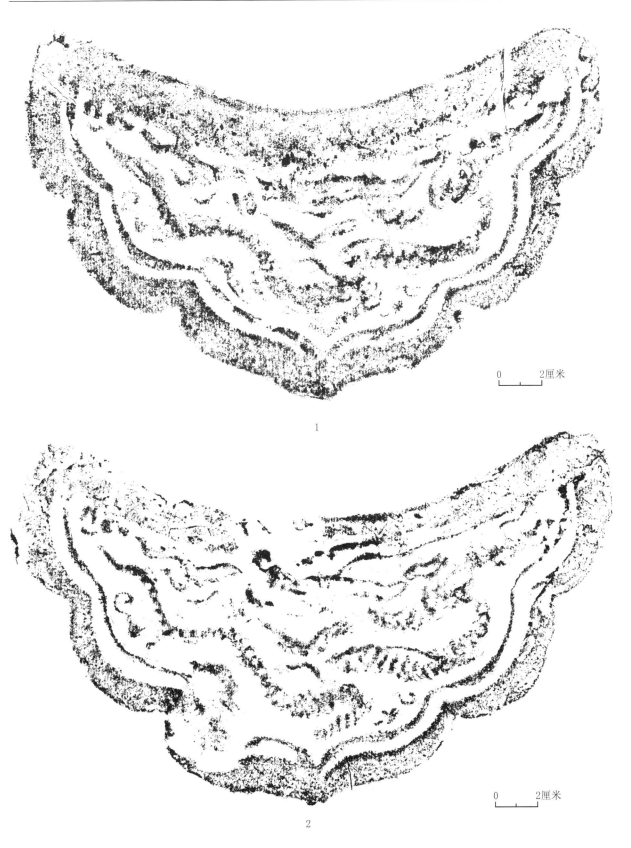

0 ⌞_____⌟ 2厘米

1

0 ⌞_____⌟ 2厘米

2

图五三　宫城西南角台出土琉璃瓦当

1.T10⑤：23　　2.T1⑤：1

表一一 宫城西南角台出土琉璃滴水板瓦统计表

序号	标本单位 ZYGXNJ	保存状况	规格（单位：厘米）滴水（面长／面宽／矢高／缘宽／厚）+板瓦（残长／小头口径内—外／大头口径内—外／矢高内—背／厚）	釉色（边缘+内区）／流散方向	滴水与板瓦夹角	备注
1	T1⑤：1	滴水基本完整，有脱釉，残存部分板瓦	（24.1／11／4.4／1.1—1.6／1.1—1.3）+（10／20.5—23.6／？／2.4—2.5）	绿+黄褐／右→左	98°	纹饰突出
2	T2⑤：1	滴水右下侧边缘缺，带部分板瓦	（20／10.6／4.5／1.1—11.4／1.1—1.3）+（12／残17.8／？／？／2.3）	绿+黄褐／右→左	100°	左端近缘4厘米无釉，绿釉沁润黄釉严重
3	T2⑤：2	滴水左、右角残缺，板瓦缺失	（残15.8／10.5／？／1.1—1.5／1.1—1.6）+0	绿+黄／右→左	？	断茬处可见与板瓦拼接痕迹
4	T3⑤：4	滴水尖残，存板瓦1／3	（22.5／残8.7／4.1／1.5／1—1.6）+（11.5／22.4／残11／4.5—6.5／2.3—2.5）	绿+褐／左→右	95°	纹饰较为突出
5	T7⑤：6	滴水右半残缺，存部分板瓦	（23.3／10.6／4.2／1.2—1.5／0.8—1.1）+（14.8／20—22.4／？／4.1—5.6／1.6—2.3）	绿+黄／右→左	105°	纹饰突出
6	T7⑤：7	滴水左角残缺，存部分板瓦	（19／10.6／？／1.1—1.4／1.1—1.5）+（7.5／残11.6／？／？／2.8）	绿+黄／左→右	114°	纹饰局部清晰
7	T8⑤：4	滴水残块，板瓦残缺	（16.5／10.7／？／1.1—1.5／0.8—1.5）+0	绿+褐／右→左	？	与板瓦相接处有横道划痕，龙抓球较清晰
8	T9⑤：13	滴水面部缘角残，有脱釉，残存少部分板瓦	（22／10.5／4.2／1.2—1.5／0.8—1.1）+（5.5／23／？／？／2.2）	绿+黄／右→左	101°	纹饰较清晰
9	T9⑤：14	滴水尖残，板瓦余1／4	（23.4／残8.4／4.5／1.1—1.5／0.7）+（15／？／？／4.3—6.3／2.2—2.3）	绿+黄／右→左	118°	滴水上缘较窄，瓦侧缘内侧切痕深0.7—0.9厘米
10	T10⑤：21	滴水基本完整，有脱釉，残存部分板瓦	（23.7／10.6／4.3／1—1.4／0.9—1.3）+（10.1／21.2—23.7／？／4.6—6.6／2.2—2.4）	绿+黄／右→左	100°	纹饰较清晰
11	T10⑤：22	滴水残缺一角，板瓦残余一角	（23／10.5／4.3／1.2—1.4／1—1.6）+（3.5／？／？／4.3／2.4）	绿+黄／左→右	95°	纹饰较清晰
12	T10⑤：23	滴水基本完整，板瓦缺失	（23.4／11.4／3.6／1.6／1.1—1.3）+0	绿+黄／右→左	？	断茬处可见与板瓦拼接划痕
13	T10⑤：24	滴水基本完整，残存部分板瓦	（23.1／10.6／4.3／1.2—1.6／1.2）+（11.6／22.8／？／4.4—6.8／2.4）	深绿+黄／右→左	95°	瓦边切痕深1.7—2厘米

续表一一

序号	标本单位		保存状况	规格（单位：厘米）		釉色（边缘+内区）/流散方向	滴水与板瓦夹角	备注
	ZYGXNJ			滴水（面长／面宽／矢高／缘宽／厚）+板瓦（残长／小头口径内—外／大头口径内—外／矢高内—背／厚）				
14	T10⑤：25		滴水较为完整，板瓦残半，烧坏，脱釉严重	（23.3／10.7／4.2／1.1—1.5／1—1.5）+（20.5／23.8／22.8／3.8—5.9／2—2.2）		烧成浅灰色／右→左	108°	背面距滴水13.5厘米有釉，内面全釉；有气孔和焦流
15	滴水残块133件		尺寸小于原物五分之一	没有统计意义				
说明	1．共计出土滴水147件，包含上述标本14件和滴水残块133件。 2．叙述中，面对滴水以左手侧为滴水左边、右手侧为滴水右边；龙纹各部分以其自然属性而分左右。							

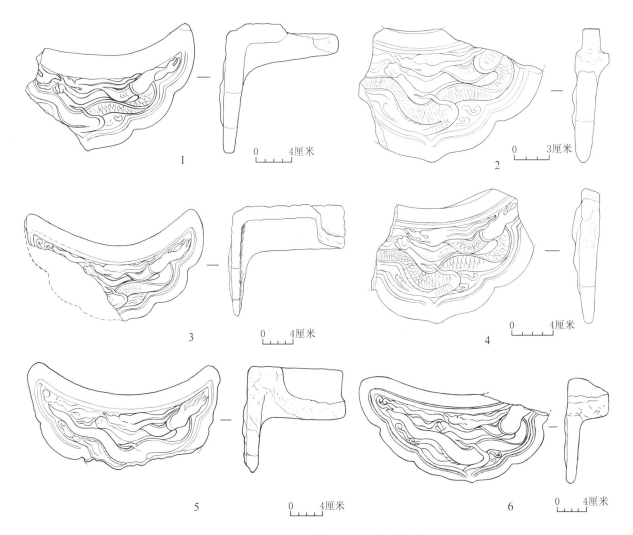

图五四　宫城西南角台出土琉璃滴水

1．T2⑤：1　2．T2⑤：2　3．T7⑤：6　4．T8⑤：4　5．T9⑤：14　6．T10⑤：22

（三）小型走兽

1. 龙头

4件。T10⑤：2，残余龙头及颈部，鼻和嘴部断裂，可粘接。身被扇形鳞片，釉色有四种：龙角、脊刺及腹甲白色，鬣毛绿色，睛珠和鼻孔内点染黑色，余均黄色。黄釉因龙头各部分凸凹不平、引起施釉厚薄变化而出现黄、褐色之别，并有褐色杂点，呈现斑驳之感。颈部鬣毛后飘上扬，以凹沟装饰，流畅生动，额顶生出弯曲的双角，贴伏于头顶，角有凸节并饰凹道装饰，鼻梁凹陷，额部突出，眉弓略凸，额心及眉弓微有竖、斜凹道。三角形眼窝内有第三眼睑包裹于睛珠后部，嘴裂较长，唇缘部以凹沟分开并呈波浪状起伏，每侧上部有两颗尖牙龇出扣于下缘之外，而在这两颗尖牙之后，下缘亦有一颗尖牙龇出扣在上缘之外，腮肉呈肉丘状凸起环列于嘴缘外侧，鼻翼两侧均有弧形凹道，鼻孔为圆窝状，腮部虬髯向上或向下涡卷，耳朵状如侧扁之花冠，颌下胡须收拢下拂呈三角状。上吻较长，前凸并向下弧垂，腭部饰凹道，背部脊刺略呈连峰状并饰凹道。残长19.7、残高16.5厘米（图五五，1；彩版二〇一，1、2）。

T9⑤：1，残余龙头及颈部。形同于前者，双角缺失。嘴角有火焰纹装饰，吻部前端下垂并饰有竖条纹，额部脱釉。睛珠与鼻孔为黑釉。身有弧形鳞片。残长10、残高5.6厘米（图五五，3；彩版二〇一，3、4）。

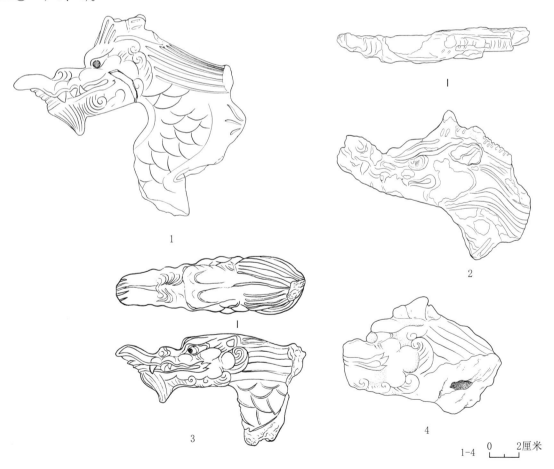

1　　　　　　　　　　　　　　　　　2

0　　2厘米
1-4

图五五　宫城西南角台出土小型走兽龙头
1. T10⑤：2　2. T9⑤：11　3. T9⑤：1　4. T10⑤：28

T10：28，残余头部，吻部断缺。形制、施釉部位及颜色与T10⑤：2相同。嘴角边缘向后分出三尖火焰纹，眉毛表现较明晰，饰有斜道；嘴裂亦施黑釉。脱釉严重。龙颈胎体中部有直径1厘米的圆孔。残长11.2、残高8、体径6厘米（图五五，4；彩版二〇二，1）。

T9⑤：11，残余龙头左面半块，吻部前端上翘部分及角尖残断。形制、施釉部位及颜色与T10⑤：2相似，但亦有明显不同之处：合范而成，胎体较前者轻薄；眉毛成缕屈曲后拂于耳上部位施绿色釉；没有表现眼睑；耳部表现明显，似略扁的三瓣喇叭花式；嘴部较长，闭嘴，嘴角呈圆弧形，从嘴缝中露出三颗上牙和一颗下牙，嘴缘无火焰纹装饰；不见下颌胡须及虹髯；龙角较长、前部有两个分支、后部有横道装饰。残长15.4、残高11.6厘米(图五五，2；彩版二〇二，3)。

2. 凤鸟

13件，其中有4件残块较小，虽与其他单独个体拼对不上，但不排除是其身上的残块，根据拼对结果至少可分为9个个体。凤鸟为双范合制而成，凤的身体从头至尾中间纵向分为两部分合对粘接，每部分的内部均有手的捏窝痕迹，根据头部特征及釉色差异分为三型（表一二）。

表一二 宫城西南角台出土凤鸟统计表

类型	特点	数量	标本单位 99ZYGXNJ	尺寸（单位：厘米） 长×高—底径	颜色	保存状况
A	合范而成，圆锥状座平底中空，两腿下部各隐于一云朵后，云朵边缘微翘且呈海棠式或有3—4个捏印，其中部随形划印凹槽，使云朵显得很生动；颈羽一束从头部后飘，一束向下贴颈后拂，施绿釉	9	T8⑤：9	底径14.2—13	深黄与绿色	残余底座
			T8⑤：17	12×9	深黄与绿色	凤身残块
			T9⑤：3	残高21	深黄与绿色	缺头座残
			T10⑤：1	高38、座径11.5—13	深黄与绿色	可复原
			T10⑤：5	27.5—11.5	深黄与绿色	缺头缺尾
			T10⑤：7	15.5×8.5	深黄与绿色	凤身残块
			T10⑤：25	12.5×7	深黄与绿色	凤身残块
			T10⑤：27	27×10	深黄与绿色	头身残块
			T10⑤：62	8×5.5	深黄与绿色	凤腔
B	云朵用泥条贴塑，中饰凹槽，边缘平；颈羽一束后拂，两束下垂贴于颈上，施绿釉	3	T5⑤：2	残高26	褐色与深绿	缺头
			T5⑤：3	11.5×5.5	褐色与深绿	凤头
			T10⑤：4	残高37.5	褐色与深绿	头残、座残
C	头及颈羽均为黄釉	1	T9⑤：4	13×6.5	黄色	凤头

A型 9件。模制并加堆塑。塑于圆锥形底座上，眼、喙内为黑色、颈羽及底座为绿色，胸腹呈白绿色，头身黄釉，背部和翅膀有绿釉流散润染。凤昂首垂尾，尾羽呈S型、尾尖微翘，眉弓略凸、以弧道与眼睑分开，细长丹凤眼，长圆形鼻孔，凤冠微残，颌下有垂，腮部羽毛回卷，耳为突起的圆环状，颈羽一束从头部后飘，一束向下贴颈后拂。底座前面堆塑云纹两朵，跗蹠夹住底座两侧，凤趾隐于云朵后面。腹下似蜃，有横向弧道和三趾形装饰，大腿部有鳞片和竖道，云朵边缘微翘且呈海棠式、或有3—4个捏印，其中部随形印划凹槽，使云朵显得很生动华丽。因贴塑过程中不可能

做得完全一致，因而每个个体的云朵有所差别，但大同小异。锥座及凤体中空。标本T10⑤：1，高38、座底径11.5—13厘米（图五六；彩版二〇三；彩版二〇四，1—3）。T10⑤：27，残余左侧半面，头身分离。形制与前者相同。残高27、残长10厘米（图五七，4；彩版二〇四，4）。

B型　3件。修复。形体与A型相似，颈羽细部及釉色与前者微有差别。T10⑤：4，颈羽一束后拂，两束下垂贴于颈上，云朵边缘较平，略显呆板。凤头身为黄褐色，颈羽及底座为深绿色，胸腹呈黄白色，背部流散，润染较少。腹部装饰为斜道和竖点状。凤冠较短，颌下之垂清晰。高36厘米（图五八；彩版二〇五；彩版二〇六，1—3）。T10⑤：3，残余凤头，睛珠染黑。黄釉较鲜亮（图五七，3；彩版二〇七，1、2）。T5⑤：3，残余头部。凤冠可见涡纹装饰。残长11.5、残高5.5厘米（图五七，1；彩版二〇六，4）。

C型　1件。T9⑤：4，残余凤头，头及颈羽均为黄釉，颈羽一束从头部后飘，两束叠压下垂后拂，眼珠施黑釉。残长13、残高6.5厘米（图五七，2；彩版二〇七，3）。

3. 海马

1件（T3⑤：5）。残余嘴鼻部位。形似马嘴，两根触须从鼻孔处向后呈波浪状飘扬，嘴角处饰有三股火焰状纹样，下颌下部施黄釉，其余部位施绿釉，局部绿中显黄，釉脱落严重。残块长4.8、高4厘米（彩版二〇二，2）。

4. 行什

0　　4厘米

图五六　宫城西南角台出土A型凤鸟（T10⑤：1）

共出土残块5件。形制基本相同，仅底座贴塑的云朵大小不一。足部一般隐藏在云朵后面没有表现。泥质红陶，火候中等，质地一般。内含少许白色细砂粒。

T5⑤：1，站立人形，面部似猴，肌肉质感较强，长发披肩，头部束带。披巾绕于头后，又从双肩绕过身前，下垂飘拂于身侧，右侧绕于右腿前，左侧绕向左腿后，上身胸腹坦露，腹部凹坑为肚脐，双手持螺旋状物屈于胸前，背部有左右对称的双翼断痕，身后似有尾羽翘起、残断不明，腰间围以衣带，似有腰带交绕。腿部裸露，右足断去，左足残损似为爪形，亦可能为贴塑云朵而施划道。座底呈弧形，恰恰能横立于筒瓦上面。衣带为绿釉，身体为黄釉。先行做好行什和底座后，又将二者相接，从断痕上还可看到为使其与底座结合牢固而划的竖道。底座中后部有一个通透的圆孔，制坯时从背面向内面穿过。

行什身后下部两腿之间为弧形凹槽、正与圆孔上下相对，可能是插榫以与屋脊固定。从臀部后面伸出一个圆柱物与底坐后端斜向连接，以作为支撑。残高34厘米（图五九；彩版二〇八、二〇九；彩版二一〇，1、2）。

T9⑤：2，残余行什头部。与前者相似，面部似猴，长发披肩，头部束带，施黄釉，头后部残余部分披巾，施绿釉，嘴部有磕伤，从断茬处可见头内中空，内壁可见制作时留下的手印捏痕。残高9.5、头径9厘米（图六〇，2；彩版二一〇，4）。

T10⑤：3，行什下部，基本同于T9⑤：10，但底瓦弦宽较大（彩版二一〇，3）。

T9⑤：10，残余下部，头部及上半身修复。与T5⑤：1基本相同，略有差别，身侧披巾不如前者弯曲，双足完全隐于云朵后面，底瓦弦宽较小（图六〇，1；彩版二一一，1）。

T9⑤：9，残余行什下半部。腰围以系带，穿短裙、施绿釉，两侧各残余飘带下垂、施绿釉，

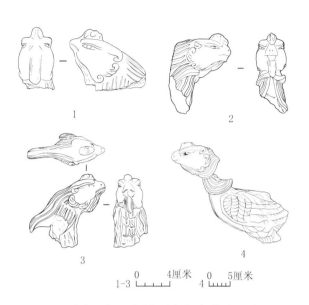

图五七　宫城西南角台出土凤鸟
1.B型（T5⑤：3）　2.C型（T9⑤：4）
3.B型（T10⑤：3）　4.A型（T10⑤：27）

云朵较大，施绿釉，附于弧形底座上，底座仅残余前端，背部断茬处可见内部中空，与底座的圆孔相通，并有制作时留下的手印捏痕。残高18.5、宽12厘米（图六〇，3；彩版二一一，2、3）

5．走兽底座

共出土7件，形制不同。

T9⑤：14，座底为一断面呈弧形的板瓦，走兽立于其上，残余一腿，大腿部饰有扇形鳞片，并有云气纹缠绕，鳞片内有竖道装饰，云气纹十分流畅，为泥条贴塑，中间划有凹沟；小腿部竖筋突起、饰弧形横道，腿施黄釉，肘毛为绿釉，足部隐于绿釉的云朵形贴塑后面。走兽下面的瓦底残断，但可以辨别出原位于中部有一个圆孔。残高25厘米（图六一，1；彩版二一二，1）。

T10⑤：34，座底为一断面呈弧形的板瓦，前部两侧各贴塑有两朵涡卷云

0　　　　4厘米

图五八　宫城西南角台出土B型凤鸟（T10⑤：4）

头，云头边缘略呈连弧状，云头内饰有凹沟，两朵云头中间位于侧后面的一朵有一缕云尾向后飘拂。云头后面可见两个兽腿的断茬，底板上在两腿之间有一个3厘米×4厘米的不规则椭圆形孔，可能作固定插销之用，瓦背后部还有一个断茬，是断掉的原支撑兽体的部分留下的痕迹，座底面及插孔中粘有白灰泥。残高6、宽13厘米（图六一，2；彩版二一二，2）。

T9⑤：18，座底为一断面呈弧形的板瓦，前部两侧各贴塑云朵一个，尾部后拂，座上部留有蹲兽断茬，断茬呈圆形，未见分开双腿的迹象，上面应粘结一个底面圆形的走兽。断茬中间有一圆孔直通底板，底板上孔径3.3×5、兽体底面孔径2.2厘米。此孔可能作插销固定之用。座底面及插孔中粘有白灰泥。残高8、宽11厘米（图六一，4；彩版二一二，3）。

T9⑤：19，座底横断面微弧，原应为板瓦，两侧残缺。能辨出上面是一个两腿分立的走兽，右爪残有三趾，腿爪施黄釉。两腿之间部位呈舌形，施绿釉，下半部饰两道弧线，其上半部有向两侧分开的垂饰，兽体内直通瓦底有一个直径1.9—2.2厘米的圆孔。残高13、残宽11厘米（图六一，5；彩版二一二，4）。

T10⑤：35，座底呈圆形覆盆状，前面两侧贴塑绿釉云朵各一，云朵后面的平面上原立走兽已残断，可见两个腿的断茬。残高9、按底部弧度推算直径17厘米（图六一，6；彩版二一二，5）。

T7⑤：10，底座残块，附贴流云一朵，云头上部后面有一个兽腿的断茬。座原为圆形、实心，并有两朵云头，应为两足走兽之座。座残高5.5、按残余部分底座的弧度推算径约20厘米（彩版

0　　　　4厘米

图五九　宫城西南角台出土行什（T5⑤：1）

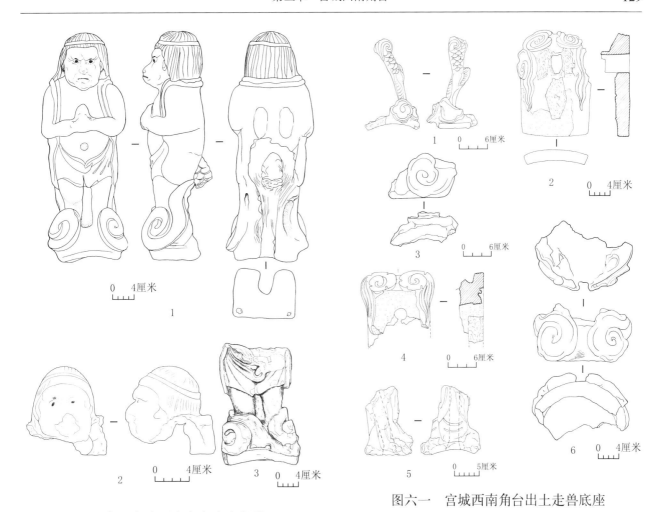

图六〇　宫城西南角台出土行什

1. T9⑤：10　2. T9⑤：2　3. T9⑤：9

图六一　宫城西南角台出土走兽底座

1. T9⑤：14　2. T10⑤：34　3. T8⑤：11
4. T9⑤：18　5. T9⑤：19　6. T10⑤：35

二一二，6)。

　　T8⑤：11，残余半块底座，座原为圆形、中空，外部附贴大云朵，现残存一朵。残高9、按残余部分底座的弧度推算座径约20厘米（图六一，3；彩版二一三，1)。

　　6. 带鳞走兽肢体残块

　　共出土残块45件，其中较大者21件。主要有腿部、身段、兽尾、羽翼等。除腿、翼为单范外，其余各个部位均为双范合成。

　　直立腿残块　6件。多为腿部，其中3件带有身躯残段，有细微差别。标本T9⑤：8，残余身躯及右腿部，身被扇形鳞片。肘毛绿釉，背部及腹部施浅黄绿釉又刷银白色涂层，其余部位施黄釉，背部脊皮突起，脊刺有弧形划道，腿根部从前向后贴塑云气纹分两股后拂，残高24、长16、身粗5.8×6.8厘米（图六二，1；彩版二一三，2)。标本T4⑤：4，左腿残块。腿根部云气回卷，其上有凹沟。釉色暗黄，残高15厘米（图六三，1；彩版二一三，3)。标本T4⑤：10，身躯及左腿残块。下部腹甲有蛇腹状横弧道，沿云气纹一边有凹沟装饰。残长12、宽10、身粗5厘米（图六三，2；彩版二一三，4)。标本T10⑤：67，身躯残段，云气上有凹槽，背部脊皮突起，脊刺呈连峰状，上有三岔形划道，残长16、身粗7厘米（彩版二一三，5)。

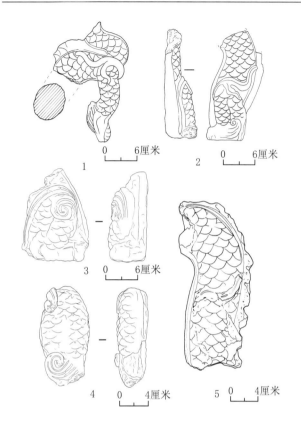

图六二　宫城西南角台出土走兽肢体残块

1. 直立腿残块（T9⑤：8）　2. 蜷曲腿残块（T10⑤：21）
3. 蜷曲腿残块（T4⑤：5）　4. 蜷曲腿残块（T7⑤：37）
5. 躯体残块（T10⑤：68）

蜷曲腿残块　10件。纹饰有细微差别，标本T10⑤：21，残余身躯下半部，躯体中合范有空隙，腿部蜷曲蹲坐，云气从前向后绕腿部分两股后拂，云气纹中间饰凹槽。肘毛绿釉，背及腹部施浅黄绿釉又刷银白色涂层，其余部位施黄釉，残高22厘米（图六二，2；彩版二一三，6）。标本T4⑤：5，形制同前，仅云气分股后，一股后拂，一股回卷，残高13厘米（图六二，3；彩版二一四，1）。T10⑤：68，躯体下部残块，在其下部可见有蜷曲腿粘附的痕迹，说明腿部为单范扣合粘附在躯体上。残长24、身粗8×6.5厘米（图六二，5；彩版二一四，2）。T7⑤：37可以看清楚该腿部附着身躯的一面内部的情况，内部有捏印和划道，以利于粘结（图六二，4；彩版二一四，3、4）。

无腿躯体残块　1件（T6⑤：4），呈S型，身被鳞片，腹甲有纵向双线横饰凹道，凹线中间饰短线划道，脊刺呈连峰式，两侧脊皮各有凸棱，每个脊刺饰三个划道排列呈爪印形。身为黄色，脊刺为白釉微呈绿色，两侧脊皮有绿色润染。残长15、径5.3厘米（图六四，1；彩版二一四，5）。

尾部残块　4件。标本T10⑤：69，尾尖残缺。略呈W形，身被鳞片每个鳞片中间还有一个划道，腹饰纵向双凹线，凹线中间饰短线划道，脊刺连峰式，两侧各有凸棱，每个脊刺饰三个划道排

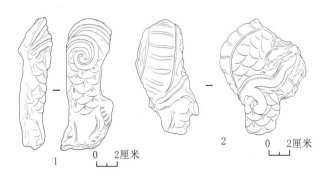

图六三　宫城西南角台出土走兽直立腿残块

1. T4⑤：4　2. T4⑤：10

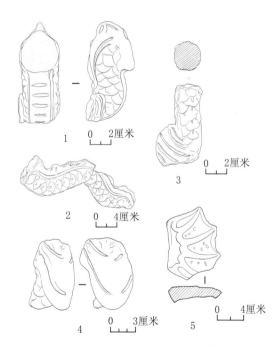

图六四　宫城西南角台出土走兽肢体残块

1. 躯体残块（T6⑤：4）　2. 尾部残块（T10⑤：69）
3. 尾部残块（T10⑤：38）　4. 鸟尾状残块（T8⑤：18）
5. 羽翼残块（T7⑤：32）

列呈爪印形。身为黄色，脊刺为白釉。残长 24.5、径 3.8 厘米（图六四，2；彩版二一四，6）。T10
⑤：38，上饰鳞片，下腹无鳞，尾端部有一撮绿毛上翘，下部尾尖有断茬，推测为蹲兽之尾，断茬
恰是尾尖与底座相接处。背上纵向饰两道凹线，其间横排弧线纹，残长 10.3、径 34 厘米（图六四，
3；彩版二一五，1）。T10⑤：39，形制与前者相似，差别之处是背部为突起的脊刺。残长 14.5、径
4 厘米（彩版二一五，2）。T8⑤：18，鸟尾状残块，尾羽附着在一个略有弯曲的、饰有鳞片的圆柱
体上，尾下端呈圆弧形，施绿釉，圆柱体施黄釉，可能起支撑作用。残长 8、宽 5.5、高 4.5 厘米（图
六四，4；彩版二一五，3）。

　　羽翼残块　　1 件（T7⑤：32）。呈鸡冠形，有突起的窄边，外缘呈连弧状，翅根部有连弧划道，
翅面由翅根至翅缘饰 4 个尖状筋骨。正面施黄釉，背面施黄白釉。残长 10.5、高 8 厘米（图六四，5；
彩版二一五，4）。

（四）屋脊琉璃脊饰

　　可分为三大类。第一类是半浮雕式龙：龙附在陶板上，做成分体式、可以拼对而成整体，暂称
之为附板龙；第二类是变体龙：龙各部分构件为立体式，龙身的两个侧面与脊背及腹部相接处均为
直角转折，龙脊背光素无纹饰，腹部状如蛇腹，在侧面用浮雕表现出鳞片、须毛等；第三类是圆雕龙，
仿真雕塑，每部分均按真实形体塑造。琉璃脊龙皆碎裂为残块，无法完整拼对复原。现将出土的构
件局部分别介绍。

1. 附板龙

　　龙头上半部残块　　4 件。标本 T7⑤：1，头顶龙眉上部一缕绿色龙发，前端回卷，尾部向后飘
拂，龙眉似屈曲的条带贴在眼球的上部，眉尾呈尖状，黑眼珠呈圆球状，与眼白相接处凹下斜切而
与眼白分开，眼白前部接近眼珠处有一弧形划道，可能其后部表现的是第三眼睑，呈圆润的弧形突
起，缘部深陷，渐渐低下嵌入后部的眼睑内，眼睑为一弧形的条带。耳廓呈三瓣花形，耳轮后部较窄，
前部较宽，向内回卷收为尖钩状耳轮脚。耳下有一个牙状棘刺从腮肉后侧伸出，尖下压住有一片绿
色叶形装饰，应为腮翅。存有腮肉两块，呈圆丘状，根部有弧线使腮肉更显突出，弧线端部渐细尖尾，
流畅自然。上面散见圆坑麻点表示毛孔，嘴缘有条带状，以一深一浅两条凹沟与腮肉分开，浅凹沟
外围有纵向小短线沿缘排列，表现肉褶。龙头部的龙发为绿釉，眼珠为黑釉，眼睑为白釉，龙角为
白釉，其余各部位为黄釉。此件龙头残块是左半部分，应与右半部分对称拼合为一个整体。顶部与
侧面斜交，保留了中脊左侧未至顶部中脊线的一部分，中脊及右侧一半残缺。顶上有圆形大孔，有
可能原来在孔中嵌插龙角。该龙头残块的内面还有横向长条形的痕迹两条，与周围颜色不同，可能
原来此处有凸榫以与其他部位结合，现已残断。残块尺寸长 34、高 40 厘米（图六五；彩版二一六，1）。
标本 T10⑤：50，龙发前端向上回卷，梢部向后飘拂，眉似屈曲的条带贴在眼球的上部，条带中部
有一道凹槽装饰，眉梢呈尖状，黑色眼珠呈半球状，眼白部位与眼珠相接处有一弧形划道，可能表
现第三眼睑。眼睑为一弧形的条带，中划弧线。耳呈花冠形，耳轮较窄，前部耳根部位鼓起呈筒状，
外有弧道表现肉褶，耳甲腔深陷，内壁划有放射线型弧道，表示耳毛。耳下有一撮虬髯，毛尖回卷。
内面上部有一个凸起的榫，起固定作用，已断掉。正对眼珠处有一个直径 1.5 厘米的圆孔。眼珠为黑色，

眉、眼睑、耳均施黄釉，虬髯施绿釉，眼白部位有白釉和绿釉混合现象，釉色白中泛淡绿色。残块尺寸长 24、高 15、厚 5 厘米（彩版二一六，2、3）。标本 T10 ⑤：51，形制与前者相似，尚存有两大一小共三块腮肉，呈圆丘状，根部划弧道使腮

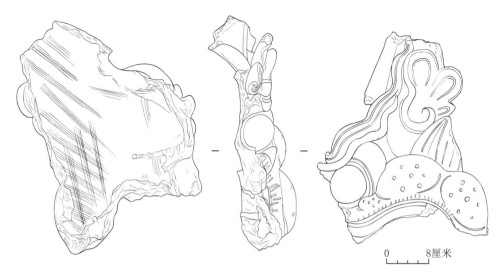

图六五　宫城西南角台出土附板龙头部（T7⑤：1）

肉更显突出，眼眉上没有凹槽装饰。残长 28.5、高 19、厚 7 厘米（图六六，2；彩版二一六，4；彩版二一七，1）。

下颌残块　8 件。标本 T9 ⑤：32，前端有两颗尖牙，牙是单独做好后粘接上的，牙呈尖锥状，上有三个划道装饰，唇边起伏有致、非常有质感，腮肉呈圆丘状、有圆坑状麻点，两腮肉之间有长短不一的弧形划道，表示皮肤褶皱虬髯卷曲呈涡状，用凹沟表现出发丝的走势，尖部外翘。牙为白釉，虬髯为绿釉，其他部位黄色。残块尺寸 20×13—4.5 厘米（图六六，1；彩版二一七，2）。标本 T10 ⑤：58，腮肉光素没有麻点装饰，虬髯卷曲，腮肉下虬髯间缝露出一个腮翅上的棘刺装饰，刺根为三个瘤状突起，棘刺为白色。长 30、宽 20、厚 5 厘米（图六七，1；彩版二一七，3）。

龙眼珠　5 件。圆球形。大小不一。大眼珠，1 件（T10 ⑤：41），施黑釉，眼内部中空，后部有一个直径 1.2 厘米的圆孔，深入眼珠内部，可能为了防止在烧造时受热不均开裂而穿此孔，直径 6 厘米。其余为小眼珠，实心，直径 3 厘米。

龙耳朵　13 个。形制大致相似，大小不一。均为三朵花形，耳廓后部为三瓣花式，每瓣沿耳轮内缘有弧形凹槽装饰，有的耳朵每瓣内还有纵向划道，耳腔内壁起伏变化，非常自然。耳前部自上而下回卷形成耳轮脚贴在耳内，耳根部排列弧形划道，一般有四道。尺寸最大者标本 T10 ⑤：52，长 16、高 14 厘米（彩版二一七，4、5）；最小者标本 T10 ⑤：54，长 8.7、高 8.5 厘米（彩版二一七,6）。T5 ⑤：13,耳轮脚表现不明显，耳朵每瓣内还有由耳内伸向耳缘的划道装饰（图六七,3；彩版二一八，1）。

腮肉　8 块。标本 T8 ⑤：13，残余三块突起腮肉，沿腮肉边缘为卷曲的虬髯，虬髯之后有鬣毛向后飘拂，腮肉为圆泡形，边缘划以弧形凹道使其更显突出，腮肉黄色，有绿釉流润现象。背面有手抹痕迹。残块尺寸长 20、高 16 厘米（图六七，4；彩版二一八，2、3）。标本 T8 ⑤：12 嘴裂部位保留比前者要多一些（图六七，2）。

鬣毛残块　38 块。其中较大者 3 件。标本 T9 ⑤：21，为龙头颈部的鬣毛，三股，呈波浪形向后飘拂，以流畅的凹槽装饰表现出毛发质感，毛梢部位收拢成尖状。背面凸起有高 7、宽 9、厚 3 厘米的插榫。

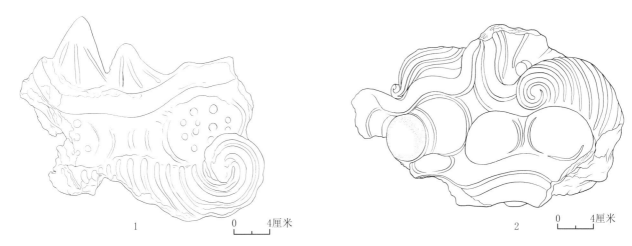

图六六　宫城西南角台出土附板龙
1. 下颌（T9⑤：32）　2. 头部（T10⑤：51）

本件浮雕效果类似于石雕的剔地起突作法。通施绿釉，长36、高17厘米（图六八，1；彩版二一八，4）。T9⑤：22，残余三股鬣毛浮雕于平板上，呈波浪状，每股各饰两道凹槽，毛后的贴板上有长方形的孔，可能用作插销固定之用。均施绿釉。本件类似于石雕的压地隐起作法。背面中部有长方形榫的断茬。残块尺寸长25.5、高17、厚7.5厘米（图六八，2；彩版二一八，5、6）。标本T10⑤：29，三股毛屈曲后飘，由粗变细收成尖状，陶板上边有凸起的绿缘，底纹为黄釉鳞片。鳞片前低后高，后缘渐渐高起，前鳞叠压后鳞自然生动，陶板背后有手抹印痕和不甚规则的横向断茬。本件类似于石雕的减地平鈒做法。残块尺寸长26.5、高25.5、宽2.5厘米（图六八，3；彩版二一九，1、2）。标本T8⑤：14，鬣毛从两个涡状回卷的虬髯后面伸出，呈波曲状，通施绿釉。背面有斜向划道和交叉划道，有可能与其他部位拼接。残块尺寸长17.5、高22、厚4.7厘米（图六八，4；彩版二一九，3、4）。

　　牙状棘刺　8块。棘刺呈尖牙状，一般略呈弧形弯曲，仅有1件较直。大小不一，尺寸在4.5—24厘米之间。标本T9⑤：24，棘刺附在陶板上，板面有弧形划道并有散在的小圆坑。棘刺上有两道凹槽，根部有三个瘤状凸起，每个凸起上有三个竖向凹槽。棘刺残长24厘米。在棘刺一侧的陶板上有一个长方形卯眼。板底有弧形起伏，施绿釉，棘刺施黄釉刷银白色涂层。陶板背面手抹纹和细线划纹，还有一个长条形榫的断茬。残板尺寸31×26厘米（图六九，1；彩版二一九，5、6）。标本T9⑤：25，棘刺位于一个凸起的腮肉一侧，其下衬有塑成平面略呈三角状的浮雕绿毛，可能为腮翅，棘刺的根部有瘤状突

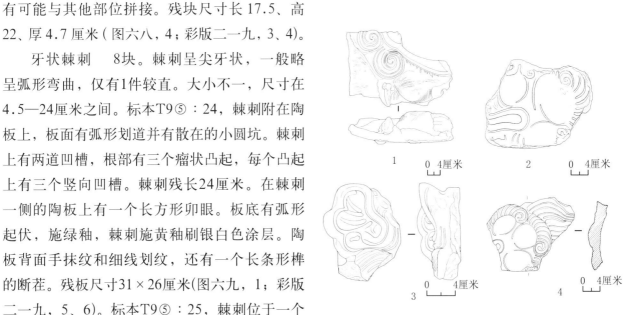

图六七　宫城西南角台出土附板龙
1. 下颌（T10⑤：58）　2. 腮肉（T8⑤：12）
3. 耳朵（T5⑤：13）　4. 腮肉（T8⑤：13）

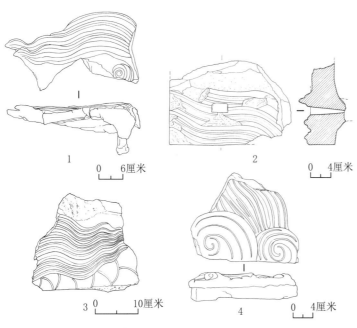

图六八　宫城西南角台出土附板龙鬣毛
1. T9⑤：21　2. T9⑤：22　3. T10⑤：29　4. T8⑤：14

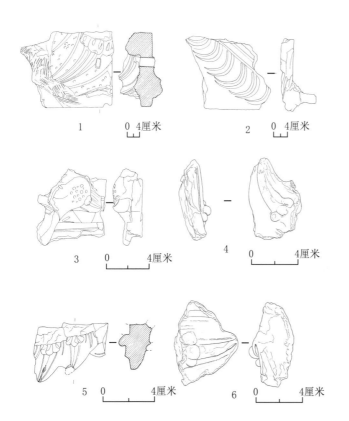

图六九　宫城西南角台出土附板龙棘刺和身段
1. 棘刺（T9⑤：24）　2. 身段（T8⑤：20）　3. 棘刺（T9⑤：25）
4. 棘刺（T7⑤：33）　5. 棘刺（T10⑤：57）　6. 棘刺（T9⑤：27）

起。附板残高30、宽27、厚2厘米，腮肉呈高浮雕式，饰有小圆坑。附板上有鳞片，一侧存有凸起的宽缘，缘上有一道凹槽装饰。棘刺长6.5厘米（图六九，3；彩版二二〇，1）。标本T9⑤：26，棘刺位于一个腮泡的一侧，棘刺最小，根部似牙龈状包住棘刺，牙龈上有竖道，棘刺为白色并有黄釉沁润现象，棘刺长4.5厘米（彩版二二〇，2）。标本T9⑤：27（图六九，6）和T7⑤：33（图六九，4；彩版二二〇，3），棘刺位于两个腮肉之间的缝隙处，细长而弯曲较甚。标本T7⑤：34，棘刺在耳朵的前上方，棘刺长5厘米。标本T10⑤：57，为两个并列的棘刺（图六九，5；彩版二二〇，4）。

身段残块　4件。T8⑤：20，陶板正面有一排逐个叠压排列的鳞片，每个鳞片的边缘及其与另一片鳞片交接处各有一道弧道装饰。这一排鳞片的上方有凸起的边缘，陶板下端平齐，背面有凸起的插榫。残块长30、宽20.5、厚2.8厘米（图六九，2）。T9⑤：33，陶板正面排列鳞片，每两片并列鳞片交缝处的下层鳞片上有一短的划道装饰。残块长20、宽21、厚4.5厘米。T10⑤：65，是同类构件。T9⑤：34，残块上残余一股鬣毛和半截棘刺形装饰，底纹为鳞片，鳞片上有小圆窝和弧线装饰，陶板和鬣毛为绿釉，鳞为浅黄色。残块长31.5、宽20、厚3厘米（图七〇）。

腿爪残块　13件。均为附板龙的残块。可分五型。

A型　8件。标本T9⑤：7，残余龙腿和爪的局部。附在陶板上，腿部弯曲，饰有扇形鳞片，大腿部鳞片较大，小腿部鳞片较小。下部连接四趾龙爪，残余旋成涡状的腿毛和一束尾尖形肘毛，肘部突出圆丘状的肌肉，小腿后饰涡纹。爪分四趾，抓按在陶板上，骨节不明显，以凹道分节。板施绿釉，背面无釉，陶板上端及下半部后面各有凸起的榫棱以利于固定，板及肘毛为绿釉，爪为黄褐色，余为黄釉，腿部附贴的陶板较宽，爪部陶板较窄，陶板总高37.5、厚2厘米，腿部陶板残宽23.5、爪部陶板宽17.1、高11厘米（图七一，1；彩版二二〇，5）。标本T9⑤：6，腿毛和肘毛残留较全，腿毛呈涡卷状，肘毛呈缕状，大腿部鳞片较大，小腿部鳞片不如前者清晰，但肌肉感较强，附板残高28、残宽24、厚2厘米（图七一，4；彩版二二〇，6）。T10⑤：8和T9⑤：38是同类构件，保存残块也相对较大（图七一，2、3）。

　　B型　1件（T8⑤：1），形制与前者相似，但趾节塑造较突出，掌心肥厚，每趾明显分为两个关节，关节根部有竖道，关节上有1—2个麻点，爪为黄釉，板施绿釉，背面无釉，釉有流润现象。陶板残宽17、残长13、厚2厘米（图七一，8；彩版二二一，1）。

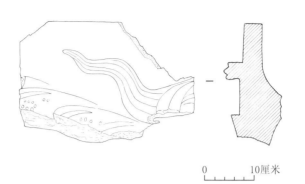

图七〇　宫城西南角台出土附板龙身段（T9⑤：34）

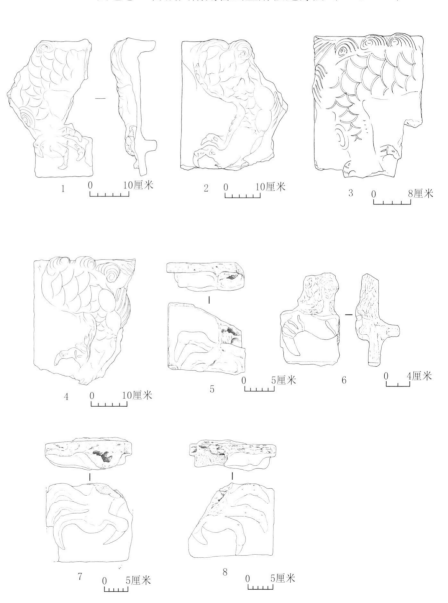

图七一　宫城西南角台出土附板龙腿爪

1.A型（T9⑤：7）　2.A型（T10⑤：8）　3.A型（T9⑤：38）　4.A型（T9⑤：6）
5.E型（T7⑤：12）　6.D型（T7⑤：11）　7.C型（T10⑤：6）　8.B型（T8⑤：1）

C型　2件。T10⑤：6，残余四趾，掌心肥厚，关节不明显，也无装饰，爪釉色为褐色、板为深绿色。残高15.5、宽18.5厘米（图七一，7；彩版二二一，2）。T7⑤：13，残余一趾，爪尖极尖，上有横的凹槽，残长9.5、残宽15、厚2厘米。

D型　1件（T7⑤：11），残余1趾，趾上有横道装饰，爪釉色为褐色、板为深绿色。残高15、残宽11，厚1.8厘米（图七一，6；彩版二二一，3）。

E型　1件（T7⑤：12），残2趾，关节明显，但无凹道、麻坑等装饰。残高14.5、残长11.5、厚1.8厘米（图七一，5；彩版二二一，4）。

浪花残块　13块。标本T7⑤：19，残余两朵卷曲浪花，重叠排列，浪花上有细线划纹，随缘饰有弧形凹槽，通施绿釉。残块长27、宽24.5、厚5厘米（彩版二二一，5）。T7⑤：20浪花的底部有宽缘，中饰阴线凹槽，尾端也呈小浪花状，通施绿釉（图七二，1；彩版二二一，6）。标本T10⑤：63，三重半圆形浪花重叠排列，浪花上有细线划纹，随缘饰有弧形凹槽，施绿釉，残块长26.5、宽13.5、厚4厘米（图七二，3；彩版二二二，1）。

流云残块　1件（T9⑤：23），于陶板上堆塑涡状流云，通施绿釉，残板尺寸长20、宽20、厚3厘米（图七二，2；彩版二二二，2）。

莲瓣残块　5块。T7⑤：21，边缘均残缺，残余双重莲瓣，每个莲瓣上随缘饰双阴线，瓣尖外翻连结一个双重三瓣叶纹，残块20×13厘米（图七二，4；彩版二二二，3）。T7⑤：22，残缺，残余一个莲瓣，上缘有三个连弧形，残块15×10厘米（图七二，5；彩版二二二，4）。T7⑤：43，残余一个莲瓣，可辨原为双重，外层莲瓣已脱落（彩版二二二，5）。T7⑤：44，形制同上，残余一个莲瓣，纹饰较清晰（彩版二二二，6）。T7⑤：45，残余一个莲瓣和两个莲瓣之间夹着的瓣间装饰，缘部为三个连弧。在断茬处还可见一个圆孔的痕迹（彩版二二三，1）。

2．变体龙残块

9件。先预制龙的各部分，然后拼接。

标本T10⑤：66，该件为龙身的一部分残段，端部平整可与其他预制身段拼接。两侧面有凸起的边缘，施绿釉形成绿色边框，框内有鳞纹及残余的鬃毛，侧面下边缘呈弧形，底面腹部蛇腹状，凸起与凹沟相间，双条横向弧道，并有竖道，腹部一端有一个孔，可能作固定之用。除边缘和鬃毛为绿釉、腹施白釉外，其余各部位为黄釉。残长23、残高17、残宽8.1厘米（图七三，2；彩版二二三，2）。T8⑤：22，形制与之相似，为预制的龙身残段，一端较平整，可与其他预制身段拼接，边

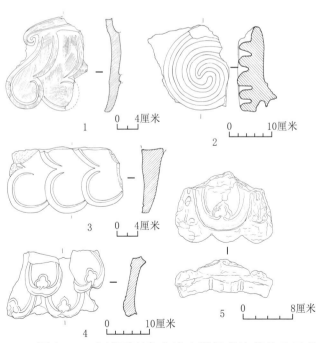

图七二　宫城西南角台出土附板龙浪花纹及云朵
1.浪花残块(T7⑤：20)　2.流云残块(T9⑤：23)　3.浪花残块(T7⑤：63)
4.莲瓣残块(T7⑤：21)　5.莲瓣残块(T7⑤：22)

框施绿釉，并饰一道沟状的凹槽，侧面框内为鳞纹，交错分布，施黄釉，底面腹甲有单条或双条横向弧道凹槽，状如蛇腹，釉色为银白色，底面一端并有一残半的圆形插孔，作固定之用，断茬处可见制作时留下的手印捏痕。残长 31、残宽 11、 残高 8.5、胎厚 2.2—4 厘米（彩版二二三，3）。

标本 T10 ⑤：64，尾部残块，侧面有鳞，上缘端部回卷，脊背较平、弯成弧形，尾部有一与其他构件相接的断茬，龙身两侧分别制作后接合在一起，腹中空。残块长 8.5、高 7.5、脊背宽 5.2—7.5 厘米（图七三，3；彩版二二三，4、5）。

标本 T4 ⑤：7，残块侧面浮雕一股鬣毛和鳞片，鳞片上有 2—3 道划纹，身段上下各有凸起的边缘。下缘略呈弧形，上缘稍平、微呈波曲状，缘内饰凹道。脊背平素，缘及鬣毛施绿釉，鳞片施黄釉。残块长 27.4、高 18、厚 7.3、胎厚 2.2 厘米（图七三，1；彩版二二三，6）。

标本 T4 ⑤：8，可辨鳞片和卷云纹，鳞片上有一到三个凹道

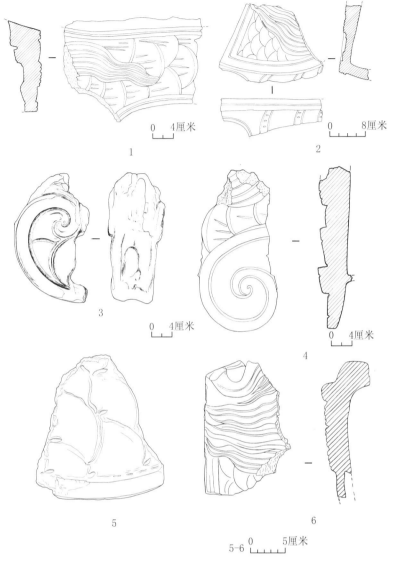

图七三　宫城西南角台出土变体龙身段
1. T4⑤:7　2. T10⑤:66　3. T10⑤:64
4. T4⑤:8　5. T7⑤:38　6. T4⑤:9

装饰，鳞片施黄釉，上有凹槽，一端并残有一段鬣毛叠压鳞片，施绿釉，卷云纹施绿釉，叠压鳞片，上并有一道凹槽，呈涡状回卷，背面断茬处可见细道划痕，以利于粘接。残长 22.5、宽 11、厚 3—5 厘米（图七三，4；彩版二二四，1）。

标本 T4 ⑤：9，龙头后部的残块，残余局部鬣毛、龙角和鳞片，附于陶板上，上部龙角残余尖部，呈弯曲状上扬，鬣毛残余四股横向重叠排列，屈曲后拂，收成尖状，下侧为黄釉鳞片，交错分布，一侧边缘较平，并残余有白灰膏，可与其他构件拼接，背部可见制作时留下的手印捏痕和拼接痕。残块长 18、宽 12、胎厚 1—3.5 厘米（图七三，6；彩版二二四，2）。

标本 T7 ⑤：38，身体残段，陶板有凸起的边缘，施绿釉，有扇形鳞片，每个鳞片微有弧度，生动而无生硬之感，施黄釉。背面有手指捏痕。残长 16.8、宽 15、胎厚 1.5—2 厘米（图七三，5；

彩版二二四，3）。

标本T8⑤：19，龙尾部，形制与前者标本T10⑤：64相似，鳞片上有三个斜直线和一个弧线装饰，侧面饰鳞片，两侧鳞片有所不同，一侧雕刻精细，纹饰清晰，每片鳞片上有三个凹槽，边缘并有一道弧形凹槽，另一侧则雕刻较为粗犷，上缘端部回卷，略弯成弧形，腹内中空。残长20.5、宽15、残高13、脊背宽度为4.7—10、胎厚3厘米（彩版二二四，4）。

标本T6⑤：9，为预制的龙身残段，后端较平整，可与其他预制身段拼接，其他三面均为断茬。侧边框饰一道沟状的凹槽，框内为腮肉，虬髯、鬣毛、鳞纹等。边框、虬髯、鬣毛施绿釉，余部施黄釉，残长25、残宽19、胎厚3厘米（彩版二二四，5）。

3. 圆雕龙

龙头上半部残块　可分为两型，分为插角式和平头式。

A型　插角式头部，大型2个，均为头部右侧；小型22个，其中右侧12个、左侧10个。应为左右两半分别作坯，然后合成一个完整的龙头，头顶有孔洞，可能用作将分制的龙角插入其中。其内部是空的，并能看到捏制时留下的手印，形制基本一致，有细微差别。标本T10⑤：46，龙头左侧前部残块，头顶上中间有孔可能做插角之用。头上部为龙发，屈曲后飘，在眉上部凝成一个旋涡状，吻上翘、前端残缺，前额及口腔之内上腭部各有一个小圆孔，可能是在烧造过程中，起到利于烧透或在烧制过程中防裂的作用。嘴侧外露两个尖牙，有凹道装饰，牙尖已残断、腮肉隆起、相邻两腮肉之间有弧道褶皱。鼻孔呈弯月形，周缘凹起。龙发绿釉，眼珠黑色，眼白及牙为白色，眼白部位有从眼珠流润的黑釉。残块长20.5、高15厘米（图七四，2；彩版二二五，1、2）。T10⑤：44，龙头右侧前部残块，形制与前者相似，眉上部龙发端部更加突出，残长23.4、残宽13.5厘米（图七四，3；彩版二二五，3）。

B类　平头式带角龙头部，8个。其中右侧的5个，左侧的2个，包括黑色的眼珠1个。大小一致。标本T10⑤：42，残余龙头上部，头顶部为平面，龙发与眉毛向后飘拂，龙发前端呈旋涡状，眉如条带状并饰凹道，耳朵较小不分瓣，前端回卷，耳廓内有凹道装饰。耳后伸出龙角，尖部上弯。腮肉后有虬髯和鬣毛。鬣毛、虬髯为绿色，眼白部位为浅黄色，龙角为浅绿色，眼珠为黑色，其余部位为黄褐色。残块长30、宽10、高12.5、胎厚1.5厘米（图七四，1；彩版二二五，4）。

吻部残块　8块。其中吻部前端未断者4块，形制可分四种。

A型　标本T7⑤：17，吻前部圆尖、上弯如海豚式，上面素光，两边沿嘴缘

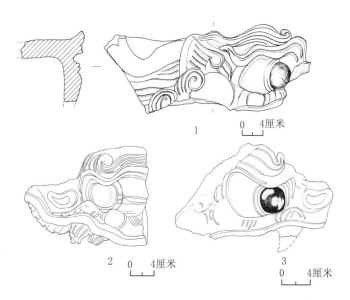

图七四　宫城西南角台出土圆雕龙头部
1. B型（T10⑤：42）　2. A型（T10⑤：46）　3. A型（T10⑤：44）

有凹槽，腭面饰横向弧道。残长 9、宽 7 厘米（图七五，3；彩版二二五，5）。

B 型　标本 T7⑤：18，残余龙头前部，吻部扁平，前端分两岔如鱼尾，上面与腭面前部饰纵道如肉，腭面后部饰横向弧道，残长 23、宽 8.5、高 11 厘米（图七五，2；彩版二二五，6；彩版二二六，1）。

C 型　标本 T10⑤：47，残余鼻及吻部，吻前部圆而下弯，上面光素，两边沿嘴缘饰凹槽，腭面前部饰纵道，后部饰横向弧道，残长 15、宽 9 厘米（图七五，4；彩版二二六，2）。

D 型　标本 T10⑤：48，残余吻部，吻前端窄而上卷，吻上面起鼻梁、两侧鼻翼略呈卵形、并挖鼻孔，鼻孔较深，嘴边有宽缘并饰麻点及凹槽。腭面两侧有凹沟、其间通饰横向弧道，吻前端腭的中部凸起。残长 22、宽 16、高 11 厘米（图七五，1；彩版二二六，3、4）。

下颌残块　下吻部右半 6 块，左半 5 块，较完整 2 块，下吻前缘 6 块。标本 T10⑤：26，下吻附于横断面

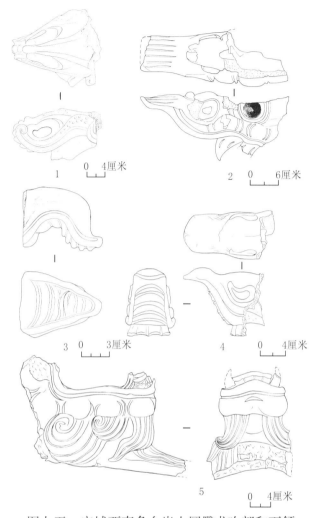

图七五　宫城西南角台出土圆雕龙吻部和下颌
1.D型吻部(T10⑤:48)　2.B型吻部(T7⑤:18)　3.A型吻部(T7⑤:17)
4.C型吻部(T10⑤:47)　5.下颌(T10⑤:26)

呈弧形的瓦背上，前部两侧有两缕胡须分别向后飘拂，有两个卷曲的虬髯，嘴周环列突起的腮肉，唇缘呈条带状以凹沟与腮肉分开，并列门牙四颗，其中一颗残缺，其两侧各有两颗尖牙，舌头从口中贴门齿向前伸出，前部已残断。须毛施绿釉，牙为白色，其余部位为黄釉。下颌中空，可见内面有手捏的痕迹。残长 22、宽 15、残高 16 厘米（图七五，5；彩版二二六，5、6）。

龙角　可分两型。

A 型　右角 8 个，左角 6 个。标本 T10⑤：31，应为左角。角前部有两个毛角，角尖上弯卷曲，通体纵向有两道凹槽。施浅黄绿釉，外刷银亮色涂层，角根向前斜下、凸出插榫以使龙角能插销固定于龙头上，角根上抹有白灰泥。横断面略呈半圆形。残长 47 厘米（图七六，1；彩版二二七，1）。标本 T10⑤：33 为右角，复原，与前者相同（图七六，2）。

B 型　左右角各有 11 个。标本 T10⑤：32，应为左角。角根部为饰有麻点的球状，从根部伸出一个尖毛和角体，角尖部上弯呈钩形，通体纵向有三道凹槽。插榫及釉色同 A 类，但脱落严重。横

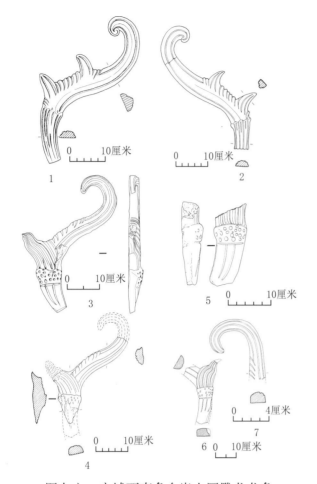

图七六　宫城西南角台出土圆雕龙龙角
1. A型（T10⑤：31）2. A型（T10⑤：33）3. B型（T10⑤：32）4. B型（T10⑤：36）5. B型（T1⑤：6）6. B型（T7⑤：2）7. B型（T7⑤：3）

断面略呈半圆形。残长35厘米（图七六，3）。T10⑤：36为同类构件，角根和角尖部残缺，尺寸相当（图七六，4）。标本T1⑤：6（图七六，5）、T7⑤：2（图七六，6）和T7⑤：3（图七六,7）可看出角根部、角毛、角尖各部位的形制。

身段残块　1件（T4⑤：6）。外饰扇形鳞片和鬣毛，鳞片上有1—2道划道。腹形圆转，体内中空，可见制作时留下的手印。残长21、高14.3、厚4.2、胎厚2.2厘米（图七七，1；彩版二二七，2）。

鬣毛残块　1件（T10⑤：55）。毛分五股，中间一股较长，左右两侧各有两股对称分布，饰有凹划道表现质感。横断面内缘略呈尖拱形、外缘略呈连弧形。鬣毛的前部断缺、尾部为尖状，通施绿釉。残长18、高17.5、宽11.3、胎厚2.2厘米（图七七，5；彩版二二七，3、4）。

火焰纹残块　9块。除1块很小外，其余8件每块都有一个通透的圆孔。标本T7⑤：23，有两股火焰，中间有一个直径2×1.5厘米的通透小圆孔，下部有两个旋涡，缘部有凹沟。施黄釉，底部有断茬，残长19.5、高10、厚4.5厘米（图七七，3；彩版二二七，5）。T7⑤：24，有一个较大的分岔火苗、一个小火苗和两个旋涡装饰，中部有一个直径2×1.5厘米的小圆孔。残长19、厚5、高10.7厘米（图七七，2;彩版二二七，6）。

花冠形饰件　1件（T6⑤：1）。正面外缘呈花瓣状向外翻卷，上面有划道装饰，内缘为弧形，可套装在其他构件上，背面弧形内缘向后延伸呈筒瓦状，已残缺，施有划道装饰。通施绿釉。宽23.5、高21、纵向残长8厘米（图七七，4；彩版二二八，1）。

爪部残块　1件（T3⑤：2）。残断龙爪的上半截，两端大、中间小，共计5个节状凸起，施黄釉，局部有绿釉沁润现象，残长13.5、宽8、厚6厘米（图七七，6；彩版二二八，2）。

盘形残块　1件（T8⑤：21）。形状像一个宽缘椭圆形浅盘的残块，正反两面相同，由两层胎合压而成，两层之间夹有泥心、局部有空隙，盘心越往中间越厚，盘心施黄釉，边缘施绿釉。残长26、宽13.3、缘宽2、厚3.4—4.6、盘心厚3.4—5.2厘米（彩版二二八，3）。

（五）铁器

铁钉　7件。标本 T5 ⑤：2，圆帽四棱锥形长钉，锈蚀严重，钉长 16.5、帽径 4.8 厘米（图七八，3）。

铁榫钉　4件。形制相同，长短不一。外表锈蚀严重，碎裂有脱落层（图版六七，1）。T6 ⑤：3，一端有尖，横断面呈长方形，长 83、断面 3×2.5 厘米（图七八，1）。T6 ⑤：4，长 76、断面宽 3×3 厘米。T5 ⑤：3，长 26、断面宽 2.5×2.5 厘米（图七八，4）。T8 ⑤：2，长 45、断面 4×2.5 厘米，锈层脱落后断面为 2.3×1.5 厘米（图七八，2）。

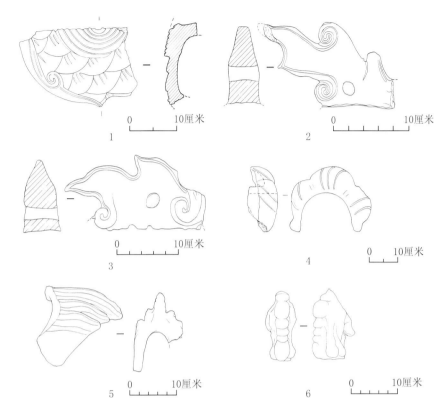

图七七　宫城西南角台出土圆雕龙残块

1. 身段残块（T4⑤：6）　2. 火焰纹残块（T7⑤：24）　3. 火焰纹残块（T7⑤：23）
4. 花冠型饰件（T6⑤：1）　5. 鬣毛残块（T10⑤：55）　6. 爪部残块（T3⑤：2）

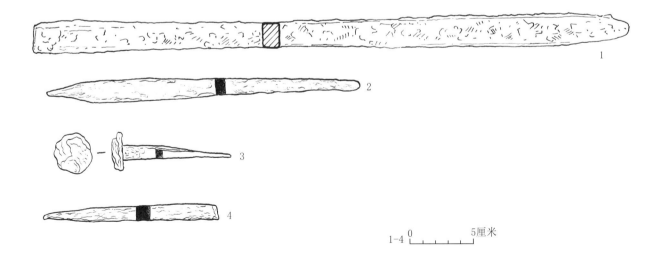

图七八　宫城西南角台出土铁器

1. 铁榫钉（T6⑤：3）　2. 铁榫钉（T8⑤：2）　3. 铁钉（T5⑤：2）　4. 铁榫钉（T5⑤：3）

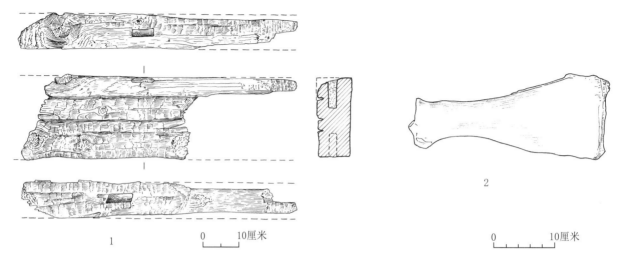

图七九　宫城西南角角台出土木板和牛肩胛骨
1.木板（T6⑤：7）　2.牛肩胛骨（T3⑤：3）

（六）木器

木板　T6⑤：7，扁方长板残块，腐朽严重。木板局部经过焚烧呈现黑色。在侧面各有一个5.5×2—6.5、5×2—4.5厘米的长方卯眼。木板残长69、宽20、厚7.5厘米（图七九，1；图版六七，2）。

长方木段　T6⑤：8，横断面基本呈方形的木段残块，腐朽严重，木段局部经过焚烧成为黑炭。木段残长44、横断面边长7—9厘米（图版六七，3）。

（七）骨器

牛肩胛骨　1件（T3⑤：3）。保存较好，肩胛骨上粘有红色的泥浆，还有星星点点隐隐约约的绿色颜料，可能用来搅拌过涂墙或建筑彩绘的用料。长32.3、宽8.9—16.8厘米（图七九，2；彩版二二八，4）。

（八）瓷器

碗　12件。

ZD2：1　T4中南部柱洞内。小瓷碗残底。白釉微黄，胎质稍粗，内满釉，残余有支钉4个，外底无釉，圈足内斜削。底径4.6厘米（图八一，2）。

ZD6：1　T2北隔梁柱洞内。白釉敞口，胎质黄白。圆唇弧腹圈足，内满釉，外部釉只在口沿部位施一带状，腹及底部均没有釉，内底及内腹各有一道青灰色釉弦纹。内底有8个支钉粘接痕迹，外圈足内朱红字迹漫漶。口径20、底径6.9、高6.9厘米（图八〇，6；图版六八，1、2）。

ZD11：1　T5东部柱洞内。残存一半，可以复原。敞口外撇，圈足，圆唇，青灰色釉，灰胎，内部满釉，内底较平，一周断续粘有沙粒，外釉有及底，口径16、底径6.8、高5.2厘米（图八〇，5；图版六八，3、4）。

ZD11：2　T5东部柱洞内。残片可复原。敞口，外撇，圆方唇，圈足，白釉微黄，胎质稍粗，

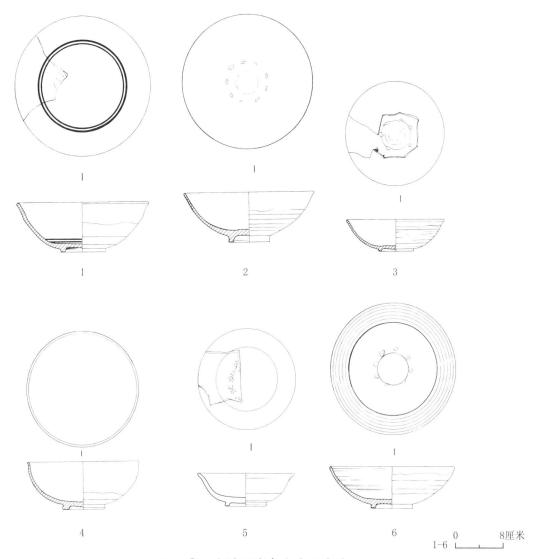

图八〇　宫城西南角台出土瓷碗

1.ZD11：2　2.ZD14：1　3.T8⑧：4　4.ZD13：1　5.ZD11：1　6.ZD6：1

黄白色，外釉不及底，内底满釉，残余 2 个支钉痕迹，内底较平，内中腹壁有两道平行的灰黄弦纹釉饰。外底墨书已漫漶，碗内粘有朱砂。口径 21、底径 7.3、高 7.7 厘米（图八〇，1；图版六八，5、6）。

ZD13：1　T6 东部柱洞内。敞口，圆唇，弧腹，圈足，碗内满施黑釉，碗外施釉不及底，胎质黄白稍粗，口径 18、高 7.9、底径 6.7 厘米（图八〇，4；图版六九，1、2）。

ZD14：1　T7 柱洞内。敞口，圆唇，弧腹，圈足，黄白釉，内满釉，外釉仅在口沿部呈一周宽带状，碗内、外均粘有朱红色粉末，外面还沾有墨色，胎质泛黄。内底有 9 个支钉痕迹。口径 21、底 6.8、高 8 厘米(图八〇，2；图版六九，3、4)。

T8⑧：1　敞口，尖圆唇，圈足，最大的一块残块可以复原器型，白釉泛灰黄，内满釉，有支钉痕迹，外釉只在口沿部形成一条宽带，胎泛黄，外腹墨书，已漫漶。口径 21、高 6.9、底径 6.9 厘米（图八二，1；图版六九，5—6；图版七〇，1)。

T8⑧：2　酱釉碗，敞口，浅腹，圈足，弧壁，圆唇，内底有涩圈，外釉及下腹，酱釉内掺

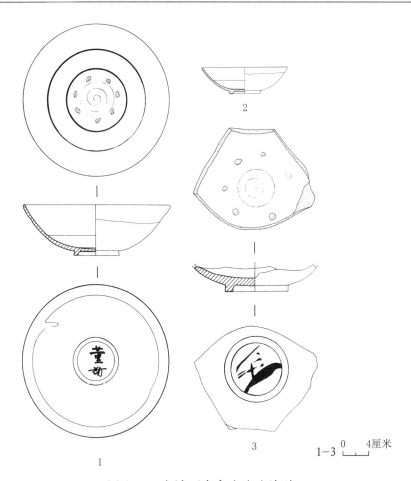

图八一　宫城西南角台出土瓷碗
1.T9⑦：1　2.ZD2：1　3.T9⑦：2

有黑釉侵润现象，涩圈及圈足内沾有朱砂粉末。口径 14、底径 5.8、高 3.6 厘米（图八二，3；图版七〇，2、3）。

T8⑧：3　弧腹，圈足，内底残余两个支钉痕迹，粘有石绿色颜料，外有墨书，可辨"丹""大""同"字，余不能辨认。底径 5.4 厘米（图八二，2；图版七〇，4—6；图版七一，1；彩版二二八，5）。

T8⑧：4　残余碗底和部分残片，可能属一个个体，但拼对不上。白釉微黄，敞口，尖圆唇，圈足，胎微黄稍粗，内满釉，有 6 个支钉痕迹，外仅在口沿部有一条宽带，圈足内有墨书，已漫涣。口径 17、底径 5.6、高 4.9 厘米（图八〇，3；图版七一，2、3）。

T9⑦：1　T9 基槽内。残余碗底。内满釉，釉色灰白，内底有一周酱色弦纹，其内有 7 个支钉痕迹，胎质呈黄红色，稍粗，外圈足内有竖读墨书 2 字"董□"，第二个字不可辨识。还有两小块残片，弧腹敞口，圆唇，内中腹壁也有一道酱色弦纹，很可能与碗底为同一器物上的残片，但不能拼对。底径 6.9 厘米（图八一，1；图版七一，4—6）。

T9⑦：2　T9 基槽内。残余碗底。内满釉，釉色黄白，其内有 6 个支钉痕迹，分布不均匀。粘附有红色颜料，外底有墨书（图八一，3；彩版二二八，6）。

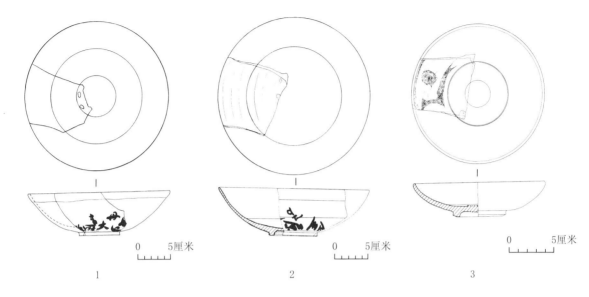

图八二　宫城西南角台出土瓷碗
1.T8⑧:1　2.T8⑧:3　3.T8⑧:2

五　小结

此次发掘发现了包砖的角台并获得了大量的砖瓦及琉璃构件，柱洞出土的瓷碗上粘附有红、绿颜料，说明角楼已经建成，并施彩绘。近现代取砖形成的扰沟直达角台基部，破坏严重。但地层内出土的砖瓦等建筑构件，自下而上渐少，时代特征一致，说明角楼废毁后，除上面民国时期修筑的围寨外，人们的活动只是取砖，并无重新修建迹象。

至大二年（1309年）四月，武宗诏"中都创皇城角楼"，因当时皇城未建，这里所说的皇城应即宫城。尽管中书省以"今农事正殷，蝗蝻遍野，百姓艰食，企依前旨罢其役"，但武宗仍坚持"中都若无角楼，何以壮观，先毕其功，余者缓之"，而加紧修建。在角台所发现的墙砖，火候较低，大部分遭受风化侵蚀，很可能是因为工期很紧张，从而致使工程质量较差。

三出阙的角台结构在目前元代考古发掘中前所未有，它的发掘和揭露为元代建筑史乃至社会史研究提供了宝贵资料。大量形制巨大的琉璃釉陶龙、凤、海马、行什等鸱吻和走兽，证明角楼屋顶脊部富丽堂皇，它们与浮雕龙纹的瓦当、滴水均表明了角楼建筑的皇家性质和气派，为白城子遗址是元中都的论断提供了有力的证据。

角台是角楼的台基，本次发掘，基本了解了宫城角台和城墙地基的做法。纤木、永定柱、板瓦、筒瓦、当沟瓦、条子瓦、线道瓦、铁榫钉、陶砖以及大量脊饰构件的发现，为研究台上角楼的形制奠定了基础，也为研究元代建筑水平、制陶技术、雕塑艺术等提供了宝贵资料。

至于各类石材、木材的材质、来源，还有待于进一步的检验分析。在文中叙述过程中，琉璃脊龙第一、二类均具有半浮雕的特征，可能属于同一类型，但因没有拼接出完整的个体，所以暂按两类分别叙述。因水平有限，对各种构件的分类、称谓可能会存在不准确的地方，敬请方家批评指正。

第四章　宫城一号殿址

一　位置及布方情况

1．位置

元中都一号殿址，位于宫城中心略偏北，编号 ZYGD1（以前历次调查曾用编号 ZYGE1 和 ZYGF1，在确定为殿址后定为该号）。几何中心坐标：北纬 41° 17′ 34.19″，东经 114° 37′ 16.21″，海拔 1364.69 米。台基在发掘前地貌为高出地表的土丘，南、北两端膨大，东、西两侧中部向内收缩，略呈南北方向水平放置的葫芦形，外表长满杂草，周缘为弧壁陡坡状，顶面略平，在西北部可见一个顶面为长方形的玄武岩柱础（编号 ZC012）。台基南北方向长 118、东西方向宽 38—60、相对于附近现地表高约 3.69 米（彩版二二九、二三〇）。

2．布方情况

元中都发掘是我省坝上地区进行的首次考古发掘工作。坝上地区气候特殊，适宜发掘时间每年平均不到 5 个月，且光照、温差、天气对发掘工作影响较大，一号殿址面积巨大，为避免盲目发掘造成破坏，因而分成小区进行分期发掘，从 1999 年开始先对一号殿址第 I 区试掘，先行了解基本情况并总结在坝上地区发掘的经验，然后再由北向南依次发掘，殿址主体发掘工作至 2001 年结束，历时 3 年。

首先在台基南北中轴定一条基线。基线的准确位置为：以台基西北部柱础石（ZC012）之东北角凸出点（设为 O 点）向东 4、向北 20.2 米为基点 A，通过 A 点拉一条方向为 0° 的南北方向基线：NS 基线。在此基线上，由 A 点再向南每隔 25 米定 B、C、D、E、F、G 点，通过这几点定位方向为 90° 的东西方向基线：WE 基线。WE 基线共有 7 条，即：A—WE、B—WE、C—WE、D—WE、E—WE、F—WE、G—WE 等。这七条呈东西方向的 90° WE 基线与一条南北方向的 0° NS 基线将整个大殿基址划为十二个小发掘区。在 NS 基线东部，由北向南依次编为 I、III、V、VII、IX、XI区；在 NS 基线西部，编为 II、IV、VI、VIII、X、XII区。按 5 米 ×5 米探方为单位发掘。第 I—X 区每区平面均为南北 25、东西 40 米的长方形，其中 NS 基线西部最西侧一排探方因受原张化公路和路沟影响未发掘，第XI、XII两个区仅发掘了该区最北侧的一排探方。每个区均各自从相应的 WE 基线由南向北编写排号，由 NS 基线分别向东（基线东侧发掘区）、或向西（基线西侧发掘区）两侧编写列号，如第 I 区从 B—WE 基线开始由南向北数第二排、从 NS 基线开始由西向东属第三列的探方，编号为 I T2-3；同理，探方 II T3-4 则位于第 II 区从 B—WE 基线开始由南向北数第三排，从 NS 基线开始由东向西数第 4 列，以此类推（图八三；彩版二三三，1）。

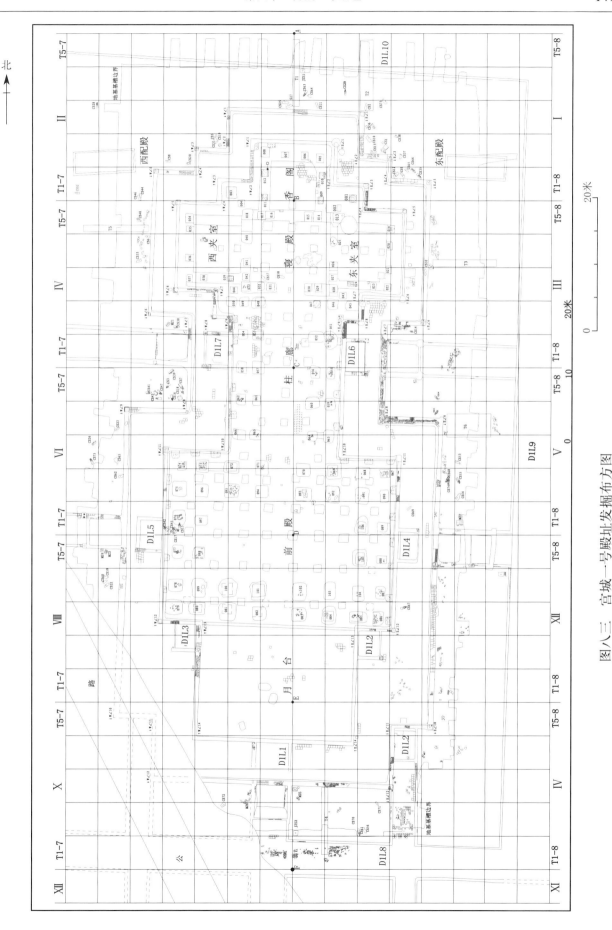

图八三　宫城一号殿址发掘布方图

二　地层堆积及建筑遗迹

1．地层堆积

可分为两层，以 IT2-1、IT3-1 西壁为例：

第①层：风积层，厚 0.1—0.3 米。

第②层：瓦砾层，厚 0.4—1.4 米。该层堆积在台基上面较薄，而在台基周边部位形成坡状、较厚。为建筑毁弃后的堆积，包含有砖瓦残块、汉白玉螭首、石块、铁钉、朽木等，该层局部在近现代拆取砖石过程中经过严重扰乱，但未见近现代遗物（图八四；彩版二三三，2；彩版二三四，1）。

2．建筑遗迹

一号殿址核心部分是殿堂台基（图八五至图八七），方向 182°。台基从地面以上露明部分分为上、下两层，上层高出下层台基约 1.25 米，下层台基高出地面约 1.7 米（彩版二三一、二三二；彩版二三四，2；彩版二三五至二三九）。

下层台基共有转角 24 个。以殿址南北中轴线为界，台基西部转角由北向南依次编号为↓ W∠1—↓ W∠12；台基东部转角由北向南依次编号为↓ E∠1—↓ E∠12。上层台基共有转角 28 个，以南北中轴线为界，上层台基西部转角由北向南依次编号为↑ W∠1—↑ W∠14；上层台基东部转角由北向南依次编号为↑ E∠1—↑ E∠14。为便于叙述，向台内方向凹入的转角称为内转角，向台外方向凸出的转角称为外转角。上层台基与下层台基不同之处在于：在寝殿南侧与柱廊台基相接的地方，上层台基东、西两侧各多一个收退转折，因而每侧比下层台基分别多了 1 个外转角（西侧↑ W∠8 和东侧↑ E∠8)和 1 内个转角（西侧↑ W∠9 和东侧↑ E∠9）。除上层台基在寝殿与柱廊相接部位比下层东、西两侧各多出一个缩折之外，上、下两层台基其余部位的平面形状基本相同，唯大小不同。上层收退，下层宽出部位为周匝平台。

上层台基上的建筑从南向北由月台、前殿、柱廊、寝殿、东夹室、西夹室和香阁组成。共有 7

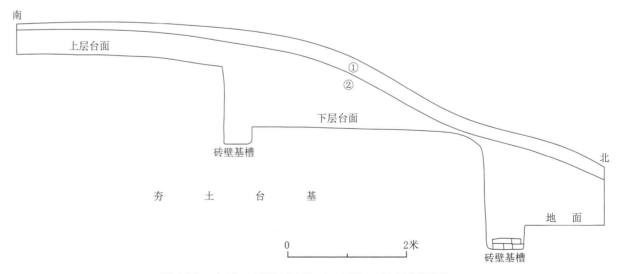

图八四　宫城一号殿址 IT2-1—IT2-3 地层剖面图

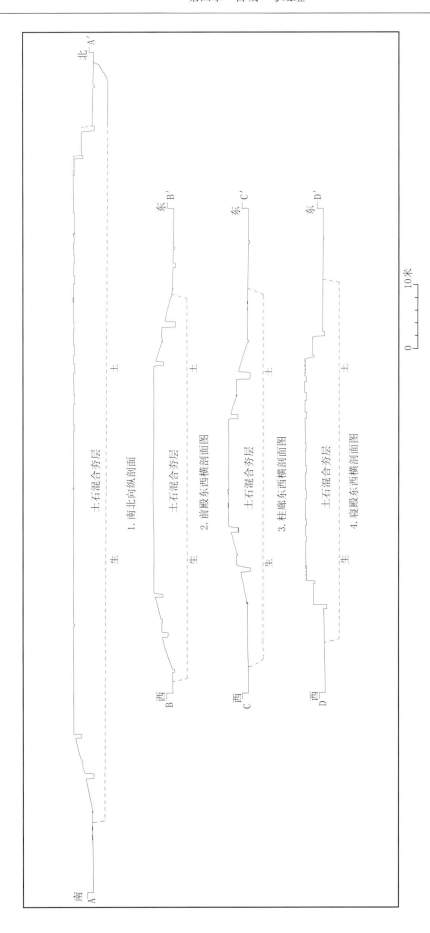

图八五　宫城一号殿址剖面图

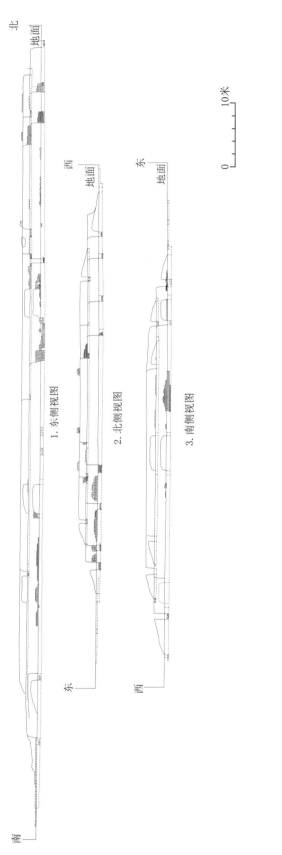

图八六　宫城一号殿址侧视图

1. 东侧视图

2. 北侧视图

3. 南侧视图

条上殿通道。台基南侧有 3 条通道：中通道 D1L1、东通道 D1L2、西通道 D1L3，目前西通道 D1L3 已经在修筑原张化公路时被破坏叠压，其他两道尚存土基；前殿东、西两侧各有 1 条通道：东通道 D1L4 和西通道 D1L5；柱廊东、西两侧各有 1 条通道：东通道 D1L6 和西通道 D1L7。台基的上、下层台面均用方砖铺面，台基周壁包砌青砖，外转角部位使用角柱石，角柱石下面安放土衬石（柱础石），土衬石为扁方形的玄武岩石块，其上面素平或在与外角相邻的两边凸起微高的宽边（建筑术语：金边）。通道铺砌花砖，上坡慢道之侧面的象眼部位雕砌花砖，各条通道所用铺地花砖亦有区别。若不计通道、以台基南北两端砖壁底部外侧的槽边（砖壁外皮底边，现砖壁已拆毁）为准计算，下层台基南北方向通长为 101.1 米；台基东西方向以前殿部位最宽，按台基东、西两侧砖壁基槽外边（砖壁外皮底边，现砖壁已拆毁）间距为 49.2 米。台基之南的地面上有一条东西走向的横道 D1L8，自台基南缘砖壁基槽外边至横道北侧边沟之北边间距为 7.8—8 米。

在台基外围，环绕台基一周还有砖筑沟槽，在平面上呈一个大矩形将台基围起来。根据发掘情况推测，这一周沟槽应当是台基周边道路的内侧边沟。南侧的沟槽即台基南侧横道 D1L8 之北侧边沟，西侧沟槽因受原张化公路影响未发掘。东侧沟槽即台基东侧南北走向道路 D1L9 之西侧边沟，距前殿台基下层东缘砖壁基槽东边（即原砖壁外皮，砖壁已被破坏，仅存基槽）11 米、距寝殿台基下层东缘砖壁基槽东边 14 米，北侧沟槽即台基北侧东西走向道路 D1L10 之南侧边沟，距寝殿台基下层北侧砖壁基槽北边 6.3 米。

通过钻探和解剖了解到，整个台基地面以下是夯实的地基基槽。地基基槽是与台基相适应的基本为南北方向的长方形大坑，坑边宽出台基下层周边约 2.5—8 米（南部前殿台基较大而距基槽坑壁较近、北部寝殿及夹室、香阁台基较小而距基槽坑壁较远），深约 2.3—2.4 米。基槽的四个周边不太整齐，每边均有与基槽周边呈垂直方向向外延展的基本为长条形的通道，经由这些通道可达槽底，应当是施工时上下地基基槽和运送建筑材料所用。

在台周道路之外，经钻探还发现有夯土环绕，很有可能是大殿围墙遗迹，在其与宫城南门——一号殿址连线相交处发现有砖铺地面，可能为殿门所在，需在下一步发掘证实。

螭首、门枕石、望柱柱础、异形柱础等石质构件出土时绝大多数散落于台基周围的地面上（图版七二、七三）。

三 下层台基

（一）下层台面

下层台面现存长度为南北通长 99.35 米。测量台基尺寸时，因砖壁均已被拆毁，且土壁也有不同程度的风化脱落，已经无法搞清台基壁面是否存在收分，以砖壁基槽内侧土壁的上、下垂直线为准测量，此长度不含砖壁基槽的宽度。若自台基外壁包砖底部基槽的外边为准计算，下层台基南北长度则为 101.1 米。

下层台面比上层台面宽出的部分，其尺寸在各个不同部位有所不同。以砖壁基槽外边为准计算，在月台南侧为 6.32 米；月台东、西两侧，在↓E∠11—↓W∠11 之南各为 6.35、在↓E∠11—

↓ W∠11 之北各为 12.2 米；在柱廊及前殿东、西两侧各为 6.32 米；在前殿北侧较窄，为 6.11 米；在寝殿及东、西夹室台基的外围为 3.61—3.98 米（窄的地方也可能是因为破坏所致）；香阁的东、西两侧为 3.98 米、北侧为 4.61 米。

下层台面由南向北各部分尺寸如下：月台之南的下层台面部位，南北长度即↓ E∠11—↓ E∠12 之间或↓ W∠11—↓ W∠12 之间的距离为 9.22 米；东西宽度即↓ E∠11—↓ W∠11 或↓ E∠12—↓ W∠12 之间的距离，其西部被原张化公路破坏，据对称的原则推算应为 37.2 米（目前残宽 32.21 米）；月台北半部和整个前殿二者的台基下层台面为一个整体，长度为南北 46.55、东西 49.17 米；柱廊部位长南北 13.69×东西 30.82 米；寝殿部位（含东、西夹室）南北 21.89×东西 42.81 米；香阁部位台基为北部中间部位向北凸出的"凸"字形，南部较宽部分南北 3.52、东西 30.4、北部较窄部分为南北 6.23、东西 21.02 米。

月台西南一侧的下层台基被呈东南—西北走向的原张化公路斜向打破，月台南面的下层台面被位于台基南侧中间的上殿通道 D1L1 分为东、西两部分。月台之南的下层台基破坏较严重，东、西、南三面的边缘已呈坡状，相对于地面残高 0.81 米。月台上层的南部台面也呈坡状，仅高出下层台面 0.32 米（彩版二三九；彩版二四〇，1）。

下层台面周匝平台铺砌素面方砖，残余不多，破坏严重，在月台、前殿、柱廊、东夹室、西夹室、香阁等所对应的下层台基地面局部尚有保留，很多部位还保留有铺砌方砖时留下的白灰痕迹，这与上层台面的白灰痕迹情况相同（彩版二四〇，2；图版七四，1）。根据残留的砖和台面上保留的粘结白灰痕迹推断，铺砖方式有两种。第一种：铺砖呈南北向通缝、东西向错缝。在柱廊西通道 D1L7 南、北两侧↓ W∠7—↓ W∠8 之间对应的下层台面区域，采用此种方式（图版七四，2）。柱廊东通道 D1L6 两侧↓ E∠7—↓ E∠8 之间与之对称的区域，铺砖方式应与此相同。在前殿西通道 D1L5 上段慢道的南侧也发现残留有用此种方式的铺砖。据此推测，在前殿和寝殿上层台基东、西两壁之外的下层台面上，有可能亦均与此相同。第二种：铺砖呈东西通缝、南北错缝。除前者提到的采用第一种铺砖方式的部位外，下层台面所有其他区域，根据残留的铺砖及痕迹情况，均应类似此种铺砖方式，其中保存铺砖较多或能够看清铺砌方式的地方有六处：↓ W∠7 以北至寝殿上层台基西部南壁之间的下层台面区域，↓ W∠8 以南至前殿上层台基西部北壁之间的下层台面区域，D1L1 东侧月台上层台基南壁之南的下层台面，香阁上层台基东壁以东的下层台面（彩版二四〇，2），东夹室上层台基东部南壁之南的下层台面（彩版二四一，1；图版七五，1），前殿↑ W∠12 与 D1L5 之间西侧的下层台面。

（二）下层台基周壁情况

1. 下层台基的北壁

即↓ W∠1 和↓ E∠1 之间的壁面。↓ E∠1 和↓ W∠1 之间砖壁大部分已被拆毁，仅余基槽和基槽内局部的一小部分砖壁。基槽上口宽 0.72、底部宽 0.52、深 0.4 米。残余砖壁最厚处 0.72 米，砖壁内层与夯土台接触之处有缝隙的地方填以碎砖块。基槽东北角↓ E∠1 角柱石之下的土衬石尚存，为一块玄武岩扁方石块，四边及底面不太规整，上面素平、没有金边，东、西、南、北四边分别长 0.68、0.57、0.5、0.6 米，厚 0.2 米。因土衬石外角（东北角）相邻两边叠压在槽边以外的夯土下，推测有可能是先安放好此石后，又在内侧夯筑台基，然后在土衬石上立角柱石，沿角柱石外角（东北角）相邻的两个立面砌筑砖壁，再在角柱石和砖壁的外侧夯打约 0.4 米高的土层，在地面上形成使用面。角柱石和砖壁的基部埋在使用面以下的夯土内，当砖壁被拆取后，沿台基夯土台的周围，在外围使用面与台基之间形成深槽，即本文所述的砖壁基槽（彩版二四二，1）。在该土衬石的东侧，沿其外部边缘侧立有砖，应是当时固定角柱石后挤放在角柱外侧的，其位置未被移动，则原来放置在该柱础上面的角柱石，东边不应超出土衬石的东边，应即是侧立之砖的西边，测量以此为基准。西北角↓W∠1 角柱石及其上衬石均被取走，但基槽西边较为整齐，应即当时角柱石的西边的位置，因而此处测量以基槽的西边为基准。按上述测量基准，下层台基北壁↓E∠1—↓W∠1 之间东西长 21.02 米。此处为一号殿址台基的北端，东、西两侧砖壁外皮（砖壁基槽外边或角柱之下的土衬石外边除去放置角柱留出的尺寸约 0.06 米）比其南部台基转折处（↓E∠3 和↓W∠3 处）各收退 4.69 米。

2. 下层台基的南壁

即↓W∠12 和↓E∠12 之间的壁面。在中间上殿通道 D1L1 的西侧，台基的南壁局部残留有贴着夯土台壁用以填补夹缝的小砖块，素面无纹的条砖，因破坏未留下完整者。台基西南角↓W∠12 已在原张化公路修筑时破坏叠压。上殿通道向东与↓E∠12 之间的基槽内，残余有部分砖壁，向上随夯土台向内倾斜，底层为侧立砖，不规整，向上为平铺砖，残余 5 层，砖壁最高处残高 0.48、底层砖壁厚度为 0.59—0.62 米。因外层已破坏，内部不规整，此处砖壁的土槽因南边被破坏而致宽度增加，残宽 1、深 0.4 米（图版七五，2；图版七六，1）。砖多为条砖，发现 2 块楔形砖，楔形砖一面素面、另一面有斜向宽条纹。↓E∠12 处角柱石已失，其下的土衬石还留在原位，质地为玄武岩，形制为扁方石块，其东、南两侧的上面凸起有金边，西南角被残留的三层砖压住。该柱础东西 0.65、南北 0.69、厚 0.19 米，金边宽 0.1、高 0.01 米。

3. 下层台基的东壁

即台基东北角↓E∠1 至东南角↓E∠12 之间的壁面。在↓E∠1 和↓E∠2 之间，基槽上口宽 0.87、底宽 0.76、深 0.31 米。↓E∠2 和↓E∠3 之间残余砖壁内层，基槽宽 0.6、深 0.35 米。↓E∠2 为内转角，没有安放土衬石和角柱。↓E∠3 土衬石南北 0.73、东西 0.74、厚 0.21 米。↓E∠3 和↓E∠4 之间槽口宽 0.55、底宽 0.45、深 0.28 米。↓E∠4 和↓E∠5 之间东西残余砖壁底层为侧立砖，上面为平铺砖，内层不整齐，用条砖之半块砌成，外层为楔形砖，土槽上部略大，底宽 0.47、砖壁宽 0.52 米。↓E∠5 土衬石南北 0.82、东西 0.74、厚 0.18 米，上面素平、可见凿錾工具痕迹，没有金边。↓E∠5 与↓E∠6 之间基槽上口宽 0.66、底宽 0.5、深 0.31 米。↓E∠6 玄武岩土衬石已被移动，上面素平，没有金边。边长南北 0.63、东西 0.78、厚 0.2 米（图版七六，2）。↓E∠6 和↓E∠7 之间基槽口宽 0.7、底宽 0.62、深 0.4 米，基槽内有一个汉白玉望柱柱础石，可能原位于柱廊东通道 D1L6 下段慢道与地面平道相接处的北侧，后被破坏移位于此。在此处砖壁基槽的南侧地面上，有从砖壁壁面上倒塌下来的局部砖壁，上面还压着一个断为两截的汉白玉螭首。壁面塌落后未再移动，保持原状，均为楔形砖，与壁面内层相互脱开砌筑，内侧从上到下通缝，且楔形砖均小边向内（图版七七；图版七八，1）。在↓E∠7 与↓E∠8 之间、柱廊台基夯土台与东侧上殿通道 D1L6 下段慢道之间，局部保留砖壁下部（彩版二四二，2）。砖壁外层顺砌楔形砖，内层为东西向的完整条砖，与夯土台之间采用半砖，接近地面处砖壁宽 0.8 米。砖壁以↓E∠8 处保留较多（图版七八，2）。从残余较高的部位观察，砖壁外层用楔形砖包砌壁面，与内层之间上下通缝，楔形砖的质量比条砖陶质细腻坚硬，这种做法使壁面既结实而又缝隙很小，显得美观（图版七九、八〇）。↓E∠9西侧与↓E∠8之间，基槽内残余砖壁内层，下部底层侧立，上部为平砌，底层侧立两行砖，宽0.78—0.8米。↓E∠9角柱石及土衬石已无存，由该角向南的东壁基槽宽0.7、深0.35米，角部沿夯土台有斜向45°的侧立砖（图版八一）。↓E∠9与前殿东通道D1L4之间的砖壁局部残留底层侧立砖，基槽宽0.74、深30、砖壁厚0.64、残高0.42米，砖外壁为楔形砖。↓E∠10的土衬石东西0.85、南北0.69、厚0.12、东侧金边宽0.08、南侧金边宽0.09、金边凸起0.02—0.03米，西北角被与之成45°角的侧立砖压住。↓E∠10与前殿东通道D1L4之间保留的砖壁较多，内壁砌的砖基本为条砖之半，质量较差，青灰色颜色较深，沙粒很多，质地疏松，而外壁用的砖均为楔形砖，与内壁相互脱开砌筑，内侧从上到下通缝，且均小边向内，以使外缝很小，类似"磨砖对缝"，局部外层楔形砖还保留着原始向外侧倒塌的情形。砖壁残高0.7、基槽宽0.6、深0.37米（彩版二四三）。↓E∠11和↓E∠12之间，基槽内偏南部位残留部分壁砖，基槽宽0.7米，因破坏而致加宽，砖仅残留贴着夯土壁的部分。偏北部位口宽0.6、底宽0.4、深距D1L2坡道上面1.35米。

4. 下层台基的西壁

即台基西北角↓W∠1至西南角↓W∠12之间的壁面。↓W∠1和↓W∠2之间基槽口宽0.54、底宽0.45、深0.55米，残留两处残壁，北侧者残留长0.5、高0.3米的残壁，残余贴着夯土壁的部位，不规整。南侧即在↓W∠2部位，贴着东侧夯土壁面，长度1米，不整齐，与夯土台缝隙填以砖头。↓W∠3处槽内有一个玄武岩的土衬石，其西、北两边有金边，金边全部压在外侧的夯土下面或仅露出0.01—0.02米，推测基槽是砌筑砖壁后，再在砖壁外侧夯土形成的。土衬石东西0.64、南北0.635、厚0.14、西金边宽0.14、北金边宽0.13、金边凸起高0.02—0.04米。↓W∠2和↓W∠3之间基槽内西部有残余的贴壁不规整的砖，碎裂严重。↓W∠3和↓W∠4之间基槽口宽0.54、底宽0.4、深0.5米。↓W∠5处土衬石为扁方形玄武岩石块，西、北有金边，东南角缺损，南北0.64、东西0.74、厚0.2、金边宽0.12、凸起0.02—0.04米。金边压在夯土地面以下，说明可能先放置土衬石，再夯筑地面。↓W∠4和↓W∠5之间基槽口宽0.67、底宽0.58、深0.51米。局部残余壁砖为：底部为侧立整砖，沿夯土台部位不整齐，其上砌法为卧砖三层，错缝，内侧不齐，外侧已毁，残长0.72、残高0.35米，用白灰泥粘缝，均为素面。砖的火候不高，质地松软。↓W∠5和↓W∠6之间基槽口宽0.6、底宽0.49、深0.5米。↓W∠6角柱础石已被揭取竖立起来，南、西有金边，东西0.66、南北0.59、厚0.18—0.25米、金边宽0.11、凸起0.02米，所用石料为玄武岩，有许多麻眼，质料不好，有可能就采自元中都遗址西侧的狼尾巴山。↓W∠6和↓W∠7之间基槽口宽0.58、底宽0.41、深0.56米。↓W∠7和↓W∠8之间基槽在柱廊西通道D1L7下段慢道与下层台面相接处，破坏面较宽，除此处外，口宽0.58—0.9、底宽0.54—0.61、深0.56米，残余砖壁厚度为0.54米。根据砖的东西面均紧贴着夯土，又可为先砌壁砖再在砖的外侧夯打一定高度形成地面提供佐证。↓W∠9处夯台破坏较严重，基槽较宽，上口1.28、下口1.1、深0.57米，砖为素面，底层北侧为侧立砖，南侧有东西对缝平铺的两行砖，侧立砖比平铺砖深0.07米，为素面长条砖。角部有土衬石，东西0.69、南北0.71、厚0.2米，金边宽0.11、凸起0.02米。↓W∠10、↓W∠11和↓W∠12已被原张化公路破坏叠压。

四　上层台基

（一）上层台面

1. 月台

位于台基的南部，呈东西向长方形。以台基砖壁基槽外边为准测量，东西24.8、南北17.5—17.8米。地面铺漫青灰色素面方砖，方砖有少量残留，局部地面还留有白灰痕迹。方砖铺砌方式为东西通缝、南北错缝。其北部与前殿交接处有一道东西土槽，两端与上层台基东、西壁砌砖基槽通连，但底部较浅。基槽内用砖平砌，砌筑方式顺砖、丁砖均有使用，整砖、半砖都有。根据砌砖的情况推测，此处基槽原始状况应该是恰为一个整砖的宽度，即宽0.37米左右，现存较宽的部位可能是被后期破坏所致。基槽宽0.37—0.48、深0.1—0.2米（彩版二四四；彩版二四五，1）。

2. 前殿及其柱网结构

①总体情况：前殿位于台基南部，在月台之北、柱廊之南。前殿台基周边砖壁均已破坏，在沿其周边的下层台面之上，形成砖壁基槽。前殿台基上层平面呈东西向的长方形。台基的东南角↑E∠12（图一一五，7；图版九四，1）、西南角↑W∠12（图一一五，5；图版九〇，2）、西北角↑W∠11（图一一五，6；图版九〇，1）土衬石尚保留在原位。其中后二者的上面与外角相邻的两边均有金边，原角柱石应该置于金边内侧，角柱的两条外边被金边卡住以使角柱石稳固而不易移位；前者↑E∠12上面没有金边，但立于其上的角柱石JZ2仍保存了下半部未经移动，角柱石上部残断，南面为浮雕龙纹，东面为浮雕牡丹纹，其余两侧面有凿痕。尺寸详见后文（彩版三一〇；彩版三一一，1—4）。该角柱石底面的东边比土衬石的东边靠西0.2米（图版八二，1）。以各土衬石金边的内角或角柱石的外角为准测量，前殿台基上层平面东西36.36、南北26.06米。前殿上层台面周布柱础坑位40个，共分内外两圈，呈回字形排列。ZC093东侧半块汉白玉柱础石尚保留在原来位置而未被移动（彩版二四五，2）。除此之外，其他坑内柱础均无存。多数柱础坑内都有大量被砸碎的、散乱弃置的汉白玉柱础残块。根据ZC093及各坑内的汉白玉残块推断，这40个柱础坑全部安放汉白玉柱础。柱础坑因取石开口破坏而变大，一般为1.52—2.78米，坑内下部还有一个略呈方形的痕迹，边长一般在1.5—1.7米左右。以柱础坑中心点为准计算，位于外周四个角部的坑位ZC067、ZC074、ZC079、ZC086，距离其两侧的台基砖壁外缘均为2.32—2.5米。外圈与内圈柱础坑中心点相距3.45—3.7米。各坑因被破坏大小不一，因而确定中心点位置有可能存在偏差。前文述及前殿上层台基南侧与月台之间残存有基槽，其内砖已拆毁。该基槽的南边与前殿南数第一排柱础坑中心点距为2.3—2.45米。殿内分布有浅坑38个。南部第一、第二这两排柱础坑之间正对门道处的位置没有发现浅坑，有可能原来此处就没有安置，但也可能存在另外一种情况：即原有浅坑周围地面被后来破坏降低而致浅坑已无法辨别了。如果是后一种情况，则此处原应有2个浅坑，如果是这样则殿内浅坑的总数应为40个。推测这些浅坑可能是在殿内地面铺砌装饰性石板的坑位。装饰性的石板有可能是花岗岩（花版石），在柱础坑内发现一些花岗岩石块掺杂在汉白玉石块之中，可能就是被砸碎的石板残块。这些浅坑，

分布在汉白玉柱础坑之间，南北5排，东西8列，边长1.2米，深0.05米（彩版二四六）。

　　②柱础坑现状：根据柱础坑现状推测，外圈柱础石与台基四周砖壁外边应该是等距离的。前殿共有柱础石（坑位）40个，编号ZC067—ZC106（表一三、一五）。现按东西走向为排、南北走向为列，自南向北、由东向西叙述每个柱础石（坑位）发掘后的情况。

表一三　前殿柱础坑排列编号表

排次＼列次			东←→西							
			第1列	第2列	第3列	第4列	第5列	第6列	第7列	第8列	
南↑↓北			前殿台基南边（月台北边）								
	第1排	前殿台基东边	ZC086	ZC085	ZC084	ZC083	ZC082	ZC081	ZC080	ZC079	前殿台基西边
	第2排		ZC087	ZC104	ZC103	ZC102	ZC101	ZC100	ZC099	ZC078	
	第3排		ZC088	ZC105					ZC098	ZC077	
	第4排		ZC089	ZC106					ZC097	ZC076	
	第5排		ZC090	ZC091	ZC092	ZC093	ZC094	ZC095	ZC096	ZC075	
	第6排		ZC067	ZC068	ZC069	ZC070	ZC071	ZC072	ZC073	ZC074	
			前殿台基北边（柱廊台基南边）								

　　第一排：第一个柱础坑ZC086北边与第二排第一个柱础坑ZC087南边相距2.16米，南边与基槽北缘相连，东边与基槽西缘相距0.98米，坑内有三块较大的汉白玉柱础碎块，该柱础坑南北2.26、东西1.69、深0.45米。第二个柱础坑ZC085，北边与第二排的第二个柱础坑ZC104南边相距1.91米，南边与基槽北缘相距0.5米，东边与该排的第一个柱础坑ZC086西边相距1.1米，坑内有较多的汉白玉柱础小碎块，该柱础坑南北1.67、东西2.78、深0.47米。第三个柱础坑ZC084，北边与第二排第三个柱础坑ZC103南边相距1.17米，南边与基槽北缘相距0.28米，东边与该排第二个柱础坑ZC085西边相距2.22米，坑内有较多的汉白玉柱础小碎块，该柱础坑南北2.78、东西2.27、深0.44米。第四个柱础坑ZC083，北边与第二排的第四个柱础坑ZC102南边相距1.25米，南边与基槽北缘相距0.58米，东边与该排的第三个柱础坑ZC084西边相距1.69米，坑内有较多的汉白玉柱础小碎块，该柱础坑南北1.95、东西2.22、深0.36米。第五个柱础坑ZC082，北边与第二排第五个柱础坑ZC101南边相距0.83米，南边与基槽北缘相距0.29米，东边与该排的第四个柱础坑ZC083西边相距3.79米，坑内有较多的汉白玉柱础小碎块，该柱础坑南北2.12、东西2.19、深0.45米。第六个柱础坑ZC081，北边与第二排第六个柱础ZC100南边相距0.38米，南边与基槽北缘相距0.24米，东边与该排的第五个柱础坑ZC082西边相距2.65米，坑内无遗物，该柱础坑南北2.62、东西2.82、深0.43米。第七柱础坑ZC080，北边与第二排的第七个柱础坑ZC099南边相距0.62米，南边与基槽北缘相距0.67米，东边与该排的第六个柱础坑ZC081西边相距2.08米，坑内无遗物。该柱础坑南北1.77、东西2.49、深0.42米。第八个柱础坑ZC079，北边与第二排的第八个柱础坑ZC078南

边相距 1.16 米，南边与前殿上层台基南侧夯土边相距 0.61 米，西边因破坏而与台基西侧夯土边相通，东边与该排的第七个柱础 ZC080 西边相距 0.95 米，坑内有一块较大的汉白玉柱础残块，该柱础坑南北 2.22、东西 2.39、深 0.43 米。

第二排：第一个柱础 ZC087，北边与第三排第一个柱础 ZC088 南边相距 2.02 米，东边与上层台基东侧夯土边相距 1.96 米，坑内有一些稍大的汉白玉柱础残块，该柱础南北 2.18、东西 1.46、深 0.32 米。第二个柱础坑 ZC104，北边与第三排的第二个柱础 ZC105 南边相距 1.62 米，东边与此排的第一个柱础 ZC087 西边相距 1.97 米，坑内有较多的汉白玉柱础小碎块，此柱础坑南北 2.26、东西 1.82、深 0.3 米。第三个柱础坑 ZC103，东边与该排的第二个柱础坑 ZC104 西边相距 2.67 米，坑内有较多的汉白玉柱础小碎块，此柱础坑南北 2.68、东西 1.78、深 0.4 米。第四个柱础坑 ZC102，东边与该排的第三个柱础坑 ZC103 西边相距 2.31 米，坑内有少量汉白玉柱础小碎块，此柱础坑南北 2.72、东西 2.14、深 0.41 米。第五个柱础坑 ZC101，东边与此排第四个柱础坑 ZC102 西边相距 3.57 米，坑内有较多的汉白玉柱础小碎块，该柱础坑南北 2.69、东西 2.58、深 0.42 米。第六个柱础坑 ZC100，东边与此排第五个柱础坑 ZC101 西边相距 1.94 米，该柱础坑南北 2.77、东西 2.92、深 0.4 米。第七个柱础坑 ZC099，北边与第三排第三个柱础坑 ZC098 南边相距 3.22 米，东边与此排第六个柱础坑 ZC100 西边相距 1.66 米，坑内有少量的汉白玉柱础小碎块，此柱础坑南北 2.83、东西 2.03、深 0.5 米。第八柱础坑 ZC078，北边与第三排第四个柱础坑 ZC077 南边相距 2.84 米，西边与台基西侧夯土边相距 0.28 米，东边与此排第七个柱础坑 ZC099 西边相距 1.4 米，坑内有较多的汉白玉柱础小碎块，此柱础坑南北 1.74、东西 2.14、深 0.45 米。

第三排：第一个柱础坑 ZC088，北边与第四排第一个柱础坑 ZC089 南边相距 3.37 米，东边与上层台基东侧夯土边相距 0.68 米，坑内有一块汉白玉柱础小碎块，该柱础坑南北 1.2、东西 1.52、深 0.41 米。第二个柱础坑 ZC105，北边与 ZC106 南边相距 2.29 米，东边与该排第一个柱础坑 ZC088 西边相距 1.73 米，坑内有较多的汉白玉柱础小碎块，此坑南北 2.58、东西 2.19、深 0.35 米。第三柱础坑 ZC098，北边与第四排第三个柱础坑 ZC097 南边相距 2.81 米，坑内有较多的汉白玉柱础小碎块，此柱础坑南北 1.77、东西 1.7、深 0.35 米。第四个柱础坑 ZC077，北边与第四排第四个柱础坑 ZC076 南边相距 2.96 米，西边与台基西侧夯土边相距 0.58 米，东边与该排第三个柱础坑 ZC098 西边相距 1.77 米，坑内有较多的汉白玉柱础小碎块，此柱础坑南北 1.81、东西 1.52、深 0.42 米。

第四排：第一个柱础坑 ZC089，北边与第五排第一个柱础 ZC090 南边相距 2.61 米，东边与上层台基夯土东边相距 0.6 米，该柱础坑南北 1.88、东西 2.05、深 0.45 米。第二个柱础 ZC106，北边与第五排第二个柱础 ZC091 南边相距 1.46 米，东边与此排第一个柱础 ZC089 西边相距 1.55 米，该柱础坑南北 2.76、东西 2.13、深 0.45 米。第三个柱础坑 ZC097，北边与第五排第三个柱础坑 ZC096) 南边相距 2.81 米，此柱础坑南北 1.42、东西 1.95、深 0.4 米。第四柱础坑 ZC076，北边与第五排第四个柱础 ZC075 相距 1.88 米，东边与此排第三个柱础坑 ZC097 相距 1.43 米，西边与夯土台基边缘相距 0.67 米，该柱础坑南北 2.18、东西 1.82、深 0.43 米。该排坑 ZC076 和 ZC106 内有较多的汉白玉柱础小碎块，另外两坑小碎块较少。

第五排：第一个柱础 ZC090，北边与第六排第一个柱础 ZC067 南边相距 2.12 米，东边与基槽西边相距1.61米，此柱础坑南北1.86、东西1.3、深0.42米。第二个柱础ZC091，北边与第六排第二个柱础ZC068南边相距1.07米，东边与该排第一个柱础ZC090西边相距1.53米，此柱础坑南北2.5、东西2.02、深0.45米。第三个柱础ZC092，北边与第六排第三个柱础坑ZC069南边相距1.42米，东边与该排第二个柱础ZC091西边相距2.42米，此柱础坑南北2.53、东西2.27、深0.39米。第四个柱础ZC093，北边与第六排第四个柱础ZC073南边相距1.26米，东边与该排第三个柱础ZC092西边相距1.93米，此柱础坑南北2.03、东西2.41、深0.45米，坑内还保留半块汉白玉柱础未被移动。第五个柱础ZC094，北边与第六排第五个柱础ZC071相距1.56米，东边与该排第四个柱础ZC093西边相距3.57米，该柱础坑南北1.84、东西1.96、深0.42米。第六个柱础ZC095，北边与第六排第六个柱础ZC072南边相距1.56米，东边与该排第五个柱础西边相距2.61米，该柱础坑南北2.04、东西2.24、深0.42米。第七个柱础坑ZC096，北边与第六排第七柱础坑ZC073南边相距1.44米，东与此排第六柱础坑ZC095西边相距2.67米，该柱础坑南北1.92、东西1.99、深0.4米。第八个柱础坑ZC075，北边与第六排第八个柱础坑ZC074南边相距为1.68米，东边与此排第七柱础坑ZC096西边相距1.44米，该柱础坑东西2.22、南北2.39、深0.45米。该排ZC093保留约1／2大小的汉白玉柱础残块，ZC095、ZC092和ZC091坑内有较多的汉白玉柱础小碎块，ZC090无遗物，其余三坑有少量碎块。

第六排：第一个柱础坑ZC067，西边与第二个坑ZC068东边距离1.7米，东边、北边破坏，其南边与上层夯土台北缘、西边与上层夯土台东缘距离2.7米，内有雕莲花汉白玉石块，ZC067东西1.5、南北1.15、0.28米。第二个柱础坑ZC068，西边与第三个柱础坑ZC069东边相距2.3米，东西2、南北1.86、深0.38米。第三个坑ZC069东西1.9、南北2.1、深0.45米，其西边与第四个坑ZC070底部东边相距2.6米。第四个柱础坑ZC070，东西2.01、南北2、深0.4米，与其西柱础坑ZC071相邻两边距离4.1米，这两个础坑之间是前殿北墙的中央。第五个柱础坑ZC071，东西1.8、南北1.8、深0.4米，其西边与ZC072东边相距2.78米，该柱础坑东北部有铺砌的方砖，碎裂严重并有移位现象。第六个柱础坑ZC072，西壁与第七个坑ZC073东壁相距3米，二者之间有南北宽1.3、深0.09米的基槽相连，是原建筑状况还是被破坏所为，没有充分证据，此坑东西1.6、南北1.3、深0.43米。第七个柱础坑ZC073，此柱础坑西边与西侧相邻的ZC074东边相距1.95米，该坑东西1.23、南北1.24、深0.3米。前殿西北角第八个柱础坑ZC074西北边已破坏，其东、南边尚存，以其东、南边分别向台基西、北夯土壁量得距离均为2.6米，若至砖壁基槽的外边则为3.4米，但也可能在柱础石被盗取时此两边也被损坏扩大，至少可为推测外围柱础石与台基边缘的距离提供参考，现存东西长1.21、南北1.24、深0.32米，坑内出土有带莲花纹的汉白玉石残片，说明原有汉白玉柱础覆盆应该雕刻宝装莲花。该排ZC074、ZC073、ZC071、ZC069、ZC067坑内有较多的汉白玉柱础小碎块，ZC070无遗物，其余两坑有少量碎块。

③浅坑现状：浅坑排列于殿内汉白玉柱础之间。除东西面阔方向的中央开间，即柱础ZC082—083、ZC101—102、ZC093—094、ZC070—071之间的开间内各有两个坑位，其余开间均有一个，浅坑位于开间的中心部位。但正对前门门道处的ZC082—083之间未发现，此处可容纳两个浅坑，可能原本此处就没有铺设，亦有可能是原来存在、但后来因地面降低而被破坏了。浅坑的尺寸为边长1.2

×1.2、深 0.01—0.03 米。这些浅坑可能是铺设装饰性石板之处。在汉白玉柱础坑内，除发现有汉白玉柱础残块以外，还发现有花岗岩的石板残块，可能就是被砸坏的装饰性石板。

④柱网结构：这种平面柱网由内外二圈柱组成的形式，在宋代《营造法式》中称为"金厢斗底槽"。前殿应为面阔七间，进深五间。前殿平面（上层台面）东西 36.36、南北 26.06 米，以 1 元尺 ≈ 31.62 厘米计算，约合元尺东西 115、南北 82 尺。汉白玉柱础石 ZC093 覆盆已被砸毁，但东部半块下部未被砸碎，尚未移位，可作为测量参考，该柱础南北边长 1.25、东西残宽 0.61—0.72、残高 0.48 米（彩版二四五，2）。若以此块汉白玉柱础所在的前殿南数第五排柱础（坑位）中心点为准测量校对，前殿的面阔为：台基西壁基槽外边—ZC075—ZC096—ZC095—ZC094—ZC093—ZC092—ZC091—ZC090—台基东壁基槽外边的距离分别是：2.37—3.47—4.43—4.75—6.33—4.74—4.43—3.47—2.37 米；约折合 7.5—11—14—15—20—15—14—11—7.5 元尺。前殿的进深以前殿东数第一列并参考 ZC093 所在的第四列校对，最可能是：前殿上层台基南壁基槽南边—ZC086—ZC087—ZC088—ZC089—ZC090—ZC067—前殿台基北壁基槽外边的距离分别为：2.4—3.49—4.76—4.76—4.76—3.49—2.4 米；约折合 7.5—11—15—15—15—11—7.5 元尺。

3. 柱廊及其柱网结构

①总体情况：柱廊位于整个台基的中部，南接前殿、北连寝殿（彩版二四七至二五四；图版八三,2）。

柱廊台基平面呈"T"字形，可分为南、北两部分。南部即"T"形柱廊的南北向纵长部位，北部即寝殿、柱廊共用的东西向横长部位。南、北两部分台基相接处形成两个内转角：柱廊东北内转角↑ E ∠9 和柱廊西北内转角↑ W ∠9。寝殿主体台基的南部即寝殿、柱廊共用的东西横长部位，东南角外转角↑ E ∠8 和西南外转角↑ W ∠8 与上述两个内转角东西方向在一条直线上。即：外侧为寝殿主体台基的东南、西南两个外转角↑ E ∠8 和↑ W ∠8；内侧为寝殿与柱廊相接形成的两个内转角：↑ E ∠9 和↑ W ∠9。按砖壁的外皮为准，东北内转角↑ E ∠9 与西北内转角↑ W ∠9 二者间距 18.16 米，寝殿东南外转角↑ E ∠8 与柱廊东北内转角↑ E ∠9 间距 2.52 米，寝殿西南外转角↑ W ∠8 与柱廊西北内转角↑ W ∠9 间距 2.52 米。即"T"形柱廊南北向纵长部位的台基东西两侧比寝殿台基南部（寝殿、柱廊共用的东西横长部位的台基）东西两侧各退收 2.52 米。南部纵长部位，即柱廊上层台基与前殿、寝殿相接部位的内转角砖壁外皮之间（无砖处按基槽外边为准），南北长 19.8（↑ E ∠9—↑ E ∠10 或↑ W ∠9—↑ W ∠10 之间距离）、东西宽 18.16 米（↑ E ∠9—↑ W ∠9 或↑ E ∠10—↑ W ∠10 之间距离）。柱廊北部横长部位，即寝殿台基南部，此为柱廊与寝殿台基之共用部分，东西 23.2、南北 3.81 米。南部纵长部位和北部的横长部位南北通长为 19.8 + 3.81 = 23.61 米。

柱廊上层台面共有柱础 24 个，编号 ZC043—ZC066（表一四）。其中除 ZC043、ZC044、ZC045 和 ZC050 以外这 20 个柱础坑排列成南北走向的 4 列、东西走向的 5 排。最北部的一排（即自柱廊与前殿相接处↑ E ∠10—↑ W ∠10 连线开始，由南向北数第 5 排）已经延伸到柱廊与寝殿共用的东西向横长部位台基上，该排在 4 列柱础坑之东、西外侧，又各多一个柱础坑位：东 ZC045、西 ZC050。即：柱廊最北部一排柱础坑（南数第 5 排）为 6 个，比其南部各排（第 1 至 4 排）均各多 2 个。为避免混乱，在后文叙述中，东 ZC045、西 ZC050 这两个柱础坑不包含在我们所提到的 4 列之中。在这两个坑位之北又各有一个较浅的柱础坑 ZC043 和 ZC044，此二柱础坑或向柱廊南北方向的中轴线一侧稍偏离，即分别在 ZC045 西北和 ZC050 东北方向，因 ZC045 和 ZC050 被破坏较甚，中心点的确定有可能存在东西偏移现象，因而 ZC043 和 ZC044 的相对位置也较难确定。这两个柱础坑与其他 22 个柱础坑相比，最主要的区别是非常浅，痕迹隐隐约约，若有若现，不规则，也有可能是铺砌装饰性石板之处。柱础坑 ZC043 南北 1.02、东西 1.17、深 0.05 米，其西边与柱础坑 ZC044 的东边相距 15.6 米。柱础坑 ZC044 南北 1.08、东西 1.18、深 0.05 米。若除去可能安放装饰性石板的浅坑 ZC043 和 ZC044 之外，柱廊安放汉白玉柱础的坑位总数共计 22 个。北部横长部分之东部、东数第 2 列最北端的汉白玉柱础 ZC047 尚存留原位（彩版二五〇，2；彩版二五一，2；彩版二五二、二五三），它的中心点与其东侧台基外缘距离 7.22 米，与"T"形台面之南部纵长腰部东侧砖壁基槽外缘（砖壁外皮）延长线之距为 4.72 米，因为这个柱础尚处原位，可作为测量校正数据的参考。ZC045 已破坏成东西 2.9、南北 1.8 米的大坑，西边与 ZC046 之东边相隔仅 1.26 米，坑东边已突破台基夯土台的东边；ZC050 破坏成东西 2.4、南北 1.65 米的大坑，坑西边距台基砖壁外皮 1.4 米，而东边与 ZC049 连在一起。柱廊中间两列柱础坑（第 2、3 列之间）东西距离较远，在此两列之间，自南向北有浅坑 7 排，每排 3 个，即南北走向有 3 列，排间距不均匀。最南一排浅坑位于前殿最北部一排柱础（前殿南数第 6 排）的北侧，即前殿北门外侧，其中两侧的浅坑外移至与柱廊外侧两列柱础（第 1、2 列之间、第 3、4 列之间）之间中线对应的位置，而中间浅坑隐约有痕，且此浅坑似比两侧同排者略偏北，它与两侧浅坑之间距离较大，是否其间原本还存在两个此类浅坑，从现场迹象观察已无从考证。柱廊内最北一排浅坑（南数第 7 排），位于寝殿南门外侧，中间和东侧者痕迹尚在，但西侧者没有迹象，根据对称原理推测此浅坑原亦应存在，中间浅坑比两侧者略偏北。柱廊部位的上殿通道 D1L6 和 D1L7 基本对着南数第 3、4 排柱础（坑）之间，此两排柱础坑之间浅坑为两排，其余各相邻两排柱础坑之间的浅坑均为一排。根据发掘现状观察，好像浅坑不对应相邻南、北两排柱础坑距离中线的位置。

柱廊尚保留的唯一汉白玉柱础 ZC047，汉白玉质，下部方座，上为圆形覆盆，东／南／西／北四边长度分别为 1.1/1.06/1.095/1.085、通高 0.4、覆盆直径 1.02—1.03、高 0.1 米。下部的方座露出地表 0.1 米。此石之东边向东与寝殿台基砖壁东侧外皮相距 6.68 米。

柱廊西北部在西部两列（东数第 3、4 列）柱础坑之间、ZC053 的南侧和北侧地面上，还保留有方砖铺地，铺砌方式为南北通缝、东西错缝（彩版二四九；彩版二五〇，1；图版八二，2）。

②柱础坑现状：柱廊台基上的柱础（坑）自东向西有四列、自南向北共五排，其中最北一排两侧各多一个柱础坑（表一四、一五）。

第一排：第一个柱础坑 ZC063，位于廊柱的东南角处，ZC063 北壁与北边第二排的第一个柱础坑 ZC059 南壁相距 2.77 米，南壁与前殿东北角处第六排的东数第三个柱础坑 ZC069 的北壁相距 2.9 米，东壁与东部夯土台边相距 0.34 米，西壁与此排的第二个柱础坑 ZC064 东壁相距 0.96 米，此柱础坑南北 1.92、东西 1.62、深 0.35 米。第二个柱础坑 ZC064，北壁与北边第二排第二个柱础坑 ZC060 南壁相距 2.92 米，此柱础坑南北 1.49、东西 1.54、深 0.26 米。第三个柱础坑 ZC065，北壁与第二排第三个柱础坑 ZC061 南壁相距 3.54 米，西壁与该排的第四个柱础坑 ZC066 东壁相距 0.34 米，东壁与该排的第二个柱础坑 ZC064 西壁相距 7.32 米，此柱础坑南北 1.46、东西 1.72 米、深 0.33 米。第四个柱础坑 ZC066，北壁与第二排的第四个柱础坑ZC062南壁相距3.13米，西壁与夯土台边相距0.23米，东壁与该排的第三个柱础坑ZC065西壁相距0.34米，南壁与前殿第六排的第六个柱础坑ZC072相距3.27米，此柱础坑南北1.5、东西2.02、深0.32米。ZC064和ZC065内各有较多汉白玉碎块，其他两坑无遗物。

表一四　柱廊柱础坑排列编号表

排次 ＼ 列次		东←→西					
		第1列	第2列	第3列	第4列		
		柱廊台基南边（前殿台基北边）					
南↑↓北	第1排	柱廊台基东边	ZC063	ZC064	ZC065	ZC066	柱廊台基西边
	第2排		ZC059	ZC060	ZC061	ZC062	
	第3排		ZC055	ZC056	ZC057	ZC058	
	第4排		ZC051	ZC052	ZC053	ZC054	
	第5排	ZC045	ZC046	ZC047	ZC048	ZC049	ZC050
		ZC043				ZC044	
		柱廊台基T字横长部位北边（↑E∠7—↑W∠7之间）					

第二排：第一个柱础坑 ZC059，北壁与第三排的第一个柱础坑 ZC055 南壁相距 3.31 米，南壁与第一排的第一个柱础坑 ZC063 北壁相距 2.77 米，东壁与夯土台边相距 0.27 米，西壁与该排的第二个柱础坑 ZC060 东壁相距 0.95 米，此柱础坑南北 1.75、东西 1.65、深 0.34 米。第二个柱础坑 ZC060，北壁与第三排的第二个柱础坑 ZC056 南壁相距 3.03 米，南壁与第一排的第二个柱础坑 ZC064 北壁相距 2.92 米，西壁与该排的第三个柱础坑 ZC061 东壁相距 6.93 米，此柱础坑南北 1.97、东西 2.17、深 0.38 米。第三个柱础坑 ZC061，北壁与第三排的第三个柱础坑 ZC057 南壁相距 3.39 米，南壁与第一排的第三个柱础坑 ZC065 北壁相距 3.54 米，西壁与该排的第四个柱础坑 ZC062 东壁相距 1.26 米，此柱础坑南北 1.46、东西 1.15、深 0.32 米。第四个柱础坑 ZC062，北壁与第三排的第四个柱础坑 ZC058 南壁相距 3.17 米，南壁与第一排的第四个柱础坑 ZC066 北壁相距 3.13 米，西壁与基槽的东缘相距 0.34 米，该柱础坑南北 1.62、东西 1.47、深 0.32 米。ZC059 和 ZC062 内各有较多汉白玉碎块，其他两坑无遗物。

第三排：第一个柱础坑 ZC055，北壁与第四排的第一个柱础坑 ZC051 南壁相距 2.32 米，东壁与上层台基东侧夯土边相距 0.58 米，西壁与该排的第二个柱础坑 ZC056 东壁相距 0.84 米，该柱础坑南北 1.74、东西 1.27、深 0.34 米。第二个柱础坑 ZC056，北壁与第四排的第二个柱础坑 ZC052 相距 3.08 米，西壁与该排的第三个柱础坑 ZC057 东壁相距 7.2 米，该柱础坑南北 1.93、东西 1.47、深 0.4 米。第三个柱础坑 ZC057，北壁与第四排的第三个柱础坑 ZC053 南壁相距 2.95 米，西壁与该排的第四个柱础坑 ZC058 东壁相距 0.95 米，该柱础坑南北 1.88、东西 1.8、深 0.34 米。第四个柱础坑 ZC058 北壁与第四排的第四个柱础坑 ZC054 南壁相距 3.27 米，东壁与该排的第三个柱础坑

ZC057西壁相距0.95米，西壁与基槽东缘相距0.36米。该柱础坑南北1.83、东西1.61、深0.37米。ZC055和ZC056内各有较多汉白玉碎块，其他两坑无遗物。

第四排：第一个柱础坑ZC051，北壁与第五排的第二个柱础坑ZC046相距3.12米，西壁与该排的第二个柱础坑ZC052相连，东壁与上层台基东侧夯土边相距0.46米，该柱础坑南北2.91、东西1.89、深0.34米。第二个柱础坑ZC052，北壁与第五排的第三个柱础坑ZC047南壁相距3.67米，东壁与该排的第一个柱础坑ZC051西壁相连，西壁与该排的第三个柱础ZC053相距6.93米，该柱础坑南北1.6、东西2.33、深0.43米。第三个柱础坑ZC053，北壁与第五排的第四个柱础坑ZC048南壁相距3.01米，西壁与该排的第四个柱础ZC054东壁相距0.97米，该柱础南北1.58、东西1.71、深0.33米。第四个柱础坑ZC054，北壁与第五排的第五个柱础坑ZC049南壁相距3.21米，东壁与该排的第三个柱础坑ZC053西壁相距0.97米，西壁上层台基西侧夯土边相距0.47米，该柱础坑南北1.43、东西1.44、深0.31米。ZC051内有较多汉白玉碎块，ZC053内有少量碎块，其他两坑无遗物。

第五排：第一个柱础坑ZC045，位于柱廊东数第一列的东侧，南壁与夯土台边相距1.17米，东壁与东部基槽西缘相连，西壁与该排的第二个柱础坑ZC046相距1.26米，北壁与ZC043南壁间距0.9米，该柱础坑南北1.68、东西2.9、深0.45米。第二个柱础坑ZC046，即柱廊东数第一列的最北端柱础坑，西壁与该排的第三个柱础坑ZC047东壁相距1.06米，该柱础坑南北1.67、东西1.61、深0.43米。第三个柱础坑ZC047西壁与该排的第四个柱础坑ZC048东壁相距7.21米，该柱础坑南北1.16、东西1.16、深0.32米。第四个柱础ZC048，西壁与该排的第五个柱础坑ZC049东壁相距0.32米，该柱础坑南北1.69、东西2.24、深0.31米。第五个柱础坑ZC049，西壁与该排的第六个柱础坑ZC050东壁相距0.32米，该柱础坑南北1.46、东西1.41、深0.35米。第六个柱础坑ZC050，北壁与柱础坑ZC044南壁相距0.95米，南壁与夯土台边相距0.44米，西壁与夯土台边相距1.39米，该柱础坑南北1.65、东西2.4、深0.39米。ZC047保存汉白玉柱础，ZC046和ZC048坑内各有一块汉白玉碎块，其余两坑内无遗物。

③柱廊柱网结构

柱廊台基东西宽度为18.16米，以1元尺≈31.62厘米计算，柱廊宽度最接近57.5元尺。柱廊台基东边、南数第一排各柱础坑位中心点及台基西边间距即"东边—ZC063—ZC064—ZC065—ZC066—西边"间距为：2.21\2.52\8.7\2.52\2.21米，按柱廊柱础坑位东西对称的原则，则柱廊在东西方向的进深可能应为：7—8—27.5—8—7元尺。柱廊最北一排柱础坑所在的台基宽度为23.2米，约合73.5尺，"东边—ZC045—ZC046—ZC047—ZC048—ZC049—ZC050—西边"间距为：2.21\2.52\2.52\8.7\2.52\2.52\2.21米，约折合7—8—8—27.5—8—8—7元尺。

柱廊东、西外侧两列柱础坑位（东数第一列和第四列），分别与香阁东、西墙基槽南北方向正对在一条线上。柱廊与前殿相接处，内侧两列柱础坑位（东数第二列和第三列）没有发现南北与之正对的前殿北墙柱础坑位；柱廊与寝殿相接处，内侧两列柱础坑位北端与之正对的寝殿南墙柱础坑位为ZC029和ZC032，在这两个柱础内侧分别还有一个柱础坑ZC030和ZC031。这说明可能柱廊内侧两排柱础（东数第二列和第三列）比前殿、寝殿门道两侧的柱础要靠外，即柱廊东西进深比前殿和寝殿门道都要宽阔。

柱廊柱础南数第一排与前殿北墙中心线间距为 5.22 米，约折合为 16.5 元尺，柱廊柱础北数第一排与寝殿南墙中心线间距 2.38 米，约折合为 7.5 元尺。自前殿北墙（回廊）柱础坑位的中心线，至寝殿南墙柱础坑位的中心线之间共 27.23 米（约折合 86 元尺），其间柱廊柱础坑位的中心间距依次为：5.22—4.91—4.91—4.91—4.9—2.38 米，约折合元尺分别为 16.5—15.5—15.5—15.5—15.5—7.5 元尺，这是柱廊南北方向面阔最有可能的一种情况。

4. 寝殿、东西夹室及香阁台基（彩版二五四至二五九）

①总体情况：寝殿、东西夹室及香阁台基位于一号台基北部、南接柱廊。保存有柱础坑位、基槽、六个玄武岩柱础、一个汉白玉柱础（表一五）。这四座建筑的基槽转折相连，寝殿面阔三间、进深三间，东、西夹室面阔进深均三间，香阁也是面阔进深均为三间，各有门道与寝殿相通。夹室和香阁开间比寝殿小。因受门道影响，寝殿当心间较大而在前后门道两侧各加一柱础（两侧的柱础向外移）。寝殿主体台基为长方形，南侧与柱廊相接并有一部分与柱廊共用，其东、西、北三面外凸，即是东夹室、西夹室、香阁台基。这四座建筑的台基共有转角 18 个，其中外转角 10 个、内转角 8 个。因各部分存在共用情况，所以无法将台基明确划分为相关单个建筑属体，因而叙述起来较为繁琐。

A. 寝殿主体台基

寝殿主体台基有四个外转角（包含寝殿南部与柱廊北部共用的东西向横长部位）：东南角外转角↑E∠8角柱和其下的土衬石已丢失，但此土衬石坑位北侧的台基东壁和西侧的台基南壁还保留部分砖壁，所以此处角柱的外角之准确位置，能以尚保留的台基砖壁外皮延长线交点而求出（彩版二四一，1）。东北外转角↑E∠3尚有土衬石，按位于其南侧的台基东壁砖外皮向北的延长线为准测量。西南外转角↑W∠8保留有土衬石，土衬石上面与外角相邻的两边有金边，按金边的内边交角测量（彩版二五〇，1；图版八九）。西北外转角↑W∠3土衬石已失，按砖壁基槽的外边测量。寝殿四角间距，即寝殿台基主体的南（↑E∠8—↑W∠8）/北（↑E∠3—↑W∠3）/东（↑E∠8—↑E∠3）/西（↑W∠8—↑W∠3)四壁分别长为23.22\23.25\20.95\20.96米。寝殿殿内地面保存有大火燃烧后留下的黑色灰烬堆，含有琉璃瓦当、灰瓦等烧结物（图版八三，1）。

B. 东夹室、西夹室台基

寝殿上层台基东侧凸出的两外转角↑E∠5和↑E∠6和西侧凸出的两外转角↑W∠5和↑W∠6即是东夹室、西夹室台基外侧的四个角：东夹室台基的东南外转角↑E∠6和东北外转角↑E∠5，西夹室台基的西南外转角↑W∠6和西北外转角↑W∠5。这四个角之间的距离以下述基准测得：东夹室台基的东南角↑E∠6柱础石已无存，并挖成一个较大的土坑，附近砖壁亦被全部拆毁无存，按砖壁基槽的外边测量；东北角↑E∠5仍保留柱础石，但没有金边，且放置边缘不正，按其外边与基槽外边的平行处为准测量（图版九一，1），南北两角↑E∠5—↑E∠6间距13.52米。西夹室台基的西南↑W∠6、西北两角↑W∠5，柱础石均存在，且外角相邻的两边都有金边，金边的内角应是角柱石安放的外角，即包砌的砖壁外皮，按金边内角为准测量南北两角↑W∠5—↑W∠6间距13.49米。两个南角↑E∠6—↑W∠6之间的东西距离为35.35米，两个北角↑E∠5—↑W∠5之间的东西距离在35.35—35.4米之间。

寝殿台基与东夹室台基向东凸出部分、西夹室台基向西凸出部位相接处形成四个内转角：东夹室西南↑E∠7、东夹室西北↑E∠4，西夹室东南↑W∠7、西夹室东北↑W∠4。内转角直接用砖壁转砌，均没有安放角柱，亦未安放土衬石。东夹室台基西南角↑E∠7和西夹室台基东北角↑W∠4处砖壁破坏，按基槽的外边测量；东夹室台基西北角↑E∠4和西夹室台基东南角↑W∠7残留砖壁下部，按砖壁外皮为准测量。

东夹室台基东南外转角与西南内转角↑E∠6—↑E∠7间距6.13米，东夹室台基东北外转角与东夹室台基西北内转角↑E∠5—↑E∠4间距为6.13米，即：按砖壁外皮下部计算，东夹室台基比寝殿台基向东凸出6.13米。西夹室台基西南外转角与西夹室台基东南内转角↑W∠6—↑W∠7之间距离6.13米，西夹室台基西北外转角(有金边)与东北内转角↑W∠5—↑W∠4之间距离6.1米。即：按砖壁外皮下部计算，西夹室台基比寝殿台基向西凸出6.1—6.13米。东夹室台基东壁↑E∠5—↑E∠6之间长13.52米，西夹室台基西壁↑W∠5—↑W∠6之间长13.49米。

以包砖外皮或柱础石金边内角为准计算，东夹室台基西南内转角与寝殿主体台基东南外转角↑E∠7—↑E∠8间距3.8米，西夹室台基东南内转角与寝殿主体台基西南外转角↑W∠7—↑W∠8间距3.81米，即东夹室、西夹室台基南侧比寝殿主体台基南侧向北退收3.8—3.81米。

以包砖外皮或柱础石金边内角为准计算，东夹室台基西北内转角↑E∠4与寝殿主体台基东北外转角↑E∠3间距3.64米，西夹室台基东北内转角↑W∠4与寝殿主体台基西北外转角↑W∠3间距3.65米，即东夹室、西夹室台基北侧比寝殿主体台基北侧向南退收3.64—3.65米。

C. 香阁台基

香阁台基东北外转角↑E∠1与西北外转角↑W∠1的土衬石均已丢失，测量按基槽的外边(砖壁外皮的延长线交点)间距13.46米。香阁台基东北外转角与东南内转角↑E∠1—↑E∠2间距6.08米。香阁台基西北外转角与西南内转角↑W∠1—↑W∠2间距6.1米。香阁台基东南内转角与寝殿主体台基东北外转角↑E∠2—↑E∠3间距4.8米，香阁台基西南外转角与寝殿主体台基西北外转角↑W∠2—↑W∠3间距4.83米，即香阁台基比寝殿主体台基向北凸出6.08—6.1米，东、西比主体台基分别退收4.8—4.83米。

②柱础坑现状

A. 寝殿柱础坑分布情况(彩版二五四；彩版二五七，1)

寝殿上层台面，可见有围成长方形的基槽，基槽深0.15米，应是寝殿四面墙壁地基拆除后所留痕迹。殿内地面，以现存基槽内边测量为东西12.15×南北9.2米。

在寝殿南墙基槽内，六个柱础坑ZC028—ZC029—ZC030—ZC031—ZC032—ZC033由东向西排列，现存的尺寸按"东西长度×南北宽度－深度"测量分别为：1.4×1.3-0.3、105×1.29-0.34、120×1.3-0.4、145×1.3-0.4、100×1.31-0.39、1.55×1.3-0.3米，前后坑位邻边相距分别为1.1—0.45—4.6—0.35—1.15米。

在寝殿东墙基槽内，五个柱础坑ZC028—ZC027—ZC026—ZC025—ZC013由南向北，现存的尺寸按"南北长度×东西宽度—深度"测量分别为：1.3×1.4-0.3、1.12×1.26-0.36、1.3×1.4-0.36、1.3×1.4-0.25、1.35×1.4-0.37米，前后坑位邻边相距分别为0.91—0.3—2.24—2米。

在寝殿北墙基槽内，六个柱础坑柱础 ZC013—ZC014—ZC015—ZC016—ZC017—ZC018 由东向西，现存的尺寸按"东西长度 × 南北宽度－深度"测量分别为：1.4×1.35－0.37、1.2×1.6－0.38、1.2×1.55－0.39、1.3×1.5－0.4、1.3×1.5－0.4、1.55×1.35－0.41 米，前后坑位邻边相距分别为：1.4—0.2—4.6—0—0.75 米。

在寝殿西墙基槽内，五个柱础 ZC033—ZC042—ZC041—ZC040—ZC018 由南向北，现存的尺寸按"南北长度 × 东西宽度－深度"测量分别为：1.3×1.55－0.3、1.05×1.05－0.28、1.3×1.4－0.32、1.3×1.4－0.42、1.35×1.55－0.41 米。前后坑位邻边相距分为 0.4—1.05—2.23—2 米。

因柱础坑均是柱础被取走经过破坏后的残留现状，已非修建寝殿时原来的大小，且不规矩，上述尺寸已难以反映原貌，但尚能为判断柱础原来的数量和大体位置提供依据。

B．东夹室柱础坑分布情况（彩版二五四；彩版二五六，2）

东夹室其西墙即为寝殿东墙，不再赘述。

东夹室南墙自东向西分别为ZC022—ZC023—ZC024—ZC027，现存状况如下：柱础ZC022位于东夹室的南墙与东墙交汇的东南角处，西与柱础坑ZC023东边相距1.22米，北与东夹室东墙柱础ZC021南边相距1.46米，该柱础坑南北1.14、东西1.1、深0.3米。柱础坑ZC023西边与柱础ZC024东边相距2.57米，该柱础坑南北1.14、东西0.87、深0.29米。柱础ZC024尚保留原位，西边与柱础坑ZC027东边相距1.55米，柱础石为玄武岩，该石底面略呈长方形且较大、上部南北两面向内缩折形成二层台，顶面为长方形，东西方向横断面为长方形、而南北方向的横断面略为凸字形，北侧下部二层台均残断缺失，南部二层台面亦被砸坏变低，现高0.22—0.28米；从断茬处以上为原凸起部分，据此判断该凸起部分原高于下层台0.09米；顶面东西1、南北0.31米，下部东西1.015、南北0.705、通高0.384米。加工较粗，下部为毛石，上部平面为糙面，在凸起部侧面可见有斜向凿痕（图版八三，2）。柱础坑ZC027位于东夹室的南墙与西墙（即寝殿东墙)交汇的西南角处，北与西墙柱础ZC026上口相连下部相距0.3米，南边与028北边相距0.91米，该柱础坑南北1.12、东西1.26、深 0.36米。

东夹室东墙柱础自北向南分别为 ZC019—ZC020—ZC021—ZC022，现存状况如下：柱础坑ZC019 位于东夹室东墙与北墙交汇的东北角处，南边与ZC020 北边相距1.33 米，西与西墙(寝殿东墙）基槽东边（柱础坑 ZC013 东边）相距6.52 米,坑内有较多汉白玉残块，该柱础坑南北1.1、东西1.14、深 0.28 米。柱础坑 ZC020 南边与ZC021 北边相距 2.37 米，该柱础坑南北1.19、东西0.83、深 0.28米。柱础坑 ZC021 南边与柱础坑 ZC022 北边相距 1.46 米，该柱础坑南北1.17、东西0.85、深0.23米。ZC022 尺寸在前文南墙叙述。

东夹室北墙东西向的基槽较明显，但槽内仅东部与东墙相接处的东北角处发现有一个柱础坑ZC019。但在槽内西部与寝殿相接处，ZC013 的东南方向发现有一个圆坑 H，此坑南北2.7、东西2.5、深 0.5米，因不能确定是否是柱础坑还是纯粹的近现代扰坑，因而未按柱础编号。ZC019 尺寸在东墙已叙述。

C．西夹室柱础坑分布情况（彩版二五四；彩版二五八，1）

西夹室东墙即为寝殿的西墙，其柱础坑尺寸详见寝殿柱础分布情况。

西夹室西墙柱础坑自北向南分别为 ZC034—ZC035—ZC036—ZC037，现存状况如下：柱础坑 ZC034 位于西夹室西墙与北墙交汇的西北角处，南边与柱础坑 ZC035 北边相距 0.53 米，东边与东墙（寝殿西墙）基槽西边相距（柱础坑 ZC018 西边）相距 7.11 米，该柱础坑南北 1.35、东西 1.18、深 0.28 米。柱础坑 ZC035 南边与柱础坑 ZC036 南边相距 3.35 米，该柱础坑南北 0.87、东西 1.16、深 0.28 米。柱础坑 ZC036 南边与柱础坑 ZC037 相距 1.93 米，该柱础坑南北 1.02、东西 1.29、深 0.28 米。柱础坑 ZC037 位于西墙与南墙交汇处的西南角处，东边与南墙柱础坑 ZC038 西边相距 1.29 米，该柱础坑南北 1.1、东西 0.94、深 0.2 米。

西夹室南墙柱础坑自西向东分别为 ZC037—ZC038—ZC039—ZC042。现存状况如下：柱础坑 ZC037 详见前文西墙柱础坑分布情况。柱础坑 ZC038 东边与柱础坑 ZC039 西边相距 3.01 米，西边与柱础坑 ZC037 东边相距 1.28 米，该柱础坑南北 0.97、东西 1.07、深 0.2 米。ZC039 是南墙内唯一保留的一块玄武岩柱础，东边与柱础坑 ZC042 西边相距 1.34 米，该柱础石底面呈长方形且较大、上部南北两面缩折形成二层台，顶面为长方形，东西方向横断面为长方形、而南北方向的横断面为凸字形，加工较粗，下部为毛石，上部平面为糙面，在凸起部位的侧面和二层台上面可见有斜向凿痕。凸起部分高于二层台 0.12 米。顶面东西 0.94、南北 0.6—0.63 米，下部东西 1.05、南北 0.93、通高 0.44 米（图版八四，1）。柱础坑 ZC042 位于西夹室南墙与寝殿西墙交汇处，详见寝殿西墙柱础坑分布情况。

西夹室北墙基槽较明显，但仅在槽内西端与西墙相接部位发现一个柱础坑 ZC034，详见西夹室西墙。北墙基槽东端在柱础坑 ZC018 的南部与寝殿西墙相接。与西夹室北墙对应的东夹室的北墙，也仅在角部发现一个柱础坑。二者情况相同，说明很有可能在两个夹室北墙内原本就各自只在角部存在一个柱础。

D. 香阁柱础分布情况（彩版二五四；彩版二五七，2）

香阁上层台面，可见有围成长方形的基槽，基槽深 0.15 米，应是寝殿四面墙壁地基拆除后所留痕迹。柱础均发现于墙壁基槽内。阁内地面残留有铺地方砖（图版八四，2；图版八五，1）。

香阁南墙即寝殿北墙，柱础坑自东向西排列 ZC014—ZC015—ZC016—ZC017，尺寸详见寝殿北墙柱础坑排列情况。

香阁西墙柱础自北向南分别为 ZC008—ZC012—ZC011—ZC017，情况如下：柱础坑 ZC008 位于香阁的西北角墙壁转角处，东边与柱础坑 ZC007 西边相距 1.84 米，南边与柱础坑 ZC012 北边相距 1.82 米，该柱础坑南北 1.58、东西 1.35、深 0.21 米。ZC012 和 ZC011 两个柱础保留原位，为两块凸字形石柱础（图版八五，2）。 ZC011 形制略同于西夹室玄武岩柱础 ZC039，下部为方形底座，上面凸起长方体，东西横断面呈凸字形，边长东西 0.98、南北 0.99、通高 0.52 米，凸起部分东西宽 0.67、南北同于座长 0.99、高 0.13 米（图版八六）；北侧柱础 ZC012 形状相同，下部不规则，东西 1.01、南北长 1.07、高 0.48 米，凸起部分东西宽 0.74、南北同于座长 1.01、高 0.155 米（图版八七，1）。柱础坑 ZC017 北边与凸字形石柱础 ZC011 南边相距 1.57 米，东边南墙（寝殿北墙）柱础坑 ZC016 西边相距 0.32 米，该柱础坑南北 1.5、东西 1.3、深 0.4 米。

香阁东墙柱础自北向南分别为 ZC005—ZC010—ZC009—ZC014，情况如下：柱础坑 ZC005 位于香阁的东北角墙壁转角处，南边与柱础坑 ZC010 北边相距 1.43 米，西边与北墙柱础坑 ZC006

东边相距 1.2 米, 该柱础坑南北 1.29、东西 1.18、深 0.26 米。ZC010 和 ZC009 两个柱础保留原位, 为两块凸字形石柱础 (图版八七, 2)。南侧柱础 ZC009 东西 0.86、南北 1.05、高 0.5、凸起部分东西 0.57、南北同于座长 1.05、高 0.18 (在凸起西侧还有一小折高 0.09) 米。东墙北侧柱础石 ZC010, 东西 0.84、南北 0.935、高 0.49 米, 凸起部分东西 0.57、南北同于座长 0.935、高 0.18 (在凸起西侧还有二层小折高 0.03+0.04) 米 (图版八五, 1; 图版八八, 1)。东墙内两个柱础石的东侧粘有白灰和脱落的灰砖残片, 南部柱础石东侧还有砌砖。发掘时, 香阁基槽内中央部位是扰土, 砖已被取走, 但沿基槽边部土质较硬, 经过压实, 保留原来形成时的模样, 推测应是当时砌砖后将基槽内无砖部位的缝隙填实。柱础坑 ZC014 北边与凸字形石柱础 ZC009 的南边相距 1.1 米, 西边与柱础坑 ZC015 东边相距 0.6 米, 该柱础坑南北 1.62、东西 0.92、深 0.38 米。

香阁北墙柱础 ZC005—ZC006—ZC007—ZC008 自东向西排列, 情况如下: 柱础坑 ZC005 在东墙已叙述, 柱础坑 ZC006 东边与柱础坑 ZC005 西边相距 1.2 米, 西边与柱础坑 ZC007 东边相距 1.92 米, 该柱础坑南北 1.17、东西 0.99、深 0.13 米。柱础坑 ZC007 东边与柱础坑 ZC006 西边相距 1.92 米, 西边与柱础坑 ZC008 东边相距 1.83 米, 该柱础坑南北 0.8、东西 1.22、深 0.12 米。柱础坑 ZC008 南边与凸字形石柱础 ZC012 北边相距 1.83 米, 该柱础坑南北 1.58、东西 1.35、深 0.21 米。

在香阁的东墙基槽以东、寝殿基槽 ZC013 外侧东北部和西墙基槽以西、寝殿基槽 ZC018 外侧西北部, 各有两个柱础呈对角分布。四个柱础坑分别为: ZC001、ZC002、ZC003、ZC004。柱础 ZC001 与柱础坑 ZC002 位于寝殿的东北角外侧。其中东侧东北角的 ZC001 尚留存原位, 为方座圆形覆盆状, 四边均有 2 厘米宽的抹边, 上雕覆盆, 饰宝装莲花, 已残损, 柱础底座边长分别为东 1.065、南 1.05、西 0.96、北 1.06、通高 0.45、覆盆直径 1.05、高 0.12 米, 柱础保留原位, 基槽未发掘 (彩版二五八, 2; 彩版二五九)。ZC001 与位于其西南角处的 ZC002 相距 0.73 米。柱础坑 ZC002 南北 1.07、东西 0.6、深 0.15 米。柱础坑 ZC003 与 ZC004 位于寝殿外侧的西北角处, ZC003 东南角与 ZC004 的西北角处相距 0.39 米。ZC003 南北 1.75、东西 1.6、深 0.27 米。ZC004 南北 1.05、东西 0.99 米、深 0.14 米。根据 ZC001 推测, 与之对应的 ZC003 也为安放汉白玉柱础之处。而 ZC002 和 ZC004 柱础坑较浅, 不排除为安放装饰性石板的地方。

③寝殿、东夹室、西夹室、香阁柱网结构

寝殿、东夹室、西夹室、香阁均保留墙基基槽, 大致呈品字形分布。

A. 寝殿柱网结构　寝殿墙基基槽平面围成长方形, 南、东、西面基槽中间部位明显断开, 断开的部位没有下挖, 与殿内地面相平, 应是门道的位置, 通过此处分别与柱廊、东夹室、西夹室相通。而北部墙基中间基槽是东西向通连的, 很有可能是因盗取墙内砖石材料而被坏所致, 推测原本可能也是断开的, 因为寝殿向北还应该有与香阁相通的门道。寝殿四面墙的基槽内均可见柱础坑位, 其中四个角部各有一个柱础坑: 东北角 ZC013、西北角 ZC018、东南角 ZC028、西南角 ZC033。南/东/北/西四面墙在上述四个角部柱础坑之间各有 4/3/4/3 个柱础坑: 南墙 ZC029—ZC030—ZC032—ZC033; 东墙 ZC025—ZC026—ZC027; 北墙 ZC014—ZC015—ZC016—ZC017; 西墙 ZC040—ZC041—ZC042。各个坑位之间的距离不是均匀分布。南墙和北墙的四个柱础坑每两个为一组: ZC029—ZC030; ZC031—ZC032; ZC014—ZC015; ZC016—ZC017。这四组柱础坑分列门道的东西两侧。每组的两个柱础坑之间各自距离很小，而分别与寝殿四个角部的柱础坑位距离较远，即 ZC014 与东北角 ZC013、ZC017 与西北角 ZC018、ZC029 与东南角 ZC028、ZC032 与西南角 ZC033 之间距离较远。这可能是因为受门道影响，每面墙壁中部靠近门道的两个柱础是增设的，从而使其外侧的柱础略外移而造成的。寝殿东墙与东夹室之间、西墙与西夹室之间各自门道的南、北两侧各有一个柱础坑：东墙 ZC025 和 ZC026；西墙 ZC040 和 ZC041。其中位于门道南侧的柱础坑 ZC026 和 ZC041，与寝殿东南角 ZC028 和西南角柱础坑 ZC033 之间，各自还有一个柱础坑 ZC027 和 ZC042。ZC042 距 ZC041 较远，而与 ZC033 较近，恰好位于寝殿西墙与西夹室南墙基槽交接处。ZC027 破坏较严重，现在的坑位有可能已非原柱础所在，其原来的位置现已无法确认，但根据与之对应的 ZC042 的情况推测，此坑原本也应该距 ZC026 较远而与 ZC028 接近，恰好位于与寝殿东墙与东夹室南墙基槽交接处，只是破坏后的坑位向北偏离原来的位置了。门道北侧柱础坑与寝殿角部柱础坑之间没有发现柱础坑迹象（亦有可能是被破坏了）。这些柱础坑当已非原大，在取走柱础石时已破坏，比原来要加大一些，且形状与位置亦有变化。殿内地面，东西门道之间的地面可见东西排列三个浅坑，且西部的浅坑底部尚留有粘结的白灰泥，但没有与殿内地面其他地点相似的砖缝痕迹，推测应该是铺设装饰性石板之处。仔细观察殿内地面，隐隐约约东西向和南北向各自成三排共有九个类似的浅坑，在东南角部位亦有一处虽地面看不出低下的现象，但可见白灰泥干后碎成的小颗粒。殿内虽地面经严重破坏，迹象不明显或已无存，但在应该存在浅坑的地方，都存在灰渣或隐约局部略低的迹象，据此仍可推断殿内地面原应有九个坑位存在。柱廊部位的柱础坑内发现有花岗岩薄石板残块（花斑石），很有可能就是此类浅坑内铺设的地面装饰材料（详见后文）。浅坑尺寸为边长 1.1 米的方形，略深于地面 0.05 米或与仅有灰渣而与现地面相平。

　　寝殿殿内地面，以现存基槽内边测量为东西 12.15× 南北 9.2 米。根据墙壁基槽内柱础分布和殿内装饰性石板浅坑分布状况推测：寝殿应该面阔和进深均为三间。

　　B. 东夹室、西夹室柱网结构

　　东夹室西墙即为寝殿东墙。南、东、北三面墙的基槽与寝殿东墙基槽转折相连。东夹室的东南角和东北角各有一块柱础石坑位：ZC022 和 ZC019。其南墙西端与寝殿东墙通连，西端的柱础石坑即前述位于寝殿东墙内的 ZC027，除此柱础坑及角部柱础坑外，南墙还有两个柱础坑 ZC023、ZC024，其中的西侧者 ZC024 尚保留玄武岩柱础石。东墙在东南角 ZC022 和东北角 ZC019 坑位之间亦有两个柱础坑位：ZC021 和 ZC020。因基槽破坏严重，基槽的东边已无迹象，这两个坑位亦已不甚明显。北墙内除角部坑位 ZC019 外没有发现其他柱础坑位，在对应的西夹室北墙情况与此同，亦没有发现柱础坑位，二者可互相印证。当然亦存在原有柱础已被完全破坏的可能性。据墙内柱础坑位判断，东夹室面阔进深均为三间。东夹室内地面亦可见有类似于寝殿内地面的浅坑，东西 3× 南北 3 = 9 个。

　　东夹室南墙基槽宽 1.3、北墙基槽宽 1.52 米，东墙基槽已破坏。东夹室基槽内边间距东西 7.5× 南北 7.3 米。南墙基槽内尚保留一个玄武岩柱础石 ZC024（图版八三，2）。南墙基槽内柱础坑位 ZC022—ZC023—ZC024—ZC027 中心点间距由东向西分别为：2.63—3.58—2.4 米。这有可能是东西向三间的各自进深。东夹室东墙柱础自南向北分别为 ZC022—ZC021—ZC020—ZC019，其中心点间距为2.6—3.4—2.6米，这有可能是南北向三间的各自面阔。东墙中心线到台基东边砖壁外皮间距2.33米，这是依ZC022号柱础坑位中心点即其东西方向边长的中点位置到上层台基东壁砖外皮为准测量的结果，若依其坑东边计算则为1.76米。

西夹室与东夹室对称，情况与东夹室情况完全相同。西夹室北墙槽宽1.5—1.52、南墙槽宽1.52、东墙基槽宽1.64米，西夹室西墙基槽已严重破坏。南墙基槽内保留原位的一块玄武岩柱础ZC039（图版八四，1），它的中心点与北墙基槽中心线垂直距离8.61米，这即是西夹室南、北墙基中心线的间距。东西墙基槽内侧（基槽内边之间）距离为7.3—7.36米，若基槽宽按1.5—1.64米计算，则推测东西两墙中心线距离在8.8—8.93米左右。西墙中心线（西墙柱础坑位中心点连线）距台基西侧砖壁外皮2.11—2.3米。即：西夹室四周基槽内现存地面，东西7.3—7.36×南北7.1米。南墙内的四个柱础坑位ZC037—ZC038—ZC039—ZC042中心点间距由西向东分别为2.46—3.7—2.32米，这可能比较接近东西向三间的各自进深尺寸。西夹室西墙柱础坑自南向北分别为ZC037—ZC036—ZC035—ZC034，中心点间距由南向北分别为2.91—4.1—1.6米，如果这是南北向三间的面阔，则尺寸很不合理，很可能是破坏柱础时使坑位偏离原位造成的结果。

C．香阁柱网结构

香阁四壁基槽围成方形。香阁南墙基槽即为寝殿北墙基槽，东墙、西墙与寝殿北墙结合部位的柱础坑位于寝殿北墙内，即ZC014和ZC017，前已述及。除此以外，香阁东北角和西北角亦各有一坑位ZC005和ZC008，东、西墙基内除与寝殿北墙结合部ZC014和ZC017、角部柱础坑ZC005和ZC008以外，各自还保存有两个青石柱础：东墙ZC009和ZC010（图版八五，1；图版八七，2；图版八八，1）、西墙ZC011和ZC012（图版八五，2；图版八六；图版八七，1）。北墙在两个角部柱础坑ZC005和ZC008之间，还有两个柱础坑位ZC006和ZC007，与寝殿相通的门道两侧即寝殿北墙的柱础ZC015和ZC016。但因香阁台基北部破坏严重，台面已低下，因而柱础坑周边不全，仅可辨别在该坑位置局部比周围略低的迹象。

香阁东墙基槽宽1.68米，墙基内两块凸字形石柱础ZC009—ZC010中心点距3.7米。西墙基南宽1.66、北宽1.52米，其内两块凸字形石柱础ZC011—ZC012的中心点距离3.65米。东、西墙之间若以凸字形石柱础中心点距离计算，则南边两石ZC009—ZC011距离为8.64、北边两石ZC010—ZC012距离为8.72米。香阁南墙与寝殿北墙共用一墙基，基槽宽1.68米，从该基槽南边到香阁北墙基槽南边为8.92米，香阁北墙基槽之北边已破坏，直到台壁的砖槽北边（上层台基砖壁外皮）为12.1米。若香阁的北墙基槽也按1.68米计算，则香阁的北墙与南墙中心点间距离即香阁进深应为8.92米。北墙中心到香阁台基北壁砖外皮为2.34米。香阁西墙基槽北柱础ZC012中心点到上层台基西壁砖外皮的距离为2.35米。香阁东墙北柱础石ZC010中心点到上层台基东壁砖槽外皮距离2.4米。

在香阁的东墙基槽以东、寝殿基槽ZC013外侧东北部的ZC001，和西墙基槽以西、寝殿基槽ZC018外侧西北部的ZC003应是对称分布的两个汉白玉柱础，坑位较浅的ZC002和ZC004亦是东西对称。这四个柱础很可能是香阁东西两侧的附属建筑结构所用。柱础ZC001中心点到上层台基东壁外皮和北壁外皮距离分别为2.32、2.33米，它与香阁东墙南部凸字形石柱础（ZC009）东西基本在一条线上，中心点距为4.94米。

（二）上层台基周壁

1．上层台基西侧台基壁面情况

↑W∠1角柱土衬石已丢失，↑W∠2为内转角无土衬石，↑W∠1与↑W∠2之间壁面保存下层及上部内侧贴夯土壁处的砖，壁宽0.54米。↑W∠3土衬石丢失，↑W∠4为内转角无土衬石，↑W∠5土衬石南北0.66、东西0.68、厚0.2米，外角相邻两边的金边高0.01—0.03、宽0.14—0.16米。↑W∠6有土衬石，南北0.67、东西0.57、厚0.24米，南金边宽0.13、西金边宽0.08—0.09、高0.03—0.04米。其西部有四个直径0.18的柱洞，深0.4米不到底，排列无规律，可能是后来所为，而与建筑本身无关。↑W∠7处斜立有一方形汉白玉望柱的柱础，中部有一方卯，在原被望柱和栏版压住不露明的一角、包括方卯周围均有凿痕，有一小区域凿痕与其他地方不统一。此石已非原位放置，系从别处移动至此，最有可能是柱廊西通道下段坡道北侧者。边长0.51×0.54—厚0.23米，露明的一角相邻的两边留出有宽0.08—0.09和0.13—0.14的边缘，浮雕线脚高起0.02米，方卯边长0.11—0.12、深0.12米（图版八八，2）。该柱础下面压住的砖壁最下一层砖，外层侧立、内侧斜向夹挤缝隙。此处槽宽0.54米。在↑W∠6和↑W∠7之间壁面之南的台基下层台面上，铺有方砖5块，底部粘有0.006米厚的白灰，砖下有0.02米厚的红褐色土。↑W∠8土衬石南北0.61、东西0.64、厚0.14，西金边0.06—0.11、南金边宽0.07—0.11、金边凸起0.02米。柱础有凿痕（图版八九，1）。↑W∠9处留有砖壁，底层侧立一个整砖和一个半砖，上面平铺，外侧为楔形砖，槽宽0.59—0.64米（图版八九，2）。↑W∠10和↑W∠11北侧、上殿慢道南侧、柱廊台基西侧的中部台面上，南北向排列有四块方砖，南部三块缝隙很小，北部一块缝隙略大，南北通缝、东西错缝（图版七四，2）。前殿西侧的下层台基转角处台面上局部保留有铺地方砖。这些砖均为素面砖，铺砌方式东西向为通缝，南北向为错逢，缝隙较大，0.01—0.02米，有可能经过轻微扰动（彩版二六四）。↑W∠11土衬石，上面有东西向的凿痕，南北0.79、东西0.77（北端0.72—南端0.79）、厚0.17米，金边宽0.21、高0.03米（图版九〇，1）。在↑W∠11南侧、D1L5上段慢道北侧的前殿东北部位台壁基槽宽0.44、深0.1米，残留砖壁最下一层、壁厚0.42米，外缘侧立、内侧南北纵向侧立。↑W∠12即前殿西南角，土衬石略呈长方形，玄武岩，上面为糙面，东西0.66、南北0.62、厚0.18米，西、南两侧的金边宽0.115、高0.035米（图版九〇，2）。↑W∠14即月台西南角，已被原张化公路破坏。在月台地基西壁↑W∠14北侧，有两处保留砖壁，南侧一处下层外部侧立条砖，与台面之间缝隙以砖块充填，上面平砌，土槽宽0.6、深0.23米。此处向西的下层台面上有两块铺地的方砖，其西部已残缺，周围台面均已破坏、露出小毛石块。北侧残留的砖壁外缘为楔形砖顺砌（走砖），内侧为半砖平铺，半砖大小不一、不整齐，砖壁宽度0.7米。

2. 上层台基东侧台基壁面情况

↑E∠1土衬石无存，其东北侧有一个圆形坑，东西0.76、南北0.74、深0.32米。↑E∠2东北部下层台面上铺有方砖。砖面东部有一扰坑，不规则，东西0.5、南北0.49、深0.18米，内壁有白灰痕迹。↑E∠1和↑E∠2之间的砖槽内贴着夯土台砌有碎砖块，其北部残余最下层侧立砖。↑E∠3土衬石东西0.76、南北0.69、厚0.2米，不规则。↑E∠4拐角保留部分砖壁，下层为侧立整砖，上层平铺，残余沿夯土台的一层砖，土槽宽0.42、砖壁厚0.37米，看不出收分。内层砖平铺不整齐，有整砖、有半砖，残碎较严重。↑E∠5土衬石没有金边，不规则，放置边缘不正，东西0.57、南北0.61、厚0.2米（图版九一，1）。↑E∠6土衬石无存。↑∠5与↑∠6之间，槽宽

0.3、深 0.13 米。此壁东侧的台面上局部铺有方砖，沿槽边有三个大致呈方形的坑，不规则，南侧者东西 0.8、南北 0.6、深 0.2 米，中间者东西 0.5、南北 0.5、深 0.22，北侧者东西 0.6、南北 0.6、深 0.2 米。↑ E∠7 为内转角本无土衬石，砖壁已全部拆毁。↑∠6 与↑∠7 之间，槽宽 0.52、深 0.12 米。↑ E∠8 土衬石已丢失，其西侧、北侧的台基砖壁有残留。↑ E∠7 与↑ E∠8 之间，上半部破坏，最底层残留侧立半砖。其东侧下层台面上残留有铺地方砖，铺砌方式为东西向通缝、南北向错缝（彩版二四一，2）。↑ E∠9 保留下层侧立砖，上面平铺砖，壁厚 0.5 米，外缘已无，内为半砖平铺，与夯台缝隙填砖，最下层侧立的砖仅在外缘存有侧立一趟整砖，与夯土台缝隙填砖补实，或立或平等较乱，此处的夯壁较直，似无收分（图版九一，2）。↑ E∠10 为内转角，基槽内自台基角部拐角处凸出一个东西 0.48、南北 0.4 米的夯土转角。↑ E∠11 即前殿东北角，土衬石已缺失。↑ E∠10 与↑ E∠11 之间的台壁，沿基槽北壁有侧立之砌砖，贴夯土台之间的缝隙加侧立半砖补齐，侧立砖上再平砌砖，残余内部不齐。均为素面长砖，砖壁厚 0.46、残长 2.3 米。在此壁北侧的下层台面上局部残留铺地方砖，一般两面均素面，亦有背面有凹槽者。砖为正方形，或为其中两条平行边略长于其他两边 0.01 米的长方形。边长可分 0.35×0.34、0.35×0.35、0.35×0.36、0.355×0.355 等、厚 0.065 米。↑ E∠12 即前殿东南角，此处残存半截汉白玉龙纹角柱石，两个侧面有浮雕纹饰，向南的侧面为龙纹，向东的侧面为牡丹纹（形制详见后文出土文物角柱JZ2）。角柱石下有玄武岩土衬石，为不规则长方形，各边不太平直、角部略圆不方正，上面可见东西向的凿痕，局部有些坑洼不平整，没有金边，南北 0.66—0.67、东西 0.55、厚 0.15 米（图版九四，1）。此角西侧基槽内有两处侧立砖，外缘距台缘 0.26—0.3 米，砖与土台之间的缝隙填以砖块，这两处的砖壁较薄，砖外缘紧贴槽壁。前殿东侧上层台基的基槽宽 0.42—0.5、深 0.1 米，砖基本已完全破坏，仅在 D1L4 上段慢道北部底层局部保留底层砖，侧立，残壁厚为 0.37 米、即一个整砖的宽度。↑ E∠13 为月台与前殿相接处的坡道。↑ E∠14 为月台东南角，有土衬石，不规则，没有金边，南北 0.77、东西 0.61、厚 0.18 米。该角东北部的下层台面上残留有铺地方砖，此地东缘破坏，露出夯层中的毛石块，大小不一，最大的 0.25、最小的 0.02 米。石块外表有白色锈，类似粘有白灰。其余部位很平坦，局部残留有铺砖时留下的白灰印迹。

上层台基南壁和北壁：↑ E∠1 和↑ W∠1 之间，↑ E∠14 和↑ W∠14 之间，基槽宽 0.5 米，槽内砖壁均已尽毁。

（三）台基夯土

红褐色夯土层与黄色夯土层相间，一般夯层为 0.06—0.09 米。局部比较散乱，个别处红褐色夯层较厚，可达 0.12 米，其间黄色夯土厚 0.02—0.06 米。红褐色夯土含沙量较高，黄色夯土也含有一定量的砂粒，且掺有白灰碴（彩版二六〇，1）。

（四）断夯带

在前殿东、西、北侧上层夯土台缘和柱廊的东、西夯土台缘，夯土有 26 处夯层间断现象，间断处为由台边嵌入台内的长方形凹槽，亦以土填实再经夯打，但夯层与台基并不连续，夯层较厚，厚约 0.22 米，夯打程度不如台基其他部位坚硬，为黄褐色土和红褐色土掺杂而成的花土，硬度稍软。

暂称之为断夯带。宽度 0.98—1.3 米，高 1—1.25 米（同台基上层之高），深入台基 0.55—0.8 米。其中前殿台基东缘有 6 处、西缘有 5 处、北缘以柱廊台基为中线东、西侧各有 3 处，柱廊台基东缘 5 处、西缘 4 处（彩版二六〇，2)。

五　上殿通道

由地面通至台基上面共计 7 条通道：台基南侧 3 条、前殿东西侧各 1 条、柱廊东西侧各 1 条。除月台东、西两侧由下层平台通向月台上面的两条为东西方向、而与由下层台基之南的东、西两侧呈南北方向通向下层台面的通道轴线方向垂直外，其余 5 条由下层台面通至上层台面的通道，均各与相应的由地面通向下层台面的通道方向相一致、在一条轴线上。

1. 台基南面中通道 D1L1

是由地面通向下层台面与月台的最主要通道，位于月台之南的中间部位，可分为四部分：下层台面与月台上层台面之间的上段慢道、下层台面的休息板、下层台面与地面之间的下段慢道、地面平道（图八八；彩版二六一；图版九三）。

上段慢道　基部南北水平方向长 3.6、宽 6.1 米、坡度 17°，坡面铺砖已无存，慢道的东西两壁均未发现基槽，很有可能是直接在下层台面上开始起砌，西壁残留砖壁底层，底层壁厚 0.6 米，外层砖皮为楔形砖南北顺向砌筑，内侧为素面长砖整块或半块平铺，不整齐；慢道东壁仅残余三块砖。慢道北部与月台之间的夯土断开，有东西横槽，与其两侧的月台南壁砖槽连为一体，其内原砌砖已拆毁。基槽深度同于上层台基的高度，宽 0.8—1.1 米。

休息板　与下层平台面相平，因慢道南部破坏，因而与之相连的休息板宽度和长度无法准确确定，自南侧砖外缘与现存起坡处量得休息板南北长 2.6、东西宽 6.1 米。

下段慢道　与下层台基之间夯土断开，有东西横槽，两侧与下层台基南壁的砌砖基槽通连一体，上口有脱落，现宽 1.2、深 1.2 米，底部宽度不一，为 0.66—0.9 米，槽内砌砖已被拆毁，仅两处有残留。其一：槽底西部，宽 0.66 米，残余东西向残长 1.75—2.2、南北宽 0.6 米的一层砖，为青灰色素面长砖，南面为纵向顺砖东西横铺，北侧为砖块，基槽较宽的地方以砖块补齐。其二：槽底东部，宽 0.9 米，用青灰色素面长砖整个或半块东西通缝、南北错缝平铺砌成 4 排，残长 1.4 米。坡道东西两个侧面的砖砌象眼部位已完全破坏，西侧夯土壁面脱落，砌砖基槽现宽 0.45、深 0.2 米，基槽西部地面散落有楔形砖，还有一个弃置的汉白玉门枕石构件。东部夯土壁面破坏形成二层台，基槽宽 0.6—0.7、深 0.28 米。地面也有一个弃置的汉白玉门枕石构件。慢道与平道相接处有东西横向土槽，槽内侧立长方形砖一道，立砖北面残留有卷草纹长条灰砖。慢道破坏较为严重，基部水平距离南北长 5.1、东西宽 6.1 米，现存坡面坡度 10°。

地面平道　中部残余龙纹方砖，东西五列长 1.5、南北两排宽 0.6 米，对缝排列，此两排铺地砖的周围还残留有铺砖的痕迹。平道向南与东西方向的横向道路 D1L8 交汇。平道南北长 3.2、东西宽 6 米。

2. 台基南面东通道 D1L2

是由台基之南的地面通向下层台面与月台的东部通道。可分为三个部分：由下层台面通向月台

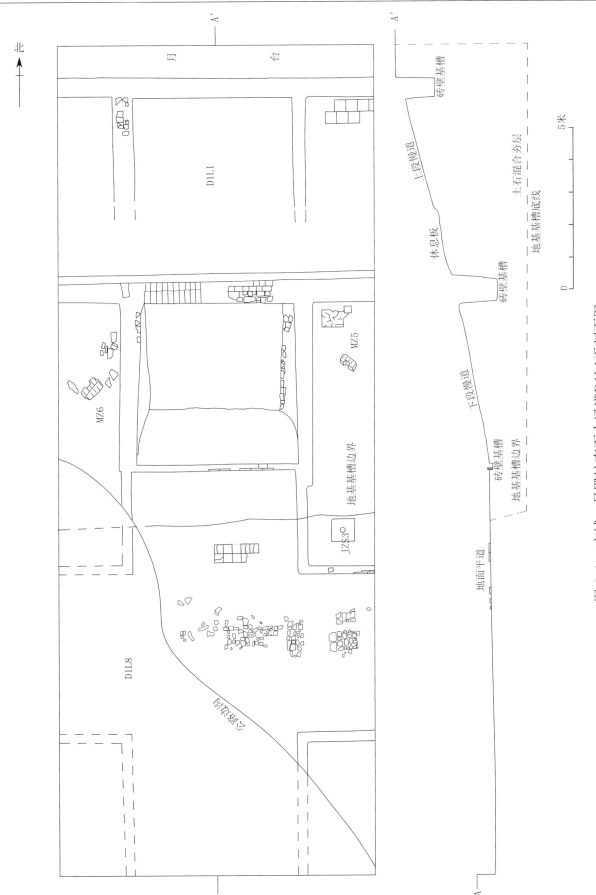

图八八 宫城一号殿址南面中通道D1L1平剖面图

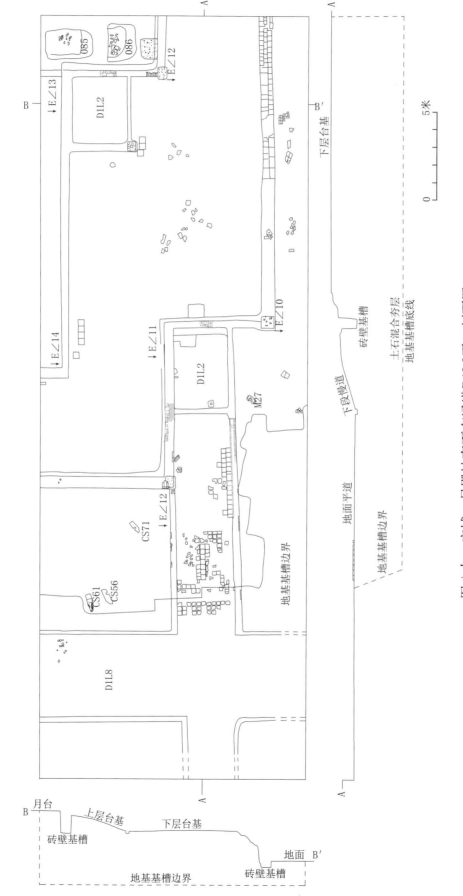

图八九 宫城一号殿址南面东通道D1L2平、剖面图

上层台面的上段慢道、地面通向下层台面的下层慢道、地面平道三部分组成（图八九；彩版二六二；图版九二、九三）。

上段慢道　位于月台东北与前殿东南相接的转折部位（彩版二三九、二四六）。上段慢道为东西方向。慢道北边以前殿台基基槽南边为准、慢道南边以象眼处基底南边为准测量，基部水平东西长度 3.5、南北宽 4.32 米，现存坡面坡度 18°。其西、北两边分别与月台和前殿上层台基之间有砖壁基槽，现口宽 0.6—0.67、底宽 0.35—0.5 米，北侧槽内残留的砖壁宽 0.26 米，底层侧立、上面平铺，砖壁较薄，砖壁内侧与上层台基夯土之间的缝隙填以砖块。慢道与下层台面交接处有宽 0.2、深 0.1 的南北方向凹槽。在慢道东南角部有一个扁方形的汉白玉望柱柱础，上面与侧面均有凿痕，已经断开为南北两块，上面素平，没有其他雕饰。东西 0.48、南北 0.51、厚 0.14、中部方孔边长 0.13、深 0.07 米。若以此汉白玉柱础中心点为准，则慢道南北宽度为 4.11 米，约折合 13 元尺。

下段慢道　位于下层台基东南角、月台与前殿下层台面的东南角转折部位（彩版二六二，2）。下段慢道表面有铺砌方砖的白灰痕迹，为对缝铺砌。慢道西侧和北侧与下层台面之间夯土均断开形成砖槽，与下层台基壁槽通连一体，槽底相平。上口现宽西侧为 0.6—0.7、北侧为 1.1 米，底宽西侧 0.4、北侧 0.62 米。北侧基槽最深，与下层台基高度相等，为 1.35 米。西侧槽内沿下层台基东壁残留少量壁砖。与平道交汇处有一宽 0.3、深 0.2 米的横槽。慢道基部水平长 5.1、宽 3.63 米，坡度约 14.3°。

地面平道　北接下段慢道，西部已破坏，东部铺有菱格三角花叶纹青灰色方砖，磨损十分严重，除北部东边一排比其他部位保存略好外，其余部位花纹模糊、多已磨成平面。砖为对缝铺砌。平道南段方砖碎裂严重，无完整者。此路向南与东西向横道 D1L8 交汇相连，路东西两侧均有边沟。西侧路沟全部破坏，留有土槽，宽 0.4、深 0.2 米。东侧路沟西壁侧立楔形砖一道，东壁侧立楔形砖两道，砖均小头向下。路沟宽 0.18—0.185、深 0.18 米，路沟上面悬盖长方形卷草纹灰砖，靠东西两侧挤压之力支撑，使砖盖不致下落而使沟内中空，可能为排水之用，沟底无砖。路沟向南与横道的北侧边沟相通，向北与较宽的土槽连接，槽内构筑已被拆毁不明。平道长 12.35、宽 3.63—3.7 米。

3. 台基南面西通道D1L3

是台基之南地面通向下层台面与月台的西部通道，位于台基南部西侧，与东通道 D1L2 结构相同，二者以台基南北方向的中轴线为准东西对称。因张化公路破坏，仅余位于月台西北与前殿西南相接转折部位的上段慢道（图九〇；彩版二六三，1）。基部水平长度 3.5、宽 4.2 米，坡度约 16°。

4. 柱廊东侧通道D1L6

是柱廊东侧由地面通达柱廊的通道。位于柱廊东侧中部偏北部位。由四部分组成：下层台面通达柱廊的上段慢道、下层台面的休息板、下层台面到地面的下段慢道、地面平道（图九一；彩版二六三，2；彩版二六四、二六五）。

上段慢道　与上层台基之间砖槽宽 0.6 米。慢道东西长 2.84（台基砖壁外皮至坡道与休息板相接处的横槽西边）、南北宽 5.54 米（以象眼壁外边计）、坡度 17°。在上段慢道与休息板交接处，位于南侧的汉白玉柱础石，东西 0.61、南北 0.62、厚 0.2 米，上面中央部位凸起、四角内凹形成线脚，高 0.01—0.03 米。中间被栏杆望柱压住的部位有凿痕，且西边线脚未雕通，其余的部位磨平。显现

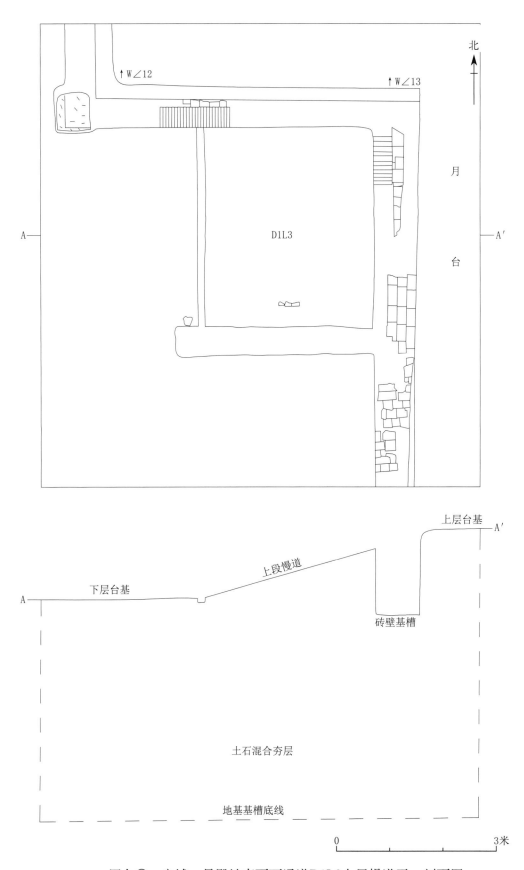

图九〇　宫城一号殿址南面西通道D1L3上层慢道平、剖面图

凿痕的区域东西 0.6、南北 0.3、中心方卯孔径 0.115、深 0.095 米。柱础上皮与铺地砖相平。该柱础西侧对着上段慢道的南侧砖壁基槽，基槽宽 0.52 米，平砌素面长砖，外侧东西顺向、内侧横排（图版九四，2；图版九五）。北侧柱础石已无存。南侧柱础石北边西端向东 0.03 米处为坡道与休息版交接处，有一道南北横向的侧立楔形砖，此砖西侧原平铺一道南北向的卷草纹砖，残余半块，其余痕迹尚隐约可辨；在休息版上还清晰可见南北通缝、东西错缝的铺砌方砖留下的白灰痕迹（图版九六，2；图版九七，1）。坡道北壁砖槽内残余壁砖 1—2 层，壁宽 0.49、残高 0.16 米，东西对缝两排，外缘为楔形砖，内为素面长砖、有整有半，内层砖与慢道夯土之间的夹缝用碎砖块填实。

休息版　即与上段坡面相接的下层台面，东西长 3.8 米（以与上段坡道相接处的横槽西边至下层台基砖壁基槽东边间距计算）。

下段慢道　与下层台基之间及坡道南北两个侧面均有基槽。慢道基槽南侧宽 0.7、北侧宽 0.5、深 0.16 米。与下层台基之间的砖槽内残余部分壁砖，槽宽 1.2、壁砖宽 0.8 米，在此处残壁上有一个被砸坏的汉白玉角部螭首残块，残长 1.01、残厚 0.3，背部有一个方形卯孔（图版七九）。慢道与地面平道交接处有一道南北向的横砖槽，宽 0.18 米。坡道与平道交接部位南北两侧原有两个汉白玉柱础对称分布，南侧者已移位翻转于平道的南侧，归位至原位后西南角部残缺，上面南、东两面内缩凸起、东南角和东北角内凹、雕刻线脚装饰，西北角未雕线脚，原被栏板压住的部分可见有凿痕。东西 0.53、南北 0.52、厚 0.21、线脚较高 0.06、方孔直径 0.12、深 0.11 米（图一一三，4；图版九六，1）。慢道北侧的柱础石移位于寝殿台基南侧↓Ｅ∠6 和↓Ｅ∠7 之间的基槽内，形制相同，归放原位后观察，南边已被砸坏。上面打磨较光。尺寸为东西 0.54、南北残 0.53、厚 0.24、线脚高 0.04、应该被望柱压住的区域微显凿痕、东西 0.43、南北 0.3、孔径 0.11—0.13、深 0.15 米（图一一五，4；图版七七）。慢道长 4.8、宽 5.6（以象眼处壁砖基槽外边计，可能被破坏而加宽）、坡度 11°。

地面平道　位于下段坡道以东，以横砖槽与下段坡道分开，铺砖已全部不存，仅可见散布碎砖块和两侧路边沟。平道自横砖槽至南北向路西侧边沟西边长 15.52、宽 5.1 米，其中两侧路沟各宽 0.35 米。

5. 柱廊西侧通道 D1L7

位于与柱廊东侧通道对称位置，二者结构相似（图九二；彩版二六六至二六八；彩版二六九，1；图版九七，2；图版九八；图版九九，1）。

上段慢道　与上层台面交接部位断开，为砌砖基槽，与台基西壁砌砖基槽通连，宽度为 0.74 米。慢道两侧壁已破坏，留有砌筑象眼壁的基槽，现壁槽各宽约 0.6 米。慢道上有铺砖的白灰痕迹，南北横向通缝成排，沿慢道东西方向错缝，据此推测很有可能铺砌的是素面方砖。因为若是花纹砖应通缝铺砌较为合适，以利于各砖上的花纹对接（图版九七，2；图版九八）。慢道与休息板交接处、南北两侧各在槽内安置一个汉白玉柱础。北侧柱础为方形，中偏西部有方形卯孔，东、西、南三面的上部边缘抹边斜削，在柱础中部方孔周围凿痕明显，其中东部凿痕直通础石东边。而其他三面的上面在凿痕明显区域的外围，均较平整。有凿痕的区域应是被栏杆压住而不露明的部分。柱础石侧面及下部都有凿痕。础石上部高出台面的露明部位为一个砖的厚度，可能当时柱础上皮与铺地砖上面持平。柱础石东西 0.56、南北 0.59、厚 0.2 米，卯孔边长南北 0.135、东西 0.145、深 0.1 米，压住部分东西 0.5、南北 0.3 米（图一一三，6；图版九九，1）。　南部柱础石，形制与前者同，但仅

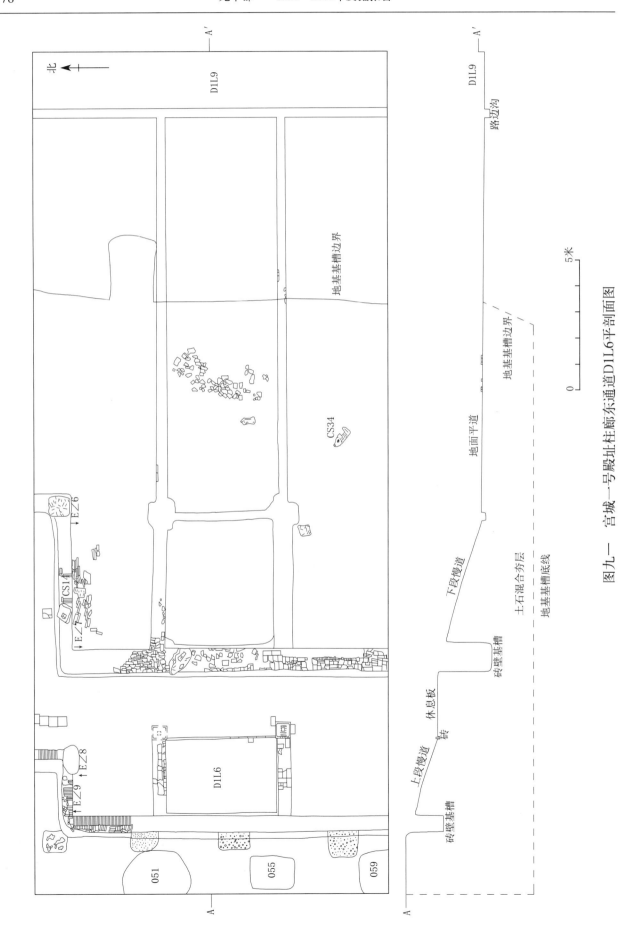

图九一　宫城一号殿址柱廊东通道D1L6平剖面图

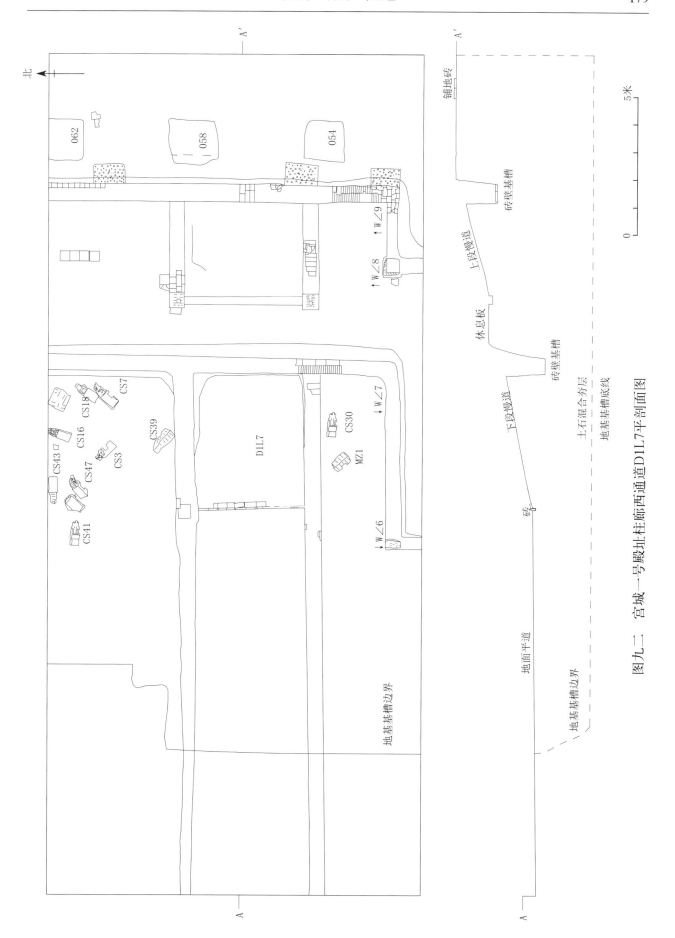

图九二　宫城一号殿址柱廊西通道D1L7平剖面图

西边上缘抹边。柱础石边长 0.54、厚 0.2、卯孔边长 0.13—0.135、深 0.125 米，压住部分东西 0.48、南北 0.27 米（图一一三，5）。慢道东西水平方向长度以南北方向的横槽西边计算为 3.4 米（以汉白玉柱础石东边计为 4 米），以两柱础石卯孔中心点间距为 4.87 米，约合 15.4 元尺（若按象眼槽外边则为 5.6 米，可能被破坏加宽），坡度 13.5°。

　　休息板　即为下层台面，东西方向以柱础石西边至下层台基砖壁外皮计算长度为 2.6 米。

　　下段慢道　与下层台面交接处砖槽上口现宽 1.3、底宽 0.54、深 1.66 米。在台基与坡道相接处的壁槽内残余底层砖，砖壁的宽度为 0.53—0.54 米，西部外侧侧立，东部贴夯土台壁为条砖平砌，底部两侧紧贴着夯土，现在基槽宽度在慢道与夯台之间的上口为 1.3 米，由底向上壁向外斜，可能是由于取砖破坏时造成的，已不是原来的宽度，槽身自慢道上口至底深 1.66 米。从侧面观察坡道夯层厚 0.1 米左右，慢道下部底层夯土有厚 0.3 米的夯土层再细分不出夯层，这 0.3 米以上的夯层均厚 0.1 米，自此向上 4 层夯层内夹杂小毛石块较多，慢道砖壁的基槽可能是夯好后又挖的。小毛石块不规则，直径小的 2—3 厘米、大的 10—15 厘米均有。慢道北侧砖壁基槽宽 0.5、深 0.19 米，槽内东部残余一块南北向的平铺楔形砖，推测慢道北壁底至此，砖长 35—36.5、宽 17 厘米。挤着此砖北边的夯土下有两块平铺的异形砖。慢道南侧现基槽宽 0.8、深 0.13 米。慢道与平道交接处南侧有一个安放汉白玉柱础的方形柱础坑，边长 0.7×0.7、深 0.15 米，柱础已被移走；北侧的柱础石也已无存，在台基砖壁↑W∠7 处有一个汉白玉柱础石，有可能就是这其中的一个（图版八八，2）。慢道与平道交接处的横向立砖为楔形砖，大头向上，东侧残余铺墁的一道南北向的卷草纹长条砖（图版九七，2；图版九八、一〇〇）。慢道水平方向长 4.9、按两侧象眼壁基槽的外边量得宽度 5.6 米，因遭破坏该段坡道保存已非常低，现坡度约 7°。在慢道北侧有一块斜面凹形的汉白玉构件，可能是门枕石。

　　地面平道　以横向立砖为界与下段坡道分开，平道南侧有路沟，沟槽现宽 0.47 米。有残余的龙纹砖小块。平道西端已伸入发掘区以外，未发掘。现长 13.4、宽 5.1 米。

　　6. 前殿东侧通道 D1L4

　　由四部分构成：上段慢道、休息版、下段慢道、地面平道组成（图九三至九五；彩版二七〇、二七一；图版九九，2）。

　　上段慢道　坡面北部与东下缘残留有铺砌方砖用以粘接的白灰。坡面与休息版交接处有一道宽

0　　　　20厘米

图九三　宫城一号殿址前殿东通道南侧象眼

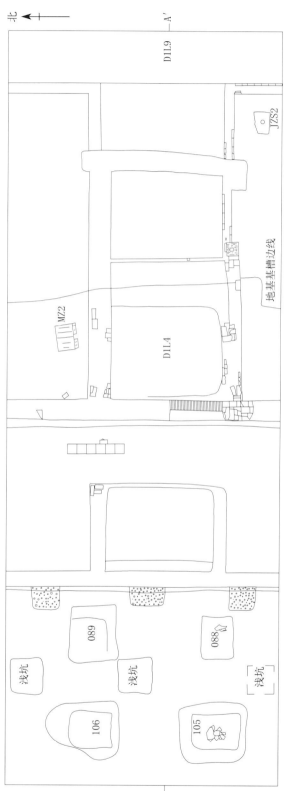
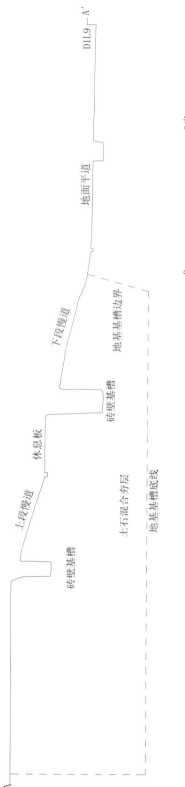

图九四　宫城一号殿址前殿东通道D1L4平剖面图

0.15、深 0.1 米的南北方向的横槽。坡道南北两个侧面的壁槽均浅于上层台基的壁槽,深 0.05、宽 0.5—0.55 米。与上层台间的砖槽宽 0.6 米。以上层台基砖壁外皮至坡道与休息板相接处的横槽西边量得慢道东西长 3.1、以象眼砖壁外边计南北宽 5.2 米、坡度约 15°。

休息板　以与上段坡道相接处的横槽西边至下层台基砖壁基槽东边间距计算,休息板东西长 3.2 米。

下段慢道　宽 5.7 米。慢道南、北两边包砖,南侧包砖保存一部分象眼及雕砖。象眼壁残存下部,用抹边砖砌出外框,框内由东向西分别再用抹边砖两层砌出三角形和两个长方形边框,东部的三角形边框内为三角形空洞,如同大象的眼睛、没有其他雕饰,西部并列的两个长方形边框内分别各嵌一块雕花砖,内容类似,可惜均已剥蚀漫漶,中间者保存相对略好,砖雕内容象一个向东飞奔的骏马,下踏流动的祥云(图九三;图版一〇一;图版一〇二,1)。像眼砖壁东西残长 2.85、露出地表的部分残高 0.65 米。最底层土槽宽 0.46、最底层砖宽 0.38 米,上部因坡道夯土南壁越高越内斜,砖壁上部有所加宽。北侧土槽破坏,现宽 0.86 米。坡道与地面平道交接处有一南北向横槽,宽 0.12、深 0.13 米。在坡道南侧与平道相接处有一汉白玉柱础石,上面素面但有明显的凿錾痕迹,东西 0.48—0.49、

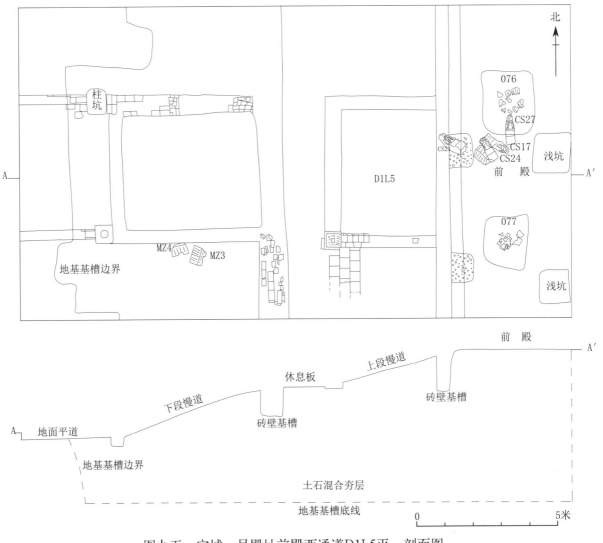

图九五　宫城一号殿址前殿西通道D1L5平、剖面图

南北 0.46—0.45、厚 18.5、中间方孔南北 0.13、东西 0.12、深 0.11 米（图一一三，1；图版一〇二，2）。以台基下层东壁外皮至汉白玉柱础东边为准测量慢道长 5.8、以象眼砖壁基槽外边为准测量宽慢道宽 5.7 米，坡度约 11°。象眼砖壁基槽可能被破坏而略有加宽。

地面平道　平道两侧有路沟，南侧路沟从上述柱础石向东，路沟两壁用侧立砖构筑，北壁为一道，西端倚立在汉白玉柱础石的北侧（可能原向西延伸），西部槽宽 0.2 米；南壁西部现为单道侧立砖，东部为并立两道侧立砖，南北砖壁之内的路沟宽 0.19 米。路沟的西端至柱础石的东边为止。北边路沟砖已破坏，土壁宽 0.4、深 0.15 米，两侧路沟向东与南北向的路沟相连。平道中部有一条南北横断的宽 0.75、深 0.1 米的土槽，疑为后期破坏所至。平道的东南部位有一块不规则长方形玄武岩——基准石 JZS2。以汉白玉柱础石东边至南北向的路沟西边长 5.4、路南北两侧路沟外边土边之间宽 5.3 米（可能北侧边沟破坏有所加宽）。

7. 前殿西侧通道 D1L5

形制与东侧通道相同，以台基南北中轴线对称（图九五；彩版二七二，1）。通道与前殿相接处基本位于前殿台基西壁的中部，通道南壁距前殿台基南缘、北距北缘分别为 10.33、10.55 米。

上段慢道　南侧与休息板交接处有一块方形柱础，中有方孔，北、西、南三边有线脚，高 0.03 米，线脚角部呈弧形内凹角。柱础石上面中部直通东边有一长方形区域有凿痕，其他部位平整，柱础石底及四周毛边有凿痕。边长 0.62、厚 0.18、方孔径 0.125、深 0.095 米。柱础面凿痕区域东西 0.47、南北 0.25—0.41、厚 0.28 米（图一一三，2；图版一〇三，1）。柱础石东侧慢道南侧残余底层壁砖宽 0.5 米，再向东土槽宽 0.4 米。慢道南、北两侧下部各有一个宽 0.1—0.28 和 0.2—0.35 的不规则土台，可能为破坏所致。在下段慢道北侧发现一块雕有线脚的柱础石残角，形状与南侧柱础石局部相似，可能是上段慢道北侧的柱础残块。慢道长 4（上层台基砖壁西边至汉白玉柱础的西边）、以砖外皮（角柱之柱础石金边内角）计算，南北宽 5.21 米（约合 16.5 元尺），坡度 15°。

休息版　长 2.5 米（汉白玉柱础的西边至台基西壁外皮）。

下段慢道　北侧土槽内残余一段砖平铺不整齐，宽 0.7 米，南距慢道的夯土还有 0.09 米填以碎砖块，槽深 0.22 米。慢道南侧的柱础石，方形，上面素平，表面有凿痕，东西 0.63、南北 0.61、厚 0.2 米，孔径 0.13、孔深 0.11 米（图一一三，3；图版一〇三，2）。北边与其相对的位置也有一个柱础石痕迹，但柱础石已不存。慢道东南侧地面上有两个斜面汉白玉构件，可能为门枕石。慢道长 6、宽 5.1 米，坡度 11°。

地面平道　南侧路沟土槽宽 0.33 米，残余沟壁，每壁各侧立一砖，两砖壁之间相距 0.17 米。路沟向东顶住慢道西端的汉白玉柱础石西边中间位置。平道路沟外边之间宽 5.1 米，西端伸入探方以外未予发掘，发掘部分长 2.2 米。平道上残有散乱的龙纹小砖块。

六　台周道路

1. 南面横道 D1L8

位于月台下层台基南侧砖壁之南 7.8—8 米，呈东西走向。台基南部的三条上殿通道均与之相交。

该横道破坏严重,在台基南面上殿中通道与东通道之间的部分保留有横道北半部的铺地砖及横道北侧的路沟残迹。北侧路沟局部残留有壁砖,该路沟南壁即靠近横道一侧的沟壁为单道侧立砖,北壁为并列双道侧立砖壁。沟壁用楔形砖大边向上、小边向下侧立而砌,路沟可能原有砖盖,已毁。沟宽0.18、深0.18米。横道南侧路沟,在横道与上殿东通道D1L2相交部位仍保留局部,北壁为单道沟壁,南壁为双层沟壁,沟宽0.18、深0.18米。横道路面铺漫六角编扣花叶纹方砖。花纹多已磨平,碎裂十分严重,已没有完整之砖,大多碎成不足0.1米的小块。铺砌方式为对缝平铺。横道的宽度为5.32米。

2. 东面道路D1L9

位于前殿东侧11米,呈南北走向。仅余道路西侧边沟,边沟的西壁为两道并立的侧砖砌筑,东壁为单道侧立砖,两壁之间宽0.18米,深即一砖之砖宽,底无铺砖。台基之南的东西方向横道向东延伸与之相交,但未发现东面道路与南面横道相交后再向南延伸的迹象。

3. 北面道路D1L10

位于台基之北6.3米,呈东西走向,仅余路南侧的边沟,北部已被破坏不明,结构与东面道路相同。

4. 西面道路D1L11

受原张化公路影响暂未发掘。

七　基准石

共发现3块基准石。平面呈方形或长方形、中间有通透圆孔的扁体石块。可能作为定位之用。

JZS1 位于寝殿北部中线偏东侧。玄武岩,方形,东西0.68、南北0.55、厚0.18米,中有孔径0.13米的透孔。在台基之南地面亦发现一块类似石块JZS3,与此石块应相对应。坐标:北纬41°17.603′,东经114°37.276′,海拔1360米(图一一五,2;图版一〇四,1)。

JZS2 位于前殿东道D1L4南侧、南北走向的道路D1L9边沟的西侧。玄武岩,不规则长方形、中心有一圆孔,东、南、西、北四边分别长:0.6、0.8、0.35、0.9,中部有一通透圆孔,直径0.15、石厚0.15米。坐标:北纬41°17.569′,东经114°37.305′,海拔1360米。此石西北角距东通道D1L4南边0.72、东边距南北向的台周道路D1L9边沟西砖边0.65米(图一一五,1;图版一〇四,2)。

JZS3 位于前殿南侧中通道D1L1地面平道东侧、东西横道D1L8的北侧。此石距横道D1L8边沟北砖外边0.3米。质料为玄武岩,方形,中部有一通透圆孔,不太规整,表面有凿痕。该石块尺寸为东、南、西、北四边分别长:0.69、0.72、0.65、0.7、厚0.165、孔径0.16米。坐标:北纬41°17.543′,东经114°37.281,海拔1360米(图一一五,3;图版一〇五)。

八　东西配殿

在寝殿台基的东北、西北方向各有一个建筑基址,仅存墙基基槽。应为东配殿和西配殿。

东配殿 若以↓E∠5东、北砖壁外皮交角为基准,则东配殿的西、南基槽外交角位置在沿83°

方向直线水平距离的 2.5 米处。基槽宽 0.2—0.3、深 0.2 米，平面围成矩形，基槽内边间距为东西 8.1 × 南北 2.95 米。在基槽的西、北墙基内还残留在顺砌的一层砖，均为半砖。在配殿西北部的地面均可见有毛石块露出，应为地基被破坏而露出的掺杂物（彩版二三四，2）。

西配殿　形制与东配殿相同，大体与东配殿东西对称。若以↓W∠5 西、北砖壁外皮交角为基准，则西配殿的东、南墙基槽外交角位置在沿 278° 方向直线水平距离 4.2 米处。基槽宽 0.25—0.56、深 0.2 米。基槽内边间距为东西 8.8× 南北 2.9 米（彩版二五五）。

九　地基解剖情况

在大殿的周围钻探，发现在地面以上露明的两层台基下部仍为夯土，即大殿台基建在南北向长方形的大型地槽内。地槽周边边缘不整齐，且有向外凸出的平面呈长条形、底为斜坡状的通道，可能是作为方便上下和向地槽内运送土、石材料之用。通道分布不均匀，长短宽窄亦不统一。我们在台基周围垂直地基槽边解剖探沟 6 条了解基槽及通道的结构。6 条探沟编号为 T1—T6。地基基槽内为夯土，夯层内夹有大量的小石块。地基深度可达 2.4 米，采用建筑上俗称的"一块玉"做法。现将解剖情况作以介绍。

1. T1

位于中心大殿的正北侧基槽以北 0.5 米。方向 0°。面积东西 1、南北 10 米。堆积可分 16 层（图九六、九七）：

第①层：棕褐色土，厚 0.04—0.08 米，较硬，沙性较大，发掘出来后较松散，南侧较厚向北侧渐薄。

第②层：黄褐色花土，厚 0.08—0.14 米，坚硬夯土，由黄色、灰白色和棕褐色土混合而成，在层与层间有明显的踩踏硬面。下部与③层间铺一层青灰色自然石块。大小不一，直径在 0.03—0.12 米之间。

第③层：灰褐色花土，厚 0.13—0.2 米土质坚硬，由黄褐色，灰白色黏土和棕褐色土组成。与第②层相比，棕褐色土的含量较大。下部也平铺一层青灰色自然石块，有明显的踩踏硬面。

第④—⑥层：浅黄褐色花土，每层厚 0.12—0.21 米，由黄、白、褐色三种黏土组成，坚硬，层间有明显的踩踏硬面，下面铺一层青灰色自然石块，大小不一。南侧较密，北侧较疏松。

第⑦层：棕褐色沙土层，厚 0.08—0.2 米，北薄南厚，有明显的踩踏硬面。沙性较大，其间夹有少量白黏土，较为松散。

第⑧—⑮层：黄褐色花土，各层厚度在 0.04—0.22 米之间，坚硬含沙量较大，由黄、棕褐色黏土组成，每层下部铺自然石块。

第⑯A 层：灰褐色土，厚 0.02—0.06 米，较硬，沙性较大。

第⑯B 层：褐色沙土层，厚 0.1—0.3 米，没有掺杂石块。

第⑰层：棕褐色沙层，即为生土。厚 0.19—0.23 米，纯净，较硬，发掘后则疏松发散。

探沟内在距地表深 0.38、0.47 米和探沟底部三个层面，分别发现有圆形夯窝，夯窝直径为 0.06—0.12、深 0.04 米，排列没有规律。

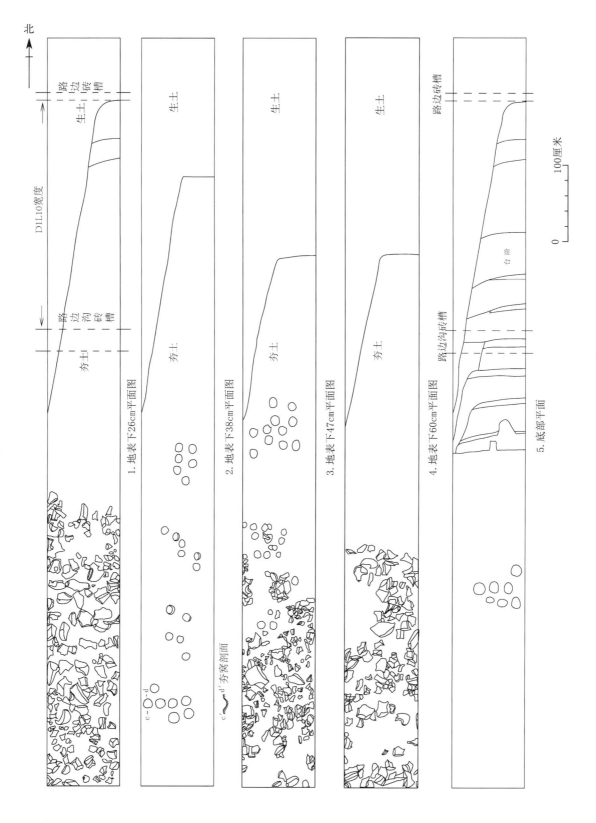

图九六　宫城一号殿址北侧探沟T1平面图

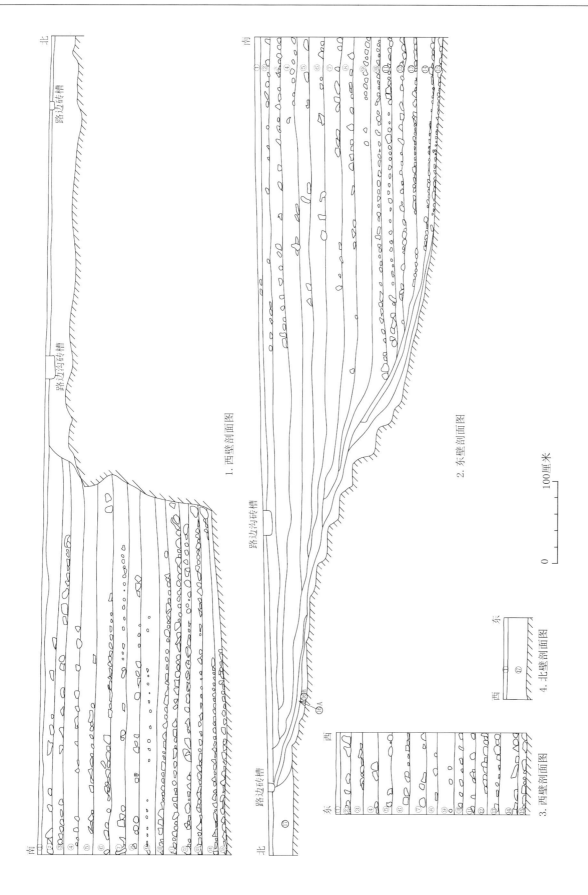

图九七 宫城一号殿址北侧探沟T1剖面图

发掘可知殿址北侧基槽开口于第①层0.1米下，开口至底深2.3米。从第①层下直至第⑮层，各层间均铺有一层青灰色自然石块，大小不一，排列没有规律，北侧较疏，向南渐密。在探沟北部发现有台阶10级，由北向南逐级而下，宽0.23—0.5、高0.04—0.28米，因频繁上下，每级台阶的上面中部呈弯腰形凹下。层位堆积的成因系在建造大殿时，首先从地面向下开挖好地基基槽，在槽边与之垂直挖出长条形通道并修切台阶以便上下和运料。基槽挖好后，先将其底部铺上一层自然石块，夯打一层土，再铺一层自然石块，再夯打一层土。如此逐层反复夯实筑起。至与地面相平后，自台基近处向外围远处形成约0.2米的高差，以便于排水。然后上面再铺方砖，可惜砖面现已被破坏无存（图版一〇六、一〇七）。

2. T2

位于一号殿址的东北部基槽以北0.2米。方向0°，东西宽2、南北长10.5米。堆积共分14层，现分述如下（图九八、九九；图版一〇八、一〇九；图版一一〇，1）：

第①层：棕褐色土，厚0.03—0.16米，较硬，沙性较大，南厚北薄，是铺地砖下的垫层。

第②—⑭层：黄褐色花土，坚硬，由黄色、黄褐色、灰白色黏土组成。层下铺青灰色自然石块一层，石块外表多有一层灰白色类似于白灰浆的锈。每层夯层厚0.1—0.24米。

第⑭层下为生土。

在距地表0.25米清理出夯窝分布情况。夯窝圆形、平底，直径有0.05、0.1、0.15米等三种，深0.021米。应为平头圆柱状夯所留痕迹。还发现一个楔形痕迹，应为镐类工具向下锤打的痕迹，长0.22、宽0.06、深0.02米。

发掘可知大殿东北侧基槽深2.3—2.4米。由下至上用土、石混合分层夯筑，在探沟北部发现有台阶11级。台阶宽0.2—0.5、高0.8—0.2米，下宽上窄，由北向南逐级而下，每个台阶前立面略呈斜坡状，踩踏痕迹十分明显。夯层做法与T1相同。

3. T3

位于寝殿东侧砖壁基槽以东0.7米，方向90°。面积东西长10、南北宽1米。堆积可分为16层（图一〇〇、一〇一），第①—③层为地基开口以上的夯层，即地基基槽开口于第③层下。第④—⑯层为地基基槽内的夯层。第①层仅在探沟西部分布。地面由台基向外围倾斜略呈坡面。

夯层做法与T1相似，夯层由黄褐色土、棕褐色土、灰褐色土和掺杂的大量石块构成，石块掺杂比例很大。夯层不太均匀，每层厚度在0.1—0.28之间。做法是：铺好一层石块后垫土夯打，再铺一层石块、再垫土夯打，依次类推。在地表下0.24、0.36、0.6、0.63米，分别清理出有夯窝及石块层（彩版二七三；彩版二七五，1；图版一一〇，2；图版一一一，1）。石块为青灰色自然石块，不规则，在夯层内分布亦不均匀，以靠近台基处较多。大小尺寸不一，直径在0.08—0.3米之间。夯窝分为两种，一种呈圆形圜底，直径0.07—0.14、深0.02—0.035米。另一种呈楔形，数量较少，其大端内部还有一个小圆窝，长0.16、宽0.06、深0.013米，小圆窝直径0.01米，可能是用铁镐类工具夯砸留下的痕迹。基槽东边距探沟东壁3.9米，基槽开口距地表0.2—0.34米，口至底深2.3米。基槽坑壁自上而下大致按深四收一的斜度向坑内倾斜。

4．T4

位于一号殿址南侧中间通道的东侧 2.4、台基南壁基槽之南 0.1 米。方向 0°。探沟面积东西宽 1、南北长 10 米。探沟内共发现夯土 8 层。第①、②层夯土,在整个探沟均有分布,是铺地砖下的地面夯层,各厚 0.07—0.12 米,黄褐色花土,经过夯实。其下即为基槽开口,基槽南边距探沟南边 3.5 米。开口距地表 0.14—0.24 米。第③—⑧层夯土是大殿基槽内经过夯实的地基,夯土层内夹有石块,情形与前述 T1 相似。基槽南部距地表深 1.25、北端深 1.4 米。地表由北向南倾斜,形成 0.12 米的高差(图一○二、一○三;图版一一一,2;图版一一二,1)。

5．T5

位于一号殿址寝殿台基西侧砖壁基槽之西 0.5 米。方向 90°。面积东西长 10、南北宽 1 米。共有夯土 15 层 (图一○四、一○五)。

第①层:深褐色土,西薄东厚,0.05—0.07 米。铺垫层,其上原为方砖铺地 (已无存)。较硬土层沙性大,有明显的踩踏硬片。

第②层:浅灰色土,厚 0.05—0.21 米分部不均,时薄时厚。质地较硬有沙性,中间夹有大量黄白色黏土,土层下部铺一层青灰色自然石块。

第③层:灰褐色土,厚 0.1—0.22 米质地较硬,由黄褐色、灰白色黏土组成、大至为 1：5。该层下部铺自然石块一层。

第④—⑮层:黄褐色土,厚 0.11—0.24 厘米质地较硬,由黄色砂土、灰白色、黄褐色黏土构成,比例约为 1：1：6,每层下部铺自然石块一层。

以上各层均有明显的踩踏硬面,积石层东侧较密,西侧较疏。积石层采用青灰色自然石块,大小不一,尺寸在 0.05—0.35 米之间。大殿的基槽开口于 0.2—0.3 米下,口至底深度为 2.14—2.25 米。从下至上用土石混合夯筑而起。此处是大殿基槽的西侧边缘,基槽壁由下至上逐渐外展,形成一个斜坡状,外展幅度 0.36 米,约为深六收一。夯层做法与 T1 相同,至地面相平后将地表垫层铺平,东高西低由台基向外围形成 24 厘米的高差,以便于排水,然后在上面铺以方砖,可惜砖面现已被破坏无存 (图版一一二,2;图版一一三,1)。

6．T6

位于一号殿址东侧、前殿下层台基东北角东侧基槽以东 0.5 米。因此处有凸出基槽东边的较宽的长条形遗迹而发掘。方向 90°。面积东西长 7、南北宽 3.5 米。发掘证明,这也是一条上下通道,形成 10 级台阶,台阶不甚规则。只是这条通道比其他通道较宽,除此之外,其余情况与上述探沟发掘的通道类同,探沟内共有堆积 18 层 (图一○六、一○七;彩版二七四;图版一一三,2)。

通过解剖可知:殿址地基系采用所谓“一块玉”的做法,四边槽口大于槽底,坑壁斜度深四收一至深六收一不等,夯层中掺杂有大量的天然石块,尺寸在 0.05—0.35 米之间,但多为 0.12 米以下的石块为主 (彩版二七二,2),很多石块外表有白色的锈 (彩版二七五,2)。用圆形平头和圆形圆头夯夯打,并偶见使用镐等类工具夯砸。在基槽内,接近台基处石块较多,而离台基越远越少。地基基槽南部比北部要浅,可能是因为南部为月台、而上部不再有其他建筑因而对地基要求较低而造成的。地槽填土夯打与地面相平后,再夯打 1—3 层土,使近台基处略高于外围远端 0.1—0.24 米,地面上局部可见有散乱砖块,推测在地面上应有铺砖,并由内向外形成高差易于散水。

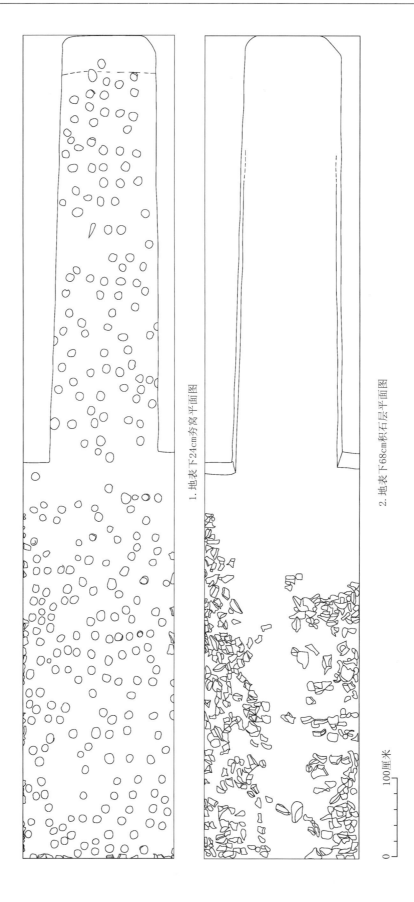

北

1. 地表下24cm夯窝平面图

2. 地表下68cm积石层平面图

0　　　　100厘米

图九八　宫城一号殿址东北侧探沟T2平面图

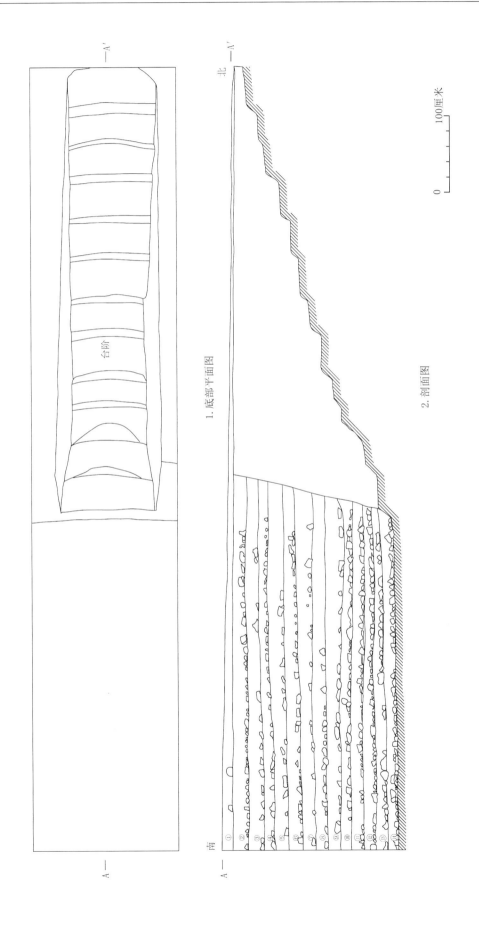

北

A'

1. 底部平面图

台阶

A

北

A'

100厘米

0

2. 剖面图

南

A

图九九　宫城一号殿址东北侧探沟T2平、剖面图

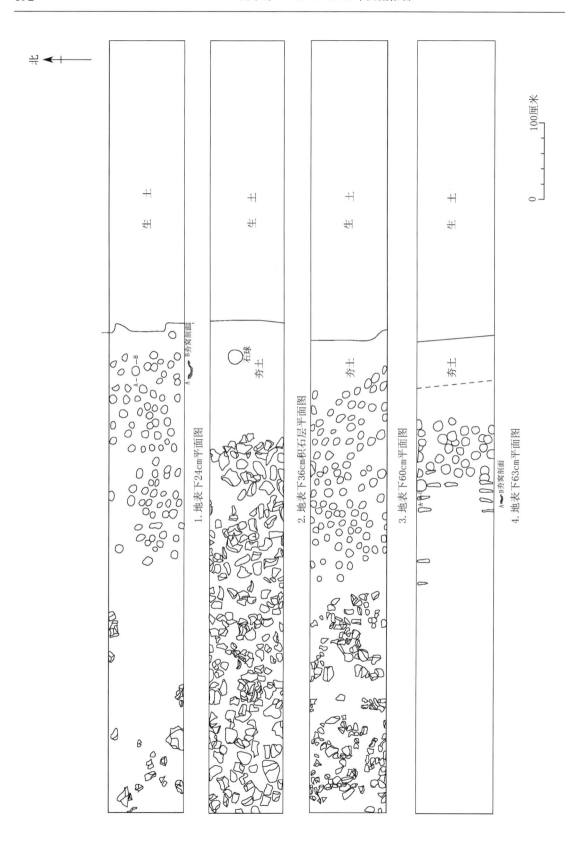

北

大殿砖壁基槽东界

1. 地表下24cm平面图

2. 地表下36cm积石层平面图

3. 地表下60cm平面图

4. 地表下63cm平面图

生土

夯土

石球

0　　　　　　　　100厘米

图一〇〇　宫城一号殿址东侧探沟T3平面图

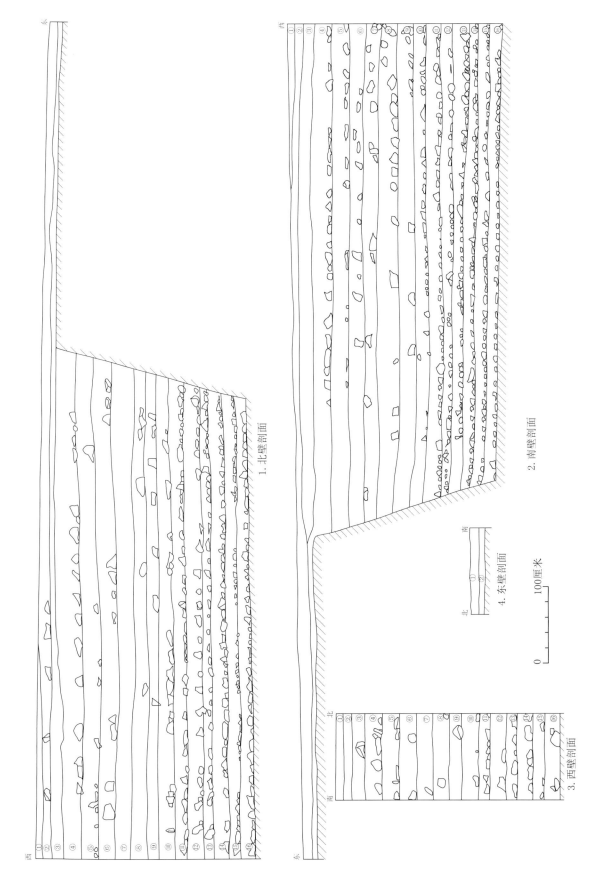

图一〇一　宫城一号殿址东侧探沟T3剖面图

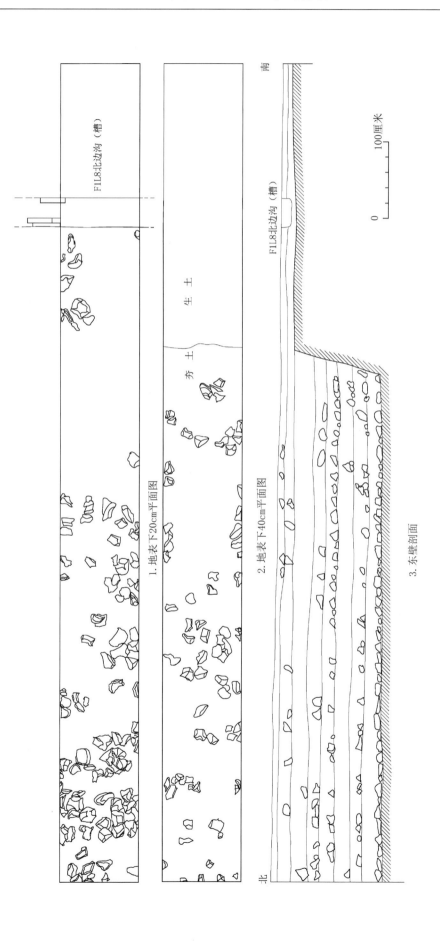

图一〇二 宫城一号殿址东侧探沟T4平、剖面图

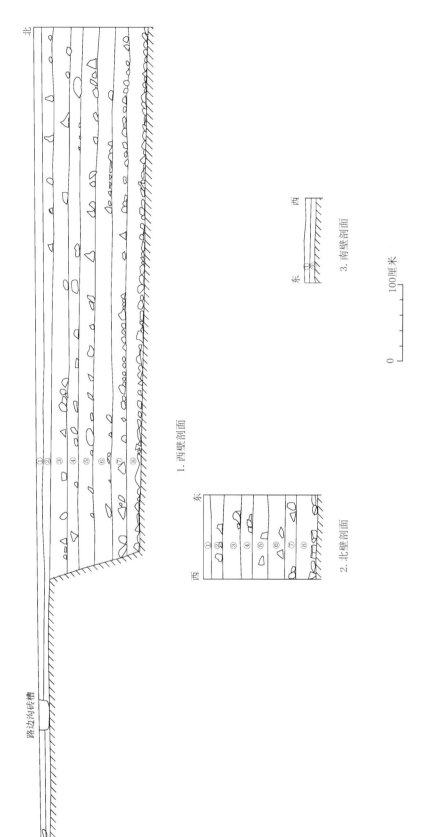

图一〇三　宫城一号殿址南侧探沟T4剖面图

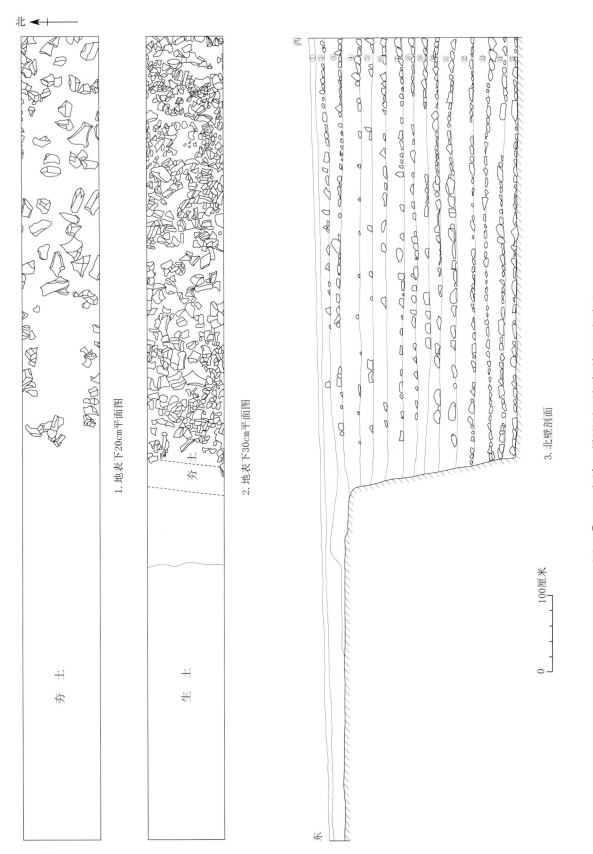

北 ←━┼━

1. 地表下20cm平面图

夯土

2. 地表下30cm平面图

生土

西

3. 北壁剖面

东

0　　100厘米

图一〇四　宫城一号殿址西侧探沟T5平面图

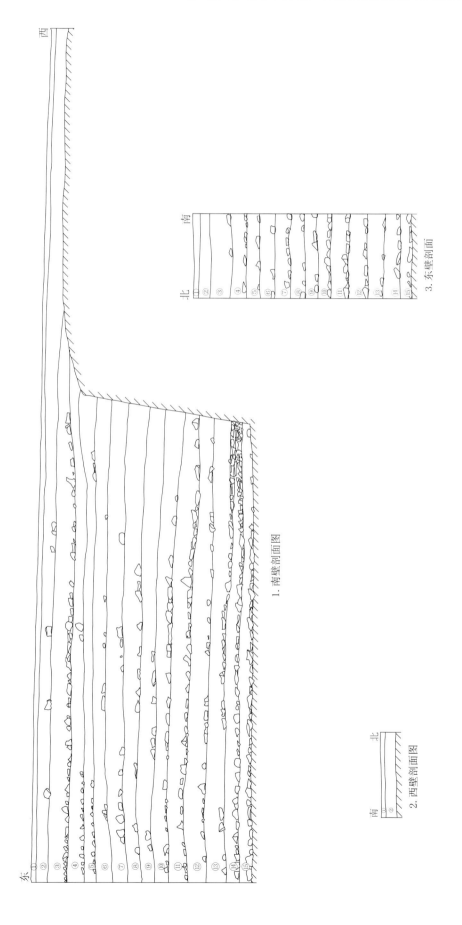

图一〇五　宫城一号殿址西侧探沟T5剖面图

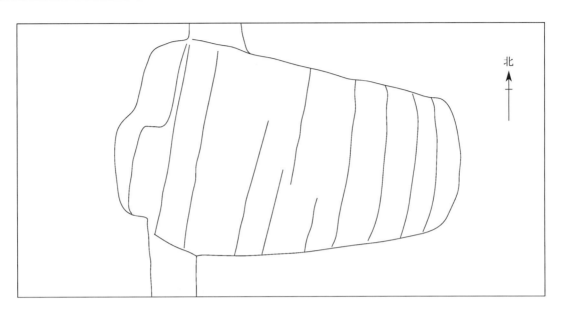

1. 平面图

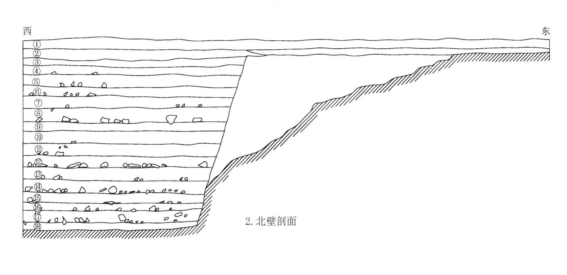

2. 北壁剖面

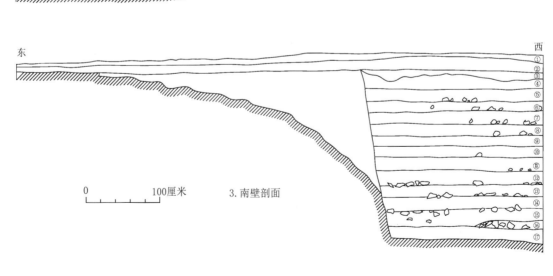

0　　　　　100厘米　　　　3. 南壁剖面

图一〇六　宫城一号殿址东侧探沟T6平、剖面图

1. 西壁剖面图

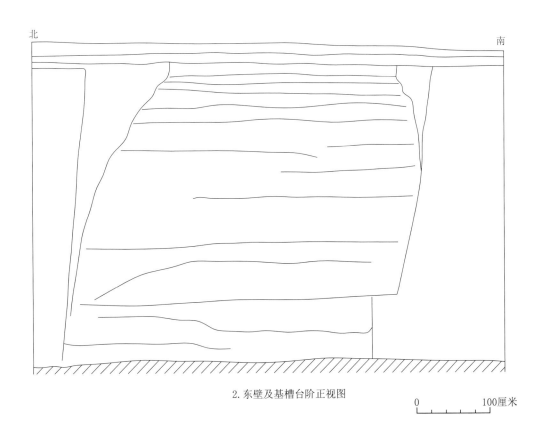

2. 东壁及基槽台阶正视图

0   100厘米

图一〇七　宫城一号殿址东侧探沟T6剖面图及基槽台阶图

一〇　出土遗物

（一）石质构件

共计出土石质构件及残块 767 件。按石质可分为白大理石（汉白玉）、花岗岩、玄武岩、青石四种，见表一六。按功用种类分列如下。

1．白大理石（汉白玉）构件

有螭首、门枕石、方座莲花覆盆柱础、方座鼓镜柱础、方座方卯柱础、角柱、异形（钝角）柱础、带字碑、柱头等。汉白玉应来自外地，距离此地最近的汉白玉产地有两处：河北曲阳羊平镇黄山和北京房山，前者不易风化且石料内易有灰条现象，后者有些石料有风化现象。据观察，元中都汉白玉特征与房山石料更为接近。另外在元中都东侧的黄花脑包也记载有软白石，到底这些汉白玉产生哪里，还需要进一步测定。

螭首　分为角部螭首和台沿螭首两种（表一六）。

角部螭首　发现较完整者 1 件。还有 1 件被砸坏，外表雕饰全无，但尚能看出模糊形状，位于柱廊东通道 D1L6 下段慢道与下层台基相接处的砖槽内，未采集。另外还发现肘、腿、鳞片、鬣毛等小残块件 21 件，碎裂严重。

标本 ZCS1　略有风化，鼻、吻部微残。在方形角石底座上面沿对角雕成凸起的长方体，中凿方卯以承望柱之榫。长方体后端抹角，前出龙头及两个前臂，龙的双肘半屈，有一跃而起之势，肌肉隆起，龙掌表现出三趾，背筋突起，爪尖嵌入石座。龙嘴前部上唇高翘、吻部突出、露出饰波形横线的上腭、整齐排列 10 对马齿式龙齿，鼻部弓起、两翼各有三道弧形褶皱，螭首侧面嘴裂较长、上下唇边均呈波浪状起伏，外露上二下一共三颗獠牙，下獠牙长而尖、呈弧形直伸至鼻侧，卵圆形眼球阴刻弧线两圈使目光集中向前，眉毛眉头旋成涡纹、向两侧后波曲舒展。眉间有一乳突，额部有三个隆突，头上伸出两角平贴于颈部，角根呈半球形扣在头顶，雕刻饼状突起、其上又饰麻点，角中部有短圆凸节，双耳似侧扁形的花口喇叭状，腮肉隆起，腮后三重装饰：涡状虬髯、火焰纹和棘刺构成的腮翅和舒缓后飘式鬣毛。肩臂饰火焰披毛及鳞片，肌肉隆起。腹甲纵刻两行双线，其间阴刻横排弧线、状如蛇腹，纵线外侧饰鲤鱼鳞片式龙鳞。底座边长 0.75 米，座体与螭首通长 1.51 米。这种动态造型，给人以威猛凶悍之感，堪称元代雕刻之极品（图一三六；图一三七，1、2；彩版二七六至二七九）。

台沿螭首　完整、基本完整者和残块较大者，共计74件。其中有5件早年被白城子村村民从一号殿址取回家中，张北县文保所从村民家中征集回来。还出土螭首碎裂的较小残块85件。由凹形长方体石条和前端伸出的龙头构成，通长0.87—0.94米。标本ZCS2，螭首整体保存较好。在凹形长方体石条一端伸出螭首，螭首造型为一龙头。①头部微昂，龙嘴上唇高翘，吻部圆滑突出，吻上部有个6肉丘突起，露出饰6道波浪形横纹的上腭；上唇部髭须（水须)自上而下分别向两侧呈涡状回卷；下唇圆润，唇缘较宽。口内整齐排列6对龙齿，上下相对呈马齿式，牙根部用连弧形阴线表现露出的牙龈。颌下有胡须4股，两侧的2股旋成涡纹留于颌下两边，中间的2股沿颌下屈曲飘向颈下两侧至正对嘴角下部处。②鼻部弓起，鼻尖圆钝上突，鼻翼两侧有三道阴刻弧线形成的褶皱，鼻孔呈椭圆形，略似狮鼻。③螭首两侧嘴裂较长，唇缘凸起，上下均呈波状起伏，两侧各外露上2下1共3颗交错分布的獠牙，上下獠牙均暴露牙龈，上獠牙尖短微弧，下獠牙长而尖、呈弧形向上伸至鼻侧下方，唇缘外围后部从下獠牙根部至嘴角后部沿唇缘饰火焰纹。④两个卵圆形眼球向外突出，两眼球阴刻弧线二圈，使目光集中向前，眼睑前角呈三角形；两眉呈束状，前端旋成涡纹，向后微波舒展至耳与角之间，两眉之间有一乳突，眉下饰火焰纹飘向侧后。⑤额中部微隆，有鼓凸三个。⑥头上两角后伸平贴于颈部，角根微凸膨大，饰有凿刻2—4个小麻点坑窝的圆饼，状如纽扣。左角10个、右角9个；在角根之前环绕角根周缘各凿刻五道放射状短线。角前节短略平，角中部有凸起结节，凸节明显，角尖圆凸微上翘。左角通体各横刻9道水波纹，前节四道、后节五道，右角通体各横刻7道水波纹，前节三道、后节四道，角通长28.5厘米。⑦后颈部、双角之间呈三角状、中脊起凸棱，左右两侧有斜向凿痕。⑧双耳生长在嘴根上方、眼睛的后侧，似扁口喇叭花，略似牛耳，前耳根有两道阴刻弧线，耳廓凸起，耳内有阴刻细线数道形成耳毛，廓后呈三片花瓣状。⑨嘴两侧有上三下二后一隆起的腮肉，后腮肉较大，咬合有力。两侧各有三重装饰：第一重是与后腮相连的三股虬髯呈涡状回卷；第二重是火焰纹和棘刺各三个构成的腮翅；第三重是束状鬣毛舒缓后飘，左侧3股、右侧4股。⑩颈下腹甲纵刻两行双线，其间阴刻5道横排弧线，状如蛇腹，纵线外侧饰扇形鳞纹22片。　⑪长方体石条两侧有竖向凿痕，底部为横向凿痕。石条前端、龙颈下部，暂称为头下出沿，石条上面、凹槽前、后各留出一个窄台，暂称为前台和后台，在前后台的外侧部位，暂称为前座和后座。石条后端下部多数还长出几厘米形成二层台，暂称为尾部出沿。底座上面凹槽前、后部均经过斫砟取平，凹槽前后两壁磨砻为光面，槽底有横向凿痕。后座上面左、右、后三边有2厘米宽的削边，尾端下部略有出沿。通长90厘米（图一三八，1）。

　　台沿螭首形态大致相似，但吻、腭、唇、齿、眼、耳、鼻、角、额、腮、眉、毛等细节，以及丰瘦程度等差别十分明显。螭首是出土数量较多且最为重要的文物，为便于对比研究，将螭首进行列表统计（表一七；图一三七，3至一五六；彩版二八〇至三〇七，3；图版一一四至一二九）。

　　门枕石　7件。均为Ⅰ型。汉白玉质，均发现于上殿通道两侧附近。整体呈灰白色、局部呈浅黄色、有的风化较严重。形制为中部有槛槽且整体向一侧倾斜的长方体，整体呈凹字形，由前端面、前座、前台、凹形槛槽、后台、后座、后端面、尾端出沿、左侧面、右侧面、底面等部分构成。门砧石上面与底面平行，为长方形；侧面向一侧倾斜；横断面呈平行四边形；前端端面较平，后端端面一般下部留有出沿。在石条上面中部靠近前端处，横向有一凹槽，以此为界分为前、后两部分，又各自分为前座、前台和后座、后台。前座短于后座。前、后台位于接近凹槽处，前、后座位于前、后台的外侧。前、后座上面经磨砻取平，但隐约可见有细沟状纵横凿錾之痕。前、后座三面边缘均经修整而有斜削抹边。前、后台与前、后座上面相平，与座部区别是其两侧边没有斜削抹边，且台面加工未经磨砻而留有比前、后座上面稍微明显的沟状凿痕。凹槽内前后两壁经磨光，槽底粗搏呈留有凿痕的麻面。门枕石前端面和左、右侧面的上半部分经过简单斫砟修平尚显浅浅的凿痕，下半部分细漉均保留明显凿痕，并粘结土锈。一般后端面修整不如前端面平整，或下部有尾端出沿。底面经打剥或粗搏加工留有稀疏凿痕。通长59—63、宽25—32.5、高23—34厘米。各件尺寸见附表（表一八；图一〇八；彩版三〇七，4—6；彩版三〇八，1—3；图版一三〇、一三一）。张北县文保所征集于白城子村中的门枕石很有可能也是一号殿址出土，可分为Ⅰ、Ⅱ两型（见前文第二章《调查勘测》）。

角柱　无完整者，残块尺寸在30厘米以上的较大者共计4件。另有可辨角柱小残块52件，其中17件有残余龙纹、18件有残余花朵、17件无纹饰。这些小残块中，有4块尺寸在20—30厘米之间，其余在小于20厘米。

标本JZ1　残存角柱上半部，左上角缺失。灰白色锈斑，侵蚀风化较轻。残块形状略呈长方体，正面和左侧面有纹饰。顶部、右侧和背面，均有稀疏的竖沟状凿痕，加工粗糙，尤其是右侧和背面，仅经打剥处理，不很平整。下部为断裂面。正面边缘有边框，上框宽3.5、左框宽3、右框宽4厘米，下框残断。框内花纹雕刻精美，主纹为剔地起突升龙纹，底纹为压地隐起牡丹花叶等，残余有隐起较低的叶片和隐起较高的五朵牡丹花。虽起突不高，但层次分明，繁而不乱，龙纹、花朵、叶片依次叠压。花朵形态各异，表现出开放到枯萎的不同时段：左上角花朵正欲开放，花朵隆起三层花瓣，中心叶片微回卷，呈欲放之态。中部花朵刚刚绽开，尚未完全打开，凸起花瓣五片，中心暴露花蕊，花朵顶部两片三尖状叶子分向两侧，茎下有两个叶片向两侧伸展，叶片上刻有弧形阴刻线形成的叶脉。右上角花朵怒放，花朵凸起，上下均有两瓣花片重叠包住花蕊，花朵左下方一花瓣即将展开，花瓣尖部回卷，另一瓣包住花蕊，中心仅露出部分花蕊，花蕊形状呈凸起小麻点。花朵上部有两片叶向

1　　　　　　　　　　　　　　　　　　　　2

3　　　　　　　　　　　　　　　　　　　　4

0　　　20厘米

图一〇八　宫城一号殿址出土的门枕石

1.MZ1　2. MZ4　3.MZ6　4.MZ7

两侧伸展，一为正面，一为侧面，叶片上有弧形阴线叶脉。右侧下部花朵，花瓣正在凋谢，形状不一，叶片较窄而小，呈枯萎之状。左侧花朵，花瓣已落尽，仅余五片花托。主纹龙头部高昂，露出锋利尖状牙齿五对交错咬合。龙嘴高翘、吻部长而突出、前端略下勾，露出横纹上腭，颔下部胡须分成两缕呈束状向前上方舒缓飘浮，嘴裂较长，唇缘微凸，呈波状起伏，上下各有一獠牙，较尖，上獠牙紧贴于腮肉下方，嘴角有火焰纹，唇缘上部微凸起腮肉4个，下方有腮肉2个，鼻梁隆起，鼻尖圆突，鼻翼有两道弧形阴刻形成的褶皱，卵形眼球，中部有一道阴刻弧线，使目光集中向前，眉毛弯曲向上向前飘拂贴在龙角外侧。耳朵成花口喇叭状，似牛耳。龙角向后方略呈S形弯曲，角中部有两尖状分枝，接近角尖处下部有一尖状角刺，角尖处圆顿回卷，颈部鬣毛向上飞扬分为5束。残留部分龙身，饰有扇形鳞片，下腹为腹甲，与龙身交界处纵刻有两道阴刻线，腹部刻有横弧状如蛇腹，背脊饰鳞片。龙头前上方有一圆形凸起的宝珠，宝珠周围刻有三片底纹叶片，有流云从宝珠上升腾、渐渐向高处飘散。残块右下角处残存三个龙爪，爪尖锋利、关节突出，每趾残存两节，爪尖向外侧回勾。残块左下侧刻有由2分为4缕的云气，呈舒缓式向上飘浮、叠压下面叶片，云镂刻阴线，生动自然。角柱残块左侧面上部边框已缺失，下部残断，左侧边框宽2.5、右侧边框宽4厘米。边框内图案雕刻精美。底纹为牡丹枝叶和花朵，叶面均有阴刻形成的筋脉，枝茎凸起向上。在龙颈部右侧下方有一朵盛开的牡丹花，其余底纹为牡丹茎叶，叶形因角度不同而形态多变。花朵整体凸起，花朵中心有两片花瓣包住花蕊，即将展开，其他6片花瓣叠压、向外侧展开。主体龙纹呈S型，残存龙头部及部分上身；头部向上高昂，龙嘴高翘，目光及头部对视右上角方向，露出锋利牙齿4对交错咬合，牙齿较尖，吻部突出略下勾，露出横向连弧纹上腭，上唇呈弧形向下方微垂，边部嘴唇上下各有一獠牙，前獠牙长而尖延伸至鼻侧下方，后獠牙短而尖隐藏于上唇下方，唇缘微凸，呈波状，嘴裂较长，嘴角有火焰纹，上有腮肉隆起5个，唇下方腮肉隆起3个，嘴角后方，有一较大隆起腮肉，下唇部有胡须2股，均呈舒缓式向前上飘浮；鼻梁隆起，鼻尖突出，鼻根部有两道阴刻弧线形成的褶皱，卵形眼球，眉毛向前上方弯曲飘拂，花口喇叭状耳朵，龙角呈弧形向后延伸，角尖上弯，角中部有两尖状分枝，颈部有鬣毛3股，均向上飘扬。龙下腹有两道纵向阴刻弧线，弧线内侧饰有横弧纹蛇腹状，身体部位饰有鳞片，脊部有凸棱和水波状脊刺。左下角残存一个五趾龙爪，较为完整，掌心有三朵云头，爪尖向外侧弯曲；角柱残块右下角饰有4缕云气向前上方飘举。龙形与螭首风格相同，差别是龙角有四个枝叉，五爪，刀法精湛、精细逼真。角柱由下向上渐渐变窄，有收分，推算约为每高100、向内收分4厘米。角柱残高31、宽37.5—39.2、厚27.5—28.5厘米（图一〇九；彩版三〇八，5；彩版三〇九）。

标本JZ2　残存角柱的下半部1/2。侵蚀风化较轻，锈斑颜色为白色。略呈方柱形，正面和左侧面浮雕纹饰，且该两面由下向上向内倾斜。现分为1—6面进行叙述。第1面，正面，安放时该面朝南。外周有边框，框内主纹为龙纹，剔地起突，残余龙尾及左、右后腿；左后腿从龙身下部伸出，外侧饰鳞纹、内侧饰火焰纹披毛，肘部略屈，腿弯外侧有肘毛一束，在小腿后侧横向飘拂。五爪分开呈着地爪形，爪尖内收、爪尖呈尖钩状，锋利，向下抓按在叶片上，掌心后侧鼓起两个掌丘，有肉质感。龙尾从角柱右侧向左下角弯曲翻转垂下，背脊突起凸棱、有高低错落的锯齿状脊刺，每个较高的脊刺内均勾双筋线，脊刺与脊背相接处有凸棱，脊刺两侧饰有扇形鳞片交错分布，腹部有凸

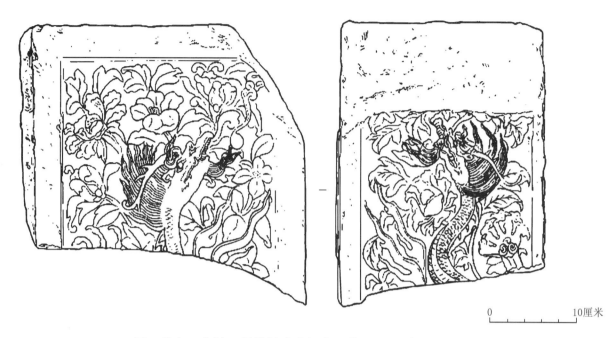

图一〇九　宫城一号殿址出土汉白玉的D1JZ1（IT2-4②：3）

棱和横弧纹表现腹甲。右后腿肘部屈呈V字形，肘毛从肘部伸出后分两缕下拂，五爪扣住左边框内侧。底纹为压地隐起茎、花、叶及云气纹。形态富于变化，或直或弯的枝茎，花瓣脱落、中心结圆实的连弧缘花托，分呈三叉状的叶片，侧向开放的花朵，尖部翻卷的单片叶子，舒卷飘浮的云气，高低错落有致。左、右边框较窄，表面较平但不甚光滑。下部边框较宽，经细漉修整，其上半部分留有较均匀的横向凿痕，底缘为斜向凿痕。第2面，左侧面，安放时朝东。左边残缺。边框分外框和内框，内框低于外框0.1厘米。框内刻有牡丹花枝叶，下部叶片较稀疏，形状较大，表现出牡丹枝头的叶片形态。上部花叶较小，表现三个枝头，其中最右上角可能表现为柱头萌芽，其下一个枝头为花朵、密集错落，其左边的一个表现为柱头五片新叶。部分花叶由阴刻弧线刻画出叶脉分支，部分花叶只阴刻中间弧线主脉。边框下部较宽，上部凿有较乱而浅的竖向工具痕，略经斫砟修平，中部为横向工具痕，稍显不齐，最下部凿有较均匀竖道的工具痕。第3面，右侧面，安放时朝西，与台基夯土台相接，仅经过粗搏处理，使之大体就平，留有横向的凿痕。第4面，背面，安放时朝北，与夯土相接，仅经过打剥，凿有少许杂乱的工具痕，保留自然劈裂面，也有可能为后期所毁。第五面为上面，保留自然劈裂面，为残断的茬口。第六面为底面，经过粗搏处理，凿有较杂乱的工具痕。残长57.5、残宽48、残高44厘米。有龙纹的一面，宽41.5—42.5厘米。角柱的侧面倾斜。分别由南面（饰有龙纹）和东面（饰牡丹纹）由下而上向北和向西倾斜，即由台基壁面外皮向夯土内侧倾斜，说明台基壁面可能有收分。据此角柱测量，高度与内收的比例约为11∶1（图一一〇，1；彩版三一〇；彩版三一一，1—4）。

　　标本JZ3　残余角柱的左下角。主纹为龙纹，底纹为牡丹叶和云气纹。残余龙尾、右后腿。剔地起凸龙纹，压地隐起底纹。宽素缘边框，内侧附有低而窄的凸缘。下部留有底框，较平，保留有

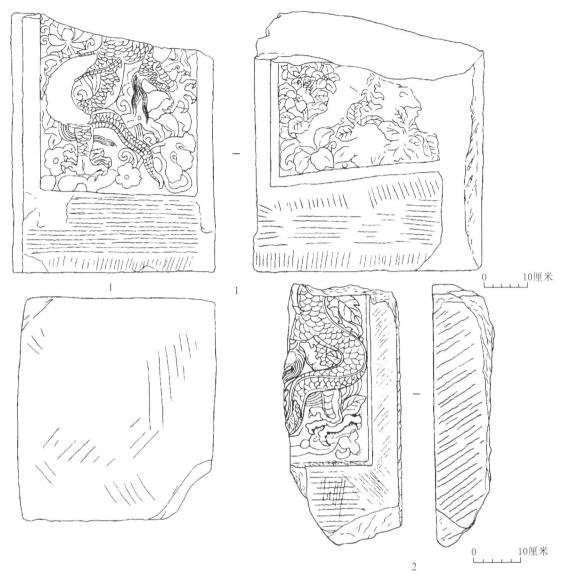

图一一〇　宫城一号殿址出土的汉白玉角柱
1.JZ2　2.JZ3

凿錾横道。扇形鳞片，腹甲似蛇腹状、背脊凸起细棱并有脊刺，肘部长毛飘拂，身有云气缠绕、腿有火焰披毛，原应五爪，显露四爪残长 47.5、残宽 21 厘米（图一一〇，2；彩版三一一，5）。

标本 JZ4　残存左下角，正面劈裂残缺，为断茬，已无加工痕迹。左侧面残存最长，上方左边有内、外边框。外框宽 4、内框宽 1.5、残高 17 厘米，框内雕有图案，隐约可辨为一朵花。下部呈长方形，高 44，保留有横向和斜向的凿痕。右侧面残缺，类似自然面、不平整。残存部分加工比较粗糙，有加工凿痕。背面不平整，分高低两层，边部宽 8 厘米较细加工，有细密斜凿痕，向里为稀疏的斜凿痕，其余经过粗加工有斜向上凿痕。上面残断，为断茬，已无加工凿痕。下面加工较细，基本平坦，有加工凿痕。角柱残块面宽 44、厚 20、高 57 厘米（图一一一，1；图版一三二，1、2）。

另外还有标本 JZ5（图一一一，2）、JZ6（图版一三二，3）和 JZ7（图一一一，3)3 件浮雕龙纹的角柱小残块纹饰相对较清晰。其余残块或无纹饰或尺寸很小。

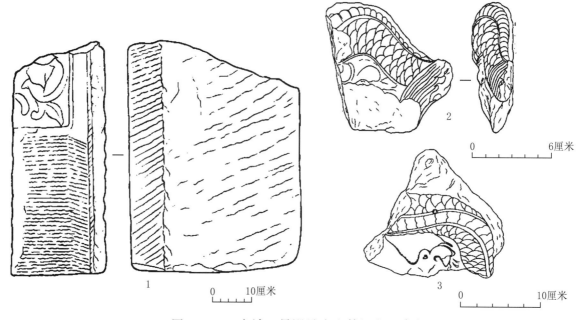

图一一一　宫城一号殿址出土的汉白玉角柱
1.JZ4　2.JZ5　3.JZ7

柱础　可分三型。

A 型　较完整的 2 件，半块 1 件，均尚留在原位。下为方形底座、上为覆盆柱础，覆盆周围压地隐起宝装莲花，上面有微高的盆唇。

ZC001　在香阁东墙基槽以东，尚未移位。为方座圆形覆盆状，方座四边均有 2 厘米宽的抹边，方座上面雕覆盆，饰宝装莲花，已残损。柱础保留原位，基槽未发掘，方座下部埋住的部分底部情况不明，据从边部探察情况，埋住尺寸约 28 厘米。柱础底座边长分别为东 106.5、南 105、西 96.5、北 106.5 厘米，通高 45 厘米。覆盆直径 105、高 12 厘米，盆唇高 0.5 厘米（图一一二，1；彩版二五八，2；彩版二五九）。

ZC047　柱廊尚保留的唯一汉白玉柱础。位于柱廊最北排柱础东数第二列。柱础下部为方形座，上为覆盆，覆盆周围剥落严重，是否原有宝装莲瓣和盆唇已不得而知。方座露出地表 0.11 米，下部埋在台基内。在柱础的东北角沾有点状绿色颜料，可能为梁架绘彩时洒落的。东／南／西／北四边长分别为 110/106/109.5/108.5 厘米，覆盆直径 102—103、高 10 厘米（图一一二，2；彩版二五一，2；彩版二五二）。

ZC093　前殿保留的半块汉白玉柱础，尚在坑位内。覆盆已砸毁，但东部半块方座下部未被砸碎，尚未移位。该柱础残件南北边长 125、东西残宽 61—72、残高 48 厘米（彩版二四五，2）。

另外，还有柱础剥落的莲花纹小残片 15 件（图版一三二，4；图版一三三，1—5）。

B 型　1 件（VIT5-5②：5）。异形础石，平面呈梯形、且一角为弧形凹角、断面略呈长方形石块。一端已残缺，锈蚀严重、外表呈灰白色。除内弧角外，一角为钝角，其余两个角部残断不明。钝角相邻的两个侧面刻重瓣宝装莲花，每层残留 5 组，每组形态均相同，下层仅露瓣尖。花瓣边缘为压地隐起的凸缘，瓣尖合交凸尖，边缘内侧刻一道与边缘平行的阴线；内侧瓣缘与外侧相同，而

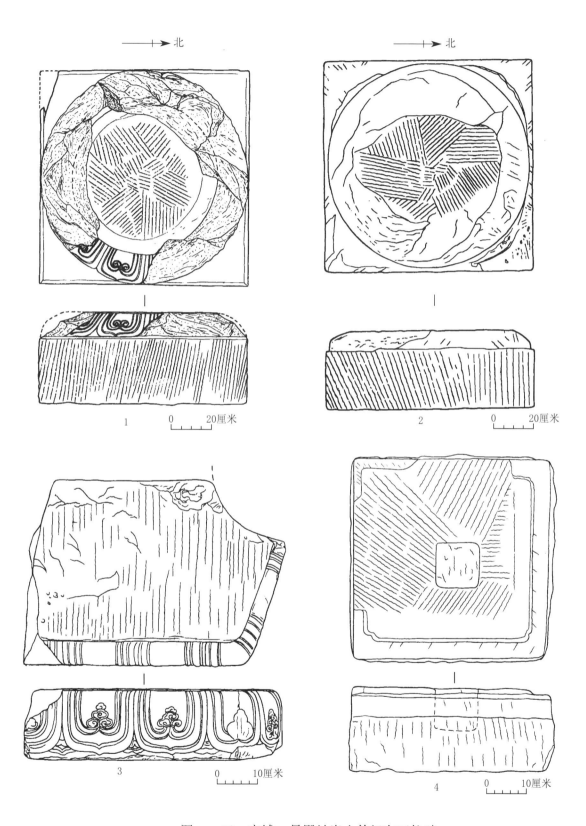

图一一二　宫城一号殿址出土的汉白玉柱础

1. A型（ZC001）　2.A型（ZC047）　3.B型（VIT5-5②：5）　4. C型（VIT5-4②：6）

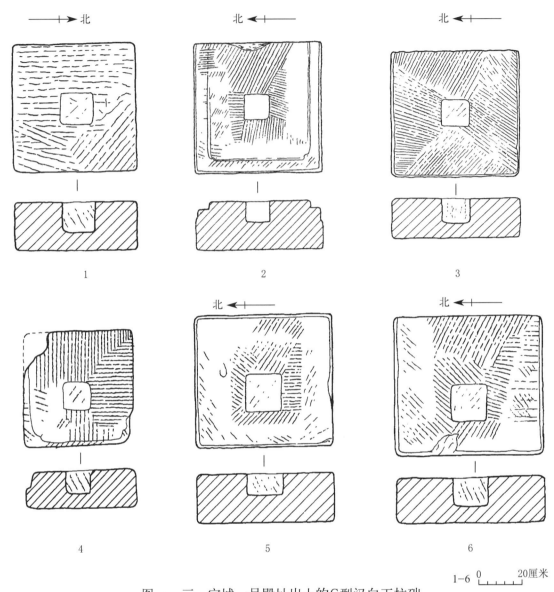

图一一三　宫城一号殿址出土的C型汉白玉柱础
1.前殿东通道下段慢道南侧　2.前殿西通道上段慢道南侧　3.前殿西通道下段慢道南侧
4.柱廊东通道下段慢道南侧　5.柱廊西通道上段慢道南侧　6.柱廊西通道上段慢道北侧

瓣尖向上凹入合交，莲瓣内压地隐起三朵云。石块上面与莲瓣相交处凸起线脚，上面的其余部位与底面经过细漉取平，均密布錾印，錾印走向与长边垂直。除装饰莲花和断缺的一侧外，剩余一侧有斜向錾印，在弧角内面錾印上下从中间错开，可见弧角内面是从顶面和底面分别雕凿。残长56、宽38.5、高15.5厘米（图一一二，3；彩版三一二，1、2）。

　　C型　10件。望柱柱础。标本VI T5-4 ②：6，原应置于一号殿址慢道两侧望柱之下。平面基本为方形，边长53—54.5、厚19—22厘米，正面三个角雕刻线脚、高于石面3厘米，其余一个角上面为原石面。上面中央带有方卯，不通透。孔径11.5—12.5、深11厘米。线脚距石侧边4.5、5厘米。孔边距有线脚的两边18.5、19厘米，孔边距未雕线脚的两边分别为22.5、23厘米。线脚未全雕的两边，线脚长11、13.5厘米。柱础上面不露明的部分、被上部栏杆或立柱压住的部位可见有錾痕（图一一二，4；彩版三一二，3—5）。

　　其余柱础尚留原安放位置或有移位但没有采集，原本分别位于上殿通道之慢道与平道相接处。分别是前殿东通道D1L4下段慢道与地面平道相接处南侧（图一一三，1），前殿西通道上段慢道与休息版交接处南侧（图一一三，2）和下段慢道与地面平道相接处南侧（图一一三，3），柱廊东通道D1L6下段慢道与地面平道相接处南侧（图一一三，4）和北侧（图一一五，4），柱廊西通道D1L7上段慢道与休息版相接处南侧（图一一三，5）和北侧（图一一三，6），还有两块被移位于台基砖壁↑W∠7处和↓E∠6—↓E∠7之间的基槽内（图版七七；图版八八，2）。前文《调查勘测》一章中在村中采集的1件（ZWBSK ：5）也应是大殿之物。

　　2．花岗岩

　　有宝装莲花柱础、铺地石板等。

　　柱础　2件。标本ⅦT4-1②：7，残块。压地隐起宝装莲花，莲瓣仅残余一瓣的下半部。有宽缘，缘的内外侧有凸起的边棱，瓣内为卷云纹。此构件亦可能为井口石或其他构件，但残余较少，已无法判断其确切用途（图一一四，1；图版一三三，6）。

　　标本Ⅳ T3-2②：1，残余莲瓣以内的卷云纹装饰（图一一四，2）。

　　铺地石板

　　均为残块，共7件。正面经过磨光，光滑平整，背面多仅经打剥略平为毛面。其中有一块铺地石板的正、背两面均经磨平。侧面均为断茬，其中有一块保留有竖向凿痕，但亦仅仅是经过粗搏工序，加工较粗糙，修整不细致。出土的均为不规则残块，残余长度19—35、厚6.8—9.3厘米。如标本ⅦT4-1②：5（彩版三一三，1）和标本Ⅶ T4-1②：6（彩版三一三，2、3）。

　　3．玄武岩构件

　　有凸字形柱础、组合构件、基准石、角柱柱础、石杵、石轮等。青石砂眼遍布，与中都城址西侧狼尾巴山上的石质相同，可能石料产自本地山中。

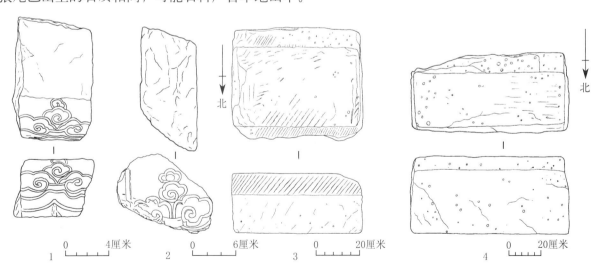

图一一四　宫城一号殿址出土的玄武岩和花岗岩柱础

1.花岗岩柱础（Ⅶ4-1②：7）　2.花岗岩柱础（ⅣT3-2②：1）　3.西夹室南墙东侧玄武岩柱础（C039）

4.东夹室南墙西侧玄武岩柱础（C024）

凸字形柱础　6件。东夹南墙西侧柱础石ZC024（图一一四，4；图版八三，2）、西夹南墙柱础ZC039（图一一四，3；图版八四，一）、香阁东墙ZC009和ZC010（图版八五，1；图版八七，2）、西墙基内ZC011和ZC012（图版八五，2；图版八六；图版八七，1），尺寸见前文。

组合构件　残块11件。应为至少两块拼合成一个整体使用。拼合成整体为圆形，顶面中部有圆形榫洞。标本ⅦT4-1②：1，沿榫洞边缘有一宽4—5、高1厘米的宽平唇缘，外腹侧面为弧形，雕饰宝装莲花，莲瓣缘由1.5—2.5厘米的内外两条凸起条带组成，阴刻双线装饰，瓣芯为四云朵状略呈三角形分布。两个大莲瓣之间露出下一重瓣尖。腹侧莲瓣下面有高2.2—3.5厘米的底缘。底面较平，底面及榫洞内壁均有凿痕。在残块一侧为断茬，而另一面则有凿痕，说明此础原为数块拼合起来使用。有可能为錠脚石、井口石或旗杆座石。高21.1厘米（图版一三四，1、2）。其余残块均较小，如标本ⅦT4-1②：2（图版一三四，3）、ⅦT3-2②：1（图版一三四，4）、ⅦT3-2②：2（图版一三四，5）等，尺寸均小于20厘米。

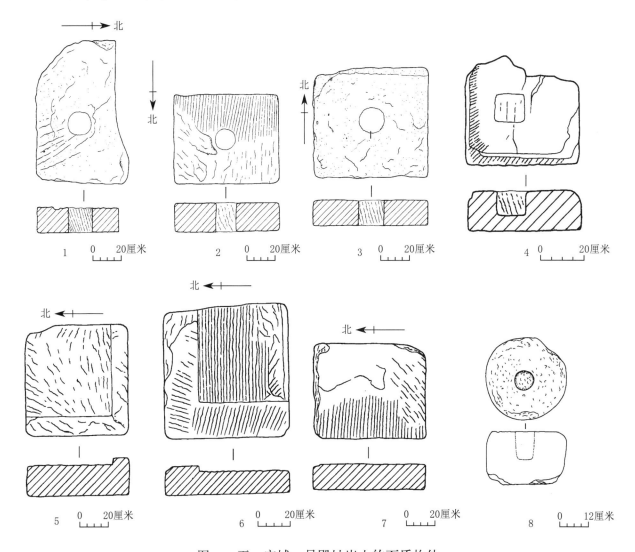

图一一五　宫城一号殿址出土的石质构件

1.东部基准石JZS2　2.北部基准石JZS1　3.南部基准石JZS3　4.柱廊东通道下段慢道北侧C型柱础

5.W↑∠12角柱土衬石　6.↑W∠11角柱土衬石　7.E↑∠12角柱土衬石　8.石杵（ⅡT4-1②：9）

基准石 3件。大殿北、东、南各有一块，编号 JZS1（图一一五，2；图版一〇四，1）、JZS2（图一一五，1；图版一〇四，2）、JZS3（图一一五，3；图版一〇五），尺寸见前文。

土衬石 位于上、下层殿阶基外围砖壁基槽内的外转角部，现存18件，见前文各转角叙述。如↑ W∠11（图一一五，6）、↑ W∠12（图一一五，5）、↑ E∠12（图一一五，7）处的土衬石。

石杵 1件（Ⅱ T4-1 ②：9）。 残缺下部，上部为圆形，上面较平，中心有一圆孔，周壁为弧形，下部有断茬。外表不见工具痕迹。直径28.8、残高17.1、孔径9.6、孔深7.8厘米（图一一五，8；图版一三四，7）。

石轮 1件（Ⅷ T5-3 ②：4）。磨盘状短圆柱体，中有圆孔，但未凿通，底面与圆孔对应处，边缘阴刻凿出圆形，可能原想将圆孔凿通而未完工。上面较平，有放射状的凿痕，底面相似，但不如上面规矩，周壁有斜向凿痕，通体满布砂眼。直径31.4、厚10、孔径11厘米（图版一三四，6）。

4．青石

六六幻方 1件（Ⅵ T3-1 ②：1）。在探方内坐标：南3、西3.2、深0.5米。深灰色青石，基本为正方形，角部有残。宽14.5—14.7、高15.2厘米。从中间劈裂为上下两片，上片厚0.9—1.1、下片厚1.7—1.9、总厚2.7—2.9厘米。劈裂面为自然毛面。幻方正面较平滑，侧面及底面都不太光滑，但整体较为方正。底面粘有白灰。在正面留出侧边0.5、上下边0.8厘米的边缘，阴刻纵横各六道方格线，个别线有出头，不太严谨。方格边长2.15—2.35厘米。在方格内阴刻1—36共36个古阿拉伯数字，每个数字均斜向。数

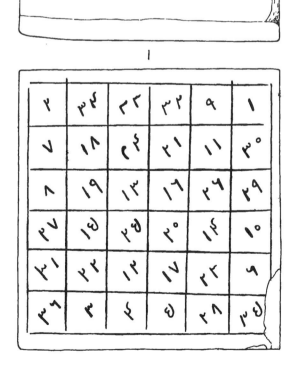

2	34	33	32	9	1
7	18	24	21	11	30
8	19	13	16	26	29
27	15	25	20	14	10
31	22	12	17	23	6
36	3	4	5	28	35

0 ⊢⊢⊢⊢ 4厘米

图一一六 宫城一号殿址出土的六六幻方及释文

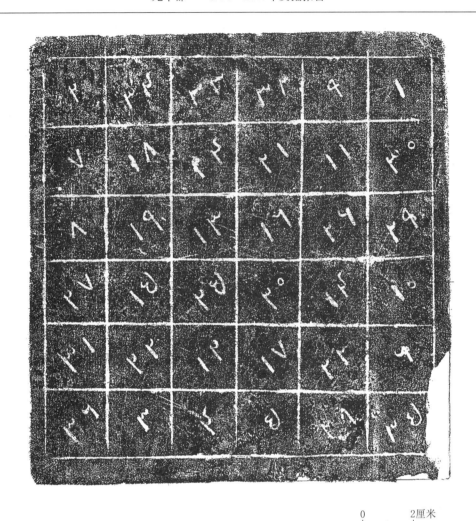

图一一七　宫城一号殿址出土的六六幻方拓片

字今译如下图（图一一六、一一七；彩版三一三，4—6；彩版三一四）。

（二）灰陶建筑构件

分为青砖和灰瓦两类。

1. 砖

根据形制可分为条砖、方砖、楔形砖，据纹饰又可分素面砖、粗绳纹砖、斜条带纹砖、卷草纹长砖、牡丹凤轮龙纹方砖、六角编扣花叶纹方砖、龙纹大方砖等（表一九）。

条砖　全部为灰陶，形制基本为长方体。可分四种。

A 型　大量发现。该砖是地层中出土最多的一类，主要是用于垒砌砖墙。形体中等，正面素面光平，背面微糙，制作较为规整，火候较高。标本ⅠT3-2②：1，长35.5、宽17.5、厚5.5厘米（图版一三五，1、2）。标本ⅤT4-5②：1，长35.8、宽17.3、厚6厘米（图版一三五，3、4）。标本Ⅲ T4-2②：1，正面有四圈小圆孔组成一个直径4.2厘米的圆形，残长14.6、宽17.5、厚6厘米（图版一三六，1）。

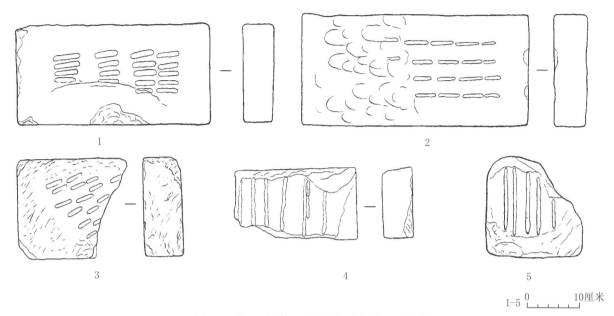

图一一八　宫城一号殿址出土的B型条砖

1.ⅦT4-6②：2　2.ⅦT5-6②：1　3.ⅣT2-5②：2　4.Ⅳ2-5②：3　5.Ⅳ2-5②：1

B型　6件。较大，制作不很规整，薄厚不甚均匀，胎质含有细沙粒，火候较低，正面素面光平，个别有刮抹现象，背面有间断粗绳纹，但绳痕不明显，类似于断断续续的刻槽。绳纹以与砖长边大致平行者为主，如标本ⅣT2-5②：3（图一一八，4；图版一三六，3），或有斜向分布者、或有略斜者，如ⅦT4-6②：1（图版一三七，1、2）和ⅣT2-5②：2（图一一八，3；图版一三六，4）。间断的绳纹有的较短，如ⅦT4-6②：2（图一一八，1；图版一三七，3、4）和ⅦT5-6②：1（图一一八，2；图版一三六，5、6），有的绳纹较长，如ⅣT2-5②：1（图一一八，5；图版一三六，2）。

C型　1件（ⅢT4-5②：1）。长方体，形体较小。长边侧面有风化，亦可能是方砖残断而成，长28、残宽15.3、厚5.3厘米（图版一三五，5、6）。

D型　1件（ⅤT5-4②：1）。长方体，较宽，长31.5、宽21.7、厚6厘米（图版一三七，5、6）。

楔形砖，大量发现，用于砌墙或边沟，选取标本24件。泥质较细，质量较高。一边长且厚，一边短而薄，两侧为斜边。可分两种。

A型　标本13件。正面素面光平，背面中区有铲出的斜向宽带纹。面对砖观察，条带纹从大边向左下角斜向分布，多不清晰。标本ⅥT5-3②：1，长33.6—34.4、宽17.7—18、厚5.5—5.9厘米（图版一三八，1、2）。此类砖还有形体较小者，如标本ⅦT3-5②：1，尺寸中等，长28—29.4、宽18.5、厚5.5—6.2厘米（图版一三八，3、4）。标本ⅦT5-5②：1最小，长24—25.6、宽18、厚5—5.9（图版一三八，5、6）。

B型　标本11件。正面有间断粗绳纹，绳纹较深，痕迹一般较为明显。标本ⅦT3-5②：3，长30.5—34.8、宽18、厚5.5—6厘米（图版一三九，3、4）。标本ⅠT1-5②：1（图版一三九，1、2）、ⅢT2-3②：3（图版一三九，5、6）、ⅥT5-4②：2（图版一四〇，1、2）、ⅣT1-4②：3（图版一四〇，3、4）较为完整并具有代表性，将这4件标本的照片一同附上。

削边砖　4件。用楔形砖制作而成，A、B两型楔形砖均有，将楔形砖的大边斜削，或者大边和侧边均斜削，两面粘有白灰泥，可能作为雕砌边框使用。IV T2-4 ②：1，完整，正面有三组各五道沟槽，背面铲有斜向宽带纹，不明显，中部纹饰断开。在砖的一个侧面，一边留有宽1.8厘米的边，另一边斜削呈坡状。砖长37.6—38.6、宽19、厚3—4.3厘米（图版一四〇，5、6）。VI T1-4 ②：11，残余半块。两个侧面均斜削。残长18.6、宽18.7、厚3.6—4.1厘米（图版一四一，1）。

象眼眶角雕砖　共12块。可分两种类型。

A型　6块。在砖侧面从中部向两侧均斜削，标本VI T1-3 ②：4，直角边长26、斜边长28、高9.5、厚6.7厘米（图版一四一，2上）。标本VI T1-3 ②：2，角尖残断，直角边残长21、斜边残长21、高10、厚7厘米（图版一四一，2中）。标本VI T1-4 ②：6，角尖残断，后部有折。直角边残长23、斜边残长23.5、高7.5、厚7厘米（图版一四一，2下）。

B型　6块。侧边外侧保留2厘米的原面，内侧削边，缘部有阴刻凹槽。标本VI T1-4 ②：7，后部竖边有折，直角边长26、斜边长27、高9、厚6.5厘米（图版一四一，3上）。标本VI T2-5 ②：1，角尖残断，后部竖边有折。直角边残长20、斜边残长20.5、高8.7、厚6.3厘米（图版一四一，3下）。

象眼眶边雕砖　8块，可分两种类型。

A型　3块。在砖侧面从中间向两侧斜削，微有弧度，中起脊棱，棱上阴刻凹槽。标本VI T1-4 ②：8，残长13.5、宽10.5、厚4.6厘米（图版一四一，4左）。

B型　5块。砖侧面外侧留2厘米的砖边，内侧斜削，缘刻凹槽。标本VI T1-4 ②：9，残长13、残宽8.7、厚4.6厘米（图版一四一，4中）。标本VI T1-4 ②：10，三角形，除侧面如上述雕边外，两边从前面斜削，不细致。其目的是与其他砖结合紧密。残长15、宽14、厚4.5厘米（图版一四一，4下）。

卷草纹条砖　87件。澄浆泥质，质量较高。纹式基本一致，但细部有差别。砖背面为素面，背面有从一侧到另一侧的纵向刮抹痕迹，不平整，正面模印浮雕卷草纹。长边两侧有各有一宽2.5厘米的宽边缘，内缘突起，短边两侧无缘，从面对砖面的方向观察，卷草枝蔓从砖左端伸出，主干为宽带状，双侧边缘凸起，呈S形向右侧伸展，并有分枝。主枝蔓的末端回卷形成涡纹状枝头。在砖中部、主干左侧下方分岔抽出一枝向下回卷呈小S形，左右分别卷成一个卷涡状枝头，枝头末端弯回，左侧并有一小分枝伸向砖的左下角，此小分枝一般为涡卷状、少数呈斜角状。主枝蔓末端涡纹状枝头的左侧又伸出向上回卷的一枝，该枝末端呈现方向一致前后并列的两个卷涡状枝头。从砖中部主干向上也有一个回卷分枝。从主干及分枝的弯转处还分出有较短的分枝及涡状枝头。在砖的左端上侧、主干与左侧下方分岔处各有一个叶子，叶子边缘亦凸起，中央凸起小叶。发现完整砖和可拼对复者很少，大多断裂为小于1/2的小砖块。因完整者数量较少，无法穷尽此类砖左右半块不同形制的组合状况。一般正面和背面差别不大，或砖背面略小于正面，有的非常明显，可能是有意为之。根据出土的残断砖块观察，应使用很多砖模，不同的砖模印出的卷草纹，差别主要表现在下面几个方面。左半块砖可分两种情况：

A型　6件。左半块，卷草左下角斜出呈尖角状，此种数量较少，仅发现6块。标本V T4-2 ②：3，残长21.3、宽19、厚5.7厘米（图一二〇，1；图版一四二，1）。标本IV 1-5 ②：5，残长17、宽19、厚5.7厘米，背面比正面边长缩小约0.6厘米（图一一九，1）。

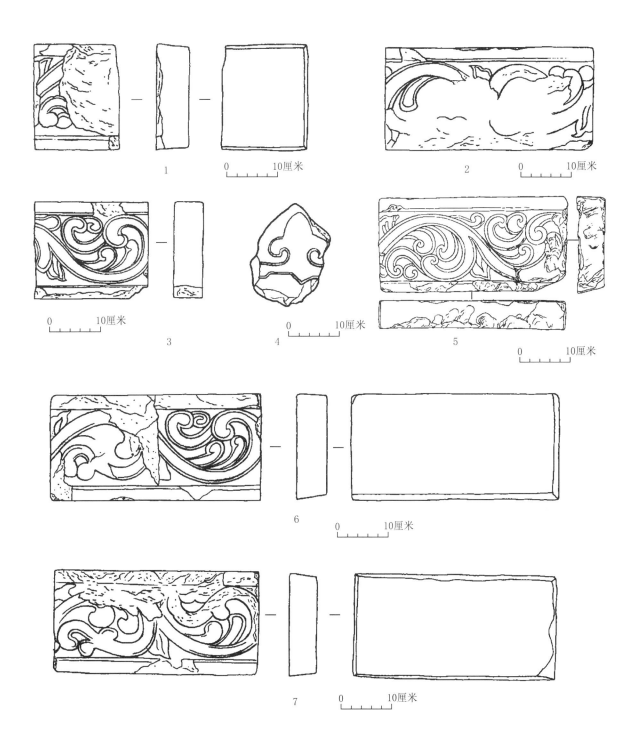

图一一九 宫城一号殿址出土A、C、E型卷草纹条砖和草叶纹砖
1.A型（ⅣT1-5②：5） 2.C型（ⅣT1-5②：2） 3.C型（ⅣT1-5②：6）
4.草叶纹砖（ⅧT2-5②：2） 5.E型（ⅣT1-5②：4） 6.C型（ⅥT1-5②：1）
7.E型（ⅣT1-5②：3）

1-8　0　　　　　　10厘米

图一二〇　宫城一号殿址出土的卷草纹条砖
1.A型（VT4-2②：3）　2.C型（VT1-4②：5）　3.B型（ⅣT3-3②：1）　4.G型（ⅡT4-5②：2）
5.C型（VT4-2②：4）　6.D型（ⅣT1-3②：1）　7.E型（ⅡT4-5②：1）　8.F型（ⅨT2-3②：1）

B 型　30 件。左半块，卷草左下角是一个卷涡状枝头，此种数量较多。但多数磨损或疏朽脱落无法辨清。标本Ⅳ T3-3 ②：1，残长 21.2、宽 18.8、厚 5 厘米（图一二〇，3；图版一四二，2）。

砖的右半块，以下边的小叶和上面的两个卷涡区别较大，又可分为四种．

C 型　14 件。主枝末端向左侧延伸出来两个卷涡大小相若，像为一条枝蔓直接通连，枝头卷涡一前一后向下方平行回卷；此型砖的卷枝分岔处叶子中央小叶为实心尖牙状突起，目前出土的整砖和可复原者左半块均为上述 B 型。标本Ⅴ T4-2 ②：4，断可粘接，角残，长 38、宽 18.7、厚 5.5 厘米（图一二〇，5；图版一四二，4）。标本Ⅵ T1-4 ②：5，断可粘接，长 38．6、宽 19、厚 5.5 厘米（图一二〇，2；图版一四二，3）。标本Ⅳ 1-5 ②：1，基本完整，纹饰有残，正面长 38．4、宽 18.5、厚 5.5 厘米，背面边长略小于正面 0.7—0.9 厘米（图一一九，6）。标本Ⅳ 1-5 ②：2，形制尚完整，但纹饰残缺较甚，长 38、宽 18、厚 5.7 厘米（图一一九，2）。标本Ⅳ 1-5 ②：3，基本完整，纹饰有残，背面边长略小于正面 0.7—1 厘米，正面长 37.4、宽 18.3、厚 5.4 厘米（图一一九，7；彩版三一六，2）。Ⅳ 1-5 ②：6，残余三分之二，正背面基本同大，残长 25、宽 18.5、厚 5.5 厘米（图一一九，3）。

D 型　1 件（Ⅳ T1-3 ②：1）。主枝末端向左侧延伸出来两个卷涡大小差别不大，但两卷涡之间下凹相切，末端卷涡略呈圆形。残长 20、宽 18、厚 6 厘米（图一二〇，6；图版一四二，5）。

E 型　17 件。主枝末端分枝的末端卷涡比左端的大，朝向宽草叶一侧有开口，上下均似从宽草侧面伸出，上端内卷；标本Ⅳ T1-5 ②：4，基本完整，一角有残，铺于柱廊西侧上殿通道斜坡上，纹饰较清晰，左半块为上述 B 型，小叶为实心，正面长 37、宽 18.2、厚 5.8 厘米，背面小于正面 0.7—1 厘米（图一一九，5；彩版三一五）。Ⅱ T4-5 ②：1，残长 18.5、宽 20、厚 5.5 厘米（图一二〇，7；图版一四二，6）。Ⅳ T1-5 ②：7 铺于柱廊西侧上殿通道斜坡上，断为两块，正面花纹有磕残（彩版三一六，1）。

F 型　1 件（Ⅸ T2-3 ②：1）。同于 E 型，但是主枝末端分枝的末端从草叶处回卷较长，再内卷，卷涡在下端，仅发现 1 块。残长 20、宽 19、厚 5.2 厘米（图一二〇，8；图版一四三，1）。

G 型　9 件。同于 E 型，但是主枝末端分枝的末端略回卷又前伸与主干直交。均较模糊，不太清晰。此类型的砖分岔处叶子的中央小叶为中空的尖角状，与其他类型不同。标本Ⅱ T4-5 ②：2，残长 21.5、宽 18.5、厚 5.5 厘米（图一二〇，4；图版一四三，2）。

素面方砖　用于铺地，没有揭取，选取标本 2 件。形制相同。火候较高。多为正方形，部分砖的长宽略有差距。砖的正面比背面略大，侧面由正面向背面内斜，使对接缝隙很小。正面光平背面凸凹不平根据对大殿台基上面残留的铺地砖进行统计，尺寸在边长 31.5—36、厚度 5.5—7.2 厘米之间，以边长 34、35、35.5、36 厘米，厚度 6 厘米和 6.5 厘米最为常见。边长差距均在 2 厘米之内，一般不超过 1 厘米。短边最短者 31.5 厘米，其长边亦在 35 厘米左右，仅为个例。标本Ⅸ T4-3 ②：1，一角微残，正面光滑平整，背面微糙，沾有白灰。正面边长略大于背面。边长 35.2×34、厚 6.4—7.2、背面边长 34×32.7 厘米（图版一四三，3、4）。标本Ⅰ T2-2 ②：1，正面边长 35.4×31.5、厚 6.4—6.8、背面边长 34×30.3 厘米（图版一四三，5、6）。前殿西通道上段慢道南侧望柱柱础之南铺地砖有一块较完整，Ⅷ T5-5 ②：1 正面边长 35.3×34、厚 6.5—6.8、背面边长 34×32.7 厘米，测量

图一二一　宫城一号殿址出土牡丹风轮龙纹方砖

1.ⅨT1-6②：1　2.ⅥT1-4②：2　3.ⅤT2-6②：1　4.ⅣT1-3②：2　5.ⅥT1-4②：1

6.ⅧT4-1②：1　7.ⅡT1-5②：21　8.ⅥT1-3②：1　9.ⅢT1-5②：3

后置于原位（彩版三一九，2—3）。

牡丹风轮龙纹方砖 74件。方形，背面为素面，不光滑，可见有不规则的刮抹痕迹，正面模印浮雕式的界栏、风轮、牡丹和龙纹等纹饰。横竖各两条平行条带状界栏垂直相交呈井字形，在方砖的四个角区，以界栏的四个交点为中心，以相交的两条界栏为对角线，以界栏与砖边交点之间的连线为边长，有四个呈45°斜向的小正方形，每个正方形内有圆形风轮一个。轮内有斜十字形条带纹与两条垂直界栏组成米字形的辐条状，界栏与轮圈相交处压在圆轮之上，斜十字线条带压在界栏线之上，但其外端又下压在轮圈下。砖的中央区域，小正方形的一条内侧边与四条界栏围成八边形开光区域，开光内饰有一条屈体升龙纹，以面对砖面方向观察，龙头上扬，吻部上翘，头后鬣毛飘拂分叉，有弯角，向前平折又向下折回。下颌部龙须向颈部回飘，后背伸出一支分成两叉呈鱼尾状的装饰，可能是火焰披毛。左前腿上举，右前腿曲肘，左后腿蜷曲，右后腿弯曲后伸，均有张开的尖钩状三爪，肘毛或向肘后拂动或向下垂飘，末端均分两叉类似鱼尾状，龙身后段如细颈瓶口，尾部似从瓶口中伸出并分枝，形如火焰在龙的前方燃烧。在中央开光以外砖的四个边区，每个小正方形一条边与砖的四边之间围成的四个区域内，各填半朵牡丹花，花瓣呈层叠状。砖背面略小于正面0.6—1.1厘米，四个侧边为趄面，由正面向背面内斜，横断面呈倒梯形，是有意而为之。同一面的边长以及厚度微有差异应该是制作过程中造成的，并非有意为之。侧面及正面无纹饰之处光滑，而背面粗糙，并有制作时留下的横向铺垫物印迹，背面、侧面粘有白灰。一般为正方形，较规正。正面长27.7—28.4、背面边长27—27.5、厚5.3—6厘米。标本IXT1-6②：1，较规正，左上角残缺。四边有斜向的修坯痕迹。正面长28.2—28.3、宽28.2—28.4厘米，背面长27.5—27.7、宽27.2—27.5厘米，厚5.5—6厘米（图一二一，1；彩版三一六，3；彩版三一七）。同时也有些此类方砖并非为严格规整的正方形，若以龙头向上方向竖放，高大于宽，如前文第二章张北县文保所早年采集的两件ZYGZCJ：1和采集品ZYGZCJ：2均如此。而且ZYGZCJ：2区别于发掘品之处，还有形制略小，角尖部位向头后上方翘起。因各部分保存状况有差别，各标本局部清晰度不同，为便于对比研究，把局部纹饰较清晰的2件较完整者和10件残块标本线图或照片一同附上：IXT1-6②：2（彩版三一六，5）、IXT1-6②：3（彩版三一六，6）、ⅡT1-5②：2（图一二一，7；图版一四四，3）、ⅢT1-5②：3（图一二一，9；图版一四四，4）、ⅣT1-3②：2（图一二一，4；图版一四四，5）、ⅤT2-6②：1（图一二一，3；图版一四四，6）、ⅥT1-4②：1（图一二一，5；图版一四五，1）、ⅥT1-4②：2（图一二一，2；图版一四五，2）、ⅥT1-3②：1（图一二一，8；图版一四五，3）、ⅦT4-1②：1（图一二一，6；图版一四五，4）、ⅥT1-3②：2（图版一四五，5）。尺寸见表一九。

六角编扣花叶纹方砖 23件。标本Ⅸ T3-4②：1，中心区域边框为一个由宽1厘米的条带组成的六边形，其内有六片叶片围绕中心的乳突，每个叶片有三尖，中间一尖较长，各顶一朵三瓣花。整个砖面是由此图形为单元组成的连续图案，其构成情况为：中央六边形的六个角均与有同样图案的六个六边形的各一个角交叉勾结、编织在一起，周边的六个六边形均为半个图形，各角再与其他相邻六边形之角交叉勾结。各角交叉处形成菱形格12个，各边相交处形成三角格6个。砖长略大于宽度，正面大于背面0.6—1.1厘米，侧面为趄面，应是专门如此制作。厚度稍不匀，是制作过程中形成的。背面不光滑、有制作时留下的竖向铺垫物印迹，并有粘结的白灰泥。正面边长（28.2—28.5）×（27.3—27.4）、背面边长（27.1—

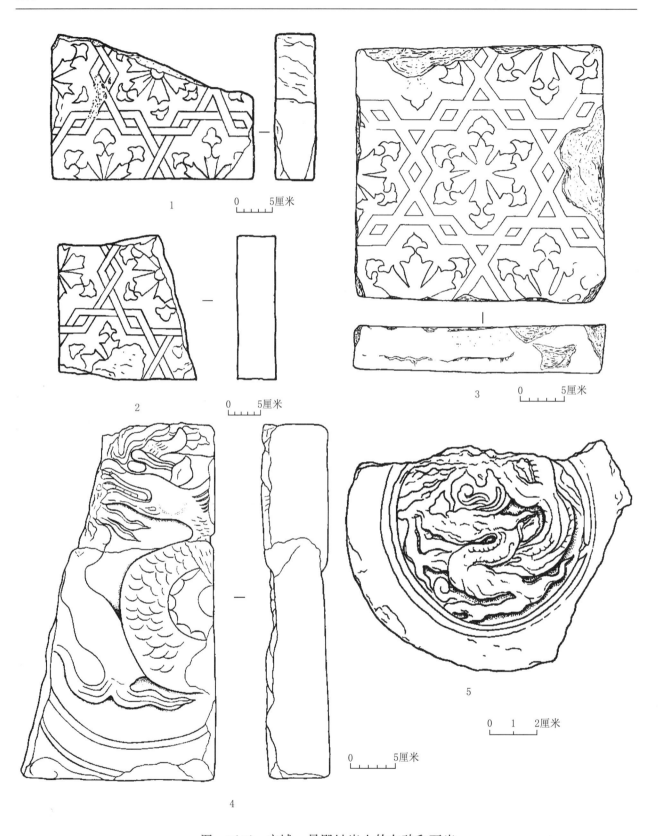

图一二二　宫城一号殿址出土的灰砖和瓦当

1.六角编扣花叶纹方砖（ⅨXT2-5②：3）　2.六角编扣花叶纹方砖（ⅢT1-5②：1）　3.六角编扣花叶纹方砖（ⅨXT3-4②：1）　4.龙纹大方砖（ⅦT2-5②：1）　5.灰陶瓦当（ⅥT3-3②：1）

27.5)×（26.4—26.5）、厚 5.3—5.6 厘米（图一二二，3；彩版三一八）。把局部纹饰较清晰的 2 件残块标本线图和照片一同附上：Ⅸ T2-5 ②：3（图一二二，1；彩版三一九，1）、Ⅲ T1-5 ②：1（图一二二，2；图版一四四，1）。

龙纹大方砖　1 件（Ⅶ T2-5 ②：1）。残余方砖的一侧，碎为两块，制作很规整。背面素面，正面有浮雕龙，残存龙头、一段龙身和一足，龙身有鳞片，肘后肘毛呈两股分开。龙头的眼、眉、角、耳、须、鬣毛刻画细致，栩栩如生。根据浮雕的龙纹至砖边部位仍不完全，推断此砖应是大型浮雕的一个组成部分，应与其他方砖拼接才能具备完整的内容，作为台基某一部位的装饰。砖正面长 34.5、背面长 34、残宽 20、厚 6.5—6.6、浮雕高 0.8 厘米（图一二二，4；彩版三二〇）。

草叶纹砖残块　1 件。残余一个垂叶形纹饰类似卷草纹，Ⅶ T2-5 ②：2，残 16.5× 残 12.7×6 厘米、浮雕高 0.5 厘米（图一一九，4；图版一四四，2）。

2. 瓦

分为板瓦和筒瓦，全部为泥质灰陶瓦，均为普通的黏土瓦，呈青灰色，即《营造法式》所言"素白瓦"。

板瓦　52 件（表二〇）。灰陶胎质含有细沙粒，火候较好，内面左右两侧有很浅的刀切痕迹，但未切透，切痕深 0.4—0.6 厘米。沿切痕掰开，使断面上接近瓦面一侧的切面部分平齐，而接近瓦背的切面部分粗糙。瓦一头宽，一头窄，大端平齐，小头内圆外尖，瓦背光滑，瓦内面有布纹痕迹。根据板瓦端口的弧度，四块板瓦可组成一个圆周。加之板瓦两端大小不一，可见板瓦的做法是先做成一个一端比另一端稍大的大圆桶后，由圆桶内面竖向切割四道，划开很浅的凹槽大致平均分成四份，将圆桶沿切痕掰开成为四块板瓦，然后烧制而成。瓦的长度相同，因分割不匀宽窄略有差异。标本Ⅱ T2-4 ②：5，尾端左下角缺失，右下角粘接复原。在左缘前端内侧距前缘 5 厘米处和右缘后端内侧距尾缘 7 厘米处，各有凹坑一个，在板瓦的内面靠左右两边都留有较多拌草白灰泥。长 37、弦宽 21—24、矢高 3.7、厚 2.3 厘米（图版一四七，1）。

标本Ⅲ T4-5 ②：4，左侧边缘中部稍有残缺，其余部分基本完好。内面有并排三道纵向指甲纹，间距为 6—7 厘米不等，在前端两侧边缘内侧距瓦头边缘 7.5 厘米处和后端两侧边缘内侧距尾缘 4 厘米处，各有凹坑一个。在瓦的宽头端面中间右半部有一道凹沟，较深且宽；左半部凹沟变为两道，较细且浅。瓦的侧缘局部粘有白灰泥。长 34.3—34.8、弦宽 22—24、矢高 4.1、厚 2—2.3 厘米（图版一四七，2）。

标本Ⅱ T2-3 ②：5 在瓦脊背上紧挨前缘有一片草拌白灰泥。

筒瓦　40 件。形制尺寸基本相同，细部略有区别，对其中较完整的 9 件进行统计（表二一）。泥质灰陶，胎质含有细砂粒，火候较低，瓦坯在筒形模上制作，每筒划成二片，背面光滑内面布纹，横断面呈半圆形，前端凸出瓦舌，形似圆形子母口器物之半圈子口，平面观察略呈梯形。有的筒瓦在烧成使用时，为使扣合严密，侧边和后端又经略加修整。部分瓦缘粘结有白灰泥，推测瓦扣合部位系用白灰泥粘接抹缝。

标本Ⅲ T4-1 ②：4，瓦头右上角背面残缺，两侧边缘瓦舌稍有残缺。为使缘部变薄扣合严密，用前在边缘内侧经过砍削使边缘及两端变得很薄，砍痕凹凸不平，背面左侧边缘粘有白灰泥。长 23、弦宽12.9、弦高4.9、厚2、瓦舌长0.8、宽7.5、厚0.3—1厘米（图版一四六，1、2）。

标本Ⅲ T3-4 ②：3，瓦舌瓦头边缘稍有缺失，左下角残为粘接复原。瓦舌在两侧边缘内面有很浅得切割痕，割痕平整光滑，靠背面的茬面凹凸不平且粗糙，根据筒瓦的弧度，两块可组成一个圆圈，陶质为泥质灰陶，含有细沙粒，火候较好，两侧边缘局部粘有白灰泥。长24.2、弦宽13—13.5、矢高4.5、厚2—2.3、瓦舌长1.3、宽11、厚0.2—1.5厘米（图版一四六，3、4）。

标本Ⅲ T3-4 ②：2，瓦头边缘右侧背面残缺一块，其余边缘局部有残缺。为使边缘变薄扣合严密，用前在边缘内侧经过削砍，砍痕凸凹不平较粗糙，左侧边缘背面粘有灰泥，其余边缘局部少许，陶质为泥质灰陶，内含少量砂粒，火候较好。长26.5、弦宽13—13.7、矢高4.3、厚2.2、舌长1.7、宽10、厚0—1.5厘米（图版一四六，5、6）。

瓦当，1件（Ⅵ T3-3 ②：1）。泥质灰陶，除无釉质外，形制和纹饰与后文 Aa 型琉璃瓦当相似，直径12.6、厚1.7、缘宽1.9厘米（图一二二，5；图版一四七，3）。

（三）琉璃釉陶建筑构件

可分为筒瓦、板瓦、线道瓦、条子瓦、檐口花头筒瓦、檐口如意头状滴水七类。

1. 板瓦

绿釉板瓦　440件。板瓦未见完整者，皆泥质红陶，施绿釉。因大部分为较小残块，很难区分普通板瓦、线道瓦、条子瓦。无法细化分类者均归入此类普通板瓦中。其中保留较大的标本3件，泥质红陶，含少量沙粒，火候中等。板瓦小端背面边缘凸起折棱类似重唇，可能为固定所用。背面光滑、内面布纹，距端约1/3的部位两面不施釉、但在背面有局部流釉现象，其余部位两面通施绿釉。有的在背面近小端处残留一支钉痕，可能是烧制时留下的痕迹。内面两侧边缘有切痕。瓦背面和两侧边缘内侧局部粘有白灰泥。可能有的板瓦不像上述标本一样在端部带有凸棱，但因仅残余板瓦中间残段不得可知。较有代表性的标本：Ⅱ T4-1 ②：2（彩版三二一，1）、 Ⅵ T4-3 ②：9（图版一四七，4）、Ⅵ T3-4 ②：6（图版一四七，5）。

2. 筒瓦

均为绿釉筒瓦，可分两型。没有发现可明确界定的黄釉筒瓦（表二二）。

A 型　瓦背无穿孔。396件。可能有的带孔，应为 B 型，但因残缺而不得可知。残块较大的标本4件。泥质红陶，含少许白色细沙粒，火候中等，外部光滑施绿釉，但有少部脱落，内为布纹无釉，后端及两侧内缘经过削切，削痕明显，前端有瓦舌，舌长1.5、残宽6.5、厚0.2—1.4厘米，瓦舌上面及后端内缘有少许白灰泥。Ⅱ T2-3 ②：4（彩版三二一，2）、Ⅳ T3-3 ②：2（彩版三二一，3）、Ⅳ T2-3 ②：1（彩版三二一，4）、 Ⅵ T5-4 ②：4（图版一四七，6）。

B 型　瓦背带有穿孔。16件。标本Ⅵ T4-4 ②：1，泥质红陶，火候中等，残存瓦舌和一侧边缘，外表光滑釉色深绿，内壁布纹无釉，边缘内侧削切使缘部较薄，瓦舌长1.7厘米，弦宽7.6厘米，厚0.2—1.2厘米，前端中部距瓦头边缘7.5厘米处有一通透圆孔，径长1.1厘米，瓦舌内面粘有白灰泥。残长14.5、弦宽11.5、弦高4.2、厚1.6—2厘米（彩版三二二，2）。保留相对较大的标本Ⅵ

T5-3 ② : 8 (彩版三二二，1)、Ⅵ T3-4 ② : 5 (图版一四八，1)、Ⅶ T2-5 ② : 3 (图版一四八，2)、Ⅳ T2-3 ② : 2 (图版一四八，3)。

3. 条子瓦

139 件。均为较小的残块。由绿釉板瓦打造而成。宽度为板瓦 1/2，长度因残缺不明，可能为一块板瓦打造四块。瓦背一侧宽 3 厘米的局部、侧缘和一端施绿釉，其余部位无釉，施釉一侧侧缘平齐，另一侧缘有从瓦内面切割的深 0.1 厘米的划切痕迹，沿此切痕瓣开，茬口为糙面，瓦背面沿此缘宽 5.7 厘米无釉、粘有白灰泥；瓦内面无釉为布纹。内面近切缘一侧呈褐色、局部粘有白灰泥，应为垒砌压叠形成的痕迹。瓦端内缘圆抹。残长 5—14、宽 8.5—8.7、厚 1.6—2.3 厘米。

4. 线道瓦

140 件。由黄釉筒瓦制成。因出土的黄釉板瓦残块均较窄，故归为线道瓦。大多数为较小残块，无完整或较大的黄釉筒瓦。这些小残块中亦有可能含有普通板瓦残块，但无确切证据。

标本Ⅵ T2-4 ② : 4，泥质红陶，含少量细沙，背面光滑施黄釉，内面布纹无釉，但局部有绿釉沁润，一侧边缘内侧经削切使边缘变薄，可能为烧前直接削坯而致，另一侧断茬内面有不太明显很浅的割痕，烧前沿割痕把筒瓦瓣开，分两半而用，背面一侧约 1/3 粘有土灰合成泥浆，长期在上覆盖侵蚀使釉色暗淡。残长 15.5、宽 11、厚 0.5—2 厘米 (彩版三二二，3)。

标本Ⅵ T4-4 ② : 2，残存尾端右下部。背面光滑施黄釉，内面布纹无釉，瓦尾边缘内侧及一侧边缘内侧斜削使缘部变薄，削痕光平，为烧前所切。左侧断茬内面留有很浅的割痕，烧前沿割痕把筒瓦瓣开，分两半而用，背面釉色大半鲜艳，一边约 1/4，暗淡且粘有泥浆，可为长期覆盖侵蚀而成。残长 12.1、宽 11、厚 1—2.2 厘米 (彩版三二二，4)。

保留相对较大的标本还有Ⅶ T4-1 ② : 3 (图版一四八，4)、Ⅳ T4-3 ② : 2 (图版一四八，5)、Ⅵ T4- ② : 3 (图版一四八，6)。

5. 檐口花头筒瓦 (琉璃勾头)

由瓦当和筒瓦构成，陶质为泥制红陶，胎质包含有少量白色细沙粒，火候中等，质地一般。多数都断开为瓦当与筒瓦两部分。共出土瓦当及残块 339 件。其中较完整或残块较大而能够分型的瓦当 219 件，无法分型的极小残块 120 件。不小于 1/2 或具有代表特征者共计 70 件作为典型标本进行了数据统计 (表二三)，其中 16 件在瓦当后部还残留部分筒瓦。

瓦当为圆形，正面为宽缘，缘内侧有一周凸弦纹，内区为浮雕团龙纹。做法是人工刷釉，先内后外，背面有流釉现象。根据纹饰可分为四型。

A 型，148 件。其中完整或保存较大者标本 44 件。在 ABCD 四型中，该型瓦当直径一般最大，在 13 厘米左右。可分两亚型。

Aa 型　17 件。凸弦纹贴在外缘内侧并高于外缘。龙头位于内区中央，龙首昂起，龙颈细长，呈流畅的 S 型，目视前方龙嘴紧闭，胡须飘逸飞扬，龙角紧贴于颈部，双角上翘，鬣毛向后波曲平飘、毛尖下垂，龙身环龙头盘绕翻滚，龙身粗壮浑圆，身披鳞甲，两个前腿一前一后将爪置于弦纹内缘，有肘毛，胸前有一个圆球状装饰，龙尾从右后腿绕过，右后爪伸于吻的上方，尾后部屈曲、尖部下垂，略呈"M"形，左后腿仅表现出与龙身相接的部位。内区有 2—5 个穿孔，位置多在龙嘴上部、龙嘴下部、

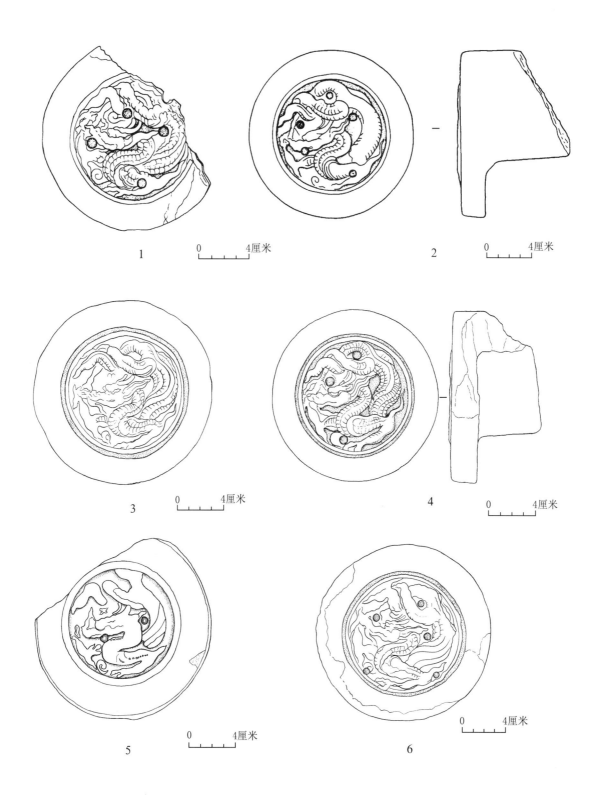

图一二三　宫城一号殿址出土的琉璃瓦当

1.Aa型（VIT4-3②：1）　2.Aa型（VIT1-3②：5）　3.Ab型（ⅢT1-3②：1）
4.Ab型（VIT4-3②：2）　5.Aa型（IT3-1②：2）　6.Ab型(ⅡT1-3②：1)

颈下、颈后和左前腿上部的空隙内，不够 5 孔者背面中心多有一个手指按窝。穿孔分布较为集中。穿孔从瓦当正面向背面穿透，方向不甚一致，说明并非五孔同时一次性穿过，而是一个一个分别穿透，外缘及弦纹施绿釉，内区施黄釉。瓦当背面无纹饰，有手印痕迹，边缘施绿釉，中部露胎。在瓦当背面，有釉子从正面通过穿孔流出又往下流的痕迹，瓦当上的釉子也有下流的痕迹，背面比正面明显。在瓦当背面下缘有粘结现象，穿孔有的在烧制时有堵塞现象，穿孔通畅的瓦当，施釉均匀龙纹清晰，穿孔堵塞的和无孔的瓦当，釉子厚重纹饰漫涣。瓦当与筒瓦断开的茬口，有细划道，以利于与筒瓦粘结。标本 A 型Ⅵ T1-3 ②：5，直径 12.8、厚 1.8、缘宽 2 厘米（以凸弦纹外至边缘计算，下同）、后接筒瓦残长 6.2 厘米（图一二三，2；彩版三二三，1）。标本Ⅵ T4-3 ②：1，半残，龙纹较清晰，还可看出烧造时琉璃釉流动的方向，为研究放置方式提供线索（图一二三，1；图版一四九，1）。标本 I T3-1 ②：2，上缘残缺，右上方有绿釉对内区黄釉的沁染现象（图一二三，5；图版一四九，2）。

Ab 型　131 件。主体纹饰同 Aa 型，区别于此的是外缘，其宽素缘与凸棱以凹弦纹隔开、类似 B 型，此型尺寸一般略大于 Aa 型。标本Ⅵ T4-3 ②：2，直径 13.5、厚 1.9、缘宽 1.9 厘米，筒瓦残长 5.5 厘米（图一二三，4；彩版三二三，2）。标本Ⅷ T4-3 ②：1，直径 13.6、厚 1.8、缘宽 2 厘米，筒瓦残长 0.5 厘米（图版一四九，3）。标本Ⅲ T1-3 ②：1，直径 13.3、厚 1.7、缘宽 1.9 厘米（图一二三，3；图版一四九，4）。标本Ⅱ T1-3 ②：1，直径 13.8、厚 2、缘宽 2 厘米（图一二三，6；图版一四九，5）。

因制作过程中受施釉厚度、摆放角度、釉受热流动情况以及个体差异等因素影响，不同瓦当纹饰的细节部分清晰度不同。

B 型　34 件。在 A、B、C、D 四型中，该型瓦当直径一般小于 A 型，12 厘米左右。凸弦纹与外缘相平用一道压印的凹弦纹隔开。团龙与 A 型相似，龙颈粗短，较为僵直，不如 A 型流畅，鬣毛尖部后飘上扬，尾部不如 A 型屈曲，尾尖上挑，左后腿完全未表现出来，胸前的饰物也不清晰。穿孔分别位于团龙的头部上方、下颌下部、角尖后部、身侧肘下及尾部下面的空隙间，分布较 A 型分散。标本Ⅱ T2-3 ②：1，直径 12、厚 1.7、缘宽 2（彩版三二四，1）。Ⅳ T3-4 ②：1，直径 11.6、厚 1.8 厘米，缘宽 1.7、筒瓦残长 4 厘米（图一二四，1；图版一五〇，1）。Ⅳ T1-3 ②：3，残缺，直径 12、厚 1.7、缘宽 1.8、筒瓦残长 1.5 厘米（图版一五〇，2）。

C 型　35 件。尺寸小于 A 型，与 B 型相当，多数稍大于 B 型。凸弦纹与外缘相平用一道压印的凹弦纹隔开。团龙与 A 型相似，龙颈细但较短，转折不如 A 型流畅，鬣毛下拂，龙吻部贴于缘部，右后腿蜷曲于头后，左后腿仅表现出与龙身相接的部位但不清晰。标本Ⅲ T4-1 ②：10，直径 12.4、厚 1.8、缘宽 1.6—2 厘米（图一二四，3；彩版三二五）。标本Ⅱ T2-3 ②：2，直径 12.2、厚 1.6、缘宽 20 厘米（图版一五〇，3）。

D 型　2 件。凸弦纹与外缘相平，用一道压印的凹弦纹隔开。龙纹与 A 型相似，但龙右后腿伸向侧缘，龙尾未绕右后腿。右后腿根处及左前肩处有火焰披毛，鬣毛分为三缕向后飘拂。Ⅷ T2-3 ②：1，直径 12.6、厚 1.7、缘宽 2、筒瓦残长 3 厘米（图一二四，4；彩版三二四，2）。Ⅵ T3-4 ②：1，残余约 2 ／ 5，但纹饰较为清晰，龙右角上弯，左角斜直，较短，可能是制作过程中残损形成的，不是有意而为之。龙头上方有流云纹。残余 4 个穿孔，均堵塞（图一二四，2；图版一五〇，4）。

另外，因尺寸太小，特征不明显而不能分型的瓦当小残块 120 件。

6. 檐口滴水

滴水 939 件（表二四）。均残缺不完整。可分为三型（行文中，面对滴水，以左手一侧为左、右手一侧为右，而龙本身肢体各部分的方位区分按其自然属性而定，下同）。

A 型　554 件。由滴水和板瓦构成。滴水为三角连弧缘尖滴水，泥质红陶，含有细沙粒，火候中等，质地一般。滴水正面接近三角形，两侧边缘由对称的海棠曲线合出下尖而成。内侧随缘有连弧凸棱，施绿釉。内区施黄釉，纹饰主体凸出，为顾首行龙。龙首居中，头顶上缘内侧的凸棱；嘴部向前吐出火焰，分出三缕；鬣毛三缕、屈曲后飘，身躯盘绕翻滚；右前腿向前伸至龙嘴前，爪向内收拢似握一圆球状物；左前腿向斜后方高扬，龙爪反掌收拢至滴水内区的左角部，肘毛沿上缘向后飘拂，在肘毛左侧左前腿与躯干相接的肩部还有一飘带状物，可能是肩部缠绕的火焰披毛，绕过肘毛之下贴右上缘后飘；左后臂沿左下侧连弧缘后伸，隐于小云朵下面。右后臂蹲屈，爪隐于云朵之下，在该臂脊部饰一条飘带状的火焰披毛从龙身右侧经躯体脊背绕向左侧；内区左角有云朵，尾尖隐于其下。身被鳞片，下有腹甲。龙身浮雕较高，周围以浮云衬托，气韵飞动，生机盎然。滴水正面一

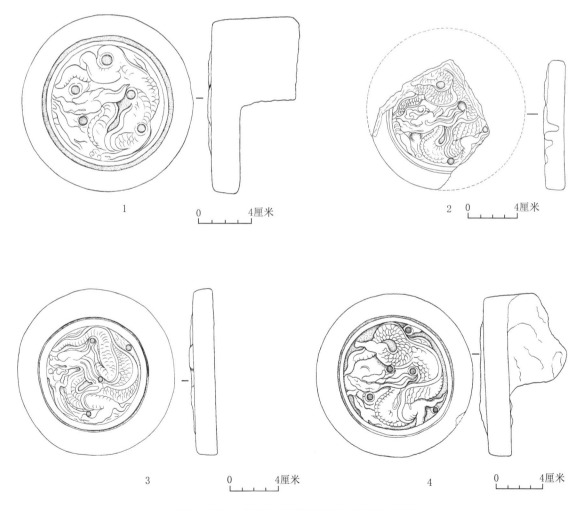

图一二四　宫城一号殿址出土的琉璃瓦当

1.B型（IV3-4②：1）　2.D型(VIT3-3②：1)　3.C型(IIIT4-1②：10)　4.D型瓦当(VIIT2-3②：1)

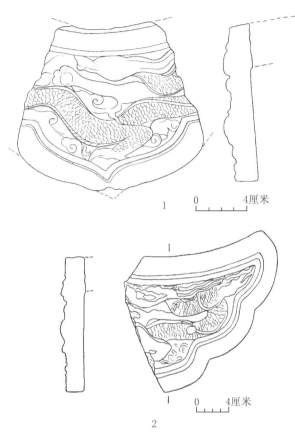

0　　　　4厘米

0　　　4厘米
2

图一二五　宫城一号殿址出土琉璃滴水
1. Ab型（ⅧT3-2②：5）　2. Ab型（ⅤT2-5②：7）

侧边缘的绿釉有流向内区沁润龙纹黄釉的现象。

Aa 型　95 件。鬣毛中的最上一缕前半部被前两缕挡住，在有些个体上表现不清晰，毛尖平飘。龙尾端云朵及下部近左下缘处云朵较大。

滴水形制及龙纹相同，尺寸及厚度因个体的做工而略有差别。滴水背面施绿釉，后面接有琉璃板瓦。板瓦有的较平，有的弧度略大，厚度有厚薄之分，有的板瓦厚度甚至相差一倍以上，背面前半部施绿釉，有向一侧流釉的现象，后半部露胎。内面布纹。瓦头外翻似重唇。均为残块，挑出能清晰地反映局部的标本照片，以利于复原研究（彩版三二六；彩版三二七，1—3）。

Ab 型　459 件。龙身形象与 Aa 型基本一样，但三缕鬣毛比前者清晰，毛尖部略上扬。龙尾端云朵及下部近左下缘处云朵较大、且形状不同（彩版三二七，4 至三二九，4）。标本ⅧT3-2②：5（图一二五，1）和ⅤT2-5②：7（图一二五，2）。

B 型　228 件。边缘较窄，龙首方向与 A 型相反，龙头自左侧向右侧回转。尾端顶住右上角部。尾下压有流云。所有标本龙头部位均不太清晰。鬣毛三缕，右前腿上扬，肌肉隆起，龙掌外翻，五趾分开，似抓住滴水壁面。掌下有云朵翻卷。左前腿半蹲，龙爪抓按住左下侧凸棱，肘毛下拂，身下肘后有三朵流云。左后腿屈曲后伸，肘毛后飘，爪隐于右下侧的凸棱下，肘弯处有云朵。右后腿仅可见与躯体相接的肩部（彩版三二九，5 至三三一，2）。

C 型　10 件。滴水残缺严重，无完整者，残余最大者为原物 2/3，一般均小于 1/2。泥质红陶，胎质内含少量细沙粒，火候中等，质地一般。龙纹浮雕较低、具有写意性，龙头自左向右回转，滴水尺寸也较小。一般面宽 18、面高 9、内区高 5、外廓宽 1.2、厚 1—1.6 厘米。

Ca 型　9 件。外缘内侧凸棱高于外缘，不用压印的凹沟和边缘隔开或凹沟较浅，边缘及棱均施绿釉，局部有黄釉沁润现象。内区为浮雕龙纹，浮雕较低，施黄釉，绿釉沁润严重。龙身饰有突起麻点状的鳞片。据不同残块观察，龙头自左向右回转，尾端伸至内区右角部，右前腿前伸、龙爪位于滴水右角部，表现不准确，可见龙爪三趾，与两道突起的纹饰粘连在一起。左前腿位于内区中下部，四趾张开，趾尖细长。左后腿后伸位于右下缘内侧，隐约可见龙爪，右后腿位于左上部位，但形状无法辨清。瓦当背面施绿釉，无纹饰，断面有茬口。ⅣT1-4②：5，残余滴水右侧 2/5。残长 7.3、残宽 5.8、厚 1.4 厘米（彩版三三一，3）。ⅣT1-5②：6，残余滴水下尖部约 1/4。残长 5.8、残宽 7.4、厚 1.4 厘米。ⅤT2-4②：5，龙纹局部高出缘部，残余较模糊三股鬣毛，龙身呈波形状，饰有突起麻点状的鳞片，身躯下龙爪张开，有四个爪趾，龙爪前方身躯下有一弯曲形装饰物不清楚，身躯后下方残存龙腿，内区施黄釉，背面施绿釉，无纹饰，断面有茬口。残宽13.3、残高7.7、厚1.4—1.7厘米（彩版三三一，4）。ⅣT2-5②：4，龙纹局部高出缘部，残余的龙首前吐火焰，残余龙身呈波形状，尾尖上扬伸至边缘角处，尾下部饰有云朵。身躯下有一突起装饰物，不清楚。龙身饰有突起麻点鳞片，内区施黄釉，背面施绿釉，无纹饰，断面有竖划痕以利于粘接。残长8.5、残宽9.2、厚1.3—1.5厘米（彩版三三一，5）。

Cb型　1件。ⅤT2-4②：6，整体由残缺的滴水和残缺的板瓦构成，滴水正面残缺严重，仅残余右侧一部分。两道凸棱贴在外缘内侧，高于外缘，两道凸棱之间用用压印的凹沟隔开。边缘及凸棱均施绿釉，局部有黄釉沁润现象，内区为浮雕团龙纹，施黄釉，龙纹局部高出边缘。龙首已残，龙身呈波曲状，尾尖上扬伸至内区右角处，右下侧可见龙的左后腿，龙爪隐于凸棱下；右后腿位于中间上部，可见四趾抓扣壁面；龙身饰有突起麻点状的鳞片。滴水背面及残余的板瓦、内外面均施绿釉。龙身形象不很清晰，浮雕比Ca型饱满。标本ⅤT2-4②：6，残长12.7、残宽7、厚1.4厘米，板瓦厚2.3厘米（彩版三三一，6）。

（四）小型走兽

龙头　10件。

ⅧT4-5②：5，残余部分龙头部、颈部及部分龙耳残段，吻部、鼻部及部分龙身、龙角尖部均残缺。头部及龙身均施黄釉，角施白釉，部分施绿釉，颈部鬣毛施绿釉。可能为岔脊或垂脊上的小型龙残块。龙头部均饰黄釉，釉色明显有火烧焦痕，使部分纹饰不清晰。唇缘呈波状起伏，残存右侧上獠牙，黑色卵形眼球，白角。两眉间有一小乳突，两眉前端旋成涡状向后呈波状起伏，向后微波舒展，额中部微隆，上饰有圆形涡状麻点。头上伸出两角，饰白釉微黄，角尖部为绿釉，两角呈弧形贴于颈部。饼状角根上有数个圆形涡状麻点，两角中部有凸起的短圆枝节，残损。嘴裂上下腮肉隆起，后部腮肉较大，牛耳，颈部虬髯，略呈三角形，较短。鬣毛呈束状向后飘拂，尖部向上微翘，头向前方弯曲，与躯体呈锐角，躯体两侧施黄釉鳞片，背鳍略呈三角形。腹下缺失，从断茬处可见内部中空。头部残长16、宽4.5、残高12、躯体直径4.2厘米（彩版三三二，1）。

ⅤT4-3②：5，残损严重，残余嘴、鼻部及颌下胡须，吻部残缺。颌下胡须施绿釉，獠牙施白釉，其他均施黄釉。上唇前端上翘，露出弧形横纹的上腭，前部牙齿不明显，鼻部弓起，鼻尖上突，两侧各有一道弧线，中部形成两个膨胀的鼻翼，开张的鼻孔呈椭圆形，鼻梁后有二道波形弧线形成的褶皱，两侧嘴裂较长，唇缘上下均有一道阴线凹槽，呈波状上下起伏。两侧各外露上2下2共8颗獠牙，施白釉，前端上獠牙短较粗，大部分獠牙尖部已残损，腮肉隆起，下颌前端有数个圆形涡状形成的麻点，胡须二股施绿釉向后飘拂，颈下施黄釉。残长9、前端宽3.4、后端宽5.3、残高6.2厘米（彩版三三二，2）。

ⅤT2-5②：2，残余部分龙头部、颈部及部分龙身，吻部鼻部残缺。头部、龙身施黄釉，角、背鳍施白色，鬣毛施绿色，眼珠施黑色。部分脱落不清，唇缘呈波状起伏，两侧各残留一颗上獠牙，獠牙圆凸较短，卵形眼球向外突出。两眉之间有一鼓凸凸起，眉毛微波舒展至耳与角之间，釉色全部脱落。头上伸出两角后伸平贴于颈部。角根呈圆饼状凸起，角前节有小凹槽，角尖残损，整体施白釉，大部脱落，两侧嘴裂有隆起的腮肉。龙耳如牛耳。腮后虬髯较短呈弧形，上下各有一股呈涡状向上回卷，鬓毛向后微波舒展，每侧为两股，施绿釉。颈部饰鳞纹。背鳍略呈锯齿状凸起，白釉部分脱落。残长13.5、宽4、残高11厘米（彩版三三二，3）。

Ⅳ T2-1②：1，残余嘴、鼻及下颌，吻部上侧残缺。牙齿施白釉，微黄，下颌胡须施绿釉。吻部上翘，前端露出弧形横纹的上腭残余3道，鼻部弓起，鼻尖上突，两侧各有三道弧线形成的褶皱，鼻孔略呈圆形，两侧残余嘴裂较长，唇缘上下均有一道阴线凹槽，使唇缘呈波状起伏，头部两侧各残余上2下1共6颗獠牙，下獠牙较长，呈弧形贴于唇缘外侧，唇上侧腮肉凸起，下侧不明显，颌下饰有一缕胡须，下垂后向前飘拂，施绿釉，断茬处为实心。残长6.5、前端宽4.2、残高5.5厘米（彩版三三二，4）。

Ⅷ T3-2②：3，残余躯体左侧的部分龙头及龙身残段，应为双范扣合而成的岔脊龙残段。鬓毛施绿釉，其他部位均饰黄釉，大部分釉色已脱落。残余的眉毛梢部呈波形向后飘拂，耳朵略似扁形花口喇叭状，嘴根后侧上下后各一隆起腮肉，釉色均已脱落，颈部残余鬓毛2股后拂，头部向前方弯曲，与身体呈"几"字形，躯体饰黄釉鳞片，体内中空。残长6、厚1.3、残高10.5厘米（彩版三三二，5）。

Ⅱ T2-3②：11，残余龙头部，吻部鼻部残缺。龙头部施黄釉，部分脱落，鬓毛施绿釉，眼珠施绿釉。唇缘凸起呈波状起伏，左侧残留一颗上獠牙，圆凸较短。圆形眼球向外突出。额头呈圆饼状凸起，额头两侧有弧形小凹槽，应为眉毛，上额施绿釉，额头残留一龙角，向后伸贴于颈部，角尖残缺。右耳残损，左耳近似扁形喇叭花状，耳廓微凸起，后廓成圆形，腮后有依次饰有虬髯、腮翅、鬓毛。残长9、宽5、残高8.5厘米（彩版三三三，1）。

Ⅱ T1-1②：3，严重残损，仅残存嘴和吻部。均施黄釉，吻部较长，前端上翘，露出饰横波状上腭。闭嘴，鼻梁弓起，鼻孔形状略呈椭圆形，鼻翼不明显，鼻梁两侧均有弧形阴线形成的褶皱，嘴上下残存部分隆起的腮肉，唇缘上下均呈波状起伏，左侧外露上2下1，右侧上1下1，共5颗獠牙交错分布，颌下前端胡须一股向后拂。腮后虬髯回卷。从断茬处可见体内中空。残长11、前端宽2、后端宽4、残高5.5厘米（彩版三三三，2）。

Ⅴ T4-2②：6，仅存头部，嘴部断裂，吻部残。眼球施黑釉，龙角施白釉，獠牙施白釉，颈部腮翅、鬓毛及颌下胡须施绿釉，其他均施黄釉。可能为岔脊上的小型龙头残块。吻部突起且上翘，鼻梁凸起，两侧各有一道弧形凹槽形成的鼻翼，微隆，有三道弧形凹槽形成的褶皱，两侧嘴的上下唇缘部均有一道阴线凹槽，呈波状起伏，两侧各外露上2下2共8颗施獠牙，短而钝尖，部分獠牙尖部残损。黑色眼球、白色眼白，眉间有一凸起，右侧眉毛缺失，左侧眉毛前端先旋成涡状，似拧成一股向后舒展，额顶部微隆，头上两角弓起贴于颈部，两角中部有凸节，不明显，角尖呈扁圆形向后平伸，两角外侧纵向饰一道略呈弧形的沟状凹槽；双耳似扁形花口喇叭状。耳廓前缘有一道弧形阴线，耳根部有2—3道斜向阴线，腮肉隆起，嘴角后端腮肉较大，上3下4后1共8个。腮后有腮翅，由两个棘刺和饰有圆形小麻点的火焰形装饰构成、上1左右各2共5束鬓毛。颌下胡须一股下垂后又向后拂。颈部向前弯曲与躯体略呈直角，身段部仅残余2片鳞片。体内断茬处为实心。通体残长18.8、残高11.5、前端宽3.2、后端宽4.5、龙角通长7.4、龙身残断处直径4厘米（彩版三三三，5）。

　　ⅡT4-1②：4，残余头部，吻部残缺，两角均施白釉，眉毛施绿釉，其他部位均施深黄釉，局部有绿釉沁润现象。鼻部微隆，鼻翼两侧各有一小近圆形窝状的鼻孔，唇缘上下均呈波状起伏，两侧各外露上3下3共12颗獠牙，卵形眼，中部有一圆形眼球，施黑釉，额部略扁平，两眉呈波状起伏向后微波舒展，头上两角呈弧形，弓起贴于颈部。腮肉隆起，两侧上4下4后1，共9个，后侧腮肉较大，左侧耳后，残余一束鬣毛根部。龙头下面有数道波形横纹状如蛇腹的腹甲。断茬处可见体内中空。残长13、前端宽3、后端宽4、残高7厘米（彩版三三三，3）。

　　ⅤT4-3②：6，残余龙头右半部分，吻部鼻部残缺，唇缘凸起。施黑釉的卵形眼球向外突出。眉毛向后舒展至耳与角之间。眉毛施绿釉，部分脱落，额头上伸出一角，平贴于颈部，部分脱落，耳近似扁形喇叭花，后廓呈三个花瓣状，耳施黄釉。残长6.5、残高6.5厘米（图一二六，1；彩版三三三，4）。

　　走兽身躯残段　　12件。

　　ⅡT1-1②：5，残余躯体下半部。腰间残存围衣带，右侧衣带下垂，残存三股，一股贴于服饰上下垂，另两股残缺严重，左侧一衣带自上而下、至下端呈横向，向右呈波浪形。腹前衣着应为一袍，上有斜向凹槽形成褶皱，袍体自右向左旋转，背部断茬处可见制作时留下的捏痕。残高12、残

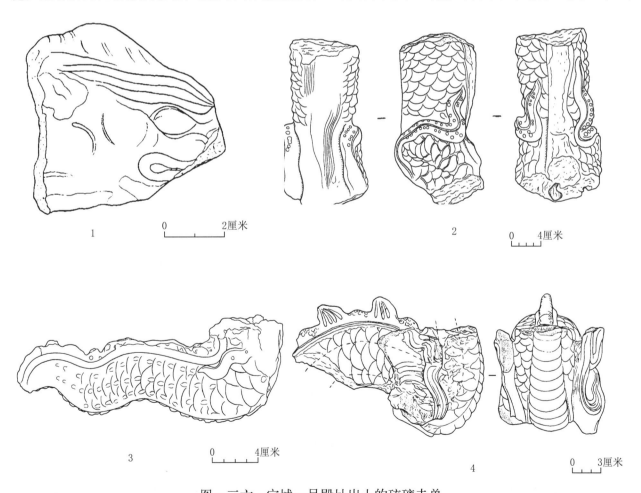

图一二六　宫城一号殿址出土的琉璃走兽
1.龙头（ⅤT4-3②：6）　2.躯体残块（ⅥT5-3②：7）　3.躯体残块（ⅢT1-3②：1）　4.躯体残块（ⅢT1-3②：9）

宽 11、厚 5.5 厘米（彩版三三三，6）。

Ⅲ T1-4 ②：4，残余躯体前腹部。均施绿釉，腹前饰一条绿釉系带，系扣偏躯体右侧，分成两股分开，垂至腹下，再系成结，向两侧均下垂，衣着均施绿釉，上有沟状凹槽形成的衣褶，错落有致，背部残断处体内中空，可见制作时留下的手捏痕。残高 9、残宽 12、厚 3.2 厘米（彩版三三四，1）。

VT3-4 ②：12，残余躯体中部，残余部分施黄釉鳞片的躯体，其余部位通体施绿釉。衣带裹着袍体，两侧飘带下垂，不可辨别是何种走兽。残高 10、宽 13 厘米（彩版三三四，2）。

Ⅰ T3-5 ②：2，身披鳞片，下腹无鳞片，背鳍大部分脱落，两侧各有一凸棱，尾部有两股绿釉尾毛，整体呈黄色，腹下黄釉并带绿色。残长 15、直径 6 厘米（彩版三三四，3）。

Ⅲ T1-3 ②：1，残余龙尾部，呈波曲状逐步缩小，身被鳞片，鳞片上饰有划道。残长 24.8、身粗 3—8 厘米（图一二六，3）。

Ⅲ T1-3 ②：7，残存腹部和左腿一段，其余缺失。通体为黄釉，毛发为绿釉。腹部有纵向凹槽二道，槽内有 6 道弧形横向凹槽，状如蛇腹。左腿饰交错鳞纹，云气纹由背后部延伸至肘部，中间有一凹槽。残高 12、宽 14、厚 8.5—9.3 厘米（彩版三三四，4）。

Ⅲ T1-3 ②：9，残存躯段为 S 形。通体为黄釉，背脊为白色。龙身侧视与脊背和腹部转折均为直角。腹颈部为中空，颈部腹甲饰弧形横向凹槽 11 道，状如蛇腹，两侧有二道纵向凹槽，纵槽外侧饰鳞纹。两侧各有一翅膀，为素面，上部有云气纹，云气纹中间饰有一凹槽，可能是火焰披毛。翅尖已断失。背脊两侧呈二道凸棱，棱内为两个带竖向凹槽的三角锯齿状凸棱，凸棱中间和两侧有三个凸起，上饰圆形麻点。背脊凸棱的两侧，饰鲤鱼鳞纹。残长 23.5、高 12.5、宽 13.5—8.5、厚 6.5—8 厘米（图一二六，4；彩版三三四，5）。

VT2-3 ②：5，整体呈弧形，身披鳞片，背鳍残留 3 个呈尖状凸起，饰有小凹槽，背鳍两侧各有一道凸棱，三个尖状凸起中间各有一圆饼状凸起，上有小坑窝，身为黄色，背鳍呈白色，身段部分呈绿色。残长 17、直径 8 厘米（彩版三三四，6）。

Ⅴ T2-5 ②：6，残存身躯残段和后肢。通体黄釉，严重锈蚀。腿部蹲坐，中空内有捏制痕，云气纹从下肢后出现，沿着腿部向上直至腰部，右侧延伸至腹部，云气纹中间各有一凹槽，后部通体饰交错鳞纹。尾部微翘，残失一半，前部腹较凸起，饰黄釉。残高 18、宽 12、厚 8—9.5 厘米（彩版三三五，1）。

Ⅴ T3-4 ②：9，残存身躯残段。背脊上呈灰白色，其余为绿色。脊背上有二个三角状凸起的鳍，两侧有凹沟，背脊两侧各为一条弧形凸棱，形成背脊与两侧分界线。下部两侧各有鬣毛四股呈波浪式向后飘展，中间有明显凹槽，腹部凸起，两侧有凹槽，其间有弧状凹槽五道状如蛇腹，头部缺失，鬣毛后部缺失。残长 16.5、高 7.5、厚 4—6.3 厘米（彩版三三五，2）。

Ⅵ T4-4 ②：7，残存腹部和两侧腿上部，腹部中空，腹部两侧有纵向凹槽二道，槽间饰横向弧形凹槽 5 道，状如蛇腹，槽外饰交错鳞纹，腹两侧大腿上部饰交错鳞纹，腿与躯体相接处披裹云气纹，云气纹中间有一凹槽。残高 16.5、宽 11.5、厚 7 厘米（彩版三三七，1）。

Ⅵ T5-3 ②：7，身躯残段，侧面可辨蜷曲腿，横断面为圆形，通体为黄釉，脱落较多。体饰鳞片，云气状披毛绕肩向背屈曲飘拂，披毛中间有一凹槽、两侧有小圆坑。残高 21.2、横断面 8.6—9.4 厘米（图一二六，2）。

行什　3件。

Ⅲ T1-3 ②∶9，残存躯体中部右侧，右侧肢体部。飘带施绿釉，其他均施深黄釉，局部有绿釉沁润现象。右手屈于胸前，宽带贴塑装饰，绕于臂部，宽带中部有一沟状凹槽，肢体袒露，肌肉凸起，生动而有力，臂部为单范制作后扣合在躯体上；背部右侧残存右翼根部，呈弧形，贴于躯体背部，施黄釉局部有绿釉沁润现象。腰部残缺严重，仅残存腰间部分衣带，饰黄釉，均有绿釉沁润现象，体内中空，内部可见制作时留下的手捏印痕。内侧清晰可见右翼制作出的榫插在躯体近方形孔内，以作固定右翼之用。通体残高15.5、残宽7.4厘米（彩版三三七，4）。

Ⅷ T2-3 ②∶7，残余头部后侧。毛发间有束带，毛发较长而整齐，披于脑部后侧，下垂至接近颈部处。左侧腮部有肌肉感。体内中空，内可见制作时留下的手印捏痕。通体残高10.1、残宽6.9、厚1.5—2.5厘米（彩版三三七，3）。

Ⅴ T3- ②∶1，残余躯体中部，头、腿部、手部缺失。釉色严重脱落，胸部两侧飘带及前肢均饰绿釉，其他均施黄釉。胸前两侧各一条形飘带，纵向从肩部至胸前分向两侧后飘，两肢均屈于胸前，上臂部两侧有两道阴线凹槽装饰的宽带贴塑，肢体袒露，肌肉凸起，肘部凸起明显，胸前左右两块胸肌微隆，刚劲有力，腹部略呈圆形，向前微鼓，背部有左右对称的双翼断痕，腹下断茬处可见体内中空，飘带断茬处可见拼接痕。残高13、肩宽10.5、中部宽14、下端宽8.2、颈部断茬处直径4、

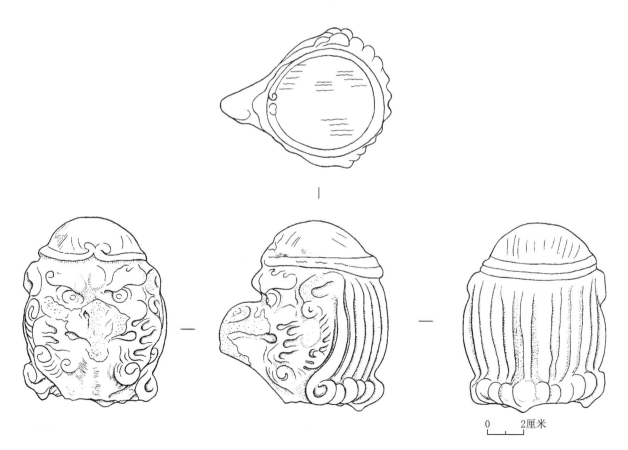

0　　2厘米

图一二七　宫城一号殿址出土鸟喙神兽头部（ⅣT2-5②∶1）

厚 7.5 厘米（彩版三三七，5）。

鸟喙神兽　2 件。

Ⅱ T4-4 ②：5，残余头部。因严重烧焦，釉色不明，呈黑色。头后毛发下垂，头部束带，嘴部形状似鹰嘴，向前突出，闭嘴，鼻部微凸，因风化不太明显，嘴角后侧腮肉凸起，圆形眼球，眉弓突出，额前有一丘状凸起，残存右侧耳朵似扁形花口喇叭状龙耳，腮肉后侧残留一股毛发后拂回卷。背部断茬处可见体内中空，有制作时留下的手印痕。通体残高 9.8、头部高 9.2、残宽 6.1、胎厚 1 厘米（彩版三三七，2）。

Ⅳ T2-5 ②：1，残余头部。脑后毛发下垂，发梢向上翻卷，头部束带，嘴部形状似鹰嘴，向前突出，嘴角后侧腮肉凸起，沿嘴角饰火焰纹。二目圆睁，眉弓突出，额前有一丘状凸起，耳朵似扁形花口喇叭状的龙耳，腮肉后侧两缕虬髯回卷。背部断茬处可见体内中空。以绿釉为主，面部间施黄釉。残高 9、宽 7、前后径 8.3、胎厚 1 厘米（图一二七；彩版三三五，3—6；彩版三三六）。

凤鸟　11 件。

Ⅴ T3-3 ②：3，凤鸟头部残块，残存颈部以上，其余缺失，右侧被焚烧模糊不清。此件与其他凤鸟不同，有可能是鹰。鬣毛和额头毛发为绿色，眼珠为黑色，其余为黄色。头微昂，嘴似鹦鹉嘴，鼻孔呈三角状，额头有二圆形凸起，两侧为眉毛，微波舒展延伸至耳上部，眼睑清楚，上眼皮略盖住眼球，眼球呈椭圆形，分眼球、眼白，眼球为黑色较圆，向外突出，后部有阴刻弧线一道隔开眼球和眼白。耳朵呈花口喇叭状，耳廓后呈连弧状，耳廓前饰有四道横向小凹槽，嘴后部饰有涡纹状毛发三个，凤冠后中间有一股毛发向后延伸，两侧眉毛各有二股向后延伸，颈部饰鱼鳞纹，颈后部有一个三角状凸起，左侧有二道凹槽。残长 18、高 10.5、厚 4.5—6 厘米（图一二八；彩版三三八）。

Ⅲ T2-4 ②：2，凤鸟头部残块，残存颈部以上，其余缺失。左侧被焚烧模糊不清。嘴部分为黄釉，其余全部为绿釉。头微昂，嘴似鹦鹉嘴，上嘴皮包着下嘴皮，嘴缘明显。鼻孔较模糊，外凸，额头

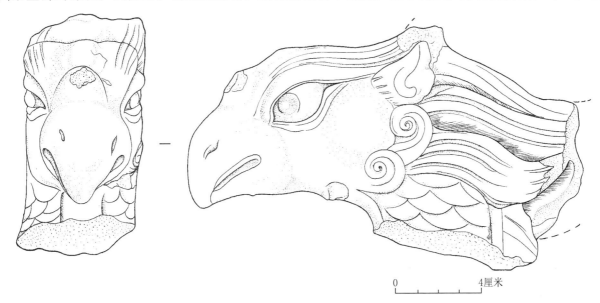

0　　　　　　　4厘米

图一二八　宫城一号殿址出土凤鸟（VT3-3②：3）

上部为一凸起凤冠，由四个云气纹成涡状，顶着一个乳突，凸起后部较平。腮后有一股胫羽向上延伸，上部残，颈部中间有股毛发向后延伸，另两侧各有二股向后延伸，颈前部饰鱼鳞纹。残长14.5、高10.5、厚4.5厘米（图一二九；彩版三三七，6）。

　　ⅤT4-5②：9，凤鸟头部残块，残存嘴部，其余缺失，釉色锈脱。嘴部为黄釉，部分为绿釉。内中空，嘴裂较长，嘴微张，嘴缘明显，较突起。鼻孔呈椭圆形，较深，鼻翼外凸。额前部有一凸起，呈椭圆形。残长5、高5.5、厚1.7—3厘米（彩版三三九，1）。

　　ⅣT2-3②：4，凤鸟颈部残块，头部缺失。左侧羽毛为黄色，其余为绿釉。背脊上有鬣毛，呈束状飘到颈后部，向上向前回卷，其两侧各有鬣毛二股，呈波浪式下拂至颈后部，毛尖下部两侧由交错凹槽

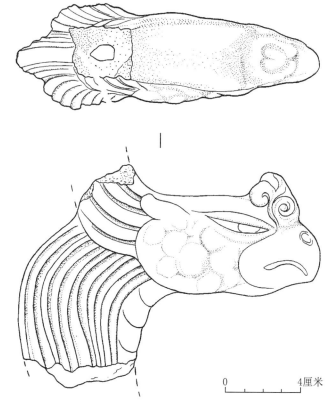

图一二九　宫城一号殿址出土风鸟（ⅢT2-4②：2）

形成羽毛。腹部有两侧的两道凹槽和其间弧状凹槽组成的状如蛇腹的腹甲。残长11.5、高7、厚4.3—6厘米（彩版三三九，2）。

　　ⅢT1-3②：5，残留凤鸟右腿部及云朵。腿部为黄釉，云朵纹为绿釉。大腿部饰有鳞纹，小腿部饰弧道，腿施黄釉。肘毛为黄绿釉，大部分脱落。在小腿与大腿之间有一股云气纹，向上回卷。两腿前侧饰有卷云纹，每侧各有一个向下回卷的云朵、右二左一向上回卷的云朵。残高18.7厘米（彩版三三九，3）。

　　ⅡT2-4②：11，凤鸟腿部残块。腿前左侧深黄色，右侧为深绿，其余为绿色。体内中空，腿前部饰云朵两个，下部残，云朵外廓呈连弧状，云朵内呈盘旋状，至中间向外凸起，云朵覆盖腿大部，剩余腿两侧前部有弧形凹槽形成的凸起左6道右5道，上有竖向小凹槽，形成羽毛，两侧后部有弧形凹槽，左8道右9道，其中左侧上部有涡状纹，腿后部有竖向划痕。残长14、宽10.2、厚5—5.5厘米（彩版三三九，4）。

　　ⅣT4-3②：4，凤尾局部残块，残余尾部两重羽毛。尾部后端施黄釉，前端施绿釉。前端残余左一右二，上一羽毛三股。两侧羽毛，呈波状向后飘拂，上部脊背羽毛尖部回卷；施绿釉，部分有黄釉。后端左二右二，上一呈波状纵向排列五根羽翎；上部羽翎两侧各有一道波状阴线凹槽划痕，另有三道斜向较宽的凹槽和数道较细的斜向沟状划痕，形成的细毛，左右两侧羽翎，饰一道波状阴线凹槽，每根羽翎均呈波状上翘，羽翎凸起，立体感较强。残长16.5、宽7、高9.5厘米（图一三〇，1；彩版三三九，5）。

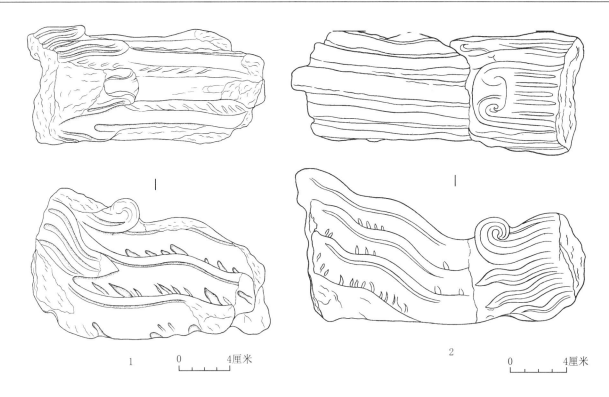

图一三〇 宫城一号殿址出土凤鸟
1.ⅣT4-3②：4 2.ⅤT2-3②：4

ⅡT2-4②：10，凤鸟尾部残块。均饰绿釉，部分饰黄釉。残余凤鸟尾部两重羽毛，第一重（前端）残余右2左1上1四股羽毛尖部，均饰绿釉，背脊上部，羽毛尖部回卷，两侧羽毛均向后飘拂，第二重（后端）左2右2上1有5根呈波状向后飘拂的羽翎，尖部微上翘，每根羽毛均有波状阴线划痕凹槽一道和弧形阴线数道，内可见制作时留下的捏痕。残长12.5、底宽8.2、上部宽3、高7.5厘米（彩版三四〇，1）。

ⅤT2-3②：4，凤鸟尾部残块。残余尾部两重羽毛。尾部前端施绿釉，后端均施黄釉。泥质红陶，火候中等，质地一般，内含有个别白色沙粒，残余凤鸟尾部两重羽毛，第一重（前端）背脊凸起，左3右3上1羽毛7股，两侧羽毛呈波状向后飘拂，背脊上侧羽尖回卷饰绿釉，第二重（后端）左2右2上1有5根呈波状的羽翎上翘，每根羽毛均有波状阴线划痕凹槽。前端部分饰绿釉，后端饰黄釉，内部可见制作时留下的捏痕。残长20、宽7.1—7.5、高10厘米（图一三〇，2；彩版三四〇，2）。

ⅡT2-4②：9，凤鸟近尾部残块，残损，残余左侧部分翅膀及部分羽毛。翅面饰黄绿釉，其他均饰绿釉。残余左侧部分翅膀后部及部分羽毛，翅膀呈扁形平贴于躯体一侧，翅面羽毛残余两重，均饰黄绿釉；翅膀后端，上1左3右3有呈波状向后飘拂，内侧底部中空，内部可见制作时留下的手捏痕。残长14.2、宽7.5、残高13厘米（彩版三四〇，3）。

ⅡT4-5②：4，凤鸟双爪残块。黄釉，釉部分脱落。双爪合拢，紧握一物。双爪持物边缘呈弧形，正中有一道纵向凹槽，上端略小。凤爪每爪四趾，两爪交叉相接，每趾的前节，伸至另一侧趾的中节，下面每侧各有一残趾与上面趾间隔较大。爪腕部残断，有断茬。残长5.5、宽6.8、高4.6厘米（彩版三四〇，4）。

走兽底座　8件。

Ⅱ T1-3②：6，底座为一弧形板瓦，在板瓦前端正面残留飞禽爪子两个，两爪的爪趾同为三个，在两爪之间残留堆塑立体卷云纹两朵，云纹的下缘叠压在两爪内趾的后节，从残缺的断面可以辨出云朵后面两腿之间有一圆孔，孔径约3厘米，通体施绿釉，爪趾有黄釉沁润。残长7—8.5、弦宽12.3、弦高1.5、厚2—2.3厘米（彩版三四〇，5）。

Ⅷ T1-3②：1，座底呈弧形，后面残缺，前面两侧堆塑卷云纹两朵，能辨出上面是一个两腿分立的走兽，通体施绿釉。长11.5、宽4—8、高6厘米（彩版三四〇，6）。

Ⅷ T3-2②：4，琉璃脊兽底座残块。残存形状近长方形。底座呈弧形板瓦，表面残留走兽的四个爪，每爪为三趾，爪施黄釉，腿爪连接处有残断痕迹。残长18、弦宽15、弦高2、厚2—2.5厘米（图一三一，1；彩版三四一，1）。

Ⅴ T4-5②：2，琉璃脊兽底座残块，底座前面及两侧残留贴塑卷云纹四朵，云朵边缘呈连弧形，云朵上下缘都高于底座的平面，在底座的上面残留禽爪两个，可能为凤爪，两爪隐于云朵中间，通体施绿釉，但大部已脱落。残长14.5、宽10、厚3厘米（彩版三四一，2）。

Ⅶ T4-2②：1，四趾附在陶瓦上，趾尖呈尖钩状，侧面残余一个云朵，施黄、绿釉，残长11.2、宽9.3、高8.7厘米（图一三一，2）。

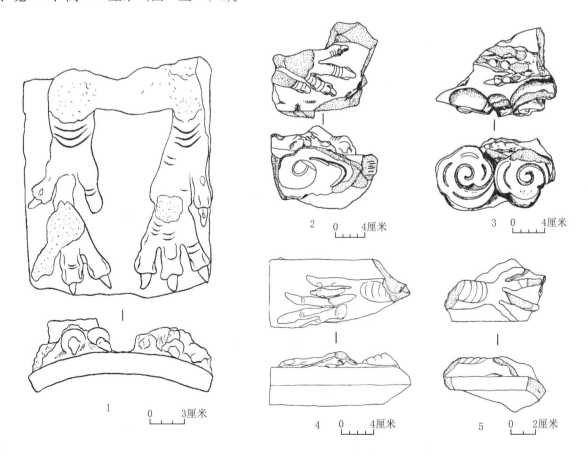

图一三一　宫城一号殿址出土走兽底座

1.ⅧT3-2②：4　2.ⅦT4-2②：1　3.ⅦT4-2②：2　4.ⅠT1-5②：1　5.ⅣT4-3②：1

ⅦT4-2②：2，残余三趾附在陶瓦上，侧面可见有两个云朵。施黄、绿釉，残长13.9、宽8.6、高6.8厘米（图一三一，3）

ⅠT1-5②：1，龙爪残块，有四趾，附在陶瓦上，略细长，关节不明显，残长15.9、宽7.4、厚3.5厘米（图一三一，4）。

ⅤT4-3②：1，龙爪残块，与前者形制相似，但尺寸较小。有四趾，附在陶瓦上，腕部有弧道装饰，关节不明显，残长7.7、宽4.5、厚2.4厘米（图一三一，5）。

（五）屋脊琉璃脊龙

1. 附板龙

龙头　4件。

ⅦT6-2②：1，琉璃贴龙眼部残块。残存眼珠及眉毛，鬣毛前端回卷弯曲，向后飘拂，紧贴于眼眶上部，施绿釉，卵形眼球，施黑釉，釉色大部脱落。眼白前缘有一弧形凹沟，眼白眼框均施浅黄釉，但大部脱落，眼部与耳朵交接处饰有涡状麻点，背面有断茬。茬面有抹划痕。残长17.5、宽12、厚2—3.7厘米（彩版三四一，3）。

ⅢT3-5②：2，琉璃贴龙眼部残块。残存眼珠仅半端眉毛（左眼），鬣毛前端回卷，眉毛弯曲向后飘拂，紧贴于眼眶上部，施绿釉，卵形眼球，施黑釉，釉色脱落，眼白眼眶施黄釉，背面有断茬，茬面有抹痕。残长15.7、宽14、厚2.2—3.2厘米（彩版三四一，4）。

ⅧT4-3②：5，琉璃贴龙眼部残块，残存眼球和鬣毛大半，鬣毛前端回卷，弯曲向后飘拂，紧贴于眼眶上部，尖端残缺，施绿釉。卵形眼球，施黑釉，泛淡绿色，眼白眼眶通施黄釉，背面有断茬，茬面有明显的划痕和捏痕。残长13、宽11、厚2—3.5厘米（彩版三四一，5）。

ⅦT3-3②：1，琉璃贴龙眼部残块。残存眼珠及半段鬣毛。鬣毛前端回卷，弯曲向后飘拂，紧贴于眼眶上部施绿釉，卵形眼球，釉色黑中泛淡绿色，眼白前缘施弧形凹沟一道，眼白釉色为白中泛淡绿色，但大部脱落，背面有断茬，茬面有抹痕。残长16、宽10.5、厚3—5厘米（彩版三四一，6）。

腮肉　2件。

ⅥT2-6②：3，龙嘴腮肉残块，残留龙嘴、角、腮肉及棘刺，嘴角边缘呈方形凸起，嘴角有三个腮肉凸起，腮肉每侧各有一道弧形小凹槽，中间有一圆形土坑窝。棘刺残留三个，棘刺呈尖牙状，尖上有两道凹槽，根部有三个乳突突起，每个乳突上有小凹槽，棘刺总有五个，根部无棘刺两个，釉色大部脱落。残长25、残宽21厘米（彩版三四二，1）。

ⅣT3-4②：3，龙嘴腮肉残块，腮肉及唇缘呈黄釉，腮毛呈绿釉。残留唇缘、腮肉及腮毛。残留一腮肉，腮肉两侧有弧形凹槽，腮毛呈涡状，向上回卷。唇缘及腮肉呈黄釉，腮毛呈绿釉。残长12、残宽9厘米（彩版三四二，2）。

鬣毛　3件。

ⅤT3-5②：5，大殿贴龙旋涡状鬣毛残块，应为贴龙颈部鬣毛。残存颈部两股旋涡状鬣毛，鬣毛前端边缘处平整可与其他预制身段拼接，为预制的龙身部分残段，正面有两股鬣毛，向上回卷呈涡状，附于贴板上，贴板背面清楚可见制作时留下的手印抹痕，并有数道沟状划痕，内侧边框已残损，并残留两个近方形穿孔，应用来烧制时方便之用。残长16.5、残宽26.5、前端整齐边缘厚2.5—3.5厘米（彩版三四二，3）。

ⅦT4-3②：2，绿釉，釉部分脱落。整体呈波形状后飘，一侧中部一股鬃毛鼓起高0.2—1.3厘米，鬃毛宽1—2厘米，由根到尖逐渐变低，变细。鬃毛中部有一道较浅波形的划线，两侧分别有二道，三道波动的划线，其中每侧划线有一道划线挨着，中部鼓起的鬃毛下部，整个鬃毛挨着根部有一个残缺涡状鬃毛，涡状鬃毛有两道涡状的划线，另一侧中部一股鬃毛鼓起高0.2—1.3厘米，鬃毛宽1.3—3厘米，由根到尖逐渐变低变细，鬃毛中部有一道较深波形的划线，两侧分别有二道波形的划线，两头残缺，断面有断茬，釉部分脱落。残长16.3、宽7.5、厚6厘米（彩版三四二，4）。

ⅡT3-1②：8，大殿贴龙旋涡状鬃毛残块。残余鬃毛尖部，残余部分整体略呈椭圆形，残余鬃毛尖部，毛发较为粗大，凹槽较深，立体感较强，鬃毛尖部旋成涡状，从断茬处可见拼接痕迹，鬃毛应为附于贴板上的贴板内侧抹有白灰膏痕，拐角处清晰可见有制作时留下的手抹痕。残长20、残宽18、厚7厘米（彩版三四二，5）。

流云　2件。

ⅤT5-2②：2，流云残块残存形状近圆形。残余堆塑涡状流云一朵，釉色已全部脱落。残长12、宽11.5、厚3—5厘米（彩版三四二，6）。

ⅤT1-3②：3，残存形状近方形陶板上堆塑涡状流云，通体施绿釉，但大部分釉色脱落。残长22.5、宽21、厚7.2—8厘米（彩版三四三，1）。

龙爪　4件。

ⅣT3-4②：2，龙爪残块。残余两趾，龙爪及云朵，附在陶板上，龙爪骨节明显，两趾均残为一关节，爪尖较尖。云朵呈花状云朵，整体施绿釉，少部分釉色脱落，陶板背面无釉。附板长24、宽17、厚2.6厘米（彩版三四三，2）。

ⅦT2-6②：3，龙爪残块。残余爪部，附在陶板上，残留三趾龙爪，骨节较明显，龙爪下为两个花状云朵，云朵及附板均施绿釉，龙爪施黄釉。部分呈绿釉，附板背面无釉。残长13、残宽12.7、附板厚2.5厘米（彩版三四三，3）。

ⅤT5-3②：3，龙爪残块。残余爪部，附在陶板上，残留三趾龙爪。骨节明显，每趾分为两个关节，每个关节有横向弧形小凹槽，关节呈黄釉。爪尖部饰绿釉，附板为绿釉，背面无釉。残长24.5、残宽23、陶板厚3.5厘米（图一三二，1；彩版三四三，4）。

棘刺

ⅤT2-5②：3，棘刺为白釉，其余为绿釉。棘刺呈尖牙状，微弧，尖上有两道凹槽，根部似牙龈状包住棘刺，牙龈上有竖道，附板上有凹槽，棘刺饰白釉，附板饰绿釉。棘刺残长12.6、残长19、残宽13.5厘米（彩版三四三，5）。

ⅢT4-1②：7，棘刺残块，黄釉，其他为绿釉微呈黄色，棘刺呈尖牙状凸起，微弧，一大一小，两个棘刺，根部似牙龈状包住棘刺，呈三个乳突，突起，附板上有小坑窝，通体饰绿釉，棘刺饰黄釉。残长14、残宽13厘米（彩版三四三，6）。

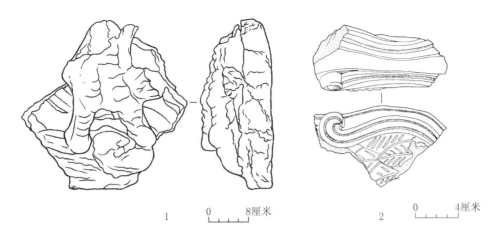

图一三二 宫城一号殿址出土附板龙
1.龙爪(VT5-3②：3) 2.身段(VIT3-4②：1)

VT5-4②：4，棘刺饰黄釉，附板饰绿釉，棘刺呈尖牙状，微弧，尖端部分残损，尖上有两道凹槽，根部似牙龈状包住棘刺，牙龈上有小长方形凹槽及圆形坑窝，附板有两道凹槽，在棘刺一侧的陶板上，有一个长方形卯眼，板施绿釉，棘刺施黄釉。残长27、残宽18厘米（彩版三四四，1）。

Ⅲ T4-1②：8，棘刺为绿釉，其他均为黄釉。棘刺呈尖牙状凸起，微弧，尖上有两道凹槽，棘刺下方为火焰纹，为两股，一股已残损，边缘有连弧凹槽。火焰纹下方为鳞片，棘刺饰绿釉，其他均为黄釉。残长18、残宽16厘米（彩版三四四，2）。

Ⅶ T2-6②：2，棘刺呈尖状，整体成弧形，尖端残损，根部有两个乳突，呈圆形突起，根部饰黄釉，整体大部分脱落，内弧饰绿釉。残长15、残宽8.5厘米（彩版三四四，3）。

龙牙 1件。

VT4-3②：3，獠牙呈三角状，较短，角两侧各有两道的凹槽，通体饰白釉，釉色大部分脱落，牙整体微弧，外弧部分残损。残长14、宽11厘米（彩版三四四，4）。

莲瓣 1件。

Ⅸ T2-3②：2，残存莲瓣上半部，莲瓣上随缘施双阴线，瓣尖外翻连结一个双重三瓣叶纹，上部边缘呈连弧形，通体施黄釉，但大部釉色脱落。残长12.5、宽5.8—10、厚1.5—2厘米（彩版三四四，5）。

龙身残块 2件。

Ⅲ T3-5②：6，琉璃贴龙肩肘残块（龙鳞施火焰纹），残存形状近长方形，在表面鳞片上重塑凸起火焰纹和棘刺，可为火焰纹下压鳞片向后飘拂，棘刺下压火焰纹，棘刺呈尖牙状，为弧形弯曲，尖上有两道凹槽，根部残缺，通体施黄绿釉。残长15—22、宽10—14、厚6—9厘米（彩版三四四，6）。

Ⅶ T1-4②：1，仅残存"n"字形云朵及部分鳞片。施绿釉，大部分釉色脱落。残余部分形状略呈梯形，有两个边部，侧面平整，可与其他预制身段拼接，应为预制的龙身部分残段，均施绿釉，上部残余两股弧形鬃毛，中部饰为龙鳞片，呈叶片状，下侧有两个"n"字形云朵状，中部有一长方形由外向内的穿孔，可能用作插销固定之用，背面可见制作时留下的手印抹痕。残长45、残宽29、厚6厘米（彩版三四五，1）。

ⅥT3-4②：1，残存头后侧躯体的一小块，有一龙角和鳞片，龙角有两道长凹槽，釉色黄绿，鳞片有凹道装饰类似叶脉状、施黄釉，残长12.2、宽6.7、厚4—5.4厘米（图一三二，2）。

2．变体龙

龙角　1件。

ⅧT2-3②：5，被大火焚烧部分为紫色和黑褐色。残存角后节，中间有一凸节，呈三角状凸起，后角节向上向前翘，角上部有三道凹槽，角侧面通体有凹槽一道，角上部饰尖刺三个，中间各有凹槽2个，尖刺上为一框角，向后，向下延伸，向下延伸至角中部上方，框上通体有凹槽一道，背面有划痕。残长21、高17.5、厚3.5—5.5厘米（彩版三四五，2）。

躯体残块　6件。

ⅣT2-4②：5，龙鳞片残块。黄釉，边框绿釉，釉部分脱落。边框半圆形，饰绿釉。釉面脱落严重，边框宽1.9、高0.8厘米，边框内鳞片大小不等，排列不规则，后边鳞片叠压前边鳞片，交接处有弧线一道，有的鳞片中部饰有长方形小凹槽，鳞片上压着可能是卷云纹的装饰。背面较不平整，但光滑，可能是手拍打形成的，断面有断茬。残长19、宽13.8、厚4厘米（彩版三四五，3）。

ⅥT5-4②：5，龙鳞片残块，绿釉，釉面微脱落，一侧残存长7.5、宽1.5、高1厘米边框，边框与鳞片交接处有划线形成的凹槽，另一侧没有边框，且不平整，一边有三道横斜线，横斜线之间有二道竖线，中间由于残损及风化较模糊，另一边有二道横斜线，残余三片鳞片，后边鳞片叠压前边鳞片，交接处有较深刻线弧线，刻线前边较平坦，后边较直陡，每片鳞片前端有弧形的划线，鳞片上饰有大小不等，排列不规则的圆麻点，整个残块呈微弧状，背面局部较光滑，有手指捏痕，断面有断茬。残长23、宽12.5—15.5厘米，厚5.5厘米（彩版三四五，4）。

ⅥT2-6②：5，龙鳞片残块，绿釉，釉部分脱落。两侧有绿釉饰边框，边框角成锐角，且残缺，一侧边框宽4.7厘米左右，残长16厘米，一侧边框宽5厘米，残长19.5厘米，边框高0.8—1.2厘米不等，边框上有一道直线划线，分别距边框外缘2.3厘米左右和3.2厘米左右，边框内靠边框角处饰鳞片，鳞片大小不等，排列不规则，后边鳞片叠压前边鳞片，鳞片交接处有的沿鳞片边缘有弧线一道，每片鳞片中部沿鳞片交接处有划线一道，每条划线中间深且宽，前端最浅且尖，可以看出划线用力情况，每条划线没有到鳞片边缘，鳞片上面压着一股弧形的鬣毛，上面有两道弧形凹槽装饰，鬣毛上面压着弧形角尖，鬣毛和角尖是交叉压着，角尖上有沿角尖划的弧线一道，背面较平整，断面有断茬，釉色有脱落的地方。残长22、宽20.5、厚4厘米（图一三三；彩版三四五，5）。

ⅡT2-4②：7，龙鳞片残块，绿釉，釉脱落严重，卷草云纹，残块一端呈弧形边

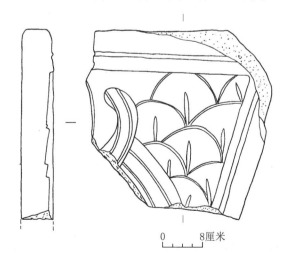

图一三三　宫城一号殿址出土变体龙躯体（ⅥT2-6②：5）

框，边框残长 13—20.4 厘米，宽 7—9 厘米，高 1—1.7 厘米，中间有弧形划线形成的凹槽，框内残存 3 片鳞片叠压，交接处有弧形的划线，鳞片交接处至中间有较短的划线形成的凹槽，凹槽前端浅而尖，鳞片上饰有可能是卷草云纹，纹饰由粗到顶端逐渐变细小，随着卷曲有二道划线形成弧线，背面较不平整，断面有断茬，釉脱落严重。残长 24、宽 22、厚 5.5 厘米（彩版三四五，6）。

ⅢT4-1②：6，黄釉，釉脱落严重且有大面积烧焦留下的痕迹。残余 5 片鳞片叠压，交接处有弧形的划线，交接处至中间有较短的划线形成的凹槽，凹槽前端浅而尖，残块残存有两个较大突起，突起上有大小不等，排列不规则的圆窝状麻点。突起与鳞片之间有回卷云气纹，突起与云气纹之间饰有波形阴线划痕，突起另一侧可能是肘毛，肘毛之间残存有阴刻 4 道弧线，背面残存不规则，且中间有空洞，制作时应为左右两半分别做成后合成一个完整的形体，边缘有合成时留下的白灰痕迹，断面有断茬。残长 14、宽 16.5、高 19 厘米（彩版三四六，1）。

ⅡT3-4②：3，龙鳞片残块，黄釉，釉部分脱落。残存 7 片鳞片，鳞片大小不等，排列不规则。后边鳞片叠压前边鳞片，鳞片交接处有沿鳞片边缘弧线一道，每片鳞片中部沿交接处有划线一道，划线前端浅而尖，后端渐深而宽，背面有手捏痕迹，断面有断茬，釉面有脱落的地方。残长 22、宽 16、厚 3.5 厘米（彩版三四六，2）。

3．圆雕龙

吻部残块　2 块。

ⅣT3-1②：1，吻前端窄而上卷，吻上面起鼻梁、嘴边有宽缘，腭面两侧下凹、其间通饰横向弧道，吻前端腭的中部凸起。残长 16.8、宽 7.3—9、高 10.5 厘米（图一三四，1）。

ⅤT4-4②：1，吻前部上弯如海豚式，上面素光，鼻略狭长，两侧深挖尖圆形鼻孔，两边沿嘴缘有凹槽，腭面饰横向弧道。残长 12、宽 10.5、厚 9.8 厘米（图一三四，2）。

龙眼　1 件。

ⅥT2-4②：1，眼珠为黑釉，眼白为白釉。残长 13.7、宽 8、厚 5 厘米（图一三四，3）。

龙舌　5 件。

ⅥT3-4②：10，釉部分脱落，整体中部微弧形，一头上卷，（残缺）一头微下卷（残缺）。正面中部有四道竖棱，每道棱间隔在 1.5 厘米左右，棱间隔呈微凹沟，两侧沿棱向外分别呈微弧波形斜坡状，背面没有装饰纹，较光滑，中部有较深黄釉，两头残缺断面有断茬，正面饰较浅的黄釉，釉部分脱落。残长 12.5、宽 7.8、厚 3 厘米（彩版三四六，3）。

ⅥT3-3②：4，残块，黄釉，釉部分脱落，整体中部微弧形，一头上卷，（残卷）一头微下卷（残缺）正面中部饰有两条竖棱，两棱间隔 1.7 厘米，形成竖凹沟，两棱外侧分别呈波状斜坡状，中间分别有微凹沟，背面较光滑，饰有较深黄釉，正面饰有较浅黄釉，釉部分脱落。残长 10.5 厘米，宽 4.3 厘米，厚 1.1 厘米（彩版三四六，4）。

ⅤT4-3②：11，龙舌残块，整体一头上卷（残缺）一头下卷（残缺），正面弧形，中间残存有三道横弧形划线形成凹沟，从前到后，逐渐加深加宽（最前端挨着舌尖的划线残缺，仅微剩下两侧），两侧分别有边缘，边缘与中间分别有划线一道，形成凹沟，边缘向外呈波形斜坡状，前端分别宽 2.5

厘米，向后逐渐变窄，一侧后端边缘宽1.3厘米，另一侧残缺严重，背面中部有一舌形突起，整体饰黄釉，釉部分脱落，两头残缺，断面有断茬。残长11.5、宽9.8、厚5.1厘米（彩版三四六，5）。

ⅥT3-4②：9，龙舌残块，深黄色釉，釉部分脱落，舌头高翘，舌尖缺失，舌根部有手捏痕迹，舌正面向下微弧，背面微鼓，有三道竖凹沟，下腭后端与舌根相连，前端逐渐分开，下腭上面没有施釉，微向上鼓，下腭下面两侧边缘有断茬，且断茬有向下连接痕迹。中间较平坦，中间是空的，舌根与口腔相接处有深浅不等的横凹槽，口腔后面一侧是残缺的平坦的平面，舌尖下腭前端及下腭两侧边缘，口腔边缘有断面，断面有断茬，釉部分脱落。残长13、宽6.2、高7.5厘米（彩版三四六，6）。

ⅦT4-2②：6，龙舌残块，黄釉，釉部分脱落。前端是半圆形舌尖，舌尖从边缘开始向内逐渐加厚，舌尖中部顶端有一竖浅凹沟，向下微弧，凹沟的两侧较平坦，舌尖后端上压并排4颗马齿状龙牙，中间两颗突起，两侧每颗残缺，牙根与唇之间有弧形浅凹沟，在凹槽上面，正对两牙缝隙有3个三角形小突起。牙根后是唇，唇呈弧形，唇面向下微弧，形成槽，凹沟正面背面都饰有黄釉，并且脱落较严重，背面脱落黄釉，部分可看出手捏痕迹。残长8、宽8.4、厚5.2厘米（彩版三四七，1）。

下颌　3件。

ⅣT2-3②：5，残余部分下腭部，唇部饰黄釉，下腭中部施绿白相间的釉色。残余部分下腭，

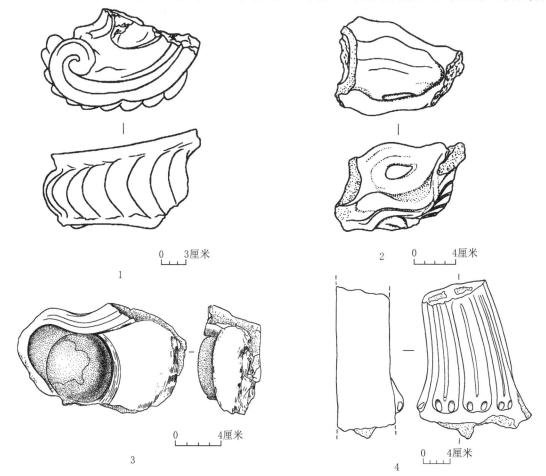

0　　3厘米

1

2　　0　　4厘米

0　　4厘米

3

0　　4厘米

4

图一三四　宫城一号殿址出土圆雕龙

1.吻部(ⅣT3-1②：1)　2.吻部(ⅤT4-4②：1)　3.龙眼(ⅥT2-4②：1)　4.龙角(ⅧT2-1②：1)

唇部边缘有一连弧形阴线沟状凹槽,唇缘略呈方形,腭下两侧有胡须两股,呈波形向后飘拂,中部有一凸起,口腔内前中部两侧,残存下獠牙根部,内部可见制作时留下的手捏痕。残长13.5、残宽14、厚2.5厘米(彩版三四七,2)。

Ⅶ T3-3②:3,下腭残块,残余下腭前部,牙齿施白釉,唇部饰黄釉,胡须施黄、绿釉。残余下腭前部;唇缘边侧有一道弧形沟状凹槽,唇缘微凸,右侧残存一獠牙,尖短,根部较粗,前方整齐排列两颗方形前齿;唇下方有数道竖形凹槽形成的胡须,底部中空,可见制作时留下的捏痕。残长6.8、残宽10.5、残高6.7厘米(彩版三四七,3)。

Ⅲ T1-5②:4,残余部分下腭,下腭前端饰黄釉,两侧胡须施绿釉,中部施白、绿釉。残余胡须两股,贴于下腭两侧,呈波状向后飘拂,中部有一圆形凸起,上饰有六个圆形涡状麻点,内可见制作时的捏痕。残长15、残宽11.5、厚3.2厘米(彩版三四七,4)。

龙角 3件。

Ⅶ T4-2②:4,(插角式)龙角残块,角通体呈弯曲形,角根前部有插榫,插榫饰凹槽,与角根交接部位微凸,角节通体有条形凹槽,角脊部饰弧形凹槽,形成毛发。残长17、高6.5、厚2.5—3厘米(彩版三四七,5)。

Ⅰ T2-3②:3,(插角式)龙角残块,绿色加白色,角通体略呈弧形,残存后角节,上有2个三角凸起,尖残。通体有竖向凹槽14道,横向凹槽2道,角通长18.5、高6.5、厚2.5厘米(彩版三四七,6)。

Ⅰ T2-4②:4,(插角式)龙角残块,通体为白银色。角通体呈弯曲形,残存中间凸节和后角部分,前角节残存4道凹槽,中间有凸节,微凸,后角节有2个三角状凸节,后凸起残,后节共有12道凹槽,形成毛发向上飘式,角下部有通体凹槽一道,背后较光滑,有捏制痕。长15、高5.5、厚2.4厘米(彩版三四八,1)。

Ⅷ T2-1②:1,龙角根部的插榫残块,插榫饰凹槽,与角根交接部位微凸,残长19、宽8.8—15、厚7厘米(图一三四,4)。

鬃毛 4件。

Ⅱ T4-4②:3,立体龙鬃毛,绿釉,釉部分脱落。整体呈脊形,一侧残存有8道弧形刻线,形成的鬃毛,鬃毛下是较平的平面,另一侧残存有8道弧形刻线形成的鬃毛,鬃毛下是较平的不规则平面,平面下是残存有3道弧形刻线形成的鬃毛,弧形刻线粗细,深浅不等,每根鬃毛的粗细也不等,背面体内有两个岩洞,整个鬃毛一侧有边缘,没有断茬,其他断面有断茬,釉部分脱落。残长15.5、宽12、高17.5厘米(彩版三四八,2)。

Ⅵ T5-4②:2,存鬃毛靠尖端部。鬃毛为三股屈曲后飘,由粗变细收成尖状,三股鬃毛尖端都有不同程度的残缺,通体施绿釉,但大部都脱落。质地为泥质红陶,火候中等。残长17.5、宽13—15、厚2—10厘米(彩版三四八,4)。

Ⅱ T1-4②:1,鬃毛残块,残存为眉毛眼皮部,鬃毛前端回卷,尾部向后飘拂,眉似屈曲的条带,贴于眼皮之上,毛尖残缺,施绿釉,眼皮施黄釉。残长14、宽5—7.7、厚3.2—4厘米(彩版三四八,3)。

Ⅵ T3-4②:7,鬃毛残块(眉毛),残存为三股鬃毛,前端回卷尾部向右飘拂,眉似屈曲的条带,条带上有两道凹槽装饰,通体施绿釉。残长21、宽4—6、厚3厘米(彩版三四八,5)。

烧结物

在一号殿址出土有烧结物。标本ⅢT4—1②：9，琉璃瓦当、灰瓦等烧结在一起（彩版三四九，1）。

（六）金属器

铜钉 57枚。与铜片饰件配合使用，用于将铜片钉在门上。圆帽状如菌盖，钉身圆锥状。长1.3—2.2、帽径0.6厘米。多残断。在南门出土的一枚上可见钉帽上有鎏金。ⅢT2—2②：1，计有22枚（图版一五一，1）；ⅥT2-2②：1，计有35枚（图版一五一，3）。

铜饰件 3件。

残片。为门上装饰。用铜钉将其钉在门上。

ⅤT2-3②：1，薄铜残片，类似三角连弧纹滴水的一角，在背面可见用凹下的连续的小圆点组成的云纹，则正面应形成凸起的云纹，惜锈蚀不清。残长9、残宽4.9、厚0.08厘米（图版一五一，2）。

ⅧT4-2②：1，薄铜残片，类似三角连弧纹滴水的一角，周边有小圆形穿孔，内缘凸起，中区凸起连续的云头纹，背面相应凹下，右侧似一圆形，但残断不明。残长11、残宽6.1、厚0.08厘米（图版一五一，5）。

ⅧT4-2②：2，薄铜残片，类似三角连弧纹滴水的一角，周边有小圆形穿孔，内缘凸起，中区凸起一朵云头纹。残长5.8、残宽4.1、厚0.08厘米（图版一五一，4、6）。

铁钉 31枚。均锈蚀严重或残断。圆帽，方锥形长钉，锈蚀严重，大小不一。钉长8—23.5、钉身及帽多锈裂残脱，钉身直径0.7—1.8、帽径2.1—4厘米（图一三五，1）。

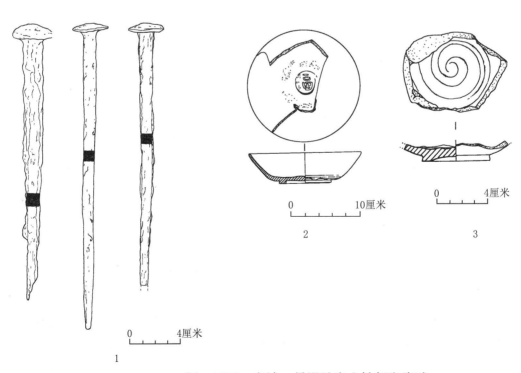

图一三五 宫城一号殿址出土铁钉和瓷碗
1.铁钉 2.瓷碗（ⅥT3-3②：5） 3.瓷碗（ⅥT4-3②：3）

（七）木头

4段。均为横断面为长方形的木板，有被火烧过的痕迹，残长45—90、残宽10—30厘米(彩版三四九，2)。

（八）瓷器

瓷碗 2件。

ⅥT4-3 ②：3，敞口圆唇斜直腹圈足，内满釉外底无釉，胎略粗，灰红色，乳白釉泛灰色。内底隐约一字"福"。口径15、底径6.8、高4.1厘米（图一三五，2）。

ⅥT3-3 ②：5，仅有碗底，青灰釉，釉中有黑点。胎浅灰色。外底内凹，内底旋成涡纹状。底径4.7厘米（图一三五，3）。

一一　小结

1. 一号殿址的台基结构体现了高超的建筑水平。一号殿址台基是目前发现并全面揭露的元代大型重要建筑工字殿的唯一实例。地层简单，在一层表土和一层厚约0.4—1.4米的瓦砾堆积下即为台基遗迹。近现代虽然曾经因拆取砖石材料将瓦砾层局部扰乱，但并未留下近现代遗物。瓦砾层中包含大量碎砖块、灰瓦块和琉璃滴水、瓦当残块，并有许多粘连在一起的砖瓦烧结物和木炭，均为元代遗物。台基在宫殿毁坏后未经重建，时代单一，台基保存较好。为研究元代宫殿制度提供了重要资料，具有很高的价值。

2. 元中都出土的构件体现了高度的艺术成就。铜、石、陶、琉璃构件，都很珍贵，对研究元代建筑特征具有重要意义。根据建筑部位的不同，而采用不同形制和花纹的砖；琉璃构件数量大、种类多，色彩明丽，美轮美奂；汉白玉构件更是其中的精华。塑造的各种动物造型生动，符合生理解剖，尤以龙的形态最为突出，有瓦当上的团龙、滴水上的行龙、方砖上的升龙、台沿螭首上的龙头、角部螭首带有前肢的龙头，还有琉璃走兽中的小龙、鸱吻龙头，千姿百态，各种细节装饰千变万化，其熟练和高超的技能已达到炉火纯青。

3. 一号殿址出土的阿拉伯数码幻方（六六幻方）为研究阿拉伯数码演变史、中国数学史以及元代中国同阿拉伯国家的宗教和习俗交流史提供了新的物证。它埋设于一号殿址重要位置，宫殿的建造者可能是经过占卜，以此作为镇物趋吉避祸，祈求中都永固、国祚长久。

4. 关于台基遗迹现象的尺寸，因砖槽可能有挤压变形，变窄或变宽，柱础坑位也因破坏而扩大、边缘方向不一致，因而在数据统计上可能与实际情况有偏差。同时，因有关古建筑的书籍相对较少，且整理过程中笔者没有较多的时间和精力，在短时间内对古建筑的书籍搜集、精读深研，所以对一些建筑构件无法严格采用其专有名称，而是用通俗的语言来表达，所以可能存在古建术语不够专业的现象。

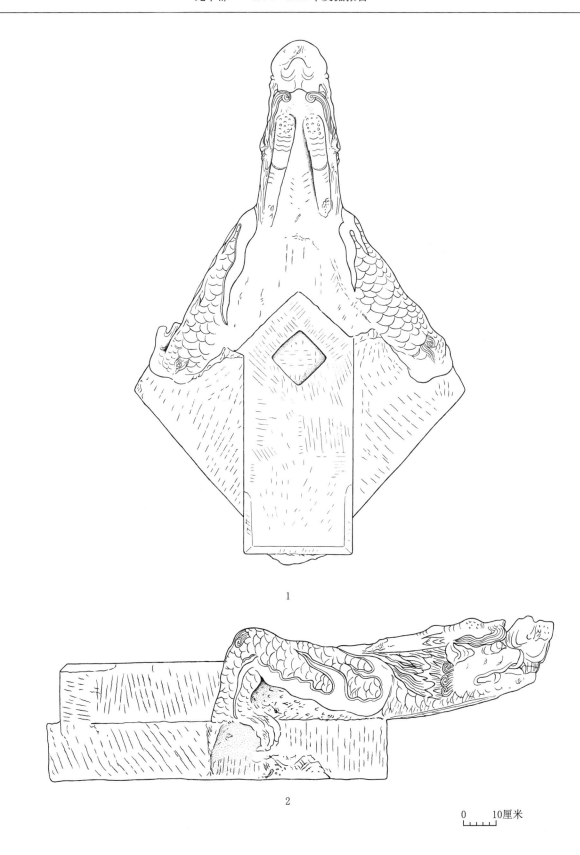

1

2

0　　10厘米

图一三六　宫城一号殿址出土螭首CS1
1.上面　2.侧面

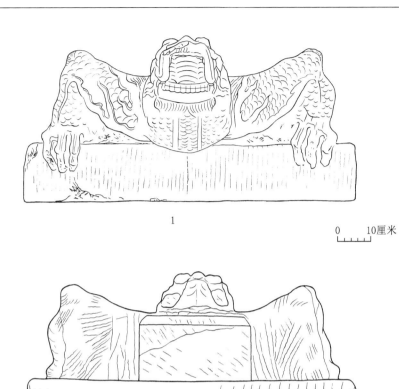

1

0　　　　10厘米

0　　　　10厘米

2

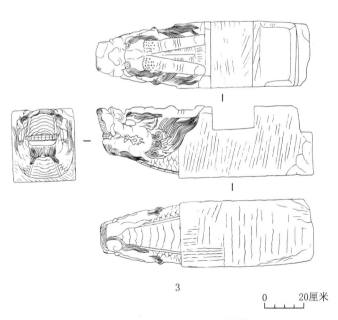

3

0　　　　20厘米

图一三七　宫城一号殿址出土螭首
1.CS1前面　2.CS1后面　3.CS23

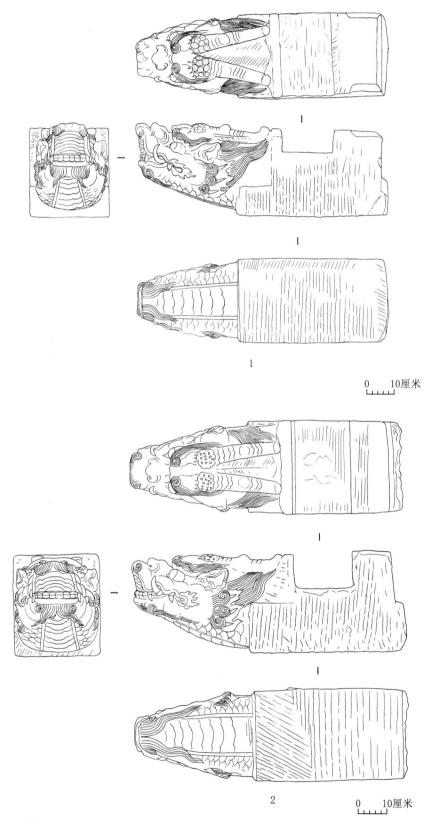

图一三八　宫城一号殿址出土螭首
1. CS2　2. CS3

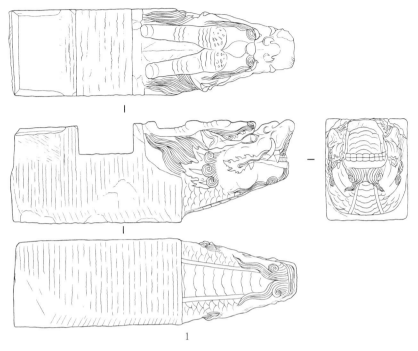

0　　10厘米

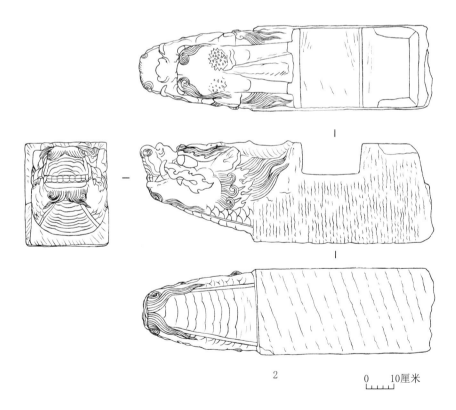

0　　10厘米

图一三九　宫城一号殿址出土螭首
1. CS4　2. CS5

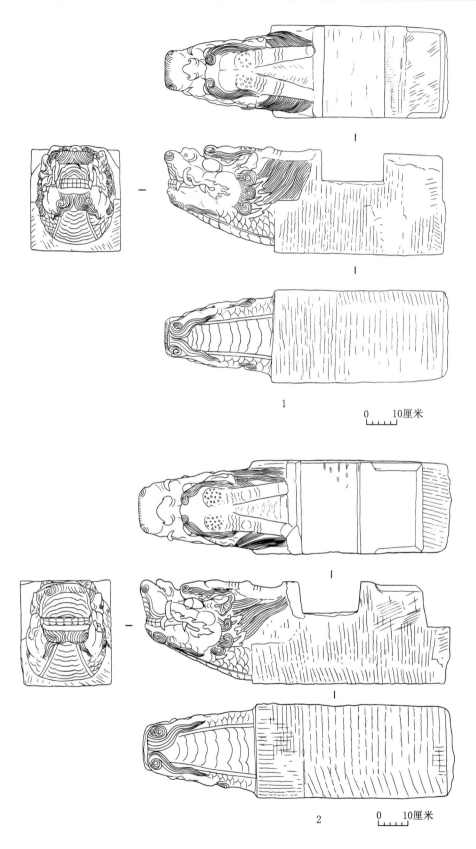

图一四〇　宫城一号殿址出土螭首

1. CS6　2. CS7

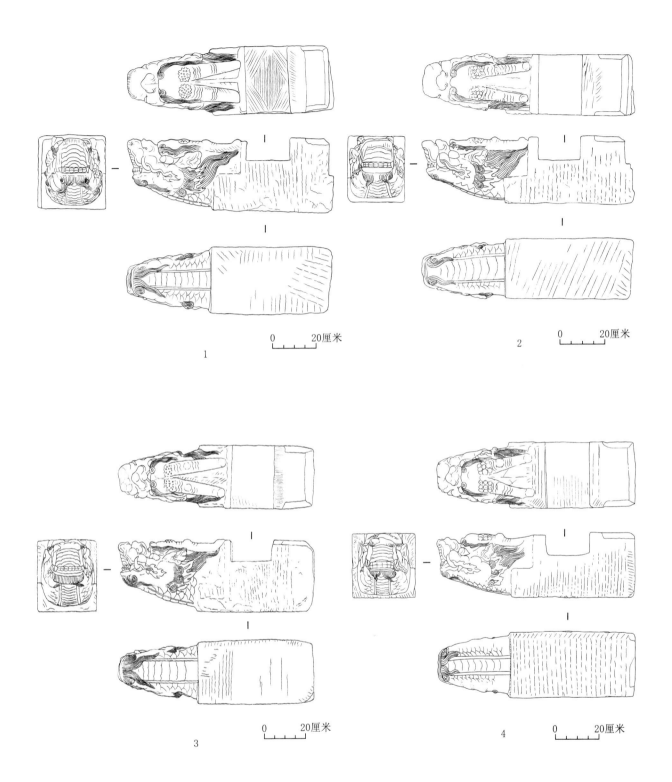

图一四一　宫城一号殿址出土螭首
1.CS8　2.CS9　3.CS10　4.CS11

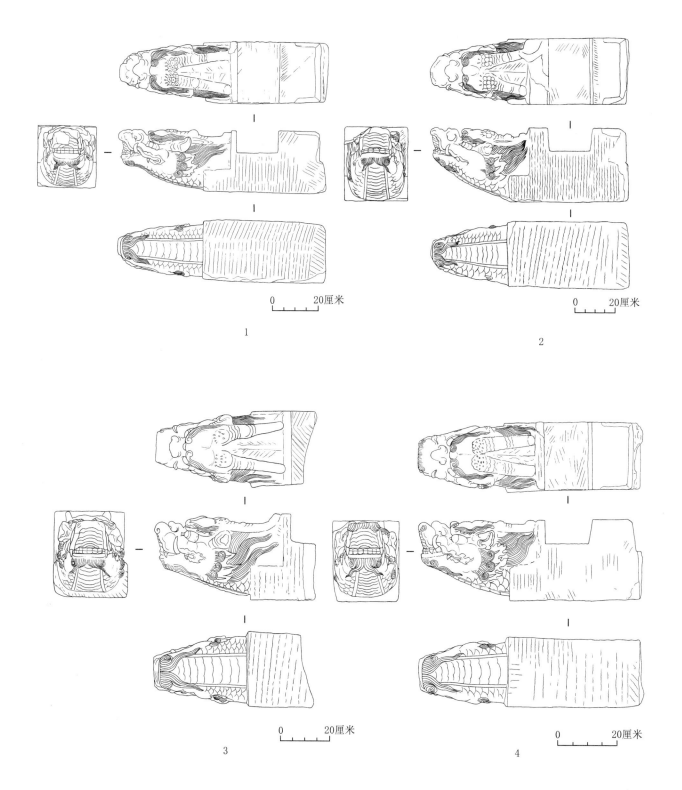

图一四二　宫城一号殿址出土螭首
1.CS12　2.CS13　3.CS14　4.CS15

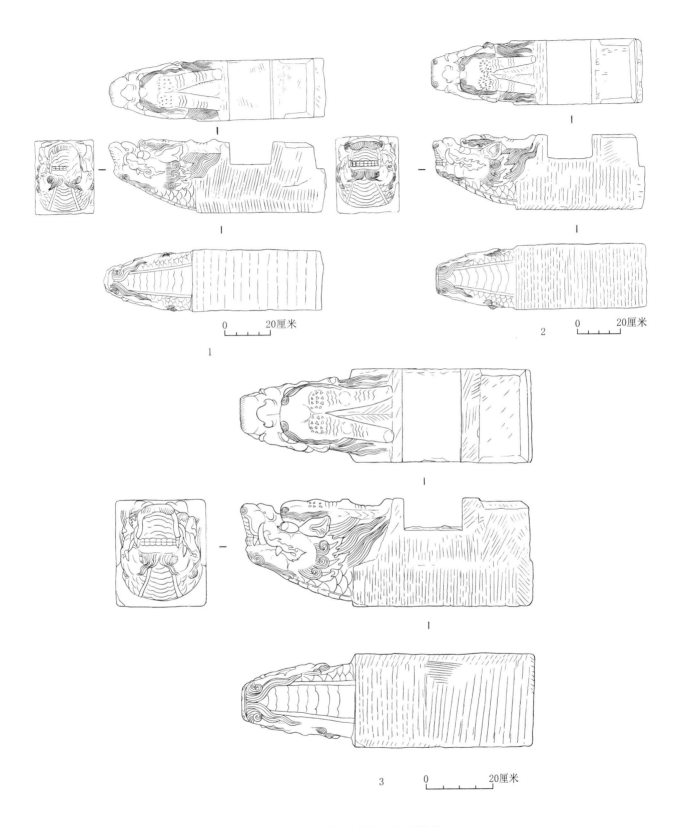

图一四三　宫城一号殿址出土螭首

1. CS16　2. CS17　3. CS18

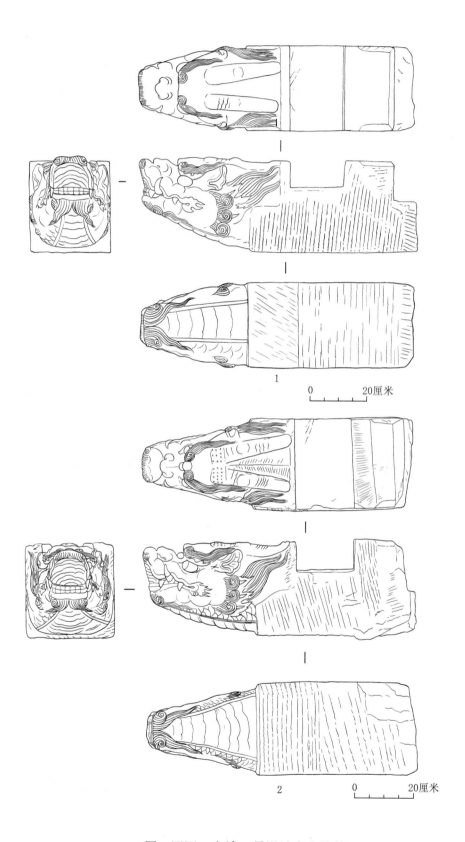

0　　　　20厘米

图一四四　宫城一号殿址出土螭首

1. CS19　2. CS20

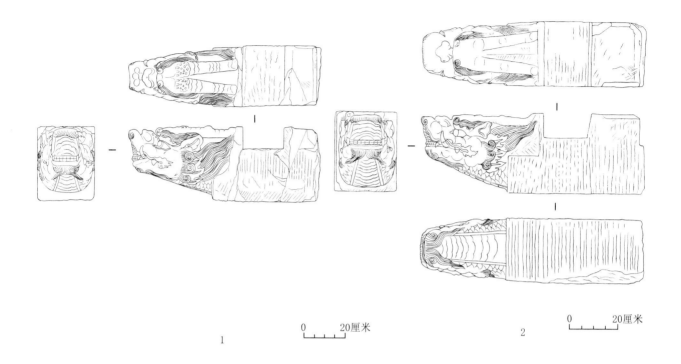

0　　20厘米

1

0　　20厘米

2

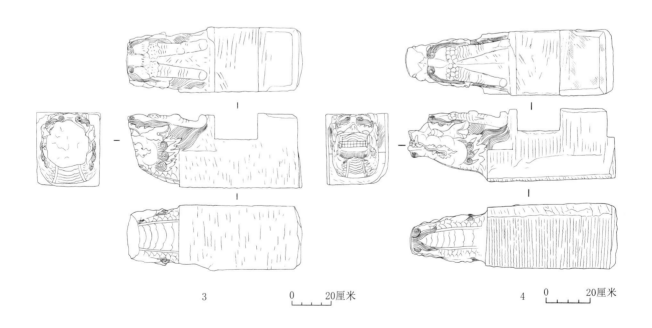

3　　0　　20厘米

4　　0　　20厘米

图一四五　宫城一号殿址出土螭首
1. CS21　2. CS22　3. CS75　4. CS24

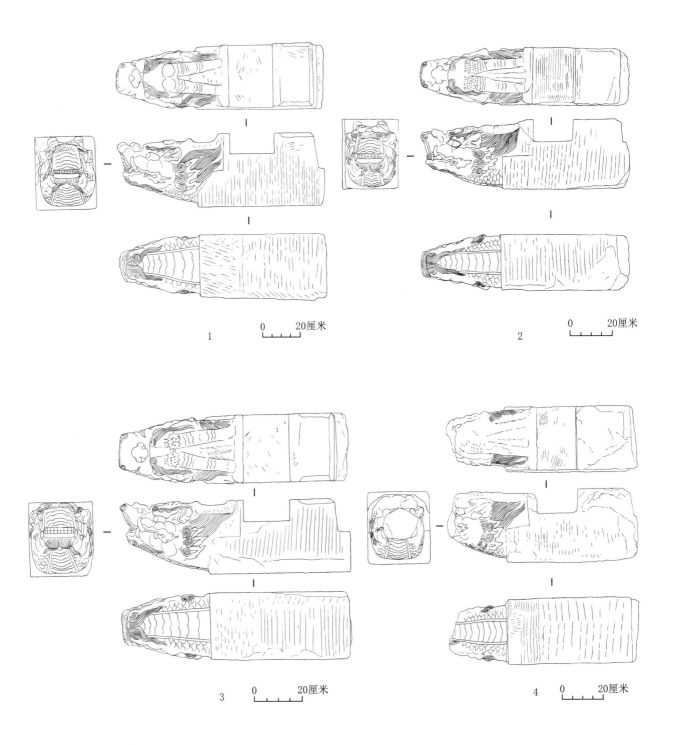

图一四六　宫城一号殿址出土螭首
1.CS25　2.CS26　3.CS27　4.CS30

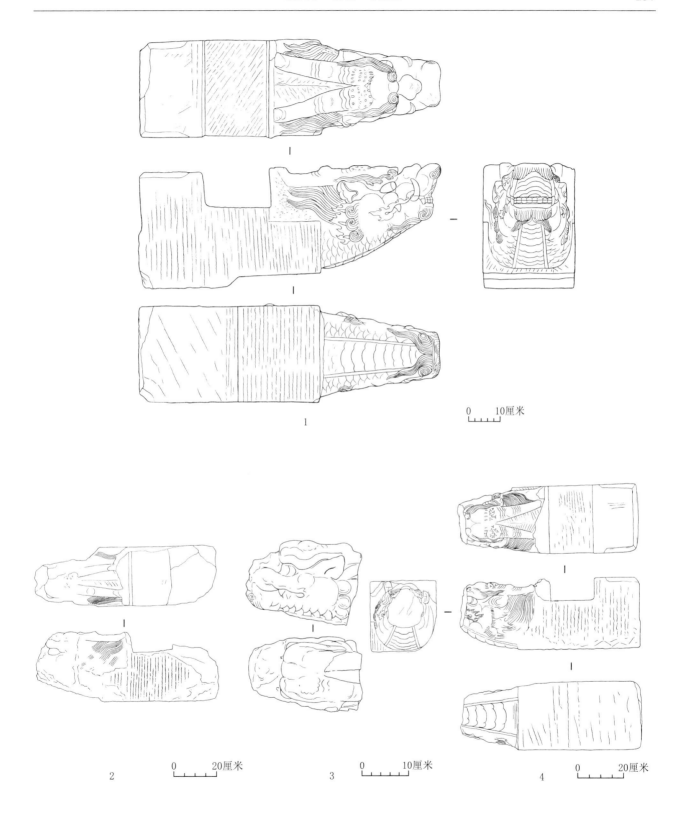

图一四七　宫城一号殿址出土螭首
1.CS28　2.CS31　3.CS36　4.CS32

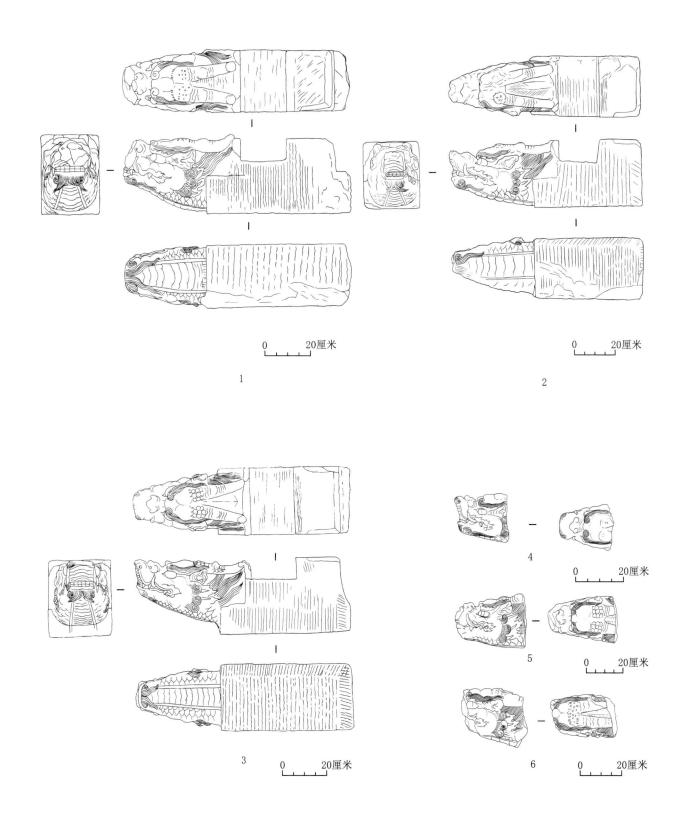

图一四八　宫城一号殿址出土螭首
1. CS33　2. CS34　3. CS35　4. CS37　5. CS38　6. CS39

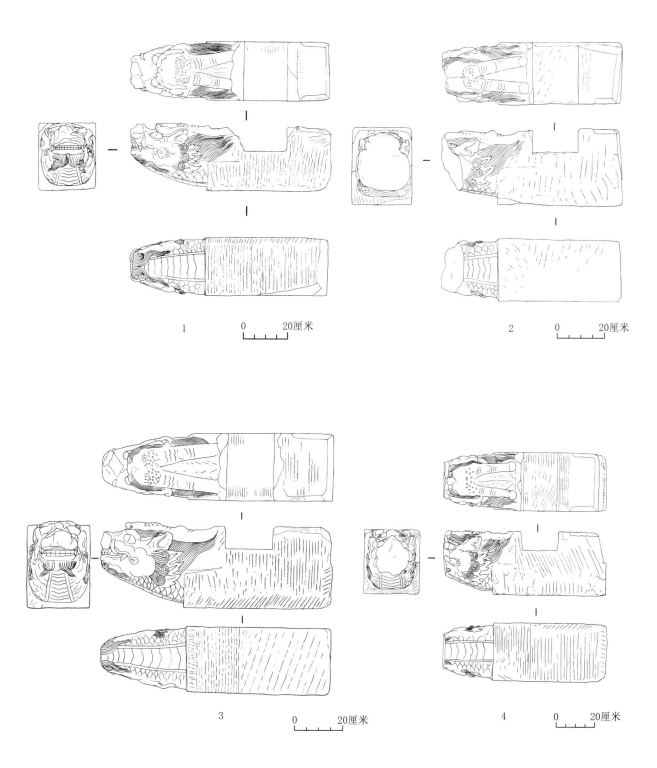

图一四九　宫城一号殿址出土螭首
1.CS40　2.CS41　3.CS42　4.CS43

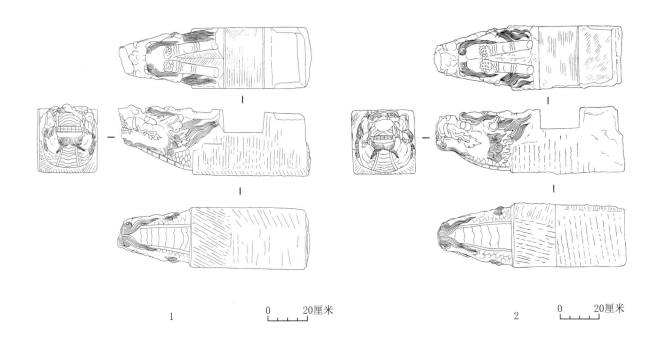

1　　　　0　　20厘米　　　　2　　　　0　　20厘米

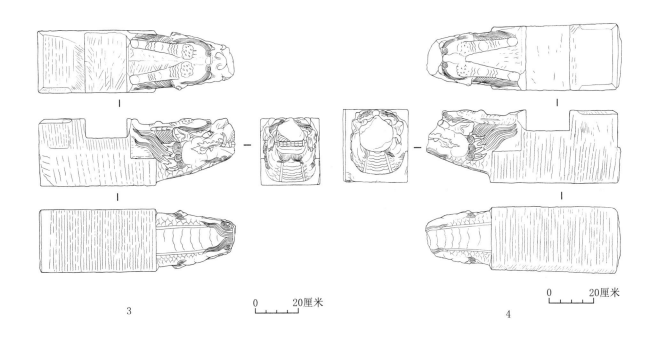

3　　　　0　　20厘米　　　　4　　　　0　　20厘米

图一五〇　宫城一号殿址出土螭首

1.CS44　2.CS45　3.CS51　4.CS52

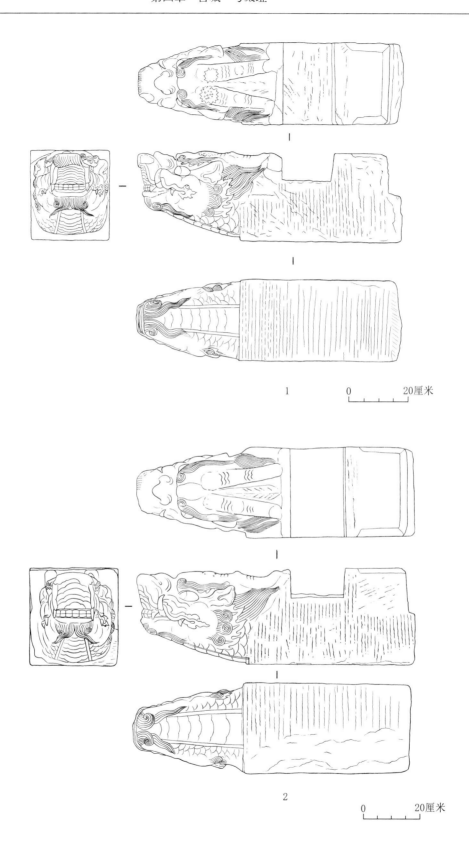

图一五一　宫城一号殿址出土螭首

1. CS46　2. CS47

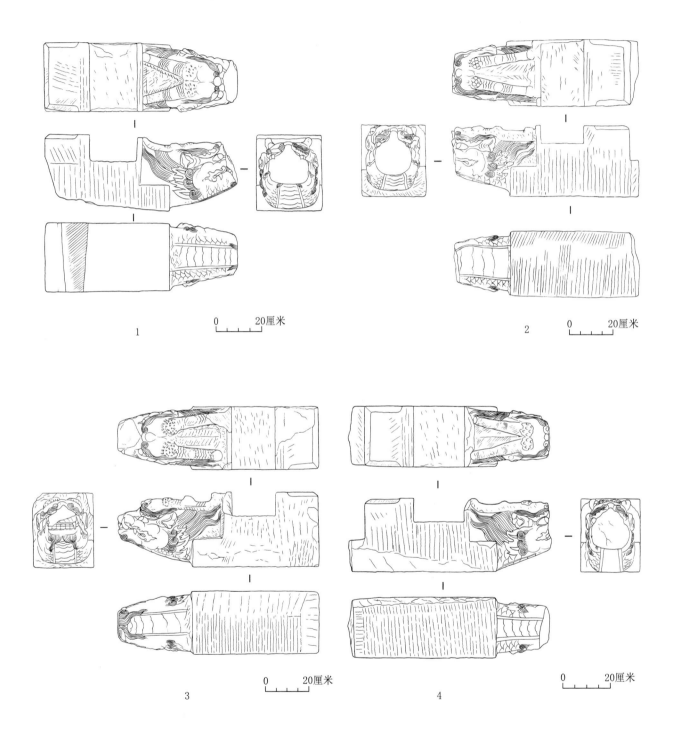

图一五二　宫城一号殿址出土螭首
1.CS53　2.CS54　3.CS55　4.CS56

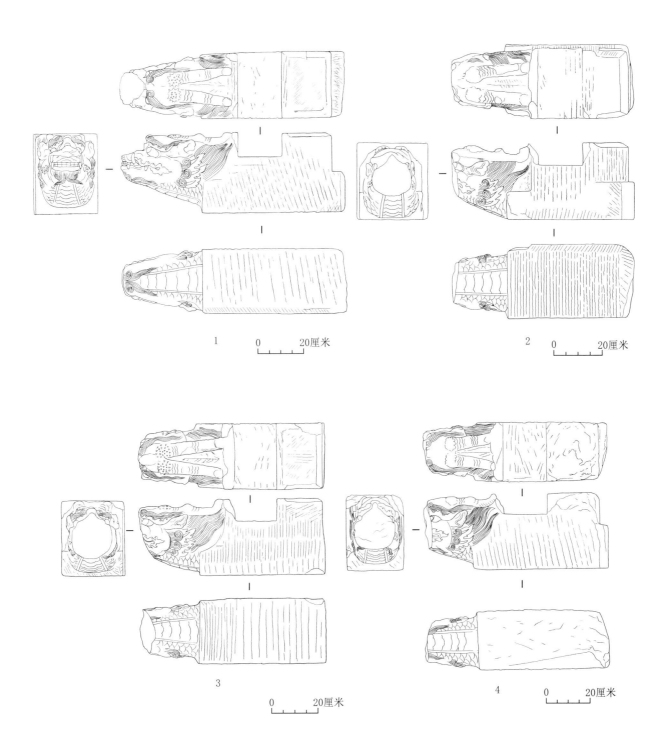

图一五三　宫城一号殿址出土螭首
1.CS57　2.CS58　3.CS59　4.CS60

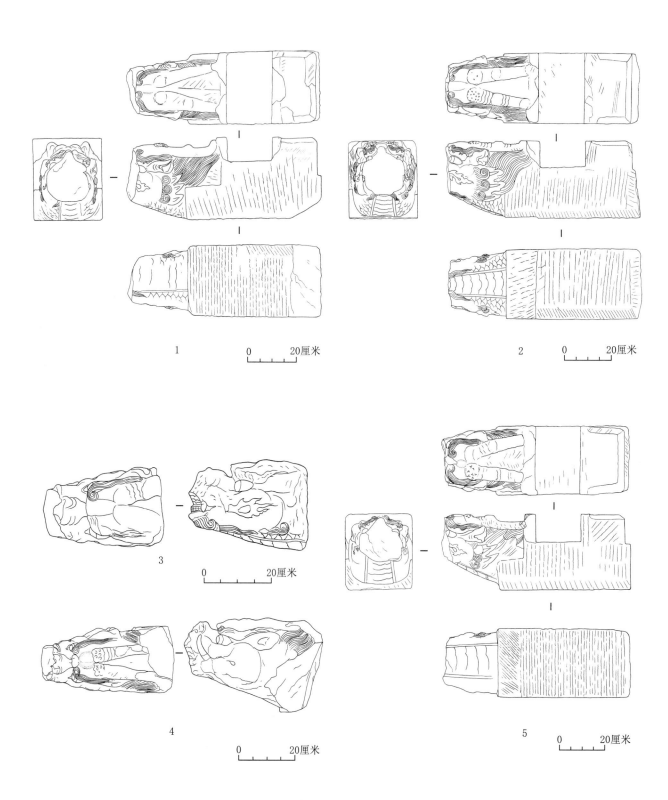

图一五四　宫城一号殿址出土螭首
1.CS61　2.CS62　3.CS63　4.CS64　5.CS66

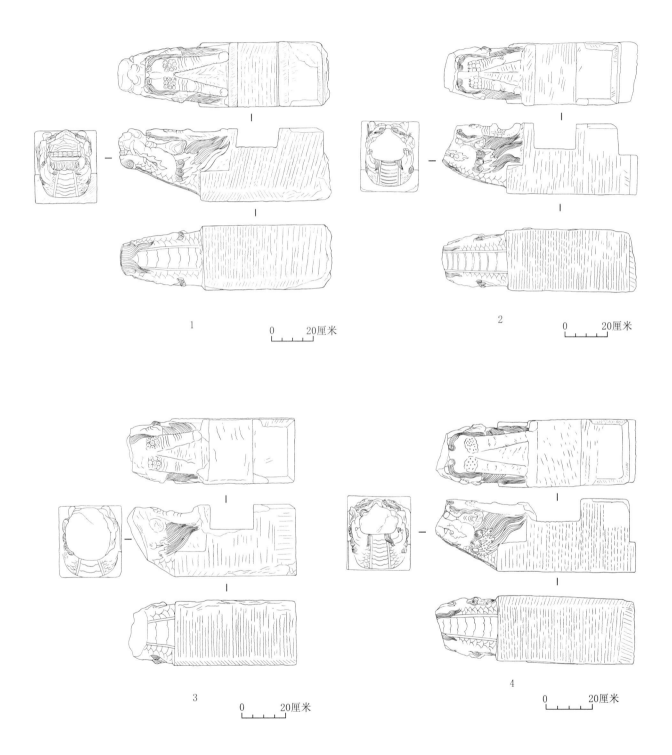

图一五五 宫城一号殿址出土螭首
1.CS67 2.CS68 3.CS69 4.CS70

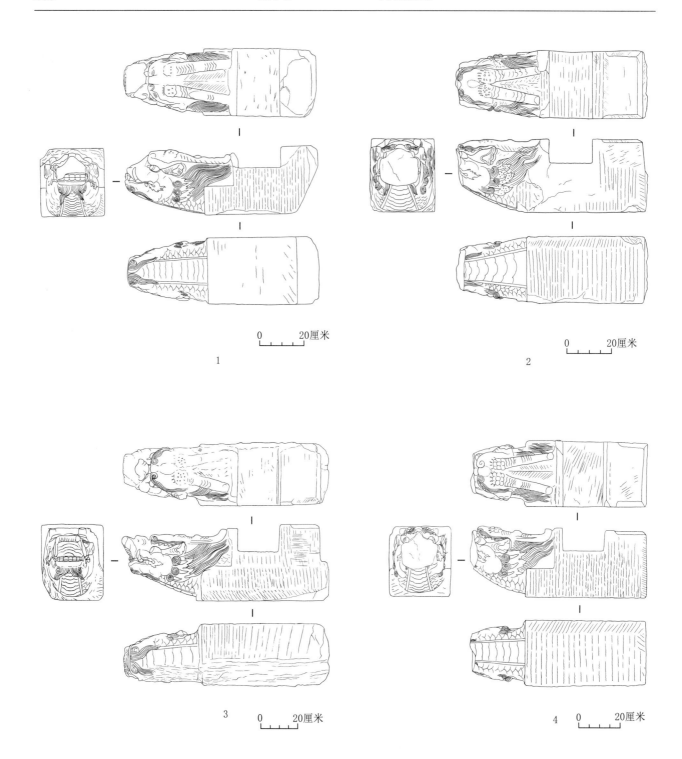

图一五六　宫城一号殿址出土螭首
1.CS71　2.CS72　3.CS73　4.CS74

表一五　元中都宫城一号殿址柱础石统计表

编号	探方ZYGD1	中心坐标（米）	相对位置（厘米）	关联关系	高差（厘米）	石料质地	形制	柱础石尺寸长×宽×厚（厘米）	基槽口尺寸南北×东西-深（厘米）	备注
ZC1	ⅠT1-2	南0.3西4.06	后殿东北角外侧。中心点距上层台基东、北壁外皮232、233	与ZC3东西对应	0	汉白玉	方座圆形覆盆状，四边均有2厘米宽的斜削边。覆盆饰宝装莲花，已残损	础座：边长分别为东106.5、南105、西96.5、北106.5、通高45。覆盆：直径105、高12	原位保留,基槽未发掘	1．高差以1号柱础石上面为水平基准；2．坐标以础石上面中心点为准，无础石者以础坑开口中心点为准，下同
ZC2	ⅢT5-2	南3.93西2.03	1号柱础西南方向	与ZC4东西对应			余长方形柱础坑	——	107×60-15	北部伸入至ⅠT1-2内
ZC3	ⅡT1-2	南1.2西0.5	后殿西北角外侧	与ZC1东西对应			余长方形柱础坑		175×160-27	西部伸入至ⅡT1-3内
ZC4	ⅣT5-2	南4.5西1.9	ZC03东南方向248	与ZC2东西对应			余长方形柱础坑		105×99-14	南部伸入至ⅣT5-2内
ZC5	ⅠT2-1	南1.3西4	香阁墙基槽东北转角处	与ZC8东西对应			余长方形柱础坑		129×118-26	
ZC6	ⅠT2-1	南1.7西1.7	香阁北墙基槽东部	与ZC7并列			余长方形柱础坑		117×99-13	
ZC7	ⅡT2-1	南1.8西3.5	香阁北墙基槽西部	与ZC6并列			余长方形柱础坑		80×122-12	
ZC8	ⅡT2-1	南2.2西0.6	香阁墙基础西北转角处	与ZC5东西对应			余长方形柱础坑		158×135-21	西部深入至ⅡT2-2内
ZC9	ⅠT1-1	南0.2西4.1	香阁东墙基槽南部	与ZC11东西对应	24	玄武岩	凸字形石柱础，下部为长方形底座，上面凸起长方体，东西横断面呈凸字形	下部东西86～92、南北105、通高50；凸起部分东西57、南北长105、高18	原位保留	础石表面有凿痕，较平，四周有凿痕

续表一五

编号	探方 ZYGD1	中心坐标（米）	相对位置（厘米）	关联关系	高差（厘米）	石料质地	形制	柱础石尺寸 长×宽×厚（厘米）	基槽口尺寸 南北×东西-深（厘米）	备注
ZC10	ⅠT1-1	南3.8 西4.3	香阁东墙基槽北部	与ZC12东西对应	20.5	玄武岩	凸字形石柱础，下部为长方形底座，上面凸起长方体，东西横断面呈凸字形	下部东西84、南北93.5、通高49；凸起部分东西57、南北93.5、高18	原位保留	础石表面有凿痕，较平，四周有凿痕
ZC11	ⅡT1-1	南0.5 西0.5	香阁西墙基槽南部	与ZC9东西对应	26	玄武岩	凸字形石柱础，下部为长方形底座，上面凸起长方体，东西横断面呈凸字形	下部东西98、南北99、通高52；凸起部分东西67、南北99、高13	原位保留	础石表面有凿痕，较平，四周有凿痕
ZC12	ⅡT1-1	南4.24 西0.5	香阁西墙基槽北部	与ZC10东西对应	18	玄武岩	凸字形石柱础，下部为长方形底座，上面凸起长方体，东西横断面呈凸字形	下部东西101、南北长107、通高48；凸起部分东西74、南北107、高15.5	原位保留	础石表面有凿痕，凹凸不平，四周有凿痕
ZC13	ⅢT5-2	南2.47 西1.93	寝殿北墙东侧基槽东北角	与ZC18东西对应	——		余长方形柱础坑		135×140-37	
ZC14	ⅢT5-1	南2.65 西3.66	寝殿北墙东侧基槽	与ZC17东西对应	——		余长方形柱础坑		160×120-38	
ZC15	ⅢT5-1	南2.58 西2.24	寝殿北墙东侧基槽	与ZC16东西对应	——		余长方形柱础坑		155×120-39	
ZC16	ⅣT5-1	南2.88 西1.35	寝殿北墙西侧基槽	与ZC15东西对应	——		余长方形柱础坑		150×130-40	
ZC17	ⅣT5-1	南2.75 西0	寝殿北墙西侧基槽	与ZC14东西对应	——		余长方形柱础坑		150×130-40	西部伸入至ⅣT5-2内
ZC18	ⅣT5-2	南3.3 西2.8	寝殿北墙西侧基槽西北角	与ZC13东西对应	——		余长方形柱础坑		155×135-41	
ZC19	ⅢT5-4	南0.71 西0	东夹室墙基槽东北转角	与ZC34东西对应	——		余长方形柱础坑		114×110-28	西部伸入至ⅢT5-3内
ZC20	ⅢT4-3	南3.2 西4.9	东夹室东墙基槽北侧	与ZC35东西对应	——		余长方形柱础坑		119×83-28	东侧伸入至ⅢT4-4

续表一五

编号	探方 ZYGD1	中心坐标（米）	相对位置（厘米）	关联关系	高差（厘米）	石料质地	形制	柱础石尺寸 长×宽×厚（厘米）	基槽口尺寸 南北×东西－深（厘米）	备注
ZC21	ⅢT4-3	南4.54 西4.7	东夹室东墙基槽南侧	与ZC36东西对应		——	余长方形柱础坑		117×85-23	跨ⅢT4－3、T4－4、T5－3和T4－4等4个探方
ZC22	ⅢT3-4	南1.95 西4.51	东夹室墙基槽东南角	与ZC37东西对应		——	余长方形柱础坑		114×110-30	西部伸入至ⅢT3-3内
ZC23	ⅢT3-3	南2.21 西2.19	东夹室南墙基槽东侧	与ZC38东西对应			余长方形柱础坑		114×87-29	
ZC24	ⅢT3-2	南2.5 西3.9	东夹室南墙基槽西侧	与ZC39东西对应		玄武岩	凸字形石柱础。下部为长方形底座，上面凸起长方体，南北横断面略为凸字形，北侧下部二层台均残断缺失	下部东西101.5、南北70.5，通高38.4；凸起部分东西100、南北31、高9	原位保留	加工较粗，下部为毛石，上部平面为糙面，在凸起部侧面有有斜向凿痕
ZC25	ⅢT4-2	南4.25 西1	寝殿东墙北侧基槽	与ZC40东西对应			余圆形柱础坑		130×140-25	北部伸入至ⅢT5-2内
ZC26	ⅢT4-2	南0.15 西1.1	寝殿东墙南侧基槽	与ZC41东西对应			余长方形柱础坑		130×140-36	南部伸入至ⅢT3-2内
ZC27	ⅢT4-2	南3.72 西1.12	寝殿东墙南侧基槽	与ZC42东西对应			余长方形柱础坑		112×126-36	
ZC28	ⅢT3-2	南1.6 西0.99	寝殿南墙东侧基槽东南角	与ZC33东西对应			余长方形柱础坑		130×140-30	
ZC29	ⅢT3-1	南1.9 西3.8	寝殿南墙东侧基槽	与ZC32东西对应			余长方形柱础坑		129×105-34	
ZC30	ⅢT3-1	南1.96 西2.26	寝殿南墙东侧基槽	与ZC31东西对应			余长方形柱础坑		130×120-40	
ZC31	ⅣT3-1	南2 西1.51	寝殿南墙西侧基槽	与ZC30东西对应			余长方形柱础坑		130×145-40	

续表一五

编号	探方 ZYGD1	中心坐标（米）	相对位置（厘米）	关联关系	高差（厘米）	石料质地	形制	柱础石尺寸长×宽×厚（厘米）	基槽口尺寸南北×东西—深（厘米）	备注
ZC32	IVT3—1	南2.1西0	寝殿南墙西侧基槽	与ZC29东西对应			余长方形柱础坑		131×100—39	西部伸入至IVT3—2内
ZC33	IVT3—2	南2.2西2.56	寝殿南墙西侧基槽	与ZC28东西对应			余长方形柱础坑		130×155—30	
ZC34	IVT5—4	南2.25西4	西夹室墙基槽西北角	与ZC19东西对应			余长方形柱础坑		135×138—28	
ZC35	IVT5—4	南0.6西4.08	西夹室西墙基槽北侧	与ZC20东西对应			余长方形柱础坑		87×116—28	
ZC36	IVT4—4	南1.42西4.05	西夹室西墙基槽南侧	与ZC21东西对应			余长方形柱础坑		102×129—28	
ZC37	IVT3—4	南3.36西3.96	西夹室墙基槽西南角	与ZC22东西对应			余长方形柱础坑		110×94—20	
ZC38	IVT3—3	南3.38西1.19	西夹室南墙基槽西侧	与ZC23东西对应			余长方形柱础坑		97×107—20	北部延伸到探方的北隔梁
ZC39	IVT3—2	南3.35西0.28	西夹室南墙基槽东侧	与ZC24东西对应		玄武岩	凸字形石柱础。下部为长方形底座，上部凸起长方体，南北横断面凸字形	下部东西105、南北93、通高44；凸起部分东西94、南北60—63、高12	原位保留	加工较粗，下部为毛石，上部平面为糙面，在凸起部位的侧面和二层台上有斜向凿痕。西部伸入IVT3—3内
ZC40	IVT5—2	南4.48西2.72	寝殿西墙北侧基槽	与ZC25东西对应			余长方形柱础坑		130×140—42	南部伸入IVT4—2内
ZC41	IVT4—2	南0.75西2.76	西隔房东墙南部基槽	与ZC26东西对应			余长方形柱础坑		130×140—32	
ZC42	IVT3—2	南3.62西2.58	西隔房东南角基槽	与ZC27东西对应			余方形柱础坑		105×105—28	
ZC43	IIIT3—2	南0.7西2.58	柱廊东北角	与ZC44东西对应			余长方形柱础坑		102×117—5	可能铺砌装饰性石板
ZC44	IVT3—2	南1.53西0.72	柱廊西北角	与ZC43东西对应			余长方形柱础坑		108×118—5	可能铺砌装饰性石板
ZC45	IIIT2—2	南4.22西4.02	柱廊东数第一列最北端东侧	与ZC50东西对应			余长方形柱础坑		168×290—45	柱坑东侧至夯土台边缘

续表一五

编号	探方ZYGD1	中心坐标（米）	相对位置（厘米）	关联关系	高差（厘米）	石料质地	形制	柱础石尺寸长×宽×厚（厘米）	基槽口尺寸南北×东西-深（厘米）	备注
ZC46	ⅢT2-2	南4.5西0.95	柱廊东数第一列最北端	与ZC49东西对应			余长方形柱础坑		167×161-43	北部延伸到ⅢT3-2内
ZC47	ⅢT2-1	南4.5西3.6	柱廊东数第二列最北端	与ZC48东西对应		汉白玉	柱础石：下部方座，上为圆形覆盆	覆盆直径102—103、高10。方座东/南/西/北/边长分别为110/106/109.5/108.5，方座高出地表10	原位保留	北侧伸入至ⅢT3-1内。东边向东与后殿台基砖壁东外皮相距6.68米
ZC48	ⅣT3-1	南4.71西4.77	柱廊东数第三列最北端	与ZC47东西对应			余长方形柱础坑		169×224-31	
ZC49	ⅣT2-2	南4.6西2.35	柱廊东数第四列最北端	与ZC46东西对应			余长方形柱础坑		146×141-35	北部伸入至ⅣT3-2内
ZC50	ⅣT2-2	南4.7西0.7	柱廊东数第四列最北端西侧	与ZC45东西对应			余长方形柱础坑		240×169-39	北部伸入至ⅣT3-2内
ZC51	ⅢT1-2	南4.1西0.7	柱廊东数第一列南数第四排	与ZC54东西对应			余长方形柱础坑		291×198-34	北部伸入至ⅣT2-2内
ZC52	ⅢT1-1	南5西3.65	柱廊东数第二列南数第四排	与ZC53东西对应			余长方形柱础坑		160×233-43	北部伸入至ⅣT2-1内
ZC53	ⅣT1-2	南4.75西4.7	柱廊东数第三列南数第四排	与ZC52东西对应			仅余长方形柱础坑		坑口158×171底部114×170深30	
ZC54	ⅣT1-2	南5西2.25	柱廊东数第四列南数第四排	与ZC51东西对应			余长方形柱础坑		143×144-31	北部伸入至ⅣT2-2内
ZC55	ⅤT5-2	南4.4西0.72	柱廊东数第一列南数第三排	与ZC58东西对应		汉白玉	余长方形柱础坑，底部有汉白玉残块		174×127-34	北部伸入至ⅢT1-2内

续表一五

编号	探方ZYGD1	中心坐标（米）	相对位置（厘米）	关联关系	高差（厘米）	石料质地	形制	柱础石尺寸长×宽×厚（厘米）	基槽口尺寸南北×东西-深（厘米）	备注
ZC56	ⅤT5-1	南4.4西3.4	柱廊东数第二列南数第三排	与ZC57东西对应		汉白玉	余长方形柱础坑，底部有汉白玉残块		193×147-40	北部伸入至ⅢT1-1内
ZC57	ⅣT1-2	南0.2西4.5	柱廊东数第三列南数第三排	与ZC56东西对应		汉白玉	余方形柱础坑，底部有汉白玉残块		188×180-34	跨ⅣT1-1、ⅣT1-2、ⅥT5-1、ⅥT5-2四个探方
ZC58	ⅣT1-2	南0.15西2	柱廊东数第四列南数第三排	与ZC55东西对应			余长方形柱础坑		183×161-37	南部伸入ⅥT5-2内
ZC59	ⅤT4-2	南4.5西0.8	柱廊东数第一列南数第二排	与ZC62东西对应			余长方形柱础坑		175×165-34	北部伸入ⅤT5-2内、西部至ⅤT4-1内
ZC60	ⅤT4-1	南4.61西2.92	柱廊东数第二列南数第二排	与ZC61东西对应		汉白玉	余长方形柱础坑，底部有汉白玉残块		197×217-38	北侧伸入至ⅤT5-1内
ZC61	ⅥT5-2	南0.3西4.2	柱廊东数第三列南数第二排	与ZC60东西对应			余长方形柱础坑		146×115-32	南部伸入至ⅥT4-2内
ZC62	ⅥT5-2	南0.5西1.73	柱廊东数第四列南数第二排	与ZC59东西对应			余长方形柱础坑		162×147-32	南部伸入至ⅥT4-2内
ZC63	ⅤT3-2	南4.8西0.55	柱廊东数第一列最南端	与ZC66东西对应			余长方形柱础坑		192×162-35	西北伸入至ⅤT4-1，西南伸入至ⅤT3-1，北侧伸入至ⅤT4-2内
ZC64	ⅤT3-1	南5西2.8	柱廊东数第二列最南端	与ZC65东西对应			余长方形柱础坑		149×154-26	北部伸入至ⅤT4-1内
ZC65	ⅥT4-2	南0.4西4.2	柱廊东数第三列最南端	与ZC64东西对应			余长方形柱础坑		坑口146×172坑底140×115深33	南部伸入至ⅥT3-2内
ZC66	ⅥT4-2	南0.2西2	柱廊东数第四列最南端	与ZC63东西对应			余长方形柱础坑		205×202-32	南部伸入至ⅥT3-2

续表一五

编号	探方 ZYGD1	中心 坐标 （米）	相对 位置 （厘米）	关联 关系	高差 （厘米）	石料 质地	形制	柱础石尺寸 长×宽×厚 （厘米）	基槽口尺寸 南北×东西－ 深（厘米）	备注
ZC67	ⅤT2-3	南4.2 西4.2	前殿东北角（东数第一列南数第六排）	与ZC74东西对应		汉白玉	余长方形柱础，底部有雕花汉白玉块		115×150-28	
ZC68	ⅤT2-3	南4.3 西0.7	前殿东数第二列南数第六排	与ZC73东西对应		汉白玉	余长方形柱础坑，底部有汉白玉残块		186×200-38	北部伸入至ⅤT3-3内，西部伸入至ⅤT2-2和ⅤT3-2内
ZC69	ⅤT2-2	南4.53 西1.28	前端东数第三列南数第六排	与ZC72东西对应			余长方形柱础坑		坑口237×260 坑底210×190 深45	北部伸入至ⅤT3-2内
ZC70	ⅤT2-1	南4.56 西1.5	前殿东数四列南数第六排	与ZC71东西对应			余长方形柱础坑		坑口246×262 坑底200×201 深40	北部伸入至ⅤT3-1之内
ZC71	ⅥT3-1	南0.1 西0.1	前殿东数第五列南数第六排	与ZC70东西对应		汉白玉	余方形柱础坑，底部有汉白玉残块		220×192-40	西部伸入ⅥT3-2和ⅥT2-2内，南部伸入ⅥT2-1内
ZC72	ⅥT3-2	南0.2 西0.5	前殿东数第六列南数第六排	与ZC69东西对应		汉白玉	余长方形柱础坑，底部有汉白玉残块		坑口265×272 坑底130×160 深43	
ZC73	ⅥT3-3	南0.31 西1.01	前殿东数第七列南数第六排	与ZC68东西对应		汉白玉	余长方形柱础坑，坑内有带莲花纹汉白玉块		坑口205×200 坑底124×123 深30	ZC73与72之间有宽130、深9厘米的槽相连
ZC74	ⅥT3-4	南0.5 西2.7	前殿西北角（东数第八列南数第六排）	与ZC67东西对应		汉白玉	余长方形柱础坑，坑内有带莲花纹汉白玉块		124×121-32	柱础坑北边和西边已破坏
ZC75	ⅥT2-4	南2 西2.3	前殿东数第八列南数第五排	与ZC90东西对应			余长方形柱础		239×222-45	
ZC76	ⅥT1-4	南2.06 西2.64	前殿东数第八列南数第四排	与ZC89东西对应		汉白玉	余长方形柱础坑，底部有汉白玉残块		218×182-43	
ZC77	ⅧT5-4	南2.4 西2.24	前殿东数第八列南数第三排	与ZC88东西对应		汉白玉	余长方形柱础坑，底部有汉白玉残块		181×172-42	
ZC78	ⅧT4-4	南2.02 西2.05	前殿东数第八列南数第二排	与ZC87东西对应		汉白玉	余长方形柱础坑，底部有汉白玉残块		174×214-45	

续表一五

编号	探方 ZYGD1	中心 坐标 （米）	相对 位置 （厘米）	关联 关系	高差 （厘米）	石料 质地	形制	柱础石尺寸 长×宽×厚 （厘米）	基槽口尺寸 南北×东西- 深（厘米）	备注
ZC79	ⅧT3-4	南4.05 西1.8	前殿西南 角（东数 第八列南 数 第 一 排）	与ZC86 东西对应		汉 白 玉	余长方形柱 础坑。坑内 有较大的汉 白玉残块一 块。		222×259-43	北部伸入至 ⅧT4-4内
ZC80	ⅧT3-3	南4.05 西0.21	前殿东数 第七列南 数第一排	与ZC85 东西对应			余长方形柱 础坑		177×249-42	西部伸入至 ⅧT4-4内
ZC81	ⅧT3-3	南3.9 西4.88	前殿东数 六列南数 第一排	与ZC84 东西对应			余长方形柱 础坑		262×282-43	东部伸入至 ⅧT4-2内
ZC82	ⅧT3-2	南3.15 西4.69	前殿东数 第五排南 数第一排	与ZC83 东西对应		汉 白 玉	余长方形柱 础坑，底部 有汉白玉残 块		212×219-45	东部伸入至 ⅧT3-1内
ZC83	ⅧT3-1	南4 西1	前殿东数 第四列南 数第一排	与ZC82 东西对应		汉 白 玉	余长方形柱 础坑，底部 有汉白玉残 块		195×222-36	北部延伸到 探方的北隔 梁
ZC84	ⅧT3-2	南3.5 西0.1	前殿东数 第三列南 数第一排	与ZC81 东西对应		汉 白 玉	余长方形柱 础坑，底部 有汉白玉残 块		坑口278×227 坑底146×163 深44	西部伸入至 ⅧT3-1内
ZC85	ⅧT3-2	南3.6 西4.6	前殿东数 第二列南 数第一排	与ZC80 东西对应		汉 白 玉	余长方形柱 础坑，底部 有汉白玉残 块		167×278-47	东部伸入至 ⅧT3-3内
ZC86	ⅧT3-3	南3 西2.5	前殿东南 角（东数 第 一 列 南 数 第 一排）	与ZC79 东西对应		汉 白 玉	余长方形柱 础坑，底部 有汉白玉残 块		坑口226×125 坑底165×111 深45	
ZC87	ⅧT4-3	南2.6 西3.6	前殿东数 第一列南 数第二排	与ZC78 东西对应		汉 白 玉	余长方形柱 础坑，底部 有汉白玉残 块		218×146-32	
ZC88	ⅧT5-3	南1 西4.2	前殿东数 第一列南 数第三排	与ZC77 东西对应		汉 白 玉	余长方形柱 础坑，底部 有汉白玉残 块		120×152-42	
ZC89	ⅤT1-3	南1 西3.6	前殿东数 第一列南 数第四排	与ZC76 东西对应		汉 白 玉	余长方形柱 础坑，底部 有汉白玉残 块		坑口188×205 坑底133×130 深45	

续表一五

编号	探方ZYGD1	中心坐标（米）	相对位置（厘米）	关联关系	高差（厘米）	石料质地	形制	柱础石尺寸长×宽×厚（厘米）	基槽口尺寸南北×东西-深（厘米）	备注
ZC90	ⅤT2-3	南0.7西3.6	前殿东数第一列南数第五排	与ZC75东西对应			余长方形柱础坑		186×130-42	南部伸入至ⅤT1-3内
ZC91	ⅤT2-3	南1西0.6	前殿东数第二列南数第五排	与ZC96东西对应			余长方形柱础坑		250×202-45	西部伸入至ⅤT2-2内，南部伸入至ⅤT1-2和ⅤT1-3内
ZC92	ⅤT2-2	南1西1	前殿东数第三列南数第五排	与ZC95东西对应			余长方形柱础坑		253×227-39	西部伸入至ⅤT2-1内，南部伸入至ⅤT1-1和ⅤT1-2内
ZC93	ⅤT2-1	南1.3西1.4	前殿东数第四列南数第五排	与ZC94东西对应		汉白玉	余长方形柱础坑，底部有汉白玉柱础残块	柱础覆盆被砸毁，东部半块下部保存，南北长125、东西残宽61—72、残高48	203×241-45	柱础原位未移动
ZC94	ⅥT2-1	南2西0.4	前殿东数第五列南数第五排	与ZC93东西对应			余长方形柱础坑		184×196-42	
ZC95	ⅥT2-2	南2西0.8	前殿东数第六列南数第五排	与ZC92东西对应		汉白玉	余长方形柱础坑，底部有汉白玉碎块		240×224-42	西部伸入至ⅥT2-3内
ZC96	ⅥT2-3	南2.4西0.6	前殿东数第七列南数第五排	与ZC91东西对应		汉白玉	余长方形柱础坑，底部有汉白玉碎块		192×199-40	西部伸入至ⅥT2-4内
ZC97	ⅥT1-3	南2.8西1	前殿东数第七列南数第四排	与ZC106东西对应			余长方形柱础坑		142×195-40	
ZC98	ⅧT5-3	南3.4西0.6	前殿东数第七列南数第三排	与ZC105东西对应			余长方形柱础坑		坑口177×170坑底62×150深35	西部伸入至ⅧT5-4内

续表一五

编号	探方 ZYGD1	中心坐标（米）	相对位置（厘米）	关联关系	高差（厘米）	石料质地	形制	柱础石尺寸 长×宽×厚（厘米）	基槽口尺寸 南北×东西-深（厘米）	备注
ZC99	ⅧT4-3	南3 西0.4	前殿东数第七列南数第二排	与ZC104东西对应		汉白玉	余长方形柱础坑，底部有汉白玉残块		283×203-50	西部伸入至ⅧT4-4内
ZC100	ⅧT4-2	南2.6 西4.8	前殿东数第六列南数第二排	与ZC103东西对应			余长方形柱础坑		坑口277×292 坑底172×164 深40	西部伸入至ⅧT4-3内
ZC101	ⅧT4-1	南2.6 西4.7	前殿东数第五列南数第二排	与ZC102东西对应		汉白玉	余长方形柱础坑，底部有汉白玉残块		坑口269×258 坑底194×193 深42	西部伸入至ⅧT4-2内
ZC102	ⅦT4-1	南3 西1	前殿东数第四列南数第二排	与ZC101东西对应		汉白玉	余长方形柱础坑，底部有汉白玉碎块		272×214-41	西部伸入至ⅧT4-1内
ZC103	ⅦT4-2	南2.6 西0.2	前殿东数第三列南数第二排	与ZC100东西对应			余长方形柱础坑		坑口268×178 坑底208×179 深40	西部伸入至ⅦT4-1内
ZC104	ⅦT4-3	南2.6 西5	前殿东数第二列南数第二排	与ZC99东西对应			余长方形柱础坑		坑口226×182 坑底178×185 深30	西部伸入至ⅦT4-2内
ZC105	ⅦT5-3	南1.4 西0.5	前殿东数第二列南数第三排	与ZC98东西对应			余长方形柱础坑		坑口258×219 坑底183×126 深35	西部伸入至ⅦT5-2内
ZC106	ⅤT1-3	南1.2 西0.5	前殿东数第二列南数第四排	与ZC97东西对应			余长方形柱础坑		坑口277×213 坑底157×134 深45	西部伸入至ⅤT1-2内

说明：表一五中柱础编号百位和十位的"0"省略了。ZC1—ZC99即ZC001—ZC099。

表一六 一号殿址石质文物统计表

类别	名称	序号	标本数量（编号）	纹饰	保存情况	备注（原位置）
汉白玉	角部螭首	1	1（CS1）	龙纹	微残	另统计见表一七
		2	未编号1件	龙纹	残块大于1/2	原址保护
		3	21	龙纹	小残块	
	台沿螭首	1	74	龙纹	完整或较大残块	另统计见表一七
		2	85	龙纹	小残块	
	门枕石	1	I型7	素面	基本完整	另统计见表一八
	角柱	1	1（JZ1）	牡丹龙纹	长方体	I T2-4②
		2	1（JZ2）	牡丹龙纹	方锥形	VII3-4②
		3	1（JZ3）	牡丹龙纹	残块	VIIIT3-6②
		4	1（JZ4）	花朵	残块	VIT5-5②
		5	1（JZ5）	龙纹	残块	I T1-10②
		6	1（JZ6）	花朵龙纹	残块	I T1-10②
		7	1（JZ7）	龙纹	残块	I T3-4②
		8	14	龙纹	4块20—30、其余小于20厘米	
		9	18	花朵	小于20厘米	
		10	17	素面	小于20厘米	
	A型宝装莲花柱础	1	1（ZC001）	宝装莲花	莲花纹剥落	原址保护
		2	1（ZC047）	宝装莲花	覆盆外皮剥落	原址保护
		3	1（ZC093）	宝装莲花	残块大于1/2	原址保护
		4	15	宝装莲花	小残块	
	B型异形柱础	1	1（VIT5-5②：5）		残块	
	C型望柱柱础	1	1（VIT5-4②：6）	上面凸起线脚	完整	原采集品ZWBSK：5形制相同
		2	9	上面凸起线脚或素面	完整或可复原	原址保护
	不明部位石块	1	242件		小于10厘米	
		2	175件		10—20厘米之间	
		3	22件		20—30厘米之间	
		4	4件		30—45厘米之间	

续表一六

类别	名称	序号	标本数量（编号）	纹饰	保存情况	备注（原位置）
花岗岩	柱础	1	1（ⅦT4-1②：7）	莲花纹	残块	
		2	1（ⅣT3-2②：1）	莲花纹	残块	
	铺地石板	1	1（ⅦT4-1②：5）	素平	残块	
		2	1（ⅦT4-1②：6）	素平	残块	
		3	5	素平	小残块	
玄武岩	凸形柱础	1	6	素面	基本完整	原址保护
	组合构件 11件	1	1（ⅦT4-1②：1）	素面	残块	
		2	1（ⅦT4-1②：2）	莲花纹	残块	
		3	1（ⅦT3-2②：1）	莲花纹	残块	
		4	1（ⅦT3-2②：3）	莲花纹	残块	
		5	7件	莲花纹	小残块	
	基准石	1	1（JZS1）	素面	完整	原址保护
		2	1（JZS2）	素面	完整	原址保护
		3	1（JZS3）	素面	完整	原址保护
	土衬石	1	18	素面	完整	角柱柱础 原址保护
	石轮	1	1（ⅧT5-3②：4）	素面	残块	
	石杵	1	1（ⅡT4-1②：9）	素面	残块	
青石	六六幻方	1	1（ⅥT3-1②：1）	方格数码	残裂	可复原
合计			767			

表一七　宫城一号殿址出土汉白玉螭首统计表

序号·保存情况·特点	出土地点编号（ZYGD1)及尺寸（厘米）
CS1·角部螭首·略有风化、鼻、吻部微残·在方形角石底座上面沿对角雕成凸起的长方体，中凿方卯以承望柱之榫。长方体后端抹角，前出龙头及两个前臂，龙的双肘半屈，有一跃而起之势，肌肉隆起，龙掌表现出三趾，背筋突起，爪尖嵌入石座。龙嘴前部上唇高翘、吻部突出、露出饰波形横线的上腭、整齐排列10对马齿式龙齿，鼻部弓起、两翼各有三道弧形褶皱，螭首侧面嘴裂较长、上下唇边均呈波浪状起伏，外露上二下一共三颗獠牙、下獠牙长而尖、呈弧形直伸至鼻侧，卵圆形眼球阴刻弧线两圈使目光集中向前，眉毛眉头旋成涡纹、向额部两侧后方波曲舒展。眉间有一乳突，额部有三个隆头顶，雕刻饼状突起、其上又饰麻点，角中部有短圆凸节，双耳似偏扁形的花口喇叭状，腮肉隆起，腮后三重装饰：涡状虬髯、火焰纹和棘刺构成的腮翅、舒缓后飘式鬣毛。肩臂饰火焰披毛及鳞片，肌肉隆起。腹甲纵刻两行双线，其间阴刻横排弧线、状如蛇腹，纵线外侧饰鲤鱼鳞片式龙鳞。这种动态造型，给人以威猛凶悍之感，堪称元代雕刻之极品（图一三六;图一三七，1、2；彩版二七六至二七九)。	编号：ⅠT2-3②：S1 底座边长75 座体与螭首通长151
CS2·螭首·较好·在凹形长方体石条一端伸出龙头。①上唇高翘，吻部突出、圆滑，吻上部有6肉突，上腭饰6道波形横纹；上唇部髭须自上而下分别向两侧呈涡状回卷；下唇圆润，6对龙牙，牙根部用连弧形刻线表现牙龈。②鼻部弓起，鼻尖圆钝上突，鼻翼两侧有三道阴刻弧线形成的褶皱，鼻孔呈椭圆形。③两侧嘴裂较长，唇缘凸起呈波浪状起伏，两侧各外露上二下一共三颗交错分布的獠牙，上下獠牙均暴露牙龈，嘴角后部饰火焰纹。④两个卵圆形眼球向外突出，两眼球各阴刻弧线二圈，使目光集中向前，眼睑前角呈三角形；两眉前端旋成涡纹向后微波舒展至耳与角之间，两眉之间有一乳突，眉下饰火焰纹飘向侧后。⑤额中部微隆，有丘状凸起三块。⑥头上两角后伸平贴于颈部，角根凸起，上面凿刻有小圆饼状凸起、每个小圆饼上并点缀2—4个小麻窝，角根前侧各凿刻有5道放射形短线。角前节短略平，角中部有凸节，凸节明显，角尖圆凸微上翘。左、右角通体横刻9道和6道水波纹，角通长28.5厘米。⑦后颈部、双角之间背脊呈三角凸棱状，脊棱凸出，左右两侧有凿痕。⑧双耳似扁形喇叭花，前部耳根有2道阴刻弧线，耳廓缘部凸起，耳内有阴刻稀疏的细线数道形成耳毛，廓后呈三片花瓣状。⑨嘴两侧有上三下二后一隆起的腮肉，后腮肉较大，咬合有力。虬髯与后腮相连，三股呈涡状回卷；腮翅为火焰纹和棘刺各三个；鬣毛舒缓后飘、左三缕右四缕。⑩头部微昂，颌下有须四股，外侧二股旋成涡纹留于颌下两边，内侧二股飘向腹下两侧至嘴角下部，腹下为腹甲，纵刻两行双线，其间阴刻8道横排连弧线，状如蛇腹，纵线外侧饰鳞纹22片。⑪长方体石条两侧有竖向凿痕，底面为横向凿痕，底座前部经过细凿找平，凹槽前后两壁为磨光，槽底有横向凿痕。后座左、右、后三面有2厘米宽的抹边，尾部有出沿。个性特征：吻上部有6肉突，两眼球阴刻弧线二圈，额中部有隆丘三块，角根下凿刻有5道放射线，双角通体各横刻9和6道水波纹，耳内有阴刻细线数道形成耳毛，尾部出沿；体形较胖；有锈斑；呈灰白色；侵蚀风化轻微（图一三八，1；彩版二八〇、二八一)。	编号：ⅠT3-3②：S1 通长：90 头部：长49 前端宽12后端宽27 前端厚18后端厚30 前台：长3宽28.5高30.5 凹槽：长19.5宽28.5深10 后台：长6.5宽28.5高30.5 后座：长10宽28.5高30.5 底座：长58宽29高30.5 尾部出沿：长2宽28.5高10.5 头下出沿：长11宽29高15

续表一七

序号·保存情况·特点	出土地点编号（ZYGD1）及尺寸（厘米）
CS3·螭首·完整·①上唇高翘，吻部突出，上腭饰6道波形横纹；上唇髭须中分向两侧呈涡状回卷；下唇圆润，整齐排列7对马齿式龙牙，咬合紧密，微外侈，牙根部用连弧形刻线表现牙龈。②鼻部弓起，鼻尖圆钝上突，两侧鼻翼各有二道阴刻弧线形成的褶皱，鼻孔较小呈圆形。③嘴裂较长，唇缘凸起呈波浪状起伏，两侧各外露三颗獠牙，上下獠牙均暴露牙龈，上獠牙尖短微弧，下獠牙长而尖、呈弧形向上伸至鼻侧下方，下獠牙根部至嘴角饰火焰纹。④两个卵圆形眼球向外突出，眼球前端阴刻弧线一圈，使目光集中向前，内眦呈尖角形，两眉眉头旋成涡纹，向后微波舒展至耳与角之间，两眉之间有一乳突，眉下饰火焰纹飘向侧后。⑤额顶中部有一叶形凸起。⑥两角平贴于颈部，长圆形角根凸起，边缘为连弧状，上面凿有三角形坑窝，角前侧各有三道短线，角前节短而平，角中部有短圆凸节，角尖圆凸上翘。双角通体横刻水波纹7道，双角通长27.5厘米；⑦后颈部、双角之间背脊呈三角凸棱状，脊棱凸出，左右两侧有凿痕。⑧双耳似侧扁形喇叭花，耳廓凸起，廓缘有阴刻弧线使边缘突出，耳内阴刻有细线数道形成耳毛，耳廓后缘呈三瓣花状。⑨左嘴角有上四下二后一隆起的腮肉，右嘴角有上四下三后一隆起的腮肉，后腮肉较大，咬合有力。两侧腮后三股虬髯涡状回卷，腮翅为火焰纹和棘刺三个，鬣毛三缕舒缓后飘。⑩头部微昂，颌下有须四股，二股旋成涡纹留于颌下两边，二股飘向腹下两侧至嘴角下部，腹甲纵刻两行双线阴刻8道横排弧线，外侧饰鳞纹。⑪长方体石条两侧有竖向凿痕，底面前部斜向、后部为横向凿痕，凹槽前后两壁为磨光，槽底横向凿痕、中部有剥落。后座左、右、后三面上缘有1.7—2.5厘米宽的抹边，后部有尾沿。个性特征：龙牙7对，额中部一叶形凸起，左右角横刻水波纹7道，三角脊棱凸出，耳内有耳毛；体形中等；锈斑呈灰白色；侵蚀风化轻微（图一三八，2；彩版二八二）。	编号：VIT5-4②：S3 通长：94 头部：长49.5 前端宽11.5后端宽26 前端厚17后端厚34 前台：长2.5宽29高35 凹槽：长19宽29深9 后台：长5宽29高35 底座：长58宽29高35 头下出沿：长12.5宽29高15 后座：长17宽29高35
CS4·螭首·唇左侧、前台两侧上沿残损·①上唇残损，吻部突出，上腭饰5道波形横纹的；上唇部髭须分别向两侧呈涡状回卷；下唇圆润，8对马齿式龙牙，牙根部用连弧形刻线表现牙龈。②鼻部弓起，鼻尖圆钝上突，鼻翼两侧有二道阴刻弧线形成的褶皱。③嘴裂较长，唇缘凸起，呈波状起伏，两侧各外露三颗獠牙，上獠牙尖短微弧，下獠牙长而尖、呈弧形向上伸至鼻侧下方，嘴角饰火焰纹。④两个卵形眼球向外突出，两眼球前端阴刻弧线一圈，使目光集中向前，眼睑有凸缘、前端呈尖角形，外眦呈圆弧形；两眉前端旋成涡纹向后微波舒展至耳与角之间，两眉之间有一圆形乳突，乳突明显，眉下饰火焰纹飘向侧后。⑤额顶中部有叶状凸起、与两侧界线明显。⑥两角后伸平贴于颈部，角根微凸，凿刻有不规则麻点。角节粗短，角中部有短圆凸节，角尖圆凸微上翘。双角通体各横刻七道水波纹，前节四道，后节三道，角通长27厘米。⑦后颈部、双角之间背脊呈三角凸棱状，脊棱凸出，左右两侧有凿痕。⑧双耳似侧扁形喇叭花，前部耳根有三道月牙形阴刻弧线，耳廓凸起，廓缘突出，廓后缘呈三瓣花状。⑨嘴两侧有上四下三后一隆起的腮肉，后腮肉较大，咬合有力。头两侧三股虬髯、三叶腮翅、三缕鬣毛从前向后层叠排列。⑩头部微昂，颌下有须四股，二股旋成涡纹留于颌下两边，二股飘向腹下两侧至嘴角下部，腹甲纵刻两行双线阴刻9道弧线，外侧饰鳞纹。⑪长方体石条左侧斜向、右侧竖向凿痕，底面为横向凿痕，靠近右边有短斜凿痕，凹槽前后两壁为磨光，槽底粗糙略显横向凿痕。后座左、右、后三面上缘有2.5厘米宽的抹边。个性特征：两眉之间圆形乳突明显，额中部有叶状凸起，双角通体各横刻七道水波纹，前耳根有三道月牙形阴刻弧线；体形较肥胖；有锈斑，螭首头部呈灰白色，底座呈灰黄色；侵蚀风化较轻（图一三九，1；彩版二八三；彩版二八四，1—4）。	编号：采集品ZYGC：S2 通长：91 头部：长48.5 前端宽11后端宽28 前端厚18后端厚30 前台：长2.5宽28残高27 凹槽：长19宽28深10 后台：长5宽27.5高30 后座：长16宽27.5高30 底座：长54宽28高30 头下出沿：长12宽28高13

续表一七

序号·保存情况·特点	出土地点编号 （ZYGD1)及尺寸 （厘米）
CS5·螭首·角尖缺失·①上唇高翘，吻部突出、圆滑，吻上部有2肉突，上腭饰5道波形横纹；髭须自上而下分别向两侧呈涡状回卷；下唇圆润微外弧，7对龙牙，牙根部用连弧形刻线表现牙龈。②鼻部弓起，鼻尖圆钝上突，鼻翼两侧有二道阴刻弧线形成的褶皱。③嘴裂较长，唇缘凸起，上下均呈波状起伏，两侧各外露三颗交错分布的獠牙，上下獠牙均暴露牙龈，上獠牙尖短微弧，下獠牙长而尖、呈弧形向上伸至鼻侧下方，从下獠牙根部至嘴角后部饰火焰纹。④两个卵形眼球向外突出，两眼球前端阴刻弧线一圈，使目光集中向前，眼睑边缘凸起，内眦呈圆弧形；两眉前端旋成涡纹向后微波舒展至耳与角之间，两眉之间有一乳突，眉下饰火焰纹。⑤额中部隆起、有一条中分线。⑥两角后伸平贴于颈部，饼状角根边缘呈锯齿状，右角根凸起较高、左角根略平，上面凿刻有三角形坑窝。角前节短而平，角中部有短圆凸节，角尖缺失。双角风化纹饰不清晰，隐约可见有横刻的水波纹，角残长25厘米。⑦后颈部、双角之间背脊呈三角凸棱状，脊棱左右两侧有凿痕。⑧双耳似侧扁形喇叭花，大小不一，左耳大右耳小，左耳耳廓前部微凸起，右耳耳廓较平，双耳廓后缘呈三瓣花状。⑨嘴两侧有上三下二后一隆起的腮肉，后腮肉较大。腮后有虬髯三股、腮翅三叶、舒缓后飘的鬓毛二缕层叠排列。⑩头部微昂，颌下有须四股，二股旋成涡纹留于颌下两边，二股飘向腹下两侧至嘴角下部，腹下纵刻两行双线阴刻5道弧线，外侧饰鳞纹。⑪长方体石条两侧有竖向凿痕，底面为斜向凿痕，凹槽前后两壁为磨光，槽底糙面略分散乱凿痕。后座左、右、后三面有3厘米宽的抹边，尾部出沿残损。有自然形成的小孔。个性特征：额中部隆起、有一条中分线，角根凿刻有三角坑窝，角根边缘呈锯齿状，双耳大小不一；体形较瘦小；锈斑呈灰白色；整体侵蚀风化较轻（图一三九，2；彩版二八四，5、6；彩版二八五，1—4）。	编号：ⅡT2-3②：S3 通长：91 头部：长48 前端宽12后端宽24.5 前端厚16后端厚33 前台：长3宽25高31 凹槽：长19.5宽25深10 后台：长5宽25高31 后座：长14宽25高31 底座：长57宽26高31 尾部出沿：长2宽25高14 头下出沿：残长15宽25高14
CS6·螭首·上唇右侧断裂、可粘接，条石左侧面、前台左右两侧、角尖残损·①上唇高翘，吻部突出，上腭饰6道波形横纹；髭须自上而下分别向上唇两侧呈涡状回卷；弧形整齐排列6对马齿式龙牙，露出牙龈。②鼻部弓起，鼻尖上突，鼻孔较大呈底尖底圆形。鼻翼两侧各有二道阴刻弧线形成的褶皱。③两侧嘴裂较长，唇缘凸起，上下均呈波状起伏，两侧各外露上二下一共三颗交错分布的獠牙，上獠牙尖短微弧，下獠牙长而尖、呈弧形向上伸至鼻侧下方，嘴角饰火焰纹。④两个卵圆形眼球向外突出，左侧眼球因风化痕迹不清，右侧眼球前端可见阴刻弧线一圈，使目光集中向前，眼球下有一道阴刻弧线形成的眼睑，眼睑有凸缘，内眦及眼睑缘外阴线后部均呈尖角形。眉前端旋成涡纹向后微波舒展至耳与角之间，两眉之间有一乳突，眉下饰有火焰纹。⑤额顶中部微隆，有二丘状隆起。⑥头上两角后伸平贴于颈部，饰有排列不规则平底窝状凿痕的角根微凸，凿痕突破角根边缘。角中部有短圆凸节，角微上翘，角尖风化缺失。角通体各横刻6道水波纹，每节3道，角通长31厘米。⑦后颈部、双角之间背脊呈三角凸棱状，有凿痕，但不明显。⑧双耳似侧扁形喇叭花，耳根各有4道月牙状阴刻弧线，耳廓后缘呈三个花瓣状。⑨嘴两侧有上四下二后一隆起的腮肉，后腮肉较大。腮后虬髯三股、腮翅三叶、舒缓后飘的鬓毛左四右三缕。⑩头部微昂，颌下有须四股，二股旋成涡纹留于颌下两边，二股飘向腹下两侧至后腮肉下方，腹甲纵刻两行双线，其间阴刻横排弧线11道，状如蛇腹，纵线外侧饰鳞纹。⑪长方体石条两侧有竖向凿痕，底面为横向凿痕，凹槽前后两壁为竖向凿痕，槽底为剥落毛面略显横向凿痕。后座左、右、后三面有宽3厘米的抹边，略有磨痕。个性特征：颈部鬓毛为左四右三缕。双角相对其他较扁平，角尖微翘；体形较肥胖；锈斑呈浅黄色；侵蚀风化较轻（图一四○，1；彩版二八五，5、6；彩版二八六，1、2）。	编号：ⅣT4-5②：S2 通长：91 头部：长48 前端宽11.5后端宽22.5 前端厚16.5后端厚32.5 前台：长3宽17.5高31.5 凹槽：长20宽28深8.5 后台：长5.5宽28高31.5 底座：长54.5宽28高31.5 头下出沿：长15.5宽29.5高15.5 后座：长11宽28高31.5

续表一七

序号·保存情况·特点	出土地点编号 （ZYGD1）及尺寸 （厘米）
CS7·螭首·上吻、前台左侧、后台右侧有残·①上唇高翘，两侧各有二块肌肉隆起，吻部突出，上腭饰6道波形横纹；9对马齿式龙牙，上下咬合紧密，微外侈，牙根部用连弧形刻线表现牙龈，下唇呈弧形、圆润。②鼻部弓起，鼻尖缺失，鼻翼右侧有二道阴刻弧线形成的褶皱，鼻孔较小呈圆形。③嘴裂较长，唇缘凸起呈波浪状起伏，两侧各外露三颗獠牙，上獠牙尖短微弧，下獠牙暴露牙龈长而尖、呈弧形向上伸至鼻侧下方，嘴角饰火焰纹。④四个眼球向外突出，眼球中部阴刻弧线一圈，内眦呈尖角窝状，两眉前端旋成涡纹向后微波舒展至耳与角之间，两眉之间有一乳突，眉下饰火焰纹。⑤额中部微隆圆滑。⑥两角平贴于颈部，角根微凸，凿有不规则形小窝。角前节粗短，角中部有短圆凸节，角后节微上翘，左角尖残损。双角通体各横刻8道水波纹，前节5道，后节3道，角通长27厘米。⑦后颈部、双角之间背脊微鼓，有粗糙凿痕。⑧双耳似侧扁形喇叭花，耳廓凸起，耳廓内有阴刻细线数道形成的耳毛，耳根部有三道阴刻弧线，耳廓后缘呈三瓣花状。⑨嘴两侧有上下各三后一隆起的腮肉，后腮肉较大。腮后虬髯三股、腮翅三叶、舒缓后飘的鬓毛左三右四缕。⑩头部微昂，颌下有须四股，二股旋成涡纹留于颌下两边，二股飘向腹下两侧至嘴角下部，腹甲纵刻两行双线间阴刻8道连弧线，状如蛇腹，外侧饰鳞纹。⑪长方体石条两侧有竖向凿痕，底面前部为纵向凿痕、后部为横向和斜向凿痕，凹槽前后两壁为磨光，槽底较平略显横向凿痕，前后台沿素面。后座左、右、后三面有3—3.5厘米宽的抹边，尾部有毛面出沿。个性特征：牙齿上下咬合紧密，微外侈，耳廓内有阴刻细线数道形成的耳毛，鬓毛左三右四缕；体形丰满圆润；锈斑上半部呈灰白色，下半部呈浅黄色；侵蚀风化轻微（图一四○，2；彩版二八六，3—6）。	编号：VIT5-4②：S4 通长：101 头部：长48 前端宽12.5后端宽25 前端厚19.5后端厚32.5 前台：长3残宽20.5高32.5 凹槽：长19.5宽30深10 后台：长3.5宽20.5高32.5 后座：长21宽20.5高32.5 底座：长64宽20.5高32.5 尾部出沿：长8宽20.5高19.5 头下出沿：长15宽20.5高12.5
CS8·螭首·吻略风化·①上唇高翘，吻部突出，露出饰7道波形横纹的上腭；上唇部髭须自上而下分别向两侧呈涡状回卷；下唇圆润，整齐排列6对龙牙，咬合紧密，微外侈，牙根部用连弧形刻线表现牙龈。②鼻部弓起，鼻尖圆钝上突，鼻翼两侧各有二道阴刻弧线形成的褶皱，鼻孔较小。③嘴裂较长，唇缘凸起，上下均呈波状起伏，两侧各外露上三颗獠牙，上下獠牙均暴露牙龈，上獠牙尖短微弧，下獠牙长而尖、呈弧形向上伸至鼻侧下方，嘴角饰火焰纹。④两个眼球向外突出，眼球前端略小并阴刻弧线一圈，使目光集中向前，内眦呈三角形，眼睑边缘凸起；前端眉头旋成涡纹向后微波舒展至耳与角之间，两眉之间有前后二乳突，眉下饰火焰纹。⑤额顶中部隆起较高，平滑。⑥角平贴于颈部，角根凸起，边缘为锯齿状，凿有圆形坑窝，左角14、右角10个。角前节短而平，角中部有凸节，凸节圆形微鼓，角尖圆凸上翘。右角通体横刻水波纹6道，前二后四，左角通体横刻水波纹7道，前四后三，双角通长27.5厘米；⑦后颈部、双角之间背脊呈三角凸棱状，脊棱凸出，左右两侧有凿痕。⑧双耳似扁形喇叭花，耳廓随缘有阴刻线使边缘凸起，前部耳根有三道月牙形阴刻弧线表示肌肉起伏变化，耳廓后缘呈三瓣花状。⑨嘴两侧有上三下二后一隆起的腮肉，后腮肉较大，咬合有力。腮后虬髯三股、腮翅三叶、舒缓后飘的鬓毛二缕。⑩头部微昂，颌下有须四股，二股旋成涡纹留于颌下两边，二股飘向腹下两侧至后腮部，腹下纵刻两行双线，其间阴刻10道横排弧线，状如蛇腹，纵线外侧饰鳞纹。⑪长方体石条两侧有竖向凿痕，底面为横斜向凿痕分布较乱，凹槽前后两壁为磨光，槽底横、斜向凿痕组成菱形。后座左、右、后三面有2—3.5厘米宽的抹边，尾部出沿2.8厘米。个性特征：马齿式龙牙6对，眼睑四周阴刻弧线使边缘突出，鬓毛仅二股，尾部出沿；体形中等；整体黄白色，锈斑呈黄褐色；侵蚀风化轻微（图一四一，1；彩版二八七，1—4）。	编号：ⅡT2-4②：S2 通长：93 头部：长50 前端宽12后端宽28 前端厚17后端厚33 前台：长2 宽29.5高33 凹槽：长19宽29.5深9.5 后台：长6.5宽29.5高33 底座：长53宽29.5高33 头下出沿：长14宽29.5高16 后座：长11宽29.5高33

续表一七

序号·保存情况·特点	出土地点编号（ZYGD1)及尺寸（厘米）
CS9·螭首·吻、鼻残损·①龙嘴上唇高翘，相对略短显生硬，两侧各有一块肌肉隆起，吻部风化剥落严重，略显三个乳突，露出饰3道波形横纹的上腭；上唇部髭须风化不清，下唇较平，整齐排列8对龙齿，牙根部有用连弧形刻线表现露出的牙龈。②鼻部弓起，鼻尖残损，两翼各有二道阴刻弧线形成的褶皱。③两侧嘴裂较长，唇缘凸起，上下均呈波状起伏，两侧各外露上二下一共三颗交错分布的獠牙，上獠牙尖短微内弧、无牙龈，左右下獠牙均长而尖、呈弧形向上伸至鼻侧下方，右侧下獠牙暴露牙龈、左侧者无牙龈，从下獠牙根部至嘴角后部的唇缘外围饰火焰纹。④两个卵形眼眼球向外突出，内眦呈尖角状；两眉由前额向外后侧微波舒展，贴附于耳与角之间，前端眉头向上向外旋成涡纹，涡心凸起，眉毛束收。眉毛下面附贴有向侧后方延展的火焰纹，两眉之间的眉心部位有一个较大的乳突。⑤额顶部较为平展。⑥头上两角后伸平贴于颈部，角根呈丘状凸起，上面排列有小圆饼状装饰，每个小圆饼中心有一个圆形小窝，类似铜钱形，角根前侧刻有向前的小凹槽，角前节粗短略平，两角节之间有短圆凸节，角后节微上翘，角尖圆凸上翘略低于其后部的前台沿，左角凸节有白色锈斑。双角通体各横刻8道水波纹，每节4道，角通长26厘米。⑦后颈部、双角之间凸起脊棱，脊棱两侧有凿痕。⑧双耳似侧扁形喇叭花状，耳廓边缘凸起，耳根阴刻尖尾弧线表现皱纹，左三右二道，后廓微弧、外缘呈三片花瓣状，廓内起筋线通向耳内。⑨嘴左侧有上下各二后一隆起的腮肉，右侧有上三下二后一隆起的腮肉，后腮肉较大。两侧腮后有三股涡卷虬髯、三组由火焰纹和棘刺组成的腮翅、三缕鬃毛依次层叠排列，鬃毛屈曲动感强烈。⑩头部微昂，颌下有胡须四股，外侧的二股向外旋成涡纹留于颌下两边，内侧的二股呈人字形飘向腹下两侧至嘴角下方，腹甲纵刻两行双线，其间阴刻9道横排弧线、状如蛇腹，纵线外侧饰鳞片。⑪长方体石条两侧有竖向凿痕，底部为粗糙斜向凿痕，凹槽前后两壁磨光，槽底有不规则凿痕；前后台沿有横向凿痕；后座略有磨光，左、右、后三面有2—3厘米宽的抹边，底座后侧下部出有较小的尾沿。个性特征：眼睛上无阴刻弧线，因而虽眼球突出但不如有弧线者生动，嘴左右两侧腮肉不一样；体形稍瘦，凸出部位锈斑呈白色，其余部位呈土黄色；侵蚀风化严重（图一四一，2；彩版二八七，5、6；彩版二八八，1、2）。	编号：ⅠT1-4②：S1 通长：93 头部：长49 前端残宽12、后端宽23 前端厚12、后端厚28 前台：长4残宽26高29 凹槽：长19.5宽26深11 后台：长5宽27高29 后座：长15.5宽27高29 底座：长56宽27高29 尾部出沿：长4宽27高18 头下出沿：长12宽29高11
CS10·螭首·上唇、鼻尖微损，右前下獠牙、角尖缺失·①上唇高翘，吻部突出，上腭饰6道波形横纹；上唇髭须中分向两侧呈涡状回卷，上唇并排有肉突三个；下唇平齐略方；整齐排列6对龙牙。②鼻部弓起，鼻尖上突微残，鼻翼两侧有二道阴刻弧线表现褶皱，鼻孔风化不清。③螭首两侧嘴裂较长，唇缘凸起，以阴线与颌隔开，上下均呈波状起伏，两侧各外露上二下一共三颗交错分布的獠牙，上獠牙尖短微弧，右前上獠牙尖缺失，下獠牙长而尖、呈弧形向上伸至鼻侧下方、根部有牙龈，自下獠牙和后上獠牙处再向后的嘴角外缘饰火焰纹，火焰纹有柔弱颤动之感，与腮翅处的火焰纹强烈动感对比明显。④两个卵形眼眼球向外突出，两眼球前端阴刻弧线一圈，右眼眶风化，上下睑缘有凸起，缘外周刻阴线，内外眦均呈尖角形；两眉眉头旋成涡纹，向后微波舒展，眉尾束收附贴在耳与角之间，左眉涡纹突出，右眉涡纹近平，两眉之间有一乳突，眉下饰有向侧后延展的火焰纹。⑤额顶中部微微隆起。⑥头上两角后伸平贴于颈部，角根微凸，角根上各有9个铜钱纹凸起。角前节短略平，角中部有短圆凸节，角后节微上翘。双角通体各横刻7道水波纹，前节3道，后节4道，角通长26厘米。⑦后颈部、双角之间背脊呈三角凸棱状，脊棱左右两侧凿痕粗糙。⑧双耳似侧扁形喇叭花，耳根有二道弧线表现皱纹，耳廓外缘凸起，耳廓后部外缘呈三片花瓣状。⑨嘴两侧有上三下二后一隆起的腮肉，后腮肉较大，肌肉感较强。两侧腮后三股涡卷虬髯、三组由火焰纹和棘刺组成的腮翅、三缕鬃毛依次层叠排列。⑩头部微昂，颌下有须四股，外侧二股旋成涡纹留于颌下两边，内侧二股飘向腹下至后獠牙下方，腹甲纵刻两行双线，其间阴刻9道横排连弧线，纵线外侧饰鳞片。⑪长方体石条两侧前端为竖向凿痕、后端为斜向凿痕，底面为横向凿痕，凹槽前后两壁为磨光，槽底横向凿痕。后座左、右、后三面有3厘米宽的抹边。个性特征：吻部有肉突三个，下唇平齐略方，龙牙6对，两眼球前端阴刻弧线二圈，内眦尖角形，角根上有9个铜钱纹凸起，角通体横刻7道水波纹，耳根有二道弧线，石条侧面后端为斜向凿痕；体形较胖；锈斑上部为浅灰白色，下部为黄白色；侵蚀风化一般（图一四一，3；彩版二八八，3—6）。	编号：ⅠT2-3②：S2 通长：93 头部：长47 前端宽11后端宽26 前端厚19后端厚28 前台：长6.4　宽28.5高28 凹槽：长20宽28.5深9.5 后台：长5.5—6.5宽28.5高29 底座：长57宽27.5高29 头下出沿：长10宽28.5高13 后座：长14.5—15宽28.5高29

续表一七

序号·保存情况·特点	出土地点编号（ZYGD1）及尺寸（厘米）
CS11·螭首·右上唇、鼻尖、背脊前端微残损·①上唇高翘，唇两侧有二块隆起的肌肉，吻部突出，吻上有前三后四共七个肌肉突起，上腭饰6道波形横纹；上唇髭须中分向两侧呈涡状回卷；下唇圆润微凸，唇内较平，唇缘呈半弧状，上有细斜纹；8对龙牙，部分牙齿刻有细竖纹，牙根用连弧刻线表现牙龈。②鼻部弓起，鼻翼两侧有二道阴刻弧线表现褶皱，鼻孔较大呈椭圆形。③嘴裂较长，唇缘凸起呈波浪状起伏，两侧各外露三颗交错分布的獠牙，均暴露牙龈，嘴角外缘饰火焰纹。④眼球突出，前端阴刻弧线一圈，内眦左略呈尖角、右方角形，外眦较圆、但在眼球后侧的眼睑上还有尖角形的阴刻线、似在表示结膜半月襞；两眉眉头旋成涡纹、向后波曲、眉尾束收，眉心有一个乳突，乳突之下有长方凹框，内刻有扁圆形突起，眉下饰火焰纹。⑤额顶中部下凹、两侧隆起呈丘状，留有凿刻痕。⑥角平贴于颈部，角根凸起，饰有三角形坑窝，左14、右11个，角根边缘略呈锯齿状。角前节短略平，角中部有凸节，凸节短圆，角尖圆凸微上翘。双角各横刻6道水波纹，每节3道，角通长26厘米。⑦后颈部、双角之间背脊呈三角凸棱状，脊棱凸出，左右两侧有凿纹。⑧双耳似侧扁形喇叭花，耳廓随缘刻阴线一道，耳根有五道阴刻弧线表现肌肉起伏和皱纹，廓内略显筋线通向耳内，耳廓后缘呈三片花瓣状。⑨嘴两侧有上四下三后一隆起的腮肉，后腮肉较大。腮后三股涡卷虬髯、三组火焰纹和棘刺组成的腮翅、二缕鬣毛依次层叠排列。⑩头部微昂，颌下胡须四股，二股旋成涡纹留于颌下两边，内侧二股呈人字形飘向腹下两侧至嘴角下方，腹甲纵刻两行双线，阴刻8道弧线，纵线外侧饰鳞纹。⑪长方体石条两侧有竖向凿痕，底面为横向凿痕，凹槽前后两壁为磨光，槽底横向凿痕。后座左、右、后三面有4厘米宽的抹边。个性特征：吻上有前三后四共七个乳突，鼻孔较大呈椭圆形，眼内眦左略呈尖角、右方角形，外眦较圆，在眼睑上还有尖角形的阴刻线、似在表示结膜半月襞，乳突之下有方形小凹槽，凹槽内刻有扁圆形突起，额顶两侧各有丘状凸起，角根边缘呈锯齿状，耳根有五道阴刻弧线表现肌肉起伏和皱纹；体形丰满、圆润；锈斑为黄白色和灰褐色；侵蚀风化轻微（图一四一，4；彩版二八九）。	编号：ⅠT3-1②：S1 通长：90.5 头部：长50 前端宽11后端宽27 前端厚19后端厚33 前台：长2宽28高32 凹槽：长19宽28.5深9 后台：长5宽28高32.5 底座：长51.5宽28.5高32 尾部出沿：长3宽28高31.5 头下出沿：长12宽29.5高12 后座：长19.5宽28高32
CS12·螭首·上唇、右角、鼻尖、前台右侧、后座左后部缺失·①上唇高翘，吻部突出，上腭饰6道波形横纹；因风化上唇部髭须不清晰；6对马齿式龙牙，露出牙龈。②鼻部弓起，鼻尖缺失，鼻翼两侧各有二道阴刻弧线形成的褶皱，鼻根与额头之间有一小乳突。③两侧嘴裂较长，唇缘凸起，上下均呈波浪状起伏，两侧各外露上二下一共三颗交错分布的獠牙，上獠牙尖短微弧，下獠牙长而尖、呈弧形向上伸至鼻侧下方，从下獠牙根部至嘴角后端饰火焰纹。④两个卵形眼球向外突出，眼球前端隐约可见阴刻弧线二圈，内眦呈尖角形、外眦呈圆弧形，睑缘凸有阴线环绕；两眉前端旋成涡纹向后微波舒展至耳与角之间，两眉之间有一乳突，眉下饰火焰纹飘向侧后。⑤额顶中部隆起略呈三角形，两侧呈二丘状微微隆起。⑥头上两角后伸平贴于颈部，角根凸起明显，饰有小圆饼形突起，角中部有短圆凸节，角微上翘，右角尖缺失。左角通体横刻6道水波纹，前4后2，右角水波纹前节4道，后节风化不明，角通长43厘米；⑦后颈部、双角之间背脊呈三角凸棱状，有明显斜向凿痕。⑧双耳似侧扁形喇叭花，耳廓前缘呈三个花瓣状，耳根有阴刻弧线3道。⑨嘴两侧饰有火焰纹，唇缘凸起，有上四下三后一隆起的腮肉，后腮肉较大。头两侧腮后三股涡卷虬髯、由三个火焰纹和棘刺组成的腮翅、四缕鬣毛依次层叠排列。⑩头部微昂，颌下有胡须四股，二股旋成涡纹留于颌下两边，二股飘向腹下两侧至嘴角下部，腹甲两行双线间阴刻横排弧线，外侧饰鳞片。⑪长方体石条两侧有竖向凿痕，底面为斜向凿痕，凹槽前后两壁磨光，槽底为斜向凿痕。后座底有磨痕。个性特征：龙牙相对较小，双角通横刻6道水波纹，前4后2，石条前台较长；体形偏瘦；锈斑呈灰褐色；整体侵蚀风化较轻（图一四二，1；彩版二九〇，1—3）。	编号：ⅠT1-4②：S2 通长：88.5 头部：长43 前端宽11.5后端宽26 前端厚17.5后端厚30 前台：长8.5残宽12高31.5 凹槽：长19.5宽18.5深9.5 后台：长3.5宽28.5高32 底座：长50.5宽28.5高32 头下出沿：长9.5宽28.5高10.5 后座：长12宽28.5高32

续表一七

序号·保存情况·特点	出土地点编号（ZYGD1）及尺寸（厘米）
CS13·螭首·上唇右侧缺失·①上唇高翘，右上唇残，吻部突出三肉突，上腭残留3道波形横纹；上唇部髭须自上而下分别向两侧呈涡状回卷；下唇圆润，7对马齿式龙牙，牙根部用连弧形刻线表现露出的牙龈。②鼻部弓起，鼻尖圆钝上突，鼻翼两侧有三道阴刻弧线形成的褶皱。③两侧嘴裂较长，唇缘凸起，上下均呈波浪状起伏，两侧各外露上二下一共三颗交错分布的獠牙，上下獠牙均暴露牙龈，从下獠牙根至嘴角后部饰火焰纹。④两个卵形眼球向外突出，两眼球前端阴刻弧线二圈，内眦呈尖角形、外眦呈圆弧形；两眉前端旋成涡纹向后微波舒展至耳与角之间，两眉之间有一圆形乳突，乳突大而明显，眉下饰火焰纹飘向侧后。⑤额顶左右各有一丘状隆起。⑥头上两角后伸平贴于颈部，两角根扁平，扁平角根上留有9个中间凿有麻坑的铜钱纹，角根前侧各凿刻有四道放射形短线。角前节短略平，角中部有短圆凸节，角尖圆凸微上翘。双角通体各横刻8道水波纹，每节4道，角通长30厘米。⑦后颈部、双角之间背脊呈三角凸棱状，脊棱左右两侧有凿痕。⑧双耳似侧扁形喇叭花，前部耳根有三道阴刻弧线，耳廓凸起，耳内有阴刻细线数道形成耳毛，廓后缘呈三片花瓣状。⑨嘴两侧有上下各三后一隆起的腮肉，后腮肉较大。头两侧腮后三股涡卷虬髯、由三个火焰纹和棘刺组成的腮翅、三缕鬣毛依次层叠排列。⑩头部微昂，颌下有须四股，二股旋成涡纹留于颌下两边，二股飘向腹下两侧至嘴角下部，腹甲纵刻两行双线阴刻9道横排弧线，纵线外侧饰鳞纹22片。⑪长方体石条两侧前部为竖向凿痕，后端为斜向凿痕，底面前部是横向、后端为斜向凿痕，凹槽前后两壁均为磨光，槽底横向凿痕。后座左、右、后三面有宽3.5厘米的抹边，尾部出沿残损。个性特征：两眉之间有一圆形乳突，乳突明显，扁平角根上留有9个铜钱纹，角根下凿刻有四道放射线，尾部出沿；体形较瘦小；有锈斑，呈灰白色；侵蚀风化较轻（图一四二，2；彩版二九〇，4—6）。	编号：ⅠT2-3②：S3 通长：96 头部：长52 前端宽13后端宽22 前端厚15后端厚25 前台：长3宽27高26.5 凹槽：长19.5宽27.5深10 后台：长5宽27高26.5 后座：长16宽27高26.5 底座：长58.5宽28高26.5 尾部出沿：残2宽28残高14 头下出沿：长14宽28高16
CS14·螭首·凹槽后部缺失，右牙、角、左耳微缺·①上唇高翘，吻部突出，上腭饰7道波形横纹；上唇微有二肉突；髭须自上而下分别向两侧呈涡状回卷；下唇圆润微凸近平，9对龙牙，右牙下部残损，牙根部有用连弧形刻线表现牙龈。②鼻弓部、鼻尖残损，鼻翼两侧有二道阴刻弧线形成的褶皱，鼻根处有一突起，鼻孔不清楚。③两侧嘴裂较长，唇缘凸起呈波状起伏，两侧各外露上二下一共三颗交错分布的獠牙，上下獠牙均暴露牙龈，下牙处至嘴角饰火焰纹。④椭圆形眼球向外突出，两眼球前端阴刻弧线二圈，使目光集中向前，内眦呈尖角形；两眉前端旋成涡纹向后微波舒展至耳与角之间，两眉之间有一乳突，眉下饰火焰纹飘向侧后。⑤额部两侧各有一椭圆形丘状隆起，额部粗糙略显凿刻痕。⑥头上两角后伸平贴于颈部，椭圆形饼状角根凸起，凿有稀疏的三角形坑窝。角前节短略平，角中部有短圆凸节，左角凸节缺失，两角尖均缺失。左、右龙角通体分别横刻6和7道水波纹，角通长26厘米。⑦后颈部、双角之间背脊呈三角凸棱状，脊棱残损，棱两侧有凿痕。⑧双耳似侧扁形喇叭花，耳廓前部边缘呈连弧状，前部耳根有三道阴刻弧线，耳廓后缘呈三片花瓣状。⑨嘴两侧有上下各三后一隆起的腮肉，后腮肉较大。两侧装饰三重，虬髯与后腮相连，三股呈涡状回卷；腮翅有饰火焰纹的棘刺三个；鬣毛舒缓后飘，分为三股。⑩头部微昂，颌下有胡须四股，二股旋成涡纹留于颌下两边，二股飘向腹下两侧至嘴角部，腹下纵刻两行双线间阴刻9道横排弧线，外侧饰鳞纹。石条两侧残存有竖向凿痕，底面残有横斜凿痕，凹槽前两壁磨光，槽底粗糙。个性特征：有7道波形横纹的上腭，上唇有二肉突，下唇圆润微凸近平，鼻根处有一突起，耳根有三道阴刻弧线，左、右角通体分别横刻6和7水波纹；体形较胖；锈斑为黄色；侵蚀风化较（图一四二，3；彩版二九一，1—4）。	编号：ⅢT2-4②：S1 残长：64 头部：长50.5 前端宽11.5后端宽27 前端厚19后端厚32 前台：长3.4宽28.5高31.5 凹槽：宽28.5深10.5 后台：缺失 底座：残长13.5残宽28.5残高33 头下出沿：长12宽28.5高12

续表一七

序号·保存情况·特点	出土地点编号（ZYGD1）及尺寸（厘米）
CS15·螭首·后台、座残断·①上唇高翘，吻部突出、圆滑，露出6道波形横纹的上腭。上唇髭须自上而下分别向两侧呈涡状回卷，整齐排列8对马齿式龙牙，露出弧形牙龈。②鼻部弓起，鼻尖圆钝上突，鼻翼两侧各有二道阴刻弧线形成的褶皱，鼻孔较小呈椭圆形。③螭首两侧嘴裂较长，唇缘凸起，上下均呈波状起伏，两侧各外露上二下一共三颗交错分布的獠牙，上下獠牙均露牙龈，上獠牙尖短微弧，下獠牙长而尖、呈弧形向上伸至鼻侧下方，从下獠牙根部至嘴角饰火焰纹。④两个卵形眼球向外突出，眼球前端阴刻弧线一圈，内眦随缘阴线使边缘凸起、前角呈三角形。两眉前端旋成涡纹向后微波舒展至耳廓后，两眉之间有一乳突，眉下饰火焰纹飘向侧后。⑤额顶部有二丘状隆起，做工略粗糙。⑥头上两角后伸平贴于颈部，角根微凸，凿有细长坑窝或不规则坑窝，角根边缘呈连弧状，角中部有短平凸节，凸节明显，角尖圆凸微上翘。双角通体各横刻6道水波纹，每节3道，角通长26厘米。⑦后颈部、双角之间背脊呈三角凸棱状，背脊左右两侧有凿痕。⑧双耳似扁形喇叭花，前耳根有阴刻月牙形弧线4道，耳廓凸起，廓前部随缘阴刻弧线半圈，后廓呈三瓣花状。⑨嘴两侧有上四下二后一隆起的腮肉。两侧装饰三重，虬髯与后腮相连，三股呈涡状回卷；腮翅有饰火焰纹的棘刺三个；鬣毛舒缓后飘，分为三股。⑩头部微昂，颌下有须四股，二股旋成涡纹留于颌下两边，二股飘向腹下两侧至嘴角下部，腹甲纵线间阴刻10道横排连弧线，外侧饰鳞纹。⑪长方体石条两侧和底部均有凿痕，凹槽前壁磨光，后台、后座残缺可拼对。个性特征：耳根有阴刻弧线，条石后半部残损，后台、后座残缺损可拼对；体形较胖；有锈斑，呈灰白色；有轻微侵蚀风化（图一四二，4；彩版二九一，5、6；彩版二九二，1—3）。	编号：ⅣVT1-4②：S1 残长74 头部：长49 前端宽13后端宽25 前端厚17后端厚33 前台：长3宽27高33 凹槽：长18.5宽27深8.5 后台：残失 底座：残长38宽26.5高33 头下出沿：长12宽27高16.5
CS16·螭首·较完好·①龙嘴上唇高翘，吻部突出，吻后侧有7个小肉突，露出饰5道波形横纹的上腭；上唇部髭须自上而下分别向两侧呈涡状回卷，下唇圆润，整齐排列9对马齿式龙牙，牙根部用连弧形刻线表现露出的牙龈。②鼻部弓起，鼻尖上突，鼻翼右侧有二道阴刻弧线形成的褶皱，鼻孔较小呈不规则圆形。③嘴裂较长，唇缘凸起，上下均呈波状起伏，两侧各外露上二下一共三颗交错分布的獠牙，除左侧二颗上獠牙外，其余獠牙均暴露牙龈，下獠牙根部至嘴角饰火焰纹。④两个卵形眼球向外突出，左眼球前端阴刻弧线一圈，右眼球前端阴刻弧线半圈，内眦呈三角形；两眉前端旋成涡纹向后微波舒展至耳与角之间，两眉之间有一乳突，眉下饰有火焰纹。⑤额中部微鼓、平滑。⑥头上两角后伸平贴于颈部，凿有圆形、方形及不规则形坑窝状凿痕，角根微凸，方形及不规则形凿痕突破角根边缘略呈放射状。角前节短略平，角中部有凸节，凸节明显，角尖圆凸微上翘。双角通体各横刻6道水波纹，每节3道，角通长25厘米。⑦后颈部、双角之间背脊呈三角凸棱状，脊棱凸出，左右两侧有凿痕。⑧双耳似侧扁形喇叭花，耳廓微凸起，耳根有三道阴刻弧线，耳内阴刻数道细线形成耳毛，耳廓后部呈三片花瓣状。⑨嘴两侧有上三下三后一隆起的腮肉，后腮肉较大，咬合有力。头两侧腮后三股虬髯、三叶腮翅、三缕鬣毛层叠排列。⑩头部微昂，颌下有须四股，二股旋成涡纹留于颌下两边，二股飘向腹下两侧至嘴角部，腹下纵刻两行双线阴刻9道横排弧线，外侧饰鳞纹。⑪长方体石条两侧有竖向凿痕，底部为横向凿痕，凹槽前后两壁为磨光，槽底横向凿痕。后座左、右、后三面有2厘米宽的抹边，尾部出沿3厘米。个性特征：龙牙9对，耳内有耳毛，尾部出沿；体形较胖；整体灰白色，头部锈斑呈黄色；侵蚀风化轻微（图一四三，1；彩版二九二，4—6；彩版二九三，1—3）。	编号：ⅥVIT5-4②：S1 通长94 头部：长46 前端宽13.5后端宽26 前端厚16后端厚32 前台：长6宽27高32.5 凹槽：长19.5宽27深8.5 后台：长3.5宽27高33 底座：长55宽27高33 头下出沿：长12宽27高16 后座：长16宽27高33

续表一七

序号·保存情况·特点	出土地点编号 （ZYGD1）及尺寸 （厘米）
CS17·螭首·前台、凹槽右侧残损，嘴左侧风化缺失·①龙嘴上唇高翘，吻部突出圆滑，露出饰5道波形横纹的上腭；上唇部髭须向两侧呈涡状回卷；残存4对龙牙。②鼻部弓起，鼻尖圆钝上突，鼻翼两侧各有一道阴刻弧线形成的褶皱。③两侧嘴裂较长，唇缘凸起，上下均呈波状起伏，两侧各外露三颗交错分布的獠牙，牙龈部位风化不清，从下獠牙根部至嘴角后部饰火焰纹。④两个卵形眼球向外突出，两眼球前端阴刻弧线一圈，内眦呈圆形；两眉前端旋成涡纹向后微舒展至耳与角之间，两眉之间有一乳突，眉下有火焰纹向侧后方延展。⑤额中部微隆。⑥头上两角后伸平贴于颈部，角根微凸扁平，凿刻有三角坑窝。角粗短，角中部有短圆凸节，角尖圆凸微上翘。双角通体各横刻7道水波纹，角通长26厘米；⑦后颈部、双角之间背脊呈三角凸棱状，脊棱凸出，左右两侧有凿痕。⑧双耳似侧扁形喇叭花，耳廓边缘凸起，廓后呈三片花瓣状。⑨嘴两侧有上三下二后一隆起的腮肉，后腮肉较大。头两侧三股虬髯、三叶腮翅、三缕鬣毛从前向后层叠排列。⑩头部微昂，颌下有须四股，二股旋成涡纹留于颌下两边，二股飘向腹下两侧至耳下部，腹甲纵刻两行双线，其间阴刻9道横排弧线，外侧饰鳞纹。⑪长方体石条两侧有竖向凿痕，底部为横向凿痕，凹槽前后两壁为磨光，槽底横向凿痕。后座左、右、后三面有2—2.5厘米宽的抹边。个性特征：脊棱凸出，耳廓凸起；体形较肥胖；有锈斑，呈灰白色；嘴部侵蚀风化严重（图一四三，2；彩版二九三，4—6；彩版二九四，1、2）。	编号：ⅣT1-4②：S2 通长：97 头部：长48.5 前端宽10后端宽28 前端厚13后端厚31 前台：长4残宽24高29 凹槽：长18宽25.5深10 后台：长3宽25.5高28.5 后座：长10宽25.5高30.5 底座：长56宽25.5高30.5 尾部出沿：长2宽28.高28.5—29 头下出沿：长13宽25.5高15
CS18·螭首·完好·①上唇高翘，吻部突出，吻上有2个肉突，露出饰5道波形横纹的上腭；上唇部髭须自上而下分别向两侧呈涡状回卷；下唇圆润，7对龙牙，牙根部用连弧形刻线表现牙龈。②鼻部弓起，鼻尖上突，鼻翼两侧有二道阴刻弧线形成的褶皱，鼻翼外侧各有二个坑窝，鼻孔较大呈不规则方形。③嘴裂较长，唇缘凸起呈波状起伏，两侧各外露三颗獠牙，上下獠牙均暴露牙龈，上獠牙尖短微弧，下獠牙长而尖、呈弧形向上伸至鼻侧下方，嘴角饰火焰纹。④两个卵形眼球向外突出，两眼球前端阴刻弧线一圈，使目光集中向前，内眦呈尖角形；两眉前端旋成涡纹向后舒展至耳与角之间，两眉之间有一乳突，眉下饰火焰纹。⑤额顶中部有舌形突起。⑥头上两角后伸平贴于颈部，角根微凸，饰有三角形尖底坑窝。角前节短略平，角中部有凸节，凸节明显，角尖圆凸微上翘。左、右角通体各横刻9和8道水波纹，角通长26.5厘米；⑦后颈部、双角之间背脊呈三角凸棱状，脊棱凸出，左右两侧有凿痕。⑧双耳似侧扁形喇叭花，耳廓前边随缘阴刻弧线使边缘凸出，左耳内有细线表示耳毛，耳廓后缘呈三片花瓣状。⑨嘴两侧有上四下三后一隆起的腮肉，后腮肉较大。头两侧三股虬髯、三叶腮翅、三缕鬣毛从前向后层叠排列。⑩头部微昂，颌下有须四股，二股旋成涡纹留于颌下两边，二股飘向腹下两侧至嘴角部，腹甲双线间阴刻8道连弧线，外侧饰鳞纹。⑪长方体石条两侧有竖向凿痕，底面为横向凿痕，凹槽前后两壁为磨光，槽底为剥落毛面。后座左、右、后三面有1厘米宽的抹边。个性特征：鼻翼外侧各有二个坑窝，额中部有舌形突起；体形较胖；整体灰白色，头部锈斑呈黄褐色；侵蚀风化轻微（图一四三，3；彩版二九四，3—6；彩版二九五，1—3）。	编号：ⅥT5-4②：S2 通长：88 头部：长49 前端宽11.5后端宽28 前端厚15后端厚31.5 前台：长3.5宽28.5高31.5 凹槽：长19宽29深10 后台：长6宽29高31.5 底座：长51宽29高31.5 头下出沿：长11宽29高17 后座：长7宽29高31.5

续表一七

序号·保存情况·特点	出土地点编号 (ZYGD1)及尺寸 （厘米）
S19·螭首·较完整·①上唇高翘，吻部突出、圆滑，上腭饰6道波形横纹；上唇部髭须分别向两侧呈涡状回卷；下唇圆润，8对龙牙，牙根部用连弧形刻线表现牙龈。②鼻部弓起，鼻尖圆钝上突，鼻翼两侧有二道阴刻弧线形成的褶皱，鼻孔较小呈椭圆形。③嘴裂较长，唇缘凸起，上下均呈波状起伏，两侧各外露三颗交错的獠牙，上下獠牙无牙龈，从下獠牙根部至嘴角后部饰火焰纹。④两个卵形眼球向外突出，眦呈圆形；两眉眉头旋成涡纹，向后微波舒展至耳与角之间，两眉之间较平缓，眉下饰火焰纹。⑤额部中间微隆。额部左侧有一自然小孔。⑥两角平贴于颈部，角根素面扁平。角前节短略平，角中部有凸节，凸节明显，角尖圆凸微上翘。左角前节横刻4道水波纹，角通长26.5厘米；⑦后颈部、双角之间背脊较平、有凿痕。⑧双耳似侧扁形喇叭花，耳廓凸起，耳廓前部边缘随缘阴刻弧线使边缘突出，耳根前部有一道月牙形阴刻弧线，廓后缘呈三瓣花状。⑨嘴两侧有上四下二后一隆起的腮肉，后腮肉较大。两侧腮后三股虬髯涡状回卷，腮翅为火焰纹和棘刺三个，鬣毛三缕向后飘拂。⑩头部微昂，颌下有须四股，二股旋成涡纹留于颌下两边，二股飘向腹下两侧至嘴角部，腹甲纵刻两行双线阴刻4道弧线，外侧饰鳞纹3片。⑪长方体石条两侧有竖向凿痕，底部前面为斜向、中后部为横向凿痕、后端为纵向凿痕，凹槽前后两壁为磨光，槽底较糙有散乱横凿痕。后座左、右、后三面有2厘米宽的抹边。个性特征：两眼球中无阴刻弧线，饼状角根素面扁平；体形较瘦；有锈斑，呈灰白色；侵蚀风化轻微（图一四四，1；彩版二九五，4—6；彩版二九六，1—5）。	编号：ⅡT2-3③：S2 通长：96 头部：长48.5 前端宽11后端宽27 前端厚17后端厚32.5 前台：长3宽28高32 凹槽：长18宽28.5深9.5 后台：长6宽28高32 后座：长11宽28高32 底座：长57宽28高32 尾部出沿：长6—7宽28高16 头下出沿：长14宽28高15.5
CS20·螭首·上唇、鼻尖、左耳、条石底部和右侧微残损·①上唇高翘，吻部突出，上腭饰7道波形横纹；上唇微残，有一乳突；髭须微残，分别向两侧呈涡状回卷；下唇圆润微凸，唇内较平，唇缘呈半弧状；9对龙牙，牙根部用连弧形刻线表现牙龈。②鼻部弓起，鼻尖上突微残，鼻翼两侧有二道阴刻弧线形成的褶皱，鼻孔清楚。③嘴裂较长，唇缘凸起，呈波状起伏，两侧各外露三颗獠牙，上下獠牙均暴露牙龈，嘴角饰火焰纹。④两个卵形眼球向外突出，两眼球前端阴刻弧线一圈，使目光集中向前，眼睑边缘凸起，内眦呈尖角形；两眉眉头旋成涡纹向后微波舒展至耳与角之间，两眉之间有一微残乳突，眉下饰火焰纹。⑤额中部微微隆起。⑥两角后伸平贴于颈部，饼状角根微凸起，上面饰有圆形坑窝。角前节短略平，角中部有凸节，凸节短圆，角尖圆凸微上翘。左、右角通体分别横刻7和6道水波纹，角通长26厘米。⑦后颈部、双角之间背脊呈三角凸棱状，脊棱凸出，左右两侧有凿痕。⑧双耳似侧扁形喇叭花，前耳廓随缘阴刻弧线使边缘突出，前部耳根有三道月牙形阴刻弧线，左耳尖缺失，有细线自廓缘通向耳内表示耳毛，耳廓后部呈三瓣花状。⑨嘴两侧有上下各三后一隆起的腮肉，后腮肉较大。两侧腮后三股虬髯涡状回卷，腮翅为火焰纹和棘刺三个，鬣毛二缕向后飘拂。⑩头部微昂，颌下有须四股，二股旋成涡纹留于颌下两边，二股飘向腹下两侧至嘴角部，腹下纵刻两行双线阴刻8道横排弧线，外侧饰鳞纹。⑪长方体石条两侧有竖向凿痕，底部稍残为横向凿痕，凹槽前后两壁为磨光，槽底横向凿痕。后座左、右、后三面有2.5厘米宽的抹边。个性特征：额顶中部微微隆起，前耳根有三道阴刻弧线，左、右角通体分别横刻7和6道水波纹，有尾部出沿；体形较胖；锈斑为灰白色；侵蚀风化轻微（图一四四，2；彩版二九六，6；彩版二九七；彩版二九八，1）。	编号：ⅡT2-4②：S1 通长：91.5 头部：长49 前端宽12.5后端宽28 前端厚23后端厚31.5 前台：长3宽28.5高30 凹槽：长19.5宽28.5深9 后台：长7宽28.5高33 底座：长48宽28.5高33 尾部出沿：长1.5宽17高15 头下出沿：长13宽28.5高15.5 后座：长10.5宽28.5高33

续表一七

序号·保存情况·特点	出土地点编号 （ZYGD1）及尺寸 （厘米）
CS21·螭首·从中部开裂可拼接，前后台及后座左侧残损·①上唇高翘，两侧各有一块肌肉隆起，吻部突出3个平行排列的肉突，每个肉突周围有阴刻弧线一圈，使肉突突出明显，上腭露出5道波形横纹，上唇部髭须分别向两侧呈涡状回卷；下唇圆润，整齐排列8对马齿式龙牙，牙根部有用连弧形刻线表现露出的牙龈。②鼻部弓起，鼻尖圆钝上突，鼻翼两翼各有二道阴刻弧线形成的褶皱。③嘴裂较长，唇缘微凸，上下均呈波浪状起伏，两侧各外露上二下一共三颗交错分布的獠牙，上獠牙尖短微内弧，下獠牙暴露牙龈长而尖、呈弧形向上伸至鼻侧下方，从下獠牙根部至嘴角后部饰火焰纹。④两个卵形眼球向外突出，左眼球中、前端阴刻弧线二圈，右眼球前端阴刻弧线一圈，使目光集中向前，眼睑有凸缘、前角呈三角状；两眉眉头旋成涡纹向后微波舒展至耳与角之间，两眉之间有一乳突，乳突微鼓，眉下饰有向侧后延展的火焰纹。⑤额顶部较平。⑥头上两角后伸平贴于颈部，薄饼状角根微凸，上面凿有三角形及不规则形坑窝，角根边缘呈连弧状，两角根前侧各刻有3组竖向小凹槽，角前节粗短略平，两角节之间有短圆凸节，角后节较长微上翘，角尖圆凸上翘低于前台。左角通体横刻5道水波纹，前二后三，右角通体横刻6道水波纹，每节3道，角通长28厘米。⑦后颈部、双角之间平坦无脊棱，有找平修饰的凿痕。⑧双耳似扁形喇叭花，耳廓微凸起，前部耳根有一道竖向和二道上下背向的月牙形阴刻弧线表示肌肉起伏变化，后廓微凸呈三瓣花状。⑨嘴两侧有上三下二后一隆起的腮肉，后腮肉较大，咬合有力。虬髯与后腮相连，三股呈涡状回卷；腮翅为火焰纹和棘刺各三个，鬣毛舒缓后飘，左三右二。⑩头部微昂，颔下有须四股，二股旋成涡纹留于颔下两边，二股飘向腹下两侧至耳角下方，腹下腹甲纵刻两行双线，其间阴刻8道横排弧线，外侧饰鳞纹。⑪长方体石条两侧上部有竖向、下部斜向凿痕，底部为粗糙横向凿痕；凹槽前后两壁磨光，槽底粗糙并有稍显散乱的横向凿痕；前后台沿均磨光，后座略有磨痕，左、右二面有2厘米宽的抹边；底座后部无出沿。个性特征：吻部突出3个平行排列的肉突，肉突周围有阴刻弧线一圈，两个眼球上阴刻弧线不一，两龙角横刻水波纹不一，后颈部、双角之间平坦无脊棱，耳根前有一竖道和二道上下背向的阴刻月牙形弧线，两侧鬣毛分缕不一；体形适中；锈斑呈灰白色；侵蚀风化较轻（图一四五，1；彩版二九八，2—6；彩版二九九，1）。	编号：采集ZYGZC：S4 通长：91 头部：长49 前端宽9后端宽24 前端厚15后端厚32 前台：长3残宽11高32 凹槽：长20宽27.5深8.5 后台：长4残宽12高32 后座：长15宽27.5高32 底座：长49宽27.5高32 头下出沿：长12宽29高13
CS22·螭首·前台右角稍残，后台右角残损，后座右角风化残损·①上唇高翘，两侧各有一块肌肉隆起，吻部突出，露出饰6道波形横纹的上腭；上唇部髭须分别向两侧呈涡状回卷；下唇圆润，整齐排列8对龙牙，牙根部用连弧刻线表现露出的牙龈。②鼻部弓起，鼻尖圆钝上突，鼻两翼各有二道阴刻弧线形成的褶皱，鼻孔较小略呈椭圆形。③嘴裂较长，唇缘凸起，上下均呈波状起伏，两侧各外露上二下一共三颗交错分布的獠牙，上獠牙尖短微内弧，下獠牙暴露牙龈长而尖、呈弧形向上伸至鼻侧下方，从下獠牙根部至嘴角后部饰火焰纹。④两个卵形眼球向外突出，眼球前端阴刻弧线一圈；两眉眉头旋成涡纹向后波曲舒展至耳与角之间，眉间有一乳突，乳突微鼓，眉下饰有向侧后飘拂的火焰纹。⑤额部微隆圆滑。⑥两角后伸平贴于颈部，素面饼状角根凸起，角前节粗短而平，两角节之间有短圆凸节，凸节明显，角尖微上翘。双角纹饰风化不详，角通长26厘米。⑦后颈部、双角之间背脊呈三角凸棱状，棱两侧有凿痕。⑧双耳似侧扁形喇叭花状，耳廓凸起，廓前有阴刻弧线半圈，后廓微弧呈三片花瓣状。⑨嘴两侧有上三下三后一隆起的腮肉，后腮肉较大，咬合有力。两侧装饰三重：第一重虬髯与后腮相连，分三缕呈涡状回卷；第二重腮翅有饰火焰纹的棘刺三个；第三重鬣毛舒缓后飘，两侧各有二缕。⑩头部微昂，颔下有须四股，二股旋成涡纹留于颔下两边，二股飘向腹下两侧至眼睑下部，腹下纵刻两行双线，其间阴刻10道横排弧线、状如蛇腹，纵线外侧饰鳞纹。⑪长方体石条两侧有竖向凿痕，底部为粗糙横向凿痕；凹槽前后两壁磨光，槽底有横向凿痕；后座磨光，左、右、后三面有3厘米宽的抹边；底座后部略有出沿（图一四五，2；彩版二九九，2—6）。	VⅢT4-6②：S3 通长：92 头部：长50 前端宽14后端宽24.5 前端厚18后端厚32 前台：长3宽26高32 凹槽：长17.5宽26深9 后台：长5宽26高31.5 后座：长16宽26高31.5 底座：长57宽26高31.5—32 尾部出沿：长1宽26高18 头下出沿：长12宽26高14

续表一七

序号·保存情况·特点	出土地点编号（ZYGD1）及尺寸（厘米）
CS23·螭首·吻部右侧、前台左右角残损·鼻孔风化缺失·①上唇高翘，两侧各有一块肌肉隆起，上腭饰8道波形横纹；上唇部髭须分别向两侧呈涡状回卷；下唇圆润，8对马齿式龙牙，牙根部用连弧刻线表现牙龈。②鼻部弓起，鼻尖圆钝上突，鼻两翼各有二道阴刻弧线形成的褶皱。③嘴裂较长，唇缘微凸呈波状起伏，两侧各外露三颗交错分布的獠牙，上獠牙尖短微内弧，下獠牙暴露牙龈长而尖、呈弧形向上伸至鼻侧下方，嘴角后部饰火焰纹。④两个卵形眼球向外突出，内眦呈三角状；两眉眉头旋成涡纹向后波曲舒展至耳与角之间，眉间有一乳突，眉下饰有向侧后飘拂的火焰纹。⑤额中部隆起一个略呈矛头形的鼓凸。⑥两角后伸平贴于颈部，凿有圆形平底麻点的圆饼状角根微凸，麻点突破角根边缘，角前节略短平，两角节之间有短圆凸节，凸节较大明显，角后节上翘，角尖圆凸上翘微回卷。双角通体各横刻6道水波纹，每节3道，角通长28.5厘米。⑦后颈部、双角之间背脊呈三角凸棱状，脊棱两侧有凿痕。⑧双耳似侧扁形喇叭花状，耳根前端有阴刻弧线四道，其中两道竖向平行，另外两道上下背向，耳内有阴刻细线数道形成的耳毛，廓后缘微弧呈三片花瓣状。⑨嘴两侧有上四下三后一隆起的腮肉，后腮肉较大，咬合有力。两侧装饰三重：虬髯三股回卷呈涡状，腮翅三叶，鬣毛三缕曲屈后飘。⑩头部微昂，颔下有须四股，外侧旋成涡纹、内侧中分飘向腹下两侧至第一重鬣毛下方，腹下纵刻两行双线，其间阴刻9道横排弧线，外侧饰鳞纹各16片。⑪长方体石条两侧有竖向凿痕，底部前端原伸出台基以外露明部分凿痕规整，为竖向凿痕，底部其余部分为横向凿痕；凹槽前后两壁磨光，槽底有横向凿痕；后座略有磨痕，左、右、后三面有3厘米宽的抹抹边；底座后部有毛面尾沿。个性特征：眼球上无阴刻弧线，眼球突出不生动，额中部隆起一矛头形鼓凸，耳内有阴刻细线数道形成的耳毛；体形丰满、圆润；锈斑呈灰白色；侵蚀风化较轻（图一三七，3；彩版三○○）。	VIT4-6②：S1 通长：97 头部：长49.5 前端宽12后端宽26 前端厚19后端厚32 前台：长2.5残宽21高32 凹槽：长19.5宽29深10 后台：长3.5宽29高32 后座：长16.5宽31.5高20 底座：长55宽29高31.5 尾部出沿：长6.5宽31.5高20 头下出沿：长10宽29.5高15
CS24·螭首·上腭、前台右侧残损，鼻前部、右角尖缺失·①上腭残损，仅余露出饰5道波形横纹的上腭；上唇缺失，下唇微弧外凸，8对龙牙，闭合外突，无牙龈。②鼻前端缺失，残余少许微凸的后鼻梁。③嘴裂较长，唇缘凸起，上下均呈波状起伏，两侧各外露三颗交错分布的獠牙，上下獠牙均呈三棱状，上獠牙尖短微内弧，下獠牙暴露牙龈长而尖、呈弧形向上伸至鼻侧下方，从下獠牙根部至嘴角后部饰火焰纹。④眼球前端阴刻弧线二圈，眼窝深陷，眼角呈三角状；两眉眉头旋成涡纹向后波曲舒展至耳与角之间，眉下饰有火焰纹向侧后飘拂至耳根部。⑤额部微隆，额端陡直微上翘，额中部眉间至两角跟之间有一舌形凸起、两侧呈丘状。⑥两角后伸平贴于颈部，角根各有13个肉瘤状突起，肉瘤整齐排列三排。角前节宽而平，角后节微下弧，前后节之间有短圆凸节，右角尖缺失，左角尖圆凸上翘略低于前台。在双角短圆凸节外侧，各有向后的三棱尖刺一个，双角通体各横刻8道水波纹，每节4道，左角通长27.5厘米。⑦后颈部、双角之间背脊呈三角凸棱状，脊棱较小、起伏平缓，棱两侧有凿痕。⑧双耳似侧扁形喇叭花状，前耳廓凸起，后廓呈三片花瓣状，耳廓内有二凸棱。耳根有鼓起的泡状装饰，左耳5个，右耳4个。⑨嘴两侧有上下各三后一隆起的腮肉。两侧三重装饰：虬髯与后腮相连，三股呈涡状回卷，涡心尖突；火焰纹和棘刺三个；鬣毛舒缓后飘，左侧四缕、右侧五缕。⑩头部微昂，颔下有须四股，二股旋成涡纹、二股飘向腹下两侧至嘴角下部，腹下纵刻两行双线，阴刻8道弧线，外侧饰鳞纹。⑪长方体石条左侧有竖向凿痕，右侧有斜向凿痕，底部为横向凿痕，右侧头出沿风化剥落；凹槽前后两壁磨光，槽底有不规则横向凿痕；前后台沿横向凿痕模糊，前台右侧残损；后座台面平整，左、右、后三面有3厘米宽的抹边；尾部出沿台面、左面、右面平整，后立面为毛面。个性特征：雕刻凹凸有致，线条流畅，生动活泼。上下牙齿闭合外突，无牙龈，上下獠牙均呈三棱状，眼窝深陷，眼角呈三角状，额端陡直微上翘，角根由13个肉瘤状突起组成，角前节宽而平，角后节微下弧，双角短圆凸节外侧，各有向后的三棱尖刺一个，脊棱较小、起伏平缓，两耳根前端有鼓起的肉泡，第一重鬣毛及颔下胡须呈涡状回卷，涡心尖突，鬣毛两侧不一；体形较胖；整体白色，锈斑呈灰白色；右侧侵蚀风化严重（图一四五，4；彩版三○一，1—5）。	VIIT1-5②：S1 通长：94.5 头部：长49 前端宽10后端宽24 前端残厚11后端厚31 前台：长3残宽20高31 凹槽：长19宽28深9 后台：长4.5宽26高31 底座：长55宽30高31 尾部出沿：长4宽29高16 头下出沿：长12宽26高12.5 后座：长15宽27高31

续表一七

序号·保存情况·特点	出土地点编号 （ZYGD1)及尺寸 （厘米）
CS25·螭首·较完整，鼻尖、上唇、右角稍残·①上唇高翘，右侧有二块肌肉隆起，左侧风化模糊不清。露出饰5道波形横纹的上腭；上唇髭须自上而下分别向两侧呈涡状回卷；下唇微凸、略呈弧状，整齐排列10对龙牙，牙根部用连弧刻线表现露出的牙龈。②鼻梁弓起，鼻尖微残，鼻孔风化模糊不清。③嘴裂较长，唇缘凸起，上下均呈波状起伏，两侧各外露三颗獠牙，獠牙均呈圆角三棱状，每侧前部上下獠牙暴露牙龈，嘴角后部饰火焰纹。④眼球前端阴刻弧线一圈，眼角呈三角状；两眉眉头旋成涡纹向后波曲舒展至耳与角之间，眉下饰有火焰纹向侧后飘拂至耳根部。⑤额部微隆。⑥两角后伸平贴于颈部，凿有连弧边缘花朵形角根微凸，角前节短平，角后节微下凹，前后节之间有短圆凸节，两角凸节大小不一，左角凸节稍小，角尖方形微上翘与前台平，左角通体横刻6道水波纹，右角8道、其中前节有两道较浅不清晰，角通长27厘米；⑦后颈部、双角之间无背脊，中间有凿痕。⑧双耳似侧扁形喇叭花状，前耳廓缘部微凸，阴刻连弧线一道，后廓连弧呈三片花瓣状，耳内有阴刻细线数道形成耳毛。耳根阴刻半弧线4道，表示耳根的皱纹和肌肉的起伏。⑨嘴两侧有上下各三后一隆起的丘状腮肉。两侧虬髯、腮翅、鬣毛层叠排列，各分三组。⑩头部微昂，颌下有须四股，二股旋成涡纹留于颌下两边，二股飘向腹下两侧至嘴角下部，腹下纵刻两行双线，阴刻8道弧线，外侧饰鳞纹。⑪长方体石条两侧有竖向凿痕；凹槽前后两壁磨光；其余部位凿痕较乱。后座台面平整，左、右、后三面有3.2厘米宽的抹边；尾部有出沿。个性特征：马齿式龙牙10对，前上下獠牙暴露牙龈，连弧边缘花朵形角根，耳内有阴刻细线数道形成耳毛。耳根前侧有阴刻半弧线4道，表示耳根的皱纹及起伏；体形较胖；整体白色，锈斑呈灰白色；侵蚀风化较轻（图一四六，1；彩版三〇一，6；彩版三〇二，1—5）。	ⅡT3-1②：S1 通长：96.5 头部：长 49 前端宽 11.5后端宽26.5 前端厚 20后端厚20 前台：长2宽 28高31.5 凹槽：长19.3宽28.5深 8.5 后台：长4宽28.5高31.5 后座：长14宽28.5高32 底座：长 58.5宽28.5高 31.5 尾部出沿：长4.2宽28.5高17 头下出沿：长14.2宽28.5高15
CS26·螭首·前台左角残缺·①上唇高翘，两侧各有一块肌肉隆起，吻部突出、上有两乳突，上腭饰5道波形横纹；上唇部髭须分别向两侧呈涡状回卷，下唇缘部圆润，8对龙牙，牙根部用连弧刻线表现露出的牙龈。②鼻部弓起，鼻尖圆钝上突，鼻两翼各有一道阴刻弧线形成的褶皱，鼻孔较小呈长圆形。③嘴裂较长，唇缘凸起呈波状起伏，两侧各外露三颗獠牙，上獠牙尖短微弧，下獠牙暴露牙龈长而尖、呈弧形向上伸至鼻侧下方，从下獠牙根部至嘴角后部饰火焰纹。④眼球前端阴刻弧线一圈，在眼球四周阴刻弧线二道形成眼睑，眼睑微凸，内眦呈尖角状；两眉眉头旋成涡纹向后波曲舒展至耳与角之间，眉间有一乳突，乳突微鼓，眉下饰有向侧后飘拂的火焰纹。⑤额部微隆圆滑。⑥两角后伸平贴于颈部，角根长圆形略凸起，边缘为连弧纹，角根前端刻有7道竖向小凹槽，角根上面凿有三角形及不规则形坑窝，角前节粗短而平，两角节之间有短圆凸节，凸节圆滑微凸，角后节微上翘，左角尖缺失，右角尖呈方形上翘与前台平。双角通体各横刻6道水波纹，每节3道，角通长26厘米；⑦后颈部、双角之间背脊呈三角凸棱状，脊棱较小微凸，棱两侧有凿痕。⑧双耳似侧扁形喇叭花状，左耳风化剥落纹饰不清，廓缘凸起。右耳廓边缘凸起并随缘阴刻边缘线，耳根有上下两道背向的阴刻半圆弧线，后廓微弧呈三片花瓣状。⑨嘴两侧有上下各三后一隆起的腮肉。两侧虬髯、腮翅、鬣毛层叠排列，虬髯和腮翅各分三组，鬣毛四股、左侧有一缕叠压在其他发缕之下。⑩头部微昂，颌下有胡须四股，二股旋成涡纹留于颌下两边，二股飘向腹下两侧至耳下部，腹甲阴刻10道弧线、外侧饰鳞纹。⑪长方体石条两侧有竖向凿痕，底部为粗糙横向凿痕；凹槽前后两壁磨光，槽底有横向凿痕；前后台沿刻有横向凿痕，前台左角残缺；后座磨光，左、右、后三面有2—3厘米宽的抹边；底座后部有毛面出沿。个性特征：一些局部以线条刻画表现立体感、不够生动。在眼球四周眼睑边缘凸起，角前节粗短而平，右角尖呈方形与前台平，三角脊棱较小微凸，耳根有上下两道背向阴刻半圆弧，鬣毛分四股，颌下须飘向耳角下部；体形较胖；整体白色，锈斑呈灰白色；侵蚀风化较轻（图一四六，2；彩版三〇二，6；彩版三〇三，1—5）。	ⅥT3-7②：S1 通长：97 头部：长48.5 前端宽12后端宽24 前端厚16后端厚32 前台：长3.5残宽19残高32 凹槽：长19宽25.5深10 后台：长3.5宽25.5高32 底座：长59宽25.5高32 尾部出沿：长4宽25.5高20 头下出沿：长10宽25.5高15 后座：长17.5宽25.5高32

续表一七

序号·保存情况·特点	出土地点编号（ZYGD1）及尺寸（厘米）
CS27·螭首·完整·①龙嘴上唇高翘，两侧各有二块肌肉隆起，吻部突出，露出饰5道波形横纹的上腭；上唇部髭须自上而下分别向两侧呈涡状回卷；下唇微弧外凸，整齐排列10对马齿式龙牙。②鼻部弓起，鼻尖圆钝上突，鼻两翼各有二道阴刻弧线形成的褶皱，鼻孔较小呈三角形。③嘴裂较长，唇缘凸起，上下均呈波浪状起伏，两侧各外露上二下一共三颗交错分布的獠牙，獠牙暴露牙龈，上獠牙尖短微内弧，下獠牙呈三棱状长而尖、呈弧形向上伸至鼻侧下方，嘴角后部饰火焰纹。④卵圆形眼球向外突出，前端阴刻弧线一圈，使目光集中向前，眼睑刻画模糊，内眦呈圆弧状；两眉眉头旋成涡纹向后呈波浪形舒展至耳与角之间，眉间有一乳突，眉下饰有向侧后飘拂的火焰纹。⑤额中部隆起，眉间到两角之间有一舌形凸起，凸起上略有细划纹。⑥两角后伸平贴于颈部，角根微凸、边缘呈锯齿状，上面凿有三角形、圆形及不规则形坑窝，角根前端刻有3道竖向小凹槽，龙角分为前后两节，前节扁平，两角节之间有圆形凸节，右角因风化凸节较小，角后节微下凹，角尖略方、上翘高于前台沿。双角通体各横刻6道水波纹，每节3道，龙角通长29.5厘米；⑦后颈部、双角之间背脊呈三角凸棱状，脊棱大小中等，棱两侧有凿痕。⑧双耳似侧扁形喇叭花状，廓前外缘有阴刻随缘弧线，使耳廓微凸起，耳根有三道阴刻半圆弧线表现皱纹和肌肉起伏，后廓连弧呈三片花瓣状。⑨嘴两侧有上下各三后一隆起的腮肉，后腮肉较大。虬髯与后腮相连，三股呈涡状回卷；腮翅为火焰纹和棘刺各三个；鬃毛舒缓后飘，分为二缕。⑩头部微昂，颌下有须四股，二股旋成涡纹留于颌下两边，二股飘向腹下两侧至嘴下方，腹甲纵刻两行双线，阴刻8道横排弧线，外侧饰鳞纹。⑪长方体石条两侧有竖向凿痕，底部及后部凿痕较乱；凹槽前后两壁磨光，槽底毛面；前后台沿平整；后座左、右、后三面有2厘米宽的抹边，底座后部有出沿。个性特征：獠牙暴露牙龈，上獠牙尖短微内弧，下獠牙呈三棱状长而尖，额中部有一舌形凸起，角根边缘呈锯齿状，角根前端刻有3道竖向小凹槽，耳根有三道阴刻半圆弧线表示皱纹及肌肉起伏，鬃毛仅有二股；体形较胖；锈斑呈灰白色；侵蚀风化较轻（图一四六，3；彩版三〇三，6；彩版三〇四；彩版三〇五，1、2）。	ⅡT3-1②：S2 通长：95.5 头部：长49.5 前端宽13.5后端宽26.5 前端厚21后端厚32 前台：长2.5宽27 高30.5 凹槽：长19宽25.5深10 后台：长5宽28高30.5 底座：长61.5宽30 高31 尾部出沿：长5.5宽28.5高15 头下出沿：长10宽25.5高32 后座：长13宽28高30.5
CS28·螭首·完整·①龙嘴上唇高翘，吻部突出，露出饰5道波形横纹的上腭；上唇髭须自上而下分别向两侧呈涡状回卷；下唇圆润，整齐排列8对马齿式龙牙，上下牙齿咬合紧密，微外侈，牙根部用连弧形刻线表现露出的牙龈。②鼻部弓起，鼻尖圆钝上突，鼻两翼各有一道阴刻弧线形成的褶皱，没有表现鼻孔。③嘴裂较长，唇缘凸起，上下均呈波浪状起伏，两侧各外露上二下一共三颗交错分布的獠牙，上獠牙尖短微内弧，下獠牙长而尖、呈弧形向上伸至鼻侧下方，下獠牙根部至嘴角饰火焰纹。④两个卵形眼球向外突出，眼球前端阴刻弧线一圈，使目光集中向前，眼睑前角呈弧方形凹槽状；两眉眉头旋成涡纹向后波曲舒展至耳与角之间，眉间有一乳突，眉下饰有向侧后飘拂的火焰纹。⑤额中部隆起。⑥两角后伸平贴于颈部，角根呈圆形凸起，上面凿有圆形或不规则形坑窝，角前节短而平，两角节之间有短圆凸节，角尖圆凸上翘。双角通体各横刻6道水波纹，每节3道，角通长29厘米；⑦后颈部、双角之间背脊呈三角凸棱状，脊棱微凸较小，脊棱左右两侧有凿痕。⑧双耳似侧扁形喇叭花状，耳廓凸起，廓周缘有阴刻弧线一道使边缘突出，左耳内有阴刻细线数道形成耳毛，耳廓后部呈三片花瓣状。⑨嘴两侧有上二下三后一隆起的腮肉，后腮肉较大，咬合有力。虬髯与后腮相连，分三股呈涡状回卷，腮翅饰火焰纹和棘刺三个；鬃毛舒缓后飘，分为三缕。⑩头部微昂，颌下有须四股，内侧二股旋成涡纹留于颌下两边，外侧二股飘向腹下两侧至龙角下方，腹甲纵刻两行双线，其间阴刻9道横排弧线、状如蛇腹，纵线外侧饰鳞纹。⑪长方体石条两侧有竖向凿痕，底面前部为横向凿痕、后部为斜向稀疏粗凿痕，凹槽前后两壁为磨光，槽底为不规整斜向凿痕。后座左、右、后三面有2—3厘米宽的抹边，后座后边沿部分残损，底座后部较平直。个性特征：鼻尖圆钝上突，无鼻孔，三角脊棱微凸较小，左耳内有耳毛；体形较瘦；整体灰白色，锈斑呈黄色；侵蚀风化轻微（图一四七，1；彩版三〇五，3—6；彩版三〇六；彩版三〇七，1）。	ⅡT3-7②：S1 通长：93 头部：长50 前端宽13后端宽29 前端厚17后端厚33 前台：长2宽30高33 凹槽：长19.5宽30深10 后台：长4宽30高33 底座：长55宽30高33 头下出沿：长12宽30高15 后座：长15.5宽30高33

续表一七

序号·保存情况·特点	出土地点编号（ZYGD1)及尺寸（厘米）
CS29·螭首·完整·①上唇高翘，吻部突出，上腭饰5道波形横纹，腭面略向内凹弧；上唇髭须自上而下分别向两侧呈涡状回卷；整齐排列7对龙牙，牙齿咬合紧密，微外侈，牙根部用连弧刻线表现牙龈，下唇前面较平直。②鼻部弓起，鼻尖上突，鼻两翼各有三道阴刻弧线形成的褶皱，圆形鼻孔较小。③嘴裂较长，唇缘凸起，两侧各外露上二下一共三颗交错分布的獠牙，下獠牙根部至嘴角饰火焰纹。④眼窝深陷，两个卵形眼球向外突出，眼球前端阴刻弧线两圈，眼睑前角弧方形、后角圆形；眉头旋成涡纹向后波曲舒展，眉间有一乳突，眉下饰有火焰纹。⑤额中部隆起。⑥两角尖上翘回弯，角根呈圆形凸起、饰有小圆饼并凿有小麻点，略似钮扣状。角前节短而平，角中间有凸节较突出。角通体横刻8道水波纹，角通长28厘米；⑦后颈部、双角之间背脊呈三角凸棱状，脊棱左右两侧有凿痕。⑧双耳似侧扁形喇叭花状，耳廓凸起，廓周缘有阴刻弧线一道使边缘突出，耳内起筋线通向耳道，耳外饰道，耳廓后部呈三片花瓣状。⑨嘴两侧有上五下三后一隆起的腮肉，后腮肉较大。虬髯分三股呈涡状回卷；腮翅饰火焰纹和棘刺三个；三缕鬣毛舒缓后飘。⑩头部微昂，颌下有须四股，内侧二股旋成涡纹留于颌下两边，外侧二股飘向腹下两侧至龙耳下方，腹甲纵刻两行双线，其间阴刻横排弧线状如蛇腹，纵线外侧饰鳞纹。⑪长方体石条两侧有竖向凿痕，底面为横向凿痕，凹槽前后两壁是斜向凿痕，槽底略显不规整凿痕。后座左、右、后三面有3厘米宽的抹边，尾部微显出沿。个性特征：下唇前面较平直，鼻尖上突，鼻两翼各有三道阴刻弧线形成的褶皱，鼻孔较小，耳内起筋线；鼻尖上翘回弯；体形较瘦；整体灰白色，锈斑呈黄色；侵蚀风化轻微。因境外展览未能画图(彩版三〇七，2、3)。	IT3-2②：51 通长约90 因境外展览未能测量
CS30·螭首·嘴、鼻缺失，眼、耳、后座残损·①龙嘴缺失。②鼻部缺失。③嘴裂大部残损，右侧仅残留一颗上獠牙，尖短微小弧、暴露牙龈，嘴角后部饰火焰纹。④右眼残损，左眼球呈卵形向外突出，眼球中部阴刻弧线一道；两眉仅残留痕迹。⑤额部风化严重、特点不明显。⑥头上两角后伸平贴于颈部，风化严重，左角根凿有麻点，角前节略短平，角节之间有短圆凸节，角尖圆凸微上翘。角通长26厘米。⑦后颈部、双角之间凸起脊棱，两侧有凿痕。⑧双耳似侧扁形喇叭花状，双耳风化严重，左耳根有背向阴刻弧线。⑨残留隆起的腮肉左侧上下各二后一、右侧上二下一后一，后腮肉较大。两侧腮后三股涡卷虬髯、三组由火焰纹和棘刺组成的腮翅、四缕鬣毛依次层叠排列。⑩头部微昂，颌下胡须仅残留中间二股，呈人字形飘向腹下两侧至嘴角下方，腹甲纵刻两行双线，其间阴刻8道横排弧线，纵线外侧饰鳞片。⑪长方体石条两侧有竖向凿痕，底部横向凿痕；凹槽前后两壁磨光，槽底有不规则凿痕；后台沿因风化与后座区分不清，后座左、右、后三面有3厘米宽的抹边，底座后部为斜向凿痕，无明显出沿但下部略凸出。个性特征：鬣毛分四股；体形适中；锈斑呈灰白色；侵蚀风化严重（图一四六，4；图版一一四，1、2)。	编号：ⅣT2-4②：S1 残长：91 头部残长41 前端残宽17后端宽28 前端残厚20后端厚31 前台：长5残宽29高31 凹槽：长19宽29深10.5 后座：长26宽29高32 底座：长62宽29高32 头下出沿：长12宽31高17
CS31·螭首·嘴、鼻、前台、后台、后座均缺失·①嘴缺失。②鼻部缺失。③螭首两侧嘴裂、牙齿、纹饰风化剥落。④眼球、眼眉风化剥落。⑤额部缺失。⑥头上两角后伸平贴于颈部，角根风化剥落，右角缺失，左角中部有短圆凸节，角尖缺失，纹饰风化不详。⑦后颈部、双角之间背脊呈三角凸棱状，脊棱微凸低平，左右两侧有凿痕。⑧双耳缺失。⑨腮肉风化剥落。鬣毛仅余左侧有部分残余。⑩颌下、腹下纹饰风化不清晰。⑪长方体石条两侧有竖向凿痕，底面为横向凿痕，底座前部经过细凿找平。螭首整体损坏、风化严重。个性特征：螭首整体损坏、风化严重；体形较瘦；锈斑灰白色；侵蚀风化严重（图一四七，2)。	编号：ⅡT2-3②：S1 通长：83 头部：残长39 前端残宽12后端宽28 前端残厚19后端厚31 凹槽：长18宽26残深6 底座：残长56宽26高31 头下出沿：长12宽26高14

续表一七

序号·保存情况·特点	出土地点编号 （ZYGD1）及尺寸 （厘米）
CS32·螭首·嘴、前台及角尖左侧残损·①残存右嘴角部。②螭首两侧嘴裂大部残损，唇缘凸起，上下均呈波状起伏，右嘴角残存一上獠牙，暴露牙龈，嘴角及唇缘饰火焰纹。③眼球陷入较深，右眼球前部残损，两侧眼球阴刻弧线二圈，眼睑后部沿缘部有阴刻弧线，外眦呈尖角状；两眉前端旋成涡纹向后微波舒展至耳与角之间，两眉之间有一凸起，凸起残损，仅余后半部，眉下饰向侧后延展的火焰纹。④额顶有两个明显的丘状凸起。⑤头上两角后伸平贴于颈部，角根凸起，上面凿刻有三叉形尖底坑窝左8右7个，角根前侧各有4个阴刻小短线，角中部有短圆凸节，角尖弧形上翘，右角扁圆，左角残损。双角通体各横刻9道水波纹，前节4道，后节5道，角通长25厘米。⑥后颈部、双角之间背脊呈三角凸棱状，斜向凿痕明显。⑦双耳似侧扁形喇叭花，耳廓后缘呈三个花瓣状，耳廓边缘突起，耳根有阴刻弧线2道，左侧耳廓缺失。⑧嘴角两侧饰有火焰纹，残余腮肉4个。头两侧侧腮后三股涡卷虬髯、由三个火焰纹和棘刺组成的腮翅、三缕鬣毛依次层叠排列。⑨腹下风化较重，腹甲两行双线之间残余5道连弧线。⑩长方体石条两侧均为竖向凿痕，底部加工粗糙，露明部分凿痕不明显。凹槽前后两壁均磨光，槽底两侧为横向凿痕，中间为斜向凿痕。后座左、右、后三面有宽3厘米的抹边。尾部无出沿。个性特征：腹下纵线外侧饰鳞片较少，双角通体各横刻9道水波纹，双角后部呈弧形上翘；体形丰满、肥胖；有锈斑，呈白灰色；侵蚀风化情况总体较轻（图一四七，4；图版一一四，3、4）。	编号：ⅢT3-5②：S1 残长：78 头部：残长35.5 前端残宽17后端宽27 前端厚19后端厚32 前台：残断、宽28残高33 凹槽：残长19宽29深10 后台：长3.5宽29高31.5 底座：长54宽29高33.5 头下出沿：长13宽29高12 后座：长18宽29高33.5
CS33·螭首·上颚、鼻尖、前台两角、头下出沿右侧下角、条石右侧后下部、尾部出沿残损·①残存上颚残存5道波形横纹；8对龙牙，牙齿上下咬合紧密，微外侈，牙根部用连弧刻线表现牙龈，下唇向外凸出。②鼻部弓起，鼻尖缺失，鼻翼左侧2道、右侧有3道阴刻弧线形成的褶皱，鼻孔呈圆形。③两侧嘴裂较长，唇缘凸起呈波浪状起伏，两侧各三颗交错分布的獠牙，左侧下部獠牙有部分残损，上下獠牙均暴露牙龈，嘴角饰火焰纹。④眼球向外突出，左眼球前端阴刻弧线一圈，右眼球前端阴刻弧线半圈，内眦呈尖角形；两眉前端旋成涡纹向后微波舒展至耳与角之间，两眉之间有一乳突，眉下饰火焰纹飘向侧后。⑤额顶部有三个丘状凸起，中部较高、两侧微隆。⑥头上两角后伸平贴于颈部，角根微凸，凿有大小不一的圆形平底麻窝，角根前端各有5段条形小凹槽突破角根前缘。角前节短略平，角中部有凸节，凸节近方扁平，左角尖圆凸上翘内卷，右角尖方正平缓，双角均高出后座的前台。双角通体各横刻6道水波纹，每节3道，角通长26厘米；⑦后颈部、双角之间背脊呈三角凸棱状，脊棱左右两侧有凿痕。⑧双耳似侧扁形喇叭花，耳廓微凸起，前部耳根有肌肉起伏及阴刻弧线表示皱纹，耳廓后部呈三片花瓣状。⑨嘴右侧有上四下三后一隆起的腮肉，嘴左侧残存有上下各三后一隆起的腮肉，后腮肉较大。头两侧侧腮后三股涡卷虬髯、由三组火焰纹和棘刺组成的腮翅、二缕鬣毛依次层叠排列，腮翅较为短促。⑩头部微昂，颌下有须四股，二股旋成涡纹留于颌下两边，二股飘向腹下两侧至嘴角部，腹下纵刻两行双线，其间阴刻8道横排弧线，纵线外侧饰鳞纹。⑪长方体石条两侧有竖向凿痕，底部为横向凿痕，凹槽前后两壁为磨光，槽底横向凿痕。后座左、右、后三面有3厘米宽的抹边，尾部出沿6厘米。螭首整体保存较好。个性特征：眼睑前角呈圆弧形，额顶部有三个肉丘凸起；体形较胖；锈斑呈灰白色；侵蚀风化轻微（图一四八，1；图版一一四，5、6；图版一一五，1、2）。	编号：ⅣT4-5②：S1 残长：97 头部：长47 前端残宽16后端宽24 前端厚18.5后端厚32.5 前台：长2残宽11.5高31 凹槽：长19.5宽25深9.5 后台：长5.5宽25高31 后座：长14宽25高31 底座：长61.5宽25高31 尾部出沿：长6宽25高16.5 头下出沿：长14.5宽25高16.5

续表一七

序号·保存情况·特点	出土地点编号（ZYGD1）及尺寸（厘米）
CS34·螭首·唇、鼻、嘴、眼、额、耳、角、后座右侧风化残损·①上腭有5道波形横纹；上唇微残，下唇平齐略弧；5对马齿式龙牙，部分牙根用连弧形刻线表现牙龈。②鼻部残损微弓，鼻尖缺失，鼻翼两侧有二道阴刻弧线形成的褶皱，鼻孔风化不清。③两侧嘴裂较长，唇缘凸起呈波状起伏，两侧各外露三颗交错分布的獠牙，牙龈部位风化不清，下獠牙根部至嘴角饰火焰纹。④右眼缺失，左眼球向外突出，眼球前端阴刻弧线一圈，眼睑风化模糊，内眦呈尖角形；两眉稍风化，可辨两眉前端旋成涡纹向后微波舒展至耳与角之间，两眉之间有一微残乳突，眉下饰火焰纹飘向侧后。⑤额部微隆风化。⑥头上两角后伸平贴于颈部，右角大部缺失。左角角根凸起，上凿有3个三角形坑窝，角根边缘略呈连弧状，角前节短略平，角中部有短圆凸节，角尖圆凸微上翘。左角通体横刻10道水波纹，每节5道，通长27厘米。⑦后颈部、双角之间背脊呈三角凸棱状，脊棱中部残损，其左右两侧有凿痕。⑧右耳风化模糊不清，左耳似侧扁形喇叭花，廓后缘呈三片花瓣状。⑨嘴两侧有上下各三后一隆起的腮肉。头两侧侧腮后三股涡卷虬髯、由火焰纹和棘刺组成的腮翅左二右三个、三缕鬣毛依次层叠排列。⑩头部微昂，颌下有须四股，二股旋成涡纹留于颌下两边，二股飘向腹下两侧至后獠牙处，腹甲两行双线之间阴刻9道横排弧线，纵线外侧饰鳞纹。⑪长方体石条两侧有竖向凿痕，底部稍残为横向凿痕，凹槽前后两壁为磨光，槽底横向凿痕。后座右侧缺失，左、后两侧有2.5厘米宽的抹边。个性特征：上腭有5道波形横纹，下唇平齐略弧，眼睑前角呈三角形，左角角根上凿有3个三角形坑窝，左角通体横刻10道水波纹；体形较肥胖；锈斑为灰褐色；侵蚀风化严重（图一四八，2；图版一一五，3、4）。	编号：ⅤT5-5②：S1 通长：91.5 头部：长49.5 前端宽10后端宽28 前端厚21.5后端厚30 前台：长2残宽25高30 凹槽：长18.5宽26.5深11 后台：残长6.5残宽27.5高31 底座：长53宽26高30 头下出沿：长12.5宽25.5高13.5 后座：长12.5宽26高31
CS35·螭首·头从鼻后方和眼球之间断裂、能复合，前台沿上部、后座右角缺失、角尖缺失·①上唇高翘，吻部突出，腭饰6道波形横纹；因风化上唇部髭须不清晰，隐约可见自上而下分别向两侧呈涡状回卷；弧形整齐排列6对马齿式龙牙，露出牙龈。②鼻部弓起，鼻尖上突，鼻两翼各有二道阴刻弧线形成的褶皱，鼻孔呈三角尖底状。③嘴裂较长，唇缘凸起，呈波浪状起伏，两侧各外露上三下一共四颗交错分布的獠牙，上獠牙尖短微弧，下獠牙长而尖、呈弧形向上伸至鼻侧下方，嘴角饰火焰纹。④两个眼球向外突出，眼球前端隐约阴刻弧线一圈，内眦呈三角形、外眦圆弧形；两眉前端旋成涡纹向后舒展至耳与角之间，两眉之间有一乳突，眉下饰向侧后飘拂的火焰纹。⑤额顶部微隆，分为左右二个丘状凸起。⑥头上两角后伸平贴于颈部，角根丘状微凸，各饰有9个小圆饼状突起，角中部有短圆凸节，凸节明显，角上翘，角尖缺失。左、右龙角通体分别横刻6和7道水波纹，角通长23厘米；⑦后颈部、双角之间背脊呈三角凸棱状，有凿痕。⑧双耳似侧扁形喇叭花，耳廓后缘呈三个花瓣状，耳根有阴刻弧线3道表示皱纹。⑨嘴两侧有上四下三后一隆起的腮肉，后腮肉较大。虬髯与后腮肉相连，呈涡状回卷；由火焰纹和棘刺构成的腮翅二个；鬣毛舒缓后飘、左三右四缕。⑩头部微昂，颌下有须四股，二股旋成涡纹留于颌下两边，二股飘向腹下两侧至嘴角下部，腹甲纵刻两行双线，其间阴刻横排弧线13道，纵线外侧饰鳞纹。⑪长方体石条两侧均有竖向凿痕，底部前端露明部分凿痕规整，底面后端及石条左侧有斜向凿痕；凹槽前后两壁均磨光，槽底有横向凿痕；后座左、右、后三面有宽3厘米的抹边；尾部有毛面出沿。个性特征：体形、锈斑颜色、侵蚀风化情况；两眉下方均饰火焰纹，獠牙上三下一共四颗，腮翅两叶，鬣毛左三右四缕；体形丰满、圆润；有锈斑，螭首前半部呈白灰色，后半部呈浅黄色；上唇部轻微风化（图一四八，3；图版一一五，5、6）。	编号：ⅠT1-4②：S3 通长：96 头部：长49 前端宽11后端宽28 前端厚15后端厚31.5 前台：残长1.9 残高31.5 凹槽：长25宽28深10 后台：长4宽28高31.5 底座：长57宽28高31.5 尾部出沿：长3宽28高31.5 头下出沿：长3宽28高31.5 露明部分：长15宽28高31.5 后座：长15.5宽28高31.5

续表一七

序号·保存情况·特点	出土地点编号 （ZYGD1)及尺寸 （厘米）
CS36·螭首·仅余头部。①龙嘴大部缺失，仅上腭残存2道波形横纹。②鼻大部缺失，仅余鼻弓部。③嘴裂较长，唇缘凸起，上下均呈波状起伏，左嘴残留上獠牙一颗，獠牙尖短微弧，嘴角饰火焰纹。④眼球向外突出，内眦呈三角形；两眉前端风化，可辩眉毛微波舒展至耳与角之间。⑤额顶中部有一桃叶形凸起、两侧各有一丘状凸起，风化残损。⑥右角尽失。左角前节短略平，后伸平贴于颈部，角中部有短圆凸节。角根风化微凸，上残留有2个小圆饼状突起，其一凿有麻点。角前节横刻3道水波纹，后角风化不清，残长26厘米。⑦后颈部、双角之间背脊呈三角凸棱状，脊棱残损，棱两侧有凿痕。⑧耳廓后部呈三片花瓣状。⑨嘴两侧有上下各三后一隆起的腮肉，后腮肉较大。头两侧残损，左侧残存三股虬髯、火焰纹和棘刺三个。右侧残存与后腮相连的二股虬髯呈涡状回卷。⑩头部微昂，颌下残损，有须四股，二股旋成涡纹留于颌下两边，二股飘向腹下两侧至嘴角部，腹下纵刻两行双线，其间残留6道阴刻横排弧线，纵线外侧饰鳞纹。个性特征：眼睑前角呈三角形，额中部有一桃叶形突起，角根残留有圆饼、凿有麻点。体形较胖；锈斑为灰白色；侵蚀风化严重，有脱落（图一四七，3；图版一一六，1)。	编号：ⅠT3-3②：S2 残长：24 头部：残长24 前端残宽10后端残宽21 前端残厚16后端残厚23
CS37·螭首·仅残存头部。①龙嘴上唇高翘，吻部突出，露出饰6道波形横纹的上腭。上唇部髭须自上而下分别向两侧呈涡状回卷。弧形整齐排列10对方形马齿式龙牙，露出牙龈，牙齿紧闭微外侈，下唇向前凸出。②鼻部弓起，鼻尖上突，鼻翼两翼各有三道阴刻弧线形成的褶皱，鼻孔较大而浅，左侧鼻孔呈圆底，内有三道阴刻线形成的鼻毛。③两侧嘴裂较长，唇缘凸起，上下均呈波状起伏，两侧各外露上二下一共三颗交错分布的獠牙，上下獠牙均暴露牙龈，上獠牙尖短微弧，下獠牙长而尖、呈弧形向上伸至鼻侧下方，嘴角饰火焰纹向后漂拂。④眼球向外突出，眼球前端隐约可见阴刻弧线一圈，内眦略呈长方形向下凹陷。两眉前端旋成涡纹向后微波舒展至耳与角之间，两眉之间有一圆形乳突，眉下饰向侧后飘拂的火焰纹。⑤额中部三个丘状隆起。⑥头上两角后伸平贴于颈部，角根微凸，饰有浅麻窝，角后部缺失。双角各残留1道横刻水波纹，角通长23厘米。⑦后颈部、双角之间背脊呈三角凸棱状，有凿痕。⑧双耳似侧扁形喇叭花，耳廓后缘部呈三个花瓣状，耳根有阴刻弧线3道。⑨嘴两侧有上四下二后一隆起的腮肉。龙头两侧装饰仅余左侧虬髯，与后腮肉相连，三股呈涡状回卷。⑩头部微昂，颌下有须四股，二股旋成涡纹留于颌下两边，二股飘向腹下两侧至嘴角根部，腹下纵刻两行双线间阴刻5道横排弧线，纵线外侧饰鳞纹。个性特征：两眉下方均饰火焰纹，鼻孔较大而浅，内有阴刻鼻毛；体形较肥胖；锈斑整体呈白灰色；上唇部髭须部分风化剥落；整体侵蚀风化较轻（图一四八，4；图版一一六，2)。	编号：ⅠT2-4②：S1 残长：28.5 头部：残长28.5 前端宽12后端宽24 前端厚19.5后端厚24.5
CS38·螭首·仅余头部，唇、鼻、嘴、眼、腭、耳、角残损。①龙嘴大部缺失，上腭残存2道波形横纹；嘴前残存6对龙牙，牙根用连弧形刻线表现牙龈。②鼻部弓起，鼻尖上突微残，鼻翼两侧有二道阴刻弧线形成的褶皱，鼻孔清晰。③右侧嘴裂缺失，左侧嘴裂较长，唇缘凸起，外露上二下一共三颗交错分布的獠牙，牙龈部位风化不清，嘴角饰火焰纹。④眼球向外突出，前端阴刻弧线二圈，眼睑边缘突起，内眦呈尖角形；左眉残损，右眉前端旋成涡纹向后微波舒展至耳与角之间；两眉之间有一乳突，眉下饰火焰纹飘向侧后。⑤额顶部左右两侧各有一椭圆形凸起。⑥两角后节尽失。前节短略平，后节平贴于颈部，前节末端有一短圆凸节。两角微凸饼状角根上分别留有9个小圆饼状突起。两角前节各横刻3道水波纹，角残长13厘米。⑦后颈部、双角之间背脊呈三角凸棱状，脊棱残损，棱两侧有凿痕。⑧双耳似侧扁形喇叭花，前耳廓边缘阴刻连弧线一道，前部耳根有三道阴刻弧线，耳廓后缘呈三片花瓣状。右耳风化模糊，左耳廓有2条筋线通向耳内。⑨嘴两侧有上下各三后一隆起的腮肉，后腮肉较大。头两侧有：三股涡卷虬髯，由三个火焰纹和棘刺组成的腮翅，左侧鬃毛四股、右侧风化可辨二股。⑩头部微昂，颌下有须四股，二股旋成涡纹留于颌下两边，二股飘向腹下两侧至嘴角部，腹下纵刻两行双线，其间阴刻9道横排弧线，纵线外侧饰鳞纹。个性特征：眼睑前角呈三角形，额部左右两侧各有一椭圆形凸起，两角根上分别留有9个小圆饼，耳根有三道阴刻弧线，左耳内有2条筋线；体形较胖；锈斑为灰白色和黄白色；侵蚀风化严重，有脱落（图一四八，5；图版一一六，3)。	编号：ⅠT2-4②：S2 残长：37 头部：残长37 前端残宽10后端残宽25 前端残厚15后端残厚27.5

续表一七

序号·保存情况·特点	出土地点编号 （ZYGD1）及尺寸 （厘米）
CS39·螭首·仅余头部，嘴大部缺失，鼻缺失。①两侧嘴裂较长，上下均呈波状起伏，右侧残留一颗上獠牙，上獠牙暴露牙龈，嘴角饰火焰纹。②眼球向外突出，眼球前端阴刻弧线一圈，使目光集中向前，内眦呈尖角形，睑缘凸起，外环阴刻弧线，右下睑残。两眉前端旋成涡纹向后微波舒展至耳廓后，两眉之间有一乳突，眉下饰火焰纹飘向侧后。③额顶部有二圆形丘状微隆。④头上两角后伸平贴于颈部，角根微凸，凿有三角形坑窝或不规则坑窝，左角根部和左角中部凸节风化脱落，双角上下节隐约可见横刻有水波纹，角尖部缺失，右角残长18厘米、左角残长22厘米。⑤后颈部、双角之间背脊呈三角凸棱状，背脊左右两侧有凿痕。⑥双耳似侧扁形喇叭花，耳根凸起，右耳廓残失，左耳廓刻有阴弧线1道，耳廓后缘呈三片花瓣状。⑦左侧唇缘残存上二下一隆起的腮肉，右侧唇缘残存上三下二隆起的腮肉，两侧均有后腮肉，较大。虬髯与后腮相连，三股呈涡状回卷；腮翅有饰火焰纹的棘刺三个；鬣毛风化严重，隐约可见四缕舒缓后飘。⑧颌下残留有须二股，飘向腹下两侧至嘴角下部，腹下纵刻两行双线间残留阴刻5道横排弧线。个性特征：眼睑前部呈三角形，睑周阴刻弧线一道；体形较瘦；锈斑呈灰白色；角尖部、鬣毛处轻微风化（图一四八，6；图版一一六，4、5）。	编号：VIT5-4②：S5 残长：31
CS40·螭首·左唇部残损，前台缺失·①龙嘴上唇缺失，整齐排列12对龙牙。②鼻部残损，鼻尖圆钝上突。③两侧嘴裂较长，唇缘凸起，两侧各外露上二下一共三颗交错分布的獠牙，上下獠牙均暴露牙龈，上獠牙尖短微弧，下獠牙长而尖，呈弧形向上伸至鼻侧下方，嘴角饰火焰纹。④眼球向外突出，两眼球前端阴刻弧线一圈，眼睑有凸缘，前角呈尖角形；两眉前端旋成涡纹向后微波舒展至耳与角之间，两眉之间有一乳突，眉下有火焰纹。⑤额顶部微隆。⑥头上两角后伸平贴于颈部，角根微凸起，上面扁平、凿刻有圆形小坑窝，角根前侧各凿刻有五道短阴线。角粗短，角中部有短圆凸节，角尖缺失。双角通体各横刻6道水波纹，前节四道，后节三道，角残长23厘米；⑦后颈部、双角之间背脊呈三角凸棱状，脊棱较小凸起不明显。⑧双耳似扁形喇叭花，前部耳根阴刻4道横、竖弧线表现肌肉起伏和皱纹，廓后呈三片花瓣状。⑨嘴两侧有上三下二后一隆起的腮肉，后腮肉较大。头两侧腮后三股虬髯、三叶腮翅、四缕鬣毛层叠排列。⑩头部微昂，颌下有须四股，二股旋成涡纹留于颌下两边，二股飘向腹下两侧至嘴角下部，腹下纵刻两行双线，其间阴刻5道横排弧线，状如蛇腹，纵线外侧饰鳞纹。⑪长方体石条两侧有竖向凿痕，底部为横向凿痕，后台经磨光修整，凹槽前后两壁为磨光，槽底横向凿痕。后座左、右、后三面有2厘米宽的抹边。个性特征：龙牙较多，鼻翼两侧为素面，无褶皱，两眉之间有一乳突，脊棱较小凸起不明显，饼状角根下各凿刻有五道竖线；体形较肥胖；有锈斑，呈灰白色；左唇部侵蚀风化严重（图一四九，1；图版一一六，6；图版一一七，1、2）。	编号：IVT5-5②：S1 通长：88 头部：长45 前端宽13后端宽23 前端厚14后端厚27.5 前台：残长1宽25残高21 凹槽：长18宽25深11 后台：长4残宽24高26 后座：长14宽25高26 底座：长53宽25高26 头下出沿：长10宽25高13
CS41·螭首·嘴、鼻缺失，嘴裂、眼、前台两侧残损·①嘴缺失。②鼻缺失。③两侧嘴裂缺失，嘴角后部饰火焰纹。④两眼球均残损，眼球向外突出，前端阴刻弧线一圈，残存两眉向后微波舒展至耳与角之间，眉下饰有火焰纹。⑤额中部微隆。⑥头上两角后伸平贴于颈部，角根微凸，凿有三角形及不规则形坑窝，角前节粗短略平，两角节之间有短圆凸节，凸节圆滑微凸，角后节微上翘，角尖呈方形上翘与前台平。双角通体各横刻7道水波纹，角通长27厘米。⑦后颈部、双角之间平坦无脊棱，有找平修饰的凿痕。⑧耳廓微凸起，耳根前有阴刻弧线二道，后廓微弧呈三片花瓣状。⑨嘴两侧腮肉大部残，仅残留较大后腮肉。头两侧腮后三股虬髯、三叶腮翅、三缕鬣毛层叠排列。⑩头部残损，腹下残留纵刻两行双线，其间阴刻4道横排弧线、状如蛇腹，纵线外侧饰鳞纹。⑪长方体石条两侧有竖向凿痕，底部为粗糙斜向凿痕；凹槽前后两壁磨光，槽底有斜向凿痕；前台两侧残损、中部风化严重，后台沿有横向凿痕；后座略有磨光，左、右、后三面有2—3厘米宽的抹边；底座后部无出沿。个性特征：两角根前各刻有4道竖向小凹槽，后颈部、双角之间平坦无脊棱；体形适中；锈斑呈灰白色；侵蚀风化较重（图一四九，2；图版一一七，3、4）。	编号：VIT5-5②：S1 残长：76 头部：残长36 前端残宽18.5后端宽23 前端残厚22后端厚32 前台：长3残宽25高32 凹槽：长19宽25深10 后台：长4宽24高32 后座：长14宽24高32 底座：长53.5宽24高32

续表一七

序号·保存情况·特点	出土地点编号 （ZYGD1)及尺寸 （厘米）
CS42·螭首·上唇、鼻、眉毛前端风化残损，前台、后台部分缺失·①上唇残损，仅余9对龙牙，露出弧形牙龈，牙齿紧闭微侈。②鼻部缺失。③两侧嘴裂较长，唇缘凸起，上下均呈波状起伏，两侧各外露上二下一共三颗交错分布的獠牙，上下獠牙均暴露牙龈，因风化下獠牙牙尖部分剥落。④右侧眼球风化剥落，左眼为卵形眼球，向外突出，眼球前端可见阴刻弧线一圈，同眦呈尖角形；两眉前端眉毛旋成涡纹向后微波舒展至耳与角之间，两眉之间有一乳突，眉下风化剥落纹饰不清。⑤额顶中部有二丘状隆起。⑥头上两角后伸平贴于颈部，圆饼状角根微凸，凿有方形、三角形、圆形及不规则形坑窝，角前节短而平，角中部凸节微隆，角上翘，通体无纹饰，光滑，左角风化已残。角通长23厘米。⑦后颈部、双角之间背脊呈三角凸棱状，背脊左右两侧有凿痕。⑧双耳似侧扁形喇叭花，前部耳根有阴刻弧线2道，耳廓略小、凸起，廓后缘呈三片花瓣状。⑨嘴两侧有上三下三后一隆起的腮肉，后腮肉较大。头两侧腮后三股虬髯、三叶腮翅、三缕鬣毛层叠排列。⑩头部微昂，颌下有须四股，二股旋成涡纹留于颌下两边，二股须较短，飘向腹下两侧至嘴角下部，腹甲纵刻两行双线间阴刻横排弧线9道，外侧饰鳞纹。⑪长方体石条两侧和底部均有竖向凿痕，底部前端露明部分凿痕规整细致；凹槽前后两壁均磨光，槽底有横向凿痕；后座左、右、后三面有宽2—2.5厘米的抹边。个性特征：嘴角处无火焰纹，角上通体无纹饰；体形瘦小；锈斑呈灰白色；侵蚀风化严重（图一四九，3；图版一一七，5、6；图版一一八，1、2）。	编号：IVT1-4②：S4 残长：94 头部：残长46 前端残宽12后端宽26 前端残厚15后端厚31 前台：残长7宽3高32.5 凹槽：长19宽26深9.5 后台：长5宽26高32.5 底座：长60宽27高32.5 头下出沿：长15宽27高16.5 后座：长19宽26高32.5
CS43·螭首·嘴、鼻残损·①嘴缺失。②鼻缺失。③两侧嘴裂仅余嘴角部，上下均呈波浪状起伏，上下獠牙均缺失，嘴角饰火焰纹。④右侧眼球部分风化剥落，左眼为卵圆形眼球，向外突出，眼睑前端可见阴刻弧线一圈，眼睑前角剥落；两眉之间有一扁圆形鼓凸，眉下饰火焰纹飘向侧后。⑤额左右两侧有二丘状隆起。⑥头上两角后伸平贴于颈部，角根微凸，凿有三角形及不规则形坑窝，坑窝突破角根边缘，角前节短而平，角中部凸节微隆，角尖圆平微上翘，双角通体各横刻6道水波纹，每节3道，角通长26厘米.⑦后颈部、双角之间背脊呈三角凸棱状，脊棱微凸，左右两侧有凿痕。⑧双耳似侧扁形喇叭花，耳廓边缘凸起，廓后缘呈三片花瓣状。⑨嘴两侧残留有上三下三后一隆起的腮肉。头两侧有三股虬髯、三叶腮翅、鬣毛左二右三缕。⑩头部微昂，颌下风化残损，腹甲纵刻两行双线间阴刻横排弧线6道，纵线外侧饰鳞纹。⑪长方体石条两侧和底部均有竖向凿痕，底部前端露明部分凿痕规整细致；凹槽前后两壁均磨光，槽底有横向凿痕，后座左、右、后三面有宽2.3—3厘米的抹边。个性特征：坑窝突破角根边缘，鬣毛左二右三股；体形较胖；整体灰白色，锈斑呈黄褐色；侵蚀风化严重（图一四九，4；图版一一八，3—5）。	编号：VIT5-5②：S2 残长：84 头部：残长36 前端残宽18后端宽27 前端厚20后端厚33 前台：长2.5宽28高33 凹槽：长20宽28深9.5 后台：长4宽28高33 底座：长59宽28高33 尾部出沿：长2宽2高17.5 头下出沿：长13宽28高17 后座：长15宽28高33

续表一七

序号·保存情况·特点	出土地点编号（ZYGD1）及尺寸（厘米）
CS44·螭首·嘴微残、前台左角、右角稍残·①上唇高翘，两侧各有二块肌肉隆起，上腭饰5道波形横纹；髭须自上而下分别向两侧呈涡状回卷；下唇微弧外凸，整齐排列7对龙牙，牙根部用连弧形刻线表现牙龈。②鼻部弓起，鼻尖微残圆钝上突，鼻孔模糊不清。③嘴裂较长，唇缘凸起呈波浪状起伏，两侧各外露三颗交错分布的獠牙，上下獠牙均暴露牙龈，上獠牙尖短微内弧，下獠牙呈三棱状长而尖、呈弧形向上伸至鼻侧下方，嘴角后部饰火焰纹。④两个卵形眼球向外突出，眼球前端阴刻弧线一圈，眼睑刻画较模糊，内眦呈椭圆状；两眉前端旋成涡纹向后微波舒展至耳与角之间，眉间有一乳突，眉下饰有火焰纹。⑤额顶中部隆起较高。⑥头上两角后伸平贴于颈部，右角风化严重。角根微凸，雕有肉瘤状装饰，角根边缘呈连弧状，角前节短略平，角中部有短圆凸节，角后节微下凹，角尖圆突上翘。双角通体各横刻6道水波纹，角通长27厘米。⑦后颈部、双角之间背脊呈三角凸棱状，棱两侧有凿痕。⑧双耳似侧扁形喇叭花，耳廓前部有随缘阴刻线，使耳廓边缘微凸起，耳内阴刻细线数道形成耳毛，廓后缘呈连弧三片花瓣状。⑨嘴两侧有上下各三后一隆起的腮肉。头两侧三股虬髯、三叶腮翅、三缕鬣毛从前向后层叠排列。⑩头部微昂，颌下有须四股，二股旋成涡纹留于颌下两边，二股飘向腹下两侧至嘴下部，腹甲纵刻两行双线阴刻8道弧线，外侧饰鳞纹。⑪长方体石条两侧有竖向凿痕，底部为横向凿痕，凹槽前后两壁为磨光，槽底毛面。后座台面平整，左、右、后三面有3厘米宽的抹边。个性特征：额顶中部隆起较高，左耳内阴刻细线数道形成耳毛；体形较丰满；锈斑呈灰白色；侵蚀风化较轻（图一五〇，1；图版一一八，6；图版一一九，1、2）。	编号：ⅡT1-5②：S1 通长：95.5 头部：长49.5 前端宽11 后端宽28 前端厚22后端厚32 前台：残长2.8残宽29残高32 凹槽：长18.5宽29深9.5 后台：长5宽28.5高31 底座：长60.5宽29高31 尾部出沿：长3.5宽28.5高17 头下出沿：长6.5宽29高16.5 后座：长16.5宽29高31
CS45·螭首·上唇、鼻尖缺失·①左侧牙齿风化较剧，8对龙牙，牙根部用连弧形刻线表现牙龈。②鼻部弓起，鼻翼有弧道装饰。③嘴裂较长，唇缘凸起呈波浪状起伏，两侧各外露三颗獠牙，均暴露牙龈，嘴角饰火焰纹。④两个眼球向外突出，两眼球前端阴刻弧线一圈，内眦呈圆弧形；两眉前端旋成涡纹向后舒展至耳与角之间，两眉之间有一乳突，眉下饰火焰纹。⑤额顶部有左右二个隆丘。⑥两角平贴于颈部，角根凸起，角根边缘呈锯齿状，上面凿有三角形、不规则形坑窝。角前节短略平，角中部有凸节，凸节不明显，角尖圆凸微上翘。双角通体各横刻6道水波纹，每节3道，角通长26厘米；⑦后颈部、双角之间背脊呈三角凸棱状，脊棱左右两侧有凿痕。⑧双耳似侧扁形喇叭花，耳廓凸起，耳廓前部边缘阴刻弧线半圈，耳廓后缘呈三片花瓣状。⑨嘴两侧有上下各三后一隆起的腮肉，后腮肉较大。头两侧三股虬髯、三叶腮翅、三缕鬣毛从前向后层叠排列。⑩头部微昂，颌下有须四股，二股旋成涡纹留于颌下两边，二股飘向腹下两侧至嘴角下部，腹甲阴刻6道弧线，外侧饰鳞纹。⑪长方体石条两侧有竖向凿痕，底面前部为斜向凿痕、后部为横向凿痕，后座上部经过细凿磨光，凹槽前后两壁为磨光，槽底横向凿痕。后座左、右、后三面有1.5厘米宽的抹边，尾部出沿。个性特征：内眦呈圆弧形，额部有左右二凸起，饼状角根边缘呈连弧状；体形较胖；锈斑呈灰白色；侵蚀风化轻微（图一五〇，2；图版一一九，3—6）。	编号：ⅣT1-4②：S3 残长：93.5 头部：长49 前端宽13后端宽29.5 前端厚17后端厚30 前台：长2.5宽29.5高32.5 凹槽：长19.5宽29.5深9.7 后台：长5.5宽29高32.7 后座：长13宽29高32.7 底座：长56.5宽29.5高32.7 尾部出沿：长2.5宽29.5高19.5 头下出沿：长14.5宽29.5高16

续表一七

序号·保存情况·特点	出土地点编号（ZYGD1）及尺寸（厘米）
CS46·螭首·左上唇缺失·①上唇高翘，上腭饰7道波形横纹；髭须呈涡状后卷；下唇圆润，6对龙牙。②鼻部弓起，鼻尖圆钝上突，鼻翼两侧有三道阴刻弧线形成的褶皱。③嘴裂较长，唇缘凸起呈波浪状起伏，两侧各外露三颗獠牙，上下獠牙均暴露牙龈，嘴角饰火焰纹。④卵形眼球向外突出，两眼球前端阴刻弧线一圈，内眦呈尖角形；两眉眉头旋成涡纹，向后微波舒展至耳与角之间，两眉之间有一乳突，眉下饰火焰纹。⑤额顶中部隆起。⑥两角后伸平贴于颈部，扁平角根边缘呈锯齿状，上面凿刻有小麻坑，右角不太清晰。角前节短略平，角中部有凸节，角尖圆润微上翘。双角通体各横刻6道水波纹，每节3道，角通长28.5厘米；⑦后颈部、双角之间背脊呈三角凸棱状，脊棱凸出，左右两侧有凿痕。⑧双耳似侧扁形喇叭花，耳廓凸起，耳廓边缘刻有阴弧线使边缘突出，耳内有阴刻细线三道，廓后缘呈三瓣花状。⑨嘴两侧有上三下二后一隆起的腮肉。两侧腮后三股虬髯涡状回卷，腮翅为火焰纹和棘刺三个，鬣毛左四右三缕。⑩头部微昂，颌下有须四股，二股旋成涡纹留于颌下两边，二股飘向腹下两侧至嘴角下部，腹甲纵刻两行双线，其间阴刻8道横排弧线，状如蛇腹，纵线外侧饰鳞纹。⑪长方体石条两侧有竖向凿痕，底面为横向凿痕，凹槽前后两壁为磨光，槽底横向凿痕。后座左、右、后三面有2厘米宽的抹边。个性特征：耳内有阴刻细线，鬣毛左四右三缕；体形肥胖；有锈斑，呈灰色；侵蚀风化较轻（图一五一，1；图版一二〇，1—4）。	编号：ⅡT1-5②：S2 通长：88 头部：长47 前端宽12后端宽27 前端厚16.5后端厚25 前台：长2 残宽28高31.5 凹槽：长17.5宽28.5深11 后台：长5宽28高31.5 后座：长10宽28.5高31.5 底座：长55宽28高31.5 尾部出沿：长 宽 高 头下出沿：长13宽28高16
CS47·螭首·方形条石右侧残损、上唇微损、前台沿风化缺失·①上唇高翘，吻部突出，上腭饰5道波形横纹；因风化上唇髭须不清晰，隐约可见；6对龙牙，露出牙龈。②鼻部弓起呈凸棱状，鼻尖风化缺失，鼻翼两翼各有二道阴刻弧线形成的褶皱。③嘴裂较长，唇缘凸起，上下均呈波状起伏，各外露三颗交错分布的獠牙，上下獠牙均暴露牙龈，从下獠牙处向后延伸至嘴角饰火焰纹。④卵形眼球向外突出，两眼球前端阴刻弧线一圈，眼睑边缘凸起，前角呈圆弧微凸状；两眉眉头旋成涡纹向后波浪状舒展至耳与角之间，两眉之间有一椭圆形凸起，眉下饰向侧后飘浮。⑤额顶中部呈叶形隆起、并以阴线与两侧分开。⑥两角后伸平贴于颈部，饼状角根微凸，饰有麻窝，角中部有短圆凸节，角尖上翘。双角通体各横刻6道水波纹，每节3道，角通长27.5厘米；⑦后颈部、双角之间背脊呈三角凸棱状，凿痕因风化不明显。⑧双耳似侧扁形喇叭花，耳廓后缘呈三瓣花状，耳廓内有细线纹，耳根有似月牙状阴刻弧线4道。⑨嘴两侧有上四下三后一隆起的腮肉，上唇獠牙后侧两腮肉之间有水波纹一道，类似触须，但用阴刻线表似不合情理。后腮肉较大。两侧腮后三股虬髯呈涡状回卷；组成腮翅的火焰纹和棘刺各三个；鬣毛舒缓后飘分为二缕。⑩头部微昂，颌下有须四股，二股旋成涡纹留于颌下两边，二股飘向腹下两侧至嘴角根部，腹甲纵刻两行双线，其间阴刻横排弧线状如蛇腹，纵线外侧饰鳞纹。⑪长方体石条两侧有竖向凿痕，底部横向凿痕，右侧风化凿痕不明显。凹槽前后两壁均磨光，槽底剥落粗糙为毛面，前台露明底部及台面上部凿痕不清，后台面有横向凿痕；后座左、右、后三面有宽1.5厘米的抹边；尾部微出沿。个性特征：头下出沿拐角呈弧状；上唇獠牙后部两腮肉之间有一条阴刻水波纹，类似触须，在其他螭首上没有这种现象；体形丰满；有锈斑，总体颜色呈灰白色；侵蚀风化较严重（图一五一，2；图版一二〇，5、6；图版一二一，1、2）。	编号：ⅥT5-5②：S3 通长：95 头部：长49 前端宽10后端宽25 前端厚16.5后端厚31 前台：残长2.5宽25高31.5 凹槽：长18.5宽28深10 后台：长4宽28高31.5 底座：长55宽28高31.5 尾部出沿：长1宽28高31.5 头下出沿：长9宽28高12 后座：长16宽28高31.5

续表一七

序号·保存情况·特点	出土地点编号 （ZYGD1）及尺寸 （厘米）
CS48·螭首·头前部残损严重、前台缺失·①嘴缺失。②鼻缺失。③嘴裂较长，牙齿、纹饰风化脱落。④眼球风化脱落。⑤额风化脱落。⑥两角后伸平贴于颈部，角根风化脱落、角大部缺失。角中部有凸节，凸节风化不明显，纹饰不清。⑦后颈部、双角之间背脊呈三角凸棱状，脊棱低平，左右两侧有凿痕。⑧双耳风化脱落。⑨腮肉风化脱落。鬣毛仅余左侧者呈舒缓后飘状。⑩头部微昂，其他风化脱落不详。⑪长方体石条两侧有竖向凿痕，底部为横向凿痕，凹槽前后两壁为磨光，槽底横向凿痕。后座左、右、后三面有2厘米宽的抹边。个性特征：保存较差；体形较胖；有锈斑，呈灰白色；侵蚀风化严重。	编号：采集品ZYGC：S1 残长：71 头部：残长4 前端残宽20后端宽27 前端厚20后端厚30 前台：残长4残宽27高29 凹槽：长19宽27深10 后座：长20宽27高30.2 底座：长47宽27高30.2
CS49·螭首·残损严重嘴大部缺失·①上唇缺失。②鼻缺失。③嘴大部缺失，余嘴角火焰纹。④两个卵形眼球眼球向外突出，两眼球前端阴刻弧线一圈，两眉眉头旋成涡纹向后舒展至耳与角之间，两眉之间有二乳突，眉下饰火焰纹。⑤额顶中部微隆。⑥两角后伸平贴于颈部，角根微凸，角根前侧各凿刻有五道短线，凿刻有三角坑窝。角前节短略平，角中部有凸节，凸节明显，角尖缺失。双角通体各横刻6道水波纹，每节3道，角残长18厘米；⑦后颈部、双角之间背脊呈三角凸棱状，脊棱凸出陡直，脊棱左右两侧有凿痕。⑧双耳似侧扁形喇叭花，前部耳根有二道阴刻弧线，耳廓凸起，廓后呈三瓣花状。⑨嘴两侧有上三下二后一隆起的腮肉，后腮肉较大。头两侧三股虬髯、三叶腮翅、三缕鬣毛从前向后层叠排列。⑩头部微昂，颔下有须四股，二股旋成涡纹留于颔下两边，二股飘向腹下两侧至嘴角下部，腹下纵刻两行双线，其间阴刻6道横排弧线，状如蛇腹，纵线外侧饰鳞纹34片。⑪长方体石条两侧有竖向凿痕，底部为横向凿痕，凹槽前后两壁均为磨光，槽底横向凿痕。后座左、右、后三面有2厘米宽的抹边，尾部有出沿。个性特征：两眉之间有二乳突，角根凿刻有三角坑窝，三角脊棱凸出陡直；体形肥胖；有锈斑，呈灰白色；侵蚀风化较轻。	编号：采集品ZYGC：S3 残长：75.5 头部：残长31 前端残宽16后端宽28 前端残厚21后端厚30 前台：残长4.5宽29残高4 凹槽：长18宽29深10 后台：长4.5宽29高30 后座：长16宽29高30 底座：长51宽29高30 头下出沿：长9.5宽29高15
CS50·螭首·总体风化严重，吻、头顶、前后台残损·①残留部分嘴角，唇缘凸起呈波状起伏，唇缘上侧及嘴角后侧饰火焰纹。②两个卵形眼球向外突出，右眼部分残损，眼球前端可见阴刻弧线一圈，眼睑前角略呈尖角形；眉前端残损仅余一眉，眉头旋成涡纹向后微波舒展至耳与角之间，眉下饰有火焰纹。③头顶部风化残损，隐约可见额中部微隆。④头上两角后伸平贴于颈部，角残长25厘米。⑤后颈部、双角之间背脊呈三角凸棱状，风化，隐约可见凿痕。⑥双耳似扁形喇叭花，耳廓后部呈三瓣花状，左侧耳根可见阴刻弧线2道。⑦左侧唇缘残存上二下一隆起的腮肉，右侧唇缘残存上下各一隆起的腮肉，两侧均有后腮肉。虬髯三股呈涡状回卷；火焰纹、棘刺三个；鬣毛舒缓后飘，毛发残存二道。⑧头部微昂，仅残存腹下纵刻两行双线，其间阴刻横排弧线7道，外侧饰鳞纹。⑨长方体石条两侧有竖向凿痕，底部为斜向凿痕，凹槽前后两壁磨光，槽底部为横向凿痕。后座略有磨痕。个性特征：腹下纵线外侧所饰鳞片较少，且不明显；体形偏瘦；锈斑呈灰白色；侵蚀风化情况严重。	编号：ZYGC：S5 残长：80 头部：残长34.5 前端残宽17后端宽25 前端残厚21.5后端残厚26 前台：残长3.5残宽26.5残高2.5 凹槽：长18.5宽29残深3 底座：长57宽29残高26 头下出沿：长14.5宽29高12.5

续表一七

序号·保存情况·特点	出土地点编号 （ZYGD1）及尺寸 （厘米）
CS51·螭首·残缺吻部、上唇、鼻尖、前台左右角、后台左前角缺失·①下唇圆润，整齐排列6对马齿式龙牙，牙齿闭合微外突，无牙龈。②鼻部弓起，鼻两翼各有二道阴刻弧线形成的褶皱，无鼻孔。③嘴裂较长，残留唇缘凸起，上下均呈波状起伏，两侧各外露上二下一共三颗交错分布的獠牙，上獠牙暴露牙龈尖短微内弧，下獠牙暴露牙龈长而尖、呈弧形向上伸至鼻侧下方，从下獠牙根部至嘴角后部饰火焰纹。④两个卵形眼球向外突出，右眼球中部阴刻竖向弧线一道、前端阴刻弧线一圈，左眼球中部阴刻竖向弧线一道，目光集中向前，睑缘微凸，睑外周刻一圈阴线，内眦呈三角窝状；眉头前端旋成涡纹两眉向后波曲舒展至耳与角之间，眉间有一大乳突，眉下饰有向侧后飘拂的火焰纹。⑤额中部微隆。⑥两角后伸平贴于颈部，凿有三角形坑窝的椭圆角根微隆，角根边缘呈连弧状，左角根前有三道竖向小凹槽，双角前节粗长而平，角中部有圆凸节，角后节微上翘，角尖圆凸上翘，通体横刻8道水波纹，每节4道，双角通长29厘米。⑦后颈部、双角之间背脊呈三角凸棱状，脊棱两侧有凿痕。⑧双耳似侧扁形喇叭花状，耳廓微凸起，廓缘呈三片花瓣状，廓前有阴刻连弧线一道，耳根前端有两组装饰：前端一组由上下两道相背阴刻半圆弧线组成，后端一组由两道同向弧线组成。⑨嘴两侧有上三下二后一隆起的腮肉，后腮肉较大。两侧装饰三重：虬髯与后腮相连，分三股呈涡状回卷，鳃翅由火焰纹和棘刺三个，鬣毛舒缓后飘，分为四股。⑩头部微昂，颌下有胡须四股，内侧二股旋成涡纹留于颌下两边，外侧二股飘向腹下两侧至正对眼的下方，腹下腹甲为纵刻两行双线并间刻7道横排弧线、状如蛇腹，纵线外侧各饰鳞纹18片。⑪长方体石条两侧有竖向凿痕，底部为粗糙横向凿痕；凹槽前后两壁磨光，槽底有横向凿痕，前后台沿刻有横向凿痕；后座磨光，左、右、后三面有宽2.2厘米的抹边；底座后部无出沿。个性特征：右眼球中部阴刻竖向弧线一道、前端阴刻弧线一圈，椭圆角根，耳根前端有两组装饰，鬣毛分四股。体形较瘦。锈斑呈灰白色。侵蚀风化较轻（图一五〇，3；图版一二一，3、4）。	编号：ＶT4-5②：S1 残长：89 头部：残长48.5 前端宽13后端宽23 前端厚17后端厚27 前台：长2宽25高29 凹槽：长18.5宽27深8 后台：长6宽27高30 后座：长14宽27高30 底座：长51宽27高30 头下出沿：长11宽 27 高12
CS52·螭首·嘴、鼻、角尖、前台左角缺失·①嘴缺失。②鼻缺失。③各残留一颗上獠牙，嘴角饰火焰纹。④两个卵形眼球向外突出，眼球前端阴刻弧线半圈，眼睑剥落，两眉眉头前端旋成涡纹向后波曲舒展至耳与角之间，眉间有一乳突，乳突微鼓，眉下饰火焰纹。⑤额部微隆近平，额中部两眉至两角之间雕刻两条相对弧线合成桃叶状。⑥两角后伸平贴于颈部，角根圆饼状角根凸起，边缘呈圆形，凿有"V"字形麻点，角前节短而平，两角节之间有圆滑凸节，角外侧各有二道水平刻线和"〈"形折线，角后节微上翘，后角尖均残。双角通体分别横刻5—7道水波纹，角通长26厘米。⑦后颈部、双角之间无背脊，留有凿痕。⑧双耳似侧扁形喇叭花状，耳廓微凸起，廓缘微弧呈三片花瓣状，有一道阴线，耳根前端有前后两道阴刻半圆弧线。⑨嘴两侧有上下各二后一隆起的腮肉，后腮肉较大，咬合有力。两侧装饰三重：与后腮相连的三股涡状回卷的虬髯；呈火焰纹和棘刺状的三个腮翅；舒缓后飘的四股鬣毛。⑩头部微昂，颌下残有二股飘向腹下两侧至嘴角下方的胡须，腹下腹甲为纵刻两行双线间以阴刻7道横排弧线、状如蛇腹，纵线外侧饰鳞纹。⑪长方体石条两侧有竖向凿痕，底部为粗糙横向凿痕；凹槽前后两壁磨光，槽底有横向凿痕；前后台沿刻有横向凿痕；后座磨光，左、右、后三面有宽2.5厘米的抹边；底座后下部略有出沿。个性特征：圆饼状角根凿有"V"字形麻点，角外侧各有二道水平刻线和"〈"形折线，后颈部、双角之间无背脊、体形中等、锈斑呈灰白色、侵蚀风化严重（图一五〇，4；图版一二一，5、6；图版一二二，1)。	ⅡT1-7②：S1 残长：85 头部：残长38 前端残宽16后端宽26 前端残厚20后端厚33 前台：长2宽19高31 凹槽：长19宽28深9 后台：长4.5宽28高31 后座：长17.5宽28高31 底座：长56宽28高31 头下出沿：长13宽28高13 尾部出沿：长3宽28高15

续表一七

序号·保存情况·特点	出土地点编号（ZYGD1）及尺寸（厘米）
CS53·螭首·嘴、鼻、底座后部残损、右眉部分剥落·①嘴缺失。②鼻缺失。③唇缘凸起呈波状起伏，两侧各外露三颗獠牙，前上下獠牙距离较近，上獠牙尖短微内弧，下獠牙仅残留压根部，从下獠牙根部至嘴角后部饰火焰纹。④两个卵形眼球向外突出，眼球前端阴刻弧线半圈，眼角前端呈尖角状；两眉眉头旋成涡纹向后波曲舒展至耳与角之间，眉间有上下二乳突，乳突向前鼓起，眉下饰有向侧后飘拂至耳根部的火焰纹。⑤由眉间乳突至两角之间有一直线将微微隆起的额顶分成两半。⑥两角后伸平贴于颈部，凿有不规则形和三岔形坑窝麻点的饼状角根微凸，麻点突破角根边缘。角前节粗短而平，近角前节处有短圆凸节，左角凸节风化剥落，角后节微上翘，角尖略呈方形凸起。双角通体各横刻9道水波纹，前节4道，后节5道，角通长25厘米。⑦后颈部、双角之间背脊呈三角凸棱状，脊棱微凸近平，棱两侧边缘有凿痕。⑧双耳似侧扁形喇叭花状，耳廓微凸起，廓前有阴刻连弧线一道，耳根至耳廓之间有两道竖向阴刻弧线，后廓微弧呈三片花瓣状。⑨嘴两侧残留有上下各三后一隆起的腮肉，后腮肉较大，咬合有力。两侧装饰三重：与后腮相连的三股涡状回卷的虬髯，呈火焰纹和棘刺状的三个腮翅；舒缓后飘的二股鬓毛。⑩头部微昂，颌下残留二股位于腹下两侧的胡须。腹下纵刻两行双线，其间阴刻8道横排弧线、状如蛇腹，纵线外侧饰鳞纹。⑪长方体石条两侧有竖向凿痕，底部为毛面，底部后端残损；凹槽前两壁磨光，槽底有不规则凿痕；前后台沿刻有横向凿痕；后座磨光，底座后部由上到下斜抹，左、右、后三面有2—2.5厘米宽的抹边；底座后部无出沿。个性特征：前上下獠牙距离较近，由眉间乳突至两角之间有一直线将微隆额部分成两半，双角通体各横刻9道水波纹，前节4道，后节5道，脊棱微凸近平，鬓毛左右各二股。体形中等、锈斑呈灰白色、侵蚀风化严重（图一五二，1；图版一二二，2、3)。	VT3-6②：S1 残长：83 头部：残长41 前端残宽17后端宽28 前端残厚18后端厚29 前台：长3宽30高29 凹槽：长19.5宽30深9 后台：长4宽30 高29 后座：长14.5宽30高29 底座：残长49宽30高29 头下出沿：长13宽30高29
CS54·螭首·嘴、鼻缺失，前台左右上角残损·①嘴缺失。②鼻缺失。③嘴裂前端残损，两侧各残留上下獠牙一颗，尖短微内弧，獠牙至嘴角部饰火焰纹。④眼部风化微残，两个卵形眼球向外突出，眼球中部阴刻弧线半圈，右眼睑周刻阴线一道；左眉残留前少半部，眉头旋成涡纹向后波曲舒展至耳与角之间，眉间鼓起一乳突，眉下饰有向侧后飘拂的火焰纹。⑤额中部略呈脊状微隆。⑥两角后伸平贴于颈部。角根呈圆饼状凸起，凸起上有肉瘤状突起，左7右9。两角前节短略平，两角节之间均有短圆凸节，角尖圆凸上翘。双角通体横刻8道水波纹，每节4道。角通长28厘米。⑦后颈部、双角之间背脊呈三角凸棱状，脊棱凸起较高，棱两侧有凿痕。⑧双耳似侧扁形喇叭花状，耳廓微凸起，廓前有阴刻连弧线一道，耳根前阴刻弧线三道，后廓微弧呈三片花瓣状。⑨嘴两侧各残留上下各二后一隆起的腮肉，后腮肉较大，咬合有力。两侧装饰三重：虬髯、腮翅、鬓毛，鬓毛左侧三股、右侧四股。⑩头部微昂，颌下胡须残损，腹下纵刻两行双线，其间阴刻6道横排弧线、状如蛇腹，纵线外侧饰鳞纹。⑪长方体石条两侧有竖向凿痕，底部为粗糙横向凿痕；凹槽前后两壁磨光，槽底有横向凿痕；前后台沿有横向凿痕，前台左右角残损，右侧残损略大于左侧；后座磨光，右角稍有残损，左、右、后三面有2.5—3厘米宽的抹边；底座后部有毛面出沿。个性特征：角根上有肉瘤状突起，双角通体横刻8道水波纹，每节4道。体形中等、锈斑呈黄褐色、侵蚀风化严重（图一五二，2；图版一二二，4—6)。	VT2-6②：S1 残长：84 头部：残长37 前端宽17后端宽26 前端残厚20后端厚31 前台：长3残宽22高32 凹槽：长19.3宽29.5深8 后台：长4宽29.5高32 后座：长17宽29.5高32 底座：长59宽29.5高32 尾部出沿：长4宽13高15 头下出沿：长12宽29.5高13

续表一七

序号·保存情况·特点	出土地点编号（ZYGD1）及尺寸（厘米）
CS55·螭首·上腭、鼻、前台左右两角、后台右前角残损、右角尖缺失·①上吻残损，仅存上唇根部，残存部分露出饰有2道波形横纹的上腭；下唇圆润，整齐排列6对龙牙，咬合微外突，牙根部用连弧刻线表现牙龈。②鼻部缺失。③嘴裂较长，唇缘微凸呈波状起伏。右侧下獠牙尖部残断，仅存根部及牙龈。前上獠牙缺失，残存后上獠牙。左侧外露三颗獠牙，上獠牙呈尖短弧钩状，下獠牙暴露牙龈。从下獠牙根部至嘴角后部饰火焰纹。④两个卵形眼球向外突出，眼球中部阴刻弧线半圈，内眦呈三角窝状、外眦呈圆弧状；两眉眉头旋呈涡纹向后波曲舒展至耳与角之间，眉间有一乳突，乳突微鼓。眉下饰有向侧后飘拂的火焰纹。⑤额中部、由两眉乳突至两角根处下凹略呈三角形，使微微隆起的额顶部分成左右两半。⑥两角平贴于颈部，角根略呈圆饼状微微凸起，凿有三角形尖底坑窝，坑窝突破角根边缘，两角根部前端刻有7道竖向小凹槽，角前节粗短略平，两角节之间有短圆凸节，右侧凸节风化残损，左侧凸节圆滑突出较高，两角后节微上翘，右角尖缺失，左角尖呈圆形突起上翘，右角因风化仅残存前二后三道水波纹，左角前后节横刻前三后四道水波纹，左角通长25.5厘米。⑦后颈部、两角之间背脊呈三角凸棱状，脊棱凸起较高，棱两侧有斜向凿痕。⑧双耳似侧扁形喇叭花状，耳廓边缘微凸，耳廓前有阴刻连弧线一道，耳根前端有并排阴刻弧线三道，耳廓呈三片花瓣状。⑨嘴两侧有上三下二后一隆起的腮肉，嘴右前侧一腮肉残损，后腮肉较大。两侧装饰三重：虬髯、腮翅、鬣毛，虬髯与后腮相连，分三股呈涡状回卷；腮翅有棘刺和火焰底纹三个组成；三缕毛发舒缓后飘，左右不对称。⑩头部微昂，颔下有须四股，二股旋成涡纹留于颔下两边，另外二股飘向腹下两侧至嘴角正下方，腹下纵刻两行双线，其间阴刻横排弧线8道、状如蛇腹，纵线外侧饰鳞纹，右侧鳞纹因风化不清晰。⑪长方体石条两侧有竖向凿痕，底部为粗糙横向凿痕；凹槽前后两壁均磨光，槽底有粗糙横向凿痕；前台沿的左右角部、后台沿的左角部缺失；后座台面平整，左、右、后三面有宽2—3厘米的抹边。个性特征：左侧角尖上翘微回卷，角尖凸起明显，凸节较高，体形丰满，锈斑呈白灰色；侵蚀风化较轻（图一五二，3；图版一二三，1—3）。	VT2-6②：S2 残长：90 头部：残长46 前端残宽14后端宽23.5 前端残厚8.5 后端厚31 前台：长5残宽13高31 凹槽：长19宽28深9 后台：长6残宽13高30.5 底座：长53宽28高30 头下出沿：长12宽28高11.5 后座：长13宽26.5高30.5
CS56·螭首·嘴、鼻缺失，前台上部及出沿右下角残损·①嘴缺失。②鼻缺失。③嘴部右侧仅残留火焰纹。④左侧眼球大部残损，仅残留后眼角。右侧卵形眼球向外突出，眼球中前端阴刻线半圈，眼睑四周阴刻弧纹一圈，眼睑微凸，眼睑前端风化剥落；两眉眉头旋成涡纹向后波曲舒展至耳与角之间，眉间有一乳突，乳突微鼓，眉下饰有向侧后飘拂的火焰纹。⑤额部微隆圆滑，额端陡直。⑥两角后伸平贴于颈部，饼状角根凸起，凿有"V"字形坑窝，角根边缘呈连弧状，角前节较粗短，两角节之间有短圆凸节，凸节风化微凸，两角凸节不对称，左凸节靠前，角后节微上翘，左角尖缺失，右角尖圆凸上翘。两角通体无纹饰，通长27厘米。⑦后颈部、双角之间背脊呈三角凸棱状，脊棱凸起明显，棱两侧凿痕不清。⑧双耳似侧扁形喇叭花状，右耳风化剥落不清，左耳廓微凸起，呈三片花瓣状。⑨嘴右侧仅残留有上、下、后各一个隆起的腮肉，后腮肉较大。两侧装饰三重：虬髯与后腮相连，分三股呈涡状回卷；腮翅为饰火焰纹的棘刺二个，棘刺呈三棱状，脊棱微凸起；鬣毛舒缓后飘，可辨四缕。⑩头部微昂，颔下有须四股，二股旋成涡纹留于颔下两边，二股飘向腹下两侧至眼睑下部，腹下纵刻两行双线，其间阴刻5道横排弧线、状如蛇腹，纵线外侧饰鳞纹。⑪长方体石条两侧有竖向凿痕，底部为粗糙横向凿痕；凹槽前后两壁磨光，槽底毛面；后座磨光，左、右、后三面有2—2.5厘米宽的抹边；底座后侧下部有毛面出沿，出沿台面平整。个性特征：额端陡直，饼状角根凿有"V"字形坑窝装饰，两角通体无纹饰，腮翅为两个棘刺，棘刺呈三棱状，鬣毛四股；体形较瘦；锈斑呈灰白色；侵蚀风化较严重（图一五二，4；图版一二三，4、5）。	IXT2-3②：S1 残长：82 头部：残长31 前端残宽16.5后端宽21 前端残厚20.5后端厚28 前台：缺失 凹槽：长19宽25深10 后台：长4宽25高30 后座：长15宽25高30 底座：长60宽25高30 尾部出沿：长7宽25高16 头下出沿：长12宽25高12

续表一七

序号·保存情况·特点	出土地点编号（ZYGD1）及尺寸（厘米）
CS57·螭首·上唇、鼻缺失、前台左右角残损，后座左、右、后三面边缘稍有残缺，左龙角尖端有一横向裂纹·①上唇残缺，局部可辨波形横纹的上腭、整齐排列7对龙牙，牙根部用连弧刻线表现牙龈。②鼻部缺失。③嘴裂较长，唇缘凸起呈波状起伏，两侧各外露三颗交错分布的獠牙，上獠牙尖短微内弧，下獠牙暴露牙龈、呈弧形向上伸至鼻侧下方，从下獠牙根部至嘴角后部饰火焰纹。④两个卵形眼球向外突出，眼球中部阴刻弧线一圈，内眦呈尖角状；两眉眉头旋成涡纹向后波曲舒展至耳与角之间，眉间有一乳突，乳突微鼓，眉下饰有向侧后飘拂的火焰纹。⑤额部微隆，额中部有一凹沟将额部分成左右两半。⑥两角后伸平贴于颈部，角根鼓起以、边缘呈齿轮状，凿有三角形坑窝麻点，角前节较短，两角节之间有短圆凸节，凸节圆滑微凸，角后节微上翘，角尖略呈方形与前台相平。双角通体各横刻6道水波纹，每节3道，角通长28厘米。⑦后颈部、双角之间背脊起棱，脊棱较小微凸，棱两侧有凿痕。⑧双耳似侧扁形喇叭花状，耳廓微凸起，耳根前端鼓起泡状，后廓连弧呈三片花瓣状。⑨嘴两侧有上下各三后一隆起的腮肉，后腮肉较大。两侧装饰三重：虬髯、腮翅、鬓毛⑩头部微昂，颌下有须四股，二股旋成涡纹留于颌下两边，二股飘向腹下两侧至嘴角下部，腹下纵刻两行双线、阴刻10道横排弧线，外侧饰鳞纹。⑪长方体石条两侧有竖向凿痕，底部为粗糙横向凿痕；凹槽前后两壁磨光，槽底有凿痕较乱；前后台沿刻一横向凿痕，前台左右角残损；后座磨光，左、右、后三面有2.5厘米宽的抹边；底座后部有毛面出沿。个性特征：凿有三角形坑窝麻点的齿轮状角根，底座后部有毛面出沿，体形中等，锈斑呈灰白色，侵蚀风化严重（图一五三，1；图版一二三，6；图版一二四，1）。	IVT3-1②：S1 残长：97 头部：残长48 前端残宽13后端宽27 前端残厚10后端厚33 前台：长3残宽20高33.5 凹槽：长19宽29深9 后台：长3宽29高33.5 后座：长18宽29高33.5 底座：长62.5宽29 高33.5 尾部出沿：长6.5宽29高18 头下出沿：长10宽29高13
CS58·螭首·上下唇、鼻、眼、右耳后廓、下颌、前台沿、后台前左角、双角均残·①唇缺失。②鼻缺失。③嘴残缺，局部仅余饰火焰纹嘴角。④两个卵形眼球向外突出，两眼球均残。右眼球前端阴刻弧线一圈，眼睑风化剥落。两眉残损，仅余眉尾。⑤额中部微凸。⑥伸出两平贴于颈部，饼状角根风化严重，未见麻坑等装饰，两角根前各刻有3道竖向小凹槽，角前节扁平，前后角之间有短圆凸节，左右角凸节均残，两角的后节及角尖残。双角前节横刻水波纹，左5右6，角通长26厘米。⑦后颈部、双角之间背脊有凸棱，脊棱两侧有凿痕。⑧耳根前端有三道阴刻弧线，耳廓连弧呈三片花瓣状。⑨嘴两侧有隆起的腮肉，下嘴裂残损，左右两侧各残存一上一后的腮肉，后腮肉较大。两侧装饰三重：虬髯与下腮相连呈涡状回卷，毛发左3右2；腮翅左3右2个底衬火焰纹的棘刺；两侧鬓毛舒缓后飘分股不一，左3右4缕。⑩头部微昂，腹下纵刻两行双线，残存阴刻5道横排弧线，外侧饰鳞纹。⑪长方体石条两侧有竖向凿痕，底部有横向凿痕；凹槽前后两壁磨光，槽底毛面；前台沿缺失，后台沿有横向凿痕；后座左、右二侧面下部向内斜收，台沿有2.5厘米宽的抹边；底座后部无出沿。个性特征：两侧毛发分缕不一，后座侧面下部内收；体形中等；锈斑呈灰白色；侵蚀风化一般（图一五三，2；图版一二四，2、3）。	IVT3-1②：S2 残长：74.5 头部：残长32 前端残宽16.5后端宽24 前端残厚20后端残厚31 前台：残长3残宽18残高31 凹槽：长18.5宽28.5深9.5 后台：长5.5宽27.5高32 后座：残长13.5宽25.5高32 底座：残长61宽28.5高32 头下出沿：长13宽28.5高11

续表一七

序号·保存情况·特点	出土地点编号（ZYGD1)及尺寸（厘米）
CS59·螭首·嘴、鼻缺失，前台残损，后台右后角残损·①嘴缺失。②鼻缺失。③嘴两侧大部残损，两侧仅残留嘴角后部火焰纹。④两个卵形眼球向外突出，眼球无纹饰，眼睑四周阴刻弧线一道；两眉眉头旋成涡纹向后波曲舒展至耳与角之间，眉间有一乳突，乳突微鼓，眉下饰有向侧后飘拂的火焰纹。⑤额部微隆，眉间至双角之间有桃叶形凸起。⑥两角后伸平贴于颈部，角根凸起，凿有圆形或三角形小坑窝，角前节粗短而平，两角节之间有短圆凸节，角后节微下凹，角尖圆凸上翘与前台相平。双角通体横刻6道水波纹，前后各三道，角通长29厘米。⑦后颈部、双角之间背脊呈三角凸棱状，脊棱较小，棱两侧有凿痕。⑧耳廓微凸起，耳廓前有阴刻弧线一道，耳根前端有上下两道背向阴刻弧线，耳廓微弧呈三片花瓣状。⑨嘴后侧仅一隆起的腮肉。两侧装饰三重：虬髯、腮翅、鬣毛。⑩头部微昂，颌下有须四股，二股旋成涡纹留于颌下两边，二股飘向腹下两侧至眼睑下部，腹下纵刻两行双线、阴刻3道横排弧线，外侧各饰鳞纹12片。⑪长方体石条两侧有竖向凿痕，底部为粗糙横向凿痕；凹槽前后两壁磨光，槽底有横向凿痕；后座磨光，左、右、后三面有3厘米宽的抹边，底座后部有无出沿。个性特征：额部眉间至双角之间有桃叶形凸起，耳根前端有上下两道背向的阴刻弧线；体形较瘦；锈斑呈灰白色；侵蚀风化较轻（图一五三，3；图版一二四，4、5）。	ⅧT4-6②：S1 残长：78 头部：残长37 前端宽17后端宽25 前端厚21后端厚31 前台：长4残宽28高31 凹槽：残损 后台：残损 后座：残损 底座：长55宽29高31 头下出沿：长11宽29高12
CS60·螭首·嘴、鼻缺失，前台上部缺失，后台后座风化严重·①嘴缺失。②鼻缺失。③嘴大部残缺。仅残留右侧上獠牙，上獠牙尖端微内弧。从残缺的下獠牙根部至嘴角后部饰火焰纹。④左眼前端残损，左眼卵形眼球向外突出，眼球阴刻弧线一圈；两眉眉头旋成涡纹向后波曲舒展至耳廓后，眉间有一乳突，眉下饰有向侧后飘拂的火焰纹。⑤额中部微隆，粗糙。⑥两角后伸平贴于颈部，饼状角根凸起，无凿痕，角根鼓起边缘呈连弧状。角前节短而平，两角节之间有短圆凸节，右角尖缺失，左角尖圆凸上翘。双角通体各横刻6道水波纹，每节3道，角通长23厘米。⑦后颈部、双角之间背脊呈三角凸棱状，脊棱明显，脊棱两侧有凿痕。⑧双耳似侧扁形喇叭花状，前部耳根有上下背向阴刻弧线二道，前廓阴刻弧线半圈，耳廓后部呈三片花瓣状，廓内缘部有细道。⑨嘴两侧残损，右侧残存上下后三块隆起的腮肉，左侧仅存一后腮肉，两侧后腮肉较大，咬合有力。两侧装饰三重：虬髯与后腮相连，三股呈涡状回卷；腮翅饰火焰纹棘刺三个；鬣毛舒缓后飘，毛发左三右二股。⑩头部微昂，颌下残留胡须二股。腹下纵刻两行双线，残留有阴刻5道横排弧线，纵线外侧饰鳞纹。⑪长方体石条两侧有竖向凿痕，底部凿痕不明显，凹槽后壁磨光，槽底为不规整横向凿痕。后台、后座、尾部出沿残损。个性特征：残缺严重，眼球阴刻弧线二圈；体形较瘦；锈斑呈黄白色；整体侵蚀风化严重（图一五三，4；图版一二四，6；图版一二五，1）。	ⅧT4-6②：S2 残长：84 头部：长32 前端残宽18 后端宽24 前端残厚20后端厚32 凹槽：长20宽26深8.5 后台：长5残宽12高32 底座：长62宽26高32 尾部出沿：长4.5残宽20高16 头下出沿：长12宽26高14 后座：残长18残宽25高32

续表一七

序号·保存情况·特点	出土地点编号（ZYGD1）及尺寸（厘米）
CS61·螭首·嘴部、鼻部缺失，左眼球、角尖、前后台、后台前缘残损·①嘴缺失。②鼻缺失。③唇缘微凸，右侧残存上獠牙一颗，上獠牙尖短微内弧，上唇部至嘴角后部饰火焰纹。④两个卵形眼球向外突出，内眦呈三角状；两眉眉头旋成涡纹向后波曲舒展至耳与角之间，眉下饰有向侧后飘拂的火焰纹。⑤额中部隆起一桃叶形鼓凸。⑥两角后伸平贴于颈部，饼状角根微凸，角前节略短平，两角节之间有短圆凸节，凸节较大，角后节上翘，角尖凸起。角通长28厘米；⑦后颈部、双角之间背脊呈三角凸棱状，脊棱两侧有凿痕。⑧双耳似侧扁形喇叭花状，左耳根部有阴刻弧线2道、右耳4道，后廓呈三片花瓣状，雕刻不够精细。⑨嘴两侧残存上下各二后一隆起的腮肉，后腮肉较大。两侧装饰三重：虬髯三股、腮翅三组、鬣毛分三股。⑩头部微昂，颌下胡须缺失，腹下纵刻两行双线，其间阴刻8道横排弧线、不太清晰，纵线外侧饰鳞纹。⑪长方体石条两侧有竖向凿痕，底部为横向凿痕；凹槽前后两壁磨光，槽底有横向凿痕；后座略有磨痕，左、右、后三面有3厘米宽的抹边；底座后部有尾沿。个性特征：眼球上阴刻弧线不明显，眼球突出但不生动，额中部隆起一桃叶形鼓凸，饼状角根无凿痕装饰，体形丰满、圆润；锈斑呈浅黄色；侵蚀风化较轻（图一五四，1；图版一二五，2）。	IXT2-3②：S2 残长：78 头部：残长34.5 前端宽16.5后端宽26.5 前端残厚19.5后端厚31 前台：长3残宽3高31.5 凹槽：长19宽29.5深9.5 后台：长4残宽4高31.5 后座：长15宽29高31 底座：长58宽29.5高31.5 尾部出沿：长1.5宽29高13 头下出沿：长12.5宽29.5高13
CS62·螭首·嘴、鼻缺失，前台左右上角、后台左侧前缘残损·①嘴缺失。②鼻缺失。③嘴裂前端残损，两侧各残留后上獠牙一颗，嘴角部饰火焰纹。④左右眼球中部阴刻弧线半圈，左眼球前端又阴刻弧线一圈，在眼睑四周阴刻弧线一道形成凸缘；两眉眉头旋成涡纹向后波曲舒展至耳与角之间，眉间有二乳突，乳突微鼓，眉下饰有向侧后飘拂的火焰纹。⑤额中部隆起一桃叶形鼓凸。⑥两角后伸平贴于颈部。右角根呈圆饼状凸起，角根素面无凿痕，通体光滑无纹饰；左角饼状凸起凿有圆形坑窝麻点，角根边缘呈锯齿状，左角通体横刻7道水波纹，每节3道。两角前节短略平，两角节之间均有短圆凸节，且凸节明显，角尖圆凸微上翘。两角通长26厘米。⑦后颈部、双角之间较平无背脊，有凿痕。⑧双耳似侧扁形喇叭花状，耳廓凸起，耳根前端有三个泡形突起，后廓微弧呈三片花瓣状。⑨嘴两侧腮肉隆起。两侧装饰三重：虬髯三股回卷呈涡状；腮翅三叶，棘刺及火焰纹刻画突出明显，棘刺较长呈三角凸棱状；鬣毛曲屈后飘，左侧三股、右侧四股。⑩头部微昂，颌下残留胡须二股，胡须飘向腹下两侧至虬髯下部。腹下纵刻两行双线，其间阴刻7道横排弧线、状如蛇腹，纵线外侧饰鳞纹。⑪长方体石条两侧有向前斜的凿痕，近底部向后斜，底面前、后、右边缘部为斜向凿痕，其余为粗糙横向凿痕；凹槽前后两壁磨光，槽底凿痕横竖不清；前台左右角残损；后座磨光，左、右、后三面有3厘米宽的抹边；底座后部微有沿。个性特征：额中部隆起一桃叶形鼓凸，右角根素面无凿痕无纹饰，鬣毛数量左右不同；体形较瘦；锈斑呈灰白色；侵蚀风化严重（图一五四，2；图版一二五，3、4）。	VIT2-6②：S1 残长：81 头部：残长35 前端宽19后端宽28 前端残厚19后端厚32 前台：残长4残宽17高32 凹槽：长19宽29.5深10.5 后台：长4宽29.5高32 后座：长16宽29.5高32 底座：长58宽29.5高32 尾部出沿：长3宽29高17 头下出沿：长10宽29.5高15

续表一七

序号·保存情况·特点	出土地点编号 （ZYGD1）及尺寸 （厘米）
CS63·螭首·仅存龙头，风化严重，剥蚀，吻、鼻尖缺失。①上唇缺失，残存3道波形横纹的上腭；下唇微弧外凸，整齐排列8对龙牙，个别龙牙残损，牙根部用连弧刻线表现牙龈。②鼻部弓起，鼻尖缺失，鼻翼两侧各有二道阴刻弧线形成的褶皱，鼻孔左侧缺失、右侧较小呈长三角形。③嘴裂较长，唇缘凸起，上下均呈波状起伏，两侧各三颗交错分布的獠牙，每侧獠牙均暴露牙龈，上獠牙尖短微内弧，下獠牙略呈弧形向上伸至鼻侧下方，有残损，嘴角后部饰火焰纹。④左眼风化残损。右眼卵形眼球向外突出，眼球中间阴刻弧线二圈，内眦呈三角形；右眉前端旋成涡纹向后波曲舒展至耳与角之间，左右眉之间有乳突较模糊，眉下饰有向后飘拂的火焰纹。⑤额部微隆，因风化隐约可见额中部从眉间至两角跟之间有一桃叶形凸起。⑥两角后伸平贴于颈部，两龙角风化较甚，仅右角前节残存三道水波纹，右角残长15厘米；⑦后颈部、双角之间背脊风化严重，模糊不清。⑧左耳缺失。右耳似侧扁形喇叭花状，耳廓外凸，耳根前部有三道阴刻半圆弧线，后廓风化微弧。⑨嘴两侧风化较重，嘴左可辩有上下各三后一、嘴右残有上二下三后一隆起的腮肉，后腮肉较大。两侧装饰三重：虬髯三股回卷呈涡状；腮翅三叶；鬓毛三股。左侧风化模糊不清。⑩头部微昂，颌下有须四股，内二股旋成涡纹，外二股飘向至嘴下方，腹下纵刻两行双线，其间阴刻8道横排弧线，外侧饰鳞纹。个性特征：每侧獠牙均暴露牙龈，耳根有3道阴刻半圆弧线；体形较中等；锈斑呈灰白色；侵蚀风化严重（图一五四，3；图版一二五，5）。	ⅠT4-1②：S1 残长：35 头部：残长35 前端残宽12后端残宽22 前端厚残11后端残厚22
CS64·螭首·仅存龙头、右侧风化严重，吻部缺失。①上腭残损严重，余2道波形横纹；整齐排列8对龙牙，左侧两颗牙齿已稍微风化。②鼻部弓起，鼻尖缺失，右鼻翼有二道阴刻弧线形成的褶皱，鼻孔呈三角状。③嘴裂较长，唇缘凸起，上下均呈波状起伏，右侧外露三颗獠牙。左侧獠牙不存。右侧獠牙完整，上獠牙尖短微内弧，下獠牙暴露牙龈，呈三棱状长而尖、呈弧形向上伸至鼻侧下方，右侧从下獠牙部至嘴角后饰火焰纹。④眼球中部阴刻弧线半圈，前端阴刻弧线一圈，眼睑刻画清楚，内眦呈三角窝状；两眉眉头旋成涡纹向后波曲舒展至耳与角之间，眉间有一乳突，眉下饰有向后飘拂的火焰纹。⑤额部微隆起，有一圆形隆起，凸起上略有凿痕。⑥左右龙角风化剥落严重，两角后伸平贴于颈部，圆饼状角根边缘呈连弧状，角根上各刻有5个圆形坑窝。角前节扁平，两角前后节有短圆凸节，因风化角上的纹饰不明显。左角残长30厘米，右角残长22厘米。⑦后颈部、双角之间有凸棱状脊棱，棱两侧有凿痕。⑧双耳似侧扁形喇叭花状，右耳根有上下两道阴刻半圆弧线，后廓连弧呈三片花瓣状。⑨右嘴侧有上三下二后一隆起的腮肉，后腮肉较大。两侧装饰三重：虬髯三股回卷呈涡状；腮翅三叶，棘刺凸起较平，鬓毛三股。⑩头部微昂，颌下、腹下纹饰风化不清。⑪仅余凿有竖向凿痕的头下出沿。个性特征：鼻孔呈三角状，眼球中部阴刻弧线一条，前端阴刻弧线一圈，角根上各刻有5个圆形坑窝；体形较胖大；额部上方锈斑呈灰褐色，身下呈灰白色；侵蚀风化严重，尤以左侧为甚，已有裂痕（图一五四，4；图版一二五，6）。	ⅠT4-1②：S2 残长：51 头部：长46 前端残宽12.5后端宽25 前端厚18后端厚28 头下出沿：残长13残宽26残高16
CS65·螭首·龙头断裂、出土时分离较远，可拼合，吻部缺失，前后台残损严重。①上唇缺失。②鼻缺失。③嘴缺失。④眼和眉均缺。⑤额中部微隆，风化严重。⑥余两角后伸平贴于颈部，左侧龙角风化剥落，右角残存角后节，两角残存右角，左角风化严重仅存痕迹。右角根由9个肉瘤状突起组成，短圆凸节明显，角前节横刻三道水波纹，后节微弧，角尖圆凸上翘略高于前台沿，亦有三道水波纹，残长26.5厘米；⑦后颈部、双角之间背脊呈三角凸棱状，棱两侧有凿痕。⑧左耳缺失，右耳似侧扁形喇叭花状，耳廓凸起，耳根前端有阴刻弧线一道，后廓残损。⑨嘴右侧残有上下各二后一隆起的腮肉，右侧，虬髯三股呈涡状回卷与后腮相连，腮翅为火焰纹棘刺三个；毛发舒缓外飘，毛发四股。左则损坏严重，仅可辨毛发一股。⑩颌部、腹部残缺。⑪长方体石条两侧有竖向凿痕，底部为粗糙横向凿痕；凹槽前后两壁磨光，槽底大部毛面，有少许横向凿痕；前台、后座台面平整，底座后侧毛面无出沿，后台缺失严重。个性特征：右角根由9个肉瘤状突起组成，角尖圆凸上翘略高于前台沿；体形中等；锈斑呈灰白色或浅灰色；侵蚀风化严重，左侧纹饰基本剥落（图版一二六，1）。	ⅥT3-6②：1 ⅠT1-4②：4 残长：90 头部：残长47 前端宽12后端宽28 前端残厚19后端厚30.5 前台：残长3残宽27残高30.5 凹槽：长19.5宽30.5深11 后座：残长19.5宽21高30.5 底座：残长46宽30.5高30.5 头下出沿：长12宽30.5高11

续表一七

序号·保存情况·特点	出土地点编号 （ZYGD1)及尺寸 （厘米）
CS66·螭首·嘴、鼻缺失，左角尖、右角根、左侧第三重鬣毛、颔下胡须、前台左角残损，头左侧、后台中部有裂痕·①嘴缺失。②鼻缺失。③仅残留嘴角部，唇缘微凸，嘴角后部饰火焰纹。④左眼球前端残损，眼球中部阴刻弧线半圈；两眉眉头旋成涡纹向后波曲舒展至耳与角之间，眉间有一乳突，乳突部分残损，眉下饰有向侧后飘拂的火焰纹。⑤额部有三个凸起，中间凸起较高。⑥两角后伸平贴于颈部，圆丘状角根凿有三叉形尖底坑窝，右角根残损，角前节粗短而平，两角节之间有短圆凸节，凸节圆滑微凸，角后节微上翘，左角尖缺失，右角尖呈方形与前台平。双角通体各横刻6道水波纹，每节3道，角通长26厘米；⑦后颈部、双角之间凸起脊棱，脊棱两侧有凿痕。⑧双耳似侧扁形喇叭花状，耳廓微凸起，耳根前端有两道阴刻弧线，后廓微弧呈三片花瓣状。⑨嘴两侧残存上下各二后一隆起的腮肉，后腮肉较大。两侧装饰三重：虬髯三股回卷呈涡状；腮翅三叶；鬣毛三股。⑩头部微昂，颔下胡须缺失，腹下纵刻两行双线、阴刻数道弧线，纵线外侧饰鳞纹。⑪长方体石条两侧有竖向凿痕，底部为横向和斜向凿痕；凹槽前后两壁磨光，槽底有横向凿痕；前后台沿刻有横向凿痕；后座磨光，左、右、后三面有3.5厘米宽的抹边；底座后部有毛面尾沿。个性特征：额部有三个凸起，中间凸起较高，角根凿有三角形尖底坑窝麻点；体形较丰满；锈斑呈灰白色；侵蚀风化较轻（图一五四，5；图版一二六，2、3）。	ⅠT1-4②：S5 残长：81 头部：残长34.5 前端宽19.5后端宽26.5 前端残厚22后端厚31.5 前台：长5残宽16高31.5 凹槽：长19.5宽29深9 后台：长4宽29高31.5 后座：长16宽28高31.5 底座：长54宽29高31 尾部出沿：长2.5宽28.5高18.5 头下出沿：长10宽29高13
CS67·螭首·上唇缺失，后座右角残损·①上唇缺失。右侧有一块肌肉隆起，残留饰3道波形横纹的上腭；下唇圆润，整齐排列6对龙牙，无牙龈。②鼻部弓起，鼻尖圆钝上突，鼻两翼各有二道阴刻弧线形成的褶皱，鼻孔风化残损。③嘴裂较长，唇缘凸起，上下均呈波状起伏，两侧各外露上二下一共三颗交错分布的獠牙，上獠牙尖短微内弧，下獠牙暴露牙龈长而尖、呈弧形向上伸至鼻唇下方，从下獠牙根部至嘴后部饰火焰纹。④眼球中部阴刻竖向弧线右三左二，眼角前呈三角状；两眉眉头旋成涡纹向后波曲舒展至耳与角之间，眉间有一小乳突，乳突微鼓，眉下饰有向侧后飘拂的火焰纹。⑤额中部呈条状隆起。⑥两角后伸平贴于颈部，角根由9个钮扣状突起组成，突起上凿有3—4个麻点，龙角细长，短圆凸节距角跟较近，角尖圆尖微上翘，双角通体各横刻7道水波纹，不对称，通长28厘米。⑦后颈部、双角之间凸起脊棱，脊棱较小微凸，脊棱两侧有凿痕。⑧双耳似侧扁形喇叭花状，耳廓微凸起，廓前有阴刻连弧线二道，廓内后侧有阴刻细线形成的耳毛，后廓微弧呈三片花瓣状。⑨嘴两侧有上下各二后一隆起的腮肉，后腮肉较大，咬合有力。两侧装饰三重：虬髯三股回卷呈涡状；腮翅三叶；鬣毛两侧不对称、左侧下部的一缕未表现发丝。⑩头部微昂，颔下有须四股，二股旋成涡纹留于颔下两边，二股飘向腹下两侧至耳侧下部，腹下纵刻两行双线阴刻7道横排弧线，外侧饰鳞纹12片。⑪长方体石条两侧有竖向凿痕，底部为粗糙横向凿痕，凹槽前后两壁磨光，槽底有横向凿痕，前后台沿刻有横向凿痕，后座磨光，左、右、后三面有3.5厘米宽的抹边，底座后部基本无出沿。个性特征：眼球中部阴刻竖向弧线三道，额中部呈条状隆起，角根由9个钮扣状突起组成，突起上凿有麻点，鬣毛左右虽均为三股，但不对称，且有一缕未表现发丝；体形较瘦；锈斑呈灰白色；侵蚀风化较轻（图一五五，1；图版一二六，4—6）。	ⅦT3-4②：S1 通长：92 头部：长49 前端宽14后端宽27 前端厚13后端厚37 前台：长4宽29高31 凹槽：长19宽28.5深9 后台：长5宽28.5高31 后座：长15宽29高31 底座：长51宽29高31 头下出沿：长13宽29高15

续表一七

序号·保存情况·特点	出土地点编号 (ZYGD1)及尺寸 (厘米)
CS68·螭首·嘴、鼻缺失，右眼睑、右耳残损·①嘴缺失。②鼻缺失。③各残留上獠牙一颗，上獠牙尖短微内弧，嘴角后部饰火焰纹。④眼球中部阴刻弧线一圈，右眼睑残损，左眼睑前角呈三角窝状；两眉眉头旋成涡纹向后波曲舒展至耳与角之间，眉间有一乳突，乳突微鼓，眉下饰有向侧后飘拂的火焰纹。⑤额部较短，中部有一棱状突起，凸起两侧微隆圆滑。⑥两角后伸平贴于颈部，两角根部各饰有9个肉瘤状扁圆形、上凿有坑窝麻点的突起，角根边缘呈连弧状，角根前凿刻有4道竖向小凹槽。角前节粗短而平，两角节之间有短圆凸节，凸节圆滑微凸，角后节微上翘，角尖圆滑微上翘。双角通体各横刻水波纹，左角前后各四道，右角前五后三道。角通长24.5厘米；⑦后颈部、双角之间背脊呈三角凸棱状，脊棱凸起较高，棱两侧有斜向凿痕。⑧双耳似侧扁形喇叭花状，右耳部分残损，左耳廓微凸起，廓前有阴刻弧线一道，耳根有三道阴刻弧线，后廓微弧呈三片花瓣状。⑨嘴两侧有上下各三后一隆起的腮肉，后腮肉较大。两侧装饰三重：虬髯三股回卷呈涡状；腮翅三叶；鬣毛左五右六股。⑩头部微昂，颌下残留胡须二股、飘向腹下两侧，腹下纵刻两行双线、阴刻8道弧线，外侧饰鳞纹。⑪长方体石条两侧有竖向凿痕，底部为横向凿痕；凹槽前后两壁磨光，槽底有横向凿痕；前后台沿刻有斜向凿痕，前台沿较长；后座磨光，左、右、后三面有2—3厘米宽的抹边；底座后部出沿两侧有竖向凿痕。个性特征：额部较短，中部有一棱状突起，两角根部各饰有9个凿有坑窝麻点的肉瘤状扁圆形突起，角根前凿刻有4道竖向小凹槽，双角横刻水波纹不一，鬣毛左五右六股，后部出沿两侧有竖向凿痕；体形偏瘦；锈斑呈黄白色；侵蚀风化较轻（图一五五，2；图版一二七，1、2）。	VT2-5②：S1 残长：91.5 头部：残长37 前端残宽17.5后端宽24 前端残厚19后端厚31.5 前台：长6.5残宽28高31 凹槽：长19.5宽28.5深11 后台：长3宽28高31 后座：长17宽27高31 底座：长64宽28.5高31 尾部出沿：长5—8宽28高15.5 头下出沿：长10宽12高28
CS69·螭首·嘴、鼻缺失，眼、眉、左角尖、前台左右两角、后台左角前缘均残损。①嘴缺失。②鼻缺失。③仅残留嘴角后部火焰纹。④眼、眉残损。右侧残留眼球、眉毛。⑤额部微隆。⑥两角后伸平贴于颈部，角根饰有9个铜钱状突起，上凿有麻点，角前节粗短，角中部有短圆凸节，凸节圆滑微凸，角后节微上翘，左角尖缺失，右角尖圆凸上翘。龙角通体横刻水波纹，左7右8道，角通长26厘米。⑦后颈部、双角之间无背脊，有凿痕找平。⑧双耳似侧扁形喇叭花状，耳廓凸起，耳根阴刻弧形凹槽三道、形成两条皱褶，耳廓较小，后廓微弧呈三片花瓣状。⑨嘴两侧后残留一后腮肉。两侧装饰三重，虬髯与后腮相连，分三股呈涡状回卷；腮翅为饰火焰纹的棘刺三个；鬣毛左三右四股。⑩腹下纵刻两行双线，其间残留阴刻2道横排弧线，纵线外侧饰鳞纹。⑪长方体石条两侧有竖向凿痕，底部为粗糙横向凿痕；凹槽前后两壁磨光，槽底凿痕较乱；前后台沿刻有横向凿痕，前后台部分残损；后座磨光，左、右、后三面有3厘米宽的抹边；底座后部无出沿。个性特征：角根有9个铜钱状突起，后颈部、双角之间无背脊，耳根前阴刻弧线凹槽三道、形成两条皱褶。2、体形较瘦。3、锈斑呈灰白色。4、侵蚀风化严重（图一五五，3；图版一二七，3、4）。	VT1-4②：S1 残长：77 头部：残长34 前端残宽22后端宽26 前端残厚28后端厚32 前台：长3.5残宽13高32 凹槽：长20宽28.5深9 后台：长5残宽28高10 后座：长14宽28.5高32 底座：长56宽28.5高32 头下出沿：长14宽28.5高12

续表一七

序号·保存情况·特点	出土地点编号 （ZYGD1）及尺寸 （厘米）
CS70·螭首·嘴、鼻、前台缺失·①嘴缺失。②鼻缺失。③嘴裂残损，左侧嘴裂较长，唇缘凸起，上下均呈波状起伏，残留一颗上獠牙，上獠牙尖短微内弧，右侧牙齿部分缺失，仅残留嘴角部，嘴角后部饰火焰纹。④卵形眼球向外突出，眼球前端阴刻弧线一圈，眼球前端缺失，在眼球四周阴刻弧线一道形成眼睑，眼睑微凸，内眦残损；两眉眉头旋成涡纹向后波曲舒展至耳与角之间，眉间有一乳突，乳突微鼓，眉下饰有向侧后飘拂的火焰纹。⑤额部微隆，中间较高略显有一桃叶形凸起。⑥两角后伸平贴于颈部，扁圆形凸起的角根边缘连弧状，凿有圆形及三角形坑窝麻点，角前节较短，两角节之间有短圆凸节，凸节圆滑微凸，角后节长而平，角尖圆凸微上翘，角尖部分缺失。双角通体无纹饰、上有凿痕，角通长27.5厘米；⑦后颈部、双角之间背脊呈三角凸棱状，脊棱较小微凸，棱两侧有凿痕。⑧双耳似侧扁形喇叭花状，耳廓微凸起，廓前有竖向阴刻弧线四道，耳根前端有两道竖向短弧线，后廓微弧呈三片花瓣状，廓内起筋通向耳内。⑨嘴左侧残留有上下各二后一隆起的腮肉，右侧残留有上下各一后一隆起的腮肉，两侧后腮肉均较大，咬合有力。两侧装饰三重，虬髯与后腮相连，三股呈涡状回卷；两侧腮翅各有火焰纹和棘刺三个，但左侧火焰纹上还点缀有小麻坑；鬣毛分四股舒缓后飘。⑩头部微昂，颌下残留胡须二股，飘向腹下两侧至嘴角下部，腹下纵刻两行双线阴刻8道连弧线，外侧饰鳞纹。⑪长方体石条两侧有竖向凿痕，底部为粗糙横向凿痕；凹槽前后壁磨光，槽底有杂乱的横向凿痕；前台上部缺失，后台沿有横向凿痕；后座磨光，左、右、后三面有2—3厘米宽的抹边；底座后部有毛面出沿。个性特征：眉间与双角之间有隆起略如一桃叶形，双角通体无纹饰、上有凿痕，三角脊棱较小微凸，耳廓前有竖向阴刻弧线四道，耳根前端有两道竖向短弧线，左侧腮翅火焰纹上还点缀有小麻坑；鬣毛左三右四股；体形较胖；锈斑呈灰白色；侵蚀风化严重（图一五五，4；图版一二七，5、6；图版一二八，1）。	IXT2-2②：S1 残长：85 头部：残长35 前端残宽18后端宽25 前端残19后端厚30 前台：残损 凹槽：长19宽28.5深10 后台：长7宽28.5高32 后座：长15宽28.5高32 底座：长61宽28.5高32 尾部出沿：长4.5宽28.5高14 头下出沿：长13宽27高13
CS71·螭首·上唇、鼻缺失，前台、后台、后座部分残损，整体风化·在凹形长方体石条一端伸出龙头。①上下唇缺失，残留左侧整齐排列的5对牙，牙根部用连弧形刻线表现露出的牙龈。②鼻部缺失。③嘴裂较长，唇缘凸起，上下均呈波状起伏，左侧保存较好，外露三颗交错分布的獠牙，下獠牙根至嘴角饰火焰纹。④眼球前端阴刻弧线二圈，使目光集中向前，眼睑周围阴刻弧线一圈，内眦呈三角状；两眉部分风化剥落，两眉眉头旋成涡纹向后波曲舒展至耳与角之间，眉下饰有向侧后飘拂的火焰纹。⑤额中部由眉间至两角跟之间隆起。⑥两角后伸平贴于颈部，连弧缘饼状角根凸起，上面凿有圆形圜底坑窝。角前节短而平，两角节之间短圆凸节微残，角尖圆凸上翘。右角通体横刻10道水波纹，左角风化不清，尚可辨8道，龙角通长30厘米；⑦后颈部、双角之间背脊呈三角凸棱状，脊棱起伏平缓，左右两侧有凿痕。⑧双耳似侧扁形喇叭花状，耳根有阴刻弧线5道，耳廓后部呈三片花瓣状。⑨嘴两侧有上二下三后一隆起的腮肉，后腮肉较大，咬合有力。两侧装饰三重，三股虬髯呈涡状回卷；腮翅饰火焰纹和棘刺三个；鬣毛分三股。⑩头部微昂，颌下有须四股，内二股旋成涡纹留于颌下两边，外二股飘向腹下两侧至嘴角下部，腹下纵刻两行双线，其间阴刻11道横排连弧线、状如蛇腹，外侧饰鳞纹。⑪长方体石条两侧有竖向凿痕，底部为横向或斜向凿痕，凹槽前后两壁为磨光，槽底为不规整横向凿痕。前台缺失，后台部分残损，后座残损风化较甚，抹边宽度不详。个性特征：残缺严重，眼球阴刻弧线二圈；体形较瘦；锈斑呈黄白色；整体侵蚀风化严重（图一五六，1；图版一二八，2、3）。	IXT2-3②：S3 残长：85 头部：残长46 前端残宽13后端残宽26 前端残厚8后端厚27 前台：已损 凹槽：长18宽28.5残深7 后台：长4残宽24高27.5 底座：长50宽28.5高27.5 头下出沿：长14宽28.5高15 后座：长12宽24高27.5

续表一七

序号·保存情况·特点	出土地点编号 （ZYGD1）及尺寸 （厘米）
CS72·螭首·嘴部、鼻部缺失，前台两角、后部出沿残损·①嘴缺失。②鼻缺失。③嘴大部残损，两侧仅残留嘴角后部火焰纹。④眼球前端残损，中部阴刻弧线一圈；两眉眉头旋成涡纹向后舒展至耳与角之间，眉间有一乳突，乳突微鼓，眉下饰有向侧后飘拂的火焰纹。⑤额部微隆，中部有一舌状微凸起。⑥两角后伸平贴于颈部，圆形角根微凸，凿有三角、长条及不规则坑窝，角根前各凿刻有5—7道竖向小凹槽，角前节粗短而平，两角节之间有短圆凸节，凸节明显，角后节微凹，角尖微上翘。双角通体各横刻有6道水波纹，每节3道，角通长27厘米；⑦后颈部、双角之间背脊呈三角凸棱状，脊棱较小微凸，脊棱两侧有凿痕。⑧双耳似侧扁形喇叭花状，耳廓微凸起，耳根有上下二道背向相对阴刻半圆弧线，廓内后侧有阴刻细线形成的耳毛、两道筋线通向耳内，后廓微弧呈三片花瓣状。⑨嘴两侧残留有上二下一后一隆起的腮肉，后腮肉较大。两侧虬髯、腮翅、鬣毛层叠排列，各分三组，两侧腮翅火焰纹上均饰有小麻坑。⑩头部微昂，腹下残留纵刻两行双线，其间残留阴刻横排弧线7道、外侧饰鳞纹14片。⑪长方体石条两侧有竖向凿痕，底部为粗糙横向凿痕；凹槽前后两壁磨光，槽底有横向凿痕；前台台沿有横向凿痕；后座磨光，左、右、后三面有3厘米宽的抹边，底座后部有毛面出沿。个性特征：角根前凿刻有左7右5道竖向小凹槽，廓内后侧有阴刻细线形成的耳毛和筋线，腮翅火焰纹上饰有麻点；体形较胖；锈斑呈灰白色；侵蚀风化较轻（图一五六，2；图版一二八，4、5）。	ⅩT2-3②：S1 残长81.5 头部：残长38 前端宽17后端宽25.5 前端厚19后端厚32 前台：长3宽28高32 凹槽：长18.5宽28深10 后台：长4宽28高31 后座：长19宽28.5高31 底座：长55宽28.5高31—32 尾部出沿：长2宽27高15 头下出沿：长12宽28.5高11
CS73·螭首·上唇左侧、前台左右角残损，整体风化严重，后台右侧剥落有裂痕·在凹形长方体石条一端伸出龙头。①龙嘴上唇高翘，左侧残损，右侧各一块肌肉隆起，吻部突出，露出饰5道波形横纹的上腭；上唇髭须风化不明；下唇平直，7对龙牙，上下牙齿闭合，牙龈表现不明显。②鼻部弓起，鼻尖圆钝上突，鼻两翼各有二道阴刻弧线形成的褶皱，右侧鼻孔风化不明，左侧鼻孔呈三角状。③嘴裂较长，唇缘凸起，上下均呈波状起伏，两侧各外露上二下一共三颗交错分布的獠牙，上獠牙尖短微内弧，下獠牙暴露牙龈长而尖、呈弧形向上伸至鼻侧下方，从下獠牙根部至嘴角后部饰火焰纹。④两个卵形眼球向外突出，眼球前端阴刻弧线一圈，眼睑四周阴刻线一道，眼睑微凸，前端有一长条形凹槽；两眉眉头旋成涡纹向后波曲舒展至耳与角之间，眉间有一较大乳突，眉下饰有向侧后飘拂的火焰纹。⑤额中部有一桃叶形凸起，叶柄于眉间与眉间乳突相连，叶尖位于两角根之间。⑥两角后伸平贴于颈部，凿有三角形或三岔形坑窝麻点的饼状角根凸起，两角根前凿各有三道竖向小凹槽，角前节较短而平，两角节之间有短圆凸节，凸节风化微凸，角后节微下凹，角尖圆凸上翘。右角纹饰风化不详，左角饰七道水波纹，前三后四，双角通长24厘米。⑦后颈部、双角之间背脊呈三角凸棱状，脊棱两侧有凿痕。⑧右耳风化不明，左耳似侧扁形喇叭花状，耳廓凸起，廓前有阴刻弧线三道，后廓微弧呈三片花瓣状。⑨嘴两侧有上、下各二后一隆起的腮肉，后腮肉较大。右侧鬣毛风化不清，左侧虬髯、腮翅、鬣毛由前向后层叠排列，各分三组。⑩头部微昂，颌下胡须内侧二股旋成涡纹留于颌下两边，外侧二股飘向腹下两侧至眼睑下部，腹下纵刻两行双线阴刻7道弧线，外侧饰鳞纹16片。⑪长方体石条两侧有竖向凿痕，底部为横向凿痕；凹槽前后两壁磨光，槽底有横向凿痕；前台左右角残损，后台有竖向凿痕；后座磨光，左、右、后三面有2.5—3厘米宽的抹边，底座后部有毛面出沿。个性特征：眉间有一较大乳突，额中部有一桃叶形凸起，角前节较短而平，脊棱明显高于两角后节；体形较瘦；锈斑呈灰白色；侵蚀风化严重（图一五六，3；图版一二八，6；图版一二九，1、2）。	ⅠT3-3②：S3 通长92 头部：长48 前端宽11.5后端宽25 前端厚15后端厚32 前台：长3宽25.5高32 凹槽：长18.5宽27.5深11 后台：长6宽28高32 后座：长13宽27高32 底座：长58宽27高32 尾部出沿：长6宽28高12 头下出沿：长14宽28高13

续表一七

序号・保存情况・特点	出土地点编号 （ZYGD1）及尺寸 （厘米）
CS74・螭首・嘴、鼻缺失，前台右侧残损・①嘴缺失。②鼻缺失。③嘴两侧大部残损，两侧仅残留嘴角后部火焰纹。④卵形眼球前端阴刻弧线二圈，眼球四周阴刻弧线一道形成眼睑，右内眦呈三角状，左内眦残失；两眉眉头旋成涡纹向后波曲舒展至耳与角之间，眉间有一乳突，乳突微鼓，眉下饰有向侧后飘拂的火焰纹。⑤额部较小、微隆，眉间至双角之间有桃叶形凸起。⑥伸出两角平贴于颈部，角根由9个肉瘤状突起组成，角根边缘即外周肉瘤边缘，角根前侧各有5道放射形短线，角前节粗短而平，近角根处有短圆凸节，凸节微凸圆滑，角后节微上翘，角尖圆凸上翘，双角通体横刻9道水波纹，前四后五道，角通长28厘米。⑦后颈部、双角之间背脊呈三角凸棱状，脊棱凸出与两角后节平，脊棱两侧有凿痕。⑧双耳似侧扁形喇叭花状，耳廓微凸起，廓内随缘有阴线，耳根阴刻弧线二道，后廓微弧呈三片花瓣状。⑨嘴后侧有隆起的腮肉。腮后虬髯三股、腮翅三片、鬣毛四缕由前向后层叠排列，棘刺呈三棱状，脊棱微凸起。⑩腹下残留纵刻两行双线残有阴刻7道弧线、状如蛇腹，纵线外侧各饰鳞纹15片。⑪长方体石条两侧有竖向凿痕，底部为粗糙横向凿痕、靠右边有斜向凿痕；凹槽前后两壁磨光，槽底有横向凿痕；后座磨光，左、右、后三面有2.5厘米宽的抹边；底座后部无出沿。个性特征：眉间至双角之间有桃叶形起，角根由9个肉瘤状突起组成；体形较瘦；锈斑呈灰白色；侵蚀风化较轻（图一五六，4；图版一二九，3、4）。	ⅤT2-5②：S2 残长：80 头部：残长36 前端宽17后端宽31 前端厚20后端厚27 前台：长4宽29高30 凹槽：长19宽29深10 后台：长5宽29高28 后座：长13宽29高28 底座：长54宽29高28 头下出沿：长11宽29高12.5
CS75・螭首・嘴、鼻缺失，前台右角残损・①嘴缺失。②鼻缺失。③仅残存嘴角，唇缘凸起，嘴角后部饰火焰纹。④卵形眼球前端均残，眼球中部阴刻弧线一圈，眼睑缘部微凸，内眦呈尖角状；两眉眉头旋成涡纹向后波曲舒展至耳与角之间，眉间有一残损乳突，乳突微鼓，眉下饰有向侧后飘拂的火焰纹。⑤额中部有三凸起，中间较突出、两侧微隆呈丘状。中间与左侧凸起上刻有四至五道竖向沟槽，右侧凸起凿有四个三角尖底状窝坑。⑥两角后伸平贴于颈部，饼状角根凸、凿有不规则形坑窝，角根连弧边缘。左角前节短略平，两角节之间有短圆凸节，角后节微上翘，角尖圆凸上翘微回卷。左角通体横刻8道水波纹，每节4道。右角风化稍残，右角前节有4道水波纹，后节风化不清，龙角通长26厘米；⑦后颈部、双角之间背脊呈三角凸棱状，脊棱较平，棱两侧有凿痕。⑧双耳似侧扁形喇叭花状，耳廓缘部凸起，后廓微弧呈三片花瓣状。⑨嘴两侧残存上下各二后一隆起的腮肉，后腮肉较大。虬髯、腮翅、鬣毛由前向后层叠排列，各分三组。⑩头部微昂，颌下胡须缺失。腹下两行双线、阴刻横排弧线残留5道，外侧饰鳞纹。⑪长方体石条两侧有竖向凿痕，底部为粗糙横向凿痕；凹槽前后两壁磨光，槽底有横向凿痕；前后台沿刻有横向凿痕，前台右角残损；后座磨光，左、右、后三面有3厘米宽的抹边。个性特征：额中部有三凸起，凸起有凿痕，角尖圆凸上翘微回卷，三角脊棱较平；体形丰满；锈斑呈灰白色；侵蚀风化较轻（图一四五，3；图版一二九，5、6）。	ⅥT3-7②：S2 残长：75.5 头部：残长37 前端宽19后端宽28.5 前端残厚23后端厚31.5 前台：长2.5宽20高31 凹槽：长20宽28深10 后台：长4宽28高31 后座：长18宽28高31 底座：长52宽28高31 头下出沿：长13.5宽28高31

表一八　一号殿址出土门砧石登记表

编号 ZYGD1	名称 类型	保存 情况	特点	位置（ZYGD1） 尺寸（厘米）
MZ1	汉白玉 门枕石 I型	风化严 重	中部有凹槽且整体向右侧倾斜的长方体，由前端面、前座、前台、凹形槛槽、后台、后座、尾端出沿、左侧面、右侧面、底面10部分构成。横断面呈平行四边形。槽内前后两壁经过磨光，底部有粗凿痕。前、后座略经磨光，隐约可见有纵横细沟状凿錾痕迹。前、后座均有三边修整斜削。前台上面与前座相连，二者仅以有否削边来区分，有比前者略深的横向沟状凿痕，后台因风化严重不清楚。周壁上半部分经研砟修平使凿痕变浅，下半部分经过细漉，前端面上部略经磨砻较平、下部有横凿痕，左右两侧面有明显竖向凿痕。底面仅经粗搏修整有横向凿痕。整体呈灰白色，局部呈浅黄色（图一○八，1；彩版三○七，4、5）。	ⅣT2-4②：S2 通长60.5、宽25—27、高23—25 前座长11、宽25、高25 前台长4.5、宽25、高25 后座长20、宽27、高23 后台长5.5、宽26、高23.5 凹槽长19.3、宽27.5、高8.5 前座削边宽2.5 后座削边宽2
MZ2	汉白玉 门枕石 I型	后端右 角残缺	槽内前后两壁经过磨光，底部为凿痕麻面，残余几道斜向沟状凿痕。前座上凿有纵向沟状凿痕，后座凿有横向沟状凿痕，经磨砻使前后座沟状凿痕不清晰。前后座边缘加以修整有斜削边，后台均有横向沟状凿痕，长方体两侧均为竖向沟状凿痕，底面经打剥粗搏加工、有横向沟状凿痕。整体呈灰白色，局部呈浅黄色，轻微风化（图版一三○，1、2）。	ⅤT1-6②：S1 通长62、宽29—30、高25—27.5 前座长10.5、宽29、高25 前台长3.5、宽29、高25 后座长21、宽29.5、高27.5 后台长6、宽29.5、高26 凹槽长29.5、宽29.5、高7.5 前座削边宽2.5 后座削边宽3
MZ3	汉白玉 门枕石 I型	残缺	前座上面呈平面，右侧残损，平面有横向凿痕，交叉有浅于横向凿痕的不规则的斜向凿痕。三个边斜削。前台与前座上面相连，较难分开，但无削边。凹槽两壁磨光，底面不平，有不规则的横向凿痕；后台平面有横向凿痕。后座平面有横向凿痕，但浅于后台，后台与后座较难分开，仅以有无削边相别。后座三个边斜削，后端下部微出沿。整体两侧及后端面有竖向凿痕，前端面有横向凿痕。底面有横向凿痕，整体呈白色（图版一三○，3、4）。	ⅧT5-6②：S1 通长62、高25 前座长12、宽32、高25 削肩宽2.5 前台长4、宽32、高25 凹槽长20、宽32、深10 后台长5、宽32、高25 后座长20、宽32、高25 削肩宽2.5 出沿长1、宽32
MZ4	汉白玉 门枕石 I型	基本完 整	在凹形长方体石条，中前部凿有一凹槽，槽内前后两壁经过磨光，底部有较乱凿痕，前后台各有两道横向凿痕。前后座三面有削边修整痕迹。长方体石条两侧有竖向凿痕，前后两侧有较乱的凿痕，底部有横向凿痕，石条断面为平行四边形，整体风化较轻，锈斑颜色为灰白色和浅黄色（图一○八，2；彩版三○七，6；彩版三○八，1）。	ⅧT5-6②：S2 通长59、宽31.5、高24.5 前座长10、宽29.5、高24.5 前台长4.5、宽31.5、高24.5 后座长20、宽31、高24.5 后台长4.5、宽31、高24.5 凹槽长20、宽31.5、高9 削边宽2—2.5

续表一八

编号 ZYGD1	名称 类型	保存 情况	特点	位置（ZYGD1） 尺寸（厘米）
MZ5	汉白玉 门枕石 I型	角部残损	前座上面磨平，中间有浅斜凿痕，斜凿痕与两侧边缘接壤的空白处是浅竖凿痕。三个边有斜削。前台上面有与前座上面浅凿痕成反方向的凿痕，略显粗深。凹槽两壁磨光，底面有不规则的横凿痕；后台与前台相似，凿痕的方向与前座上面凿痕方向相同。后座上面有竖向浅凿痕，三个边有斜削，后端下部出沿。门枕石两侧及后端面有竖向凿痕，前端面较平、也有少量的竖向凿痕。底面不平整，有横向凿痕。整体大部分呈白色，局部因雨水及风化而呈现酱色（图版一三一，1、2）。	IXT3-1②：S1 通长62、高24 前座长10.5、宽28、高24 削肩宽2.5 前台长5.5、宽28、高24 凹槽长19.8、宽28、深7—6 后台长8、宽28、高24 后座长16、宽28、高24 削肩宽2.5 出沿长1.2—0.5
MZ6	汉白玉 门枕石 I型	完整	在一长方体石条，中部前端凿有一凹槽，槽内前后两壁经过磨光，底部为凿痕麻面，留有几道斜向沟状凿痕。前座，前台，后台凿有纵向沟状凿痕。后座经过磨光，前后底座边缘经过削边加以修整，长方体均为竖向沟状凿痕，底面有横向沟状凿痕。底座横断面呈平行四边形，风化较轻，整体呈灰白色，锈斑呈黄褐色（图一〇八，3；彩版三〇八，2、3）。	XT2-2②：S1 通长62、宽29、高24—25 前座长12.5、宽29、高24 前台长3、宽29、高24 后座长21.5、宽29、高25 后台长5、宽29、高25 凹槽长20、宽29、高9 削边宽1.5—2.5
MZ7	汉白玉 门枕石 I型	边缘风化	在凹形长方体石条，中前部凿有一凹槽，槽内前后两壁经过磨光，底部有较乱凿痕，残存前台纹饰风化模糊，无后台，前后座似有削边修整痕迹，风化较模糊，长方体石条两侧有竖向凿痕，前后两侧有斜向横向竖向凿痕，底部有横向凿痕，石条断面为平行四边形，整体风化较严重，锈斑颜色为灰白色（图一〇八，4；图版一三一，3、4）。	IXT4-5②：S1 通长62、宽26—28、高24 前座长10、宽26.5、高24 前台长6、宽28、高24 后座长26、宽26.5、高24 凹槽长19.5、宽27.5、高7 削边宽2—3

表一九 一号殿址出土陶砖分类统计表

类	型式 数量	数量	用途	规格（厘米）长(窄边—长边)×宽×厚(窄边—长边)	标本单位 ZYGD1	备注 窄边—长边 指楔形砖而言
条砖	A型 大量 标本 3	1	砌壁	35.5×17.5×5.5	ⅠT3-2②：1	完整
		1	砌壁	35.8×17.3×6	ⅤT4-5②：1	完整
		1	不明	残长14.6×17.5×6	ⅢT4-2②：1	残余1/3
		大量	砌壁	长度34—36.2不等，以35.5最多 宽度15.8—17.5不等，以17最多 厚度4.7—6不等，以5.3最多	砌于台基外壁 楔形砖外皮的 内侧	没有起取
	B型 6	1	砌壁	44.5×21×6	ⅧT5-6②：1	直短绳纹，完整
		1	砌壁	37.5×18.5×7	ⅧT4-6②：1	直短绳纹，完整
		1	砌壁	37.5×18.5×6.5	ⅧT4-6②：2	直短绳纹，完整
		1	砌壁	残长19.5×18.5×6	ⅣT2-5②：1	直似沟槽，1/2
		1	砌壁	残长22×19.5×7	ⅣT2-5②：2	斜短绳纹，1/2
		1	砌壁	残长13×24.9×6.8	ⅣT2-5②：3	直似沟槽，余1/3
	C型	1	砌壁	28×残宽15.3×5.3	ⅢT4-5②：1	长边侧面残，亦可能是 方砖
	D型	1	铺地	31.5×21.7×6	ⅤT5-4②：1	完整
素面方 砖	大量	1	铺地	正面：边长35.2×34，厚6.4—7.2 背面：边长34×32.7。	ⅨT4-3②：1	一角微残
		1	铺地	正面边长35.4×31.5，厚6.4—6.8， 背面边长34×30.3	ⅠT2-2②：1	完整
		大量	铺地	根据对一号殿址台基上面残留的铺地砖进 行统计，尺寸在边长31.5—36、厚度5.5— 7.2之间，以边长34、35、35.5、36，厚度 6和6.5最为常见。多数为正方形，边长有 差距者每砖长短边相差均在2之内，一般不 超过1。短边最短者31.5，其长边亦在35左 右，仅为个例	铺于台基表面	未起取

续表一九

类	型式 数量	数量	用途	规格（厘米） 长(窄边—长边)×宽×厚(窄边—长边)	标本单位 ZYGD1	备注 窄边—长边 指楔形砖面言
楔形砖	A型 13	大1	砌墙外皮	(33.6—34.4)× (17.7—18)×(5.5—5.9)	ⅥT5-3②：1	正面素面背面有斜向宽带纹
		大1	砌墙外皮	(35.5—37.5)×18.9×(4.9—5.6)	ⅥT5-4②：1	完整
		大1	砌墙外皮	(34—36.6)×18.5×(5.2—5.8)	ⅣT1-4②：1	完整
		大1	砌墙外皮	(34—37)×19×(5.5—6)	ⅣT1-4②：2	完整
		大1	砌墙外皮	(34.4—35.3)×18×(5.5—6)	ⅢT2-3②：1	完整
		大1	砌墙外皮	(33.7—34.2)× (17.9—18.5) ×(5.5—5.9)	ⅠT3-2②：1	完整
		大1	砌墙外皮	(33.5—34.7)× (18—18.5) ×(5.5—5.8)	ⅢT2-3②：2	完整
		大1	砌墙外皮	(35.4—36.3)×16×(5.6—6)	ⅢT4-5②：2	完整
		大1	砌墙外皮	(32—32.7)× (15.6—16.1) ×(5.5—5.9)	ⅢT5-5②：1	完整
		大1	砌墙外皮	(34.8—35.5)×15.6×(5.2—5.8)	ⅢT4-5②：3	完整
		中1	砌墙外皮	(28—29.4)×18.5×(5.5—6.2)	ⅧT3-5②：1	完整
		中1	砌墙外皮	(30.5—32)× (17.8—18.5)×(5.1—5.9)	ⅧT3-5②：2	完整
		小1	砌墙外皮	(24—25.6)×18×(5—5.9)	ⅧT5-5②：1	完整
	B型 11块	1	砌墙外皮	(33—35)×16×(5.1—5.5)	ⅠT1-5②：1	正面绳纹背面斜向宽带纹
		1	砌墙外皮	(30.5—34.8)×18×(5.5—6)	ⅧT3-5②：3	完整
		1	砌墙外皮	(32.2—34.8)×17.6×(5.1—5.8)	ⅢT2-3②：3	完整
		1	砌墙外皮	(34—35.5)×18×(5.3—5.9)	ⅥT5-4②：2	完整
		1	砌墙外皮	(33.7—35.2)×18.2×(5—5.7)	ⅥT2-4②：1	完整
		1	砌墙外皮	(35—36.5)×18.9×(5.5—6)	ⅡT3-1②：1	完整
		1	砌墙外皮	(32.2—34.9)×18×(5.5—6)	ⅥT5-4②：3	完整
		1	砌墙外皮	(34.5—36.2)×18.5×(5.3—5.7)	ⅢT2-3②：4	完整
		1	砌墙外皮	(34.5—36)×(18.2—18.5)×(5.4—5.9)	ⅠT1-4②：1	完整
		1	砌墙外皮	(32—34.5)×残17.2×(5.4—5.5)	ⅠT1-5②：2	长边残损
		小1	砌墙外皮	(21—23.5)×18.7×(5.5—5.9)	ⅣT1-4②：3	完整

续表一九

类	型式 数量	数量	用途	规格（厘米） 长(窄边—长边)×宽×厚(窄边—长边)	标本单位 ZYGD1	备注 窄边—长边 指楔形砖而言
牡丹风轮龙纹方砖	76	1	铺路	正面高28.2×宽28.2×厚5.8—6 背面较小高27.5×宽27.5	ⅨT1-6②：1	背面有刮抹痕迹，左上角稍有残缺
		1	铺路	高29.4、宽28.7、厚5.2—5.5，背面略小	采集品：1	现存张北文保所
		1	铺路	高 28、宽26、厚5.2—5.5，背面略小	采集品：2	现存张北文保所
		1	铺路	残长16×残宽17.5×5	ⅦT4-1②：1	残存左下角约1/4
		1	铺路	残长15.5×残宽11.5×5.2	ⅢT1-5②：3	残存右下角1/5
		1	铺路	残长23×残宽13×5.4	ⅥT1-3②：1	残存左下中部1/4
		1	铺路	残长16.5×宽27.7×5	ⅥT1-4②：1	残存上半部1/2
		1	铺路	残长17.2×宽28×5.5	ⅣT1-3②：2	残存上半部1/2
		1	铺路	残长19×残宽21×5	ⅤT2-6②：1	残存右下角1/4
		1	铺路	残长16×残宽14.7×5.2	ⅥT1-4②：2	残存左下角1/5
		1	铺路	残长27.5×残宽27.7×6	ⅢT1-5②：2	左上右下及下部边缘残缺
		1	铺路	正面：高28×宽28×厚4.5—5.5 背面：高27.5×宽27.5	ⅨT4-6②：1	可粘接基复原
		1	铺路	正面：高28×宽28×厚5 背面：高27×宽27	ⅥT1-4②：3	可粘接边缘残缺
		1	铺路	正面：高27.5×残宽17×厚5.3—5.9 背面：高26.4×残宽16.5	ⅢT5-5②：2	残缺约一半
		1	铺路	正面：高28.3×宽28.1×厚5—5.5 背面：高27.2×宽27.3	ⅦT3-3②：1	可粘接复原
		1	铺路	正面：高27.7×宽27.7×厚5.6—5.9 背面：高26.6×宽26.6	ⅡT2-4②：1	残缺一角约1/4
		1	铺路	正面：高28.1×宽28.1×厚5.2—5.5 背面：高27×宽26.5	ⅡT2-4②：2	残缺一边两角
		1	铺路	正面：高27.9×宽27.9×厚5—5.4 背面：高27.4×宽27.4	ⅡT2-4②：3	残缺一角约1/4
		1	铺路	正面：高29.3×残宽18×厚5.5—6 背面：高28.8×残宽19	ⅤT4-2②：1	残缺约1/2
		1	铺路	正面：高28×28×厚5.2—5.5 背面：高27.3×宽26.9	ⅣT1-4②：4	边缘及一角残缺
		1	铺路	残长23×残宽18×5.3	ⅥT1-4②：4	残存右上角1/4
		1	铺路	残长19×残宽14×5	ⅤT4-2②：2	残存左上角中部
		1	铺路	残长14×残宽6.7×5.3	ⅦT4-1②：2	残存为一角边
		1	铺路	残长19×残宽16.5×5.5	ⅥT1-3②：3	残存右下角1/5
		52	铺路	尺寸较小，没有统计意义		

续表一九

类	型式	数量	用途	规格（厘米）	标本单位	备注
	数量			长(窄边—长边)×宽×厚(窄边—长边)	ZYGD1	窄边—长边 指楔形砖而言
龙纹 大方砖	1	1	拼接装饰	长34.2、残宽20、厚6.5、浮雕高0.8	ⅦT2-5②：1	残余一侧1/3
六角编 扣花叶 纹方砖	23	1	铺路	正面边长：27.4×28.5、厚5.2—5.5 背面较小：边长26.2×27.4	ⅨT3-4②：1	完整，纹饰磨损较严重
		1	铺路	正面边长27.4×残19.2、厚5.1 背面较小：边长27.1×残18.3	ⅨT2-5②：3	余1/3
		1	铺路	边长残18.7×残17.1、厚5.2—5.4	ⅢT1-5②：1	余1/4，边框花蕊较清楚
		1	铺路	正面边长27.4×27.4、厚5.2—5.4 背面较小：边长25.2×26.5	ⅨT3-4②：2	完整，背面有刮抹痕迹 纹饰磨损较严重
		1	铺路	正面边长27.4×残17.8、厚5.4 背面较小：边长26×残17	ⅦT2-6②：1	余1/3
		1	铺路	正面边长27.5×残20、厚5.4 背面较小：边长27.2×残19.5	ⅨT2-5②：1	余1/3
		1	铺路	正面边长27.2×残18.9、厚5.1 背面较小：边长27.1×残18.3	ⅨT2-5②：2	余1/3
		1	铺路	边长残19.5×残18.9、厚5.2—5.4	ⅤT5-3②：1	余1/4，边框较清楚
		15	铺路	尺寸较小，没有统计意义		余不足1/4

续表一九

类	型式 数量	数量	用途	规格（厘米）长(窄边—长边)×宽×厚(窄边—长边)	标本单位 ZYGD1	备注 窄边—长边 指楔形砖而言
卷草纹条砖87	A型 6	1	砌壁、铺路	残长21.3×宽19×厚5.7	ⅤT4-2②：3	残余1/2左半块
		5	砌壁、铺路	尺寸较小无统计意义，有的背面略小		
	B型 30	1	砌壁、铺路	残长21.2×宽18.8×厚5	ⅣT3-3②：1	残余1/2左半块
		29	砌壁、铺路	尺寸较小，没有统计意义。形制图样参见C型完整者之左半块		余不足1/4，均为左半块。纹饰同于C型完整者之左半块
	C型 14	1	砌壁、铺路	长38×宽18.7×厚5.5	ⅤT4-2②：4	完整者左半块均同于B型
		1	砌壁、铺路	长38.6×宽19×厚5.5	ⅥT1-4②：5	
		1	铺于坡道	长38.4×宽18.5×厚5.5，背面略小	ⅣT1-5②：1	可复原，花纹残损
		1	铺于坡道	长38×宽18×厚5.7	ⅣT1-5②：2	可复原，花纹残损
		1	铺于坡道	长37.4×宽18.3×厚5.4	ⅣT1-5②：3	完整，花纹残损
		9	砌壁、铺路	尺寸较小，没有统计意义		余不足1/4，均为右半块
	D型 1	1	砌壁、铺路	残长20×宽18×厚6	ⅣT1-3②：1	余1/2右半块
	E型 17	1	砌壁、铺路	残长18.5×宽20×厚5.5	ⅡT4-5②：1	余1/2右半块
		1	铺于坡道	长37×宽18.2×厚5.8	ⅣT1-5②：4	右下角缺损
		15	砌壁、铺路	尺寸较小，没有统计意义		余不足1/4，均为右半块
	F型1	1	砌壁、铺路	残长20×宽19×厚5.2	ⅨT2-3②：1	余1/2右半块
	G型 9	1	砌壁、铺路	残长21.5×宽18.5×厚5.5	ⅡT4-5②：2	余1/2右半块
		8	砌壁、铺路	尺寸较小，没有统计意义		
	不明残块 9	9	砌壁、铺路	尺寸较小，没有统计意义		较小，纹饰模糊不清楚
草叶纹砖残块		1	不明	残长16.5、残宽2.7、厚6、浮雕高0.5，残余一个垂叶形纹饰	ⅦT2-5②：2	残余一个垂叶形纹饰类似卷草纹

续表一九

类	型式数量	数量	用途	规格（厘米）长(窄边—长边)×宽×厚(窄边—长边)	标本单位 ZYGD1	备注 窄边—长边指楔形砖面而言
象眼眶角雕砖	A型 6	1	砌象眼	直角边长26、斜边长28、高9.5、厚6.7	VIT1-3②：4	完整
		1	砌象眼	直角边残长21、斜边残长22、高10、厚7	VIT1-3②：2	角尖残断
		1	砌象眼	后部有折。直角边残长23、斜边残长23.5、高7.5、厚7	VIT1-4②：6	角尖残断
		3	砌象眼	其余3块形制相似残损严重		
	B型 6	1	砌象眼	后部竖边有折，直角边长26、斜边长27、高9、厚6.5	VIT1-4②：7	完整
		1	砌象眼	后部竖边有折。直角边残长20、斜边残长20.5、高8.7、厚6.3	VIT2-5②：1	角尖残断
		4	砌象眼	其余4块形制相似残损严重		
象眼眶边雕砖	A型 3	1	砌象眼	残长13.5、宽10.5厚4.6	VIT1-4②：8	残块
		2	砌象眼	形同上，残甚		
	B型 5	1	砌象眼	残长13、残宽8.7、厚4.6	VIT1-4②：9	残块
		1	砌象眼	长15、宽14、厚4.5	VIT1-4②：10	残缺一角
		3	砌象眼	形同上，残甚		
削边砖	4	1	不明	(37.6—38.6)×19×(3—4.3)	IVT2-4②：1	完整
		1	不明	两个侧面均斜削。残长18.6、宽18.7、厚3.6—4.1	VIT1-4②：11	半块
		2	不明	形同IVT2—4②：1，小残块		小残块

表二○　一号殿址出土灰陶板瓦统计表

序号	标本编号 ZYGD1	器物名称	保存情况	特征及尺寸
1	ⅢT4-5②：4	灰板瓦	基本完整	左侧边缘中部稍有残缺其余基本完好。形状为前宽后窄，前缘断面平齐，尾缘内圆外尖，背面光滑内面布纹，内面有并排三道纵向指甲纹，间距为6—7厘米不等，在前段两侧边缘内侧距瓦头边缘7.5厘米处和后端两侧边缘内侧距尾缘厘米4处，各有凹坑一个，两侧边缘内侧断面留有很浅的割痕，割痕光滑，靠瓦背的断面粗糙不平，在瓦头断面中间右半部有一道凹弦纹，较深且宽。左半部变为两道较细且浅。瓦缘局部粘有白灰泥。长34.3—34.8、弦宽22—24、矢高4.1、厚2—2.3厘米。
2	ⅡT2-4②：5	灰板瓦	残缺	尾端左下角缺失，右下角粘接复原。在左缘前端内侧距前缘5厘米处和右缘后端内侧距尾缘7厘米处，各有凹坑一个，在板瓦的内面靠左右两边都留有较多拌草白灰泥。长37、弦宽21—24、矢高3.7、厚2.3厘米。
3	ⅡT2-4②：4	灰板瓦	残缺	残留前端约二分之一，前端边缘平齐，背面光滑，内面布纹，两侧边缘内侧断面有割痕。残长19.3—23.3、弦宽23.5—24.5、厚2.1—2.6厘米。
4	ⅡT2-3②：5	灰板瓦	残缺	残留前端约二分之一，右上角呈斜形缺失。瓦头断面平齐，瓦背光滑内面布纹，内面距瓦头边缘5厘米处有一横向凹槽，宽1.2—1.5厘米，并有纵向指甲纹两道，间距8.5—12.5厘米，两侧边缘内侧断面有平整光滑的切割痕，割痕深0.7厘米，靠背面的大半断面粗糙不平，不是切割，均为沿切痕掰开所致，在瓦脊背上紧挨前缘有一片拌草白灰泥。残长15—26、弦宽27.5、矢高5.2、厚2.5—2.8厘米。
5	ⅥT5-3②：9	灰板瓦	残缺	残存前端左上角。前端边缘平齐，背面光滑，内面布纹，左侧边缘内侧距前缘处有一凹坑，两侧边缘内侧断面留有较浅的切痕，痕深0.6厘米，切痕平齐较为光滑，剩余断面茬口不平并且粗糙，应为沿切痕掰开所形成。残长6—20、弦宽23.9、矢高3.6、厚2—2.5厘米。
6	ⅠT3-1②：1	灰板瓦	残缺	残存前端约三分之一，右上角缺失。前缘断面较平齐，有凹弦纹，背面较为光滑局部有划痕，内面布纹，左侧边缘内侧距前缘4.5厘米处有一凹坑，形似手指所按，左侧内面并排两道纵向划痕，长11、间距1.5厘米，两侧断面留有光滑平齐的切割痕，痕深0.4厘米，剩余断面粗糙不平，均为沿割痕掰开所致，边缘局部有灰泥。残长11—16.3、弦宽24.5、矢高4.2、厚2—2.4厘米。
7	ⅢT5-5②：3	灰板瓦	残缺	残存前端约半部，两角稍有缺失，右角缺失较多。前缘断面较为平齐，两侧边缘内侧断面有割痕，痕深0.5—0.7厘米，割痕光滑平齐，剩余断面粗糙不平，均为沿割痕掰开所致，两侧边缘内侧距前缘6厘米处各有凹坑一个，背面光滑内面布纹，边缘局部粘有白灰泥。残长14.5—21.5、弦宽13.5—14.5、矢高4.2、厚2.2—2.5厘米。

续表二〇

序号	标本编号 ZYGD1	器物名称	保存情况	特征及尺寸
8	ⅡT4-2②：2	灰板瓦	残缺	前端约三分之一缺失，尾端左下角缺失。尾部边缘内圆外尖，背面较为光滑且有划痕，内面布纹，内面靠左侧留有一道纵向形似指甲纹，分析可能为压印形成布纹时的两块布边接合处所致，两侧边缘内侧断面留有切割痕，痕深0.4—0.6厘米，割痕光滑平齐，剩余断面的茬口粗糙不平，应为沿切痕掰开所形成，背脊局部留有灰泥。残长21—27、弦宽19—19.5、矢高2.8、厚2—2.2厘米。
9	ⅤT2-3②：3	灰板瓦	残缺	残存右半部。前端瓦缘断面平齐并有两道凹纹，尾缘内圆外尖，在右侧边缘内侧距瓦前缘8.5厘米处和尾缘7厘米处各有凹坑一个，背面光滑内面布纹，前端背面粘有白灰泥，前端内面距前缘2厘米处有一横向凹槽，右侧边缘内侧断面有切割痕，痕深0.4、残长34.5、宽15—22、厚2—2.6厘米。
10	ⅢT2-1②：1	灰板瓦	残缺	残留前端约二分之一，右上角呈斜形缺失，左上角稍有残缺。前缘断面平齐，施凹弦纹一道，背面光滑，内面布纹，右侧边缘内距前缘7.5厘米处有一凹坑，两侧边缘内侧断面有0.4—0.7厘米的切割痕，割痕平滑，靠背面的大部断面粗糙不平，说明沿切痕掰开所致，两侧边缘局部有白灰泥。残长16—21、弦宽23.5、矢高4、厚2.3厘米。
11	ⅢT1-4②：2	灰板瓦	残缺	前端缺失约三分之一。板瓦为前宽后窄，背面光滑内面布纹，两侧边缘断面内少半有明显的切割痕，切痕光滑平整，靠背面的多半断面凹凸不平较为粗糙，不是切割，应为掰开所致，背面边缘局部粘有少许白灰泥，尾缘为内圆外尖。残长21.3—27.5、弦宽20—21.6、矢高3.1、厚1.6—2.1厘米。
12—52	41件小残块	灰板瓦	残缺	残块较小，特征同前，未测量。
合计	52件			

表二一　宫城一号殿址出土灰陶筒瓦统计表

序号	标本编号 ZYGD1	器物名称	保存情况	特点及尺寸（厘米）
1	ⅢT4-1②：3	灰筒瓦	基本完整	瓦头左上角小块残缺，尾缘脊背偏右小块残缺。背面光滑内面布纹，舌部形似子母口，为使边缘变薄扣合严密，用前在边缘内侧经过削砍，砍痕粗糙且凸凹不平，左侧边缘背面白灰较多，其余边缘局部少许，瓦背面留有灰烬，可能为后期焚烧所制。长24.3—24.5、宽13.2、矢高3.7、厚2.3、舌长1.3、宽7.5、厚1.7厘米。
2	ⅢT4-1②：5	灰筒瓦	基本完整	瓦舌缺失，两侧边缘稍有残缺，背面光滑素面，内施布纹，为使边缘变薄，两侧边缘内侧有砍削痕，砍痕凹凸不平，局部粘有白灰泥。长24.7、宽13.3、矢高3.3、厚2.1厘米。
3	ⅢT2-1②：2	灰筒瓦	基本完整	尾端左下角缺失，其余边缘稍有残缺。背面光滑内面布纹，瓦舌形似子母口状，四面边缘内侧均有砍削痕，痕迹凹凸不平，为用前所制，为了使扣合严密，背面边缘粘有白灰泥，其余大部有灰烬，可能为焚烧所留。长25、弦宽12.5—13、矢高3.1、厚2、瓦舌长1.2、宽8.5、厚0.2—1.4厘米。
4	ⅡT4-2②：3	灰筒瓦	基本完整	边缘局部稍有残缺。背面光滑内面布纹，舌部形似子母口，为使边缘变薄扣合严密，用前在三面边缘内侧经过砍削，砍痕粗糙凸凹不平，左侧边缘背面粘有白灰泥。长23.5、弦宽13、矢高3.3、厚2.2、瓦舌长1.2、宽8、厚0.2—1.3厘米。
5	ⅣT1-4②：6	灰筒瓦	基本完整	两侧边缘瓦头边缘局部残缺。背面光滑，内面布纹，内面左侧瓦头部留有手指按窝两个，两侧边缘内侧砍削痕凹凸不平，砍痕为了扣合严密在用前所致，两侧背部边缘粘有灰泥。长24.5、弦宽12.9、矢高3.8、厚2—2.2、瓦舌长1.7、宽9.2、厚0.6—1.5厘米。
6	ⅡT2-3②：9	灰筒瓦	基本完整	瓦头右上角呈斜形缺失，尾缘瓦舌左缘稍有残缺。背面有纵向削痕五道，削痕宽2.5—3厘米，削痕平滑，内面布纹，尾缘及两侧边缘内侧均有砍削痕，砍痕凹凸不平，瓦舌上面及两侧内面局部有白灰泥。长25.2、弦宽13.5、矢高3.9、厚2、瓦舌长1.2、残宽6、厚0.2—1.1厘米。
7	ⅢT4-1②：4	灰筒瓦	基本完整	瓦头右上角背面残缺，两侧边缘瓦舌稍有残缺。背面光滑内面布纹，为使缘部变薄扣合严密，用前在边缘内侧经过砍削，砍痕凹凸不平，背面左侧边缘粘有白灰泥。长23、宽12.9、矢高4.9、厚2、瓦舌长0.8、宽7.5、厚0.3—1厘米。
8	ⅢT3-4②：2	灰筒瓦	基本完整	瓦头右侧背面残缺一块，其余边缘局部有残缺。背面光滑内面布纹，舌部形似子母口状，为使边缘变薄扣合严密，用前在边缘内侧经过削砍，砍痕凸凹不平较粗糙，左侧边缘背面粘有灰泥，其余边缘局部少许，陶质为泥质灰陶，内含少量砂粒，火候较好。长26.5、弦宽13—13.7、矢高4.3、厚2.2、舌长1.7、宽10、厚0.2—1.5厘米。
9	ⅢT3-4②：3	灰筒瓦	基本完整	瓦舌瓦头边缘稍有缺失，左下角残为粘接复原。背面光滑内面布纹，瓦舌部似子母口状，在两侧边缘内面有很浅的切割痕，割痕平整光滑，靠背面的茬面凹凸不平且粗糙，根据筒瓦的弧度，两块可组成一个圆圈，陶质为泥质灰陶，含有细沙粒，火候较好，两侧边缘局部粘有白灰泥。长24.2、弦宽13—13.5、厚2—2.3、瓦舌长1.3、宽11、厚0.2—1.5厘米。
10—19	10件 （编号见后）	灰筒瓦	基本完整	标本ⅢT4-1②：11、ⅢT4-1②：12、ⅢT4-1②：13、ⅢT4-1②：14、ⅣT4-3②：6、ⅥT2-4②：7、ⅥT5-3②：10、ⅥT5-3②：11、ⅥT5-3②：12、ⅥT5-3②：13与上述筒瓦形制尺寸相当，未测量。
20—40	21件	残块		未测量
合计	40件			

表二二　一号殿址琉璃板瓦、筒瓦、条子瓦、线道瓦统计表

器物名称	序号	编号（ZYGD1）	保存情况	特征
绿釉板瓦440	1	ⅡT4-1②:2	残块	残存前端瓦头小半部。板瓦前端小段两面无釉，后大半段两面通施绿釉，背面光滑内面布纹，瓦头边缘背面凸起一折棱，可能为固定所用，在内面前端残留一支痕，并有大片灰泥，两侧边缘内侧局部有灰泥。残长11—19、弦宽21.3、弦高4.5、厚1.8—2厘米。
	2	ⅥT4-3②:9	残块	残存瓦头右前角约四分之一。背面光滑局部有绿釉，并且有一支钉痕迹，内面布纹无釉，瓦头背面边缘凸起一折棱，内侧沿边缘有一凹沟。残长14、宽14.5、厚2.1—2.3厘米。
	3	ⅤT3-4②:6	残块	残存右前角边缘和左侧边缘5.5厘米，板瓦前端一小段两面无釉，后大半段两面通施绿釉，背面大部较为光滑，前端局部有刮划痕，并有支痕3个，内壁布纹并有指甲纹一道，瓦头边缘背面凸起一折棱，可能为固定所用，内侧边缘有削切痕，可能为烧前所制，内侧边缘局部留有灰泥。残长5.5—2.7、弦宽22、弦高3.7、厚2.1—2.5厘米。
	4	小残块437件	残块	绿釉宽板瓦，或分不清宽窄者。
绿釉条子瓦139	1	小残块139件	残块	绿釉窄板瓦。残长5—14、宽8.5—8.7、厚1.6—2.3厘米。
A型绿釉筒瓦396	1	ⅡT2-3②:4	残块	瓦舌及两侧边缘稍有残缺。外部光滑施绿釉，但有少部脱落，内为布纹无釉，后端及两侧内缘经过削切，削痕明显，前端有瓦舌，舌长1.5、残宽6.5、厚0.2—1.4厘米，瓦舌上面及后端内缘有少许白灰泥。通长25、弦宽12.5、弦高3.8、厚2厘米。
	2	ⅣT3-3②:2	残块	残存前端小半段。表面光滑施绿釉，内面布纹无釉，边缘内侧有削切痕，使缘部变薄，切痕可能为烧前切成，在残断的断茬上留有圆孔壁面，距瓦头边缘6.5厘米。残长3.5—7、弦宽14、弦高4.3、厚1.3—2.1厘米。瓦舌长1.7、弦宽9、厚1—1.5厘米。
	3	ⅣT2-3②:1	残块	残存前端边缘和瓦舌及左侧边缘大部。表面光滑施绿釉，内面布纹无釉，边缘内侧有切痕，切痕光滑平整，可能为烧前切成。瓦舌长2、弦宽9、厚0.2—1.1厘米，瓦舌上面局部残留有灰泥。残长16.6、弦宽13.5、弦高4.3、厚1.2—2.2厘米。
	4	ⅥT5-4②:4	残块	残存前大半段，表面光滑施绿釉，内面布纹无釉，瓦舌左右两端及边缘内侧分别都有削切痕，削痕平整，应为烧前切成。边缘内侧局部留有少许灰泥。瓦舌长2、弦宽5.5、厚0.2—1.9厘米。
	5	小残块392件		

续表二二

器物名称	序号	编号（ZYGD1）	保存情况	特征
B型绿釉筒瓦16	1	ⅥT5-3②:8	残块	琉璃釉陶筒瓦残块。残存前端小半段。表面光滑施绿釉，内面布纹无釉，边缘内侧有明显的削切痕，使缘部变薄，切痕应为烧前所制，在距前端边缘8厘米处，脊背上有一通透圆形小孔，孔径为1.7厘米。残长9—11、弦宽13.3、弦高4.8、厚1—2.5、瓦舌长1.2、弦宽9.5、厚0.2—1.4厘米。
	2	ⅣT2-3②:2	残块	残存瓦舌大部和前端左侧小段边缘。表面光滑施绿釉，内面布纹无釉，边缘内侧有削切痕，切痕光滑平整，应为烧前切成，在前端中部距瓦头边缘4.5厘米处有一通透圆孔，径1.3厘米，瓦舌上面局部粘白灰泥。残存瓦舌大部和前端左侧小段边缘长10、残弦11、厚1—2厘米。瓦舌长1.7、弦宽7.5、厚0.2—1.5厘米。
	3	ⅥT3-4②:5	残块	外部光滑施绿釉，内壁布纹无釉，仅存前端边缘和一侧边缘，内侧斜削使缘部较薄，在瓦背前端靠中部有一通透穿孔，孔径为1.6厘米，距前端边缘6.5厘米，瓦舌长1.3、宽8、厚0.2—1.2厘米，局部有白灰泥。残长24.7、弦宽12.2、弦高3.5、厚2—2.2厘米。
	4	ⅥT4-4②:1	残块	残存瓦舌和一侧边缘，外表光滑釉色深绿，内壁布纹无釉，边缘内侧削切使缘部较薄，瓦舌长1.7、弦宽7.6、厚0.2—1.2厘米，前端中部距瓦头边缘7.5厘米处有一通透圆孔，径1.1厘米，瓦舌内面粘有白灰泥。残长14.5、弦宽11.5、弦高4.2、厚1.6—2厘米。
	5	ⅦT2-5②:3	残块	前端及尾端左侧残缺。表面光滑施绿釉，但脱落严重，内面布纹无釉，两侧边缘有削切痕，切痕光滑平整，可见为烧前切成，在前端中部有一通透圆孔，径1.5厘米，边缘内侧局部有少许灰泥，质地为泥质红陶，火候中等。残长17、弦宽12.3、弦高4.4、厚0.7—1.7厘米。
	6	小残块11件。	残块	

续表二二

器物名称	序号	编号（ZYGD1)	保存情况	特征
黄釉线道瓦140	1	ⅥT2-4②:4	残块	残存前端右上部。背面光滑施黄釉，内面布纹无釉，但局部有绿釉沁润，右侧边缘内侧经削切使边缘变薄，应为烧前所制，左侧断茬内面有不太明显很浅的切痕，烧前沿切痕把筒瓦掰开，分两个而用，背面左侧约三分之一粘有土灰合成泥浆，长期在上覆盖侵蚀使釉色暗淡。残长15.5、宽9.5—11、厚0.5—2厘米。背侧光滑的一侧施黄釉，侧缘亦有，另一侧宽5.5厘米无釉，内侧有齐整的削切痕，内中部有一黄釉条痕，前端瓦背向前凸出，侧缘厚0.5厘米。
	2	ⅣT4-3②:2	残块	残存瓦头左上部。内面布纹无釉，左侧边缘内侧斜削使缘部较薄，右侧断茬内面有很浅的切割痕，烧前沿切痕把筒瓦掰开，分两个而用。背面右边约四分之一、大致2.5—4厘米无釉，暗淡且粘有土和白灰混合的泥浆，由此可见应为用泥长期覆盖侵蚀而成。其余部位光滑施黄釉，瓦背施釉部位的相邻侧缘亦施釉，内有切面宽2.5—3厘米。釉色鲜艳。瓦背前端外凸约0.5厘米。残长14、宽10.5、厚0.6—2厘米。
	3	ⅦT4-1②:3	残块	残存尾端左下角部。背面光滑施黄釉，局部有绿釉沁润，内面无釉施布纹，瓦尾边缘内侧及左侧边缘内侧通有削痕，使缘部变薄，削痕平整，均为烧前所制，右侧断茬内面有很浅的切痕，烧前沿切痕掰开，使筒瓦分两瓣而用，背面釉色一半鲜艳一半暗淡，暗淡部及断茬留有草拌泥浆，应为长期覆盖浸蚀而成。残长11.5、宽11、侧切面宽3—4、前切面宽3、厚0.5—2.2厘米。
	4	ⅥT4-4②:2	残块	残存尾端右下部。背面光滑施黄釉，内面布纹无釉，瓦尾边缘内侧及右侧边缘内侧斜削使缘部变薄，削痕光平，为烧前所切，左侧断茬内面留有很浅的切痕，烧前沿切痕把筒瓦掰开，分两个而用。背面左边约四分之一宽2.8—3厘米无釉，暗淡且粘有泥浆，为长期覆盖侵蚀而成。其余大半施黄釉，釉色鲜艳。其中一个侧缘施釉，施釉一侧内边缘有平齐的切面，切面宽3厘米。内面完整一端有平齐的切面，残长12.1、宽内9.7—背11、前缘厚0.5、侧缘厚1、瓦厚1.9—2.2厘米。
	5	ⅥT4-4②:3	残块	残存尾端右下角。背面光滑施黄釉，内面布纹无釉，尾缘内侧和左缘内侧削切面局部有黄釉沁润，左侧断茬内面切痕虽浅但较明显，说明烧前沿切痕把筒瓦掰开，分两个而用，背面左侧边缘粘有土和白灰混合而成的泥浆。残长9、宽内9.5—背11、侧缘厚1、前缘厚0.5、瓦厚2.1厘米。背面宽约1.3厘米无釉，内面侧缘斜向削切面宽3、前端削切面宽3、前缘粘有黄釉，内面一角施有黄釉。
	6	小残块135件	残块	根据略大一些的残块横断面弧度推测应为黄釉筒瓦小残块。有可能含有板瓦残块，但无确切证据。

表二三　一号殿址出土琉璃和灰陶瓦当登记表

类型	序号	标本单位 ZYGD1	保存状况	规格（单位：厘米） 直径×厚×缘宽+筒瓦通（残）长	内缘弦纹及主体龙纹凹凸情况	穿孔	按窝 ✓	颜色 边缘+内区
A型 148件	1	ⅡT4-5②：3	缘残	12.9×2×1.8+3	无凸凹弦纹，龙纹较平	6		深绿+深黄
	2	ⅧT4-3②：1	基本完整	13.6×1.8×2+0 5	凹弦纹、龙纹较凸	5		绿色+黄色
	3	ⅢT1-3②：1	基本完整锈脱	13.3×1.7×1.9+0	有凹弦纹			绿色+黄色
	4	ⅥT4-3②：1	半残	12.8×1.9×1.9+0	无凸无凹弦纹，龙纹略平	余4		绿色+深黄
	5	ⅡT1-3②：1	基本完全锈脱	13.8×2×2+0	有凹弦纹	5		绿色+黄色
	6	ⅥT1-3②：5	基本完整锈脱	12.8×1.8×2+6.2	有凸弦纹	5		深绿+深黄
	7	ⅥT4-3②：2	基本完整	13.5×1.9×1.9+5.5	有凹弦纹	3	✓	深绿+深黄
	8	ⅥT3-1②：2	缘残	13×1.8×2+0	凸弦纹，龙纹较凸起	2		深绿+深黄
	9	ⅦT3-4②：1	半残	13.5×1.9×2.5+0	凸弦纹，龙纹较凸起	5	✓	浅绿+浅黄
	10	ⅤT3-4②：1	残缺	12.9×1.8×2.1+0	有凹弦纹，龙纹较凸起	余3	✓	绿色+黄色
	11	ⅤT2-4②：3	半残锈脱	13.5×1.8×2.1+0	有凹弦纹，龙纹较凸起	余3	✓	绿色+黄褐
	12	ⅧT4-5②：1	半残	13.8×1.8×2+0	有凹弦纹	4		浅绿+黄褐
	13	ⅢT1-3②：3	半残	13.5×1.9×2+0	有凹弦纹，龙纹较凸起	余3		绿色+黄色
	14	ⅤT2-3②：1	残缺	14×1.8×2.1+0	龙纹较凸起	余1	✓	深绿+深黄
	15	ⅡT1-3②：4	残缺，火烧	12.8×2.1×2.2+0	龙纹较凸起	5		紫红+深褐

续表二三

类型	序号	标本单位 ZYGD1	保存状况	规格（单位：厘米）直径×厚×缘宽+筒瓦通（残）长	内缘弦纹及主体龙纹凹凸情况	穿孔	按窝 ✓	颜色 边缘+内区
A型 148件	16	ⅥT4-3②：4	基本完整锈脱	12.8×2.1×2.1+0	有凸弦纹，龙纹较凸起	5		浅绿+深黄
	17	ⅥT5-3②：4	残缺，火烧	12.5×1.6×2+0	凸弦纹	6		紫绿+黑褐
	18	ⅤT1-3②：1	半残锈脱	13.5×1.9×2+0	有凹弦纹	余2		绿色+黄色
	19	ⅣT4-3②：1	半残	13.3×1.9×2+0	凸弦纹，龙纹较凸起	余4		深绿+深黄
	20	ⅥT5-3②：5	缘残	12.7×1.9×2+3	有凸弦纹，龙纹较凸起	5	✓	深绿+黄色
	21	ⅤT3-3②：1	缘残	13.2×1.9×1.8+6	有凹弦纹，龙纹凸起	4	✓	绿色+黄色
	22	ⅧT2-3②：3	残缺	13.8×2.2×1.9+0	凹弦纹，龙纹凸起	5		黄褐+黄褐
	23	ⅧT5-3②：1	基本完整	13.2×2×1.9+8.4	有凹弦纹	1	✓	浅绿+灰褐
	24	ⅥT3-4②：4	残缺	13.5×1.9×2+0	凸弦纹，龙纹较凸起	7		深绿+深黄
	25	ⅤT2-5②：1	半残锈脱	13.9×1.6×2+0	凹弦纹，龙纹较凸起	余4		浅绿+灰褐
	26	ⅡT2-2②：1	半残	13.5×2.1×2+0	凸弦纹，龙纹较凸起	6		深绿+深黄
	27	ⅥT4-3②：6	缘残	13.9×2×2.1+0	有凹弦纹，龙纹较凸起	6		绿色+黄色
	28	ⅤT2-3②：2	缘残锈脱严重	12.8×1.5×2+2.2	凸弦纹，龙纹较凸起	6		深绿+深黄
	29	ⅧT4-3②：2	基本完整	13.8×2.1×2+0	有凸弦纹，龙纹较凸起	4		绿色+黄褐
	30	ⅥT4-3②：5	半残	13.5×1.8×1.9+0	有凹弦纹			绿色+黄色

续表二三

类型	序号	标本单位 ZYGD1	保存状况	规格（单位：厘米）直径×厚×缘宽+筒瓦通（残）长	内缘弦纹及主体龙纹凹凸情况	穿孔	按窝 ✓	颜色 边缘+内区
A型 148件	31	ⅤT5-2②：1	半残	13.4×1.9×2.1+0	有凹弦纹	4		深绿+黄褐
	32	ⅧT2-3②：2	半残	13.8×1.8×2.1+0	凹弦纹，较凸起	4		深绿+深黄
	33	ⅥT2-3②：1	半残	13.3×1.8×1.9+0	有凹弦纹	余1		深绿+深黄
	34	ⅤT1-3②：2	缘残锈脱	13.4×1.9×2+0	凹弦纹	5	✓	深绿+深黄
	35	ⅧT5-6②：1	缘残	13.6×2.2×2+0	凹弦纹	5	✓	绿色+黄色
	36	ⅧT3-2②：1	缘残	13.6×1.9×2+0	有凹弦纹	5		深绿+深黄
	37	ⅧT2-1②：1	半残	13.9×1.7×2.1+0	有凹弦纹	5		深绿+深色
	38	ⅢT4-1②：1	半残	13.2×2.1×2+0	凸弦纹，龙纹较凸起	6	✓	深绿+深黄
	39	ⅧT2-2②：1	半残	13.7×1.9×2.3+2	凹弦纹，龙纹较凸起	余4	✓	深绿+黄色
	40	ⅤT3-4②：2	半残	13.8×1.9×2+0	凸弦纹，龙纹较凸起	余4		绿色+黄色
	41	ⅤT2-4②：4	半残	13.6×1.6×2+0	有凹弦纹	5		绿色+黄色
	42	ⅥT3-4②：3	半残	13.7×1.5×2.8+0	凸弦纹，龙纹较凸起	余3	✓	深绿+深黄
	43	ⅣT1-3②：5	残缺锈脱	12.8×2×2.1+7	凸弦纹，龙纹较凸起	余4		灰绿+灰黄
	44	ⅥT1-1②：1	缘残	12.9×2×2.2+0	凸弦纹，龙纹微凸	5		绿色+黄色
	45		104件 小于1/2					

续表二三

类型	序号	标本单位 ZYGD1	保存状况	规格（单位：厘米）直径×厚×缘宽+筒瓦通（残）长	内缘弦纹及主体龙纹凹凸情况	穿孔	按窝 ✓	颜色 边缘+内区
B型 34件	1	ⅣT1−3②：3	残缺	12×1.7×1.8+1.5	有凹弦纹	6		绿色+黄色
	2	ⅡT2−3②：1	缘缺	12×1.7×2+0	有凹弦纹	5		绿色+黄色
	3	ⅣT3−4②：1	基本完整	11.6×1.8×1.7+4	有凹弦纹	5		绿色+黄色
	4	ⅡT1−3②：3	残缺	12×1.7×1.8+0	有凹弦纹	5		绿色+黄色
	5	ⅡT4−2②：1	半残	11.9×1.8×1.9+2.5	内缘无凸弦纹无凹弦纹，龙纹略平	5		深绿+深黄
	6	ⅢT1−4②：1	半残	11×1.7×1.5+0	有凹弦纹	余3		绿色+黄色
	7	ⅥT4−3②：3	半残	12.7×1.5×1.5+5	有凹弦纹	余1	✓	绿色+黄色
	8	ⅡT1−3②：2	基本完整，烧焦	12.3×1.9×1.9+0	有凹弦纹	5		灰黑+灰黑
	9	ⅤT2−4②：1	缘缺	12×1.6×1.7+1	有凹弦纹	5		褐色+褐色
	10	ⅣT1−3②：4	残缺	11.9×1.8×1.9+0	有凹弦纹	4		绿色+黄色
	11	ⅥT3−4②：2	基本完整，锈脱	12.5×1.7×2+0	没有凹弦纹	5		绿色+黄褐
	12		23件 小于1/2					

续表二三

类型	序号	标本单位 ZYGD1	保存状况	规格（单位：厘米）直径×厚×缘宽+筒瓦通（残）长	内缘弦纹及主体龙纹凹凸情况	穿孔	按窝 √	颜色 边缘+内区
C型35件	1	ⅢT4-1②：10	基本完整	12.4×1.8×2+0	有凹弦纹	5		绿色+黄色
	2	ⅡT2-3②：2	基本完整锈脱	12.3×1.6×2+0	有凹弦纹，龙纹凸起	4		绿色+黄色
	3	ⅡT3-1②：2	半残	12.2×1.6×1.6+0	有凹弦纹，龙纹凸起	4		绿色+黄色
	4	ⅢT1-3②：2	半残	13×1.7×2+0	有凹弦纹，龙纹凸起	6		绿色+黄色
	5	ⅠT3-5②：1	半残	未×1.7×2+0	有凹弦纹，龙纹凸起	5	√	绿色+黄色
	6	ⅥT5-3②：2	半残	12.5×2×1.7+0	有凹弦纹，龙纹凸起	余1		深绿+深黄
	7	ⅤT2-4②：2	半残	12.4×1.8×2+0	有凹弦纹，龙纹凸起	余4	√	绿色+黄色
	8	ⅥT5-3②：3	半残	未×1.6×1.8+0	有凹弦纹，龙纹凸起	余2		绿色+黄色
	9	ⅥT4-5②：1	半残火烧	125.×1.8×2+0	有凹弦纹，龙纹较凸起			紫红+灰黑
	10	ⅡT4-1②：1	残缺	未×1.7×1.7+0	有凹弦纹，龙纹凸起	余5	√	绿色+黄色
	11	ⅤT4-3②：1	半残烧流	11.5×1.5×2+0	有凹弦纹，龙纹凸起	4		绿色+黄色
	12	ⅡT2-3②：3	残缺	未×1.5×2+0	有凹弦纹，龙纹凸起	余2		绿色+黄色
	13	ⅥT2-5②：2	半残缺	12×1.7×2+0	内缘无凸弦纹无凹弦纹，龙纹略平	余2		绿色+黄色
	14		22件小于1／2					
D型2件	1	ⅥT3-4②：1	半残	13.5×1.8×1.7+0	有凹弦纹，龙纹凸起	余4		绿色+黄色
	2	ⅧT2-3②：1	基本完整缘缺	12.6×1.7×2+3	龙纹凸起	5	√	深绿+黄褐
灰陶A型1件	1	ⅥT3-3②：1	半残	12.6×1.7×1.9+0	灰陶			灰+灰

表二四　宫城一号殿址出土琉璃滴水统计表

类型	数量	序号	标本编号 ZYGD1	器物尺寸（单位：厘米）	保存情况
Aa型	95	1	ⅣT2-4②∶3	残长20、宽11、厚1—1.8	残缺，余不足1/2
		2	Ⅳ4T2-4②∶2	滴水残长12.5、宽7.5、厚1.8—2；板瓦残长11.4	残缺，余不足1/2
		3	ⅠT2-4②∶2	残长14.5、宽9.2、厚1.5—1.7	残缺，余不足1/2
		4	ⅠT1-2②∶1	滴水残长14、宽11、厚1—1.2；板瓦残长8.6	残缺，余不足1/2
		5	ⅠT2-3②∶1	残长14、宽10、厚1.3	残缺，余不足1/2
		6	ⅠT2-5②∶1	滴水残长13、宽8、厚1—1.3；板瓦残长6	残缺，余不足1/2
		7	ⅠT3-4②∶1	残长9.7、宽8.4、厚1.8	残缺，余不足1/2
		8	ⅠT3-4②∶2	残长11.5、宽8.5、厚1.4	残缺，余不足1/2
		9	ⅠT1-3②∶1	滴水残长19、宽7.5、厚1.5—1.7；板瓦残长8	残缺，余不足1/2
		10	ⅠT1-3②∶2	滴水残长17、宽9、厚1.4—1.6；板瓦残长12	残缺，余不足1/2
		11	ⅣT1-5②∶5	残长12、宽7、厚1—1.8	残缺，余1/3
		12	残块84件		小残块余1/3以下
Ab型	459	1	ⅦT3-3②∶2	残长24.2、宽12.6、厚1.5—2	残缺，余不足1/2
		2	ⅧT2-5②∶1	残长13、宽13、厚1.7	残缺，余不足1/2
		3	ⅧT4-5②∶2	滴水残长13、宽11、厚1.8—2；板瓦残长5.6	残缺，余不足1/2
		4	ⅦT4-4②∶1	残长10、宽10、厚1.7—2	残缺，余不足1/2
		5	ⅥT4-3②∶7	残长14、宽10.2、厚1.7—2	残缺，余不足1/2
		6	ⅤT3-4②∶3	残长14、宽13、厚1.8	残缺，余不足1/2
		7	ⅤT3-4②∶4	残长12.5、宽12、厚1.9	残缺，余不足1/2
		8	ⅢT4-1②∶9	残长17.5、宽11.5、厚1.8—2	残缺，余不足1/2
		9	ⅥT1-3②∶6	残长3、宽16、厚2.3—2.5	残缺，余不足1/2
		10	ⅢT3-4②∶1	滴水残长13、宽10、厚2.2；板瓦残长1.5、厚3	残缺，余不足1/2
		11	ⅤT2-5②∶7	残长16.5、宽12.6、厚2.5	残缺，余不足1/2
		12	ⅦT2-3②∶4	残长13.5、宽7.2、厚1.5—2	残缺，余不足1/2
		13	ⅧT3-4②∶3	残长13.8、宽10、厚1.8—2.8	残缺，余不足1/2
		14	ⅧT3-2②∶7	残长16、宽10.5、厚1.9—2.2	残缺，余1/2
		15	ⅧT3-2②∶5	残长13.5、宽12.3、厚1.5	残缺，余不足1/2
		16	ⅧT3-2②∶6	残长16.5、宽14、厚1.5—2	残缺，余2/3
		17	残块443件		余不足1/3

续表二四

类型	数量	序号	标本编号 ZYGD1	器物尺寸（单位：厘米）	保存情况
B型	228	1	ⅢT2-4②：1	滴水残长11、残宽7.2、厚1.2；板瓦残长5、残弦宽11、厚2	残缺，余不足1/2
		2	ⅥT5-3②：6	残长16、残宽10.5、厚1.5—1.7	残缺，余不足1/2
		3	ⅥT4-3②：8	残长10.5、残宽8.2、厚1.5—1.7	残缺，余不足1/2
		4	ⅥT5-3②：7	残长9.5、残宽10、厚1.7	残缺，余不足1/2
		5	ⅠT1-4②：2	残长12、残宽9、厚1.5—2	残缺，余不足1/2
		6	ⅧT2-3②：4	滴水残长19、厚1.4；板瓦残长3.5、厚1.8	残缺，余不足1/2
		7	ⅥT2-4②：3	滴水残长16.5、残宽0.5、厚1.5—1.7；板瓦残长7.5、弦残宽17.1、厚2.3	残缺，余不足1/2
		8	ⅥT2-4②：2	滴水残长5、残宽10.5、厚1.7；板瓦厚2.3	残缺，余不足1/2
		9	ⅣT1-3②：6	滴水残长8、残宽14.5、厚1.8；板瓦厚2.2	残缺，余不足1/2
		10	ⅥT5-5②：1	残长7.7、残宽9.3、厚1.4	残缺，余不足1/2
		11	ⅢT2-3②：5	残长7.9、残宽9、厚1.5；板瓦厚2.1	残缺，余不足1/2
		12	ⅢT4-1②：2	滴水残长8、残宽9.8、厚1.4—1.7；板瓦厚2.3	残缺，余不足1/2
		13	ⅢT4-2②：2	滴水残长7.5、残宽22.5、厚1.8、弦高4.2；板瓦厚2.3	残缺，余不足1/2
		14	残块215件		余不足1/3
Ca型	9	1	ⅣT1-4②：5	残长7.3、残宽5.8、厚1.4	残缺，余不足1/2
		2	ⅤT2-4②：5	残长7.7、残宽13.3、厚1.4—1.7	残缺，余不足1/2
		3	ⅣT1-5②：6	残长5.8、残宽7.4、厚1.4	残缺，余不足1/2
		4	ⅣT2-5②：4	残长8.5、残宽9.2、厚1.3—1.5	残缺，余不足1/2
		5	残块5件		余不足1/3
Cb型	1	1	ⅤT2-4②：6	滴水残长7、残宽12.7、厚1.4；板瓦厚2.3	余不足1/2
无型	147		头向不明		小残块
合计	939				

第五章　宫城南门

一　布方与地层堆积

1. 布方情况

宫城南门位于宫城南城墙的中部位置，为元中都宫城正门，是元中都最为重要的城门。1998—2001年，对宫城南门进行了勘探及发掘，正方向布方，分东西两区进行，其中东区共发掘5米×5米探方143个，西区共发掘119个，共计发掘面积6550平方米。

宫城南城墙东西长542米，发掘前中部有一个"U"形豁口可进出城内，其两侧对称分布两个相距约70米的土包(彩版六九，2)。1998年在豁口处进行考古勘探，在豁口外侧左右堆积有大量的砖石块，钻探非常困难，在深0.7—1米的深度上，探孔内探出平铺石块，从其位置、现状、堆积等诸多因素分析，该处当为宫城南门无疑，且在城门的两侧原有砖石建筑。为了准确定位宫城南门位置，搞清城门形制及其附属建筑，我们以豁口东侧为基线，分为东西两区进行布方发掘，其具体过程是：

1999年8—10月，以当时的城墙豁口东侧为界限，首先确定基点，然后定一条南北向基线，以基线为中心分东（I）、西（Ⅱ）两区进行布方，其中I区共布5米×5米的探方143个，由西向东分为11排，由南向北分为13列，编号ZYGNMIT1-1—T11-13（其中前面数字表示探方排号，后面的数字表示探方列号）；Ⅱ区共布5米×5米的探方104个，先由东向西分为8排，由南向北分为13列，编号为ZYGNMⅡT1-1—T8-13，后为清理西侧登城马道，又沿城墙内侧向西布探方15个，编号ZYGNMⅡT9-3—T13-3、T9-4—T13-4和T9-5—T13-5，Ⅱ区共计布方119个（图一五七）。为便于叙述，本章下文中将探方编号中表示"张北元中都宫城南门"位置的字母前缀"ZYGNM"略去。其具体发掘过程是：1999年在I区发掘5米×5米的探方15个，编号为IT1-1—T1-5、T2-1—T2-5、T3-1—T3-5，揭露出宫城南城门的中部门道及其西侧的夯土隔墙、东部门道的西侧以及中、东门道之间的夯土隔墙，弄清了门道的基本结构；2000年8—10月，发掘东区范围内的探方15个，编号为IT4-1—T4-5、T5-1—T11-1、T5-5、T6-5、T7-5，揭露出城门东侧门道结构、城门东部墩台及阙台的南侧结构、城门与城墙的连接情况以及北侧部分结构；2001年5—11月，发掘西区探方，同时发掘东区未发掘完的探方，并打掉隔梁，为揭露西侧马道情况，向西沿城墙北侧布方15个，揭露出城门的西侧门道、西侧墩台与阙台、城门内侧的矩形广场及城门西侧的登城马道等。至此，除东侧的登城马道未清理外，宫城南门主体发掘完毕，共包括两个阙台、两个墩台、两个连接墩台与阙台

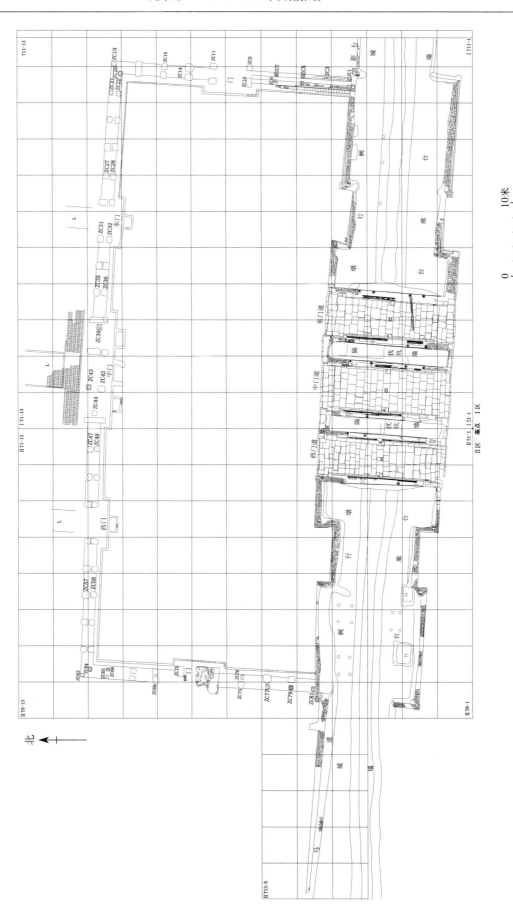

图一五七 宫城南门发掘布方图

的行廊台基、三个门道、门道之间的两道隔墙、一座门内矩形广场及城门西侧的登城马道。

2. 地层堆积情况

宫城南门面积大，不同部位地层堆积不尽相同，越靠近城门、墙体地层堆积越厚，墩台和阙台的边缘地方堆积厚达2米以上，而内侧广场部分仅厚约0.2米，现选取不同部位的地层堆积介绍如下。

城门门道处地层堆积，以IT2-1—IT2-5西壁为例说明：

第①层，表土层，厚0.1—0.2米，地表长满杂草。

第②层，灰白色沙土堆积层，颗粒较粗，内含有少量的细碎砖块和白灰渣，厚0—0.5米。此层下发现有灰黑色路土层，致密，坚硬，分层，内含有少量碎砖块和白灰渣、琉璃瓦块等，分布在探方南北两侧，厚0.1—0.15米。

第③层，扰乱层，内夹杂有黄色夯土块、琉璃瓦、白灰渣、青灰色砖块等，质密，厚0—1米，为后期人们取砖形成的。

第④层，城门废弃堆积层，包括中间门道西侧的砖壁向东倒塌的痕迹、倒塌的夯土墙、城门屋顶坍塌形成的瓦砾、白灰渣层，内含有大量的琉璃瓦、灰瓦、砖块、浮雕龙的残块以及铁钉等建筑构件，中部堆积厚，两侧薄，厚0.2—0.9米，属于城门倒塌时形成的废弃堆积。

第⑤层，路土层，黄褐色土堆积，为细碎的砖瓦、白灰堆积，质地坚硬，分布于门道内及门道以北的地面上，厚0.02—0.07米，为城门使用时形成的踩踏面，该层下为门道底部的石砌地面及建造城门时的夯土基槽(图一五八)。

城门两侧的墩台、阙台处的地层堆积较厚，越靠近建筑主体堆积越厚，以ⅠT6-4—ⅠT6-5的东壁为例说明（图一五九）：

第①层，表土层，厚0.1—0.3米，土质松软纯净，表面有大量杂草。

第②层，灰白色沙土层，颗粒较粗，覆盖城墙表面，内含有少量的细碎砖块和白灰渣，厚0.1—0.7米。

第③层，灰黑色沙土层，颗粒较细，内含有较多的细碎建筑构件砖块和白灰残渣等，厚0—0.8米。

第④层，城门倒塌瓦砾堆积层，含有大量的建筑构件，包括琉青砖、灰瓦、璃滴水瓦当、灰瓦、板瓦、脊饰构件等，厚0.2—0.9米，为建筑废弃倒塌时形成的堆积，越靠近城墙堆积越厚。此层下有夯土城墙及外侧砖壁、砖壁基槽等。砖壁砌筑在宽约0.7、深0.35米的基槽内。基槽内砌筑方法为最底层为一层侧立砖，往上为三层错缝平铺砖，地面以上砌法为平砖横向错缝铺设，砖壁存高15层，高0.8米。

第⑤层，黄褐色堆积层，含大量的细碎砖块和白灰残渣，位于砖壁基槽外侧，越靠近夯土墙越厚，厚0.05—0.1米，应当是修建南门的废弃物堆积经踩踏而形成的当时地面。该层下为生土层及城门地基基槽。

地基基槽边缘在砖壁基槽外侧2.8—3米处，内填充灰褐色夯土，内含有较多的黑色石片，未发掘，经勘探探明深度为0.9—1.1米。

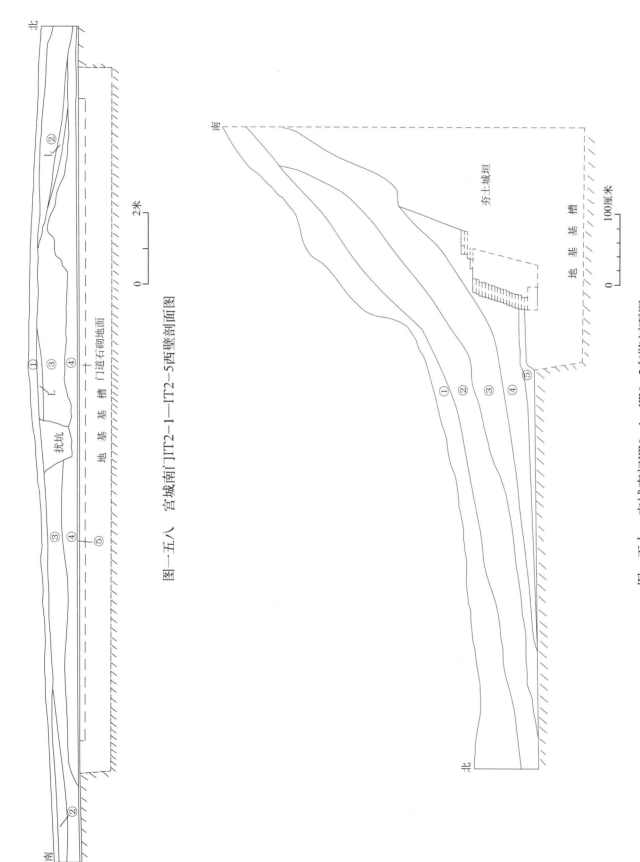

图一五八　宫城南门IT2-1—IT2-5西壁剖面图

图一五九　宫城南门IT6-4—IT6-5东壁剖面图

二　城门形制与结构

宫城南门位于宫城南城墙中部（彩版三五〇），方向4°，北与宫城1号殿址遥相对应，为宫城正门。城门结构为"三观两阙三门道过梁式"，东西通长87.68米（东西阙台北侧角柱的底部外缘距离，不含登城马道），总体结构为中部的三个门道、两侧的两个墩台、连接墩台与阙台的两个行廊台基、两个阙台、门道间的两道隔墙、一座门内的矩形广场以及东、西侧的登城马道等（图一六〇；彩版三五一至三五九）。

（一）门道

位于城门中部，共有三个，方向4°，东西面阔总计25.48米（以门道北端东西两侧角柱内壁为准，含隔墙），南北进深18.35—18.4米（以门道南北端铺设的长条石外侧为准），门道建筑在底部的夯土基础上，夯土基槽南北宽出主体建筑约0.9米，基槽经勘探，深0.9—1.1米左右。

三个门道结构相同，有东西向横中线上的包括门砧石和将军石的门扉结构、东西两壁的地栿石、地栿石下的土衬石、地栿石上的木地栿、门道立柱、立柱外侧的贴墙木板和南北端包砖的夯土墙、砖壁、角柱以及门道石砌地面等（图一六一；彩版三五二至三五五；图版一五二）。所用石料均为玄武岩。下面分门道加以叙述。

1. 中门道

位于东、西隔墙之间，南北进深18.4米（以门道南北端的长条石外侧为准，下同），东西面阔地栿石处北端5.81、中部5.93、南端5.9米，砖壁处北端面阔6.59米，南端因西侧砖壁不存，无法得知，门址保存基本完好（图一六二；图版一五三、一五四）。

土衬石　位于门道东西两壁，深埋于地面下，东壁有16方，西壁有15方。土衬石长0.57—1.79、宽0.5—1.2、厚0.2—0.3米，上面有敲凿的斜形条纹，外侧留出宽0.14—0.16、高0.02—0.05米凸起金边，内侧承托城门地栿石、地栿石南北两端的砖壁和角柱。各门道情况类似（图版一五五）。

地栿石　位于门道的东西两壁，置于底部土衬石凸起金边之内。东壁存有地栿石9方，全长12.87米，西壁存有地栿石9方，全长12.84米（最南端地栿石位置向隔墙略有移动）。地栿石平面近长方形，内侧（朝向门道的一侧，下同)表面平整光滑，残有凿刻的斜形条纹，表面涂抹有白灰，外侧（朝向夯土墙的一侧，下同)参差不齐。地栿石长度在0.75—2.95、宽0.3—1、厚0.4—0.42米之间，地栿石之间缝隙以白灰勾缝，缝隙宽0.02—0.05米。中部地栿石内侧的上部边缘、最南端地栿石内侧的上部边缘、南侧上部边缘及朝向门道的侧缘（图一六三，2；图版一五六）、最北端地栿石内侧的上部边缘、北侧上部边缘及朝向门道的侧缘，皆有宽0.04—0.05米的抹边。地栿石上部内侧边缘留有宽0.08—0.11、高0.01—0.02米的凸起金边，金边内侧可安放木地栿。地栿石凸起金边高出门道地面约0.4米。

木地栿　安放在地栿石的凸起金边之内，已成灰烬，断续分布在地栿石之上，其中东侧木地栿

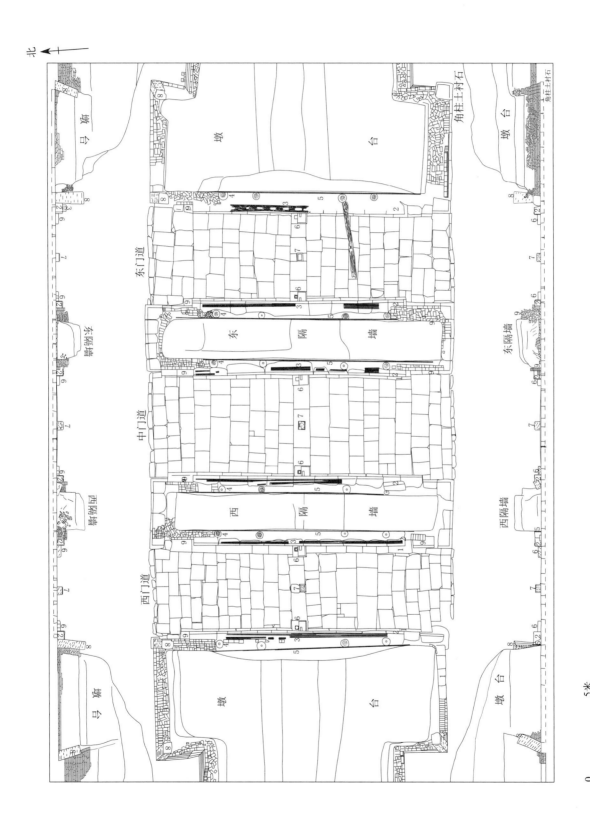

图一六一　宫城南门门道、隔墙、墩台平面及南北侧视图

1.土衬石　2.地栿石　3.木地栿　4.立柱　5.贴墙木板　6.门砧石　7.将军石　8.角柱　9.砖壁

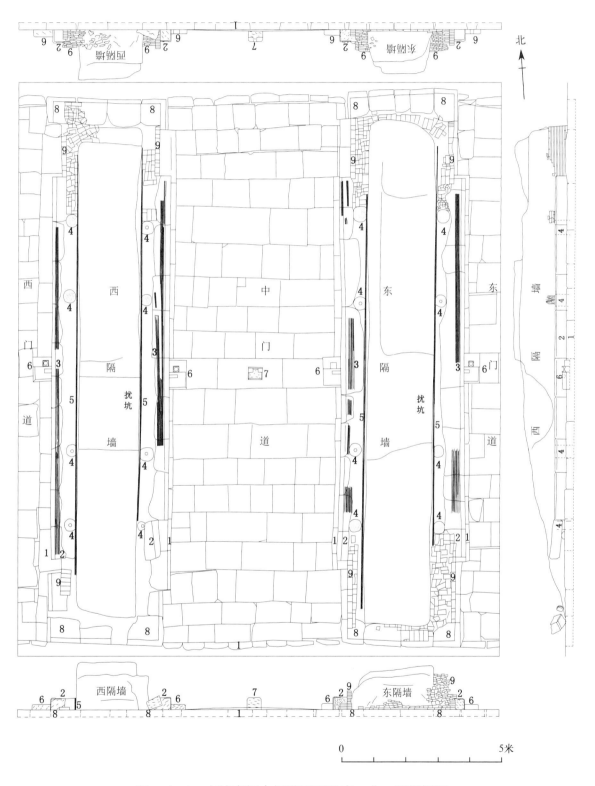

图一六二　宫城南门中门道平面及南、北、西侧视图

1.土衬石　2.地栿石　3.木地栿　4.立柱　5.贴墙木板　6.门砧石　7.将军石　8.角柱土衬石　9.砖壁

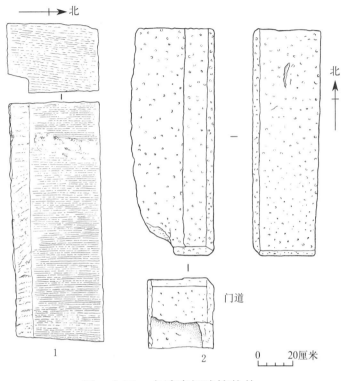

图一六三　宫城南门建筑构件
1. 西门道西北角柱　2. 中门道西侧南端地栿石

灰烬最北端与地栿石最北端齐，残迹长8.2、宽0.2—0.3米，西侧木地栿灰烬残迹长12.3、宽0.1—0.3米。

立柱　位于门道东西两壁地栿石与夯土隔墙贴墙木板之间。门道东西壁各有立柱四根，南北两端立柱紧贴南北端的砖壁，地栿石平面之上的部分破坏不存，立柱底部的柱洞保存完好，有3个柱洞内保存有尚未烧成灰烬的圆形立柱。柱洞为圆形，直径0.4—0.5米、深约0.5米（相对于地栿石上部平面），底部有柱础石，柱础石上部有直径0.1米的圆形卯眼（因未解剖，柱础石的形状、大小不详）。立柱为圆形，直径约0.3米。门道西侧的4个柱洞从北往南中心间距（残存有立柱的按照立柱中心点，下同）依次为2.4、5.15、2.43米，东侧4个柱洞从北往南间距依次为2.97、4.94、2.55米。地栿石、立柱、夯土隔墙之间的空隙用羼杂有黑色小石片的黑色沙土填充，并夯实（图版一五七）。

贴墙木板　位于门道东西两壁立柱、门道地栿石、南北两端砖壁与夯土隔墙之间，木板作南北向长条形，紧贴夯土隔墙及隔墙南北两端的砖壁内壁，南北端至隔墙南北端墙体，底部与门道地面平，地栿石平面以上的部分由于受夯土隔墙向外的挤压以及火的焚烧仅留有断续的残迹，平面以下部分保存较好。木板距门道地栿石朝向门道的内侧壁面0.85—0.9、厚0.04米。

门砧石　共2件，位于门道横中线上的东、西两侧，紧贴石地栿内壁，由两部分组成，南侧部位较高，南北略长，上有长方形臼槽，紧挨地栿石，用来放置城门门框；北侧部位较低，略窄，上有方形臼槽（海窝），位置靠外侧，可用来放置城门肘板底部转轴（图一六四）。

西侧门砧石南北长0.93、东西宽0.6米（图一六五，1；图版一五八，1）。放置门框的门砧石部位较高，南北长0.5米，高出门道地面0.14米，其南、东侧的上部边缘有抹边，抹边宽0.03—0.05、高0.03米，长方形臼槽东西长0.28、南北宽0.1、深0.1米；放置城门肘板底部转轴的门砧石部位较低，高出门道地面0.04米，方形臼槽处残留有铁靴臼一件，锈蚀较严重，略残，与门砧石锈蚀在一起，为上下有凹槽的圆柱体，直径0.19米、高0.11米，上侧中部有直径0.14、深0.05米平底凹槽，呈筒状，底部情况不明。

东侧门砧石南北长0.93、宽0.61米。放置门框的门砧石部位较高，南北长0.5米，高出门道地面0.17米，其南、西侧的上部边缘有抹边，宽0.05、高0.03米。长方形臼槽东西长0.28、南北宽0.1、深0.1米。放置城门肘板底部转轴的门砧石部位较低，高出门道地面0.05米，仅存有底部的方形臼槽

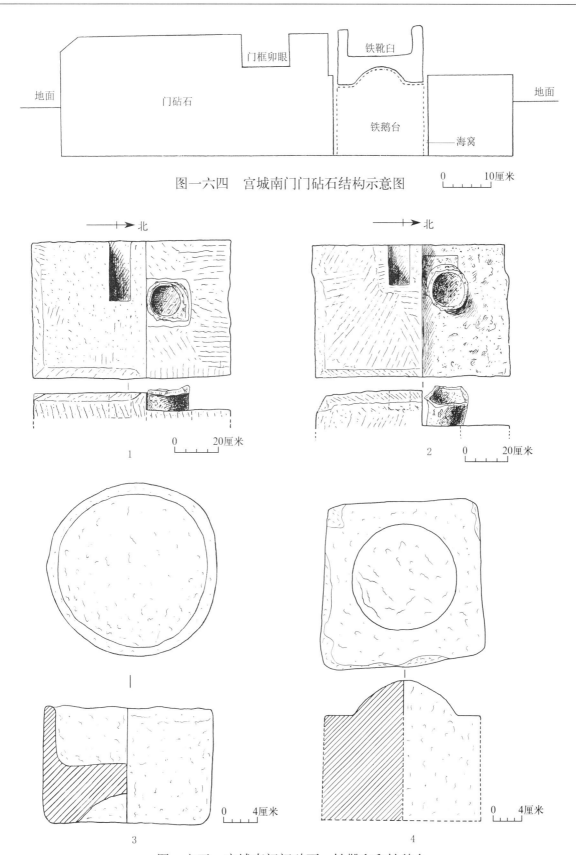

图一六四　宫城南门门砧石结构示意图

图一六五　宫城南门门砧石、铁靴臼和铁鹅台
1. 门砧石（中门道西侧）　2. 门砧石（西门道西侧）　3. 铁靴臼（西门道西侧）　4. 铁鹅台（西门道东侧）

（海窝），边长0.2、深0.18米（图一六七，4；图版一五八，2）。

将军石 位于门道东西向横中线中部，与门砧石在同一横中线上，共同组成门扉结构（图版一五九）。将军石底部东西长0.48、南北宽0.41米，高出门道石地面0.34米，上部边缘四周皆抹边，抹边宽0.02—0.04、高0.04米。将军石南面齐整，北面高出门道石地面0.09米处有一小平台，宽0.04米，上部东北角及西北角各有一缺口，距离门道地面高0.2米，西侧缺口东西长0.17—0.2、南北宽0.11、深0.09米，东侧缺口东西长0.13—0.15、南北宽0.1、深0.09米，二者应是关闭城门时，城门门扉到达的位置。将军石表面有凿刻的条纹痕迹，露明部分抹有白灰（图一六七，1；图版一六〇）。

门道石砌地面 门道石砌地面中部稍高，四角略低，形成从中间向四角的坡状散水面。门道石砌地面的南北端为一排东西向长条石，北侧7方，南侧8方，每块长条石东西长0.55—1.1、南北宽0.15—0.25、厚0.2—0.25米，略高出门道石地面0.01—0.03米。南北侧长条石之间铺设长方形石板，石板大小差别较大，一般长0.5—2.2、宽0.5—1.2、厚0.2—0.25米，最小的一块的石板长0.3、宽0.2米。石板之间有0.01—0.04米之间的缝隙，用白灰抹缝。石地面磨损程度较轻，石板上凿刻的斜向条纹清晰可见（图版一六三，1）。石地面上部分残存厚0.02—0.07米的黄褐色路土层。

门道南北端两侧砖壁 位于门道南北两端的立柱之外，与夯土隔墙南北端包砌的砖壁相接，部分压在地栿石之上，未压在地栿石的部分铺设在底部的土衬石之上。整个砖壁较地栿石内壁向夯土墙扩出，墙体上下垂直，外壁（朝向门道方向，下同)用顺砖错缝垒砌，表面抹有白灰，内部用整砖、半砖或碎砖垒砌或填充，排列较为杂乱，无一定之规矩，砖缝用白灰勾抹。门道的北端东西两侧及南端东侧残留砖壁，北端东西两侧砖壁倒塌时候连接在一起（图版一六三，2）。北端西侧砖壁南北残长3.3、东西宽0.7米（砖壁外壁至夯土墙距离，下同)，外壁残存砖12层，存高0.63米，较地栿石内壁向外扩出0.41米，叠压在地栿石上面长度为1.57米（图版一六一，1）。北端东侧砖壁南北残长3.1、宽0.62、存高0—0.6米，外壁残存砖0—4层，存高0—0.22米，较地栿石内壁向外扩出0.38米，叠压在地栿石上的长度为1.01米（图版一六一，2）。南端东侧砖壁南北残长3.1、宽0.5、残高0.05—0.7米，外壁残存1—4层，存高0.05—0.21米，较地栿石内壁向外扩出0.4米，叠压在地栿石上长0.98米（图版一六二，1）。南端西侧砖壁遭破坏不存（图版一六二，2）。

角柱 位于门道南北端砖壁与隔墙南北端砖壁的转角处，现仅有一残件，但不在原位，残高0.45、长0.7、宽0.6米。角柱露明部分平整，部分残有白灰痕迹，表面有敲凿的斜形条纹，内部凹凸不平。

2. 西门道

位于西隔墙与城门西侧墩台之间，形制、结构与中道基本相同，只是在西侧地栿石与立柱之间断续存有铺砖痕迹。

门道底部南北进深18.4米，东西面阔地栿石处北端4.96、中部5、南端宽5.03米，砖壁处北端为5.84米，南端因砖壁不存，无法得知。门址保存完好，结构与中间门道相同（图一六六；图版一六四至一六六）。

土衬石 位于门道东西两壁，西壁有14方，东壁有15方。东壁土衬石除最南一块留有凸起金

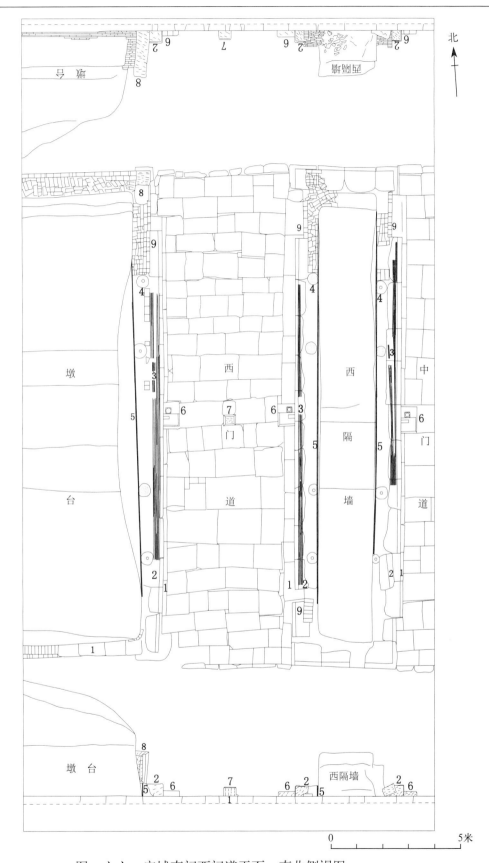

图一六六　宫城南门西门道平面、南北侧视图

1. 土衬石　2. 地栿石　3. 木地栿　4. 立柱　5. 贴墙木板　6. 门砧石　7. 将军石　8. 角柱　9. 砖壁

边外，其余均无。东壁土衬石长0.75—2.15、宽0.5—0.82米。西壁土衬石长0.75—1.76、宽0.5—0.75、厚0.17—0.2米，外侧留有宽0.15、高0.03—0.04米的凸起金边。

地栿石　砌筑方法、结构形制同于中间门道，部分地栿石因受挤压，略向外凸出。西壁有地栿石11方，总长13.04米，东壁有地栿石10方，总长12.85米。地栿石长0.75—1.49、宽 0.3—0.6、厚0.4米左右。西壁地栿石凸起金边宽0.09—0.11、高0.01米，东壁地栿石凸起金边宽0.06—0.1、高0.02米。地栿石上的抹边高0.04、宽0.04米。

木地栿　烧毁严重，仅残存部分灰烬，断续分布在地栿石之上，其中西侧木地栿南北残长9.8、宽约0.3—0.4米，东侧残存长约10、残宽0.2—0.3米。

立柱　西侧4个立柱从北往南中心间距依次为2.55、5.1、2.5米，东侧4个立柱从北往南中心间距依次为2.55、5.15、2.48米。东侧两个柱洞及西侧的一个柱洞内发现尚未烧成灰烬的木柱残迹。

砖壁　位于门道西壁木地栿与立柱之间，断续残留（位于最北侧柱洞以南），砖壁为单层砖，宽0.16、残长4.25米，存高1层。

贴墙木板　东壁贴墙木板距门道地栿石内壁0.8—0.85米；西壁贴墙木板距门道地栿石内壁1.1—1.15、板厚0.04米。

门砧石　门砧石共2件，位于门道横中线上的东、西两侧。

西侧门砧石南北长0.93、东西宽0.6米（图一六五，2）。放置门框的门砧石部位，南北长0.5、高出门道地面0.19米，其南、东侧的上部边缘皆抹边，抹边宽0.05—0.06米，长方形臼槽东西长0.29、宽0.1、深0.1米；放置城门肘板底部转轴的门砧石部位与门道地面齐平，上有边长0.2米的方形臼槽(海窝)，该处残存铁靴臼1件，腐蚀严重，为上下有凹槽的圆柱体，直径0.19、残高0.12，上部有直径0.16、深0.06米的平底凹槽，呈筒状，底部有直径0.1、深0.03米的圆底凹槽（图一六五，3；图版一六七，2；图版二一二，1），可放置在铁鹅台上部凸出的半球状凸起上。

东侧门砧石南北长0.85、东西宽0.58米。放置门框的门砧石部位南北长0.54、高0.18，其南、东侧上部边缘斜抹边宽0.07米，长方形臼槽东西长0.2、南北宽0.1、深0.1米；放置城门肘板底部转轴的门砧部位与地面齐平，上面有长0.2、宽0.18—0.2米的方形臼槽(海窝)，内有铁鹅台1件，底部为长方体，南北长0.17—0.18、东西宽0.18，高度不详（因留在原位无法取出），上部中间有一半球状凸起，底径0.12、高0.05米（图一六五，4；图版一六八，2）。

将军石　位于横中线中部，与门砧石等组成门扉结构，与中部门道形制有不同，上部稍小，底部略大。上部东西长0.44、南北宽0.4米，底部北、西略宽，南、东与上部平齐，东西长0.53、南北宽0.44、高0.32米，四周上部边缘皆抹边，抹边宽0.025—0.035、高0.025—0.035米。将军石四周及上部存有涂抹的白灰痕迹（图一六七，2；图版一七一，1）。

门道石砌地面　地面南北端铺设条石，南北端各有7方，长条石东西长0.4—1.1、宽0.15—0.31、高出门道石地面0.01—0.02米。铺地石板长0.6—2、宽0.4—1.17米，之间有宽0.01—0.04米的缝隙，并用白灰抹缝。地面磨损程度较重，石板上凿刻的斜条纹多数弥漫不清。地面上发现有厚0.02—0.03米的路土层，路土为黄褐色，细碎分层，夹杂有白灰渣、碎砖瓦等颗粒。

门道南北端两侧砖壁　北端西侧砖壁南北长3.1、宽0.6、残高0.22—1.7米，最外侧齐整，存有4—9层，高0.22—0.5米，较地栿石内壁向外扩出0.44米，叠压在地栿石上面部分长1.6米，东北角与城门墩台的北墙相连，连接转角处有长方形角柱一块，向西南方砖壁倾斜（图版一七〇，1）。北端东侧砖壁南北残长2.6、宽0.6、残高0—0.55米，外侧存0—5层，高0—0.32米，较地栿石内壁向外扩出0.35米，叠压在地栿石上的长度为1.08—1.25米（图版一七〇，2）。南端东侧砖壁仅存一层，南北长0.8米（图版一六九，1）。南端西侧砖壁均不存（图版一六九，2）。

角柱　仅残余门道北端西侧砖壁角部的一块，角柱向西、南方向倾斜，角柱外侧齐整，残有白灰痕迹，表面有敲凿的斜形条纹，内部凹凸不平，转角呈曲尺形，以便于和砖壁更好的结合，北、东、西三面露明，角柱坐落在底部的土衬石上的凸起金边之内，土衬石叠压在角柱和砖壁下，详情见西墩台东北角角柱（图一六三，1）。

3. 东门道

位于东隔墙与东墩台之间，结构与中、西门道基本相同。

门道南北进深18.35米，东西面阔地栿石处北端为5.05、中部为5.1、南端为5.05米，砖壁处北端为5.9米，砖壁处南端因西侧砖壁倒塌不存，无法得知。

门道内残留较多的木质构件，均有明显的火烧痕迹（图版一七二至一七四；图版一七六，2）。

土衬石　东壁有土衬石18方，西壁有19方，长0.57—1.79米、宽0.5—1.2、厚0.2—0.25米，外侧留有宽0.14—0.16、高0.02—0.04米的凸起金边。

地栿石　东壁地栿石总长12.81米，有地栿石12方，西壁地栿石总长12.82米，有地栿石12方。地栿石尺寸略小于中部门道，长0.64—1.62、宽0.3—0.6、厚0.4—0.42米，凸起金边宽0.13—0.14、高0.02米，地栿石高出门道地面约0.4米。

木地栿　地栿石上铺设有木地栿，其中西侧木地栿北端残留长约5米，南端残长约1.5米，宽约0.3—0.4米。东侧木地栿北端有长4.75米的一段保存较为完好，表面有火烧痕迹，并有开裂现象。木地栿平面及横断面为长方形，坐落在地栿石的凸起金边以内（位置略有移动），南北残长4.75、东西宽0.33—0.38、高0.2—0.25米，上面残留有6个排叉柱卯眼（北侧保存较差），卯眼呈圆角长方形，穿透木地栿直达地栿石表面，南侧4个卯眼较长，南北长0.38—0.44、东西宽0.13—0.18米，北侧的2个较小，南北长0.18、东西宽0.14米，相邻两个卯眼之间的中心间距从北往南依次为0.82、0.78、0.82、0.78、0.78米（图一六八，2；图版一七五；图版一七六，1）。木地栿经鉴定，树种为云杉（图一六九）。

立柱　东侧4个立柱自北向南中心间距依次为2、5.21、2米，西侧4个中心间距依次为2.82、5.03、2.55米。有的柱洞底部还残存有木柱（图版一七七，1）。东侧南部的第二立柱保存较好，整体向西倒塌，立柱为圆形，两端略粗，中部稍细，经火焚烧过，表面炭化严重，内部保存较好。立柱直径0.27—0.3、残长4.45米（不含柱洞内残留高0.4米的一段），距底部高2.25米处有凿刻有一长方形卯眼，长0.25、宽0.13、深0.1米，未穿透木柱（图一六八，1；图版一七七，2、3）。

贴墙木板　由于中门道与东门道之间的夯土隔墙的向外挤压，西侧的贴墙木板未做清理。东侧紧贴城门墩台的贴墙木板底部保存较好，上部遭受挤压破坏，距地栿石内壁1.1—1.2米，木板南北残长约16、厚0.06米（图版一七六，2）。

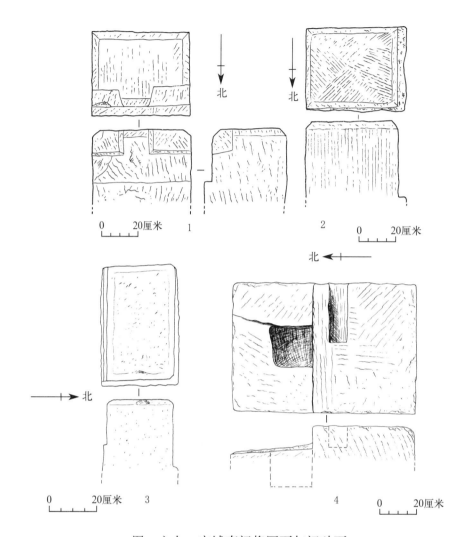

图一六七　宫城南门将军石与门砧石
1. 中门道将军石　2. 西门道将军石　3. 东门道将军石　4. 中门道东侧门砧石

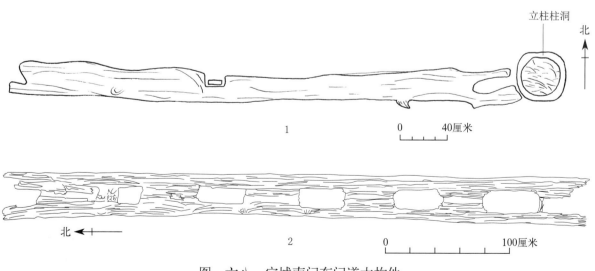

图一六八　宫城南门东门道木构件
1. 东门道倒塌立柱　2. 木地栿

门砧石　西侧门砧石南北长1、东西宽0.56米。放置门框的门砧石部位南北长0.53、高出门道地面0.15米，上部边缘无抹边，长方形臼槽东西长0.19、宽0.1、深0.11米；放置城门肘板底部转轴的门砧石部位高出门道地面0.05米，该处存有铁靴臼1件，腐蚀严重，与门砧石锈接在一起，铁靴臼为上下有凹槽的圆柱体，外径0.2、存高0.12米，上部圆形筒状凹槽直径0.16、深0.06米，底部情况不明（图版一七八，1）。

东侧门砧石南北长0.93、宽0.6米。放置门框的门砧石部位南北长0.53、高出门道地面0.17米，上部边缘无抹边，长方形臼槽东西长0.2、宽0.09、深0.1米；放置门轴的门砧石部位高出门道地面0.07米，仅存底部的方形臼槽（海窝），边长0.19、深0.16米（图版一七八，2）。

将军石　底部东西长0.48、宽0.3、高出门道石地面0.24米。将军石上部边缘四周皆抹边，抹边宽0.04、高0.04米。将军石南面齐整，底部北侧略向外凸出0.02—0.04米，表面有凿刻的条纹痕迹，露明部分抹有白灰（图一六七，3；图版一七一，2）。

门道石砌地面　门道石地面的南北端为长条石，南北各6方，长条石东西长0.5—1、宽0.15—0.3、略高出门道石地面0.01—0.03米。其余部位铺设长方形石板，石板大小差别较大，一般长0.5—2、宽0.4—1.1、厚0.2—0.25米，铺设不如中门道齐整，地面磨损程度较轻，石板上凿刻的斜条纹清晰可见，石地面上残存有厚0.01—0.03米的黄褐色路土层。

门道南北端两侧砖壁　北端东侧砖壁南北3.75、宽0.7、残高1.2米，较地栿石内壁向外扩出0.4米，叠压在地栿石上的长度为1.7米，与城门东墩台北壁连接的转角处立有长方形角柱一块，向东、南方向砖壁倾斜（图版一七九，1）。北端西侧砖壁南北残长2.9、宽0.6、残高0.4—0.9米，外侧齐整，存有7—10层，存高0.38—0.53米，较地栿石内壁向外扩出0.44米，叠压在地栿石上的长度为1米（图版一七九，2）。南端西侧砖壁南北残长2.6、宽0.8、存高0—0.7、外侧存有0—8层，高0—44米，较地栿石壁面向外扩出0.4米，叠压在地栿石上的长度为1米（图版一八〇，1）。南端东侧砖壁倒塌，原貌不详（图版一八〇，2）。

角柱　残余门道北端东侧砖壁转角处的一块，角柱向东、南方向倾斜，角柱露明部分齐整，残有白灰痕迹，表面有敲凿的斜形条纹，内部凹凸不平，转角呈曲尺形，以便于和砖壁更好的结合。角柱坐落在底部的土衬石上，土衬石叠压在角柱和砖壁下，内部情况不明（详情见东墩台西北角柱）。

（二）门道隔墙

城门的三个门道之间用两道隔墙隔开，隔墙内部为夯土结构，南北两端用砖包砌。隔墙的东西两侧贴附有长条形木板，南北两端深入至砖壁与夯土之间，木板外侧为门道的立柱及地栿石。隔墙砖壁下铺设有土衬石，其中角部土衬石两侧、中部的土衬石的一侧留有凸起金边，砖壁及角柱均砌筑在凸起金边的内侧，砖壁外侧与土衬石金边平齐，砖壁壁面较地栿石壁面向夯土隔墙缩进，上下垂直，外部为顺砖错缝垒砌，砖壁表面抹有白灰，内部用半砖、整砖或砖块垒砌，较为杂乱，砖缝隙用白灰勾抹。转角处原立有角柱（均不存），仅存底部土衬石。隔墙为版筑而成，宽度为两版，每版东西宽1.1米左右，两版之间上下略有错位，夯层为灰褐色、黄褐色、黑褐色，三种颜色依次夯筑，边缘夯土有脱落的迹象，夯层厚0.07—0.12米，隔墙因挤压向外略有凸出。

木材树种鉴定报告单

送样单位	河北省张北县元中都管理处	送样人	胡明
样品名称	元中都南城门地栿	送样时间	2001.9.

分析结果

　　木材解剖特征：生长轮明显，早材至晚材渐变。早材管胞横切面为方形、长方形及多边形；径壁具缘纹孔通常1列，圆形。晚材管胞横切面为长方形及方形，径壁纹孔1列；最后数列管胞弦壁纹孔明显。轴向薄壁组织未见。木射线具单列和纺锤形两类：①单列射线极少成对，高1—22细胞。②纺锤射线具径向树脂道，射线高2—11细胞。射线管胞存在于上述两类射线中，位于上下边缘1—3列，低射线有时由全射线管胞组成，内壁有锯齿；螺纹加厚偶见。射线细胞与早材管胞间交叉场纹孔式为云杉型，通常2—4个。树脂道泌脂细胞壁厚，轴向者大于径向者多倍。

鉴定结论：

　　　　根据以上显微特征鉴定为　云杉　　Picea sp.

　　　　鉴定照片附在后页

　　　　　　　　　　　　　　　鉴定人

　　　　　　　　　　　　　2001 年 11 月 8 日

图一六九a　木地栿树种鉴定报告单

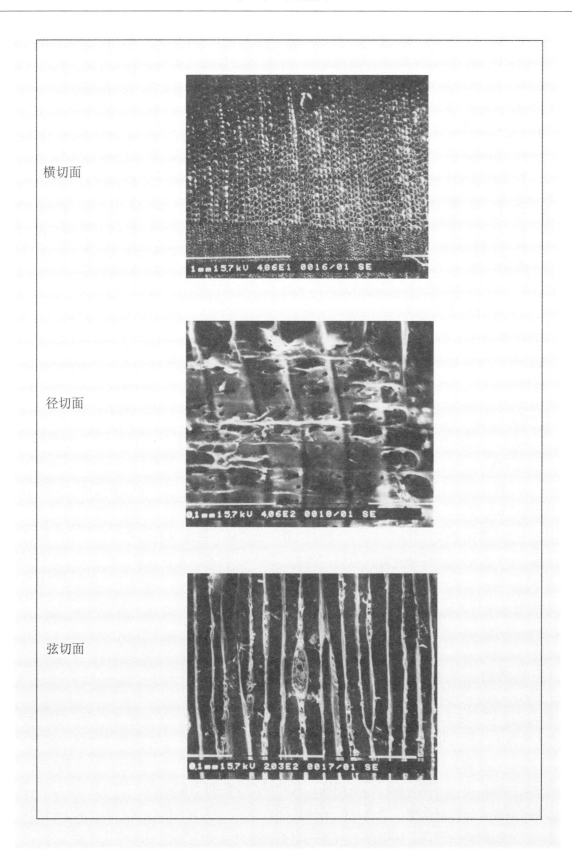

横切面

径切面

弦切面

图一六九b　木地栿树种鉴定报告单

1. 西隔墙

位于中门道与西门道之间，以隔墙南北端土衬石的金边内侧为准，南北长18.02、东西宽3.72米，内部为夯土墙，底部南北长16.45、东西宽2.12—2.25、残高0.3—1.7米，中部保存高，两端保存较低（图版一八一、一八二）。

北端西侧砖壁保存最好，南北残长2.6、宽0.6、残高0—0.55米，外侧存0—5层，高0—0.32米，较地栿石内壁向外扩出0.35米，叠压在地栿石上的长度为1.25米；北端东侧砖壁南北残长3.3、东西宽0.7、外壁残存最高12层，高0.63米，较地栿石内壁向外扩出0.41米，叠压在地栿石上的长度为1.57米；北端北侧砖壁部分残留，底部有土衬石4块，外侧距夯土墙底部0.9米；南端西侧砖壁仅保存有一层，残长0.8米；南端东侧砖壁不存；南端南侧有土衬石3块，外侧距夯土墙底部0.9米。

2. 东隔墙

位于中门道和东门道之间，以隔墙南北端土衬石的金边内侧为准，南北长18.23（西侧）—18.34米（东侧），东西宽3.65（北端）—3.75米（南端），内部夯土墙底部南北长16.9、宽2.25—2.33、残高0.8—1.7米，中部高，两端略低(图版一八三、一八四)。

北端西侧砖壁南北残长3.1、宽0.62、存高0—0.6米，外壁残存0—4层砖，最高0.22米，较地栿石内壁向外扩出0.38米，叠压在地栿石上的长度为1.01米；东侧砖壁南北残长2.9、宽0.6、残高0.4—0.9米，外侧齐整存有7—10层，存高0.38—0.53米，较地栿石内壁向外扩出0.44米，叠压在地栿石上的长度为1米；北侧砖壁底部靠夯土墙残存一层砖，下有土衬石5方，其中东北角柱底部土衬石，东西长1.22、南北宽0.92米，其东、北部有凸起金边，宽0.24、0.16、高0.03米（图版一五五，2），西北角柱土衬石南北长1.04、东西宽0.84米，其西、北部留有凸起的金边，宽0.11、0.18、高0.03米。

南端西侧砖壁南北残长3.1、宽0.5、残高0.05—0.7米，较地栿石内壁向外扩出0.4米，叠压在地栿石上长度为0.98米，外壁残存1—4层，残高0.05—0.21米；东侧砖壁南北残长2.6、宽0.8、存高0—0.7米，外侧存有0—8层，高0—0.44米，较地栿石内壁向外扩出0.4米，叠压在地栿石上的长度为1米；南侧残存砖壁一层，存4块南北向铺设的砖，残高一层，垒砌在土衬石的凸起金边之内，靠近夯土墙处存高0.3米，下有土衬石4方。

（三）墩台

墩台位于门道的东西两侧，顶部有民国时期的围寨（为保存城墙的完整性，未作清理）。

墩台平面主体为南北向长方形，内部为夯土台，底部大于顶部，大致为高三收一至高四收一，夯土呈灰白色，质地坚硬，夯层厚度一般在0.1—0.15米之间。墩台一侧与行廊台基相接，其南北壁面较行廊台基凸出，一侧与城门门道相连，尺寸略小于门道石砌地面。墩台夯土外侧依转折和收分情况用砖甃面，底部有基槽。墩台与门道连接部分中部为贴墙木板。墩台南北端的砖壁与行廊台基及门道南北端的砖壁相连。砖壁四个向外凸出的转角处各立有角柱一块，其外侧边缘与砖壁的外侧持平，并由下而上向夯土墙内侧倾斜。墩台的南侧砖壁底部砌筑有土衬石，土衬石外侧留有宽0.15、高0.01米左右的凸起金边，其余砖壁均直接砌筑在夯土上。砖壁的外侧平齐，砌法无严格定式，丁中有顺、顺中有丁，墙体自下往上依照夯土台的收分，每一层砖比下层向夯土台叠涩收进1—1.5厘米，墙体内部多为半砖垒砌，或间以残碎砖块杂乱放置，充填缝隙。砖壁面和角柱收分大致为高三收一至高四收一。西侧墩台的夯土台上发现有夯窝，夯窝的大小深浅基本一致，排列整齐，以4×3=12个夯窝为一个基本单位，长约0.25、宽0.19米，夯窝直径0.05—0.06、深0.015—0.02米（图版一八七，1）。

1. 西墩台

西墩台位于西门道西侧，西侧通过行廊台基与西阙台相通。墩台内部夯土台存高2.2—3.5米，北侧高出地表1.2米处的夯土台上有宽0.25米台阶，南侧无台阶（或被破坏）。墩台内部为夯土，南北端甃砖，底部宽0.6米，其中南侧砖壁底部垫有土衬石。墩台砖壁底部南北长17.65（西北角柱与西南角柱底部外缘间距）、东西宽7.13米（东北角柱与西北角柱底部外缘间距），南北较行廊台基砖壁外凸2.6米，砖壁保存情况不一，砖壁的四个外角各立角柱一个，现存三个（图版一八五、一八六）。

角柱 存3个。东北角角柱：底部有土衬石，向南、西倾斜，露明部分中间长1.84、西侧长1.83、南侧长1.72、东西宽0.47、南北宽0.55、向西倾斜0.1、向南倾斜0.55、垂高1.75米（图一六三，1）；西北角角柱：底部为夯土，向东、南倾斜，露明部分中部长1.55、西侧长1.52、东侧长1.46、东西宽0.55、南北宽0.48、向东倾斜0.4、向南倾斜0.42米；西南角角柱，底部有土衬石，向东、北方向倾斜，露明部分中部长1.82、北侧长1.77、东侧长1.69、东西宽0.55、南北宽0.44、向北倾斜0.4、向东倾斜0.5米；东南角角柱不存。

砖壁 东北、西北角柱底部外缘之间宽7.13米，中部砖壁底部长6.15米，存3—5层，高0.2—0.3米（图版一八七，2）；西北角角柱底部边缘较行廊台基砖壁北壁面向北凸出2.6米，砖壁存高16—28层，高约0.9—2米，其中南侧底层砌砖位置较高，与北侧底层砖相错四层顺砖高度，高差约为0.25米（图版一八七，3）；北侧东部砖壁与西门道北端西侧砖壁一致；南侧砖壁破坏严重，紧贴西南角柱东侧存有砖壁12层，高0.7米，东半部仅存底部的一层，砖壁外侧底部至夯土墙底部宽0.6米；西南角角柱南侧底部边缘较行廊台基砖壁南壁面向南凸出2.6米，砖壁基本不存；南侧东部与西门道共用砖壁已不存。

2. 东墩台

东墩台位于东门道的东侧，东侧通过行廊台基与东阙台相通。墩台内部夯土台存高2—3.5米，南、北侧高出地表1.2米处夯土上有宽0.25—0.3米的小台阶。东北角角柱外缘较行廊台基砖壁北壁面向北凸出2.1米，南侧砖壁较行廊台基砖壁向南凸出2.2米（行廊台基砖壁外皮至墩台南侧砖壁外皮之间距离）。夯土台周围甃砖，南北侧砖壁底部宽0.9米，其中南侧底部垫有土衬石。墩台砖壁底部南北长18.1（南北砖壁底部外缘间距）、东西宽7.14米（东北角角柱与西北角角柱底部外缘间距）（图版一八八至一九〇）。

角柱 存2个。东北角角柱：底部为夯土，向西、南倾斜，露明部分中部长1.63、西侧长1.59、南侧长1.5、东西宽0.5、南北宽0.58、向南倾斜0.3、向西倾斜0.5米；西北角角柱与东门道东北角角柱为同一块；东南角角柱不存，底部存有土衬石一块，南北长1、东西宽0.8米，南、东、北有宽0.1—0.2、高0.05米的凸起金边；西南角角柱不存。

砖壁　东北、西北角柱底部外缘之间宽7.15米，之间的砖壁残长4.4米、存有2—5层，残高0.12—0.35米；东北角柱北侧底部外缘较行廊台基北侧砖壁向北凸出2.1米，砖壁残存最高7层，南侧底部三层砖未露出地表，砖壁长1.4、存高0.1—0.4米，底部基槽宽0.4米，南端砖壁深入到夯土内部。西南与东南角角柱之间的砖壁存长6.1米，砌筑在底部的土衬石金边之内，外侧最高存有10层，存高0.6米；东南角角柱不存，底部存有土衬石，土衬石北侧存有砖壁，与行廊台基南侧砖壁相连，砖壁深入至夯土墙内部，底部长1.7米、有4层埋在地表之下，地表之上存高0.5—0.9米。

（四）阙台

阙台位于墩台的外侧，东西各有一个，平面主体为南北向长方形，内部为夯土台，底部大于顶部，顶部有柱洞分布。阙台与行廊台基和城墙相接，南北侧向外凸出。夯土台外侧依转折用砖甃面，均直接砌筑在夯土上，地表以下存4层，最底层为一层侧立砖，往上为三层错缝平铺砖，埋于宽0.7米的基槽内。地表以上砖壁自下往上依照夯土台的收分，每一层砖比下层向夯土方台叠涩收进0.01—0.02米，其外侧整齐，砌法无严格定式，丁中有顺、顺中有丁，内部多为半砖垒砌，或间以残碎砖块杂乱放置充填缝隙。砖壁四个向外凸出的转角处各立有角柱一块，直接坐落在夯土之上，其外侧边缘与砖壁的外侧持平，并向夯土墙内侧倾斜。阙台东西两侧的南北向砖壁深入到夯土墙内部，深入到夯土墙内程度不一，砖壁宽0.52米。

1. 西阙台

西侧与夯土城墙、东侧与行廊台基相连（图版一九二）。阙台内部夯土台存高1.22—4.5米，距底部高1.6米处，有宽0.25米的台阶，南部有晚期扰坑两个，顶部有晚期夯土墙。阙台南北长14.82（西北角柱与西南角柱底部外侧边缘距离）—15.67（东北角柱与东南角柱底部外侧边缘距离）、东西宽16.81（西南角柱与东南角柱的底部外侧边缘距离）—16.6米（西北角柱与东北角柱的底部外侧边缘距离）。

角柱　西阙台四角角柱保存完好，其中西北角角柱向南、向东倾斜，露明部分中部长1.6、东侧长1.46、南侧长1.35、东西宽0.62、南北宽0.5米，向南倾斜0.6、向东倾斜0.5米（图版一九一，2）；西南角角柱向东、北倾斜，露明部分中部长1.75、北侧长1.6、东侧长1.76、东西宽0.59、南北宽0.59米，向北倾斜0.7、向东倾斜0.55米；东南角柱向西、北倾斜，露明部分中部长1.9、北侧长1.51、西侧长1.67、东西宽0.5、南北宽0.49米，向北倾斜0.6、向西倾斜0.7米；东北角角柱露明部分中部长1.52、南侧长1.3、西侧长1.4、南北0.46、东西宽0.39米，向南倾斜0.5、向西倾斜0.3米（图版一九一，3）。

砖壁　西北角与东北角角柱底部外缘间距长16.63米，中部砖壁断续残存，地表最高存有6层，高0.3米。砖壁下有基槽，基槽底部宽0.6、深0.1—0.15米，正对内侧矩形广场的墙体处基槽较深。东南角与西南角角柱底部外缘间距长16.81米，中间砖壁断续残存，地表存最高8层，高0.42米，砖壁下有基槽，基槽底部宽0.5、深0.15米左右。

阙台较城墙及行廊台基向南北方向凸出。西南角柱南侧底部边缘较城墙南壁向南凸出3.15米，角柱北侧砖壁长3米，基槽宽0.5米，砖壁深入到夯土城墙内0.45米，西北角柱北侧底部边缘较登城马道砖壁基槽北壁面向北凸出0.75米。东南角柱南侧底部边缘较行廊台基砖壁南壁面向南凸出1.33米，东北角柱北侧底部边缘较行廊台基砖壁北壁面向北凸出1.75米，砖壁残7层，存高0.4米，深入到夯土内。

柱洞　阙台顶部存有圆形柱洞12个，高出阙台处地面4米左右，编号GNMXQT(宫城南门西阙台)ZD1—12，可分为3组，每组柱洞分为南北两排，柱洞大小基本一致，直径0.3—0.5、深0.5米左右。北部西侧四个柱洞为一组，编号GNMXQTZD1—4，其中ZD1位于西北侧，与其东侧的ZD2中心间距2.38米，与其南侧的ZD3中心间距为1.6米，ZD4位于东南侧，与西侧的ZD3中心间距2.37、与北侧的ZD2中心间距1.57米；北部东侧四个柱洞为一组，编号GNMXQTZD5—8，与西侧的一组，柱洞间距为4.94米，其中ZD5位于西北侧，与其东侧的ZD6中心间距2.25米，与南侧的ZD7间距1.9米，ZD8位于东南角，与西侧ZD7中心间距2.27米，与北侧的ZD6中心间距1.87米；南部东侧四个柱洞为一组，编号GNMXQTZD9—12，与北部东侧一组柱洞间距5.8米，位置靠西约1米，西北角为ZD9，与东侧的ZD10相距2.43米，与南侧的ZD11相距1.2米；ZD12位于东南角，与北侧的ZD10相距1.15米，与西侧的ZD11相距2.46米。南部西侧亦应该有一组柱洞，但现已不存。

2. 东阙台

西侧与行廊台基、东侧与城墙相连（图版一九一，1；图版一九三）。内部夯土台存高1.5—5米，上有晚期夯土墙。阙台南北长15.4（东北角柱外侧边缘与南侧砖壁外侧边缘距离）—15.74米（西北角柱与西南角柱底部外侧边缘距离），东西宽16.63米（西北角柱与东北角柱的底部外侧边缘距离）。

西南角角柱向东、北倾斜，露明部分中部长1.82、北侧长1.79、东侧长1.69、东西长0.58、南北宽0.49米，向北倾斜0.55、向西倾斜0.6米；东北角角柱向西、向南倾斜，露明部分中部长1.73、西侧长1.37、南侧长1.45、东西长0.58、南北宽0.45米，向西倾斜0.6、向南倾斜0.5米；西北角角柱向东南倾斜，露明部分中部长1.7、南侧长1.67、东侧长1.67、东西长0.6、南北宽0.4米，向南倾斜0.7、向西倾斜0.35米；东南角柱不存。

西北角和东北角两角柱底部外缘间距16.63米，中部砖壁残存长12.2米，地表以上最高存有23层，高1.22米，大致为高三收一，砖壁下有基槽，宽0.7米。

东南和西南两角柱之间砖壁东西长15.5米，外侧有10层保存较好，存高0.6米，内部填充较多的碎砖，杂乱无章，残高1.3米。

西北角柱底部外缘较行廊台基砖壁基槽北壁面向北凸出1.74米，砖壁不存，基槽宽0.5米；西南角柱南侧底部边缘较行廊台基砖壁南侧壁面向南凸出0.8米。

东南角柱及其北侧的砖壁遭破坏，仅存底部基槽，基槽南北长4.2、东西宽0.5米，深入到城墙内部0.5米，基槽南端较城墙向南凸出3.7米；东北角柱北侧底部边缘较砖壁基槽北壁面向北凸出0.5米。

阙台及行廊台基顶部北侧存有圆形柱洞3个，高出阙台处的地面4.5米左右，从西往东依次编号为GNMDQT（宫城南门西阙台）ZD1（行廊台基处）—ZD3，柱洞东西向一排，大小基本一致，直径0.3—0.4米，从西往东间距依次为3.59、5.6米。

3. 东阙台残存屋脊

东阙台处发现一段残留的用条子瓦垒砌的残屋脊，因破坏，屋脊松散，有的条子瓦位置有所移动。两侧的条子瓦向上每层叠涩内收约0.005米，中部填充白灰泥并夹杂碎瓦残块，白灰泥上夹杂有植物秸秆痕迹。屋脊残长0.8米，总共存高6层，总高度0.175米，一端存有4层，左右对称，存高0.12、底宽0.28、左右间距0.14、顶部宽0.25、左右间距0.115米，另一端存有3层（另一侧不存），存高0.09米(图版一九四；图版一九五，1)。

（五）行廊台基

连接墩台与阙台，共有东西两段，分别位于东阙台、墩台之间及西墩台、阙台之间。结构相同，中部为夯土，外侧甃砖，与墩台、阙台夯土墙及砖壁相连接，南北宽度较墩、阙台窄。砖壁均直接砌筑在夯土上，地表以上砖壁自下往上依照夯土台的收分，每一层砖比下层向夯土方台叠涩收进0.008—0.012米，其外侧整齐，平砖错缝铺设，砌法无严格定式，丁中有顺、顺中有丁，内部多为半砖垒砌，或间以残碎砖块杂乱放置，充填缝隙。

1．西侧行廊台基

行廊台基南北长12.5—12.6米（南北砖壁外侧边缘间距，东窄西宽），东西北侧长7.6米（墩台、阙台之间砖壁外侧底部间距，下同），南侧长7.7米。行廊台基砖壁东端较墩台砖壁南、北壁面向内收2.6米，西端较阙台砖壁南、北壁面分别内收1.75、1.33米。行廊台基北侧地表比两侧的墩台、阙台高约0.3米，地面之上保存砖0—30层，存高0—1.6米，底部基槽宽0.65、局部深0.25米，平铺有砖4层。北侧距地表高2米处的夯土墙上有宽0.25米左右的台阶。行廊台基南侧地表与周围持平，砖壁基本破坏，仅东侧略有保存，存高0—0.3米，基槽宽0.7、深约0.35米。从保存部分可以看出，地表以下存有砖4层，最底层为一层侧立砖，往上为三层顺砖（图版一九六）。

2．东侧行廊台基

行廊台基南北长13.27—13.75米（南北砖壁外侧边缘间距，东窄西宽），东西北侧长7.35、南侧长7.45米。行廊台基砖壁西端较墩台砖壁南、北沿分别内收2.1、2.2米，东端较阙台砖壁南、北沿分别内收1.74、0.8米。行廊台基北侧地表较墩台、阙台高0.3—0.4米左右，砖壁保存2—21层、存高0.11—1.2米，底部基槽宽0.7米；南侧地表高于墩台地表0.25米，与阙台相平，砖壁最高保存有7层，高0.37米（图版一九七）。行廊台基北侧距底部高0.8和2.4米处的夯土墙上有宽0.25米的台阶，南侧距底部高1.5米的夯土墙上有宽0.25米的台阶，地表以下存砖4层，砌筑在基槽内，最底层为一层侧立砖，往上为三层顺砖（图版一九五，2)。

（六）登城马道

共有东西两条登城马道，东侧马道未作清理。

西马道位于城门西阙台的西侧，夯土筑成，斜坡状由城内地面通向阙台顶部，南侧与城墙连为一体，北侧挖取基槽，用砖垒砌。马道斜面长约26.7米、西窄东宽，残宽0.7—1.52（不含砖壁）、高0—4.3米，西端向北拐至城内地面，东端至阙台西部。马道外侧甃砖，东西长26.3、残存部分砖壁，外侧整齐，内部多为半砖垒砌，或间以残碎砖块杂乱放置，充填缝隙，最高存有12层、残高0.7

米，砖壁收分大致为高三收一，砖壁底部有基槽，基槽西窄东宽，宽0.5—1米、深0.2米，马道坡面上平铺有素面青砖一层，破坏严重，仅中部部分残留（图版一九九、二〇〇）。

（七）城墙

位于城门阙台的外侧，底部无基槽，是直接在地面上夯筑而成的，靠近城门处的城墙北侧有登城马道。城墙夯土斜压在城门阙台夯土上，城墙夯土为灰褐色，夯层明显，厚0.1—0.2米，阙台夯土为灰白色，夯层厚0.1—0.2米。城墙与城门不是同时完成的，是先建造完城门后，再在城门的两侧修建城墙的（图版一九八）。东城墙位于东阙台东侧角柱底部东侧以东1.2米，不含马道砖壁基槽南北宽10.73（含马道包砖基槽为11.14）、存高约4.1米，西城墙位于西阙台西侧角柱底部外侧以西1.75、存高约4.5、南北宽11.1米（含西马道砖壁基槽宽度）。

（八）门内矩形广场

门内矩形广场位于宫城南门的北侧，广场南侧东西长79.65（砖砌平台内壁距离）、北侧东西长79.9、东侧南北长31.75（北围墙南侧的砖砌平台内壁距城门阙台砖壁）、西侧南北长31.25米。广场外侧为两道砖砌围墙以及围墙内侧的砖砌平台，东西墙体南接阙台砖壁（图版二〇一至二〇四）。围墙的东、西各辟有一门，北侧有东、中、西三门（其中中门为三门道），北侧中门有砖铺道路直通宫城一号殿址(图一七〇)。东西两侧门也有道路通向一号殿址。广场内有路土痕迹通往周围各门。

1. 围墙

东围墙西侧的砖砌平台西侧，位于东阙台东北角角柱外缘西侧4.01米处，西围墙东侧的砖砌平台东侧位于西阙台西北角柱外缘东侧4米处，二者间距南侧为79.65、北侧为79.9米。北围墙南侧的砖砌平台南侧距城门阙台砖壁31.25（西侧）—31.75（东侧）米。

围墙由内侧（朝向宫城南门门道的一侧，下同）砖砌平台及外侧的两道砖墙组成，总宽2.7米（内侧砖砌平台内壁至外侧砖墙外壁），墙体大部分遭受严重破坏，仅部分残留，两道砖墙内原有立柱，现部分残留底部青灰色玄武岩柱础石。墙体的内侧为砖砌平台，平台面高出广场地面0.25米。

东侧围墙南端保存较为完好，可以看出墙体的结构为：西侧为砖砌平台，高出广场地面0.25米，砖砌平台西侧为5层顺砖平砌的砖壁（一层铺设在广场地面之下），宽0.16米左右，表面抹有白灰，砖壁往东为台面，砖壁及台面上部用青砖铺设。平台台面宽0.9米，西侧用长0.475、宽0.23、厚0.07米的大型绳纹砖东西向铺设，东侧用边长0.36—0.375、厚0.07米的大型素面方砖铺设，两层砖之间、砖与东侧砖墙之间留有空隙。砖砌平台东侧紧挨平台为第一道砖墙，铺设在广场外侧的地面之上，砖墙东西宽0.6米，最高残存3层砖，东西两侧为顺砖平砌的砖壁，中部填充碎砖；第一道砖墙东侧0.6米处有第二道砖墙，外壁齐整，内部中空，墙体宽0.6米，最高残存7层，存高0.35米。第一道与第二道砖墙之间为空心，无填充物。每道砖墙底下铺设有一排柱础石。砖壁露明的部分较为齐整，内部表面不很平齐（图一七一）。在墙体多处发现脱落的红色墙皮痕迹，厚0.005米，表面光滑，内夹杂有灰浆、麦秸、粉红色颜料的混合物（彩版三六〇）。

2. 柱础石

柱础分内外两排（外侧编号为单号，内侧为双号），有规律的对应铺设在两道砖墙底下，原应有柱础石82件，大多数遭受破坏仅存有柱础坑，尚存有21件柱础石。柱础石分为两种，一种为长方形柱础石，四边不很规整，现存有12件（图一七二，1；图版二〇五，2）；一种为下方形底座、上圆形鼓镜柱础石，存有9件（图一七二，2；图版二〇五，1）。两种柱础分布无规律，尺寸不一（表二五）。

东墙原有柱础石18个，现存有柱础石4个，东西侧相邻柱础石中心间距为0.99—1.13米，南北侧相邻柱础石中心间距为3.35—3.8米；北墙原有柱础石46个，现存柱础石7个，东西侧相邻柱础石中心间距约3.65—3.8米，南北侧相邻中心间距1—1.11米；西墙原有柱础石18个，现存5个，南北侧相邻柱础石中心间距3.45—3.72米，东西侧相邻柱础石中心间距1.03—1.08米。北墙东端南侧柱础与东墙北端西侧柱础石中心间距2.5米、外侧柱础石中心间距3.5米（图版二〇六）。

3. 门

围墙上辟有门，其中北墙辟三门，东、西墙各辟一门。

北墙中门　位于北墙中部，东、西连接墙体，东西面阔14.4米（ZC45、ZC46与ZC37、ZC38中心间距，下同），南北进深1.81米（ZC42与ZC43中心间距），分东、中、西三个门道。在墙门东侧墙体西侧有柱础石一个（ZC39），正好处于内外两道砖墙的中间，西侧墙体对应处的柱础石不存，仅存底部柱坑（ZC44），二者中心间距12.7米。门道南侧为砖砌平台，东西长16.5米（含基槽），较东西两侧的墙体处砖砌平台面向南凸出0.8米，东、西侧砌砖基槽宽约0.3米，南侧砌砖基槽宽约0.2米，平台台面铺砖已遭破坏（图一七三；彩版三五五、三六一）。

中门道东西宽4.95米，西北角留有下方形底座、上圆形鼓镜柱础石一个（ZC43），方形底座四边尺寸分别为东边长0.62、南边长0.73、西边长0.72、北边长0.61、鼓镜直径0.54、高0.05米。门道前的坡道东西宽3.4米（含基槽，下同），南北长1.5米（含基槽，下同），略呈斜坡状，从南往北逐渐升高，坡道东、西、北侧存有砌砖基槽，东西侧基槽宽0.6米、深0.3米，北侧基槽宽0.2、深0.32米。

西门道东西宽约4.5米，西侧墙体东侧存有柱础坑一个，东北角存有下方形底座、上圆形鼓镜柱础石一个，门道前侧坡道东西宽2.1、南北长1.3米，东、南、西砌砖基槽宽约0.3、北侧宽0.2米，南侧基槽内残留南北并列的两排东西向铺设的侧立砖两层，西侧基槽内残留有东西并列的南北向铺设的侧立砖两层。

东门道东西宽约4.5米，东侧墙体西侧有残柱柱础石一个，正好处于内外两道砖墙中间对应部位，柱础石保存完好，平面为长方形，东边长0.7、南边长0.75、西边长0.7、北边长0.7，高出门道地面0.3米，门道前坡道东西宽2.5、南北长1.4、高0—0.4米，东、西、南侧砌砖基槽宽0.3—0.4、北侧宽0.2米。

中门道的北侧存有"丁"字形砖铺露道一条，保存较为完好，所用条砖尺寸为长0.35—0.36、宽0.165—0.175、厚0.05米。露道南侧部分东西残长15.6、南北残宽2.1—2.5米，南面与ZC43中心相距1.3米，铺设方法为：先整体在南侧铺设一层东西向的横砖，然后在东、西两侧向北交替铺设一纵向（南北向）一横向的砖，各铺设4排，最后为一排为横向（大部分破坏不存）；在中间部分先用宽0.1米的残砖东西横向铺设，然后用整砖一横一纵相间交替铺设，各4排。露道北侧于南侧部分的中间向北通往宫城一号殿址，东西宽4.95米，采用一纵一横相间交替铺设的方法，东、西及南侧均

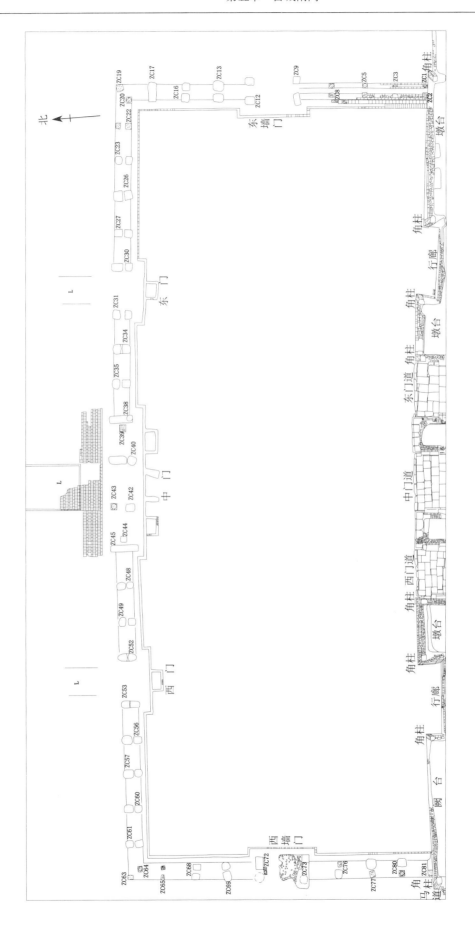

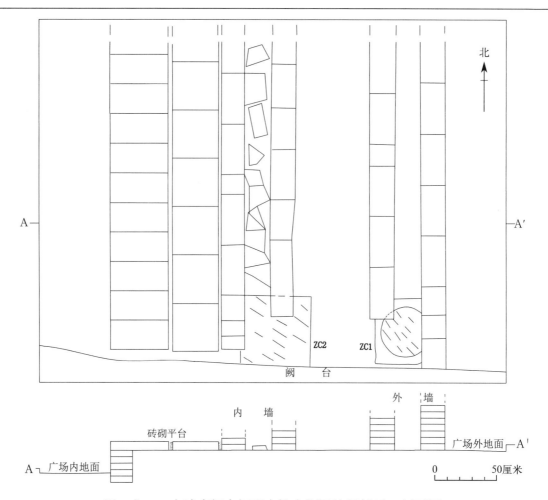

图一七一　宫城南门内矩形广场东侧围墙局部平、剖面图

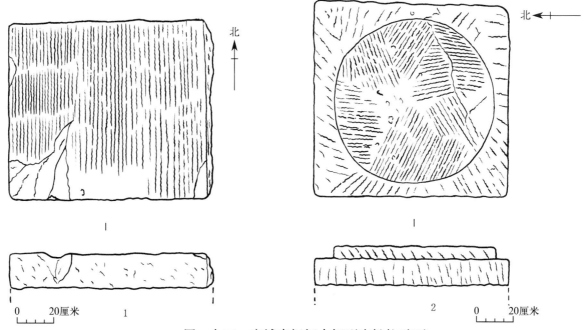

图一七二　宫城南门门内矩形广场柱础石
1. 长方形柱础石　2. 方座圆形鼓镜柱础石

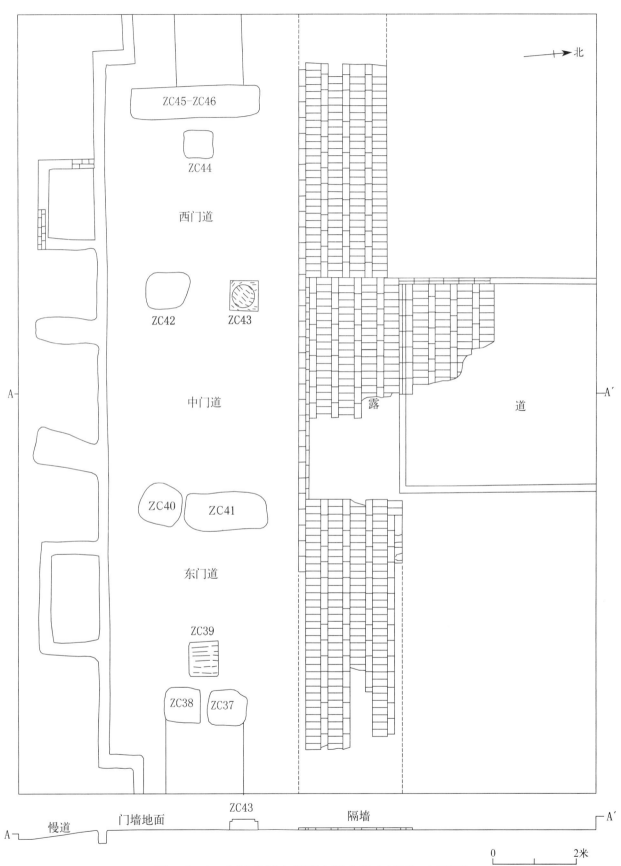

图一七三　宫城南门内矩形广场北墙中门平、剖面图

有宽0.15米的基槽，东、西基槽内南北向铺设东西并列的两层侧立砖，南侧基槽内东西向铺设南北并列的两层侧立砖。

北墙东门　位于北墙东部，其东侧15.8米为广场东墙，东、西两侧连接墙体，东西面阔5.11米，南北进深1.28米（柱坑中心间距），单门道，南侧有坡道，东西宽2.2、南北长1.3米，东、南、西存有砌砖基槽，基槽宽约0.3米，内存有部分残砖。南侧砖砌平台东西宽7.1米，较东西两侧的墙体处砖砌平台面向南凸出0.8米，门道北侧有路土向北延伸。

北墙西门　位于北墙西侧，其西侧15.1米为广场西墙，东、西侧两侧连接墙体，东西面阔5.01米，南北进深1.02米，单门道，南侧有坡道，东西宽2.3、南北长1.3米，东、南、西存有砌砖基槽，基槽宽约0.3米，南侧基槽内有南北并列两排东西向铺设的甃砖。南侧砖砌平台面东西宽7.2米，较东西两侧的墙体处砖砌平台面向南凸出0.8米，门道北侧有路土向北延伸。

东墙门　位于东墙的中部靠北处，距北墙10.75米，距南侧阙台砖壁12.9米，南北两侧连接墙体，南北面阔约5.1米（ZC9与ZC11间距），东西进深2.07米(ZC11与ZC12间距)。门为单门道，门道遭受破坏，地面低于南北两侧的砖墙及砖砌平台台面，西侧的砖砌平台南北宽8米，较南北两侧的墙体处砖砌平台面向西凸出0.8米，南、西、北存有基槽，槽宽0.28米，西侧基槽南部存有南北铺设的青砖一层（图一七四）。

西墙门　位于西墙的中部靠北处，距北侧墙10.8米，距南侧阙台砖壁12.8米。南北两侧连接墙体，南北面阔5.1米（残存柱洞中心间距），东西进深因门道处的外侧柱础（柱坑)不存，不很清楚。墙门为单门道，西侧有道路通往广场外。东侧砖砌平台南北宽7.6米，较南北两侧的墙体处砖砌平台面向东凸出0.7米，南、东、北存有基槽，宽0.2米，东侧基槽南部存有残砖。门道地面遭受破坏，在墙门南侧南北长3.2、东西宽2.5—3.5米的不规则区域内底部铺满大小不一的青石块。

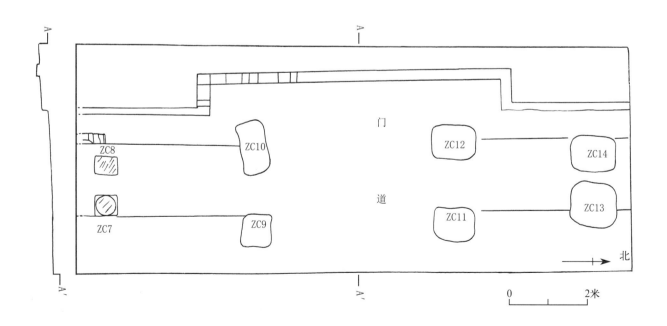

图一七四　宫城南门内矩形广场东墙门平、剖面图

三 出土遗物

宫城南门出土遗物较多，质地有陶、琉璃、铜、铁、瓷、木等，多为建筑构件，现择要介绍如下。

（一）灰陶建筑构件

均为泥质灰陶，火候较高，有砖和瓦两类。

1. 砖

根据形制可分为条砖、方砖和楔形砖等。根据纹饰又可分为素面砖、绳纹砖、卷草纹条砖、牡丹风轮龙纹方砖、六角编扣花叶纹方砖、菱形网格纹砖等(表二六)。

条砖 平面长方形，泥质灰陶，正面平整光滑，背面粗糙，有抹痕。在南门的各个部位均有发现，主要是砌筑砖壁所用，长35—36.5厘米，以35.5厘米最多，宽16.5—17.5厘米、以17厘米最多；厚度5—6厘米，以5厘米为最多。标本IT1—5④：4，完整，厚度不均，中部略厚微凸起。正反面粘连有白灰，长35.5、宽17、厚5.5—6厘米（图版二〇七，1、2）。

方砖 接近方形，仅发现于宫城南门内矩形广场围墙内侧的砖砌平台内层，长37—38、宽36.5—37.5、厚6.5—7厘米，长度以37.5、宽度以36.5厘米为主，正面平整光滑，背面凹凸不平。标本IT10—5④：15，略残，长38、宽37.5、厚7厘米（图版二〇七，3、4）。

楔形削边砖 2件。澄浆泥质，质量较高，正面素面，光滑，背面凹凸不平。形状不规则，正、背面粘连白灰痕迹。

IT6-5④：9，略残，正面一角残，两个边缘削砍成斜边，两面为直边，正面一端有4道斜向浅刻槽，正面长22—24、宽13.6—14厘米，背面粗糙，凹凸不平，除一边较为齐整外，其余三边不甚平齐，长26.5、宽17.6—18、砖厚5.2厘米（图一七五，1；图版二〇七，5、6）。

IT1-5④：3，正面一边为直边，其余三边削砍成斜边，削砍痕迹不很规则，正面长16—18、宽12.2—15.6厘米。背面未削砍，粗糙，凹凸不平，长20—25.5、宽17.8—18、砖厚5厘米（图一七五，2；图版二〇八，1、2）。

绳纹砖 正面平整光滑，背面有间断粗绳纹，但绳痕不明显，类似于断断续续的刻槽。可分大小两型。

大型砖 发现于宫城南门内矩形广场围墙内侧的砖砌平台外层。

标本IT10—5④：14，正面平整光滑，背面中心长34、宽17厘米的范围内有不连续绳纹，较浅，方向与长边大致平行，共8排，每排有10—11个间断绳纹。砖长47.5、宽23—24、厚6.5—7厘米（图一七五，3；图版二〇八，3、4）。

小型砖 发现于宫城南门内矩形广场的围墙处。

标本IT10-5④：13，断为两截，中部残缺，一角略残，背面中心长17.5、宽10.5厘米范围内有不连续的绳纹，共6排，每排8个绳纹，有的不很明显。砖长38.5、宽19厘米，砖的一侧较厚，砖厚6.5—7厘米（图版二〇八，5、6）。

花纹砖 数量少，未发现完整者，表面粘连有白灰，砌墙时所用，分为卷草纹条砖、六角编扣花叶纹方砖、牡丹风轮龙纹方砖、菱形网格纹砖等。

卷草纹条砖　17块，选取标本1件。

标本IT6-6④：10，残半块，分内区和外缘两部分，砖一侧较薄，一侧较厚，残长15.5、宽18.5、厚5—5.5厘米。内区较低，浮雕有卷草纹图案，外缘高于内区，外缘宽2—2.5厘米（图版二〇九，1）。

六角编扣花叶纹方砖　7件，均为残块，与宫城一号殿址出土同类砖相同。

标本IT6-1④：5，四边、背面粘连白灰，砖长28、残宽18、厚5.5厘米（图版二〇九，2）。

牡丹风轮龙纹方砖　残块3件，选取1件。

标本IT6-1④：6，砌壁所有，粘连白灰痕迹，与宫城一号殿址出土同类砖相同。残龙纹及一风轮，残长20、残宽12、厚5.5厘米（图版二〇九，3）。

菱形网格纹砖，1件。

IT6-5④：7，残块，略呈楔形，窄端一角缺失，在刻划出的长方形区域内有菱形网格纹，长方形区域长15.2、宽10.5厘米，砖长18.4、最宽12、厚4.8—5厘米（图一七五，4；图版二〇九，4）。

2．瓦

分为板瓦和筒瓦两种，泥质灰陶，均为普通的黏土瓦，呈青灰色，即《营造法式》所言的"素白瓦"。

筒瓦　123件。泥质灰陶，火候不高。前端凸出瓦舌，形似圆形子母口器物之半圈子口，瓦舌自瓦端部由瓦背面向内面斜前方向凸出，凸出部分由厚渐薄、由大渐小、平面观察略呈梯形，舌侧有切痕。大多数的筒瓦在烧制好后，为使扣合严密，左右边缘及尾缘又经过砍削变薄，砍削留下的疤痕不规则，凹凸不平，边缘未经削砍比较平齐者仅6件。瓦内施布纹，瓦背光滑，瓦内、瓦背边缘粘连有白灰，推测瓦扣合部位应是用白灰粘连抹缝。根据板瓦的长度和宽度，可分3种规格（表二七）。

小型　7件。发现于宫城南门内矩形广场围墙处，弦宽11.5厘米以下。

标本IT4-12②：4，一端略残，瓦内边缘经削砍变薄。通长20.5（不含瓦舌，下同）、厚2.1、弦宽11.2—10.2、矢高5.1—3厘米（瓦背—瓦内，下同），瓦舌长0.7(指凸出瓦部分，下同)、宽6.5（根部，下同）、厚1厘米（图版二〇九，5、6）。

标本IT4-11②：1，一端略残，瓦内左右两侧内缘有很深的切痕，边缘未削砍，平齐。通长20.5、厚1.7、弦宽11—10、矢高5.3—3.8厘米，瓦舌长0.7、宽7.5、厚1厘米（图版二一〇，1、2）。

中型　106件。通长25厘米以上，弦宽13—12.5厘米。

标本IT6-6④：6，瓦内边缘经砍削变薄。瓦通长25.5、厚2、弦宽13—12、矢高6—4厘米，瓦舌长1、宽9、厚1.3厘米（图版二一〇，3、4）。

大型　10件。通长28厘米以上，弦宽13.5—15厘米。

标本ⅡT1-3④：6，内缘砍削痕迹平整，内粘有白灰痕迹。通长28.5、厚2.5、弦宽14.5—14、矢高6—3.5厘米，瓦舌长1、宽10、厚1.5厘米（图版二一〇，5）。

标本IT9-5④：4，通长28.5、厚2.5、弦宽15—14、矢高5—3.7厘米，瓦舌长1.2、宽12、厚1.7

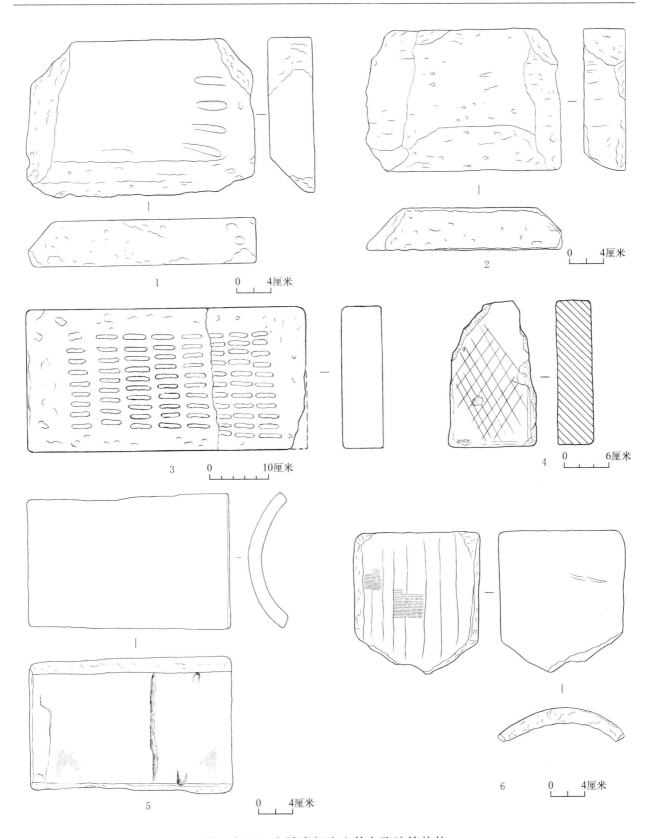

图一七五　宫城南门出土的灰陶建筑构件

1. 楔形削边砖（IT6-5④：9）　2. 楔形削边砖（IT1-5④：3）　3. A型绳纹砖（IT10-5④：14）
4. 菱形网格纹砖（IT6-5④：7）　5. 灰板瓦（IT4-12②：3）　6. 灰板瓦（IT11-8②：10）

厘米（图版二一〇，6）。

板瓦 28件。 大多为残块，完整者只有2件。胎质细腻，内侧左右两侧有很浅的切痕，未切透，沿切痕掰开，使断面近瓦内部分平齐，而近瓦背的部分粗糙。根据板瓦的弧度，四块可组成一个圆周。瓦一端稍宽，一端略窄，宽端平齐，窄端内圆外尖，瓦内长度略短于瓦背。瓦背光滑，瓦内均有布纹痕迹，部分有纵向的指甲掐印纹装饰，部分近瓦的宽端瓦内两缘有小凹坑。瓦内外多粘有白灰痕迹。瓦尺寸相差较大，宽端最宽者28厘米以上，而宽端最窄者仅宽16.5厘米，大多窄端残缺，选取保存较完整的12件量取尺寸，可分为多种规格（表二八）。

标本IT11-8②：10，窄端缺失，尺寸最小的一种，内面纵向有不明显的凸棱7道。残长17.4、宽端弦宽16.2—15.8（瓦背—瓦内，下同）、矢高4.2—2.2（瓦背—瓦内，下同）、宽端瓦厚1.7、瓦最厚2厘米(图一七五，6；图版二一一，2)。

标本ⅡT1-3④：5，小端缺失，残长25、宽端弦宽18—16.7，矢高4.5—2.5、厚2厘米（图版二一一，1）。

标本IT4-12②：3，完整，瓦内靠中部有一道横向凹槽，近宽端6厘米处两侧边缘有小凹坑。宽端瓦内外凸略长于瓦背，窄端瓦内内收，有削切痕，内圆外尖。通长27.5、宽端弦宽18.2—15、窄端弦宽17—15、宽端厚1.5、窄端厚1.5、缘厚2、宽端矢高5.4—3.6、窄端矢高 4.5—3厘米，瓦内局部有布纹(图一七五，5；图版二一一，3、4)。

标本IT7-3④：5，基本完整，窄端两角略残。瓦内有1条纵向指甲掐印纹，近宽端7厘米处两侧边缘有小凹坑，瓦厚度从宽端至窄端渐薄，瓦宽端向下略弧，窄端内圆外尖，内侧较短。通长36.1、宽端弦宽26—23、宽端厚3、窄端厚2、边缘厚2—3、宽端矢高7.8—4.8、窄端矢高6.3—4.3厘米（图版二一一，5、6）。

（二）琉璃釉陶建筑构件

均为泥质红陶，胎内包含较多的细砂粒，火候一般不高，质地一般。可分为檐口花头筒瓦、檐口滴水、筒瓦、板瓦、线道瓦、条子瓦、合脊筒瓦、当沟瓦等。

1．檐口花头筒瓦

残15块。由瓦当和筒瓦构成，分别模制又粘结在一起。多数都断开为瓦当与筒瓦两部分。筒瓦为泥制红陶，红白色或黄白色，胎质包含有少量白色细沙粒，火候中等，质地一般。左右两侧缘有用刀削切痕迹，前接瓦当处削切痕迹不明显。瓦背绿釉，内施布纹。

筒瓦 标本IT11-5④：10，后端残断，前端（连结瓦当的一端)接Bb型瓦当，残长12、厚1.5、弦宽11、矢高5.5—4（瓦背—瓦内，下同）厘米（彩版三六二，1）。

标本ⅡT5-2④：1，后端残断，前端接C型瓦当，残长13.5、厚2、弦宽12.3、矢高6.3—4.5厘米（彩版三六二，2）。

标本ⅡT1-5④：6，仅存保存完好的筒瓦部分，前端瓦当不存，脱落痕迹明显。瓦内施有三道短的纵向凹槽，瓦背及侧缘施有绿釉，土锈严重，部分釉子脱落。通长21.8、瓦舌端弦宽11.7（瓦背，下同 ）、前端弦宽11.8、矢高7—6、瓦厚2、边缘厚0.5—1、前端厚1、瓦舌长1.2、宽5.6—7.6

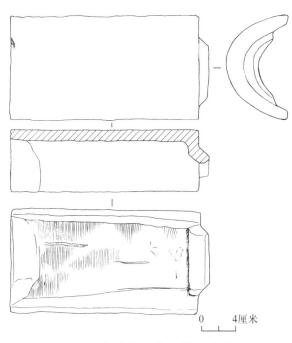

图一七六　宫城南门出土檐口花头筒瓦
（ⅡT1-5④：6）

（舌尖—舌根，下同）、厚0.2—2厘米（图一七六；彩版三六二，3、5）。

标本ⅠT11-8②：6，前端一角略残，两侧缘一侧削切较多，前有瓦当脱落痕迹。通长21.7、瓦舌端弦宽11.5、距瓦舌端17.5厘米处宽10.3、矢高6.3—5.5、瓦厚2、边缘厚0.5—1、前端厚0.8、瓦舌长1.5、宽6—7.5、厚0.3—1.5厘米。釉色鲜艳，部分脱落（彩版三六二，4）。

瓦当　共出土瓦当较完整、可看出类型者125件，残块无法归类者28件。

瓦当均为圆形，正面分内区、外缘，内区与外缘用一周凸弦纹隔开，外缘施绿釉，内区为浮雕团龙纹。做法是人工刷釉，先内后外，背面有流釉现象。内区多数有圆形穿孔，最少的1个，最多的有6个，以5个的居多，个别瓦当无穿孔，有的穿孔比较小被堵住，只能从后面的穿孔形成的痕迹判断穿孔情况。穿孔从瓦当正面向背面穿透，方向不甚一致，穿孔并非一次性同时穿过，而是一个一个分别穿透。瓦当背面绿釉，无纹饰，有釉子从正面通过穿孔流出又往下流的痕迹。瓦当上的釉子也有下流的痕迹，背面比正面明显。在瓦当背面下缘有粘结现象，穿孔有的在烧制时有被堵塞现象。穿孔通畅的瓦当，施釉均匀，龙纹清晰，穿孔堵塞的、无孔的瓦当，釉子厚重，纹饰漫漶。瓦当与筒瓦断开处的茬口，有划道，以利于与筒瓦粘结。

根据纹饰可分为三型(表二九)。

A型　40件。其中完整者或较大20件，可分为两亚型。

Aa型　9件。凸弦纹贴在外缘内侧并高于外缘，凸棱与外缘之间无凹弦纹，龙身略高出瓦当内区，直径13厘米左右。

龙头位于内区中央，龙首昂起，龙颈细长，头与身体之间转折流畅，呈流畅的S型。盘龙目视前方，龙吻紧闭，双角紧贴颈部，角尖上翘，鬣毛向后波曲状平飘尖部下垂；龙身环绕龙首翻滚盘绕，龙身扭曲，粗壮浑圆，身披鳞甲；两个前腿一前一后将爪置于弦纹内缘，左前腿屈膝，有肘毛后飘，两趾下扣；右前腿略屈，爪部伸到龙吻前方，有肘毛后飘；龙身胸前有一个圆球状装饰，但不十分明显；右后腿龙爪伸到龙吻上方，有3趾；左后腿仅表现与龙身相接的腿根部位；尾部从右后腿肘下绕出然后向上从小腿上绕过，尾尖下垂。

标本ⅡT1-4④：5，完整。后带小段残筒瓦，外施绿釉，残筒瓦弦宽13.5、厚2.5厘米。瓦当内区黄褐色釉，边缘有釉子向下流的现象。有5个穿孔，其中一孔穿透，分别位于龙角上方，下颌与右前腿之间、颈后鬣毛尖下方、左前腿大腿和小腿之间以及左前腿肘部上方。直径13、厚1.6—1.8、外缘宽2.3厘米（图一七七，1；彩版三六三，1）。

Ab　31件。瓦当直径13.5—14.2厘米，大于Aa型，凸弦纹与外缘相平并用一道压印的凹弦纹隔开。龙身略高出瓦当内区，龙纹形象与Aa型类似，形象清晰，龙身胸前圆球状装饰明显，右前腿肘毛清晰，下垂。

标本IT8-5④：10，外缘、龙尾部略有残缺。6个穿孔，穿透后被堵住，分别位于龙下颌下方与胸之间、球状饰物下方与左前爪之间、左前腿肘部上方、颈后鬣毛尖下、尾部与右后大腿交叉部位、头部两角上方。直径13.8、厚1.8、外缘宽2厘米（图一七七，2；彩版三六三，2）。

标本IT11-8②：5，外缘有残缺。6个穿孔，较小，均未穿透瓦身。分别位于龙下颌下方与胸之间、左前腿肘部上方、颈后鬣毛尖下方、头部两角上方、尾部与右后大腿交叉部位、尾尖下方与右后腿爪部。直径14、厚1.5—1.9、外缘宽2—2.5厘米（彩版三六五，4）。

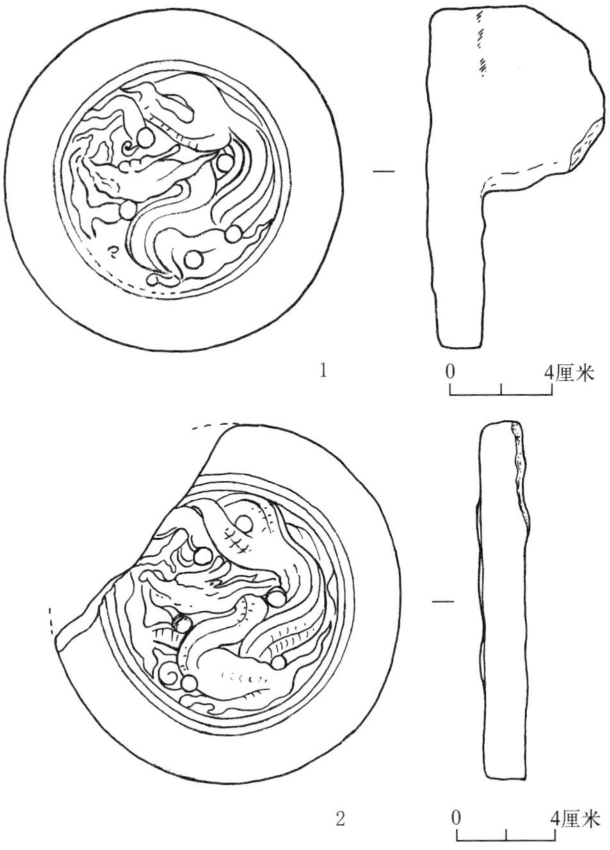

B型　63件。凸弦纹与外缘相平用一道压印的凹弦纹隔开。龙纹与A型相似，不如A型流畅，龙颈粗短，转折较为僵直，可分两亚型。

Ba型　56件。直径约11.7—12.4厘米。

左前腿屈膝，有肘毛后飘，腿根部有一道披毛，小腿及爪部不甚清晰，爪紧扣内缘，左后腿略表现出根部。龙尾尾尖上挑。

标本ⅡT4-5④：9，完整。边缘绿釉有所脱落。瓦当内区黄褐釉，有沁润绿釉现象。5个穿孔，4个穿透，1个被堵住，分别位于龙头上方、下颌下方、颈后鬣毛下、左前腿肘部、尾部与右后腿的交叉部位。直径11.9、厚1.8、缘宽1.5—2厘米（彩版三六四，2）。

标本ⅡT6-2④：2，完整。5个穿孔，穿孔较小，其中4孔穿透，1孔被堵住，分别位于头上方、胸前方、前左腿肘部、鬣毛尖下方、尾部与右后腿的交叉部位，内区龙身沁润绿釉较多。直径12.4、厚1.5、缘宽1.5—2厘米（图一七八，1；彩版三六五，5）。

标本IT3-5④：5，完整，后带小段残筒瓦。5个穿孔，3个穿透。分别位于龙头上方、下颌下方、左前腿云纹下方、鬣毛尖下方、尾部与右后腿的交叉部位。直径12、厚1.5、缘宽1.5—2厘米。筒瓦弦宽12.5、矢高5厘米（彩版三六五，1）。

Bb型　7件。规格最小，多为残块，直径只有11厘米左右，因此致使龙身上很多的细节表现不清楚，左后腿未表现出腿根部，龙尾尾尖下垂。

图一七七　宫城南门出土A型瓦当

1. Aa型（ⅡT1-4④：5）　2. Ab型（IT8-5④：10）

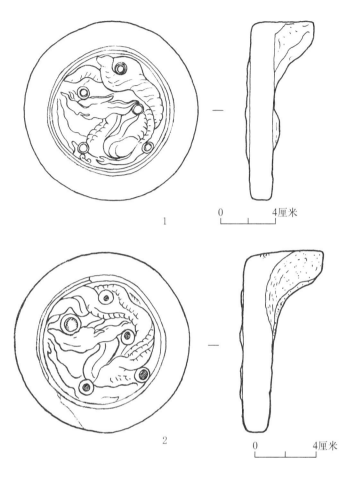

图一七八　宫城南门出土B型瓦当

1. Ba型（ⅡT6-2④：2）2. Bb型（ⅠT11-8②：10）

形成的痕迹判断穿孔情况。

标本ⅠT7-5④：6，瓦内土锈严重。5个穿孔，均未穿透瓦身。分别位于龙吻下前端、左前腿肘弯处，右后腿肘下、后左腿腿跟、角尖后上方。直径12.1、厚1.5、缘宽1.8—2.4厘米，内区黄褐釉，背面有绿釉，土锈严重（彩版三六五，3）。

标本ⅡT8—5④：7，后带小段残筒瓦。筒瓦外侧绿釉，内面施有布纹，残长8、弦宽12.5、矢高5、厚1.6厘米。内区为黄褐釉，龙身高出瓦当内区较多，边缘绿釉脱落严重。有3个穿孔，均未透瓦面，一个略深，两个非常浅，分别位于龙吻下前端、头上双角处、左后腿腿根处。直径12.2、厚1.6—2、缘宽2—2.2厘米（图一七九；彩

标本ⅠT11-8②：10，完整，釉脱落较多，后带小段残筒瓦。内区5个穿孔，1孔穿透，4孔穿透后被釉子堵住，分别位于龙头上方、右前腿下方、左前腿肘后、颈后鬣毛尖下、尾部与右后腿的交叉空隙处。直径11.2、厚1.6、缘宽1.7—2厘米（图一七八，2；彩版三六五，2）。

C型　22件。直径12厘米左右。

凸弦纹略高于外缘并用一道压印的凹弦纹隔开，龙身高出瓦当内区较多，龙颈细短，转折不如A、B型流畅。短吻，贴于外缘，龙头上双角紧贴颈部，角尖上翘，头上鬣毛下垂贴于颈部；龙身环龙首翻滚盘绕，龙身扭曲，身披鳞甲；两个前腿一前一后将爪置于弦纹内缘，左前腿屈膝，根部有披毛，肘部肘毛下垂，右前腿爪部伸到龙吻下方，有肘毛；右后腿向下蜷屈于头颈后方，左后腿腿跟不明显；尾部伸展于头部上方，尾尖下垂，紧挨龙吻部。爪部不明显。穿孔比较小，位置不尽相同，大多数被堵住，有的只能从后面穿孔

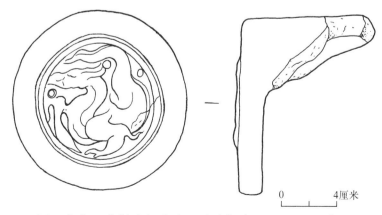

图一七九　宫城南门出土C型瓦当（ⅡT8-5④：7）

版三六四，1）。

2．筒瓦

30件，其中带瓦舌不可辨类型者15件。后端有瓦舌，瓦舌凸出部分由厚渐薄，由大渐小，平面观察为梯形，舌侧有平齐的削痕。瓦舌端（后端）略宽，向后逐渐变窄。瓦背及瓦内两侧边缘施绿釉。瓦内两侧内缘有刀削切面，前缘由厚变薄，切痕不明显。瓦内布纹无釉并粘有白灰泥，可分不带瓦钉孔和带瓦钉孔的两种类型（表三〇）。

A型： 8件，不带瓦钉孔。前端瓦内略薄，有不很明显的削痕，瓦内两侧内缘有刀削痕迹。根据瓦舌长短，分Aa、Ab两亚型。

Aa型：5件。瓦舌长而厚，长约1.5厘米。

标本IT10-5④：6，前端一角略残，瓦内有一道短凹槽，前缘也施以绿釉。通长21.4、瓦舌端弦宽11.7、矢高6.4—5.3（瓦背—瓦内，下同）、瓦厚2、边缘厚0.7—1.0、前缘厚1厘米。瓦舌长1.7、宽6—7.5（尖部—根部）、厚0.5—1.5厘米。通体绿釉，釉色鲜艳，部分脱落（图一八〇，1；彩版三六六，2）。

Ab型：3件，瓦舌短而薄，长0.5—1厘米。

标本IT7-5④：6，前端一角略残。瓦内一侧有凹槽1道，瓦背前端略上翘，瓦内前端有宽4厘米的削切面，通长24.3、瓦舌端弦宽12.1、矢高6.7—5.9、瓦厚2、两侧边缘厚0.5—1厘米，前缘一侧薄一侧厚，厚0.4—1.5厘米。瓦舌略残，长0.7、宽7—8.5（尖部—根部）、厚0.3—1厘米。釉子部分脱落，有白色土锈（图一八〇，2；彩版三六六，1、3）。

B型：7件，无完整者，瓦舌端完好，另一端残缺。靠近瓦舌端有瓦钉孔，由瓦的背面向内面穿透。

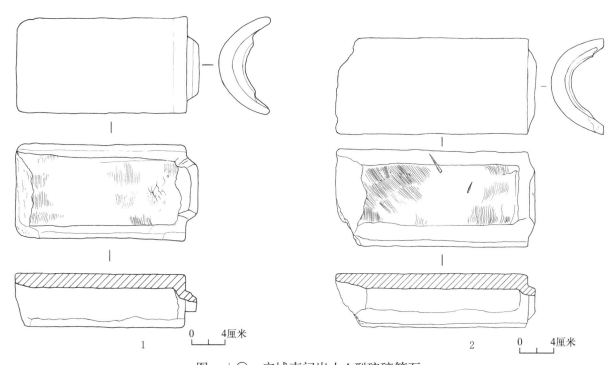

图一八〇　宫城南门出土A型琉璃筒瓦
1．Aa型（IT10-5④：6）2．Ab型（IT7-5④：6）

标本IT9-5④：8，残长24、厚2.2、弦宽13、矢高6.7—4.5厘米。瓦舌长1.1、宽8.5—9.5、厚0.4—1.5厘米。距瓦舌端缘6厘米处有长1.5、宽1.2厘米的圆角长方形瓦钉孔，钉孔内部被白灰泥堵住。瓦背上有由瓦钉孔流下的绿釉痕迹。瓦舌端前缘及瓦舌施绿釉（彩版三六六，4）。

标本ⅡT2-4④：1，瓦内一侧有纵向凹槽1道。残长14、厚2.2、两侧边缘厚1、弦宽15、矢高7.8—5.6厘米。瓦舌长1.5、宽10.5—8.5、厚0.5—1.5厘米。距瓦舌端缘7.2厘米处有一直径1.5厘米的圆形瓦钉孔。瓦内有从瓦背上由瓦钉孔流下的绿釉痕迹，瓦内一侧有白灰泥，瓦背釉色翠绿，保存较好。瓦舌端前缘及瓦舌施绿釉(图一八一，1；彩版三六七，1、3)。

标本IT10-8②：1，残长23、厚1.5—1.8、两侧边缘厚1—1.3厘米，弦宽11、矢高6.3—4.5厘米。瓦舌长1.5、宽8—7、厚0.5—1.5厘米。距瓦舌端缘4.5厘米处有直径1.1厘米的圆形

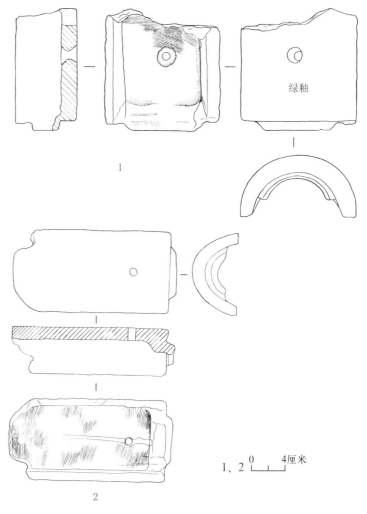

图一八一 宫城南门出土B型琉璃筒瓦
1. B型（ⅡT2-4④：1） 2. B型（ⅠT11-8④：7）

瓦钉孔。瓦背瓦舌端上缘略向外凸出约0.5厘米。瓦背施绿釉，多有脱落，瓦舌端前缘施绿釉，瓦舌无釉（彩版三六七，2、4）。

标本IT11-8②：7，残。瓦内中部及一侧边缘各有一道纵贯瓦内的凹槽。瓦舌端上缘向外凸出约0.5厘米。瓦残长23、厚2、两侧边缘厚1.5厘米。弦宽11.5、矢高6—4.3厘米。瓦舌长1.5、宽6.5—7.5、厚0.6—1.5厘米。距瓦舌端缘4.5厘米有一直径1厘米的圆形瓦钉孔，瓦背瓦舌端上缘向外凸出0.5厘米。绿釉，釉子有脱落。瓦舌处无釉（图一八一，2；彩版三六七，5）。

3. 檐口滴水板瓦

由滴水和板瓦构成，出土残块441件，其中321件残滴水、23件残板瓦、97件带有滴水及后端的板瓦。完整、基本完整者不多。

滴水 三角连弧纹缘尖滴水，泥质红陶，含有细沙粒，火候不高，质地一般。滴水正面接近三角形，外缘由对称的海棠曲线边合出下尖而成，内侧随外缘有连弧凸棱纹，施绿釉。内区黄釉，主体纹饰凸出，为顾首龙纹，滴水正面一侧边缘的绿釉有流向内区沁润龙纹黄釉的现象。滴水背面施

绿釉，后面接有琉璃板瓦。根据纹饰分三种类型（表三一）。

A型　205件。龙首居中朝向左侧，嘴部向前火焰，分为三缕，头上鬣毛分三缕屈曲后飘，躯体盘绕翻滚。左前腿向后斜扬，龙爪反掌收拢至滴水内区的右角部，肘毛沿上缘向后飘拂，肘毛左侧腿上部有披毛；右前腿伸至龙吻前，爪向内收拢抓一似圆球状物体；右后腿蹲屈，爪下扣，隐于云朵下，腿根有披毛从龙身右侧经脊背绕向左侧；左后腿沿左下侧连弧凸棱纹边缘后伸，爪部隐于云朵下；尾部曲折，尾尖下垂。内区左、右角、龙左、右前腿前饰有云朵。龙身周围流云漂浮，气韵飞动，生机盎然。可分两亚型。

Aa型　70件，无完整者，20件后带残板瓦。滴水尺寸最大，内区高约8厘米。头部三缕鬣毛清晰，毛尖略上扬，因尺寸较大，沁润釉现象较轻，龙身形象清晰，细节表现突出。

标本IT8-4④：1，左右两上角残。龙身形象清晰，残宽21.6、高13.4、内区高8、缘宽2—2.3、厚1.8—2.2厘米（图一八二，1；彩版三六八，1）。

标本ⅡT2-5④：1，残存瓦当左上角龙尾部分。残宽13.5、残高13.2、缘宽2—2.3、厚2厘米（图一八二，2；彩版三六九，1）。

ⅡT2-4④：1，残存右侧部分。残宽18、高10.6、外缘宽2—2.5、厚1.2—1.7厘米（图一八二，3；彩版三六九，2）。

Ab型　135件。18件带有残板瓦。龙身形象与Aa型基本相似，但不如A型突出和清晰，头上鬣毛最上一缕前半部被前两缕挡住，毛尖平飘。仅右后腿表现有肘毛。尺寸略小于Aa型，内区高7厘米左右。

标本IT6-5④：5，完整，正面土锈严重，龙身形象模糊。板瓦脱落处的滴水上有斜向刻划线。宽22、通高11.2、内区高7、矢高4.2、外缘宽1.5、厚1.3—1.8厘米（彩版三六八，2）。

标本IT6-6④：1，左上角部残。残宽22.4、通高11、内区高7、外缘宽1.5—2、厚1.2厘米（图一八二，4；彩版三七一，1）。

B型　10件。其中前右腿残块2件、前左腿残块2件（其中1件含有头部），头部残块1件，后左腿4件（其中1见含有尾部），尾部1件。可以拼接成一件完整滴水。

龙首方向与A型相反，龙头自右侧向左侧回转。鬣毛分三缕，左前腿半蹲，爪部张开，紧扣右下侧凸棱，粗大肘毛下拂。右前腿上扬至滴水内区左角，肌肉隆起，龙掌外翻，五趾分开，似抓住滴水壁面；左后腿向尾部方向屈伸，肘毛后飘，爪隐于右下侧的凸棱下；右后腿仅露出局部，尾端抵住右上角部，下压有流云，内区龙纹空隙处饰祥云纹（图一八三，2—5；彩版三六九，3—6）。标本IT11—5④：33，残块，仅剩中部，高10.5、内区高7、外廓宽1—1.2、厚1.5厘米（图一八三，1；彩版三七〇，1）。

C型　106件，59件带有残板瓦。龙身形象与B型类似，唯体形较小，内区高5厘米左右。内区为浮雕龙纹，浮雕较低，施黄釉，沁润绿釉严重，龙身呈波曲状，饰有突起麻点状的鳞片。龙头自右侧向左侧回转，头部形象模糊不清，吻部至龙尾前端，没有吐出火焰纹；左前腿后伸，至内区中下部，爪部隐于云纹下；右前腿前伸至滴水左上角，爪部似分三趾，与两道突起的纹饰粘连在一起；左后腿向尾部屈伸，爪隐于左下侧的凸棱下；右后腿表现不清；尾部上扬抵住滴水右上角部。可分

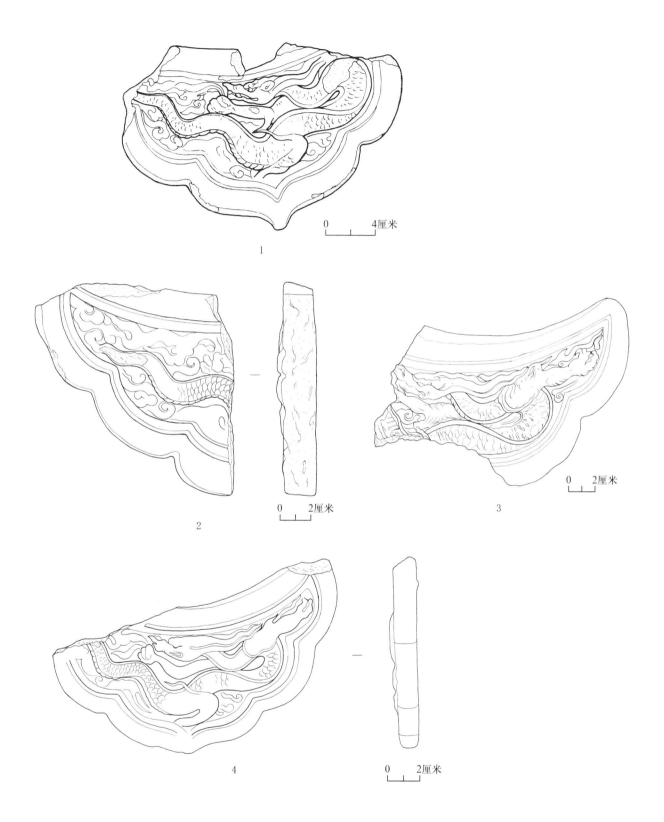

图一八二　宫城南门出土A型滴水

1.Aa型（ⅠT8-4④：1）　2.Aa型左上角（ⅡT2-5④：1）
3.Aa型右上角（ⅡT2-4④：1）　4.Ab型（ⅠT6-6④：1）

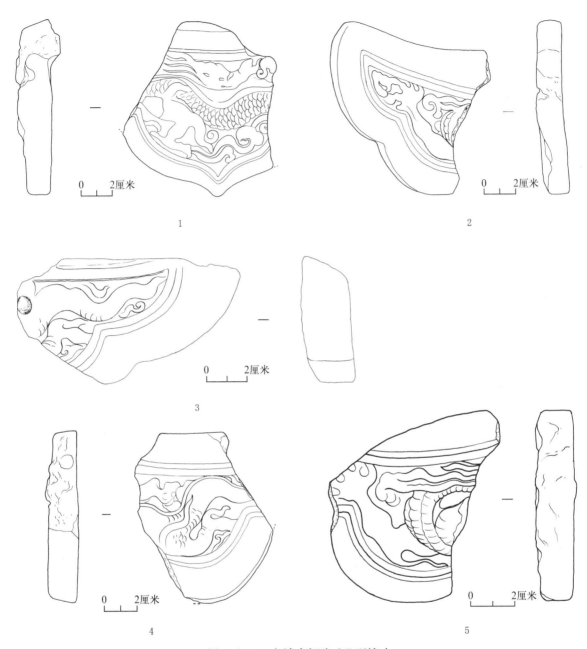

图一八三　宫城南门出土B型滴水
1.中部（IT11-5④：33）　2.左上角（IT11-5④：25）　3.右上角（IT6-5④：14）　4.右上角（IT6-5④：15）
5.左上角（IT6-5④：16）

为两亚型。

Ca型　49件。30件带残板瓦，大部分为碎片。有两道凸棱纹贴在外缘内侧并高于外缘，两道凸棱之间用压印的凹弦纹隔开。

标本IT11-5④：11，后带有残板瓦，板瓦与滴水连接处不平齐。内区沁润绿釉较多。滴水宽17.5、通高9.5、矢高4.2、内区高5、外缘宽1.2、厚1—1.5厘米。板瓦厚1.8厘米，内外施绿釉（图一八四，1；彩版三七〇，2；彩版三七一，2）。

标本IT10-5④：10，保存完整，宽17、通高9.5、矢高4、内区高5、外缘宽1.2、厚1厘米（彩版

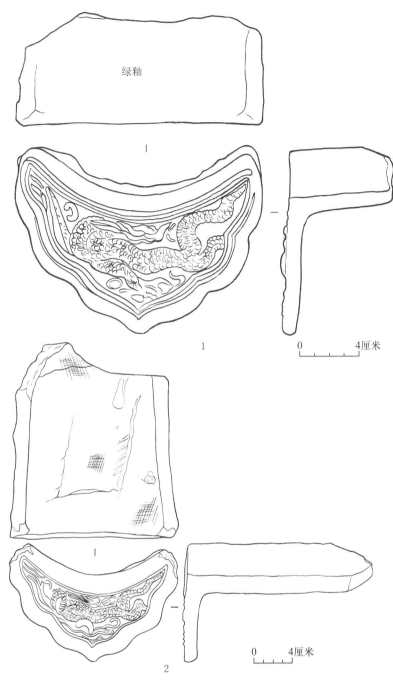

图一八四 宫城南门出土C型滴水

1. Ca型（IT11-5④：11） 2. Cb型（IT7-5④：1）

三七二，1）

Cb型 57件，29块带残板瓦。外缘内侧凸棱不用压印的凹弦纹与外缘隔开或凹x弦纹较浅，边缘及棱均施绿釉。

标本IT8-5④：6，左上角缺失。宽18.2、通高9、内区高5、外廓宽1.3、厚1—1.2厘米（彩版三七二，2）。

标本IT7-5④：1，完整，带残板瓦。内区黄褐釉沁染绿釉，龙纹模糊不清。宽18、通高9、矢高3、内区高5、外缘宽1.2、厚1—1.6厘米。板瓦与滴水连接处不平齐，滴水高出瓦内。板瓦瓦背前半部分施绿釉，瓦内及侧缘施绿釉。板瓦残长18.5、厚2、滴水端弦宽18—17厘米（图一八四，2；彩版三七一，3、4）。

板瓦 檐口滴水后面板瓦共发现残块120件，其中有97件前带有残滴水。大多为残块，完整者不多。瓦内两侧有刀切痕迹，然后沿切痕用手掰开，断面粗糙。板瓦一侧厚、一侧薄，前端（接滴水处，下同）略宽。瓦内、瓦背、瓦侧缘施有绿釉，程度不同，但均不施满，有流釉现象，不施釉处露胎及白色化妆土。

板瓦与滴水连接处有的较平，有的弧度略大，厚度不一，有的甚至相差一倍以上。板瓦与滴水相对应，应该有多种的尺寸，但多数为残块，完整者仅6块，均为小型滴水板瓦，大型滴水板瓦只见残块（表三二）。

标本IT11-4④：12，前端有残滴水，类型不详。板瓦通长28、厚1.5—2、前端弦宽18—16.5、后端弦宽17—15.5、矢高5.5—3.5（瓦背—瓦内，下同）厘米。瓦背绿釉约施到距滴水端18厘米

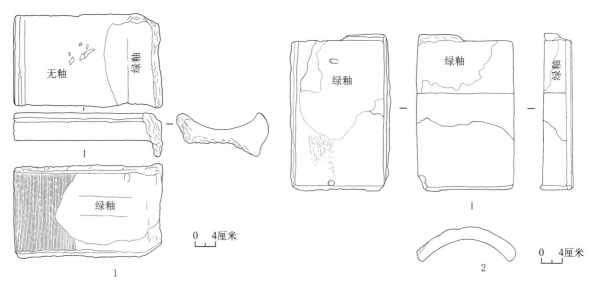

图一八五　宫城南门出土檐口滴水后部板瓦

1. IT11-5④:14　　2. IT11-4④:12

处,瓦内施绿釉约施到距滴水端9厘米处,釉色多有脱落,露胎及底部的白色化妆土。瓦内前后端各有一个按窝(图一八五,2;彩版三七三,1、2)。

标本IT12-4④:13,前端有Ab型滴水残片。后端一角残缺,瓦内通体纵向掐印纹一道。瓦通长29、厚2—2.5厘、前端弦宽18—17、矢高6.5—3.5厘米。瓦背施绿釉约施到距滴水端16厘米,瓦内施绿釉约施至距滴水端20厘米处。瓦后端外翻似重唇,施有绿釉,约宽2厘米(彩版三七三,3、4)。

标本IT11-5④:14,前端有Ca型滴水残片。前端一角略残,瓦内有纵向掐印纹两道。瓦通长28.4、厚1.8—2、后端弦宽17.2—15.2、矢高4.5—2.6厘米。瓦背绿釉约施到距滴水端10、瓦内绿釉约施到距滴水端20厘米处(图一八五,1)。

4. 板瓦

完整者8件。皆泥质红陶,瓦内两侧有刀切痕迹,瓦一端略宽,一端较窄。瓦内施绿釉,釉下有白色化妆土,宽端两角釉不施满,窄端釉子施至前缘,瓦内不施釉处露出布纹。瓦背不施釉,有的粘连有白灰泥痕迹。窄端瓦内较瓦背略向内收,宽端瓦背较瓦内略向内收,瓦背略长于瓦内,瓦内侧缘有刀切痕迹。选取标本3件见附表(表三三)。

标本ⅡT4-2④:9,完整。宽端釉子施至前缘,两角釉不施满,釉子因底部未施化妆土故颜色较深。瓦内窄端两角尖部也未施釉,施釉一侧至侧边缘,窄端瓦背有从瓦内流淌下来的绿釉。通长27.7—27.2(瓦背—瓦内,下同)厘米,宽端弦宽16.8—15、厚1.8厘米,窄端弦宽15.8—13.8、厚1.5、矢高4.8—3.2(瓦背—瓦内,下同)、两侧最厚2厘米(图

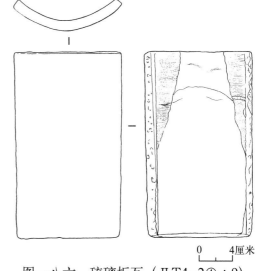

图一八六　琉璃板瓦(ⅡT4-2④:9)

一八六；彩版三七四，1、2)。

标本IT9-5④：7，窄端一角略残。宽端约1/3不施釉，有由窄端向宽端流淌的釉子条痕，釉子脱落严重，施釉部分釉子不施至边缘。通长27.5—27、宽端弦宽17.5—15.5、厚2厘米，窄端厚1.5—1.7厘米，矢高5—3.1、两侧最厚2厘米（彩版三七四，3、4)。

标本IT7-1④：2，宽端一角残，瓦内绿釉不施至两侧边缘。通长28—27.5、窄端弦宽15.5—14厘米、厚1.5—1.8厘米，宽端厚2、缘厚2、矢高5.4—3.6厘米，背面粘有白灰泥。瓦内中部有一道横向凹槽（彩版三七四，5、6)。

5. 线道瓦

12件。系用黄釉筒瓦切割而成，宽度约为完整筒瓦之一半。瓦背一侧施黄釉，占有瓦背的大部分，瓦内边缘齐整，且内面平切使边缘变薄，可见较窄的平切面。瓦背一侧不施釉，可见褐色化妆土和瓦压白灰痕迹，瓦内有一条浅浅的划切痕，沿切痕掰开、断面粗糙不整齐。瓦的一端略宽一端略窄，宽端瓦内削薄，窄端瓦内较瓦背内收。瓦前、后端缘施黄釉。

标本IT4-5④：2，完整，四角略有残缺，瓦背一侧边缘宽4—4.5厘米的局部无釉。施釉部分的瓦内边缘有宽2.5—3厘米的削切面，边缘削的很薄，厚约0.6厘米。瓦的宽端边缘削切面宽约3厘米，前缘厚0.5厘米，窄端瓦内较瓦背内收0.5、厚2厘米。瓦通长23.8、厚0.5—2、窄端弦宽11—9.5、宽端弦宽11.5—10、矢高3.7—1.8厘米（图一八七，2；彩版三七五，1、2)。

标本ⅡT1-5④：5，宽端两角残，瓦背一侧边缘宽1—3厘米的局部不施釉，边缘区分不很齐整。施釉一侧的瓦内边缘有宽3—3.5厘米的不很平整削切痕，不施釉一侧的瓦内边缘有极浅的划切痕迹，厚0.5厘米。宽端边缘有宽3厘米的削切面，前缘厚0.4厘米；窄端弦宽10—9、瓦内较瓦背内

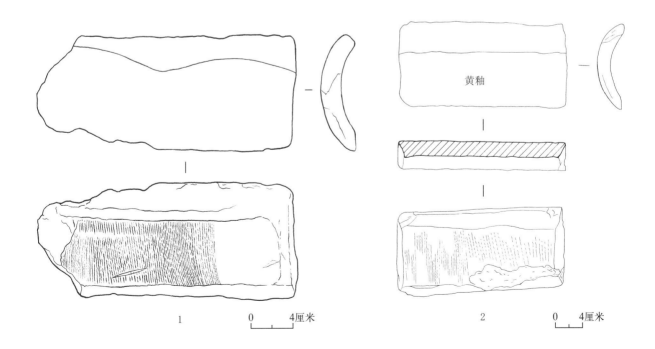

图一八七　宫城南门出土线道瓦
1. 线道瓦（IT1-5④：5）　2. 线道瓦（IT4-5④：2）

收0.5、厚2厘米，瓦通长24、厚1—1.5、矢高3.2—1.2厘米（图一八七，1；彩版三七五，3、4）。

标本ⅡT1-4④：6，残，瓦背一侧边缘0.5—1厘米局部不施釉，施釉一侧瓦内边缘有宽2—3厘米切痕。残长16、宽8、边缘厚0.5—1.8厘米（彩版三七五，5）。

6．条子瓦

8件。用绿釉琉璃板瓦切割而成，宽度约为板瓦1/2，瓦背一侧局部及侧边缘、瓦内一侧（瓦背施釉的一侧)施绿釉，施釉部分约占瓦背的2/3，不施釉的一侧瓦背粘连大量白灰泥，内夹杂长方形的植物秸秆。瓦内布纹，不施釉的一侧有很浅的划切痕。曾经在IT8-5内发现由此类瓦所垒砌的屋脊残段。

标本ⅡT1-2④：1，瓦背一侧宽2.9—3.4厘米的局部、侧缘及瓦内宽1.5—3.2厘米的局部施绿釉，瓦背不施釉一侧粘连厚0.5厘米的白灰泥，灰泥内夹杂有植物秸秆，上有瓦叠压残留的布纹痕迹。通长25.2、宽端弦宽9.5—8.5、厚1.9、窄端弦宽8.5—7.5、厚1.5、边缘厚2、矢高3—1厘米（图一八八，1；彩版三七六，1、2）。

标本ⅡT1-4④：7，一角略残，瓦背一侧宽2.5—4厘米的局部、侧缘及瓦内宽0—2厘米的局部施釉，瓦背不施釉一侧粘连厚约0.5厘米的白灰泥，灰泥内夹杂有植物秸秆，瓦内也粘连有白灰泥，瓦面有纵向指甲掐印纹1道。通长24.5—24.1（背—内）、宽端弦宽8.5—7.5、厚2、窄端弦宽7.5—7、厚2、矢高0.8—2.6、边缘厚2厘米（彩版三七六，3）。

标本IT8-11②：2，弦的宽度最小。前后端残，瓦背一侧宽2—2.5厘米的局部，侧缘及瓦内宽0—1厘米的局部施绿釉，不施釉的一侧瓦内缘有刀削切痕迹。残长16.3、弦宽5.5—4.7、厚2厘米（图一八八，2；彩版三七六，4、5）。

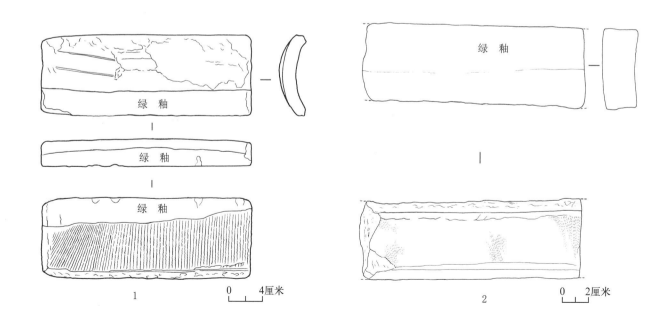

图一八八　宫城南门出土条子瓦
1. 瓦 IT1-2④：1　2. 瓦 IT8-11②：1

7. 当沟瓦

5件。用筒瓦制成，无瓦舌，瓦内四周皆有削切痕迹，前后两端削薄。瓦背一半施绿釉，一半未施釉，未施釉部分粘连有白灰，有用瓦叠压痕迹。施釉部分的前侧面两角部切割成内弧形，削切痕迹不甚规整。这种瓦是垒砌在屋脊下部，与瓦垄成垂直放置，盖住瓦垄头部。

标本IT11-5④：13，略残。圆弧长8、宽4、两圆弧间距9.8厘米，内侧边缘削薄，削切处施有绿釉。瓦内布纹未施釉。通长25.8、弦宽12、矢高6.2—4.4、厚0.5—2厘米（图一八九，1；彩版三七七，1、2）。

8. 合脊筒瓦

1件。IT7-5④：11，一侧的前后两端残缺，用筒瓦制作而成，无瓦舌。瓦背中部有瓦钉孔用以固定。瓦内前后端略有削切，一端切痕宽1、一侧切痕宽2.5厘米，瓦的一侧削切变薄。瓦背通体绿釉，瓦内前后端及左右两侧有釉，多有脱落。瓦中部有长1.5、宽1厘米的圆角长方形瓦钉孔穿透瓦面。瓦通长25.2、中部弦宽11.8—8.8、矢高7—6.3、瓦前后缘厚0.7、侧缘分别厚2、0.5、瓦厚2厘米(图一八九，2；彩版三七七，3、4)。

据《营造法式》记载屋脊构造自下而上依次为：最底部为当沟瓦，用于屋脊与瓦陇的相合处，可使脊下部紧扣瓦陇，以防雨水渗入；当沟瓦之上为线道瓦；线道瓦之上为条子瓦；最上部用合脊筒瓦覆盖屋脊（表三四；图一九○）。

（三）小型走兽

均为泥质红陶，质地一般，火候中等，走兽的头、腹、身中空，为双范合成，而腿、臂翅膀等则为单范制成。

1. 凤鸟

7件。多为局部残块，不能拼对成一完整个体。凤鸟除头部为单范制成外，其余从身体中间纵向分两部分合对粘结，内有按窝痕迹。

标本IT10-5④：3，残余凤头及部分颈部。头部形象模糊，黄褐釉，眼珠黑釉，颈羽绿釉。头顶部平，颈部鬃毛一束从头部后飘，一束下垂后拂。颔下有黄色肉坠。头残长11.5、高9、粗4.7厘米(图一九一，1；彩版三七八，1)。

标本IT6-8②：1，残余凤鸟躯体局部，头部、脚部及右翅缺失。体呈站立姿态，腹部前倾，状如蛇腹，中部饰有横向弧道，两侧施有菱形鳞片，残余右翅，翅根部贴于躯体，并可见拼接痕迹。尾羽向下后方飘拂。腿部略弯曲站立，大腿施有鳞片，小腿前有跗蹠。鸟身前部两侧各堆塑一涡状流云，从底部断茬处可见凤鸟躯体为双范扣合而成的。尾羽绿釉，局部有黄釉流润现象，其余黄褐釉。残高18.5厘米（图一九一，2；彩版三七八，2）。

2. 龙

2件。残存头部，双范合成，分独角和双角两种。

独角龙　1件。IT8-6④：1，残余头、颈部，吻部断缺。眼珠黑釉，眼睑黄釉。眼眉粗壮，前部饰以斜道，后部饰以横道。眼眉向后直达耳部，喇叭花形耳，耳廓外有1道凹槽。吻部腮翅呈火焰

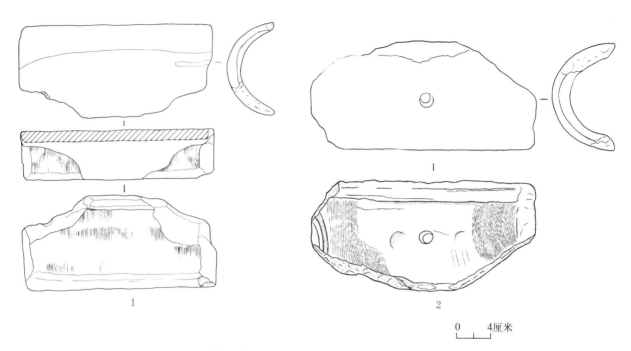

0　　4厘米

图一八九　宫城南门出土当沟瓦与合脊筒瓦
1. 当沟瓦（IT11-5④：13）　2. 合脊筒瓦（IT7-5④：11）

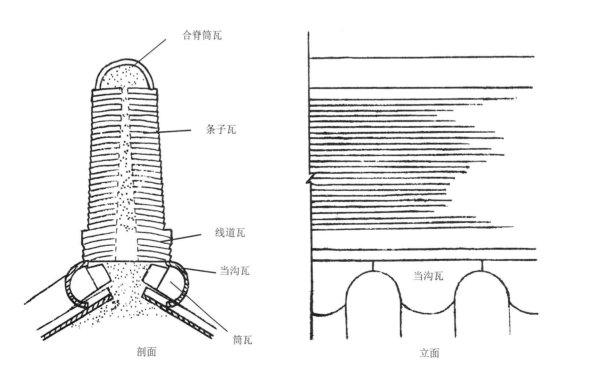

合脊筒瓦

条子瓦

线道瓦

当沟瓦

筒瓦

剖面

当沟瓦

立面

图一九〇　屋脊用瓦示意图

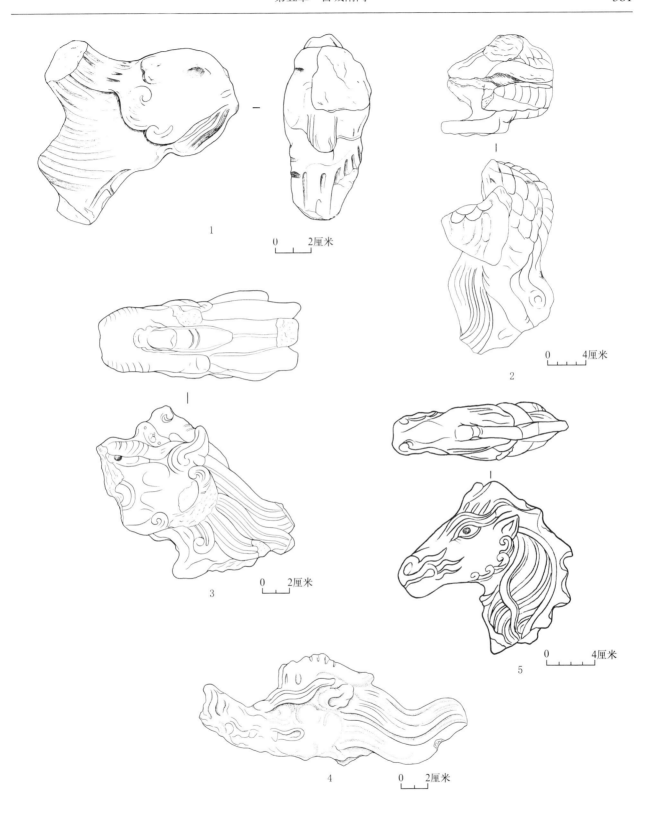

图一九一　宫城南门出土走兽

1. 凤鸟头部（IT10→5④∶3）　2. 凤鸟残身（IT6-8②∶1）　3. 独角龙（IT8-6④∶1）

4. 双角龙（IT1-3④∶6）　5. 天马头（IT7-5④∶10）

状，腮部有隆起的腮肉3块，腮后虬髯由下向上回卷。头上单角，根部较宽，前部隆起，顶部有自上而下的回卷，底部有自下而上的回卷，角中部有两道横道装饰，角后部紧贴龙颈，角尖残。颈部鬣毛7道，以中间鬣毛为中心，左右对称分布，最底部鬣毛向上回卷，其余鬣毛曲折后飘。龙头鬣毛绿釉、眼珠黑釉，其余为黄釉，龙角上涂抹银白色涂料，残长16、体宽3.5—6、头高9.5厘米（图一九一，3；彩版三七八，3、4）。

双角龙　1件。IT1-3④：6，残存头部，右侧吻部残损。吻部前凸，形似猪吻，鼻端向前、向上突起，后有凹槽表现鼻孔，鼻孔后有纵向凹槽。吻紧闭，露出二上一下三颗獠牙，上吻明显长于下吻，上吻向上翘起，下吻腭面有横向凹槽。腮部肌肉略微隆起，底部有弧形划道以突显腮肉。杏核眼，眉毛曲折向后至耳上，眉毛上有两道横向凹槽。牛耳式耳。头上双角，根部、中部、尖部向上凸起，角上有横向凹槽。鬣毛分三股曲折后飘，下为断裂颈部，颈部向下。鬣毛、眉毛绿釉，龙角银白色，其余黄釉，釉色互有沁润，腮部釉脱离严重，残长19.4、高8厘米（图一九一，4；彩版三七九，1、2）。

3．天马

1件。IT7-5④：10，残余天马头及颈部，局部釉子脱落严重，体内中空，双范合成。嘴微闭，嘴角后施有火焰纹，鼻梁高耸，鼻翼后有触须向后波浪式飘扬。眉弓粗壮，绿色眉毛曲折后飘至耳上部，杏核眼，卵形眼球目视前方，眼睑黄釉，圆形黑眼珠。桃形马耳较小施黄釉。脸部光滑无鳞片，腮部有四股虬髯向后、向上呈旋涡状回卷，下颌光滑。额上有似龙角单角，残损角曲折向后伸至颈部。颈上部肌肉隆起突出，背脊两侧有两道凸棱，棱内有4个三角锯齿状脊刺。颈部两侧鬃毛分五股舒缓曲折下垂，最下侧鬃毛短小，其余较长，最上侧一股鬃毛末端压在其他四股之上。眉毛、鬣毛、鬃毛绿釉，眼珠黑釉，颈上部、脸部、眼睑为黄褐釉，局部釉子脱落严重，部分沁润有白色土锈。残高14厘米（图一九一，5；彩版三七九，3、4）。

4．海马

6件。残头部4件，左侧残翅膀2件。

标本IT11-5④：15，基本完整。颈部与躯体断开，尾底端缺失，双翼局部缺失，双腿缺失。嘴微闭，嘴角后施有火焰纹，鼻梁平坦光滑，鼻翼后有触须向后波浪式飘扬。眉弓粗壮，绿色眉毛曲折后飘至耳上部，杏核眼，卵形眼球目视前方，圆形黑眼珠。桃形马耳较小施黄釉。脸部有细小鳞片，每两片鳞片交缝处下压一片鳞片，鳞片边缘弧形。颌下中部有长方形肉坠，腮部有四股虬髯向后、由下向上回卷呈旋涡状。额上有似龙角单角，曲折向后伸至颈部，角前端凸起，上有纵向凹槽，后端上翘回卷，角两侧各有一道凹槽，上部有横向凹槽。颈部两侧鬃毛分五股舒缓曲折下垂于身侧，最下侧鬃毛短小，其余较长，最上侧一股鬃毛末端压在其他四股之上。躯干部弯折似龙体，脊背两侧各有一道凸棱，凸棱内有大小不一的横断面为三角形的锯齿状脊刺；腹甲状如蛇腹，饰有连续性的横向圆弧形凹槽，两侧各有一道纵向凹槽；脊背凸棱与腹部凹槽之间施鳞片，每两片并列鳞片交缝处下压一片鳞片。躯体两侧有对称双翼，双翼向后伸展，残损，翼面上有凸起的翎毛5根，其中一根压在云气纹下，每两根翎毛之间的翼缘有小的缺口、翼面上有圆形小麻点。云气纹于双翼处分为两股，一股沿翼下缘向后飘动，一股沿翼前缘向斜上飘动，云气纹通体施凹槽两道。马头部眉毛及颈部鬃毛绿釉，角、脊背、腹甲黄褐釉外涂刷有银白色涂料，其余部位黄褐釉。腿、翼单范，躯干、头部双范合成。马体残高35.5、宽5—12厘米（图一九二，1；彩版三八〇、三八一）。

标本IT11-9②：1，残存海马头部，头部角缺失，形象与IT11—5④：15相似。残长11、高3—7.2厘米（图一九二，2；彩版三七九，5、6）。

标本IT8-5④：19，残，右侧翅膀、右腿小腿部分、角部、脊背缺失，右侧身体、左侧翅膀、左侧小腿底部残损，部分釉子脱落，形象与IT11—5④：15相似，翼部略有差别。躯体两侧有对称双翼，向后伸展，右翼缺失，左翼上部残损，翼面上有凸起的翎毛5根，每两根翎毛之间的翼缘有缺口。云气纹从大腿前缘沿腿根部向双翼处飘动，至双翼后分为两股，一股沿双翼下缘向后飘动，一股沿双翼前缘向斜上方飘动，云气纹下缘有小的云朵装饰。海马腿部略弯曲，呈站立状，大腿部内侧光滑，外侧饰有鳞片；小腿略前屈，前侧有凸棱表现跗蹠，外侧有凸起的纵向凸棱，凸棱后中部有鳞片，鳞片上方有一旋涡状腿毛，小腿后侧、内侧光滑，肘部有3个尖状棘刺，棘刺向后朝向斜上方，棘刺下有肘毛。眉毛及颈部鬃毛绿釉，角、背鳍、腹甲、肘毛黄褐釉外涂刷有银白色涂料，其余部位黄褐釉，下颌下部有釉滴两颗。马腿、翼部单范制成，躯体、头部双范合成。残高32、宽4—10厘米（图一九三，1；彩版三八二）。

5．鸟喙神兽

7件。1件较完整。右侧残块2件，左侧残块3件，左侧残翅膀1件。

标本IT8-5④：18，泥质红陶，火候中等，质地一般。局部脱釉严重，左腿缺失，两翅、右腿、披巾、腿部残损，颈部断裂，腹部及尾部下方有断茬，底座不存。头、腹、身部中空，双范合成，腿、臂、翅膀单范制成。长发，后部长发分13股下垂至颈部，发梢向上翻卷，施绿釉。头部束箍，前端中部分开并上回卷，箍带中部有凹槽。嘴似鹰嘴，紧闭，鼻孔较小微凸，嘴、鼻部向前突出，嘴角后部饰火焰纹。卵形眼，向外凸出，圆形小眼珠，二目圆睁目视前方，双眉紧蹙呈火焰状，额前有一丘状突起。脸部有三块隆起腮肉，下部两块腮肉后各有一股虬髯后拂回卷。耳朵似扁形花口喇叭状的龙耳。背部光滑，左右对称双翼，双翼收敛下垂，翼面有突起的翎毛，翎毛之间的翼面饰有圆形窝状麻点。双臂肌肉隆起，粗壮有力，上臂下垂，根部缠一箍带，屈肘，小臂弯曲于胸前，腕部套一护腕。双爪置于胸前，爪各四趾，前趾节极尖，中间有突起的关节，趾上有横道，双爪四趾交叉紧握一物。胸腹袒露，腹部前凸，有椭圆形凹槽为肚脐，腰部束腰带，系有绿色短裙，上有凹槽表现短裙褶皱，短裙覆盖尾上部及大腿上部。大腿直立，小腿略向前屈，肘部有麻点及肘毛，肘毛向后、向上回卷，小腿前侧、外侧面有凹槽表现出鳞片。龙形尾部，弯曲下垂，尾尖上翘略回卷紧贴背部，尾回卷处下端有断茬，可接底座。尾前部饰有七道圆弧形凹槽，两侧向有一道纵向凹槽。尾后部突起，有四个横断面为三角形的锯齿状脊刺，两侧各有一道纵向凸棱。尾两侧有鳞片，每两片并列鳞片交缝处下压一片鳞片。仙人身披披巾，披巾搭于翅膀上部后缘（残断），经由翅膀上部的上缘、肩部、胸部边缘下垂，于上臂下方内侧绕到身后，经由翅膀前缘向下至大腿，再经由大腿内侧下垂，于膝盖前方绕至身前，最后由小腿外侧绕于身后下垂，小腿处披巾两侧各施凹槽一道，其余部位披巾中部施凹槽一道。发、头部箍带、短裙、披巾绿釉，尾部背鳍、爪部、爪部持物施黄褐釉涂抹银白色涂料，其余均施黄褐釉，部分釉子脱离严重，各种釉色互相有沁润现象。残高

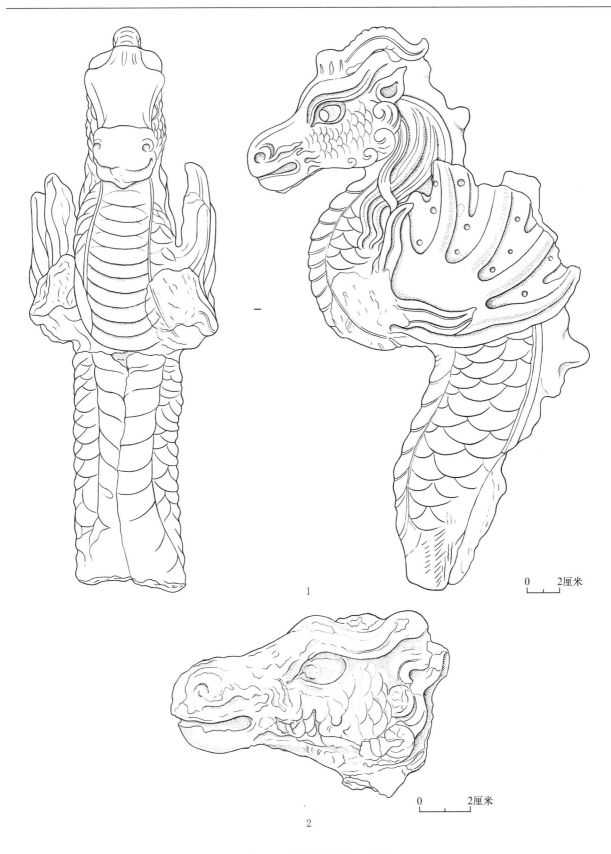

图一九二　宫城南门出土走兽

1. 海马（IT11-5④：15）　2. 海马（IT11-9②：1）

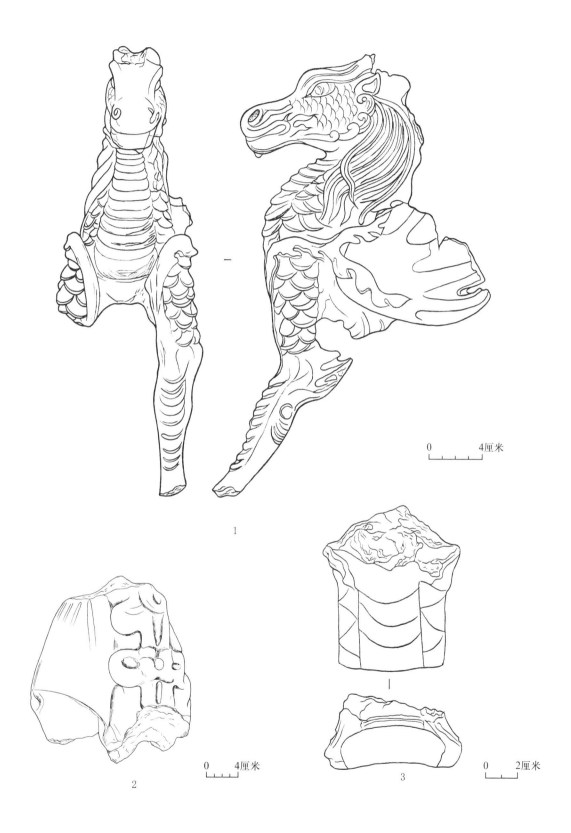

图一九三　宫城南门出土走兽
1. 海马（IT8-5④：19）　2. 身段（ⅡT7-4④：11）　3. 走兽腹部（ⅡT8-5④：4）

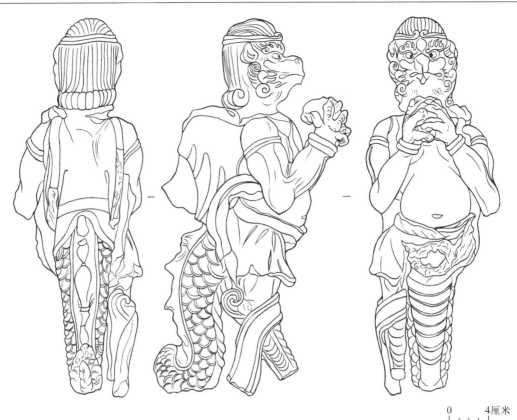

0　　　4厘米

图一九四　宫城南门出土鸟喙神兽（IT8-5④：18）

37.5厘米(图一九四；彩版三八三至三八五，2)。

标本IT11-5④：6，残左侧部分，头部及腰部以下残。肘弯曲，上臂缠有一条箍带。身前从肩上垂下飘带一条，上有凹槽两道，飘带绕过臂膀后垂于身侧。背部留一残翅，内外均有釉，翅收敛，翎羽下垂。腰束带，带上前端残有团花一朵。飘带绿釉，翅膀黄釉，身体黄褐釉，身体沁润绿釉较为严重。残高12.5厘米（彩版三八五，3）。

标本IT7-4④：10，残右侧残腿及身段，绿色飘带绕于腿后身下，腿盖绿色衣裙，腰缠绿色腰带。残一点袒露的腹部，黄釉。残身段黄釉刷以白色涂料，身有鳞片，残高12厘米。

标本ⅡT8-4④：14，左侧残腿及身段，绿色飘带绕至腿后肘毛处，肘毛绿釉，分三股略上翘。腿盖绿色衣裙，褶皱明显。残高13厘米。

6．行什

2件。均为残块，不能复原完整形象。双范合制而成。

标本ⅡT8-6④：1，胸腹残块。左侧缺失严重，情况不明。上身胸腹袒露。上臂部两侧有两道阴线凹槽装饰的宽带贴塑，身前有飘带从右肩垂下，绕过臂膀垂于身侧。双手持物，屈于胸前。背部有左右对称的双翼断痕。腰间围以腰带，宽2厘米，上有斜向凹槽。腰以下情况不明。身体黄釉，衣带绿釉。残高16、身宽8.5、厚9厘米（彩版三八五，4）。

7．带麟走兽肢体

均为残块，可看出有翅膀、腿、身等部位。其中腿、翅为单范制作，身体及尾部为双范合成。

躯体残块　53件，5件带有残腿部。

标本ⅡT7-4④：11，走兽右侧残直立腿及残身段，腿上有绿色短裙覆盖。身前衣带打结成如意形，衣、裙绿釉。身残高11.5、宽7—10厘米（图一九三，2；彩版三八六，1）。

标本ⅡT8-5④：4，走兽腹部残块。弧形板瓦底座，腹甲如蛇腹状，中部饰横弧道，两侧各有一纵向凹槽与两侧鳞片分开。凹槽外侧用弧形划道表现鳞片。腹部涂有银白色涂料，鳞片为黄褐釉。残长10.4、宽7—9、高4厘米(图一九三，3；彩版三八六，2)。

标本IT12-4④：14，走兽躯体及蜷曲腿残块。走兽坐落于一弧形板瓦底座上。兽身略弯曲，蹲坐于板瓦底座上。躯干部弯折似龙体，脊背两侧各有一道凸棱，凸棱内有大小不一横断面呈三角形的锯齿状脊刺；胸腹部腹甲状如蛇腹，饰有连续性的横向圆弧形凹槽，两侧各有一道纵向凹槽；脊背凸棱与腹部凹槽之间饰鳞片，每两片并列鳞片交缝处下压一片鳞片。身段上部有云气纹，分两股曲折后飘，中部有残损的绿色鬣毛（前部沁染大量黄褐釉）。走兽尾部于板瓦处向上翘起，后部与脊背紧贴，饰有横断面呈三角形的锯齿状脊刺，前部饰有连续性的圆弧形凹槽，两侧有凹槽与身侧鳞片分开。兽身双腿蜷曲于底座上，脚踝处有毛后飘，腿部饰有鳞片。腿部饰云气纹，于脚面处紧贴小腿前侧向上飘拂，至小腿中部分开为两股，一股往后绕过膝盖，然后紧贴大腿后侧向后、下方飘拂，至腿、尾交界处后紧贴尾部上飘，边缘呈连弧状，有一朵从由前至后、自上向下然后往上的回卷云朵，另一股向上至膝盖外侧然后向下回卷，云气纹内侧边缘通体有一道凹槽。兽身通体黄釉，脊背处涂刷银白色涂料。底座为板瓦，两侧缘有釉，但多脱落。瓦内前缘有流淌的釉子。残高28.2(含板瓦)、宽6—12厘米。板瓦底座残长8.5、弦宽9、厚3厘米，中部有椭圆形插孔，直径3×3.8厘米（图一九五，1；彩版三八六，3-6）。

标本IT7-3④：3，右侧蜷曲腿及腹、尾残块。底座不存。躯干部弯折似龙体，脊背两侧各有一道凸棱，凸棱内有大小不一横断面呈三角形的锯齿状脊刺；胸腹部腹甲状如蛇腹，饰有连续性的横向圆弧形凹槽，两侧各有一道纵向凹槽；脊背凸棱与腹部凹槽之间饰鳞片，每两片并列鳞片交缝处下压一片鳞片。走兽尾部于板瓦处向上翘起，前部饰有连续性的横向圆弧形凹槽，两侧各有一道凹槽，后部与脊背紧贴，饰有三角形锯齿状脊刺，两侧各有一道凸棱。残存右侧屈蹲腿，腿披鳞片。腿部施云气纹，云气纹紧贴小腿前侧向上往后绕过膝盖，膝盖处有一朵由前至后、自上向下然后往上的回卷云朵，然后紧贴大腿向后、下方飘拂，分为两股，一股贴腿下垂，一股至腿、尾交界处后紧贴尾部上飘，云气纹中部通饰凹槽一道，边缘呈连弧状。尾部两侧有自下而上飘拂的飘带，中部有纵向凹槽。飘带绿釉，腿、身施黄褐釉，腹、背黄褐釉涂以银白色涂料。残长12.5、宽8.5、高18厘米(图一九五，2；彩版三八七，1)。

蜷曲腿　15件。左腿6件，右腿7件，左右腿均有者2件。腿黄釉，纹饰有细微的差别。

标本ⅡT4-5④：4，残左侧腿及残身，小腿处云气纹边缘为直边，至大腿后云气边缘变为连弧形，膝盖处及后端各有一回卷云朵。通体黄釉，腹部施釉后又刷以白色涂料，腿身分体扣合在一起。残高10、宽12.6厘米(图一九六，1；彩版三八七，2)。

标本IT7-4④：13，残双腿，腿蜷曲于绿釉板瓦底座上，板瓦弦宽13、厚2厘米。走兽身后有残尾上翘，突出到板瓦边缘外，兽身、腿部有鳞片，每两片鳞片并列交接处下压一片鳞片，脚踝处有肘毛后飘于底座上，肘毛细小。腿部云气纹从脚面处紧贴小腿前侧向上向后绕过膝盖后，于尾上

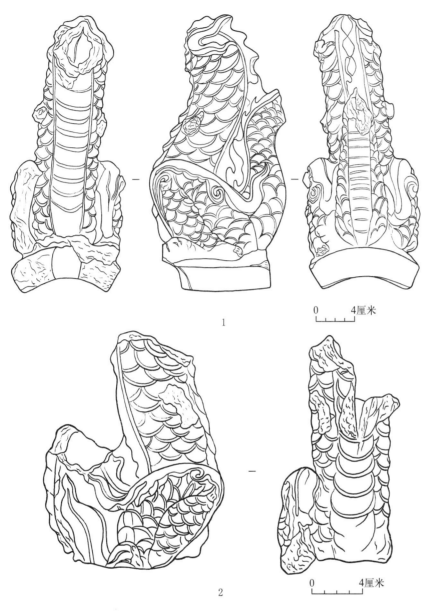

图一九五　宫城南门出土走兽身段
1. IT12-4④：14　2. IT7-3④：3

部上拂相交，云气纹外缘微弧，近膝盖处有一回卷云朵，云气纹中部纵贯有凹槽一道。残尾绿釉，其余部位黄釉。底座上有插孔，孔径3.5厘米。板瓦沁润、流淌黄釉情况严重。残高12.8厘米（图一九六，2；彩版三八七，3）。

标本IT10-5④：9，残双侧腿，腿蜷曲于绿釉板瓦底座上。走兽身后有残尾上翘，脚踝处有绿色肘毛后飘于底座上，肘毛粗大。腿部云气纹从脚面处紧贴小腿前侧向上绕过膝盖后分两股，一股沿大腿下垂，一股沿大腿向后飘于尾上部上拂相交，云气纹外侧边缘纵贯有凹槽一道。尾部绿釉，其余部位黄釉，釉多有脱落。腿单范，扣合在身上。底部板瓦厚1.8厘米，上有圆形残插孔。残高12厘米（彩版三八七，4）。

标本IT1-4④：1，左侧残腿及身躯。云气纹从腿跟向后飘拂至兽身，云气纹中间有凹槽，边缘有云朵回卷。腹部如蛇腹。通身黄釉，沁润有绿色釉。残长14.5、残高11、身残高6.5 厘米（彩版三八七，5）。

直立腿　38件。多为残腿部，5件带残身段。绿釉肘毛，上有凹槽。大腿根部饰云纹，菱形鳞片。小腿羽毛细小上卷，用横线表现出小腿鳞片。多数腿部断面近半圆形。有细微差别。

标本ⅡT3-5④：4，走兽直立腿残块，左右对称。分大小腿，小腿直立，爪部缺失，大腿略前屈。腿披鳞片，大小腿鳞片不同，大腿为菱形鳞片，内有纵向短细线，小腿前后侧用下斜的横线表现鳞片，小腿上有圆形斑点，肘部有绿色肘毛向上回卷。两腿之间后部有圆柱体支柱，中空。前部存有云朵6朵，左右各有3朵，不对称，上下略有错位，上部云朵向上回卷，下部云朵向下回卷。云

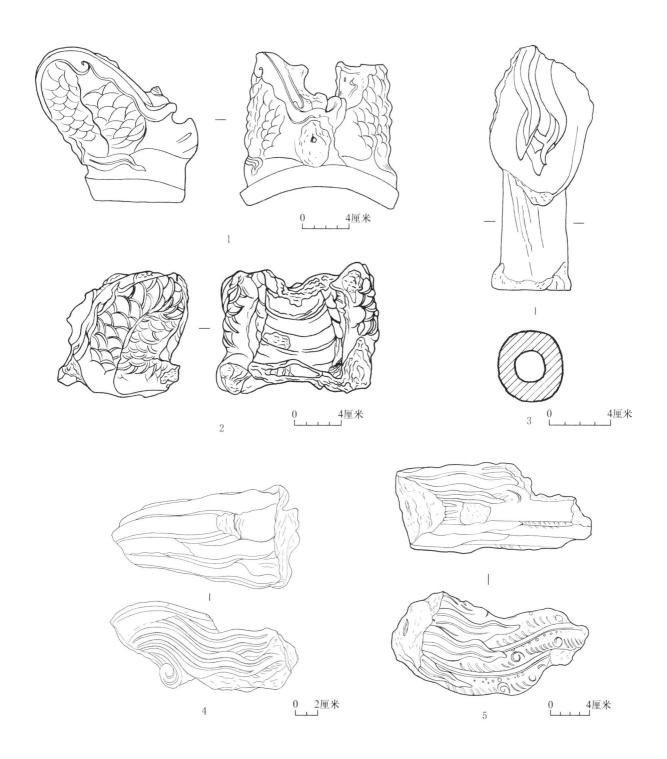

图一九六　宫城南门出土的脊部走兽

1. 蜷曲腿(IT4-5④：4)　2.蜷曲腿(IT7-4④：13)　3.尾部（IT7-5④：13）
4. 尾部(ⅡT6-5④：1)　5.尾部(ⅡT4-5④：12)

朵绿釉，有沁润黄釉现象，腿部黄釉，有沁润绿釉现象。残高23、宽9—10.4 厘米（图一九七，2；彩版三八七，6）。IT6-5④：3，黄褐釉，残小腿及大腿，绿色肘毛下弯，残高13厘米。ⅡT4-4④：2，黄釉，小腿，绿色肘毛向上回卷。残高10.5厘米。ⅡT5—5④：5，黄釉，大腿腿根部云气纹向下回卷，绿色肘毛平飘，毛尖分叉，残高12厘米。

尾部残块　4件。

ⅡT4-5④：12，凤鸟类走兽尾部残块，残存尾部两重羽毛，底部至边，左右对称，双范合制而成，内面有捺窝痕迹。脊背突起，第一重（前端）羽毛脊背上一股，左右各三股，左右侧羽毛呈波状曲折后飘，上有凹槽，脊背部羽毛残损，后端尖部向上回卷。第二重（后端）羽毛脊背上一股，左右各一股共五根呈波状的羽翎，尖部下垂，每根羽翎均有波状阴线凹槽、圆形麻点及小的旋涡状，羽翎上有细小的绒毛，前侧的向前回卷，后侧的向后回卷。后端第二重羽毛黄釉，前端第一重羽毛绿釉，釉色互有沁润。残长20.5、底部宽7.5—9厘米（图一九六，5；彩版三八八，1）。

ⅡT6-5④：1，凤鸟类走兽尾部残块，前端翘起，尾尖下垂，底部存有与底座相接处的断茬。有飘动的绿色羽毛七股，脊背上羽毛一股，左右各三股对称分布，底侧的1股羽毛向下回卷成旋涡状至底缘，其余六股曲折后飘，每股羽毛之间有凹槽，羽毛之间可见黄色脊背，脊背中部有圆形插孔。残长17、宽5—9厘米（图一九六，4；彩版三八八，2）。

IT7-5④：13，前有圆柱体支座，后附有"V"字形尾部，尾部边缘翘起，中部下垂羽毛两股。尾、羽施黄绿釉。残高15.2厘米。支座柱体，中空，绿釉，高12.5、直径4.5厘米（图一九六，3；彩版三八八，3）。

ⅡT6-2④：4，走兽右侧残翅膀。羽毛自上而下分为三重，第一重（上部）每两片羽毛并列交接处下压一片羽毛，边缘为弧形，羽毛上有纵向短划道线；第二重（中部）存有羽毛8根，第三重（下部）存有羽毛7根。第二和第三重的两根羽毛之间用纵向凹槽区分开来，每根羽毛上有4—5道斜向划道和一道纵向划道。羽毛和走兽腹部用凹槽隔开，腹部残存有横向凹槽。翅膀通体黄褐釉，边缘沁染有绿釉。残高9、残宽7—8厘米（图一九七，1；彩版三八八，4）。

8．走兽底座

22件。可分5种类型。

A型　3件。1件有4爪，1件残存前2爪，1件残存左前爪。弧形板瓦底座，背面绿釉，内面光滑无纹饰，边缘有流釉现象。爪黄釉，与座底板瓦互有沁润釉现象。爪部较长，每爪4趾。爪附贴在板瓦上。

标本ⅡT4-2④：2，后部残缺，前、左、右至边缘。底座上有4爪，前后各两爪，每爪4趾，每趾3节，中间趾节上有横向划道。每趾有两个突起的关节，前关节粗壮。前两爪趾尖向下紧扣板瓦前缘，前腿似直立，后两爪趾尖下扣，后腿似蹲屈，后爪长于前爪，前两爪之间间距小于后两爪之间间距。瓦底座后部残一直径3厘米的圆形孔直通底部，板瓦后粘连有白灰。板瓦残长19.5、宽12—13.5、瓦厚2厘米（图一九七，3；彩版三八九，1）。

B型　3件。前左爪1件，后右爪1件，前2爪者1件。 弧形板瓦底座。爪黄釉，与底座板瓦互有沁润釉现象。爪部每爪4趾，趾悬空，趾尖紧扣瓦内，不到板瓦前缘。

标本IT8-5④：6，后部、左侧至边缘。残存1右后爪及腿部。爪4趾，每趾3节，2关节不明显，中间趾节上有横向划道，腿部紧贴在板瓦上。板瓦残长10.1、残宽4—9、厚1.5—2厘米（图

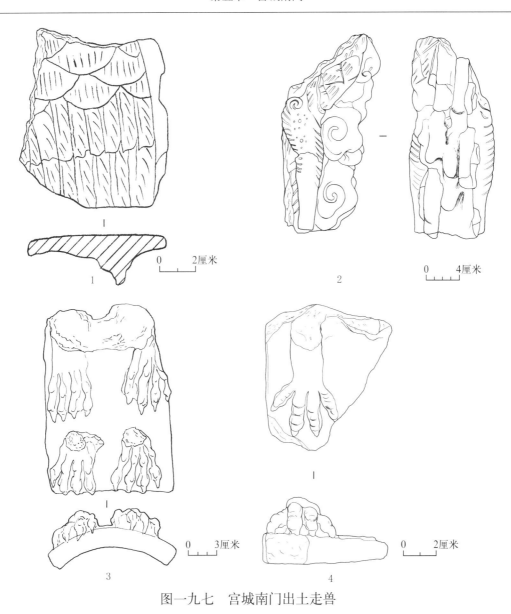

图一九七　宫城南门出土走兽

1. 走兽翅膀（ⅡT6-2④：4）　2. 直立腿（ⅡT3-5④：4）　3. A型底座（IT4-2④：2）　4. B型底座（IT8-5④：6）

一九七，4；彩版三八九，2）。

　　C型　7件。左爪2件，右爪2件，左右爪均有的3件。弧形板瓦底座，背面绿釉，内面光滑无纹饰，边缘有流釉现象。爪黄釉，与座底板瓦互有沁润釉现象。爪部每爪3趾，爪贴于板瓦上。

　　标本IT3-5④：3，前、右至边缘。残1右前爪，爪部向右侧偏。前趾节极长，趾尖前伸，基本至板瓦边缘。前关节粗壮，后关节上有圆形麻点。板瓦残长10.8、残宽10.5、厚2厘米（图一九八，1；彩版三八九，3）。

　　标本ⅡT4-5④：3，后部残断。底座上有4爪，前后各两爪，前后爪相连在一起。爪部每趾3节，趾节不明显，有两个突起关节，后趾节上有横向划道。前两爪趾尖向下紧扣板瓦前缘，腿似直立；后两爪趾尖前伸，后面表现出腿部，上有横道，腿似蹲屈。前两爪之间间距小于后两爪之间间距。底座后部残直径3—4厘米的半圆形孔直通座底。板瓦残长13.4、宽10.8、厚1.5—2厘米（图一九八，2；彩版三八九，4）。

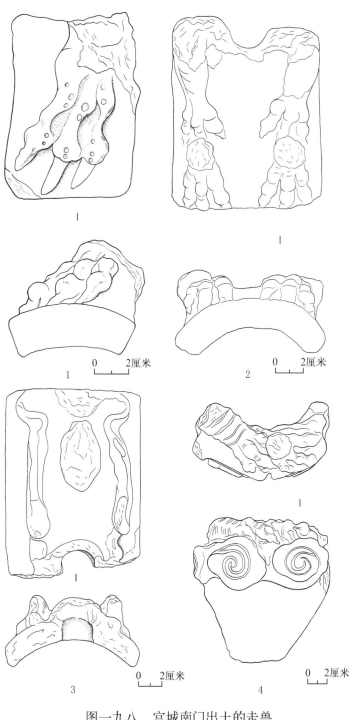

图一九八　宫城南门出土的走兽
1. C型底座 (IT3-5④：3)　2. C型底座 (IIT4-5④：3)
3. D型底座 (IT7-4④：2)　4. E型底座 (IT11-5④：34)

D型　3件。弧形板瓦底座，两侧有弧形飘带，通体绿釉。

标本IT7-4④：2，前、左、右侧至边，后端残断。板瓦背面左右两侧各有1道绿色的弧形飘带，飘带外侧上下部各有一凹槽，飘带长11厘米，后端向内略收后外展。后部有半圆形穿孔穿透瓦面，中部有椭圆形断茬，长6、宽3.5厘米，前端有半圆形断茬印，直径5厘米。板瓦残长14—16.2、宽12、矢高3—5、厚2厘米（图一九八，3；彩版三八九，5）。

E型　6件。爪部贴在陶板上，板下附贴弧形瓦，周围贴塑绿釉云朵。

标本IT11-5④：34，底座呈覆盆形，绿釉。前面有完整云朵两朵，贴塑于陶板上。云朵上面的平面上残留走兽爪部两个，两爪一前一后交错贴在板面上。前爪3趾，每趾3节，前趾节没有表现出来，有两个突起的关节。后爪3趾，一趾和前爪相接。每趾3节，有两个突起的关节，后趾节不明显，中间趾节上有横道，趾尖极尖。后爪接腿部，用横道表现出甲片。爪部黄釉，其余绿釉。底座有黄釉向下流淌。底座残高14.6、残宽6—14、厚2厘米（图一九八，4；彩版三八九，6）。

（四）琉璃脊龙

可分为三大类。第一类是圆雕龙：仿真雕塑，每部分均按真实形体塑造；第二类是变体龙：龙各部分构件为立体式，龙身的两个侧面与脊背及腹部相接处均为直角转折，龙脊背光素无纹饰，腹部状如蛇腹，在侧面用浮雕表现出鳞片、须毛等；第三类是半浮雕式龙，龙贴附在陶板上，做成分体式、可以拼对而成整体，暂称之为附板龙。三类琉璃脊龙皆碎裂为残块，无法完整拼对复原。现将局部分别加以介绍。

1. 圆雕龙

头部 11件。其中耳朵残块 7件（左耳4件，右耳3件），眼部1件。

标本ⅡT1-3④：3，可能是正脊鸱吻。吻部残缺较多，三侧至边缘，上吻部缺失。龙头两侧分别制成后，左右对称粘连在陶板上，有的地方内部中空。眼眉曲折向后伸展，前端回卷如钩状，圆形黑眼珠直径6厘米，眼睑中部有纵向凹槽一道，眼眶中部有纵向凹槽一道。右侧眼眶至耳朵之间有两道纵向凹槽，左侧眼眶至耳朵之间靠近耳朵处有一道纵向凹槽，靠近眼眶处有多道横向短划线。耳呈三朵花瓣式，耳廓内外边缘上各有一周凹槽，耳内有三道划道装饰，右侧耳残。左腮部残隆起的腮肉4块，右侧残3块，腮肉光滑无装饰，后有回卷的虬髯四股，其中一股在耳廓前与腮之间。左侧下吻部、右侧上吻部各有铲形牙齿一颗，牙中部有划线一道，唇缘为弧形。头顶上有圆形插角之孔，后脑光滑平坦，上有两个长方形未透之孔。鬣毛、眉毛及后脑部绿釉，眼珠为黑釉，眼睑浅黄褐色釉涂抹银白色涂料，其余黄釉，黄釉上沁润绿釉较多。附板底部有直径5.5厘米的圆形插榫孔，以利于固定。残高56、宽35、厚30厘米（图一九九；彩版三九〇、三九一；彩版三九二，3）。

标本ⅡT1-4④：2，可能为垂脊套兽。顶部至边缘，形象与ⅡT1—3④：3类似。圆形黑眼珠直径6厘米，眼睑中部及眼眶中部有纵向凹槽一道。眼眶至耳朵之间靠近耳朵处有三道纵向凹槽，靠近眼眶处有多道横向短划线。吻部右侧残上牙两颗，耳呈三朵花瓣式，耳廓外缘有一周凹槽。头顶上有圆形孔作插角之用，圆孔前方头顶部刻有一残缺的"王"字，圆孔后方有一长方形的小插孔。鬣毛、后脑绿釉，眼珠黑釉，眼睑浅黄褐色釉涂抹银白色涂料，其余黄釉，左侧的腮肉流润有绿色釉。残长34、宽27、高23厘米（彩版三九二，4）。

标本ⅡT7-4④：1，残右半部分的眼及耳朵。眼珠黑釉泛浅绿色，中空，直径5厘米，眼睑浅黄釉外涂银白色涂料，前缘有一道凹槽，眼眉黄釉，弯曲贴于眼球上部，眉梢呈尖状，眼眉中部有一道凹槽。头上鬣毛绿釉，分3股后飘，前端卷曲呈涡状。耳朵黄釉，呈三朵花瓣式，耳廓沿缘1道凹槽装饰，略残，每瓣耳内有划道装饰。鬣毛尖部上方有长3、宽1.6厘米的插孔。侧身饰有鳞片，上部有宽缘，脊背绿釉光滑无纹饰，与侧身转角成直角。体内可见手印痕迹。残长45、宽18厘米（彩版三九二，5）。

吻部 21件，可分类者9件，可分三种类型。

A 型 2件。

IT4-4④：8，残吻及鼻部。吻前端残断，略向下弯曲，吻缘两侧饰凹槽，吻内残牙齿4颗，吻上面为隆起的鼻梁，两侧为鼻孔，鼻孔周围有一圈凹槽。通体黄釉，残长19、高8—10厘米（图二〇〇，4；彩版三九二，6）。

T7-5④：8，残吻部、鼻部。吻前端残断，吻部向下弯曲不分叉，上部光滑。鼻梁中部隆起较高，前端顶部有一块深褐色釉滴表现鼻尖。鼻梁中空，两侧鼻孔贯通，较深。鼻孔后嘴角有一隆起的腮肉，底部有弧形划道使腮肉更加突出。嘴缘两侧及腭面周围饰有凹槽，腭面上有横向弧道。

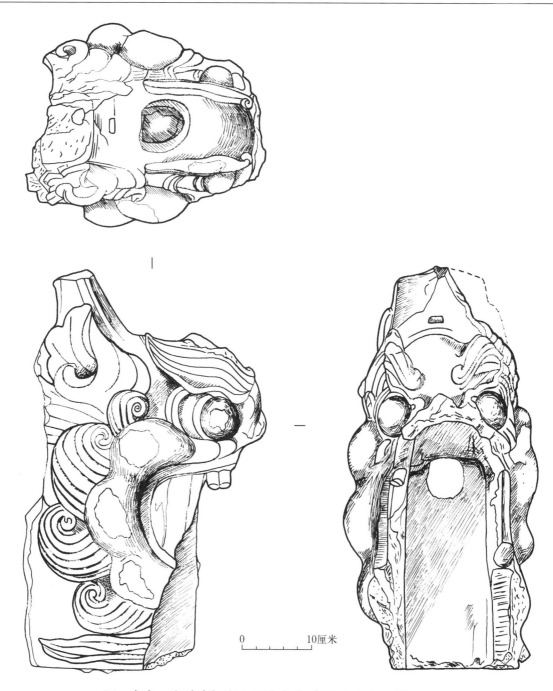

图一九九　宫城南门出土圆雕式龙（ⅡT1-3④：3）

腭面中部残存牙齿4颗，外侧牙齿为尖牙，上有两道纵向划道，内侧三颗为铲形牙齿，牙齿之间用短划道区分开来，每颗牙齿牙尖中部有一凹槽。残长17、宽8.5、高8.5厘米（图二〇〇，2；彩版三九三，1、2）。

B型　4件。

标本IT6-11④：1，残余吻及鼻部。吻部扁平，前端略向下弯曲，前端分两叉似鱼尾，一叉残，分叉外部饰有纵道。嘴缘两侧饰凹槽，腭面周无凹槽，腭面上饰有横向弧道。鼻部前、后端各有一块深褐色釉滴，鼻孔较深、大。黄褐釉。残长11、宽6.5—9、高8.5厘米（图二〇〇，1；彩版三九三，3)。

标本ⅡT5-1④：2，残余吻部右侧。吻部向下弯曲近直角，前端分两叉如鱼尾，上面饰有纵向划道，一叉残。嘴缘两侧及腭面周围饰有凹槽，腭面前部饰纵道，后部饰横向弧道。通体黄釉，残长12.5、宽4—5厘米（图二〇〇，3；彩版三九三，4)。

C型　3件。

标本IT7-5④：14，残余鼻及吻部，吻前端向上翻转接鼻梁，嘴缘两侧饰凹槽，鼻梁两侧为鼻孔，鼻孔较浅小。腭面通饰横向弧道。黄釉，脱落严重。残长10.2、宽4.5—7、高8厘米（图二〇〇，5；彩版三九三，5)。

标本IT7-5④：10，通体施绿釉，残余鼻及吻部，吻前端向上翻转，腭面通饰横向弧道，残长6.5、宽4.5、高4.2厘米（图二〇〇，6；彩版三九三，6)。

下颌　19件，左侧8块，右侧6块，前缘5块。

标本IT4-5④：5，残左半部分。下颌附于弧形板瓦背上，有四股回卷的虬髯，一股较大，向后飘拂卷曲，虬髯上方残有三块隆起的腮肉，肌肉光滑无纹饰。虬髯绿釉，腮肉黄釉。残长19、残高7厘米（彩版三九四，1)。

标本IT7-5④：1，残下吻前缘，前端为弧形，前窄后宽，吻下胡须中间两股后飘，两侧各一股回卷。吻缘存左侧牙齿一颗。胡须绿釉，其余黄釉。残长20、中部宽14、高9厘米（彩版三九四，2)。

标本IT4-2④：2，残前缘部分，嘴内上下并列尖牙两颗，牙尖朝前，唇沿饰凹槽一周，颌下有胡须下垂，牙齿浅黄白色，胡须绿釉，其余黄褐釉。残长8.5、宽7、高10.8厘米（图二〇一，4；彩版三九四，3)。

牙齿　1件。

ⅡT5-5④：2，残存吻部的牙齿四颗，中间两颗完整，牙齿之间用纵向划道隔开，每颗牙齿中间有纵向短划道。牙齿黄釉，有的地方刷有白色涂料。残长9.5、宽7、牙齿高4.5厘米（图二〇一，3；彩版三九四，4)。

舌头　2件。

IT4-4④：11，残余下颌前缘。残有铲形门牙4颗及左侧尖牙1颗，牙与牙之间用凹槽隔开，尖牙根部有两道短划线。舌尖从口中贴门牙向前略伸出唇沿，前端平坦，呈圆弧形，舌中部向上弯折，近直角，后端残断，舌正面有突起的舌筋两道。舌、下颌黄釉，牙齿施黄褐釉涂刷银白色涂料。舌宽5.8、厚2.5厘米（图二〇一，1；彩版三九四，5)。

IT3-4④：1，残余下颌前缘。颌下左右各有向后飘拂的胡须一股，口内左右各有尖牙一颗。尖牙之间有舌头，前端较窄，后端略宽，前后皆残断，舌正面中间有两个圆形凹槽。唇沿有凹槽一周。舌、下颌施黄褐釉，胡须绿釉，牙齿黄褐釉涂刷银白色涂料。残长5.5、宽10.5、高5.5、舌残长4、宽3.5—2.5厘米（图二〇一，2；彩版三九四，6)。

龙角　51件，可分二型。

A型　左角23件，右角25件。

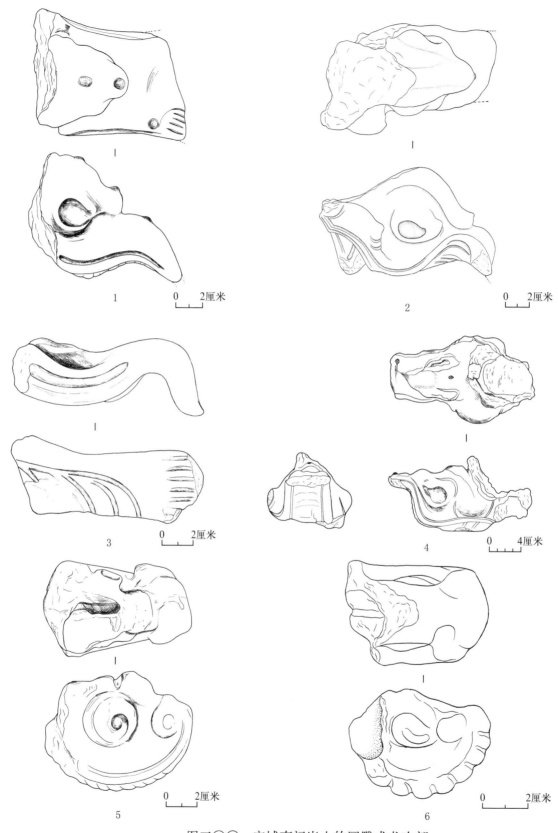

图二〇〇　宫城南门出土的圆雕式龙吻部

1.B型（ⅠT6-11④：1）　2.A型（ⅠT7-5④：8）　3.B型（ⅡT5-1④：2）
4.A型（ⅠT4-4④：8）　5.C型（ⅠT7-5④：14）　6.C型（ⅠT7-5④：10）

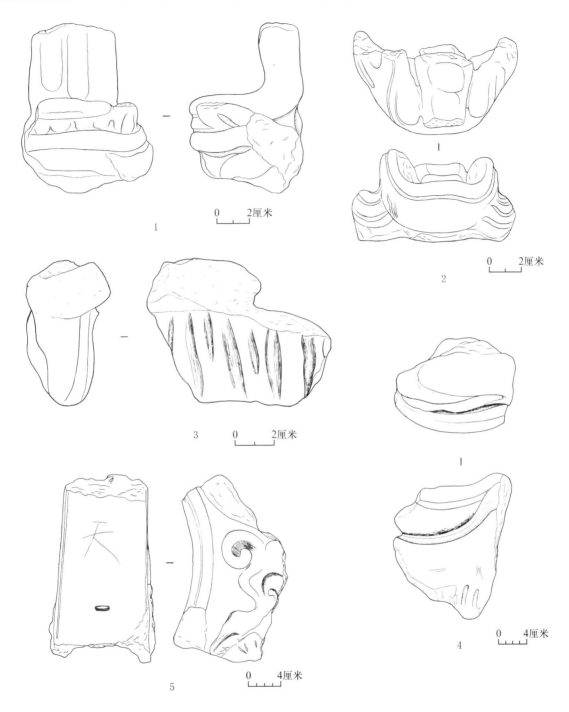

图二〇一　宫城南门出土圆雕龙及变体龙

1. 圆雕龙下颌及舌头（ⅠT4-4④：11）　2. 圆雕龙下颌及舌头（ⅠT3-4④：1）　3. 圆雕龙下颌及牙齿（ⅡT5-5④：2）
4. 圆雕龙下颌及牙齿（ⅠT4-2④：2）　5. 变体龙残身段（ⅠT11-5④：20）

标本ⅡT8-5④：9，右侧角，保存较为完整，根部略残。角根部向前斜下方突出，以使龙角能够固定于龙头之上，根部上面多道纵向凹槽。角体弯曲，角体后端下部为鬃毛，上下各有毛尖一个，角体后端上部光滑无鬃毛，角尖向后下方回卷。角体一侧纵向饰一道凹槽，另一侧从鬃毛以上开始饰凹槽。角体施黄绿釉，外刷涂银白色涂料，横断面为半圆形，残长30.5、宽3.8—7厘米，（不

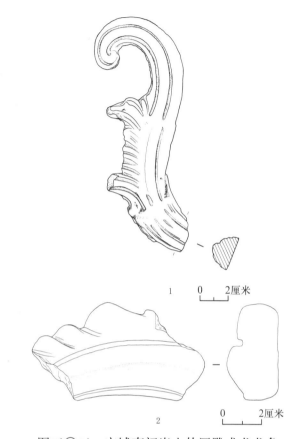

图二〇二　宫城南门出土的圆雕式龙龙角

1. A型龙角（ⅡT8-5④：9）　2. B型龙角（ⅠT1-3④：5）

包括鬣毛尖处)最厚处厚3厘米（图二〇二，1；彩版三九五，1）。IT8-5④：1，残存鬣毛及以上部分，角尖后弯回卷，残长26厘米(彩版三九五，2上）。ⅡT3-2④：1，右侧角，角尖部残。角体弯曲，后侧有鬣毛，有两个毛尖，残长33厘米（彩版三九五，2下）。

B型　残块3件。

体形较大。角根部光滑无凹槽，尺寸略小于角体。角体后端有鬣毛和毛尖，角体前后通体各有凹槽一道，角根与角体相连处有短的凹槽。角体施黄绿釉，外涂刷银白色涂料（彩版三九五，3）。标本ⅠT1-3④：5，残块，残长19、最宽9.8、最厚处厚5.5厘米（图二〇二，2）。

爪部　5件。

标本IT4-4④：1，残块，前端至边缘。残有四趾，不分趾节，每趾上有多道横向凹槽。黄褐釉，沁染有绿釉。残长19、宽10~15厘米，由前至后逐步增厚（彩版三九五，4）。

鬣毛　24件。

标本IT11-8②：9，颈部鬣毛，残左半部分的3股，由下向上逐层收退，顶部最长，前端残断，后端为尖状，横断面为弧形，浅黄釉外刷白色。残长19、高12、厚6厘米，每股上有凹槽多道（彩版三九五，5）。

标本IT6-5④：8，颈部鬣毛。中间一股，左右两侧对称分布，横断面呈三角形。左侧鬣毛有8股，右侧残7股，前端残断，后端平整略残。体中空，有手印痕迹。整体绿釉，残长19、宽18、高14.5厘米（彩版三九五，6）。

2. 变体龙

6件。ⅡT8-5④：17，脊部残段带侧身段。前端至边平齐，略残。脊背光滑呈弧形，前端上翘，左右两侧各有宽缘，宽缘略下斜，与脊背用一道凹槽隔开。侧身与脊背转折近直角，饰有鳞片，鳞片上有短划道。鳞片绿釉，脊背黄釉，沁润有绿釉。残长32、厚2.5、背宽13厘米（彩版三九六，1）。

ⅡT8-5④：16，脊背残段，后侧至边较齐整，前端至边但略残，前端两角各有一弧形插孔，插孔边缘突起。脊背光滑呈弧形，前后两端上翘，左右侧为宽缘，宽缘略下斜。通体绿釉，沁润有黄釉。残长14.5、背宽13、厚3厘米（彩版三九六，2）。

IT11-5④：20，脊背残段带残身，后侧至边缘，前窄后宽。脊背光滑较平，前后两端略高，中部靠上刻划一"天"字，靠下有一2×1厘米的长方形穿透脊背之孔。身侧面上端有一高2厘米的宽缘，宽缘中间有一道凹槽，身侧残余飘动的流云。通体绿釉，体中空。残长23、高12、宽11—14厘米（图二〇一，5；彩版三九六，3）。

IT8-5④：2，右侧腹、身残段。腹、身转折近直角，身段下端转折成锐角。腹部平坦，施白色釉有圆形麻点，后端弧形边框及由侧边框高于腹部，边框无凹槽。身侧鳞片交互叠压无短划道，边框无凹槽。腹部白釉，其余黄褐釉。残长22、残高17厘米（彩版三九六，4）。

IT2-4④：3，右侧腹、身残段，下端至边缘。腹身转折大于直角。腹部施白色釉有圆形麻点，后端有高于腹部的弧形边框，右侧也有高于腹部的边框，边框中部有纵向凹槽一道。身侧施有鳞片，上有短划道，粘连大量土锈，下端、右侧边框上有凹槽。鳞片黄釉，腹部白釉，边框为绿釉。残长12、身残高15、腹残宽12厘米（彩版三九六，5）。

IT11-4④：4，腹部残块。前窄后宽，前后略呈弧形。中部为一排叠压排列的鳞片，每个鳞片下部有一道弧形浅凹槽。两侧为高于鳞片的边框，边框上有纵向浅槽，一侧边框残。腹部前端至边缘，有两股鬣毛曲折后飘，由粗变细收成尖状，上有凹槽。后端有高出鳞片的弧形边框，边框下方有一道凹槽。边框、鬣毛绿釉，鳞片浅黄褐釉刷涂银白色涂料，有的地方沁润有绿色、黄色釉。腹残长46、宽13—19、厚3、边框宽2.5厘米（彩版三九六，6）。

3. 附板式龙

附贴在陶板上，龙体为半浮雕式，分体式可以拼对成整体。

头部　4块。

标本IT12-4④：1，吻端及棘刺局部残缺，下颌及顶部至边缘。背面上下端有凸棱的断茬高出瓦面1.5厘米，中部平坦。头上鬣毛向后飘拂，前端回卷，眼眉弯曲似条带贴于眼球上部，中部饰有一道凹槽，眉梢呈尖状，向后至耳根上。眼珠成半球状，覆以眼睑，眼眶中部有一道纵向凹槽。耳呈三朵花瓣形，耳廓沿中部一周凹槽装饰，前有三道短划道，耳廓后为三朵花瓣，每瓣耳内有两条划道装饰。龙吻闭合，前端残缺，吻前部有一上一下牙齿两颗，牙上有划道装饰，牙尖残，唇外缘有一道凹槽与腮肉分开。吻周围有大小不一的腮肉六块，呈圆丘状，根部划有弧形划道使腮肉表现得更加明显突出，下部腮肉下有向上回卷的虬髯两股，嘴角处腮肉后残留有残断的棘刺四个，棘刺为弧形，略弯曲，呈尖牙状，中间的两个棘刺根部有3个凸起，每个凸起上有1—3道凹槽，两侧棘刺根部似牙龈状包住根部，上有凹槽。棘刺之间的陶板上有2道凹槽。陶板及虬髯绿釉，眼珠黑釉，牙齿浅黄釉外刷银白色涂料，其余部位为黄釉，土锈沁润绿釉现象严重。残长32、高26、板厚7厘米，眼珠直径5厘米（图二〇三，1；彩版三九七，1）。

标本ⅡT8-5④：2，右侧残头部。头上鬣毛向后飘拂，前端回卷，眼眉弯曲贴于眼球上部，眉梢呈尖状，眼眉中部有一道凹槽，眼珠成半球状，眼睑前端有一道弧形划道，眼眶中间有一道凹槽。耳残，耳廓上两道凹槽装饰，耳内有划道。鬣毛绿釉，眼珠黄绿，眼睑白色泛浅黄色，其余黄釉，残长19、高14、板厚6、眼珠直径4厘米（彩版三九七，2）。

眼部　15件。2件为单侧眼珠，直径3—7厘米，以5厘米最多。

标本ⅡT8-4④：11，眼珠呈半球状，釉色黑色泛绿，眼睑浅黄绿釉涂抹银白色涂料，眉毛上有两道斜向凹槽。眼珠及眼睑中空，眼珠直径5、高2.5厘米（彩版三九七，3）。

标本ⅡT3-5④：5，眼珠呈半球状，施黑釉，眼珠中空，直径4、高2厘米。眼睑前端一道弧形划道，黄色泛白，眼眉黄釉（彩版三九七，4）。

腮肉　37件，较大者7件。

标本IT9-5④：2，嘴角后腮肉，一侧至边缘。残余两块凸起的腮肉，腮肉根部有弧形划道。嘴外缘有一道深槽与腮部分开，唇与腮肉之间有纵向短划道。腮后有残断的棘刺四个，棘刺为弧形，略弯曲，呈尖牙状，上有两道凹槽。其中一侧的两个棘刺根部有3个瘤状凸起，每个凸起上有凹槽及圆形麻点，数量不等，另外一侧的两个棘刺根部似牙龈包住根部，上有两道凹槽及圆形麻点。棘刺中间的陶板上也装饰凹槽及圆形麻点。腮肉黄釉，棘刺黄色釉沁染绿釉，陶板绿釉。残长27、宽24厘米、陶板上有一3×2.5厘米的插孔（彩版三九七，5）。

标本IT2-4④：1，嘴下颌部腮肉，下端及后侧至边缘。残余两块隆起的腮肉，腮肉根部有弧形划道以突显腮肉，腮肉上部有很多的圆形麻点。嘴外缘有一道深槽，唇与腮肉之间有纵向短划道。腮肉下有两股回卷的虬髯。腮肉黄釉，虬髯绿釉上沁润黄色釉，背面有两个圆形孔，残长33、宽28厘米（彩版三九七，6）。

标本IT4-3④：1，嘴角下腮肉，残余3块隆起腮肉，光滑无纹饰，下方有两股回卷须毛，方向相反。腮肉浅黄褐釉泛绿色，须发绿釉，残长23、宽20厘米（彩版三九八，1）。

吻部　3块。

标本ⅡT4-4④：4，右侧吻部残块。吻紧闭，吻内上下尖牙各1颗，尖牙上下咬合，龇出唇外，有两个短划道装饰。上部有腮肉隆起，腮肉与唇之间有斜向短划道。嘴外缘有凹槽一周。吻下残有回卷的虬髯一股。虬髯绿釉，其余黄褐釉，表面有一层土锈，残长20、宽14、板厚5厘米（彩版三九八，2）。

下颌　2块。

ⅡT2-3④：2，下颌右侧残块，下部至边缘，残留粘贴痕迹。前端有较大的尖牙两颗，朝向前方，牙齿间用深凹槽隔开，后端有方形牙齿两颗，朝向上方，每颗牙齿中间有一条短划道。唇下有一道较深的凹槽与下颌分开，颌下两股须毛后飘。牙齿浅黄釉涂以银白色涂料，须毛绿釉，其余黄褐釉，残长20、高16.5、厚6、方形牙齿宽2、尖牙长6.5厘米（图二〇三，2；彩版三九八，3）。

牙齿　7件。牙齿黄褐釉，外涂刷有银白色涂料。

标本IT1-4④：3，牙齿粘结在陶板上，平面呈三角形，根部大，牙上有三道纵向划道装饰。残长16、宽12、牙齿长11厘米（图二〇三，4；彩版三九八，4）。

标本IT4-4④：4，牙齿细长，弯曲，向外伸到唇外腮肉上，两侧各有纵向一条划道装饰，牙龈包住牙根，牙龈前部有凹槽一道。腮肉上有圆形麻点。牙齿白色釉，其余黄釉。残长15.4、宽17.5、牙齿长17厘米（图二〇四，1；彩版三九八，5）

标本IT4-5④：7，残牙齿两颗，均有残断。一颗为尖牙，残长14.5厘米，前部牙尖残，伸到唇外侧，牙上有两条纵向划道装饰，牙龈包住牙根，牙龈前部有凹槽一道。另一颗牙齿巨大朝上，宽10.5、残长12厘米，前端残断，正面通体施有凹槽三道，背面平整光滑。牙齿白釉，残长23、宽14厘米(图二〇三，3；彩版三九八，6)。

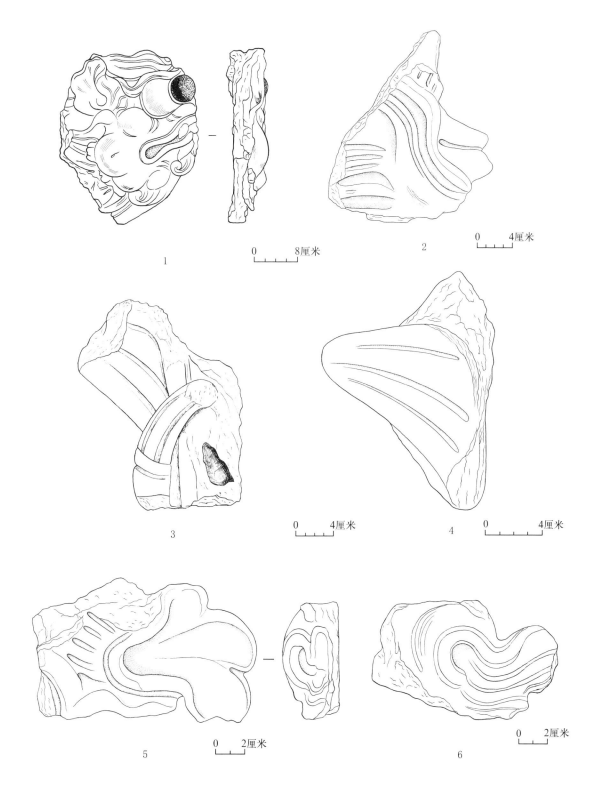

图二〇三 宫城南门出土附板式龙

1．头部（IT12－4④：1） 2．下颌（IIT2－3④：2） 3．牙齿（IT4－5④：7） 4．牙齿（IT1－4④：3）
5．A型耳朵（IT4－4④：13） 6．B型耳朵（IT7－4④：18）

耳朵　9件。大小不一，可分两类。

A型　4件。标本ⅠT4-4④：13，耳呈三朵花瓣形，耳廓沿缘施一道凹槽装饰，耳内分瓣之间有划道，耳后腮部有数道横向划道。残长16、宽10厘米（图二○三，5；彩版三九九，1）。

B型　5件。标本ⅠT7-4④：18，略残，耳朵不分瓣，耳廓前后缘饰各施一道凹槽装饰，耳内有数道横向划道，残长13.7、宽7.5厘米（图二○三，6；彩版三九九，2）。

角　11件。附贴在陶板上，可分为5种类型。

A型　4件。

标本ⅡT4-5④：1，陶板两侧至边缘，转角处近直角，陶板周围有宽2厘米的边缘，缘内侧有一周凹槽。陶板上有一椭圆形穿孔，可插入插销起固定作用，陶板上釉子脱落严重，上面有多道制作时的划道，以方便使釉子粘结在陶板上。龙角弯曲，一侧为鬣毛，存有两个鬣毛尖（1残），另一侧通饰凹槽一道，毛尖两侧各有一道纵向凹槽。龙角黄褐釉涂刷银白色涂料。陶板残长21、宽10—15厘米，角残长14厘米（图二○四，2；彩版三九九，3）。

B型　1件。

ⅠT7-5④：5，残存角尖部分。龙角弯曲，尖部略残，角中部通体饰凹槽一道。龙角一侧光滑，另一侧有斜向短划道装饰。龙角黄褐釉涂刷银白色涂料。陶板残长13、宽8.5、角残长10厘米（图二○四，3；彩版三九九，5）。

C型　2件。

标本ⅠT4-2④：1，右侧龙角，附贴在陶板之上，陶板上侧及左上角至边缘，转角成弧形，陶板较厚，后有凸棱以利于固定。龙角曲折，中间通体1道纵向凹槽。角一侧存留鬣毛尖2个，毛尖上有一短横向划道，角尖向后回卷弯曲成钩状。龙角鬣毛尖侧的陶板上饰以水波纹，前端有1道凹槽，另一侧有涡状浪花和鬣毛两股。通体绿釉，上有白色土绣。角残长24、陶板残长32、宽30.5厘米（图二○四，5；彩版三九九，4）。

D型　2件。

标本ⅠT10-5④：23，附贴在有绿色水波纹的陶板上，残角尖部分，角尖回卷呈钩状，绿釉，光滑无装饰。陶板残长16、宽10、角残长9厘米（图二○四，4；彩版三九九，6）。

E型　2件。

标本ⅠT11-4④：2，附贴在陶板上，陶板的三侧至边缘，转角小于直角，三侧各有宽2厘米的宽缘，宽缘中部有凹槽一周。陶板上有一残龙角，角尖后弯回卷，通体饰两道纵向凹槽，存有鬣毛尖一个，鬣毛尖一侧通体饰有纵向凹槽一道。陶板上附有鬣毛以及鳞片，每两片并列鳞片交缝处的下层鳞片上有一道短的纵向划道装饰。宽缘饰绿釉，有鳞片黄釉流淌现象，鳞片为黄釉，鬣毛为绿釉，龙角浅绿釉涂刷银白色涂料。陶板上有一残穿孔。陶板残长31.2、残宽15—22、角残长12厘米（图二○四，6；彩版四○○，1）。

牙状棘刺　37件。棘刺呈尖牙状，弧形略有弯曲，大小不一，尺寸在2.5—20厘米之间，位置一般在腮肉的后方或在腿肘后。

标本ⅠT11-5④：1，腮肉后棘刺，其下衬有塑成平面略呈三角状的浮雕绿毛。有3个并列的棘刺，

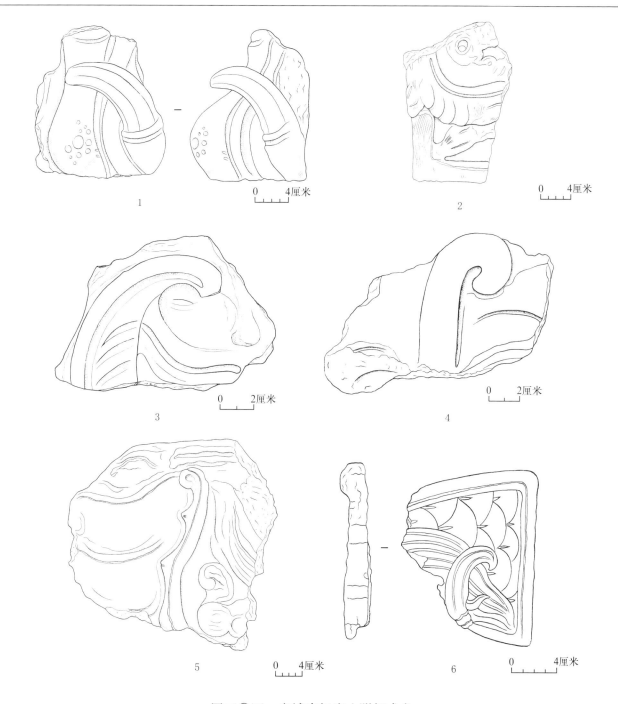

图二〇四　宫城南门出土附板式龙

1. 牙齿（IT4-4④：4）　2. A型龙角（IIT4-5④：1）　3. B型龙角（IT7-5④：5）　4. D型龙角（IT10-5④：23）
5. C型龙角（IT4-2④：1）　6. E型龙角（IT11-4④：2）

棘刺光滑，中间棘刺根部粗大，有三个瘤状凸起，两侧棘刺根部无装饰。棘刺浅黄釉泛白，棘刺附于三角形绿色鬣毛之上，鬣毛上有纵向划道，棘刺长度分别为3、9.5、6厘米（彩版四〇〇，2）。

标本IT11-5④：7，龙肘后棘刺，残3个棘刺，棘刺短小，棘刺根部似牙龈状，上有凹槽。肘黄褐釉，棘刺浅黄釉刷银白色涂料。棘刺长约4.5厘米（彩版四〇〇，3）。

标本IT4-3④：5，略残，尖上两道凹槽，根部粗壮，上有为3个瘤状凸起，每个凸起上有一道凹槽及数个圆形麻点，棘刺一侧为弧形边缘，陶板上有数道短划道装饰，棘刺黄釉泛白色，陶板绿釉沁润黄色釉，棘刺长20厘米（彩版四〇〇，4）。

标本ⅡT5-1④：4，尖上两道较浅的凹槽，根部3个瘤状凸起，每个凸起上有两道凹槽和一个比较大的圆形麻点，棘刺黄釉刷银白色涂料，棘刺残长9.5厘米（彩版四〇〇，5）。

鳞片　附贴在陶板上，可分3种类型。

A型　80件。每两片并列鳞片交缝处下压一片鳞片，下压鳞片与上层两片鳞片交缝处有1道短的纵向划道装饰。

标本IT10-5④：11，躯干鳞片，上有鬣毛3股，呈波浪式后飘，由粗变细逐步收成尖状，通体有两道凹槽。附板下端平齐至边，背面两个残断的长方形插榫。黄釉沁染绿色釉，残长23—27、宽23厘米（彩版四〇〇，6）。

B型　2件。鳞片逐个叠压排列，鳞片之间用弧形深凹槽隔开。每片鳞片下缘有一道弧形凹槽，上缘中部有一道短的纵向划道装饰。

标本IT1-3④：7，身段残块，一侧至边缘。有B型鳞片一排，鳞片一侧有一道宽2.5厘米的弧形的宽缘，宽缘中部一道凹槽，宽缘的一侧残留鬣毛两股，一股后端回卷成旋涡，一股后飘。陶板背面残有上下长46、宽3、高5厘米的凸棱断茬。鬣毛、陶板及宽缘绿釉，鳞片白色釉沁润有绿色釉，残长47.5、宽27厘米（彩版四〇一，1）。

C型　17件。鳞片逐个叠压排列，用弧形凹槽隔开。每片鳞片的边缘有一道弧形凹槽装饰，凹槽以上部分有数个圆窝状麻点。

标本IT1-1④：3，左侧和下部至边缘，边缘平齐，转折为直角。左侧有波浪状水波纹，后端齐整，水波纹旁侧施鳞片。正面中部有边长3×1.5厘米的长方形插孔，背面有凸棱以利于固定。鳞片为黄褐釉涂刷银白色涂料，沁染有绿色釉，其余绿釉。残长27、宽19厘米（彩版四〇一，2）。

标本IT1-3④：2，身段残块，一侧至边缘。中部为一道宽缘，宽缘中间有一道凹槽，宽缘一侧施B型鳞片，一侧施C型鳞片。宽缘为黄、绿釉，B型鳞片黄釉，C型鳞片白釉沁润黄、绿釉。残长40、宽25、缘宽2.5厘米（彩版四〇一，3）。

鬣毛　115件。均为绿釉，有的带有黄色鳞片。一般位于腮部、眼眉上方、肘后以及躯干等部位，腮下、肘后的鬣毛卷曲短细，躯干的鬣毛较粗长。

标本IT7-4④：4，身上飘拂鬣毛3股，上有两道凹槽，成波浪式曲折后飘，由粗变细收成尖状。身段一侧边缘成弧形，有一道凸起宽缘，与另一凸起的弧形宽缘相交。陶板贴附A型鳞片。鬣毛及宽缘绿釉，鳞片黄褐釉。残长29、宽15、缘宽2厘米（彩版四〇一，4）。

标本ⅡT7-4④：2，下侧至边缘。上有鬣毛3股，呈波浪式曲折飘动。鬣毛外饰A型鳞片。鬣毛绿釉，鳞片黄褐釉。附板上有长方形插孔，背面有凸棱。残长32、宽30厘米(彩版四〇一，5)。

标本IT4-4④：3，两侧至边缘。上有鬣毛两股，至边缘后回卷成涡状，每股鬣毛上有两道凹槽。鬣毛间有一个3×1.5厘米的长方形插孔，残长29、宽22厘米（彩版四〇一，6）。

水波纹　59块，均为绿釉。

标本ⅡT2-3④：3，一侧至边缘。边缘处有两个涡状浪花，其中1个完整，涡状浪花下压鬣毛5

股。残长31、宽20厘米（彩版四〇二，1）。

标本IT1-1④：1，两侧至边缘，转角略大于直角。水波纹分5股贴附在陶板上，尾部呈旋涡状浪花。施有A型黄色龙鳞片。鳞片上有2.5×1.5厘米的长方形插孔，附板背面有插榫断茬，上有残弧形孔。残长34、宽30厘米（图二〇五，1；彩版四〇二，2）。

标本IT1-2④：1，体型巨大，一侧至边缘，残有龙腿部和水波纹。水波纹顶部残有3朵旋涡状浪花，两侧浪花由内向外回卷，中部的浪花与两侧浪花旋卷方向相反。通体绿釉。残长44、宽45厘米。水波纹中间靠底部有3.5×1.5厘米的长方形插孔（图二〇六，6；彩版四〇二，3）。

标本IT7-4④：5，上部至边缘，前端四重半圆形的浪花上下重叠排列，随缘饰有凹槽。后端残断水波纹，前随缘有凹槽，与浪花处凹槽断开。残长40、宽12—22厘米（彩版四〇二，4）。

标本IT4-3④：2，两侧至边缘，转角略小于直角。水波纹边缘呈弧形，边缘有凹槽。残长32、宽25厘米（彩版四〇二，5）。

标本IT9-5④：12，水波纹边缘呈弧形，上有凹槽，尾端回卷成小浪花（彩版四〇二，6）。

标本IT5-5④：1，两侧至边缘，转角为60度角，残余3朵"n"字形的浪花和一朵旋涡状的浪花横向重叠排列，浪花中部凹陷，边缘上有细线划纹，浪花上缘随缘饰有凹槽。浪花以上的宽缘通饰凹槽一道。残长46、宽13厘米（彩版四〇三，1）。

标本IT1-2④：7，两侧至边缘，转角处残损。陶板下部饰A型鳞片及黄褐色云气纹，云气纹上通体施有凹槽。陶板上部施层叠的水波纹，水波纹之间用凹槽隔开，每个水波纹上有气泡。陶板上有长4、宽2厘米的长方形插孔。残长40.5、宽28.8厘米（图二〇五，2；彩版四〇三，2）。

流云 20块。

ⅡT8-4④：7，陶板宽缘上有一凹槽。板上堆塑绿色涡状云朵两朵，方向相反，云纹中部通体施凹槽。通施绿釉，残长17、宽16厘米（彩版四〇三，3）。

IT9-5④：13，底侧至边缘。流云飘动如火焰，边缘通体施凹槽。底部有一回卷的云朵，上部流云分两股。流云旁侧有涡状的鬣毛以及A型龙鳞片。陶板上有一残缺长方形的插孔。鳞片黄釉，流云黄绿釉、鬣毛绿釉。残长22、宽19、板厚5厘米（彩版四〇三，4）。

腿爪 25件。可分8种类型。

A型 8件。标本IT8-5④：4，残龙腿局部及爪部，附在陶板上，陶板后有凸棱以利于固定。陶板三侧至边，转角为直角，一角呈曲尺形，周围有宽缘，宽缘上有一道凹槽。腿部饰有鳞片，下部连接龙爪。腿部有两块

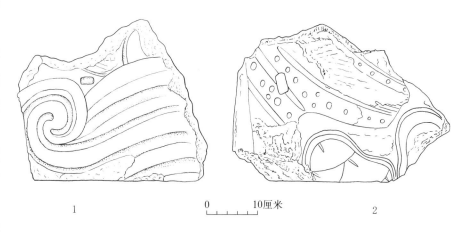

图二〇五 宫城南门出土附板式龙水波纹
1. 贴板龙水波纹（IT1-1④：1） 2. 贴板龙水波纹（IT1-2④：7）

圆丘状隆起肌肉，后面隆起的肌肉后残有一棘刺，棘刺上有三道竖道。爪有四趾，3趾向前，1趾向后，后趾与前趾分开较远。每趾明显分为三节，有两个关节突起，后趾节及中间趾节中部隆起，上有横向划道，中间趾节两侧有纵向凹槽，前趾节光滑，趾尖紧扣陶板云朵上。陶板上饰有卷曲云朵和曲折飘动的云气纹。陶板背面有一圆形孔，可插入插销起固定作用。陶板、云气纹、腿、爪施黄釉，前趾节有的刷涂银白色涂料，互有沁润现象。陶板总高35、爪部高27、残宽26厘米，腿肘部高8、残宽11厘米，腿爪残长30厘米（图二〇六，1；彩版四〇四）。

B型　3件。标本ⅡT7-4④：7，残龙腿及爪局部，附在陶板上，爪前侧至边缘。爪残三趾，每趾分为三节，有两个关节突起，每节趾节上有横向划道。前趾节光滑，趾尖紧扣陶板云朵上。爪上用横向凹线表现皮肤褶皱。腿部施鳞片。陶板背面有两个圆形孔。陶板及云纹绿釉，腿、爪施黄釉，但爪部沁润绿釉现象较严重。陶板残长19、残宽8—16、厚2厘米（图二〇六，2；彩版四〇三，5）。

C型　4件。标本ⅠT11-8②：1，残腿局部及爪部，腿侧有旋涡状的腿毛。残3趾，1趾在后，关节、趾节不很明显，趾节中部隆起，有数道横向划道，前趾节趾尖极尖，紧扣陶板。腿、趾黄褐釉，陶板绿釉，前趾节涂抹银白色涂料。陶板残长21、宽20厘米（图二〇六，3；彩版四〇三，6）。

D型　1件。ⅡT3-2④：2，残1趾。关节明显，趾上有横道，关节上有3—4个麻点，爪黄釉，土锈严重。趾长9.8厘米（图二〇六，4；彩版四〇五，1）。

E型　1件。ⅡT1-4④：1，腿爪基本完整，陶板三侧至边，转角大于直角，背面一道凸棱起加固作用。屈肘，肘部有肘毛，大腿饰鳞片，隐约在鬣毛之下。小腿光滑，肌肉隆起，下部连接四趾龙爪，紧扣陶板。每趾分3节，有两个关节突起，趾上饰有数道横向划道，趾尖紧扣云朵。陶板正面饰有卷曲的云气纹，左下角有一长方形的插槽，陶板、云气纹、鬣毛、肘毛绿釉，腿爪黄褐釉，陶板高50、残宽37、厚3厘米（彩版四〇五，2）。

F型　2件。标本ⅡT1-4④：8，残3趾，关节、趾节不明显，趾尖紧扣附板前缘。趾黄釉，多有脱落，陶板上有绿色水波纹。陶板残长19、宽9厘米（彩版四〇五，3）。

G型　1件。ⅡT1-4④：3，残1趾，分三节，两个关节明显，爪尖极尖，趾上光滑无装饰。趾黄褐釉，陶板残长30、宽14、厚2.5厘米（彩版四〇五，4）。

H型　5件。标本ⅠT4-3④：6，附在陶板上，底侧至边缘，有1趾，有两趾节，前端伸出趾尖，向下紧扣，后趾节上有三道横槽.陶板上为绿色水波纹，趾黄釉。陶板残长16、宽10、厚4、趾长11厘米（彩版四〇五，5）。

腿肘　16件。

标本ⅠT8-5④：3，三侧至边缘，转角基本为直角。陶板的一侧有宽3厘米的突起边缘，中部有凹槽一道，陶板另一侧边缘有三组回卷的浪花纹。肘被鳞片，周围饰飘动的云气纹，云气纹中部通体有凹槽。陶板上贴附鳞片，上有短的纵向划道。肘、身、云气纹黄釉，宽缘、水波纹绿釉，表面土锈较为严重。陶板残长26、宽20厘米（图二〇六，5；彩版四〇五，6）。

标本ⅡT4-5④：2，附贴在陶板上，陶板两侧至边，转角为直角。肘部隆起，施A型鳞片，边缘饰多个圆形麻点。肘后存牙状棘刺3个，脊刺根部有3个瘤状凸起，上饰多个圆形麻点。陶板残长20、残宽16、厚3厘米（彩版四〇六，1）。

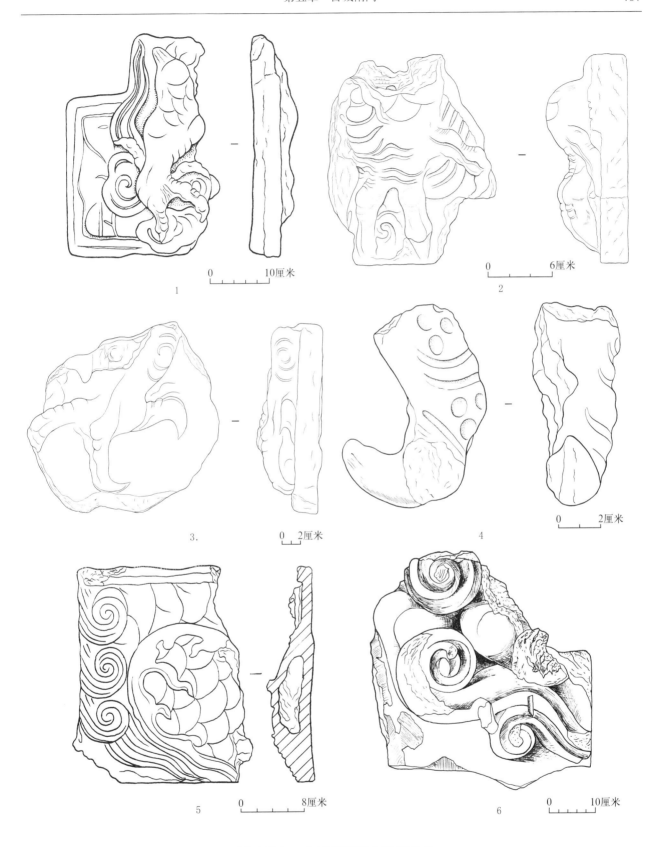

图二〇六　宫城南门出土附板式龙

1. A型腿爪（IT8-5④：4）　2. B型腿爪（IIT7-4④：7）　3. C型腿爪（IT11-8②：1）　4. D型腿爪（IIT3-2④：2）
5. 腿肘（IT8-5④：3）　6. 水波纹（IT1-2④：1）

4. 带文字构件

5块。IT1-2④：6，前端至边缘，残块呈弧形，黄、绿釉，上刻划楷书一"西"字，残长17、宽10.5厘米（图二〇七，1；彩版四〇六，2）。

IT5-5④：6，前端至边，绿釉，残余一"彐"字，从其残存来看，可能为"東"的右半侧，残长16厘米（图二〇七，2；彩版四〇六，3）

ⅠT1-1④：4，绿釉，刻划一"𠆢"字，残长12、宽12厘米（图二〇七，3；彩版四〇六，4）。

ⅡT1-4④：2，圆雕龙头部，顶部残有一"王"字（彩版三九二，4）。

ⅠT11-5④：20，变体龙脊背残段，中部靠上有一"天"字（图二〇一，5；彩版三九六，3）。

（四）铜器

1. 铜钉

ⅠT2-3④：6，24件。均为圆帽圆锥形钉，长1.5—2厘米，卯径0.5厘米左右，个别帽顶有镀金（图二〇八，5；彩版四〇七，2）。

2. 铜饰件

4件。为木门上的装饰构件，应该是铜包叶，用小铜钉钉在木门上。

标本IT2-3④：4，残片，外缘残，呈弧形，残有4个铜钉小孔。外缘与内区之间用连弧凸棱纹隔开，内区浮雕祥云纹饰。残尺寸4×4.5、厚0.1厘米（彩版四〇七，1）。

标本IT2—3④：5，分内区和外缘两部分，内区和外缘之间用锤牒的细线隔开。上端外缘宽0.4—0.6厘米，中部形成近似"V"字形缺口，边缘呈连弧纹状，嵌有小铜钉，左右对称分布。左侧外缘宽0.7—0.8厘米，镶嵌有小铜钉，分布密集。右侧外缘残损，小铜钉分布稀疏。下端左侧削切形如"﹨"状。内区中部靠上剪成如意形，内缘嵌有小铜钉5颗，除最下一颗外，左右对称分布，外缘有8颗铜钉，分布不对称。内区其余部分施有缠枝牡丹纹图案，从背面向正面锤牒而成，略向正面凸出。小铜钉从正面穿透叶面，背面有穿透叶面形成的凸出痕迹。长16.8—21.5、宽2—6、厚0.1厘米（图二〇八，1；彩版四〇八）。

标本IT2-4④：4，上端中部形成近似"V"字形缺口，边缘呈连弧纹形状，镶嵌有小铜钉9颗，

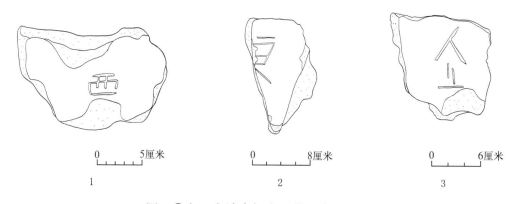

0　　　　5厘米　　　　　　0　　　　8厘米　　　　　　0　　　　6厘米

1　　　　　　　　　　2　　　　　　　　　　3

图二〇七　宫城南门出土带文字构件

1. 西（IT1-2④：6）　2. 彐（ⅠT5-5④：6）　3. 𠆢（ⅠT1-1④：4）

除最下一颗外，左右对称分布。左侧小铜钉分布稀疏，右侧小铜钉分布密集，下端右侧斜削呈斜边，亦有小铜钉。中部靠上剪成如意形，内缘嵌有小铜钉5颗，除最下一颗外，左右对称分布，外缘铜钉分布不对称。叶面纹饰为缠枝牡丹纹。长17.3—19.8、宽6、厚0.1厘米（图二〇八，2；彩版四〇九）。

3. 铜钱

4枚。方孔圆钱，发现于中门道立柱旁的填土内（彩版四〇七，3）。

IT2-3④：8，元祐通宝，钱文清晰，楷书，旋读，方穿较大，钱径2.3厘米。

IT2-3④：9，熙宁元宝，钱文较清晰，篆书，旋读，钱径2.5厘米。

IT2-3④：10，治平通宝，钱文清晰，篆书，对读，钱径2.4厘米。

IT2-3④：11，嘉祐元宝，钱文清晰，楷书，旋读，钱径2.3厘米。

（五）铁器

1. 铁鹅台

位于门道两侧门砧石上放置城门肘板底部转轴的方形海窝处，中门道东侧、东门道东侧铁鹅台不存，中门道西侧、西门道西侧、东门道东侧铁鹅台处保存有铁靴臼，与下部锈结在一起，下面的铁鹅台情况不明。

西门道东侧铁鹅台，位于门砧石海窝之中，无法取出。下部为长方体，南北长0.17—0.18、东西宽0.18厘米，高度不详，上部为半球状凸起，底径0.12、高0.05米（图版一六八，2）。

2. 铁靴臼

中门道西侧、西门道西侧、东门道西侧铁鹅台处保存有铁靴臼。铁靴臼为上下有凹槽的圆柱体，上部凹槽处可放置城门肘板转轴，下部凹槽可以放置在铁鹅台上部的半球状凸起上。

西门道西侧门砧石处铁靴臼，通体残高12、外壁直径19、壁厚1.5厘米。上部凹槽直径16、深6厘米，内外均为直壁，下部凹槽直径10、深3厘米、外侧为直壁，内侧为圜底（图一六五，3；图版二一二，1）。

3. 铁钉

IT2-3④：12，60件。保存情况不一，大部分锈蚀损毁严重。均为圆卯四棱方锥形长钉，钉身横断面长方形，上部较粗，向下渐聚成尖。完整者长度15—22厘米之间，帽径2.5—4厘米（图版二一二，2）。

4. 铁索

2件，形制相同，可能是用于固定鸱吻或脊部走兽。

标本IT8—5④：17，索头为一圆环形铁环，直径9.5、内径8厘米，后为连环相套的10节圆角长方形铁环，每节铁环长12、宽4、内径3厘米。整个铁索通长96厘米（图版二一二，3、4）。

5. 铁榫钉

4件。一端尖，一端平，中部略宽，横断面长方形，有可能插入脊兽构件体内，起固定所用（图版二一二，4、5）。

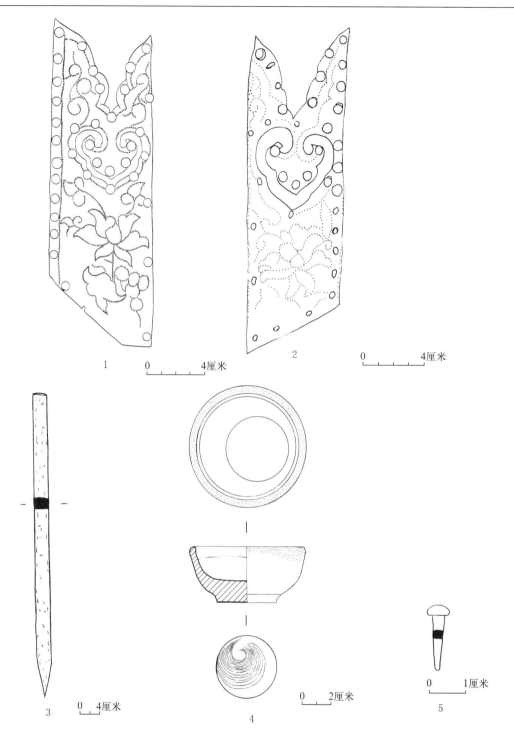

图二〇八　宫城南门出土铜、铁、瓷器

1. 铜饰件（IT2-3④：5）　2. 铜饰件（IT2-4④：4）　3. 铁桦钉（IT8-5④：14）　4. 小瓷盅（IT5-1④：1）　5. 小铜钉

　　IT8-5④：14，长57、横断面3×2厘米（图二〇八，3）。

　　IT8-5④：15，长44.8、横断面1.4×1.3厘米。

　　IT8-5④：16，长38.8、横断面1.2×1.8厘米。

　　IT8-5④：19，长36、横断面(1—1.5)×(1—1.5)厘米。

（六）木质建筑构件

门道内清理有大量的木构件，有贴墙木板、门道立柱、木地栿，倒塌的屋顶梁架等，但均经火烧，碳化严重。

标本IT2-4④∶5，木构件残块，大致呈长方形。残长22.4—24.2、宽15.5—16、厚6.3厘米，上面有长10、宽5—6、深2厘米长方形榫眼（图版二一二，6）。

（七）瓷器

1件。IT5-1④∶1，小盅，残存约一半。口微敛，弧腹，平底。器内壁釉色不同，自上而下依次为无釉、浅酱釉和深酱釉，器外壁黑釉，器底无釉，器底制作时留下的逆时针旋纹明显。口径5.3、底径3.1、通高3.8厘米（图二〇八，4）。

四　小结

宫城南门为宫城的正门，是元中都最为重要的城门，通过发掘弄清了它的形制和建筑结构为"两阙三观三门道过梁式"。门洞采用传统的"过梁式"，在门洞的两壁底部铺设土衬石，土衬石上铺设地栿石，地栿石上铺木地栿，木地栿上立排叉柱，两壁立木柱，然后在木柱上搭设梁架、枋、椽板等木构件，这是唐宋以来至明代城门门洞普遍采用的形式，迄元为止，仅发现有扬州宋大城西门、元大都和义门瓮城门、上都宫城的一个门洞和皇城南门明德门采用砖构券顶式样，其他包括大都崇天门在内的门洞均采用过梁式，中都的宫城南门采用过梁式门洞，应该是直接仿自大都崇天门，既是对传统做法的继承，也是符合《营造法式》的。

宫城南门内侧的矩形广场，外有两道空心夹壁红墙、内侧有一周砖砌平台，围墙东、西各有一门，北有东、中、西三门（中门为三门道），中门有砖铺道路直通中心大殿，这种门内建有矩形广场的城门建筑结构，独具一格，也是我国元代考古中的首次发现。

宫城南门废弃之后未经大的破坏，保存了元代的建筑风格，保留下来的一些细部做法：如门道东西两壁的贴墙木板、铁鹅台、铁靴臼、地栿石上木地栿、残屋脊、铁索的发现都是元代考古中罕见的实例。

表二五　宫城南门内侧矩形广场柱础（坑）统计表

编号 GNMGC（内双号外单号）	探方号	坐标（米）	相对位置	关联关系	柱础（坑）平面形制	柱础石尺寸	柱础石基槽口现存(柱础坑)长、宽、深	备注
ZC1	ⅠT10—4	南2.2西4.3	东部最南排外侧		下方形底座上圆形鼓镜柱础	础座边长0.5，鼓镜直径0.35，高0.04米		部分压在夹壁墙下
ZC2	ⅠT10—4	南2.2西3.4	东部最南排内侧	与ZC1东西中心间距1米	长方形柱础	东西长0.6，南北宽0.5米		部分压在夹壁墙下
ZC3	ⅠT10—5	南0.5西4.7	东部第二排外侧	与ZC1中心间距3.35米	长方形柱础	南北边长0.5米		东西侧压在夹壁墙下
ZC4	ⅠT10—5		东部第二排内侧					未见
ZC5	ⅠT10—5	南3.5西4.7	东部第三排外侧	与ZC3中心间距3.35米	下方形底座上圆形鼓镜柱础	础座东侧长0.51、南侧0.6、西侧0.55、北侧0.6米。鼓镜直径0.34、高0.04米		位于东隔梁内
ZC6	ⅠT10—5	南3.6西3.8	东部第三排内侧	中心ZC5中心间距1米	长方形柱础	东侧长0.5、南侧0.5、西侧0.51、北侧0.51米		中部有南北长0.17、东西宽0.14米的卯眼
ZC7	ⅠT11—6	南2.2西0.1	东部第四排外侧	与ZC5中心间距3.71米	下方形底座上圆形鼓镜柱础	础座东侧长0.62、南侧0.52、西侧0.55、北侧0.55米，鼓镜直径0.51、高0.04米		
ZC8	ⅠT10—6	南2.4西4	东部第四排内侧	与ZC7中心间距0.99米	长方形柱础	东侧长0.6、南侧0.62、西侧0.6、北侧0.6米		
ZC9	ⅠT11—7	南0.8西1.1	东部第五排外侧	与ZC7中心间距3.8米	近方形柱础坑		南北长0.7—0.75、东西宽0.8、深0.2米	东墙门南部外侧
ZC10	ⅠT10—7	南0.9西4.2	东部第五排内侧	与ZC9中心间距2.1米	近长方形柱础坑		南北长0.67、东西宽1.32、深0.23米	东墙门南部内侧
ZC11	ⅠT11—8	南0.8西1.5	东部第六排外侧	与ZC9中心间距5.1米	圆角长方形柱础坑		南北长1.12、东西宽0.87、深0.25米	东墙门北部外侧
ZC12	ⅠT10—8	南0.7西4.5	东部第六排内侧	与ZC11中心间距2.07米	近似长方形柱础坑		南北长1.05、东西宽0.84、深0.3米	东墙门北部内侧
ZC13	ⅠT11—8	南4西1.4	东部第七排外侧	与ZC11中心间距为3.5米	椭圆形柱础坑		南北长1.15、东西宽1、深0.3米	

续表二五

编号 GNMGC （内双号 外单号）	探方号	坐标 （米）	相对位置	关联 关系	柱础 （坑）平 面形制	柱础石尺寸	柱础石基槽口 现存(柱础坑) 长、宽、深	备注
ZC14	ⅠT11-8	南4.3 西0.1	东部第七排 内侧	与ZC13中心间 距1.13米	圆角长 方形柱 础坑		南北长1.15、 东西宽0.9米、 深0.22米	
ZC15	ⅠT11-9	南2.8 西1.5	东部第八排 外侧	与ZC13中心间 距3.5米	圆角长 方形柱 础坑		南北长0.83、 东西宽0.85、 深0.25米	
ZC16	ⅠT11-9	南3 西0.3	东部第八排 内侧	与ZC15中心 间距1.1米	圆角长 方形柱 础坑		南北长0.89、 东西宽0.85、 深0.2米	
ZC 17—18	Ⅰ T11-10	南1.5 西1	东部第九排	与ZC15间距 3.6米	长方形 柱础坑		南北长0.8— 0.95、东西宽 2.1、深0.25米	二者连接在一 起
ZC19	Ⅰ T11-11	南4.3 西0.7	北部东侧第 一排	与Z17中心间 距3.5米	长方形 柱础	东侧长0.68、南 0.62、西0.75、北 0.68米		广场东北角外 侧
ZC20	Ⅰ T11-10	南0 西2	北部东侧第 二排	位于ZC19西 南，中心间距 1.6米	下方形 底座上 圆形鼓 镜柱础	础座东侧长0.61、 南0.66、西0.61、 北0.62米。鼓镜: 直径0.58、高0.04 米		广场东北角内 侧，与ZC18中 心间距2.51米
ZC21	Ⅰ T10-11	南4.4 西2.8	北部第三排 外侧	与Z19中心间 距4.05米	长方形 柱础	东侧长0.5、南 0.65、西0.48、北 0.6米		
ZC22	Ⅰ T10-10	南0.6 西2.8	北部第三排 内侧	与Z20中心间 距2.8米 与ZC21中心 间距1.10米	长方形 柱础	东侧长0.64、南 0.67、西0.61、北 0.64米		
ZC23	ⅠT9-11	南4.8 西4	北部第四排 外侧	与ZC21中心 间距3.6米	椭圆形 柱础坑		南北长0.78、 东西宽0.85、 深0.34米	
ZC24	ⅠT9-11	南 0.75 西4.4	北部第四排 内侧	与ZC23中心 间距1.15米	不规则 形柱础 坑		南北长0.54— 0.75、东西宽 0.9、深0.3米	
ZC25	ⅠT9-11	南1 西0.5	北部第五排 外侧	与ZC23中心 间距3.75米	圆角长 方形柱 础坑		南北长1、东西 宽1.05、深0.2 米	中部连接为一 体
ZC26	ⅠT9-11	南0.3 西0.5	北部第五排 内侧	与ZC25中心 间距1.12米	圆角长 方形柱 础坑		南北长0.88、 东西宽0.96、 深0.25米	
ZC27	ⅠT8-11	南1.3 西2	北部第六排 外侧	与ZC25中心 间距3.9米	圆角长 方形柱 础坑		南北长0.85、 东西宽0.8、深 0.23米	

续表二五

编号GNMGC（内双号外单号）	探方号	坐标（米）	相对位置	关联关系	柱础（坑）平面形制	柱础石尺寸	柱础石基槽口现存（柱础坑）长、宽、深	备注
ZC28	ⅠT8—11	南0.3西1.8	北部第六排内侧	与ZC27中心间距1.05米	圆角长方形柱础坑		南北长0.81、东西宽0.86、深0.23米	
ZC29	ⅠT7—11	南1.8西2.8	北部第七排外侧	与ZC27中心间距3.65米	圆角长方形柱础坑		南北长1.24、东西宽0.85、深0.52米	北墙东门东部外侧
ZC30	ⅠT7—11	南0.7西2.7	北部第七排内侧	与ZC29中心间距1.28米	圆角方形柱础坑		南北长0.77、东西宽0.85、深0.25米	北墙东门东部内侧
ZC31	ⅠT6—11	南2.2西3.4	北部第八排外侧	与ZC29中心间距5.11米	圆角长方形柱础坑		南北长085、东西宽1、深0.25米	北墙东门西部外侧
ZC32	ⅠT6—11	南1.2西3.3	北部第八排内侧	与ZC31中心间距1.26米	圆角长方形柱础坑		南北长0.72、东西宽0.9、深0.26米	北墙东门西部内侧
ZC33	ⅠT5—11	南2.6西4.5	北部第九排外侧	与ZC31中心间距3.6米	近椭圆形柱础坑		南北长0.9、东西宽1.05、深0.23米	
ZC34	ⅠT5—11	南1.7西4.5	北部第九排内侧	与ZC33中心间距1.03米	近椭圆形柱础坑		南北长0.97、东西宽0.89、深0.25米	
ZC35	ⅠT4—11	南3西4.8	北部第十排外侧	与ZC33中心间距3.71米	椭圆形柱础坑		南北长0.87、东西宽1.07、深0.35米	
ZC36	ⅠT4—11	南2.2西4.8	北部第十排内侧	与ZC35中心间距1.1米	长方形柱础坑		南北长0.9、东西宽0.82、深0.23米	
ZC37—38	ⅠT4—11	南3.5西0.5	北部第一一排	与ZC35中心间距3.8米	圆角长方形柱础坑		南北长2.56、东西宽0.78、深0.1米，南侧有圆形坑直径0.6、深0.2米	北墙中门东侧柱础坑
ZC39	ⅠT3—11	南2西4.5	北部第一二排	与ZC37—38中心连线中心间距1.1米	长方形柱础	东侧长0.7、南0.75，0.7、北0.73		北墙中门东侧
ZC40	ⅠT2—11	南3.3西1.5	北部第一三排内侧	与ZC41中心间距1.45米	近圆形柱础坑		直径1.07米	北墙中门中门道东部内侧柱础坑
ZC41	ⅠT3—11	南3.75西1.75	北部第一三排外侧	与ZC37—38中心间距4.48米	圆角长方形柱础坑		南北长1.93、东西宽0.87、深0.2米	北墙中门中门道西部外侧柱础坑

续表二五

编号 GNMGC （内双号 外单号）	探方号	坐标 （米）	相对位置	关联 关系	柱础 （坑）平 面形制	柱础石尺寸	柱础石基槽口 现存（柱础坑） 长、宽、深	备注
ZC42	ⅠT1—11	南4.3 西3	北部第一四 排内侧	与ZC43中心间 距1.78米	椭圆形 柱础坑		南北1、东西 0.85、深0.25 米	北墙中门中门 道西部内侧柱 础坑
ZC43	ⅠT2—11	南4.2 西1.5	北部第一四 排外侧	与ZC41中心间 距5.02米	下方形 底座上 圆形鼓 镜柱础	础座东侧长0.67、 南0.73、西0.72、 北0.71米，鼓镜直 径0.54、高0.04米		北墙中门中门 道西部外侧柱 础坑
ZC44	ⅠT1—11	南4 西2	北部第一五 排	与ZC45—ZC46 中心连线中心 间距0.96米				北墙中门西侧 柱础坑
ZC45— 46	ⅠT1—11	南3.7 西0.8	北部第一六 排	与ZC43中心间 距4.5米			南北长3.5、 东西宽0.74、 深0.1米	北墙中门西侧 柱础坑
ZC47	ⅡT1—11	南4.7 西2	北部第一七 排外侧	与ZC45—46中 心间距3.94米	椭圆形 柱础坑		南北长0.96、 东西宽0.79、 深0.2米	
ZC48	ⅡT1—11	南3.7 西2	北部第一七 排内侧	与ZC47中心间 距1米	椭圆形 柱础坑		南北长0.78、 东西宽0.7、 深0.2米	
ZC49	ⅡT2—11	南4.8 西3.7	北部第一八 排外侧	与ZC47中心间 距3.77米	椭圆形 柱础坑		南北长0.76、 东西宽0.97、 深0.2米	
ZC50	ⅡT2—11	南3.7 西3.7	北部第一八 排内侧	与ZC49中心间 距1.05米	椭圆形 柱础坑		南北长0.94、 东西宽0.74、 深0.21米	
ZC51	ⅡT3—11	南4.8 西4.4	北部第一九 排外侧	与ZC49中心间 距3.78米	椭圆形 柱础坑		南北长1、 东西宽0.8、 深0.2米	二者中部连 接，北墙西门 东侧柱础坑
ZC52	ⅡT3—11	南3.7 西4.4	北部第一九 排内侧	与ZC51中心间 距1.03米	椭圆形 柱础坑		南北长0.9、 东西宽0.75、 深0.23米	
ZC53	ⅡT4—11	南 5.12 西4.5	北部第二零 排外侧	与ZC51中心间 距5.01米	椭圆形 柱础坑		南北长0.95、 东西宽0.81、 深0.2米	二者中部连 接，北墙西门 西侧柱础坑
ZC54	ⅡT4—11	南4.1 西4.4	北部第二零 排内侧	与ZC53中心间 距1.02米	椭圆形 柱础坑		南北长1.11、 东西宽0.71、 深0.21米	
ZC55	ⅡT4—12	南0 西0.5	北部第二一 排外侧	与ZC53中心间 距3.78米	椭圆形 柱础坑		南北长1.15、 东西宽0.95、 深0.2米	

续表二五

编号 GNMGC （内双号 外单号）	探方号	坐标 （米）	相对位置	关联 关系	柱础 (坑)平 面形制	柱础石尺寸	柱础石基槽口 现存(柱础坑) 长、宽、深	备注
ZC56	ⅡT4—11	南4 西0.5	北部第二一 排内侧	与ZC55中心间 距1.11米	长方形 柱础坑		南北长0.9、 东西宽0.74、 深0.23米	
ZC57	ⅡT5—12	南0 西 1.95	北部第二三 排外侧	与ZC55中心间 距3.67米	椭圆形 柱础坑		南北长1.14、 东西宽0.9、 深0.21米	南侧压在 T4—11北隔梁 下
ZC58	ⅡT5—11	南4.2 西1.9	北部第二三 排内侧	与ZC57中心间 距1.09米	圆形柱 础坑		直径0.85、 深0.2米	
ZC59	ⅡT6—12	南0 西3.2	北部第二四 排外侧	与ZC57中心间 距3.8米	圆角长 方形柱 础坑		南北长0.83、 东西宽0.78、 深0.23米	
ZC60	ⅡT6—11	南4.4 西3.2	北部第二四 排内侧	要ZC59中心间 距1.05米	圆形柱 础坑		直径0.81、 深0.21米	
ZC61	ⅡT7—12	南0.6 西4.4	北部第二五 排外侧	与ZC59中心间 距3.7米	圆角长 方形柱 础坑		南北长0.85、 东西宽0.76、 深0.2米	
ZC62	ⅡT7—11	南4.6 西 4.45	北部第二五 排内侧	与ZC61中心间 距1.04米	圆角长 方形柱 础坑		南北长0.9、 东西宽0.8、 深0.2米	北部延伸至Ⅱ T7—12内
ZC63	ⅡT7—12	南1 西0.9	北部第二八 排	与ZC61中心间 距3.57米	长方形 柱础	东侧长0.54、南 0.41、西0.57、北 0.44米		广场西北角外 侧
ZC64	ⅡT7—11	南4.7 西1.7	北部第二七 排	与ZC62中心间 距2.72米	下方形 底座上 圆形鼓 镜柱础	础座东侧长0.48、 南0.55、西0.43、 北0.57米，鼓镜直 径0.44、高0.04米		广场西北角内 侧，ZC63东 南，中心间距 1.53米
ZC65	ⅡT7—11	南2.2 西 0.65	西部第九排 外侧	与ZC63中心间 距3.52米	长方形 柱础	东侧长0.5、南 0.52、西0.45、北 0.53米		
ZC66	ⅡT7—11	南2.2 西 1.65	西部第九排 内侧	与ZC65中心间 距1.05米	下方形 底座上 圆形鼓 镜柱础	础座东侧长0.42、 南0.42西0.46、北 0.4米，鼓镜直径 0.4、高0.04米		与ZC64中心间 距2.52米
ZC67	ⅡT7—10	南3.6 西 0.45	西部第八排 外侧	与ZC65中心间 距3.65米	椭圆形 柱础坑		南北长0.87、 东西宽0.71、 深0.2米	
ZC68	ⅡT7—10	南3.4 西1.5	西部第八排 内侧	与ZC67中心间 距1.03米	长方形 柱础坑		南北长0.83、 东西宽0.64、 深0.2米	

续表二五

编号GNMGC（内双号外单号）	探方号	坐标（米）	相对位置	关联关系	柱础（坑）平面形制	柱础石尺寸	柱础石基槽口现存(柱础坑)长、宽、深	备注
ZC69	ⅡT8-10	南3.5西4.7	西部第七排外侧	与ZC67中心间距3.45米	椭圆形柱础坑		南北长0.87、东西宽1.15、深0.2米	
ZC70	ⅡT7-10	南0.1西1.2	西部第七排内侧	与ZC69中心间距1.06米	圆形柱础坑		南北长0.87、东西宽0.86、深0.19米	
ZC71					无			遭破坏无存
ZC72	ⅡT7-9	南1.5西1.3	西部第六排内侧	与ZC7中心间距3.6米	长方形柱础坑		南北长0.85、东西宽1.86、深0.1米	西墙门北侧柱洞
ZC73					无			遭破坏无存
ZC74	ⅡT7-8	南1.5西1.5	西部第五排内侧	与ZC72中心间距5.1米	长方形柱础坑		南北长0.78、东西宽0.83、深0.1米	西墙门南侧柱洞
ZC75	ⅡT8-7	南3.2西4.4	西部第四排外侧		椭圆形柱础坑		南北长0.8、东西宽0.96、深0.18米	
ZC76	ⅡT7-7	南2.6西0.6	西部第四排内侧	与ZC75中心间距1.5米	长方形柱础	东侧长0.44、南0.55、西0.42、北0.51米		与ZC74中心间距3.75米
ZC77	ⅡT8-6	南3.7西3.8	西部第三排外侧	与ZC75中心间距3.72米	长方形柱础	东侧长0.57、南0.63、西0.6、北0.66米		
ZC78	ⅡT7-6	南4.5西0	西部第三排内侧	与ZC77中心间距1.04米	近圆形柱础坑		直径1.15、深0.15米	西侧在ⅡT8-6内
ZC79	ⅡT8-6	南0.82西4.13	西部第二排外侧	与ZC77中心间距3.3米	下方形底座上圆形鼓镜柱础	础座东侧长0.62、南0.6西0.64、西0.58米，鼓镜直径0.48、高0.035米		
ZC80	ⅡT7-6	南0.5西0.3	西部第二排内侧	与ZC79中心间距1.08米	长方形柱础		南北长1、东西宽0.9、深0.15米	西侧在ⅡT8-6内
ZC81	ⅡT8-5	南2.8西3.95	西部最南侧	与ZC79中心间距2.98米	长方形基柱础	东侧长0.65、南0.62、西0.62、北0.55米		紧贴西阙台墙体
ZC82								遭破坏无存

表二六　宫城南门灰砖统计表

单位：厘米

类　型		数量	出土地点及编号	详细特征	尺寸 长×宽×厚（厘米）	用途
条砖	平面长方形。长35—36.5，以35.5最多，宽16.5—17.5，以17为最多；厚度5—6，以5厘米最多	大量	ⅠT1-5④：4	厚度不均，中部略厚微凸起。正反面粘连有白灰	35.5×17×（5.5—6）	砌壁
方砖	平面接近方形。长37—38、宽36.5—37.5、厚6.5—7厘米，长度以37.5厘米为主，宽度以36.5厘米为主	较多	ⅠT10-5④：15	断裂为三段，正面光滑，背面凹凸不平	38×37.5×7	用于铺设宫城南门内侧广场围墙内侧的砖砌平台内层
楔形砖	质量较高，正面平整光滑，背面凹凸不平。形状不规则，正、背面粘连白灰痕迹	2件	ⅠT6-5④：9	正面一角残，两个边缘削砍成斜边，两面平整为直边，正面一端有4道浅凹槽，背面粗糙，凹凸不平，除一边较为齐整外，其余三边不甚平齐	正面长22—24、宽13.6—14，背面长26.5、宽17.6—18、厚5.2	砌壁
			ⅠT1-5④：3	正面一边平整为直边，其余三边削砍成斜边，削砍痕迹不很规则，背面未削砍，粗糙，凹凸不平	正面长16—18、宽12.2—15.6，背面长20—25.5、宽17.8—18、厚5	砌壁
绳纹砖	大型	较多	ⅠT10-5④：14	背面中心长34、宽17厘米范围内有不连续绳纹8排，每排10—11小段，绳纹较浅	47.5×（23—24）×（6.5—7）	用于铺设宫城南门内侧广场围墙内侧砖砌平台外层
	小型	较多	ⅠT10-5④：13	背面中心长17.5、宽10.5范围内有不连续绳纹6排，每排8个小段。绳纹有的不明显	38.5×19×（6.5—7）	用于铺设宫城南门内侧广场外围墙
C型花纹砖	数量少，未发现完整者。分为卷草纹条砖、六角编扣花叶纹方砖、牡丹风轮龙纹方砖和菱形网格纹砖四种					砌壁

表二七　宫城南门出土灰陶筒瓦统计表

标本单位 ZYGNM	保存状况	规格（单位：厘米）通长/弦宽(背—内)/矢高(内—背)/厚+瓦舌长/宽/厚	特征	备注
ⅠT10-5②：7	瓦舌略残	20.4/11—10/3—5/2+0.7/7.5/1	瓦内两侧及后缘经削砍	小型
ⅠT4-12②：4	微残	20.5/11.2—10.2/3—5.1/2.1+0.7/6.5/1	瓦内两侧及后缘经削砍	小型
ⅠT4-11②：1	略残	20.5/11—10/3.8—5.3/1.7+0.7/7.5/1	内缘两侧及后缘有切痕，未经削砍，边缘很平齐	小型
ⅠT6-6④：6	略残	25.5/13—12/4—6/2+1/9/1.3	瓦内两侧及后缘经削砍	中型
ⅡT2-4④：2	略残	25.5/13—12/3—4.9/2+1.1/9/1.2	瓦内两侧及后缘经削砍	中型
ⅠT8-5④：29	略残	25/12.5—11.8/3—4.5/1.7+0.9/8/1.1	瓦内两侧及后缘经削砍	中型
ⅡT9-5④：4	略残	25.5/15—14/2.7—4.5/2.5+1.2/12/1.7	瓦内两侧及后缘经削砍	中型
ⅡT1-3④：6	略残	28.5/14.5—14/3.5—6/2.5+1/10/1.5	瓦内侧及后缘砍削痕迹较平整。内部粘连有白灰	大型
ⅠT9-5④：4	略残	28.5/15—14/3.7—5/2.5+1.2/12/1.7	瓦内两侧及后缘经削砍	大型
ⅡT1-2④：3	略残	28.5/14—13.5/4—5.3/2.5+1/9/1.5	瓦内两侧及后缘经削砍	大型
ⅠT6-5④：10	略残	28.5/14.5—13.5/4—5.2/2.5+1.1/9/1.5	瓦内两侧及后缘经削砍	大型

表二八　宫城南门灰陶板瓦统计表

标本单位 ZYGNM	保存情况	规格（单位：厘米）		特征	备注
		通（残）长/弦宽(宽端背—内·小端背—内)/矢高（宽端背—内）·（小端背—内)/厚度(宽端·小端·最厚)			
Ⅰ T9-5④：28	小端缺，宽端一侧残	残长25/中部弦宽28—24/中部8—5.5/最厚3			尺寸最大
Ⅰ T11-5④：9	小端缺，宽端两角残	残长30/中部弦宽27.5—24/中部7.5—4.7/最厚3			
Ⅰ T7-3④：5	小端两角略残	36.1/（26—23）·？/（7.8—4.8）·（6.3—4.3)/3·2·3		瓦宽端向下略有弧度，小端内圆外尖，内侧较短	
Ⅰ T10-5④：10	小端缺失	残长18.5/宽端24.5—22/宽端6.8—4.5/宽端2·最厚2.3)		宽端有2道凹弦纹	
Ⅰ T1-6④：2	小端缺失	残长30/宽端24.5—21.5/宽端6.4—4.7/宽端2·最厚2			
Ⅰ T8-5④：27	小端缺失	残长29/宽端23—21/宽端6.4—4.7/宽端2·最厚2			
Ⅱ T3-5④：3	小端缺失	残长25/宽端21.5—19.5/宽端5.8—4.0/宽端2·最厚2			
Ⅱ T1-5④：3	小端缺失	残长31/宽端20—18/宽端5—3/宽端2·最厚2.8		瓦的一侧较厚，一侧较薄	
Ⅰ T1-5④：4	小端缺失	残长30.5/宽端19.5—17.5/宽端5—2.7/宽端1.8·最厚2.3			
Ⅰ T4-12②：3	完整	27.5/(18.2—15)·（17—15）/（5.4—3.6）·（4.5—3)/(1.5·1.5·2)		宽端瓦内外凸略长于瓦背，小端瓦内内收，有削切痕，内圆外尖	
Ⅱ T1-3④：5	小端缺失	残长25/宽端(18—16.7)/宽端（4.5—2.5)/最厚2			
Ⅰ T11-8②：10	小端缺失	残长17.4/宽端（16.2—15.8)/宽端（4.2—2.2)/1.7·？·2		内面7道凸棱	尺寸最小

表二九　宫城南门出土琉璃瓦当统计表

类型		数量	形制特征	标本单位 ZYGNM	规格：直径×厚×缘宽（单位：厘米）	保存情况	穿孔情况	釉子情况	备注
A	Aa	9	凸弦纹贴在外缘内侧并高于外缘，凸棱与外缘之间无凹弦纹。龙身略高出瓦当内区。龙头位于内区中央，龙首昂起，龙颈细长，头与身体之间转折流畅，呈流畅的S型。盘龙目视前方，龙吻紧闭，双角紧贴颈部，角尖上翘，鬣毛曲折向后平飘尖部下垂。龙身环绕龙头翻滚盘绕，龙身扭曲，粗壮浑圆，身披鳞甲，两个前腿一前一后将爪置于弦纹内缘，左前腿屈膝，有肘毛后飘，两趾下扣。右前腿略屈，爪部伸到龙吻前方，有肘毛。龙身胸前有一个圆球状装饰，但不十分明显。右后腿龙爪伸到龙吻上方，左后腿仅表现与龙身相接的腿根部位。尾部从右后腿肘下绕出然后向上从小腿上绕过，尾尖下垂。直径13厘米左右	ⅡT2-5④：4	13.2×2×(2—2.2)	外缘略残	6个穿孔，5孔穿透，有4孔被堵住，1孔未穿透瓦面。位于龙角上方，下颌与右前腿之间、左前腿大腿和小腿之间、颈后鬣毛尖下方、左前腿肘部、尾部和右后腿交叉部位的空隙处	外缘绿釉内区黄褐釉	
				ⅡT1-4④：5	13×(1.6—1.8)×2.3	完整后带小段残筒瓦	5个穿孔，其中1个穿孔穿透瓦身。5个穿孔位于龙角上方，下颌与右前腿之间、左前腿大腿和小腿之间、颈后鬣毛尖下方和左前腿肘部上方	外缘绿釉，内区黄褐釉。外缘有从内区流趟的黄褐色釉子。釉子略有脱落	筒瓦弦宽13.5、厚2.5厘米

续表二九

类型		数量	形制特征	标本单位 ZYGNM	规格：直径×厚×缘宽（单位：厘米）	保存情况	穿孔情况	釉色	备注
A	Ab	31	凸弦纹与外缘相平并用一道压印的凹弦纹隔开。龙身略高出瓦当内区，龙纹形象与Ａa型类似，形象清晰，龙身胸前圆球状装饰明显，右前腿肘毛清晰。直径13.5—14.2厘米	ⅠT11-8②：5	14×（1.5—1.9）×（2—2.5）	外缘略残	6个穿孔，穿孔较小，均未穿透瓦身；位于龙下颌下方与胸之间、左前腿肘部上方、颈后鬣毛尖下方、头部两角上方、尾部与右后大腿交叉部位、尾尖下方与右后腿爪部	外绿釉，内黄褐。瓦背部分有绿釉	外缘残，釉子有脱落
				ⅠT8-5④：10	13.8×1.8×2	外缘残	6个穿孔，穿透后被堵住。位于龙下颌下方与胸之间、胸下球状饰物与左前爪之间、左前腿肘部上方、颈后鬣毛尖下、尾部与右后大腿交叉部位和头部两角上方	内区黄釉鲜艳，外区绿釉。背面绿釉，有从瓦当正面向背面的流绿釉痕迹	
				ⅡT7-4④：10	14×（1.5—1.8）×（2.3—2.6）	外缘残	5个穿孔，均但未穿透。位于龙头部角根上方、颈后鬣毛尖下、胸前方、左前腿肘部鬣毛上方、尾部与右后大腿交叉部位	内区黄褐釉，外缘及背面为绿釉，表面有土锈。瓦当背面有两条从瓦当正面向背面流绿釉痕迹	
				ⅠT11-5④：18	13.7×2×2	龙尾部残	残3个穿孔，位于龙下颌下方、左前腿肘部上方、鬣毛尖下方	内黄，外绿，外区有黄釉流淌痕迹	
				ⅡT8-5④：13	14.2×1.7×（2—2.8）	外缘残缺	5个穿孔。位于龙头部偏上、胸下右前腿爪上方、左前腿肘后、鬣毛尖下方和尾部与后右大腿交叉部位	内区黄褐色釉，外缘及背面绿釉，背面边缘有绿色釉滴	

续表二九

类型		数量	形制特征	标本单位 ZYGNM	规格：直径× 厚×缘宽 （单位：厘米）	保存 情况	穿孔情况	釉色	备注
B	Ba	56	B型，63件。其总体特征是：凸弦纹与外缘相平用一道压印的凹弦纹隔开。龙纹与A型相似，但不如A型流畅，龙颈粗短，转折较为僵直。可分为Ba、Bb两型。Ba型，鬣毛波曲状后飘，尖部下垂。右前腿向前伸到龙吻前方，左前腿屈膝，有肘毛后飘，腿根部有披毛，小腿及爪部不甚清晰，爪紧扣内缘，左后腿略表现出腿根部。尾部从右后腿肘下绕出然后向上从小腿上绕过，尾尖上挑。直径约11.7—12.4厘米	ⅡT4-5④：9	11.9×1.8× (1.5—2)	完整，后带小残筒瓦	5个穿孔，4个穿透，1个被堵住。位于龙头上方、颌下方、颈后鬣毛下、左前腿肘部、尾部与右后腿的交叉部位	外绿釉，釉色鲜艳，内黄褐釉，龙纹上沁染绿釉。背面绿釉，有从穿孔流淌出的条痕	
				ⅡT6-2④：2	12.4×1.5× (1.5—2)	完整	5个穿孔，穿孔较小，其中4孔穿透，1被堵住，位于龙头上方、胸前方、前左腿肘部、鬣毛尖下方、尾部与右后腿的交叉部位	外绿，内黄褐釉。内区龙身沁润绿釉较多	
				ⅠT3-5④：5	12×1.5× (1.5—2)	完整，后带筒瓦	5个穿孔，3孔穿透。位于龙头上方、颌下方、左前腿云纹下方、鬣毛尖下方、尾部与右后腿的交叉部位的空隙处。	外绿釉内黄褐釉。板瓦绿釉	筒瓦弦宽12.5、高5厘米
				ⅠT11-5④：24	(12—12.5)× (1.3—1.5)× 1.8	完整	5个穿孔，全部穿透，位于龙头上方、胸前方、左前肘毛尖处、头部鬣毛毛尖下、尾部和右后腿交叉部位的空隙处	白色土绣严重，背面有绿釉	
				ⅠT11-4④：18	12×1.5×2	外缘及内区略残	仅2个小的穿孔，位于龙尾部和右后腿交叉部位的空隙处、左前腿肘毛处	外绿釉内黄褐釉。背面有流釉现象	
				ⅠT7-5④：13	12× (1.5—2) × (1.5—2)	外缘略残	4个穿孔，1个穿透。位于龙头上方、下颌下方、前左腿肘弯处、尾部和右后腿交叉部位的空隙处	外绿釉内黄褐釉。有白色土绣	
				ⅠT6-6④：2	11.7× (1.6—1.8)×2	完整	5个穿孔，1孔穿透。位于龙头上方、颌下方、鬣毛尖下方、左前腿肘后、尾部与右后腿的交叉部位	外绿釉内黄褐釉。有白色土绣	

续表二九

类型		数量	形制特征	标本单位 ZYGNM	规格：直径×厚×缘宽（单位：厘米）	保存情况	穿孔情况	釉色	备注
B	Ba		接上表	ⅡT8-4④：13	12×1.5×2	后带残板瓦	4个穿孔未透，位于龙下颌下方、鬣毛下方、角部右上方、尾部与右后腿的交叉部位	土绣严重	筒瓦弦宽12、高4.5厘米
				ⅠT6-6④：4	11.8×（1.5—1.8）×（1.7—2）	完整	4个穿孔位于龙头上方、颌下右前腿上方、左前腿肘部、尾部与右后腿的交叉部位	内黄褐釉，外绿釉。有白色土绣	
				ⅠT6-5④：4	11.7×（1.5—2）×1.7	完整后残板瓦	5个穿孔位于龙头上方、颈部前方右前腿上方、左前腿肘部、鬣毛尖下、尾部与右后腿的交叉部位	外绿内黄褐绿釉有脱落	
				ⅠT11-4④：17	12.1×（1.5—2）×1.8	完整	5个穿孔穿透，位于龙头上方、右前腿下方、左前腿肘部、鬣毛尖下、尾部与右后腿的交叉部位	外绿内黄褐，有白色土绣	筒瓦弦宽12、高4.5厘米
				ⅡT8-4④：15	12×（1.7—2）×2	完整	4个小的穿孔，位于龙右前腿上方、左前腿肘毛处、鬣毛尖下、尾部与右后腿的交叉部位	外绿内黄褐，有白色土绣	
				ⅡT5-5④：1	12×1.9×（1.5—2）	完整	5个穿孔，有2个穿透，2个被釉堵住，1个未透。位于龙头上方、颌下方、左前腿肘部后、鬣毛尖下方、尾部与右后腿交叉部位的空隙处	外绿内黄褐釉部分脱落	
	Bb	7	规格最小，直径只有11厘米左右，因此致使龙身上很多的细节表现不清楚，左后腿未表现出腿根部，龙尾尾尖下垂	ⅠT11-8②：10	11.2×1.6×（1.7—2）	完整	内区5个穿孔，1孔穿透，其余4孔穿透后被釉子堵住。位于龙头上方、胸右前腿下方、左前腿肘后、颈后鬣毛尖下、尾部与右后腿的交叉空隙处	外绿内黄，釉子多有脱落。背面绿釉	后带小段残筒瓦

续表二九

类型	数量	形制特征	标本单位 ZYGNM	规格：直径×厚×缘宽（单位：厘米）	保存情况	穿孔情况	釉色	备注
C	22	凸弦纹略高于外缘并用一道压印的凹弦纹隔开。龙身高出瓦面较多，龙颈细短，转折不如B型流畅。短吻，贴于外缘部，头上双角紧贴颈部，角尖上翘，头上鬣毛下垂贴于颈部。左前腿屈膝，根部有披毛，肘部肘毛下垂，右前腿爪部伸到龙吻下方，有肘毛。右后腿向下蜷屈于头颈后方，左后腿腿跟不甚明显。尾部伸展于头部上方，尾尖下垂，紧挨龙吻部。爪部不明显。直径12—12.5厘米	ⅠT7-5④：6	12.1×1.5×（1.8—2.4）	外缘略残	5个穿孔，均未穿透瓦身。位于龙吻下前端、左前腿肘弯处、右后腿肘下、后左腿腿跟、角尖后上方	绿+黄褐，背面有绿釉。土锈严重	
			ⅡT8-5④：7	12.2×（1.5—2）×（2—2.2）	后带残板瓦	正面3个穿孔，一个略深，两个非常浅，均未穿透瓦面。位于龙吻下前端、左后腿根部和头上双角处	外绿内黄，绿釉多有脱落。板瓦绿釉	板瓦弦宽12.5、高5厘米
			ⅠT7-4④：19	12.5×1.5×2	完整	两个穿孔，1个穿透。位于龙头部上方、左后腿腿根部	瓦面土锈严重背面有绿釉，胎上有短划道	
			ⅠT1-5④：6	12.3×1.5×2	完整	4个穿孔，3个穿透。位于龙吻下方、左前腿肘弯处、右后腿肘下方和角尖上方	白色土锈沁润严重	凹槽不明显
			ⅠT11-4④：15	12×1.5×2	外缘残	正面可见4个穿孔，被堵住，位于龙吻下方、左前腿肘弯处、右后腿的肘下和角尖上方	外绿，内黄褐，有脱落，背绿釉	
			ⅡT8-5④：14	12.1×（1.5—1.8）×2	完整	正面5个穿孔，1个穿透，其余4个穿透但被堵住。位于龙下颌下、角尖下方、左前腿肘弯处、右后腿肘部和尾部上方	外绿内黄褐，有脱落。	
			ⅠT11-4④：19	12.5×1.5—2×2	外缘残	5个穿孔，位于龙下颌下方、左前腿肘弯处、鬣毛尖下、左后腿根部和角尖上方s	内黄褐外绿，土锈严重	
			ⅡT8-4④：12	12.5×1.5×（2.5—2.7）	外缘略残，内区完整	5个穿孔，未穿透瓦身，位于龙下颌下方、左前腿肘弯处、后右腿肘下方、角尖上方和后左腿腿根处	外绿内黄褐瓦背部分有绿釉	瓦背有多道短划线

表三〇　宫城南门出土琉璃筒瓦统计表

类型	特征	标本单位 ZYGNM	规格（单位：厘米)长×厚+弦宽×矢高（背—内)+瓦舌长×宽（尖部—根部)×厚	保存情况	釉色情况	特征	规格
Aa	A型共8件，无瓦钉孔是该型总体特征。Aa型5件。瓦舌长而厚，长1.5厘米左右。舌端较宽，两缘及前端瓦面边缘有刀斜削痕迹，边缘较薄。前端前缘较平齐	ⅠT10-5④：6	21.4×2+11.7×（6.4—5.3)+1.7×（6—7.5)×（0.5—1.5)	窄头一角略残	釉色鲜艳，部分有脱落	瓦舌端略宽。内侧有三道短凹槽。前端平齐，缘厚1厘米	小
		ⅠT11-4④：11	22×2+11.7×（6.2—4.6)+1.5×（7—8.5)×1.5	窄头一角残	部分脱落，土锈严重	缘厚1厘米	小
		ⅠT8-5④：26	26×1.8+残弦宽12	一侧残	部分脱落，土锈严重	瓦面中部有短凹槽	中等
		ⅠT8-5④：9	28×2+13.8×（6—4)+1.5×（7.5—9)×（0.5—2)	窄头一角残	釉色鲜艳，部分有脱落	瓦面一侧有纵向凹槽一道	最大
		ⅠT7-5④：7	28.5×2+残弦宽12.5×？+1.4×残7.5×（0.5—2)	一侧残	釉色鲜艳，略有脱落		最大
Ab	Ab型3件。瓦舌短而薄。瓦舌长0.5—1厘米	ⅠT7-5④：6	24.3×2+12.1×（6.7—5.9)+0.7×（7—8.5)×（0.3—1)	前端一角略残	部分脱落，有白色土锈	瓦舌端略宽。瓦面有凹槽一道，瓦前端略上翘，前缘较尖薄	
		ⅠT6-6④：5	24×2+12×（4.8—5.7)+0.9×残7.5×0.8	瓦舌端一角、前端一角残	部分脱落，有白色土锈	瓦舌端略宽。瓦面中部有纵向凹槽1道，前缘较平齐	
		ⅠT9-5④：3	24×1.8+12×（4.8—5.6)+0.9×残7.5×0.9	前端一角残	大部分脱落，有土锈	瓦宽度一致。内有竖向凹槽。前缘较尖薄	

续表三〇

类型	特征	标本单位 ZYGNM	规格（单位：厘米）长×厚+弦宽×矢高（背—内)+瓦舌长×宽（尖部—根部)×厚	保存情况	釉色情况	特征	规格
B	7件。无完整者。有瓦舌，靠近瓦舌端有瓦钉孔。瓦面两侧边缘齐整，多有绿釉，内缘有刀斜削痕迹，致使两侧较窄。瓦钉孔由瓦的背面向内面穿透，内面有从瓦背上由瓦钉孔流下的绿釉痕迹。内有布纹。	ⅡT2-4④：1	残14×2.2 +15×(5.6—7.8)+1.5×(8.5—10.5)×(0.5—1.5)	残	绿釉，釉色翠绿，保存较好	瓦钉孔圆形，距瓦舌端缘7.2厘米，直径1.5厘米。侧缘厚1.5厘米，瓦面有凹槽1道	最大
		ⅡT9-5④：8	残24×2.2+13×(4.5—6.7)+1.1×(8.5—9.5)×(0.4—1.5)	瓦舌端略残	绿釉，釉子部分有脱落	瓦钉孔圆角长方形，距瓦舌端缘6厘米，长1.5、宽1.2厘米，瓦面粘连有白灰块。侧缘厚1.2厘米	中等
		ⅡT1-2④：2	残30.5×2+13×(4.5—6.5)+1.5×(8.5—9.5)×(0.9—1.4)	瓦舌端略残	釉子多脱落，有的地方沁有白色土绣	瓦钉孔不很规则，近似圆形，距瓦舌端缘5.9厘米，直径1.5厘米。瓦面内有数道划道凹槽。侧缘厚1厘米	中等
		ⅠT9-5④：8	残24×2.2+13×(6.7—4.5)+1.1×(8.5—9.5)×(1—1.5)	残	绿釉	瓦钉孔圆角长方形，距瓦舌端缘6厘米，长1.5、宽1.2厘米。内侧被白灰堵住。内有流釉。侧缘厚1.3厘米	中等
		ⅠT10-8②：1	残23×(1.5—1.8)+11×(4.5—6.3)+1.5×(7—8)×(0.5—1.5)	残	绿釉，多有脱落	瓦钉孔圆形，距瓦舌端缘4.5厘米，直径1.1厘米。瓦背瓦舌端上缘略向外凸0.5厘米，靠瓦舌处内缩。内缘略有斜削。侧缘厚1—1.3厘米	小
		ⅠT11-8②：7	残23×2+11.5×(6—4.3)+1.5×(6.5—7.5)×(0.6—1.5)	残	绿釉，釉子有脱落。瓦舌处无釉	瓦钉孔圆形，距瓦舌端缘4.5厘米，有直径1厘米。瓦面1侧、瓦内有三道纵向的凹槽，其中1道不纵贯瓦内。瓦背瓦舌端上缘略外凸出0.5厘米，靠瓦舌处内缩。内缘略有斜削。侧缘厚1.4厘米	小
		ⅡT9-5④：9	残14×2+11.5×(4.3—6)+1×(7—8.5)×(0.5—1.5)	残	绿釉	瓦钉孔圆形，距瓦舌端缘4.5厘米，直径1.5厘米。侧缘厚1.3厘米	小
不明类型	带瓦舌残块15件	ⅠT1-5④：7	残9.5×2+13×4.5+1.2×9×1.2	存瓦舌端	釉色鲜艳		
		ⅠT9-5④：15	残13.5×2+12×4+0.8×8×1	存瓦舌端	白色土绣		
		ⅠT8-5④：31	残11×2+13.5×5+1×9.5×1.3		白色土绣		
		ⅠT8-5④：32	残11×2+13.3×4.5+1×10×1.1		白色土绣		
		ⅠT9-5④：6	残27×2+12.5×4	瓦舌残	釉色鲜艳	瓦面有纵向凹槽两道	

表三一 宫城南门出土琉璃檐口滴水统计表

类型	数量	特征	标本单位 ZYGNM	规格(厘米) 面(残)宽/高/矢高/缘宽/厚/内区高	保存状况	釉色	备注
Aa	70件无完整者	A型，205件，总体特征是龙首居中朝向左侧。Aa型：滴水尺寸最大，内区高约8厘米。因尺寸较大，侵润釉现象较轻，龙身形象清晰，细节表现突出	ⅠT8-4④：1	残宽21.6/高13.4/缘宽2—2.3/缘厚1.8—2.2/内区高8	左右两角残	内区黄釉，外缘绿釉	
			ⅡT2-5④：1	残宽13.5/残高13.2/缘宽2—2.3/缘厚2	残存龙尾部分	内区黄釉，外缘绿釉	
			Ⅰ11-5④：32	残高12.5/缘厚1.5/缘宽1.5—2	残龙头及右侧部分	内区黄釉，外缘绿釉	后带残板瓦
			ⅡT2-4④：1	残宽18/高10.6/缘宽2—2.5/缘厚1.2—1.7	残存龙头右侧部分	内区黄釉，外缘绿釉	
			ⅠT9-5④：4	残高13/缘宽1.2—1.7/缘厚2—2.5/8	残存龙头右侧部分	内区黄釉，外缘绿釉	
			ⅡT4-5④：15	残高12/缘宽1.8-2.2		内区黄釉，外缘绿釉，侵润有土绣	
Ab	135件其中18件带有残板瓦	尺寸略小于Aa型，内区高7厘米左右。龙身形象与Aa型基本相似，但不如A型突出和清晰	ⅠT6-6④：1	残宽22.4/11/4.2/1.5—2/1.2/7	右上角略残	内黄褐，外缘绿，内外区互有沁釉情况，背面绿釉	
			ⅠT11-5④：12	残宽19/高11.3/缘宽1.5/缘厚1.5—2/7	左上角残带残板瓦	内黄褐，外缘绿，内外区互有沁釉情况，背面绿釉。	
			ⅠT6-5④：5	22/11.2/4.2/1.5/1.3—1.8/7	完整	内黄褐，外缘绿，内区沁润有绿釉，有白色土绣	鬣毛分股不清

续表三一

类型	数量	特征	标本单位 ZYGNM	规格(厘米)		保存状况	釉色	备注
				面（残)宽/高/矢高/缘宽/厚/内区高				
B	10件	龙首方向与A型相反，龙头自右侧向左侧回转。	ⅠT11-5④：33	残10/残高10.5/缘宽1—1.2/缘厚1.5/7		仅剩中部	内区黄褐釉，外缘绿釉，内区沁润有绿釉	
			ⅠT6-5④：14	残宽11/残高6/缘宽2—3/缘厚1.6		存右上角尾部		
			ⅠT6-5④：33	残宽8/残高10		存右下角左前腿		
			ⅠT11-5④：25	残宽10.5/残高9.5/缘宽1.5—2.5/缘厚1.5		残左上角右前腿	沁润白色土锈	
Ca	49	C型总体特征是：与B型类似，唯体型较小，内区高5厘米左右。Ca型有两道凸棱纹，两道凸棱之间用压印的凹弦纹隔开	ⅠT11-5④：11	17.5/9.5/4.2/1.2/1—1.5/5		完整，后带残板瓦	内区沁润釉色严重	
			ⅠT10-5④：10	17/9.5/4/1.2/1/5			内区沁润釉色严重	
Cb	57件	有一道凸棱纹，凸棱高于外缘，不用压印的凹弦纹与外缘隔开或凹沟较浅	ⅠT8—5④：6	残宽18.2/高9/缘宽1—1.2/1.5/5		右上角缺失	内区沁润绿釉严重	
			ⅠT7-5④：1	18/9/3/1.2/1—1.6/5		完整，带残板瓦	内区龙纹漫灭不清。沁润绿釉严重	板瓦残长18.5、厚2、滴水端弦宽18—17厘米

表三二　宫城南门出土琉璃檐口滴水后部板瓦统计表

数量	特征	标本单位 ZYGNM	保存情况	规格（单位：厘米）（残）长×宽头弦宽×窄头弦宽+厚+矢高（瓦内—瓦背）	滴水类型	施釉情况（据滴水端）厘米	与板瓦连接处情况（夹角）	备注
120件，其中有97件带有残滴水	前接滴水，滴水多残断。施绿釉，瓦背施釉约距滴水端的二分之一处，后半部分露胎。瓦面布纹，施釉约距滴水端三分之二处，板瓦两缘瓦面处有刀切痕迹。有滴水的一端较宽，后端瓦外沿后翻突出瓦面似重唇。板瓦、滴水连结处有的持平，有的板瓦高、有的滴水高于板瓦.板瓦滴水端较宽	ⅠT7-4④：1	残滴水端	宽头宽（24—22.5）+厚（2.5—3）	Aa			
		ⅠT11-4④：12	完整前有残滴水	28×（18—16.5）×（17—15.5）+（1.5—2）+（3.5—5.5）	Ab	内18、背9两侧缘有釉	板瓦和滴水基本持平	
		ⅠT12-4④：13	前带残滴水，后端一角残	29×宽头（18—17）+（2—2.5）+（3.5—6.5）	Ca	内20、背16部分釉脱落	前端连接处板瓦低于滴水	
		ⅠT11-5④：14	前带残滴水	28.4×宽头（17.2—15.2）+（1.8—2）+（2.6—4.5）	不详	内20、背10釉有脱落	前端连接处板瓦低于滴水	瓦头外翻似重唇
		ⅡT4-5④：11	瓦后端残缺，前带残滴水	长28×缘厚（2—3）	Ca	内18、背9	前端连接处板瓦高出滴水	
		ⅡT4-5④：10	后端一角残	28×宽头（15.5—17）+（1.5—2）+（3.3—5.6）	不详	内18、背11	滴水脱落	
		ⅡT4-2④：10	前带残滴水后端一角残	28×窄头（17—15.5）+矢高（2.5—4.5）	不详	内19、背12	板瓦和滴水基本持平。窄头内缘有削痕	
		ⅠT1-6④：1	前端残	残19×窄头弦宽（15—14）	不详			
		ⅠT7-1④：1	前带残滴水	残长18.5×宽头弦宽18—16.5+缘厚2	Cb		板瓦与滴水连接处滴水高出瓦面	

表三三 宫城南门出土琉璃板瓦统计表

数量	特征	标本单位 ZYGNM	保存情况	规格（单位：厘米）通（残）长（背—内）/弦宽（宽端背—内）·（窄端背—内）/矢高（背—内）/厚度（宽端·窄端·最厚）	釉色情况	特点
8	泥质红陶，瓦内两侧有刀切划痕迹。瓦一端略宽，一端较窄。瓦内施绿釉，釉下有白色化妆土，宽端两角釉不施满，窄端釉子施至前缘，瓦内不施釉处露出布纹。瓦背不施釉，有的粘连有白灰泥痕迹。窄端瓦内较瓦背略向内收，宽端瓦背较瓦内略内收，瓦背略大于瓦内	II T4-2④：9	完整	（27.7—27.2）/（16.8—15）·（15.8—13.8）/（4.8—3.2）/1.8·1.5·2	宽端釉子施至前缘，两角釉不施满，釉子因底部未施化妆土故颜色较深。瓦内窄端两角尖部也未施釉，施釉一侧至侧边缘，窄端瓦背有从瓦内流淌下来的绿釉	窄端瓦内略向内收，瓦内尺寸略小于瓦背
		I T9-5④：7	窄端一角略残	（27.5—27）/宽端（17.5—15.5）/（5—3.1）/2·（1.5—1.7）·2	宽端约1/3不施釉，有由窄端向宽端流淌的釉子条痕，釉子脱落严重，施釉部分釉子不施至边缘	瓦内窄端内缘有刀斜削痕迹。瓦背有抹印痕迹。宽端前缘有凹槽
		I T7-1④：2	宽端一角残	（28—27.5）/窄端(15.5—14)/（5.4—3.6）/2·（1.5—1.8）·2	瓦内两侧边缘及宽端两角不施釉，窄端施釉	内有横向凹槽1道。窄端瓦内略向内收，瓦内尺寸略小于瓦背
		I T8-6④：1	窄端一角缺失	（28—27.5）/宽端（18—16)/（5.5—3.5）/1.5·（1.5—2）·2	瓦内两侧边缘及宽端两角不施釉	窄端瓦内向内收，瓦内尺寸略小于瓦背。近宽端处瓦内有两道横向凹槽
		I T8-5④：33	一侧角部残	28.5/中部（18.5—16.5）/（5.1—3.6）/（1.5—2）·1.5·2	瓦内两侧边缘及宽端两角不施釉	窄端瓦内略向内收，瓦内尺寸略小于瓦背
		I T8-5④：34	残半，窄端无	残20/宽端（18.5—17）/（5—3.5）/2·（1.5—2）·2	瓦内宽端两角不施釉	瓦内近宽端有横向凹槽1道
		I T6-8④：1	窄端无	残11.5/宽端（16.5—15）/（4.5—3）/宽端1.5·最厚1.2	瓦内两侧边缘及宽端一角不施釉	
		I T4-12②：2	四角缺失	27/中部（17—16）/（5—3）/1.5·1.2·2	宽端两侧无釉	

表三四　宫城南门出土琉璃线道瓦、条子瓦、当沟瓦及合脊筒瓦统计表

类型	特征	标本单位 ZYGNM	规格（单位：厘米）通长×宽头弦宽×窄头弦宽＋厚（宽头＋窄头＋边缘）＋矢高（内—背）	保存情况	釉色情况	特征
线道瓦	黄釉瓦12件，系用筒瓦切割而成，瓦背一侧施黄釉，施釉占瓦背的绝大部分，不施釉一侧有瓦压痕迹，粘连大量白灰。瓦内施布纹，施釉的一侧有划切痕，另一侧刀削使边缘变薄。瓦一端略宽一端略窄，宽边瓦内面削薄，窄边瓦内较瓦背内收	ⅠT4-5④：2	23.8×（11.5—10）×（11—9.5）+（0.5+2+0.5—2）+（1.8—3.7）	完整	瓦背一侧宽4—4.5厘米的局部无釉	
		ⅡT1-5④：5	24×窄头宽（10—9）+（0.4+2+1—1.5）+（1.2—3.2）	宽头两角残	瓦背一侧宽1—3厘米的局部不施釉	瓦缘削砍痕迹不齐整
		ⅡT1-4④：6	残长16×宽头（8—7）+缘厚（0.5—1.8）	残半	瓦背一侧宽0.5—1厘米的局部不施釉	
		ⅠT8-5④：11	残23.8×中部宽（11.5—10）+（窄头2+边缘0.5—2.5）	宽头残，窄头1角残	瓦背1侧宽3—5厘米的局部无釉。内面粘连较多白灰	
		ⅠT1-4④：6	残长18×中部宽（11—9.5）×边缘厚（0.7—2）	两端残缺	瓦背一侧宽2—4厘米的局部无釉	
条子瓦	8件，绿釉。用板瓦切割而成，瓦背一侧及侧边缘施绿釉，施釉部分约占瓦背的三分之一，不施釉的一侧有瓦压痕迹，粘连大量白灰。瓦内布纹，有的施釉一侧有很浅的划切痕，有的两侧皆有切划痕。瓦一端略宽一端略窄	ⅡT1-2④：1	25.2×（9.5—8.5）×（8.5—7.5）×（1.9+1.5+2）+（3—1）	完整	瓦背一侧宽2.9—3.4厘米的局部施釉	窄头瓦内略向内收，瓦内尺寸略小于瓦背
		ⅡT1-3④：7	（24.5—24.1）×（8—7）×（7—6.5）+（1,8+2+2）+（2.6—0.8）	完整	瓦背一侧宽3—3.8厘米的局部施釉	宽头内缘有刀削痕迹
		ⅡT1-4④：7	（24.5—24.1）×（8.5—7.5）×（7.5—7）+（2+2+2）+（0.8—2.8）	完整	瓦背一侧宽2.5—4厘米的局部施釉	窄头瓦内略向内收，瓦内尺寸略小于瓦背。瓦内有纵向指甲掐印纹一道
		ⅠT8-11②：2	残长16.3×宽（5.5—4.7）+厚2	两端残	瓦背一侧宽2—2.5厘米的局部施釉	尺寸最小

续表三四

类型	特征	标本单位 ZYGNM	规格（单位：厘米）（残）长×厚+弦宽×矢高	保存情况	釉色情况	特征
当沟瓦	5件。用筒瓦制作而成，无瓦舌，瓦内四周有削切痕迹，前后两端削的很薄。瓦背一侧施绿釉，一侧未施釉，未施釉部分粘连有白灰，有用瓦叠压的痕迹。施釉部分前后两端被切割成圆弧形，边缘削薄。瓦内布纹未施釉	ⅠT11-5④：13	25.8×（0.5—2)+12×（6.2—4.4）	略残	瓦内有流釉现象	两圆弧间距9.8厘米
		ⅠT1-5④：2	残长21×2+14×残（4.5—2.5）	一端缺失。施釉一侧残。	施釉部分面积较大，绿釉沁润有白色土绣	瓦内有纵向凹槽两道。两圆弧间距约10厘米
		ⅠT8-5④：12	24.5×2+残宽12×（5.5—3.5）	施釉一侧残损	釉色沁润白色土绣	两圆弧边间距约10厘米
		ⅠT11-8②：8	残长18×（0.5—2)+11.5	残半	施釉部分面积较大。釉色鲜艳	两圆弧边间距10.5厘米
		ⅠT6-5④：6	残长20×厚（0.5—2)	未施釉部分缺失	颜色鲜艳	瓦内有竖向凹槽一道。两圆弧边间距8厘米
合脊筒瓦	1件。无瓦舌。瓦内四周都有削切痕迹，前后两端削的极薄。中部有圆形瓦钉孔	ⅠT7-5④：11	25.2×2+中部弦宽（11.8—8.8)×（7—6.3）	一侧的前后两端残缺	绿釉，沁有白色土绣	瓦钉孔瓦背面为圆角长方形，长1.5、宽1厘米，瓦内面圆形，直径1厘米。瓦内有凹坑，不平

第六章　宫城南墙1号排水涵洞

宫城南墙1号排水涵洞位于宫城南墙西段，编号ZYGNS1，2002年9月开始进行发掘，至10月天冷地冻，覆盖保护。2003年9—10月进一步清理，校测其准确位置，完善记录工作。现将发掘情况简报如下。

一　发掘经过

涵洞西壁内侧距宫城西南角台中心点84米(彩版四一○，1)。涵洞位于墙体下部，南北向垂直横穿城墙（彩版四一○，2；彩版四一一，1）。发掘前已全部被土埋住，其上部的城墙遗迹上窄下宽，南北两侧为斜坡状，南北向的横断面大致呈三角形，现在地表已看不出任何明显的涵洞迹象，只是在城墙南北两侧正对排水涵洞之处地势稍微低下、形成浅沟状。结合调查访问并经钻探初步确定其位置后，在不破坏现有城墙墙体的前提下，以排水涵洞所处的浅沟最低处为南北中轴线，在东西向的城墙中线南、北两侧各布一个探方进行发掘，每个探方面积10米×10米，方向0°，编号2002ZYGNS1T1—T2，共计揭露面积200平方米(图二○九)。逐层揭取上部地层，露出城墙夯土及排水涵洞石块后即保留下来，南北两端洞口露出后，清理排水涵洞内部填土，同时进行文字影相记录，测量涵洞所处的位置，进行临时性覆盖保护。为不使遗址整体景观遭受破坏，排水涵洞上部的城墙墙体及涵洞地基暂未解剖。

二　地层堆积

地层可分为三种情况。

1. 城墙南侧探方地层可分4层，从夯土墙体处由北向南呈斜坡状分布，以T1东壁剖面为例说明(图二○九)。

第①层，表土层，原曾耕种，现杂草丛生，土色灰黄，无遗物，厚0.15—0.2米。

第②层，灰褐土，风沙土和杂乱土块掺杂混合形成，松软，沙性大，厚0.12—0.65米。

第③层，黄褐土，夯土块、沙性土和淤土条掺杂，土色杂乱，土质疏松，不含遗物，厚0.22—0.3米。

第④层，黄灰土，由墙体向远处渐薄，城墙夯土脱落沉积及雨水冲刷淤积形成的土层，近墙体处包含散落的夯土块、少量红色墙皮残块，厚0.2—1.1米。该下层叠压夯土城墙。

2．城墙北侧探方地层可分6层，从夯土墙体处由南向北呈斜坡状分布，以T2东剖面为例说明（图二〇九）。

第①层，表土层，丛生芦草，土色灰黄，无遗物，厚0.15—0.2米。

第②层，红褐土，细腻松软，沙性大，纯净，风积而成，厚0.12—0.3米。

第③层，黄白土，土质较细，干硬，不含遗物，是墙体冲刷淤积层，可见层层淤土条，厚0.22—0.56米。另外在探方内局部第②、③层之间有两个小夹层，第③A层红褐色花土，较干硬，厚0.2米。第③B层黄灰色花土，也较干硬，厚0.05—0.4米。这两个夹层推测为近现代人们拆取排水涵洞石料时挖出的墙体夯土堆积而成，这两个夹层在探方内不连续分布，在该剖面上没有反映。

第④层，深褐土，土质疏松细软，风沙土，夹有黄土块，厚0.15—0.42米。

第⑤层，黄灰土，城墙夯土脱落沉积及雨水冲刷淤积形成的土层，土质干硬，包含散落的夯土块、少量零散的石块，厚0.2—1.1米。

第⑥层，浅灰土，淤土层，由城墙向外渐薄，厚0.1—0.4米。

3．探方中部排水涵洞端口的沟内堆积可分3层。

第①层，表土层，厚0.25—0.3米。

第②层，红褐土，风沙土，厚0.3米。

第③层，灰褐色花土，土质混杂，由夯土块、碎石块、风沙土混合而成。近现代人们破坏墙体和排水涵洞后填充扰土而形成的。

三　涵洞形制

排水涵洞用大石块构筑，壁面缝隙较大者用小石块填塞，接近壁、顶周围的夯土之内也填有小石块。由底部铺地石、东西两壁、顶盖、铁栅栏四部分组成（表三五；彩版四一一，2；彩版四一二，1；图版二一三，1）。所用石块质地为青灰色玄武岩，不太规整，石块表面一般都留有修整石料的凿錾痕迹，个别是原始石面，表面有自然砂眼。石块尺寸也不统一。排水涵洞南北两端有不同程度的破坏。南端顶部、底部及两壁均有石块被拆毁取走，北端顶部最北一块石块被取走，北数第二块顶盖石被移位，斜置于东西两壁之上（图版二一三，2；图版二一四，1）。涵洞内填满较为疏松的淤土。涵洞内径基本呈方形，各部分高度和宽度因修筑排水涵洞的石块不太规整而有一定的差异，高1.2—1.28米，宽1.18—1.3米。以保留原状的西壁最北端和东壁最南端为基准计算排水涵洞通长12.7米（图二〇九）。

两壁结构　先在地面以下平放石块砌筑铺地石，铺地石上面与地面相平。在铺地石上平卧顺砌或侧立顺砌石块砌成东、西两壁。西壁砌法：共砌上、中、下三层石块，先在铺地石上顺砌卧石一层，再侧立顺砌石块一层，再在最上部顺砌卧石一层（图版二一四，2；图版二一五，1）。顶部盖石，东西两壁长短不齐，西壁比东壁向北长出0.4米，北端中层侧立的石块比下层卧石长0.27、比铺底石长出0.42米，长出部分下部呈悬空状态（图版二一五，2）。北端洞口比夯土城墙下部向北长出

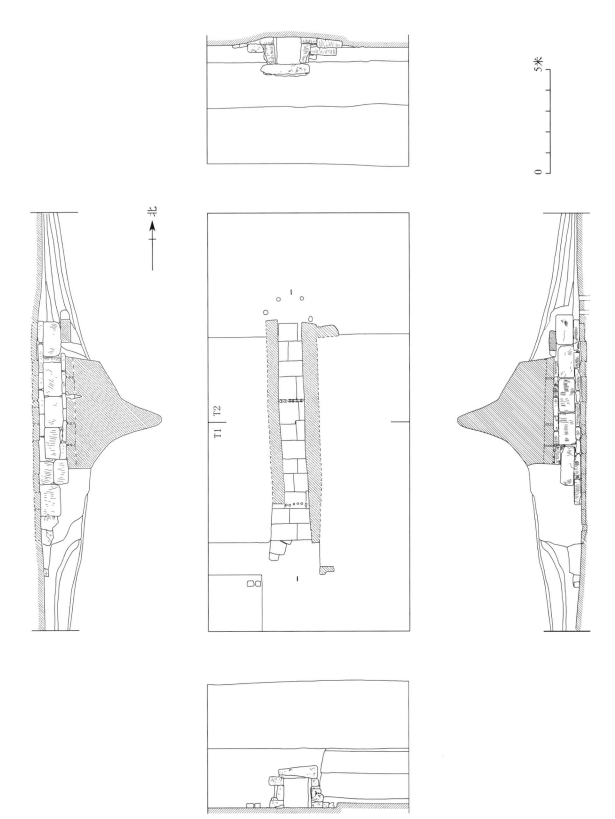

图二〇九　宫城南墙一号排水涵洞（ZYGNS1）平面、剖视、侧视图

0.8米，南端洞口已被破坏。东壁北部做法与西壁相同，为上、中、下三层石块砌成；南部稍有差异，是在铺地石块上直接侧立顺砌石块两层，其上层石块的上面与北部的上层卧石上面相平，统一平盖石顶（图版二一六）。东壁南端也被破坏，最外端的石块被取走，与其相邻接的北侧第二石块上半截被砸掉取走，下半截已碎裂为数块，但尚在原位（图版二一七，1）。南端洞口的东侧也留有一块石头，此石的南缘可能即为涵洞的最外端(彩版四一二，1)。石壁石块之间的缝隙一般为3厘米，因石块不十分规整，缝隙有大有小，缝较大的填充小石块。壁面石块之间及其与铺地石之间的缝隙均用白灰泥粘结(图版二一七，2；图版二一八，1)。朝向涵洞内侧的石块表面一般都有凿錾痕迹（图版二一八，2），也有个别虽未经修理但较为平整的自然石面。因涵洞南端洞口部位已毁无存，原来洞口东、西两侧砌石的情况不明，但洞口两壁的外侧尚存有乱置的石块，可知原应用石块沿城墙南壁砌筑壁面。北端洞口的东西两侧均沿城墙垒砌石块起到保护墙体的作用。发掘中发现在北端口外部附近地面有散乱的石块，可能是被破坏的护墙石块。洞口西侧沿城墙壁面现在还砌有两层石块，东侧现存三层石块，均为平放垒砌，南部嵌入夯土城墙内，这三层石块垒砌不整齐，其上放置有散乱小石块。西壁残长9.15米，东壁以最南端残存的石块南端计算长12.2米。

底部结构　洞内底部与两壁之下的基石为一体，为上面相平、东西通缝、南北错缝平铺的石底（图版二一九，1）。石块之间有的较大的空隙间用砖或小石块补齐。但因下沉不均匀，现排水涵洞铺石底面不平整。铺地石面以底部基石外侧计算，东西方向总宽度约为2.45米（未解剖，据露明部分推算）。南端底部自东壁端口向北1.7米区域内的铺地石被破坏或取走，其中一块被砸裂为三块还留在原处。在宫城以内、涵洞北端洞口以北的地面由东、北、西三面向洞口处渐低形成坡面。铺地石自北端至南部残留的碎裂铺地石南端残长11.41米。铺底石由北向南渐低、倾斜度1.4°。另外在北端洞口的北边地面上有四个圆形的小洞，直径约0.15米，可能为木桩的柱洞。

顶部结构　在两壁之上横向平盖大石块构成排水涵洞顶盖（图版二一九，2；图版二二○，1）。南北两端均遭破坏，南端自端口以北5.15米的顶盖石均无存。北端有一块顶盖石被取走，北起第二块顶盖石移位后斜搭在东、西两壁上。顶盖石以上为城墙夯土。顶盖为一层石块，厚0.5米。顶盖石缝隙一般为0.02—0.05米，夹有小石片、小石块，但不严密，没有使用白灰泥抹缝。顶部未破坏的部分残长5.38米。

铁栅栏　排水涵洞内有两道铁栅栏。分别位于距铺地石北端3.75米和8.7米。每道铁栅栏均有6根铁条。铁条位于南北两块铺地石的夹缝内，在两块铺地石的边部分别凿出半个方卯相对合成一个完整的方卯以安置铁条。方卯不甚规整，卯径约0.07—0.12米。铁条均被折断取走，北面一道栅栏尚有西数第三和第五两根留存其下部，横断面为方形，边长分别为0.06×0.06、0.065×0.075米，残高0.04和0.07米，其余四根均从下面的卯槽内折断(图版二二○，2)。铁条上端正对顶部盖石的缝隙，此缝隙比其他石块之间的缝隙宽一些，宽0.1米。在缝隙内部的夯土城墙上，还可看到铁栅栏顶部留下的痕迹。在此缝隙的东部还夹有小石块，直径0.15米左右，不规则，推测当时铁栅栏之间用小石块间隔（图版二二一，1）。铁栅栏底部被折断，无法起取，由铺地石面到栅栏铁条在顶端缝隙内夯土墙上留下的痕迹高2.15米。南面一道栅栏顶部的盖石已不存在，上端情况不明，栅栏卯眼排列不整齐，西部五根栅栏的卯眼位于一块整石上，断面为方形或长方形。东端一个卯眼是在两个石块的缝隙处各凿半卯共同合成整体卯眼，大致呈圆形。西部五个卯眼直径或边长0.07—0.12、东端卯眼直径0.15、深0.07米左右(图版二二一，2；图版二二二)。

四　出土遗物

在涵洞填土中出土两段栅栏铁条，横断面基本为方形，一头为原来的端面，另一头为断茬，斜面不整齐。GNS1∶1，残长26.5—27.5、横断面其中有三边长6、剩余一条边长6.5厘米。GNS1∶2，残长16—17、断面各边分别长6、6.2、6.4、6.5厘米（彩版四一二，2）。

五　小结

对宫城南墙1号涵洞的发掘，基本搞清了其形制结构、修砌方法及其与城墙的关系。对研究元中都的排水系统具有重要意义。今后工作中，还需解决下列问题：涵洞南端洞口东西两侧的夯土城墙，在探方内的部分因取石盗扰被严重破坏，因发掘面积限制，是否有夯土护坡，有待证实；排水流向是否有相应的疏通渠道需要继续勘察；涵洞地基的做法，因未做解剖尚待搞清；在元中都城西的狼尾巴山上可见到与涵洞所用石料相同的石料，还需要做成份鉴定以确定其来源。

表三五　宫城南墙1号排水涵洞（ZYGNS1）石块统计表

序号	位置	编号	尺寸（露明部分）（单位：厘米）			石质	砌筑方法	备注
			长	宽	厚			
1	北端	DG1	201—225	90—104	33—46	玄武岩	平放	移位；斜搭于东西两壁上；东西两端及上面为自然劈裂面，南、北两侧下部有斜凿痕。底面平整自然面、南部有两道间隔11厘米的平行长沟
2	北部	DG2	170—191	103—105	36—38	玄武岩	平放	朝向涵洞内侧的面及北侧面修整较规整
3	中部	DG3	115—116	78—80	24—25	玄武岩	平放	底面自然面、砂眼满布，侧面可见凿痕、端部不明
4	中部	DG4	105	117	20—23	玄武岩	平放	底面斜凿痕、侧面竖凿痕
5	中部	DG5	105	98—102	不详	玄武岩	平放	底面有横直凿痕，西部有斜凿痕，尺寸不详系因埋住或位于涵洞外围无法测量；下同
6	南端	DG6	154—167	101	27—46	玄武岩	平放	侧面有不同方向的斜凿痕、底面略加修整
7	北端②	DB∧1③	88—90	63	19—20	玄武岩	平卧顺砌	①两壁一般有上、中、下共三层石块砌成，上层为平卧顺砌，中层为侧立顺砌，下层为平卧顺砌。而东壁南部仅有两层，北数第七块DB∧7处壁面上、下层均无平卧顺砌石块，仅有两层均为侧立顺砌的石块；②上层石块DB∧1搭在中层第二石块DB⊙2之上。洞口北端东西两壁中层第一块石之上均无上层平卧顺砌的石块，顶盖直接搭在东西壁中层石上；③DB∧1断裂为两截；④DB∧2与前者之间缝隙夹有小石块。⑤DB∧5与其下层之间夹有小石块
8	北部	DB∧2④	85—86	不详	16—19	玄武岩	平卧顺砌	
9	中部	DB∧3	70—72	不详	19—20	玄武岩	平卧顺砌	
10	中部	DB∧4	60	不详	13—16	玄武岩	平卧顺砌	
11	中部	DB∧5⑤	63	不详	12—16	玄武岩	平卧顺砌	
12	中部	DB∧6	82—83	不详	24—25	玄武岩	平卧顺砌	
13	中部	DB∧7①	136—144	74	不详	玄武岩	侧立顺砌	

位置栏合并说明：序号1-6为"顶盖（北端和南端均破坏，残余巨石6块）"；序号7-13为"东壁上层（南端破坏，北部保存完整，现存巨石7块），编号中以'∧'表示上层"

续表三五

序号	位置		编号	尺寸（露明部分）（单位：厘米）			石质	砌筑方法	备注
				长	宽	厚			
14		北部	DB⊙1	152—153	65—77	48	玄武岩	侧立顺砌	修整使平，内面最好
15		北部	DB⊙2	74	13—18	不详	玄武岩	侧立丁砌	与上层缝隙之间夹有小石块
16	东壁中层（南端破坏，北部完整，现存巨石8块）。编号中以"⊙"表示中层	北部	DB⊙3	154—157	85—88	不详	玄武岩	侧立顺砌	有凿痕
17		中部	DB⊙4	146—147	89	不详	玄武岩	侧立顺砌	杂乱凿痕
18		中部	DB⊙5	122—126	72	不详	玄武岩	侧立顺砌	自然劈裂面有少许凿痕
19		中部	DB⊙6①	129—131	66—67	不详	玄武岩	侧立顺砌	①DB⊙6—8这三块巨石处没有下层平卧顺砌之石，直接侧立于铺地石之上；②DB⊙7上面斜凿，内壁修整较好，竖斜凿痕均有，与前石之间缝隙夹有小石块；③DB⊙8内壁中部自然面、四周有横向凿痕，上部缺损，下部开裂
20		南部	DB⊙7②	148—154	92—93	20—42	玄武岩	侧立顺砌	
21		南部	DB⊙8③	132—133	82—83	44	玄武岩	侧立顺砌	
22	东壁下层（南部无此层，中层石块直接侧立顺砌于底石上）。编号中以"∨"表示下层	北端	DB∨1	86—90	69	21—28	玄武岩	平卧顺砌	
23		北部	DB∨2	90—100	不详	14—26	玄武岩	平卧顺砌	与前石之间缝隙夹有小石块
24		北部	DB∨3	104—110	不详	16—27	玄武岩	平卧顺砌	
25		中部	DB∨4	121—122	不详	13—18	玄武岩	平卧顺砌	
26		中部	DB∨5	70—80	不详	20—22	玄武岩	平卧顺砌	
27		中部	DB∨6	80—81	不详	20—22	玄武岩	平卧顺砌	此石向南无下层石，与前石之间缝隙夹有小石块

续表三五

序号	位置		编号	尺寸（露明部分）（单位：厘米）			石质	砌筑方法	备注
				长	宽	厚			
28		北端	XB∧1	70—73	52	18—21	玄武岩	平卧顺砌	有斜或竖向凿痕
29	西壁上层（北部完整，南部破坏，现存7块巨石）	北部	XB∧2	39	不详	17—22	玄武岩	平卧顺砌	
30		北部	XB∧3	53—55	不详	19—22	玄武岩	平卧顺砌	
31		中部	XB∧4	87—90	不详	20—23	玄武岩	平卧顺砌	
32		南部	XB∧5	61	不详	20—21	玄武岩	平卧顺砌	
33		南部	XB∧6	63	不详	20—22	玄武岩	平卧顺砌	
34		南端	XB∧7	105	59	18—27	玄武岩	平卧顺砌	
35	西壁中层（北部完整，南部破坏，现存5块巨石）	北端	XB⊙1	143—144	85—87	35—55	玄武岩	平卧顺砌	
36		北部	XB⊙2	154—155	57—79	29	玄武岩	平卧顺砌	自然面微有凿痕
37		中部	XB⊙3	157—160	79—81	不详	玄武岩	平卧顺砌	自然面微有凿痕
38		南部	XB⊙4	141—151	80—85	不详	玄武岩	平卧顺砌	竖痕明显
39		南端	XB⊙5	190—200	52—68	16—23	玄武岩	平卧顺砌	北上角缺，与前石缝中夹有较多小石块
40	西壁下层（北部完整，南部破坏，现存9块巨石）	北端	XB∨1	144—147	76	17—33	玄武岩	平卧顺砌	南部有裂纹
41		北部	XB∨2	70	不详	26—26	玄武岩	平卧顺砌	
42		北部	XB∨3	75—95	不详	14—28	玄武岩	平卧顺砌	
43		北部	XB∨4	60	不详	10—23	玄武岩	平卧顺砌	
44		中部	XB∨5	111—113	不详	20—22	玄武岩	平卧顺砌	
45		南部	XB∨6	59—61	不详	20—27	玄武岩	平卧顺砌	
46		南部	XB∨7	73—75	不详	17—20	玄武岩	平卧顺砌	
47		南部	XB∨8	117	不详	26—32	玄武岩	平卧顺砌	
48		南端	XB∨9	109	44—47	24—30	玄武岩	平卧顺砌	其下垫有两块小石块

续表三五

序号	位置		编号	尺寸（露明部分）（单位：厘米）			石质	砌筑方法	备注
				长	宽	厚			
49	铺地石东西通缝、南北错缝铺砌（北端完整，南部破坏，共余巨石24块）	北端中西部	PD1	95—97 东西	南北75	不详	玄武岩	平卧横砌	其西壁下不明，与西壁之间有缝。有少量凿痕
50		北端东侧	PD2	16—17	78	不详	玄武岩	平卧横砌	东部压在东壁下
51		北部西侧	PD3	45—52	92	不详	玄武岩	平卧横砌	西部压在西壁下
52		北部东侧	PD4	68—74	91—92	不详	玄武岩	平卧横砌	无修整钎痕；东部压在东壁下？
53		北部中间	PD5	114—119	77	不详	玄武岩	平卧横砌	西部没有压在西壁下
54		北部中西部	PD6	89—100	114	不详	玄武岩	平卧横砌	西部压在西壁下。西端下沉。南部有栅栏
55		北部东侧	PD7	30	112	不详	玄武岩	平卧横砌	较低，上有石块，在东壁下；南部有栅栏
56		中部中西侧	PD8	103—105	99	不详	玄武岩	平卧横砌	西部没压在西壁下，北部有栅栏，东南角缺，PD10顶入
57		中部东侧	PD9	19—22	80—81	不详	玄武岩	平卧横砌	东部压在东壁下？低于8号北部有栅栏
58		中部西侧	PD10	77	82—85	不详	玄武岩	平卧横砌	西部未压住
59		中部东侧	PD11	95—96	38—40	不详	玄武岩	平卧横砌	东壁压住
60		中部中间	PD12	110—115	84—87	不详	玄武岩	平卧横砌	两壁未压住
61		中部西侧	PD13	74—78	72	不详	玄武岩	平卧横砌	西壁压住
62		中部东侧	PD14	49—50	62—64	不详	玄武岩	平卧横砌	东壁压住
63		中部西侧	PD15	42—49	84—87	不详	玄武岩	平卧横砌	西壁压住
64		中部东南	PD16	72—74	80—92	不详	玄武岩	平卧横砌	东壁压住
65		中部中间	PD17	109—112	77—78	不详	玄武岩	平卧横砌	西壁压住。上有栅栏孔
66		中部东侧	PD18	9—12	83	不详	玄武岩	平卧横砌	上有栅栏孔 东部压在东壁下
67		南部西侧	PD20	76—78	70	不详	玄武岩	平卧横砌	无其上西壁已毁
68		南部东侧	PD21	68—70	96—100	不详	玄武岩	平卧横砌	无修整钎痕，为自然石面
69		南部西侧	PD22	125—126	84—85	不详	玄武岩	平卧横砌	其上西壁已毁
70		南部东侧	PD23	66—71	82—85	不详	玄武岩	平卧横砌	无修整钎痕，为自然石面
71		南部西侧	PD24	94	94	不详	玄武岩	平卧横砌	已碎裂成三块。其东之石已缺失

续表三五

序号	位置		编号	尺寸（露明部分）（单位：厘米）			石质	砌筑方法	备注
				长	宽	厚			
72		南部东侧		93	87	不详	玄武岩	平卧横砌	
73		南部东侧		95	91.5	不详	玄武岩	平卧横砌	南端为整个涵洞南端
74	北口东壁东侧上、中、下三层（现存巨石4块；上部有砸碎的小石块）	上层	BD1	53	70—81	20	玄武岩	平卧横砌	不规则、无修整痕，其上有杂乱小石块，小石块未计数
75		中层	BD2	103	64	32	玄武岩	平卧横砌	
76		下层东部	BD3	80—105	59	24—28	玄武岩	平卧横砌	不规则
77		下层西部	BD4	27	不详	9	玄武岩	平卧横砌	很小，其下为东壁下层DBⅤ1
78	北口西壁西侧上、下两层。其中下层东部是西壁下层石块XBⅤ1，下层西侧现存7块较小石块	上层东部	BX1	73—83	61—68	12—29	玄武岩	平卧横砌	上层东部
80		上层西部	BX2	35—42	50—54.2	11.5	玄武岩	平卧横砌	有可能是移位于此
81		下层西部	BX3	23	不详	8	玄武岩	平卧横砌	垫有七块较小石块，均不规则，排列也不整齐，按从东向西、从上到下顺序登记；尺寸不详系因与夯土城墙北壁相接，无法测量
82		下层西部	BX4	15	不详	7	玄武岩	平卧横砌	
83		下层西部	BX5	14	不详	7.5	玄武岩	平卧横砌	
84		下层西部	BX6	19	不详	9	玄武岩	平卧横砌	
85		下层西部	BX7	15	不详	11	玄武岩	平卧横砌	
86		下层西部	BX8	17	不详	5	玄武岩	平卧横砌	
87		下层西部	BX9	20	不详	8	玄武岩	平卧横砌	
88	南口东壁东侧现存2石	下层西侧	ND1	26—44	39—42	30—33	玄武岩	平卧横砌	东壁南部已破坏，此石与其他石距离较远，可能保持原位
89		下层东侧	ND2	46	26	38		不规则	
90	南口西壁西侧现存1石	下层西侧	NX1				玄武岩	移位	不规则，有可能为南口西壁西侧之石，已移位

第七章　皇城南门

编号：ZYHNM1。在记录和行文中，有时将其中的数字"1"省略。在宫城南门以南71米有一条东西向的土路，是为旧张化土路。路南为一片东西向条带分布的杨树林，杨树林东部沿南北向的原张化公路南北分布成大片林带，此林带的西、南方向为空旷地带，2001年以前为耕地，退耕还草后，现地表杂草丛生，见不到遗物。正对宫城南门一线地势中间低、两侧高，形成一条南北向的宽浅沟。在距宫城南门中门道中心线上的将军石以南207米处的浅沟内钻探有砖石遗迹，其两侧有土垅微高于地表并向东西延伸，探出夯土遗迹，结合调查与钻探推测砖石遗迹应为皇城南门所在，夯土遗迹应为皇城城墙。因当地土质干硬、土层颜色相近，钻探难以区别开城墙的实际宽度与两侧脱落夯土的范围，城门处因后期扰乱、土层中含有较多的小块碎砖断瓦，钻探也只能了解其大致范围，难以究明其形制及保存状况。在城门西侧城墙之南24米，也钻探有夯土遗迹，HNMF1和HNMF2，可能与城门有关，但因破坏严重无法探明遗迹的确切形状，门东城墙南侧对称位置钻探没有发现遗迹线索。为了解决城墙的宽度、准确定位城门位置、搞清城门形制及其附属建筑，拟对皇城南门分为三区进行解剖发掘。2003年度，首先对皇城南门第一发掘区——浅沟内的砖石遗迹布方发掘（图二一〇；彩版四一三、四一四）。现将本年度的发掘情况简报如下。

一　发掘经过和地层堆积

发掘工作从8月初开始，到11月初结束，历时3个月。在第一发掘区，共布5米×5米探方36个，发掘面积900平方米。由南向北分为3排，由西向东分为12列，编号2003ZYHNMT1101—T1312（图二一一）。其中，千位数表示发掘区号，百位数表示探方排号，十位和个位为探方列号。严格按照操作规程逐层清理发掘。

发掘区地层可分3层，以T1203西壁剖面为例加以说明（图二一二）。

第①层，耕土层，黄灰色土，土质松散，内含少量小碎砖块等，厚0.1—0.15米。

第②层，黄沙土层，质纯较紧密，遗物极少，为自然堆积，厚0.05—0.1米。

第③层，黄褐土层。土质干硬，含有碎砖块、琉璃瓦残块及部分墙体剥落的红色灰皮，遗物特点反映为元代，厚0.3—0.6米。该层下发现建筑基址中的城门西门墙及其建筑基槽。在探方中部

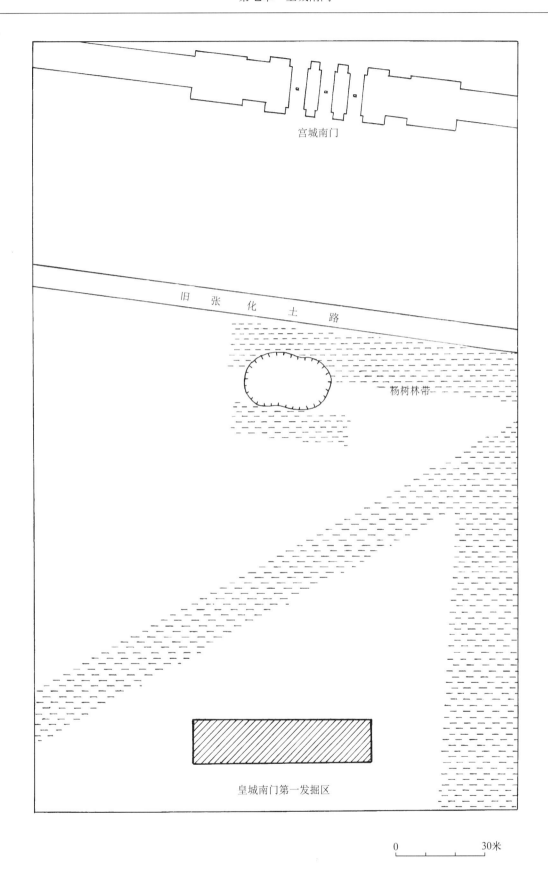

宫城南门

旧　张　化　土　路

杨树林带

皇城南门第一发掘区

0   30米

图二一〇　2003年元中都皇城南门第一区发掘位置图

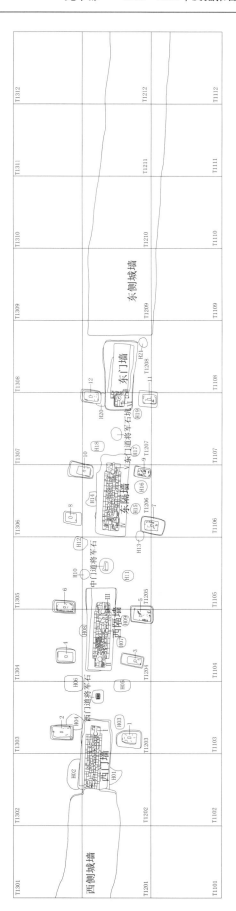

图二——　皇城南门发掘布方图

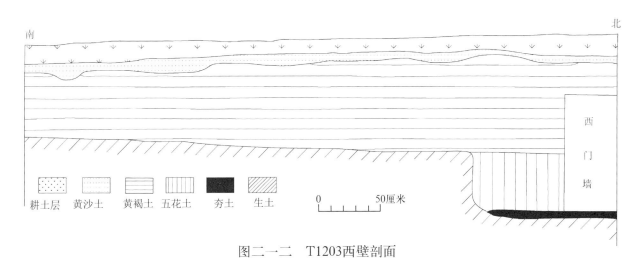

图二一二　T1203西壁剖面

该层下为西门道及当时活动面。在西门道南北延伸的区域局部有0.01—0.05米厚的路土层，路面坚硬，呈酥饼状但不明显，质杂，内含小石子等。活动面下即为生土。

二　城门形制与结构

城门东西两端与夯土城墙相接，有三个门道，现保存城门两端门墙及门道之间隔墙下部墙体、门砧石、戗柱柱础石及将军石等。地面没有铺砌砖石。总体结构为：用砖砌筑的东、西两个门墙和中间东、西两道隔墙将整座城门间隔为三个门道。每个门道东西两侧的门墙及隔墙端部，各有一个结构类同的门砧石，共计6个，由西向东编为Ⅰ—Ⅵ号，每个门砧石的南北两侧均对称分布两个戗柱柱础石，共计12个，结构类同，按由西向东，外侧（南侧)编为1、3、5、7、9、11号，内侧（北侧）编为2、4、6、8、10、12号。每个门道中部各有一个将军石，共计3个。在墙体南北两侧还发现修筑城门时挖的扰坑21个，编号为H1—H21。整座城门按门墙外端计算东西通长30.9、南北进深仅1.2—1.22米（图二一三；彩版四一五至四一九；图版二二三、二二四；图版二二五，1）。

1. 城门东西两侧城墙

西侧城墙　位于城门西门墙西侧，发掘部分长7.63、残宽3.5—4.1、残高0.47米。土色为黄褐色，质地较硬，夯层不明显，内含纯净。

东侧城墙　位于城门东门墙东侧，北边被一条扰沟打破。发掘部分长20、残宽4.1—5、残高0.55米，土色为红褐，沙性大，不甚坚硬，无明显夯层。

城墙内部结构未做解剖。

2. 门墙和隔墙

西门墙　位于皇城南门西门道与城门西侧夯土城墙之间，平面呈长方形，保存相对较高（图版二二五，2至二二八，1)。门墙结构及垒砌方法：沿夯土城墙东端地面以下开挖基槽，基槽底部填土后经过夯打，在夯土上垒砌砖壁。门墙为全砖结构，外壁用整砖砌筑，内部用半砖干摆。砖壁外壁最底部两层为平砖错缝顺砌，这两层砖以上，除门墙的东端与门砧石相接处有一整砖的长

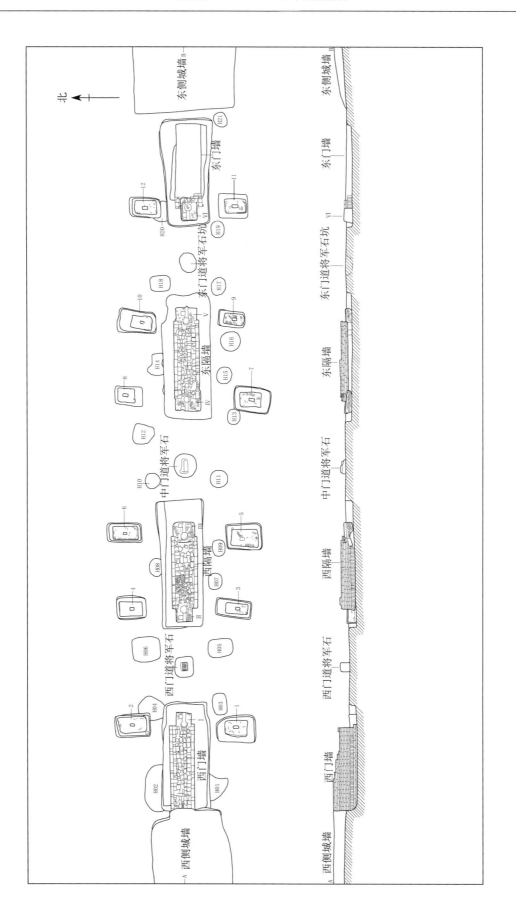

图二一三　皇城南门平、剖面图

度为平砖垒砌外，其余部分均砌一层侧立丁砖，这一层丁砖恰与三层平砖的高度相同。这层丁砖以上的门墙墙体外壁均为平砖错缝顺砌。门墙外壁使用的均为楔形砖，大头向外，小头向内，同层砖类似于磨砖对缝，十分严密，上下层之间缝隙0.004—0.01米，均用白灰泥粘接。在墙体内均用半砖排砌，东西向成排，共有4排，不甚整齐，局部有交错。门墙下部自侧立丁砖上面的两层砖以下埋在地下。侧立的丁砖及其下的两层平砖垒砌不太整齐。门墙现存露明部分外壁遍涂白灰浆一层。门墙北侧的地面残留有脱落的红色墙皮的残迹，推测上部可能为红墙（彩版四二○）。红墙皮为灰浆、麦秸、粉红色颜料混合物，厚0.01米左右。门墙西侧直接与夯土城墙相接，门墙东部砌于组合结构的Ⅰ号门砧石上。门墙的南壁比门砧石南边向南宽出0.18、北壁比门砧石北边向北宽出0.32米。门墙东端南壁、门砧石南侧最底两层砖比上层长出0.13米。门墙东壁中部与门柱相接处，围绕门柱用砖砌成圆弧形以嵌入门柱，门柱已不存在，弧壁凹进0.2米。弧形应即门柱周长的弧度，根据此弧度推算门柱直径0.5米。门柱与弧形墙体之间的缝隙用碎砖块及白灰泥填充。钻探得知基槽底部经过夯打的黄褐色五花垫土厚0.2—0.4米。基槽开口长4.75—4.85、宽2—2.35米，底长4.5—4.75、宽1.8—2.1、深0.35—0.55米。门墙东西长3.75、南北宽1.1—1.2、残高0.8—1.1米、地面以上露明0.5—0.8米。

西隔墙　位于西门道与中门道之间（图版二二八，2；图版二二九至二三二）。平面呈长方形，两端与门柱相接处，围绕门柱均用砖砌成圆弧形以嵌入门柱，破坏严重，西端弧壁凹进0.25米，东端弧壁凹进0.35米。墙体砌筑方式基本与西门墙相似，略有区别：最底部为一层侧立砖，除东壁与Ⅲ号门砧石相接处南端1个砖、北端1个半砖为东西向丁砖外，其余均为南北向侧立丁砖。西端北部宽出Ⅱ号门砧石北边0.22米，南部宽出门砧石南边0.2米。东端南北两侧均只有一个侧立砖贴住门砧石南北两侧，南侧砖下部稍外撇。隔墙东端这一层侧立丁砖以上均为平砖错缝顺砌。基槽开口长5.7—5.75、宽1.9—2.25米，底长5.6—5.7、宽1.7—1.75、深0.3—0.45米。隔墙东西长3.27、南北宽1.17—1.2、残高0.65—0.7、地面以上露明0.25—0.3米。

东隔墙　位于东门道与中门道之间（图版二三三至二三七）。结构基本与西隔墙相同，在砌砖方法上略有差异：底部一层侧立砖，南北两壁除东西两端各一列半砖为东西向丁砖、西端南角因Ⅳ号门砧石较大而砖壁直接建在门砧石上面外，其余均为南北向侧立丁砖，上部5层均为平砖错缝垒砌。西端与门砧石相接部位的下部保存较好，东端保存较差。Ⅳ号门砧石比隔墙南壁宽出0.07—0.11米，隔墙北壁比Ⅳ号门砧石北边宽0.06米。隔墙内部砌砖中发现4道粗绳纹和6道粗绳纹的半砖各一块，绳纹与条纹极为相似，隐约有绳股的痕迹。东端南北两侧均宽出门砧石0.12米。基槽东部门砧石的北侧基槽有明显的内收现象，基槽开口与底部同为长5.5—5.7、宽2.05—2.25、底深0.2—0.3米。隔墙东西长3.54、南北宽1.22米，残高0.5—0.55、地面以上露明0.25—0.3米。

东门墙　位于东门道与城墙夯土之间（图版二三八至二四○）。已被破坏殆尽，仅在墙体与门砧石相接处残存部分砌砖，其建筑方法为：底部侧立砖、丁面向西，上部三层为平砖错缝顺砌。门墙南北两壁分别宽出门砧石0.18—0.21和0.15米。基槽开口长4.75—4.85、宽2—2.5米，底长4.65—4.75、宽1.9—2.5、残深0.2—0.3米。隔墙西端残余的局部高0.25—0.35、长按西端至其基槽东端为3.75、进深1.2米。

3．门道及门扉结构

城门有三个门道，结构相同。

西门道位于西门墙和西隔墙之间，东西宽度为5.3、进深1.2米（图版二四一至二四八，1）。门扉结构包括Ⅰ号和Ⅱ号两个门砧石、1—4号四个戗柱柱础石和一个将军石。中门道位于西隔墙与东隔墙之间，东西宽度6.2、进深1.22米（图版二四八，2至二五五，1）。包括Ⅲ号和Ⅳ号两个门砧石、5—8号四个戗柱柱础石和一个将军石。东门道位于东门墙与东隔墙之间，东西宽5.1、进深1.2—1.22米(图版二五五，2至二六一)。包括Ⅴ号和Ⅵ号两个门砧石、9—12号四个戗柱柱础石和一个将军石（仅余坑位）。每一个门道的两个门砧石分别位于门道东西两侧、门墙或隔墙的端部；每一个门砧石均为一块完整的玄武岩石料凿成，大致呈长方形，上面凿有门柱卯眼、门槛长槽、海窝组合结构；门柱卯眼为圆形，靠近门墙部位，安放门柱底部的榫头起固定立柱的作用，卯眼穿透砧石，其深度即为门砧石的厚度，中腰部位外弧，洞底有碎砖块，沿洞底分布呈圆形，起到支撑立柱的作用；门槛长槽呈长条形，一端与门柱卯眼相通，另一端凿通门砧石外壁，起固定门槛的作用；海窝呈方形，南部与门槛长槽相通，底部深于门槛长槽，内有铁锈残迹，原安放铁鹅台等以承门枢。每个门道的四个戗柱柱础石分别位于其各自两个门砧石南北两侧，每个门砧石的南北两侧各一个，与门砧石上的门柱卯眼三者在一条线上，基本呈对称分布；安置方式均是先在地面开挖柱础土坑，内置长方形玄武岩质料的柱础石块，石块上面中部凿有斜底长方形卯槽，槽底由朝向门柱的内侧向外侧渐深，纵断面呈楔形，安放戗柱底部的榫头以起到固定戗柱的作用。柱础石大小不太统一，有的较为规整，也有的加工较粗。表面一般有钢钎的凿痕，个别为自然石面。将军石位于门扉横中线，具有止扉功能，先挖好平面大致呈圆形的土坑，然后置入将军石，将军石地面露明部分修整较为整齐，地面埋住部位较上部为大，较为粗糙，不甚规整。

Ⅰ号门砧石位于西门道西侧、西门墙东端，露出门墙外的部分东西0.6、南北0.71、厚0.28—0.44米；门柱卯眼口径0.3、腰径0.36—0.37、深0.44米；门槛长槽长0.38—0.4、宽0.15—0.17、深0.08米；海窝边长0.15、深0.1米（图版二四二，2）。Ⅱ—Ⅵ号门砧石位置、结构类同于Ⅰ号（表三六；图二一四；图版二四三，1；图版二五〇、二五七）。Ⅱ和Ⅵ号门砧石上面北边均有宽0.12、高0.01米的凸起

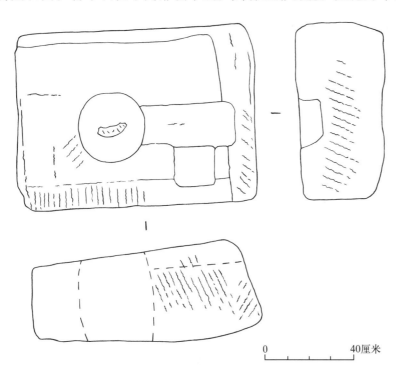

0　　　　　　　　40厘米

图二一四　皇城南门东门道Ⅵ号门砧石正视、侧视图

边缘，可能是利用其他地方的建筑（以宫城南门最有可能）多余的地栿石或土衬石改凿而成。Ⅳ号门砧石的海窝西边凿通门砧石的西壁呈开放式(图版二五〇，2)。Ⅵ号门砧石因门墙已破坏得以看到其压在门墙内部的东端结构，未经修理，不整齐，门墙内压住0.38米(图版二五七，2)。

表三六　皇城南门出土门砧石统计表

编号	探方位置	坐标（米）以砧石上面和卯眼中心点为准	相对位置	高差（以1号馂柱础石上面为水平）	方向（门槛长槽底面中线倾向）	石料质地	门砧石尺寸（露明部分）长×宽×厚（厘米）	卯眼尺寸直径×腰径×深（厘米）	门槛长槽尺寸长×宽×深（厘米）	海窝尺寸边长×深（厘米）	备注
Ⅰ	T1203	南4.03西1.43深0.52	西门道西侧	+12.5厘米	98°	玄武岩	60×70×28—44	30×36—37×44	38—40×15—17×8	15×10	砧石表面有凿痕，卯眼底部有圆形分布碎砖块
Ⅱ	T1204	南3.73西1.63深0.33	西门道东侧	+20.5厘米	274°	玄武岩	60×75—78×38—42	30×34—35×42	38—40×14—15×10	20×13	砧石表面有凿痕
Ⅲ	T1204	南3.48西4.88深0.24	中门道西侧	+25.5厘米	94°	玄武岩	60—65×100—102×25—30	35×33—34×36	45—48×15×10	20×15	砧石表面有凿痕
Ⅳ	T1206	南2.98西0.97深0.21	中门道东侧	+18.5厘米	274°	玄武岩	93×65—70×15—30	30×33—34×35	38—40×15×8	20×17	砧石表面有凿痕，海窝紧挨门道且无西侧面，南壁外露，长依此壁
Ⅴ	T1206	南2.8西4.53深0.22	东门道西侧	+14.5厘米	96°	玄武岩	52—60×90—100×25—30	30×32—35×36	44—48×15—18×8	20×13	砧石表面有凿痕，其东侧，门槛长槽下方有一隆凸
Ⅵ	T1207	南2.38西4.63深0.28	东门道东侧	+15.5厘米	272°	玄武岩	100—108×75—78×30—41	30×31—33×25	44—45×15—18×10	20×15	砧石表面有凿痕，墙体已毁，整个砧石暴露，卯眼中残存朽木

1号戗柱柱础位于Ⅰ号门砧石南侧2.45米（以门柱卯眼和戗柱柱础楔形槽中心点为准）。土坑略呈梯形，南端较宽，发掘时，础坑内填满由红褐、灰黄、白色土粒混合而成的五花土。础石上面距础坑开口0.18—0.24米，在使用时础石即被埋住，上面覆盖一层土。础石略呈长方体，表面为自然石面，不平整，四壁有明显的钢钎凿痕。楔形卯槽底面朝向立柱的中心线方向为5°。坑口南北长1.84—1.9、东西宽0.9—1.14，坑底南北长1.7—1.74，宽0.8—1.06、深0.32—0.36米。柱础石长1.04—1.06、宽0.6—0.72、厚0.08—0.18米，楔形卯槽长0.26、宽0.12、深0—0.06米（图二一五，1；图版二四三，2；图版二四四，1）。2号戗柱柱础石位于Ⅰ号门砧石的北侧2.48米，与1号戗柱柱础对称，这二者为一组，承托的戗柱从南北两侧共同支撑Ⅰ号门柱（图二一五，2，图版二四四，2；二四五，1）。3—12号戗柱柱础石面一般经过修理有钢钎痕迹，局部保留自然石面，也是每两个为一组，组合情况和结构与1、2号类似（表三七；图二一五，3至二一七；图版二四五，2至二四七，1；图版二五一至二五四，1；图版二五八至二六一）。

表三七　皇城南门出土戗柱柱础石统计表

编号	探方 2003 ZYHNM	坐标(米) 以础石上面和卯槽中心点为准	相对位置 (楔形槽与门柱卯眼中心点间距)	关联关系	高差（以1号柱础石上面为水平）	方向 (卯槽朝向门柱的中线方向)	石料质地	础石尺寸 长×宽×厚（厘米）	卯槽形状 （厘米）	柱洞尺寸长×宽×深（厘米）	基槽口底尺寸（长×宽）及深度（厘米）	备注
1	T1203	南1.6 西1.15 深0.68	西门道，西南部，2.45米	相应戗柱支撑Ⅰ号门柱	0厘米	5°	玄武岩	104—106 ×60—72 ×8—18	楔形	26×12 ×6	184—190× 90—114 170—174× 80—106 32—36	础石表面为自然面，凹凸不平，四周有凿痕
2	T1303	南1.5 西1.65 深0.76	西门道，西北部，2.48米		—6厘米	183°	玄武岩	116—136 ×64—74 ×10—18	楔形	22×12 ×8	164—170× 94—104 140—158× 90—92 40—52	础石表面有凿痕，凹凸不平，下有垫砖，四周有凿痕
3	T1204	南1.15 西1.45 深0.48	西门道，东南部，2.55米	相应戗柱支撑Ⅱ号门柱	+8厘米	10°	玄武岩	104—106 ×44—46 ×18—22	楔形	22×12 ×6	170—174× 72—84 160—162× 66—76 32—36	础石表面为自然面，较平。四周有凿痕
4	T1304	南1.18 西1.78 深0.44	西门道，东北部，2.48米		+14厘米	182°	玄武岩	104—106 ×60—62 ×14—16	楔形	20—24 ×12×8	130—138× 88—100 130—136× 86—90 24—26	础石表面为自然面，凹凸不平，四周有凿痕

续表三七

编号	探方 2003 ZYHNM	坐标(米)以础石上面和卯槽中心点为准	相对位置（楔形槽与门柱卯眼中心点间距）	关联关系	高差（以1号柱础石上面为水平）	方向（卯槽朝向门柱的中线方向）	石料质地	础石尺寸长×宽×厚（厘米）	卯槽形状（厘米）	柱洞尺寸长×宽×深（厘米）	基槽口底尺寸（长×宽）及深度（厘米）	备注
5	T1204	南0.75 西4.58 深0.33	中门道，西南部，2.7米	相应戗柱支撑Ⅲ号门柱	+14厘米	7°	玄武岩	120—126 ×66—78 ×12—18	楔形	24×12 ×8	160—166× 112—128 156—162× 106—122 22—30	础石表面有凿痕，较平，四周有凿痕
6	T1305	南1.3 西0.2 深0.28	中门道，西北部，2.83米		+21.5厘米	183°	玄武岩	118—120 ×60—62 ×18—24	楔形	20×12 ×6	160—164× 82—90 146—150× 74—78 22—26	础石表面有凿痕，较平，四周有凿痕
7	T1106	南4.9 西0.78 深0.2	中门道，东南部，3.08米	相应戗柱支撑Ⅳ号门柱	+29厘米	7°	玄武岩	90—100 ×64—66 ×12—16	楔形	26×12 ×8	162—176× 100—118 156—170× 96—114 10—14	础石表面有凿痕，较平，四周有凿痕
8	T1306	南0.88 西1.35 深0.21	中门道，东北部，2.93米		+28厘米	189°	玄武岩	80—88× 64—66× 14—16	楔形	22×12 ×6	142—144× 88—90 142—144× 88—90 10—14	础石表面为自然面，较平。四周有凿痕
9	T1206	南0.5 西4.45 深0.25	东门道西南部2.3米	相应戗柱支撑Ⅴ号门柱	+24厘米	7°	玄武岩	86—92× 50—54× 10—14	楔形	26×12 ×8	116—124× 68—76 110—118× 66—70 8—14	础石表面有凿痕，较平，四周有凿痕
10	T1206	南4.85 西4.6 深0.31	东门道西北部2.08米		+20.5厘米	194°	玄武岩	94—100 ×56—64 ×14—20	楔形	20×10 ×6	168—188× 98—108 160—172× 84—90 20—22	础石表面为自然面，较平，四周有凿痕
11	T1207	南0.15 西4.5 深0.29	东门道东南部2.23米	相应戗柱支撑Ⅵ号门柱	+26厘米	1°	玄武岩	96—98× 62—66× 18—24	楔形	26×12 ×10	150—152× 106—108 150—152× 106—108 10—18	础石表面有凿痕，较平，四周有凿痕
12	T1207	南4.4 西4.73 深0.36	东门道东北部2.03米		+18厘米	183°	玄武岩	98—106 ×60—66 ×10—20	楔形	22× 10—12 ×6	142—150× 90—96 130—134× 78—86 10—24	础石表面有凿痕，凹凸不平，四周有凿痕

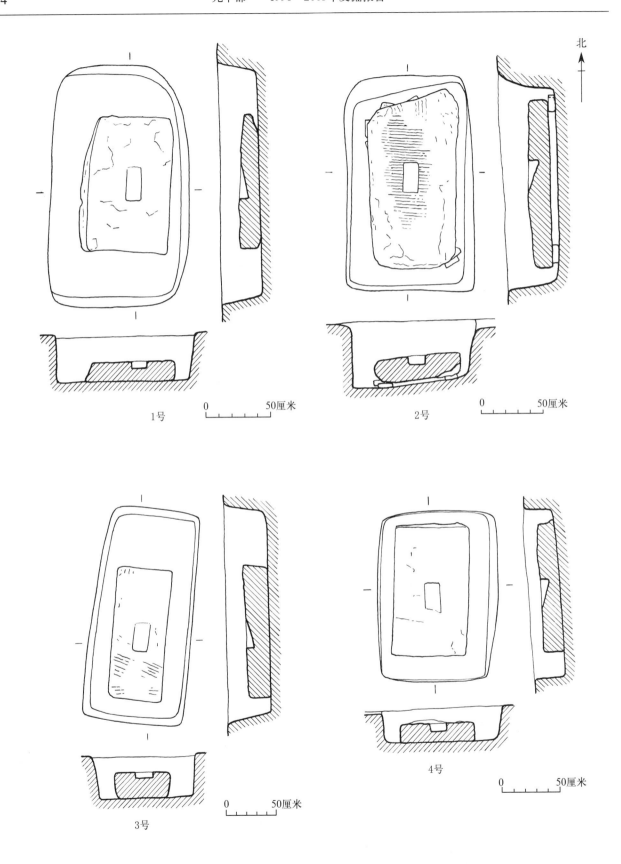

图二一五　皇城南门西门道戗柱柱础石平、剖面图

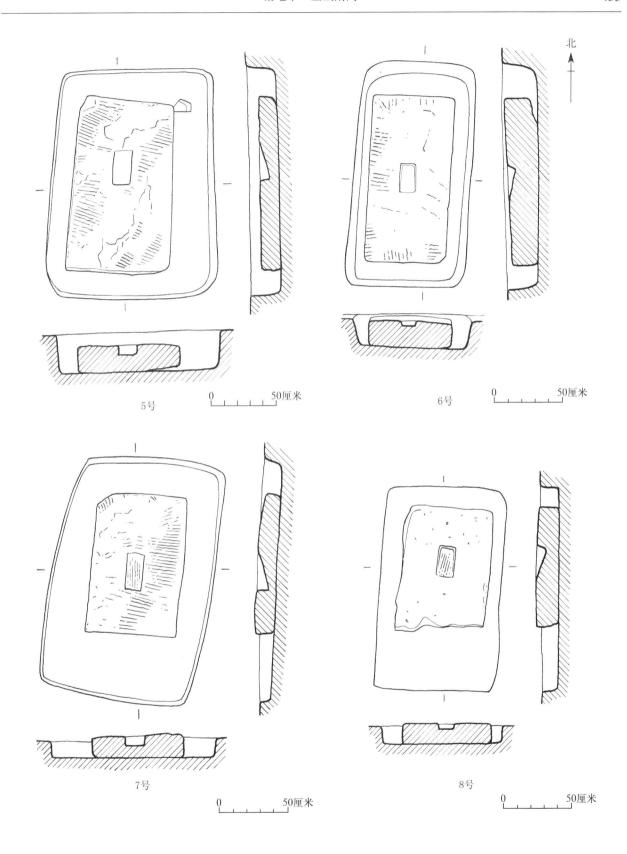

图二一六 皇城南门中门道戗柱柱础石平、剖面图

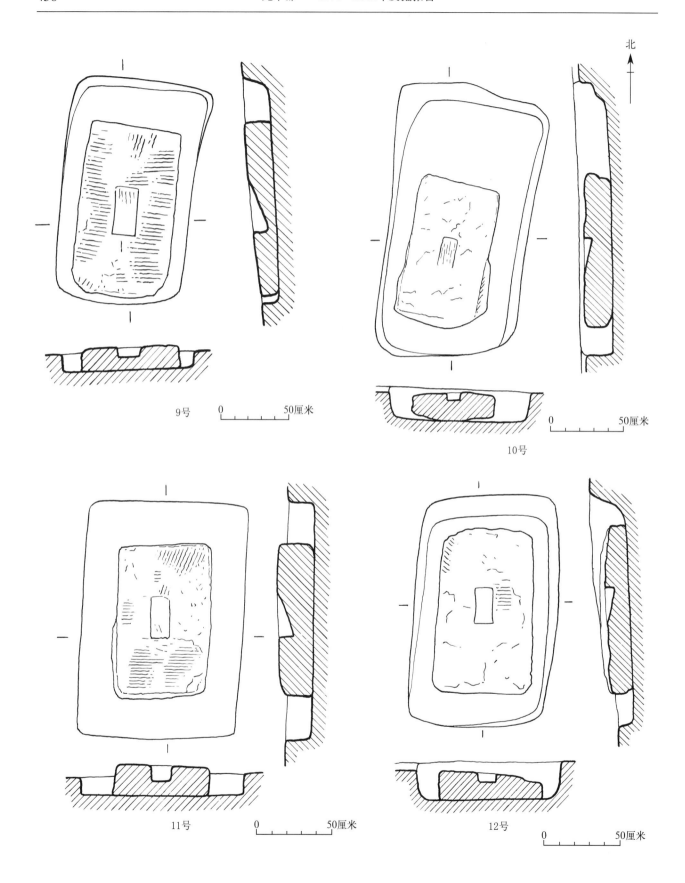

9号　0　　50厘米

北

10号　0　　50厘米

11号　0　　50厘米

12号　0　　50厘米

图二一七　皇城南门东门道戗柱柱础石平、剖面图

西门道将军石地面以上露明部分为长方体，东西宽0.4、南北0.25、高0.34米。上端平面四边斜削，斜削部分高宽均为0.03米，下部北面明显宽大，将军石的基槽土坑未做清理（图版二四七，2；图版二四八，1）。中门道将军石，上部被砸，断去半截，上部比前者略显扁宽，东西0.52、南北0.15米，下部东西北三面均比上部宽大（图版二五四，2；图版二五五，1）。东门道将军石，已不存在，在所处位置存留一个圆形圜底坑，土坑直径0.75—0.85、深0.28米。

4．扰坑

21个。位于门墙和隔墙的南北两侧，排列不整齐，平面形状有不规则圆形、椭圆形、圆角长方形等，坑内为黄褐色花土，掺杂有大量的小碎砖块、琉璃块等，可能为修建城门时留下的临时性遗迹。只发掘H16，位于东隔墙南侧，圆形圜底状，口径0.85、深0.42米（图二一八）。

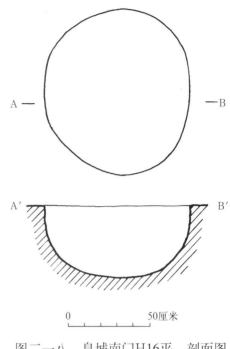

图二一八　皇城南门H16平、剖面图

三　出土遗物

共出土文物55件，可分为泥质灰陶、琉璃釉陶、瓷、铁等类（表三八）。

1．泥质灰陶砖

楔形砖　采集2件作为标本。火候较高，坚硬，砌墙主要使用此种砖，青灰色，素面无纹，正面光滑，背面粗糙，规格不太统一，大边长度在33.2—36、短边长度31—35.5、宽16.5—18、厚4.8—6厘米。以大边长33.5、短边长32、宽17和17.5、厚5.5厘米左右的砖数量最多。砖的做工不十分规整，厚度和长宽都不均匀，一般小边的厚度比大边也稍薄，有一部分砖大边和小边差异很小，近似于长方形砖。标本T1203③：1，采于西门墙北壁距东端1.31米处，大边长36、短边长35.5、中宽17、厚5厘米（图二一九，1；图版二六二，1）。标本T1204③：8，采于西隔墙北壁距西端1.44米处，大边长33.3、短边长31、宽16.5—17、厚4.9—5.5厘米（图二一九，2；图版二六二，2）。

粗绳纹砖　2件。均发现于东隔墙的内部，仅见两块，绳纹与条纹极为相似，隐约有绳股的痕迹，类似于辽宋时期沟纹砖。T1206③：2，长方形青灰色，正面光素，背面中部有四道宽1厘米左右的压印粗绳纹，长度残断不明，宽19.3、厚6.5厘米（图二一九，3；图版二六二，3）。T1206③：3，形同前者，只是背面为六道粗绳纹，长度残断不明，宽19.5、厚6.7厘米（图二一九，4；图版二六二，4）。

表三八　皇城南门出土文物登记表

登记号	临时号	类别	物品名称	坐标（南×西-深·米）	保存情况	釉色纹饰	特点	尺寸（厘米）
1	T1202③：1	琉璃釉陶	当沟瓦	3.25×2.65-0.48	残块	绿釉	泥质红陶，含有少量白色细沙粒。外面光滑，2/3部分施绿釉，内面布纹无釉，局部粘有白灰泥，尾端右侧呈弧形缺角，瓦缘内侧斜削使缘部较薄	残长17、弦宽14.5、弦高7.4、厚2.2、缘厚0.5—0.9
2	T1202③：2	瓷	碗底	3.15×3.05-0.45	仅余底部	青瓷素面	圈足，足底外缘旋削，浅灰色胎，胎质细腻，碗内满施青色釉，圈足内底无釉	底径6.4
3	T1203③：1	泥质灰陶	楔形砖		完整	素面	采集2件楔形砖作为标本，本件是其中之一，采于西门墙北壁距东端1.31米处。此类砖火候较高，坚硬，砌墙主要使用此种砖青灰色，素面无纹，正面光滑，背面粗糙，规格不太统一，砖的做工不十分规整，厚度和长宽都不均匀，一般小边的厚度比大边也稍薄，有一部分砖大边和小边差异很小，近似于长方形砖	大边长36、短边长35.5、中宽17、厚5厘米
4	T1204③：1	琉璃釉陶	瓦当	2.54×2.05-0.34	半残	龙纹	宽素缘，缘内一周弦纹，内区为龙纹	残长12、宽7、厚1.8
5	T1204③：2	琉璃釉陶	滴水	4.64×4.05-0.28	小残块	龙纹	同T205③：1，仅残存下尖及部分龙身	残长7.9、宽7.3、厚1.6
6	T1204③：3	琉璃釉陶	条子瓦	2.89×2.45-0.29	残块	绿釉	窄条板瓦，外部一侧为做成胎后划痕掰断，碴口不整齐，别一侧缘整齐，瓦背靠整齐一缘施绿釉，内布纹	残长14、宽8、厚2
7	T1204③：4	琉璃釉陶	条子瓦	2.57×4.15-0.25	小残块	绿釉	泥制红陶含细砂，外部光滑施绿釉，内部布纹无釉	残长4.5、宽4.4、厚1.9
8	T1204③：5	琉璃釉陶	不明残块	4.74×3.25-0.34	小残块	绿釉	泥制红陶含细砂，外部光滑施绿釉，有一宽5的凹弦纹，内部素面无釉	残长7.6、宽3.6、厚1.2—1.6
9	T1204③：6	琉璃釉陶	不明残块	1.68×1.65-0.28	残块	绿釉	泥制红陶含细砂，外部光滑施绿釉，一厚1.2的凸棱纹贴附与陶板上，内部素面无釉	残长10.2、宽3.2、厚2.2

续表三八

登记号	临时号	类别	物品名称	坐标（南×西-深·米）	保存情况	釉色纹饰	特点	尺寸（厘米）
10	T1204③：7	琉璃釉陶	不明残块	2.85×2.25-0.31	小残块	绿釉	泥制红陶含细砂，外部施绿釉，剥落严重，一宽1.5的凸棱纹与4条凸弦纹垂直分布其上，内部素面无釉	残长9.5、宽6.7、厚2
11	T1204③：8	泥质灰陶	楔形砖		完整	素面	形制与T203③：1相似。采于西隔墙北壁距西端1.44米处	大边长33.3、短边长31、宽16.5—17、厚4.9—5.5
12	T1205③：1	琉璃釉陶	滴水	2.56×0.55-0.22	残块	龙纹	泥质红陶，含有细沙粒，火候中等，质地一般。滴水均为三角连弧缘尖滴水，滴水正面接近三角形，边缘由对称的海棠曲线边合出下尖而成。内侧随缘有连弧凸棱，缘及凸棱施绿釉，内区施黄釉，纹饰凸出，为顾首行龙。残缺，仅余龙头及部分躯体	残长10.8、宽8、厚1.9
13	T1205③：2	琉璃釉陶	条子瓦	2.65×3.25-0.25	残块	绿釉	泥制红陶含细砂，外部光滑施绿釉，严重脱落，内布纹无釉，局部有白灰泥	残长9.5、宽4、厚1.7
14	T1205③：3	琉璃釉陶	条子瓦	2.58×2.68-0.24	小残块	绿釉	泥制红陶含细砂，外部光滑施绿釉，内部布纹无釉	残长4.5、宽3.5、厚2
15	T1205③：4	琉璃釉陶	琉璃釉陶	4.55×3.75-0.18	小残块	绿釉	泥制红陶含细砂，外部一长4.5，宽1.7，厚1.2厘米的长条状泥条贴附与陶板上，均施绿釉，陶板上有两条凹弦纹，内部素面无釉。	残长5.5、宽4、厚1.7
16	T1205③：5	琉璃釉陶	不明残块	4.15×1.23-0.21	小残块	绿釉	泥制红陶含细砂，外部光滑施绿釉，两侧缘处亦施绿釉，一侧缘略向外突出，内部素面无釉，局部有白灰泥	残长8.2、宽4.3、厚1.1—1.2
17	T1205③：6	琉璃釉陶	不明残块	2.59×2.78-0.19	小残块	绿釉	泥制红陶含细砂，外部光滑施绿釉，两侧缘处亦施绿釉，内部素面无釉	残长6.2、宽4.1、厚2.2
18	T1205③：7	琉璃釉陶	不明残块	2.69×0.67-0.24	小残块	绿釉	泥制红陶含细砂，外部光滑施绿釉，内部光滑施绿釉，剥落较严重	残长5.5、宽4.2、厚1.7
19	T1205③：8	琉璃釉陶	不明残块	2.78×2.35-0.17	小残块	绿釉	泥制红陶含细砂，外部光滑施绿釉，釉色泛黄，内部布纹无釉。	残长7.2、宽3.7、厚1.9

续表三八

登记号	临时号	类别	物品名称	坐标（南×西-深·米）	保存情况	釉色纹饰	特点	尺寸（厘米）
20	T1206③：1	琉璃釉陶	莲瓣	2.15×1.25-0.24	残块	黄釉绿釉	泥质红陶，含有少量白色细沙粒。为装饰性构件的局部残块。莲瓣边缘呈带状并饰凹沟，瓣尖部位有三个小花叶，正面施黄褐色釉，莲瓣中部纵向有流润的绿釉。莲瓣背面有划道，以利于贴附于其他构件上。莲瓣的根部表面有粘结现象，说明原有重瓣，已脱落	残长6.7、宽7.1、厚0.4—1
21	T1206③：2	泥质灰陶	粗绳纹砖		残块	粗绳纹	发现于东隔墙的内部。长方形青灰色，正面光素，背面中部有四道宽1厘米左右的压印粗绳纹，绳纹与条纹极为相似，隐约有绳股的痕迹，类似于辽宋时期沟纹砖	长度残断不明，宽19.3、厚6.5
22	T1206③：3	泥质灰陶	粗绳纹砖		残块	粗绳纹	发现于东隔墙的内部。形同T206③：2，只是背面为六道粗条纹	长度不明，宽19.5、厚6.7
23	T1207③：1	琉璃釉陶	筒瓦	1.85×3.28-0.31	小残块	绿釉	泥质红陶，含有少量白色细沙粒。带瓦头唇部。外绿釉，内布纹	残长7.9、宽9、厚2.1、唇长1.5
24	T1207③：2	琉璃釉陶	筒瓦	3.55×1.25-0.32	残块	绿釉	泥质红陶，含有少量白色细沙粒。两缘尾端内侧斜削，外施绿釉，内为布纹。内粘有白灰泥	残长19、宽11.9、高6.2、厚2
25	T1207③：3	琉璃釉陶	云朵	1.81×4.35-0.34	小残块	绿釉	泥质红陶，含有少量白色细沙粒。为装饰性构件的局部残块。塑成云朵状，施绿釉，严重脱落，背面有划纹易于贴附于其他构件上	残长7、宽6.9、厚3.3
26	T1207③：4	琉璃釉陶	瓦当	2.05×1.05-0.35	小残块	龙纹	同T307③：1，仅残存部分外缘、凹弦纹、龙头、左后腿、龙尾及2个穿孔	直径11.8—12、厚1.6、缘厚1.5
27	T1207③：5	琉璃釉陶	条子瓦	4.58×2.56-0.31	小残块	绿釉	泥制红陶含细砂，外部光滑施绿釉，内部布纹无釉，局部有白灰泥，仅存一侧缘	残长8.5、宽8.4、厚2.2、缘厚0.5—0.9
28	T1207③：6	琉璃釉陶	条子瓦	1.83×1.14-0.37	小残块	绿釉	泥制红陶含细砂，外部光滑施绿釉，内部布纹无釉，仅存一侧缘	残长7.6、宽3.1、厚2、缘厚0.5—0.9
29	T1207③：7	琉璃釉陶	不明残块	2.75×3.02-0.32	小残块	绿釉	泥制红陶含细砂，外部施绿釉，一宽1.4、厚0.9厘米的长条形泥条及两条直径1.5厘米的凸棱贴附与陶板上，内部布纹无釉	残长8.2、厚3.5、陶板厚2
30	T1207③：8	琉璃釉陶	不明残块	1.65×0.69-0.34	残块	绿釉	泥制红陶含细砂，外部施绿釉，上有3条凹弦纹，内部布纹无釉。	残长11.5、宽6.5、厚2.2

续表三八

登记号	临时号	类别	物品名称	坐标（南×西-深·米）	保存情况	釉色纹饰	特点	尺寸（厘米）
31	T1207③：9	琉璃釉陶	不明残块	2.03×1.78-0.35	残块	浅黄绿釉	泥制红陶含细砂，外部施浅黄绿釉，一宽3.2、厚1厘米的长条形泥条及一宽1.2、厚0.3厘米的凸弦纹贴附与陶板上	残长9.6、宽5.6、陶板厚2
32	T1207③：10	琉璃釉陶	不明残块	4.06×0.89-0.35	小残块	绿釉	泥制红陶含细砂，外部1/2处施绿釉，内部布纹无釉	残长6.3、宽4.6、厚2
33	T1208③：1	琉璃釉陶	龙角	1.15×1.25-0.28	小残块	浅黄绿釉局部泛白色	泥质红陶，含有少量白色细沙粒。脊饰龙角尖部残块，角尖上卷，为半浮雕式，正面中部随龙角的卷曲度饰凸棱，其两侧各有凹沟，施浅黄绿色釉，局部泛白色。角背面较平	残长7.1、宽3.4、厚1.9
34	T1208③：2	琉璃釉陶	线道瓦	1.34×3.28-0.33	小残块	黄釉	泥质红陶，含有少量白色细沙粒。一侧缘为划痕掰开碴口不齐，另一侧缘圆尖，横断面微有弧度，尾端及瓦背施黄褐釉，内面布纹	残长10、宽10.5、厚2
35	T1208③：3	琉璃釉陶	条子瓦	3.02×2.26-0.34	小残块	绿釉	横断面微弧。一侧缘为烧前划痕掰开，碴口不平，另一侧缘整齐施绿釉，瓦背仅在靠近整齐的一侧施绿釉。内面布纹	残长8.5、宽9.1、厚2
36	T1307③：1	琉璃釉陶	瓦当	2.05×1.23-0.31	面微残无筒瓦	龙纹	泥制红陶，包含有少量白色细沙粒，火候中等，质地一般。瓦当圆形、宽素缘，缘内侧有一周凸棱纹与外缘相平、以凹弦纹隔开，内区浮雕团龙纹，龙纹局部高出缘部。人工刷釉，先内后外，外缘及凸棱纹施绿釉，内区施黄釉。内区有5个穿孔，釉子有下流痕迹。背面无纹饰，可见与筒瓦断开的茬口，茬口处有划道以利于与筒瓦粘结	直径11.8—12、厚1.6—1.7、缘宽1.4—1.6
37	T1307③：2	琉璃釉陶	龙身残块	1.62×4.35-0.34	残块	黄釉绿釉	装饰性构件残块，可辨绿釉鬃毛和黄鳞龙身呈半浮雕式附于陶板上，陶板微弧，内面布纹	残长14.3、宽11.5、陶板厚2.5
38	T1307③：3	铁	钉	1.85×3.24-0.31	锈残		四棱铁丁，锈饰严重，丁冒残损，尖部残断，从中部弯曲	横断面最大径1.06、残长9.2
39	T1307③：4	琉璃釉陶	滴水	0.71×1.25-0.33	小残块	龙纹	同标本T205：1，仅残存部分连弧凸棱纹及龙身	残长8.5、宽5.5、厚1.6

续表三八

登记号	临时号	类别	物品名称	坐标（南×西-深·米）	保存情况	釉色纹饰	特点	尺寸（厘米）
40	T1307③：5	琉璃釉陶	不明残块	1.25×3.68-0.28	残块	浅黄绿釉	泥制红陶含细砂，外部施浅黄绿釉，一长7.5、宽3.5的长条状凸棱及两侧的两条细凸棱贴附于长方形陶板上，内部布纹无釉	残长11.5、宽6.2、陶板厚1.8
41	T1307③：6	琉璃釉陶	不明残块	2.64×2.28-0.29	残块	黄绿釉	泥制红陶夹细砂，一卷云状凸棱纹贴附于长方形陶板的边缘地带，外部施黄釉、绿釉，剥落严重，内部布纹无釉，局部有白灰泥	残长15.2、宽10.2、陶板厚1.6
42	T1307③：7	琉璃釉陶	不明残块	3.84×3.65-0.31	小残块	浅黄绿釉	泥制红陶夹细砂，外部施黄绿釉，中部一宽0.8的长条状凸棱，两侧分布着数条凹弦纹，内部素面无釉	残长6.4、宽6.2、厚1.2—1.6
43	T1307③：8	琉璃釉陶	不明残块	1.35×2.28-0.28	残块	绿釉	泥制红陶夹细砂，为一口沿状残片，唇部施绿釉，呈三角形分布有3条凹弦纹及大量小坑，口沿以下光滑施绿釉，内部素面无釉	残长8.5、宽4.5、厚1—1.5
44	T1307③：9	琉璃釉陶	不明残块	0.96×1.77-0.32	小残块	浅黄绿釉	泥制红陶夹细砂，为一口沿状残片，口沿宽3.1，施浅黄绿釉。口沿以下为菱形方格纹，施黄釉，内部素面无釉	残长5.5、宽5.4、厚1.3
45	T1307③：10	琉璃釉陶	不明残块	2.85×1.35-0.33	小残块	绿釉	泥制红陶夹细砂，为一口沿状残片，沿厚1.7，口沿以下有4条凹弦纹，内部素面无釉	残长7.2、宽5.8、厚1.8
46	T1307③：11	琉璃釉陶	不明残块	1.77×3.09-0.32	小残块	绿釉	泥制红陶夹细砂，外部施浅黄绿釉，一宽2.2、厚1.1的长条状凸棱贴附与陶板上，内部布纹无釉	残长8.8、宽6.6、厚2.4
47	T1307③：12	琉璃釉陶	不明残块	2.85×4.19-0.34	残块	绿釉	泥制红陶夹细砂，为一口沿状残片，外部施绿釉，口沿以下有2条凹弦纹，内部素面无釉	残长10.5、宽6.5、厚1.7
48	T1307③：13	琉璃釉陶	不明残块	3.08×2.02-0.29	小残块	黄釉绿釉	泥制红陶夹细砂，外部光滑，饰菱形纹饰，纹饰处施黄釉，其余部分施绿釉，内部素面无釉	残长5.2、宽3.5、厚1.3
49	T1307③：14	琉璃釉陶	不明残块	2.82×1.68-0.32	小残块	黄釉	泥制红陶夹细砂，外部施黄釉，有菱形纹饰，内部素面无釉	残长5.5、宽3.2、厚1.2
50	T1307③：15	琉璃釉陶	不明残块	1.15×2.25-0.35	小残块	绿釉	泥制红陶夹细砂，外部施绿釉，有3条凹弦纹，内部素面无釉	残长6.7、宽4.6、厚1.3

续表三八

登记号	临时号	类别	物品名称	坐标（南×西-深·米）	保存情况	釉色纹饰	特点	尺寸（厘米）
51	T1308③∶1	琉璃釉陶	板瓦	3.15×0.28-0.29	残块	绿釉	泥质红陶，含有少量白色细沙粒。为滴水残断余下的板瓦残块。横断面微有弧度，侧缘平齐，内外均施绿釉	残宽17、残长15.2、厚2.3—2.6
52	T1308③∶2	琉璃釉陶	线道瓦	0.56×2.27-0.28	小残块	黄釉	泥制红陶含细砂，外部光滑施黄釉，内部素面无釉，局部粘有白灰泥	残长8.5、宽6.5、厚2
53	T1308③∶3	琉璃釉陶	滴水	1.85×2.58-0.31	小残块	龙纹	同标本T205∶1，仅残存部分龙身	残长5.5、宽5、厚1.1—2
54	T1308③∶4	琉璃釉陶	滴水	2.65×4.02-0.34	小残块	龙纹	同标本T205∶1，仅残存部分外缘及连弧凸棱纹	残长7.1、宽5.2、厚2
55	T1308③∶5	琉璃釉陶	滴水	0.66×1.44-0.32	小残块	龙纹	同标本T205∶1，仅残存部分连弧凸棱纹及龙身	残长9、宽6.5、厚1.8

2．釉陶类建筑构件

可分为筒瓦、板瓦、当沟瓦、线道瓦、条子瓦、瓦当、滴水、及脊饰残块等。均为泥质红陶，胎质含有少量白色细沙粒，火候中等，质地一般。

筒瓦　2件。均施绿釉，多为筒瓦中部的小残块。标本T1207③∶1，泥质红陶，含有少量白色细沙粒，带瓦头唇部，外施绿釉，内面布纹。残长7.9、宽9、厚2.1、唇长1.5厘米（图二二〇，4；彩版四二一，1）。

当沟瓦　1件（T1202③∶1）。残缺。瓦背面光滑且2/3施绿釉，内面布纹无釉、局部粘有白灰泥，尾端右侧制成弧形缺角，瓦缘内侧斜削使缘部较薄。残长17、弦宽14.5、弦高7.4、厚2.2、缘厚0.5—0.9厘米（图二二〇，2；彩版四二一，2、3）。

线道瓦　2件。由黄釉筒瓦打造而成。标本T1208③∶2，泥质红陶，含有少量白色细沙粒。一侧缘为烧制前划痕后掰开，茬口不齐，另一侧缘圆尖，横断面微有弧度，尾端及瓦背施黄褐釉，内面布纹。残长10、宽10.5、厚2厘米（图二二〇，3；彩版四二二，1、2）。

板瓦　1件。标本T1308③∶1，为滴水残断余下的板瓦残块。横断面微有弧度，侧缘平齐，内外均施绿釉。残长15.2、残宽17、厚2.3—2.6厘米（图二二〇，1；图版二六二，5）。

条子瓦　7件。由绿釉板瓦打造而成。标本T1208③∶3，横断面微弧，一侧缘为烧前划痕掰开，茬口不齐，另一侧缘整齐施绿釉，瓦背仅在靠近整齐的一侧施绿釉，内面布纹。残长8.5、宽9.1、厚2厘米（图二二一，2；彩版四二一，4）。

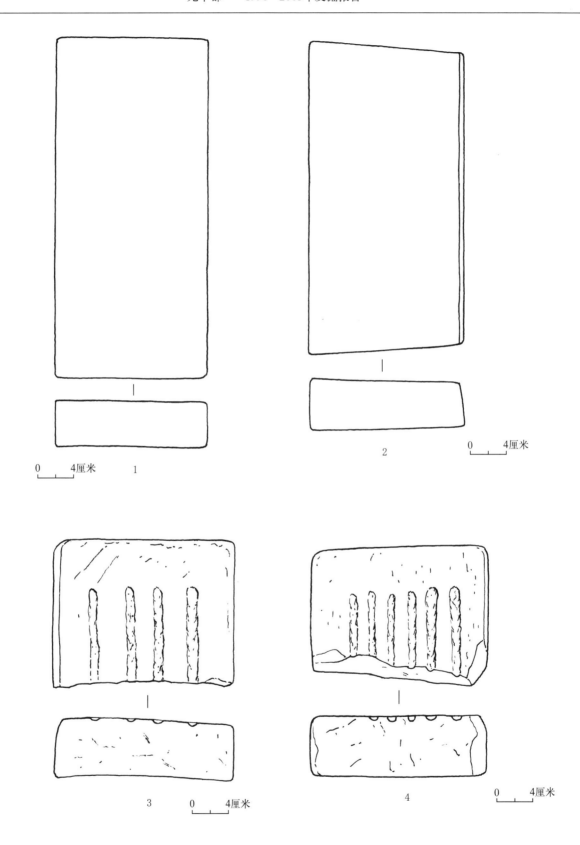

图二一九　皇城南门出土泥质灰陶砖

1.楔形砖（T1203③：1）　2.楔形砖（T1204③：8）　3.粗绳纹砖（T1206③：2）　4.粗绳纹砖（T1206③：3）

　　瓦当　3件。形制相同。标本T1307③：1，瓦当为圆形，正面为宽素缘，缘内侧有一周凸棱纹，凸棱纹贴在外缘内侧与外缘相平并用一道压印的凹弦纹隔开，内区为浮雕团龙纹，龙纹局部高出缘部，最高点不在同一平面上。人工刷釉，先内后外，外缘及凸棱纹施绿釉，内区施黄釉。龙头位于内区中央，龙首昂起，龙颈粗短，呈S形，目视前方龙嘴紧闭，双角向后微上翘，鬣毛向后平飘，龙身环龙头盘绕翻滚，龙身粗壮浑圆，身披鳞甲，两个前腿一前一后将爪置于凸棱纹内缘，有肘毛，胸前有一个装饰物但不清晰，有一条云气或飘带状的火焰披毛从左前腿与龙身交接处向身后飘拂。龙尾从上扬的后腿下绕过，尾后部屈曲尾尖上挑，另一后腿完全未表现出来。内区有5个穿孔，位置分别在龙头上部、龙嘴下部、后腿肘部与龙身之间、颈后鬣毛尖下部以及左前腿肘后的空隙处。穿孔从瓦当正面向背面穿透，方向不甚一致，说明并非五孔同时一次性穿过，而是一个一个分别穿透，在烧制过程中4个穿孔被流釉堵塞，在瓦当背面，有釉子从正面通过穿孔流出又往下流的痕迹，瓦当正面的釉子也有下流的痕迹，背面比正面明显。瓦当背面无纹饰，可见与筒瓦断开的茬口，茬口处有划道以利于与筒瓦粘结。直径11.8—12、厚1.6—1.7、缘宽1.4—1.6厘米（图二二一，1；彩版四二二，3）。

　　滴水　6件。形制相同，均残碎较甚。滴水均为三角连弧缘尖滴水，滴水正面接近三角形，边缘由对称的海棠曲线边合出下尖而成。内侧随缘有连弧凸棱，缘及凸棱施绿釉，内区施黄釉，纹饰凸出，为顾首行龙。标本T1205③：1，残缺，仅余龙头及部分躯体。残长10.8、宽8、厚1.9厘米（图二二一，3；彩版四二二，4）。

　　龙身残块　1件（T1307③：2），脊部装饰性构件残块，可辨绿釉鬣毛和黄鳞龙身呈半浮雕式附于陶板上，陶板微弧，内面布纹。残长14.3、宽11.5、陶板厚2.5厘米（图二一一，6；彩版四二二，5）。

　　龙角　1件（T1208③：1），为脊饰龙角的尖部残块，角尖上卷，角背面较平，正面为半浮雕式，中部随龙角的卷曲度饰凸棱，凸棱两侧各有凹沟，施浅黄绿色釉，局部泛白色。残长7.1、宽3.5、厚1.9厘米（图二二一，4）。

　　云朵　1件（T1207③：3），为装饰性构件的局部残块。塑成云朵状，施绿釉，严重脱落，背面有划纹易于贴附于其他构件上。残长7、宽6.9、厚3.3厘米（图二二一，5；图版二六二，6）。

　　莲瓣　1件（T1206③：1），为装饰性构件的局部残块。莲瓣边缘呈带状并饰凹沟，瓣尖部位有三个小花叶，正面施黄褐色釉，莲瓣中部纵向有流润的绿釉。莲瓣背面有划道，以利于贴附于其他构件上。莲瓣的根部表面有粘结现象，说明原有重瓣，已脱落。残长6.7、宽7.1、厚0.4厘米（图二二二，1）。

　　不明构件残块　23件。均为装饰性建筑构件断裂下来的残块，施黄釉和绿釉，尺寸很小，都在10厘米以下，没有明显的特征。

　　3. 瓷器

　　碗底　1件（T1202③：2），圈足，足底外缘旋削，浅灰色胎，胎质细腻，碗内满施青色釉，圈足内底无釉。底径6.4厘米（图二二二；2）。

　　4. 铁器

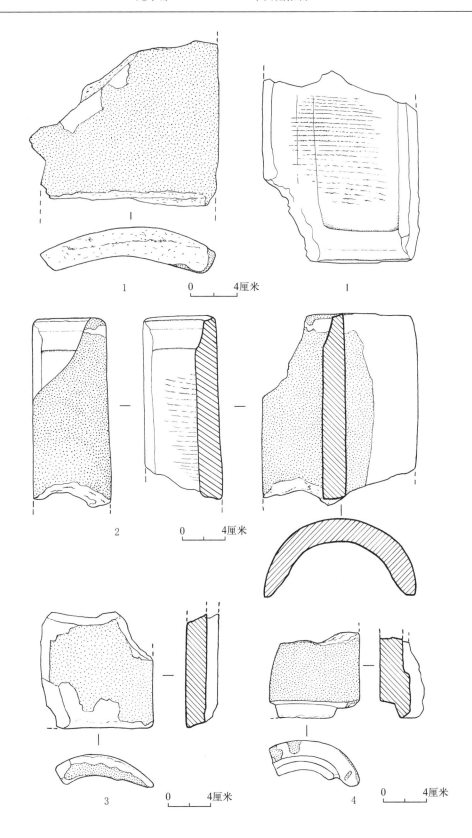

图二二〇　皇城南门出土琉璃瓦

1.绿釉滴水板瓦（T1308③：1）　2.绿釉当沟瓦（T1202③：1）　3.黄釉琉璃线道瓦（T1208③：2）
4.绿釉琉璃筒瓦（T1207③：1）

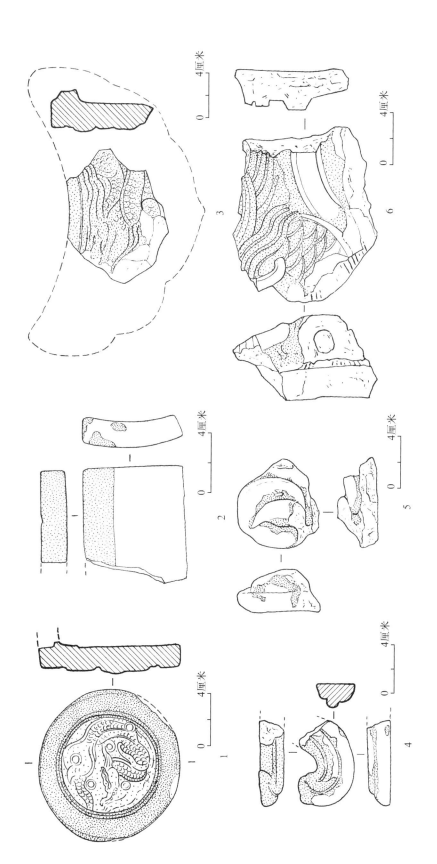

图二二一　皇城南门出土琉璃构件

1.瓦当 (T1307③ : 1)　2.绿釉条子瓦残块 (T1208③ : 3)　3.滴水 (T1205③ : 1)　4.龙角残块 (T208③ : 1)

5.云朵残块 (T1207③ : 3)　6. 龙身残块 (T1307③: 2)

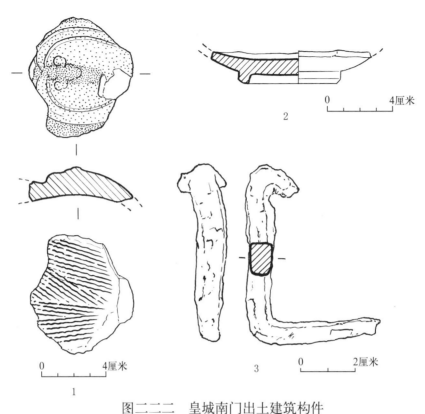

图二二二　皇城南门出土建筑构件

1. 莲瓣（T1206③：1）　2. 碗底（T1202③：2）　3. 铁钉（T1307③：3）

铁钉　1件（T1307③：3），四棱铁钉，锈饰严重，钉冒残损，尖部残断，从中部弯曲。残长9.2、横断面最大径1.06厘米（图二二二，3）。

四　小结

皇城南门第一区的发掘，确定了皇城南门的准确位置，解决了皇城南墙与宫城南墙的间距问题。出土的琉璃建筑构件，说明城门已经建成。简略的城门形制作为皇城正门，也较为少见，在元代考古发掘中首次发现。此次发掘为研究元中都的布局、建设进程、以及元代的城门结构提供了重要资料。城门南部勘探发现的夯土遗迹（第二区、第三区）为下一步工作规划提供了依据。因坝上地区11月份天气已冷无法发掘，南门的临时性扰坑、将军石的基槽、城墙的细部结构未做解剖，需在以后的工作中继续进一步解决。木、石、陶等材料也需取样做鉴定分析，以确定其来源。为避免自然力对遗址造成破坏，临时采取回填保护。

第八章　结　语

随着元中都考古工作的逐步展开，神秘的面纱正慢慢地掀开。虽然调查勘探还未超出都城近畿的较小范围，发掘揭露也主要局限于五处地点，但是收获的成果和希望已然令人瞩目。城市架构、对称布局、宫殿规格以及五光十色的文物无不彰显出皇都的恢宏，没有人会再说这座草海中的白城子是交易牲畜的"北羊城"，元中都返璞归真。

一　元中都考古工作的主要成果

（一）主要收获

1. 对元中都选址有了初步认识。

元代建城很讲究地理形势。上都是经过刘秉忠"相地"后选择了"龙岗蟠其阴，滦江经其阳，四山拱卫，佳气葱郁"的金莲川而建立的[1]；大都也充分考虑了地理因素，《析津志辑佚》有这样的记载："其内外城制与宫室、公府，并系圣裁，与刘秉忠率按地理经纬，以王气为主。故能匡辅帝业，恢图丕基，乃不易之成规，衍无疆之运祚。自后阅历既久，而有更张改制，则乖戾矣。盖地理，山有形势，水有源泉。山则为根本，水则为血脉。自古建邦立国，先取地理之形势，生王脉络，以成大业，关系非轻，此不易之论。"[2]说明大都考虑了地理形势，并指出了山、水因素的重要性。根据考证，大都城址向东北的转移，主要是考虑到水源问题：原来城址的莲花池水系已经不能供应多方面城市用水的需要，新城是利用高梁河水系上的一区湖泊作为重新设计的中心[3]。中都作为都城不可能不考虑地理形势问题。调查发现，元中都之西3公里是狼尾巴山，相对高度约70米，东、南、北三面远处亦可见山丘，形成拱卫之势。城址西北部依邻狼尾巴山，北端山顶制高点可俯视四方，视野开阔，很可能建有烽燧类建筑。城址之西和西南侧地势低洼，淖泊连片，东、南、北三面地势开阔平坦，碧草如茵。夏季的中都"细草和烟展翠茵，杂花匀簇道傍春"[4]，环境幽雅。水量因周围无大河似显不足，但坝上草原地区有自己的生态特点，水泊也是重要的水源。在城址西侧和西南侧，地势较低，现在水泊仍有积水，据考证，坝上的水量越古越大，元代水量比现在要大三分之一[5]。城址西侧淖沿子村南面地势低，今虽水面退缩，但据此村因位于淖之边沿而得名的事实推测，当时城址西侧及西南侧当是大面积的水域，水面可达淖沿子村边，足可满足中都之用。《管子·乘马》记载："凡立国都，非于大山之下，必于广川之上；高毋近旱，而水用足；下毋近水，而沟防省；因天材，就地利，故城郭不必中规矩，道路不必中准绳。"[6]元中都位于狼尾巴山下、高于淖儿6米左右的广川上，因地形平坦，城郭布局对称，非常符合《管子·乘马》的建城思想。可见中都选址于此，也是充分考虑了地理形势的。

2．对城墙规制和城市布局有了比较清晰的概念。

(1) 勘察发现城址存在宫城、皇城和外城 (郭城)三道城墙，由内而外依次相套，与史册相符。三城相套是元代城市建置的最高等级，只有都城才能使用。所以，元中都的平面建置使用三重城墙，是按都城设计的，体现了都城等级[7]。

(2) 基本了解了宫城形制及建筑分布特点。

①宫城南向崇方。中都宫城坐北朝南，呈规整的长方形，这也是我国古代宫城最为流行的平面形制。以磁子午线北方向为基准，用罗盘测得元中都轴线方向为4°，即北偏东4°，这与以正子午线北方向以及军事地图的坐标纵线北方向 (方格北或图北)为准的方向相比，存在偏离现象。当地磁北与真北的磁偏角约6°，若按正子午线北方向，则元中都轴线方向约北偏西2°，即358°。《周礼·考工记》记载了周朝的都城制度："匠人营国，方九里，旁三门，国中九经九纬，经涂九轨，左祖右社，面朝后市。"[8]所以中都宫城平面形制的这种南向崇方特征在中原古代都城中具有普遍性[9]。

②宫城建筑具有严整对称性和明确功能分区。中都宫城一号台基位居中心，各类建筑按照通过南、北城门的纵轴左右对称分布。这是其建筑分布的最大特征，也是我国古代宫城宫殿分布的普遍性特征。历代宫城宫殿布局，一般都是把规模最大的大朝正殿安排在中轴线上显要位置，体现以朝寝为中心天子至尊的核心地位。中都宫城的一号台基位居宫城中心，规模最大，所以根据位置与规模推断，它应是大朝正殿。在历代宫城中，后宫都位于宫城北部，一号台基北侧的一列东西排列的建筑当为后宫区。位于一号台基左右的辅助建筑、宫城东北部和西北部的建筑及宫城南部以南北轴线对称的诸建筑，应是进行内廷管理、服务、供应的衙署、府库或宗教祭祀性建筑，具体职能尚待勘探发掘予以究明。还有一些空白地带，可能是庭院、内苑区或根据蒙古族的生活习惯搭设蒙古包的地方，当然也不排除建筑遗迹湮没地下因未经钻探尚未发现或另有其他用途的可能性。宫城一号台基及东西两侧建筑组群之北有一条横贯东西的空白地带，它明显将宫城内部分为南北两区，南部应为前朝区，北部应该是后宫区，这符合宫城分区的一般特点：前朝后寝南北分开。朝寝之间用横道相隔，不仅有利于朝寝二者不同功能的使用要求，也有利于各自体系的充分发展[10]。

③建筑布局反映了遵"礼"的思想。宫城位于皇城北部中央，一号台基位于宫城的南北中轴线上，其前殿与东、西两座城门相对，整座台基坐落在宫城几何中心略偏北，而前殿正好是中心位置。将帝王行使王权的朝和正寝设在最尊贵的位置，即皇城和宫城的中轴线上重心所在，体现了周代"择中论"思想。周代的制度和文化，为后来的儒家所推崇，在漫长的封建社会，成为历代帝王争相仿效的最高模式，元大都是最符合周礼的实例。一号台基设在宫城中心是周礼"择中"思想的反映。一号台基在所有建筑中最高最大，体现了帝王至尊，也反映了中都在宫殿设计方面遵从了"礼"的规范。《周礼·内宰》载："宪禁令于王之北宫。"林尹注："北宫，谓后之六宫，以后之六宫在北故也。"从这个记载来看，按"礼"后寝是位于王宫之北的，中都也合此制[11]。

总之，城墙尤其是外城的勘定，是元中都城市布局勘察的重要突破，确证了元中都三套城墙的学说，使城市整体布局趋于明晰。建筑遗迹现状测绘的完成，使元中都的布局特点初露端倪，宫城建筑具有明确分工，以通过南门、北门的轴线对称分布，宫城内还存在有可能放置毡帐的空地，兼备草原文化与中原传统双重特色，为研究元代都城制度的演变提供了重要资料。

3．了解了部分重要建筑的主要特征。

（1）西南角楼

根据勘察情况并结合文献分析，武宗诏创"皇城角楼"是指修建宫城角楼。角台面积很大，出土大量砖瓦、琉璃构件及部分木板等遗物，可以想象当时角楼规模宏大、建筑金碧辉煌。古代城址中，大多设有角楼，特别是都城，大城（外城或郭城）有角楼，宫城亦置城隅角楼。关于角楼墩台，根据考古调查和发掘的情况，平面概有四种：一是曲尺形，二是矩形，三是方形，四是圆形。而中都宫城西南角台，与上述形制均不相同，三级转折别具特色，增加了空间变化，在视觉效果上给人气魄雄伟之感，这些都能达到武宗欲使皇城"壮观"的要求。与此种角台相适应的建筑应是三出阙的形制，在考古发掘中尚属首次发现。角楼形制应当是模仿元大都的宫城角楼而建，吸收了宋代建筑的因素[12]。

（2）宫城南门

①城门配置崇重南门继承中原传统。中都宫城现已勘定的四个城门，只有南门两侧发现有高大土丘，可知南门最为宏大。这也是中原都城的传统做法。西汉以前，都城尚未形成以南门为正的定制。如战国时期赵都邯郸宫城可能以东门为正，规模最大[13]。西汉长安，大城东面三门设"阙"，而南面没有[14]；从发掘情况来看，与长乐宫相对的东面霸城门规模与同未央宫相对的南面西安门相当，都大于其他同宫门不对的城门；至于宫城，未央宫以东门、北门为正，长乐宫以东门、西门为正[15]。东汉以降，都城明确以南门为正，各重城垣南面正门一般都是相应城圈以至全城诸门中最为宏大壮丽的。如东汉至魏晋的都城洛阳，南面平城门，是"正阳之门，与宫连，郊祀法驾所由从出，门之最尊者也"[16]。北魏洛阳宫城南面正门阊阖门，已发现了其巨大的门址[17]，与之相对的宣阳门是洛阳城的南面正门，是当时最隆重的城门[18]。元魏邺南城南垣正门朱明门，"独雄于诸门，以为南端之表也。"[19]唐长安城诸门中，唯有中轴南端的罗城正门明德门，采用了五个门道，最为隆重庄严[20]。唐长安太极宫正南门承天门，门道地面铺石条和石板，显得很讲究，是当时这个门特有的设施[21]。唐东都洛阳宫城南正门应天门据文献记载，建筑规模为东都洛阳城诸门之冠[22]。金中都宫城正南门应天门"楼高八丈，四角皆朵楼，瓦皆琉璃，金钉朱户，五门列焉"[23]，蔚为壮观。元大都宫城正南门崇天门，"门分为五，总建阙楼其上，翼为回廊，低连两观，观旁出为十字角楼，高下三级"[24]，豪华之极。保留至今的明清皇城正门天安门（承天门）巍峨壮丽、气魄宏伟；紫禁城正门午门在宫城诸门中也是罕有与比。所以中都宫城崇重南门的做法，是传统的延续。

②城门形制既有传统因素又有自身特点。采用过梁式门洞是传统做法的继承。过梁式门洞是在门洞两壁排立木柱，木柱上再搭梁架、枋、椽板，门洞上部作三角形或扁梯形，前者时代较早，甘肃天水麦积山第127窟西魏壁画的城门有这种形式；后者见于唐宋画中，如"清明上河图"，是唐宋以来普遍采用的形式。就发掘来看，早在商代便采用过梁式门洞[25]，迄元为止，只发现扬州宋大城西门[26]、大都和义门瓮城城门[27]、上都宫城南门和皇城南门[28]采用砖构券顶式，其他均为过梁式。从中都宫城南门门道两壁排列的排叉柱推断，它应该也是过梁式木构门洞，沿用传统做法。另外铁鹅台的做法与大都和义门瓮城城门所出者相同，合于《营造法式》[29]。

城门门洞的夯土壁面护以木板独具一格。城门门洞壁面有残留的木板痕迹，推断其壁面外侧（朝向门洞的一面)用木板进行装饰。木板的外侧有立柱4根，立柱外铺设有地栿石，地栿石上铺设木地栿，木地栿上安置排叉柱，做法考究，这是其自身特点。以前发掘的城门门洞壁面外侧结构，多是直接排列柱础、上立木柱，或将排叉柱直接立于地栿石之上如《营造法式·石作制度》之制，如洛阳发现的宋代门址[30]，也有将排叉柱置于木地栿之上者，但木地栿下无石地栿[31]。而中都在门洞两壁外侧安放柱础立木柱后，又在外侧铺设地栿石，地栿石既保护立柱下部，其内侧（地栿石与夯土壁面之间)又可固定支撑装饰壁面的木板，地栿石上铺设木地栿，木地栿上置排叉柱，这种门洞壁面结构形式十分少见。在考古发现的古代城门中，在城门门洞壁面装修方面大致有下列几种情况：一是以墩台断面为面，如汉代长安诸门[32]。二是门墩表面遍为砖面，洞壁以城垣和隔墙断面为壁面，其上抹白灰施彩绘，如北魏洛阳建春门[33]和隋唐东都永通门[34]；邺城朱明门据推测是壁面掩以草泥，近地面处贴砌陡砖以护壁[35]，也可归为此类；三是壁面、木柱之间、柱壁之间均砌砖或砌石，有的在砖石壁面粉涮装饰，前者如隋唐长安含耀门[36]、含光门[37]、东都右掖门[38]、崇庆门[39]等，后者如渤海上京宫城2、3、4号门[40]。而中都城门门洞壁面可能采用木质板壁装修似为首次发现。

宫城城门不设向外凸出的行廊阙观是较为少见的现象。古代宫城主要城门置阙。据《三辅黄图》说："周置两观，以表宫门，其上可居，登之可以远观，故谓之观。"[41]《太平御揽》载："崔豹古今注曰：阙，观也。于前所以标表宫门也，其上可居，登之可远观，人臣将朝至此，则思其所阙，故谓之阙。"[42]可见阙又称观，有标表宫门的作用。春秋时期已有建于宫殿正门前的阙。《春秋·定公二年》记有："夏五月，壬辰，雉门及两观灾。"杜预注释说："雉门者，公宫之南门，两观，阙也。"《诗经·子衿》中有"挑兮达兮，在城阙兮"的诗句。曲阜鲁国故城的稷门外是有双观的[43]。战国时期都城宫门也设阙，《周礼》有"悬治象之法于象魏（门阙）"的记载，赵都邯郸宫城东门也有双阙[44]。大一统的西汉都城长安，未央宫设有东阙和北阙[45]，长乐宫设有东阙和西阙[46]，建章宫设有凤阙[47]。北魏平城、洛阳二京的宫城均筑有阙，其中以洛阳宫城阊阖门外双阙最为巨大[48]。隋唐洛阳宫城应天门"有两重观，上曰紫微观，左右连阙"[49]。唐大明宫含元殿，地位相当于太极宫的承天门[50]，"左翔鸾而右栖凤，翘两阙而为翼"[51]。北宋东京汴梁宫城正门宣德门，"下列两阙亭相对"[52]，金代宫城正南门"四角皆朵楼"[53]，有阙无疑。元大都宫城正门崇天门"翼为回廊，低连两观"[54]。明代午门"魏阙两分"[55]，清朝午门阙亭尚在。可见宫城正南门设阙，在中国古代都城中极少例外。阙的形制，一是独立双阙，如西汉建章宫东阙和北阙[56]。二是附墙观阙，见于西魏和唐代壁画。三是城垣向前转折与双阙衔接，北魏隋唐壁画都有这种形式[57]。四是以行廊与城墙或附墙阙墩联结的双阙（后者实为四阙），城门平面呈"凹"字形。发掘表明，在北魏以后，以行廊与城墙或阙墩联结的形制最为流行，朱明门是发掘揭露的时代最早的这种形制的城门，河南禹县石幢也表现有这样的城门[58]，至于宫城城门，更是如此。如唐长安承天门、隋唐东都应天门、北宋汴梁宣德门、金中都应天门、元大都崇天门直至明清午门，莫不如是，凸出的阙址距墙不下数十米，平面都是"凹"字形。根据上述分析，中都宫城正南门非"凹"字形城门，没有以行廊与城墙相连的双阙，这种做法似不符合宫城城门形制的发展趋势，或可说明其等级不及大都。

③有关门道数目。古代城门门道包括外城、皇城和宫城在内以1、3、5居多。亦有两个门道的

情况，但极为少见，在河南禹县石幢表现有两个门洞的城门形制，画像石上的函谷关东门是一门二途[59]，发掘所见中原地区仅大明宫含耀门[60]一例，渤海上京宫城午门也是两个门道，但其形制似与中原有所不同[61]。四个门洞的情形更为罕见，目前似只见于壁画中。中原都城的宫城正南门，自东汉以后直至明清，均为3个或5个，且宋、金、元之正都均为5个门道。中都的宫城正南门，有3个门道，属于常制。

④宫城南门内侧设有矩形广场也极为罕见。矩形广场的外围为两道空心夹壁红墙，红墙内侧有一周砖砌平台，围墙东、西各辟有一门，北有东、中、西三门，其中的中门为三门道，门道形式简略，可能为牌楼式。这种城门内侧设有矩形广场的建筑结构，也是我国考古中的首次发现。

另外，宫城南门废弃之后没有再次遭到大规模的破坏，城门下部形制保存较为完好，保存了元代的建筑风格，保留下来的一些细部做法，如铁鹅台、铁靴臼、地栿石上的木地栿等，在考古中都是罕见的实例。

（3）一号殿址

搞清了台基的结构。整个台基地面以下是夯实的大型长方形基槽，在掺有小石块的夯土基面上高出两层台基，上面的两层台基逐层收退，均方砖铺面，台基周壁砌砖，向外的转角处基槽内留有大致扁方形的玄武岩角柱基石（土衬石），土衬石上立雕花汉白玉角柱，上层台面发现保留两个汉白玉方形柱础，直径1米以上，覆盆雕饰宝装莲花。在寝殿和夹室墙壁基槽内共发现有六个玄武岩柱础，台基外侧地面铺砌方砖，并由台基向外渐低，利于向外散水，共七条上殿通道。一号殿址台基平面呈"土"字形，其上建筑应为工字殿，模仿自大都，溯源于唐宋。因此可知，中都的建筑风格也是继承了中原传统。台基北侧没有上殿通道，说明很有可能宫殿没有后门（北门），这可能是和坝上地区夏季凉爽、冬季寒冷的气候有关，这样做的目的主要是为了冬季保暖而防止凛冽北风直接刮入殿内，而夏季殿内不用通风就很凉爽。

若将公制单位按1元尺≈31.62厘米换算，宫殿建筑的长宽尺寸或柱础间隔等，一般为有规律的倍数或相差无几，所以很可能以"元尺"作为计量单位[62]。

除上述三处建筑基址外，还发掘了皇城南门（ZYHNM1）和宫城南墙一号排水涵洞（ZYGNS1）。目前发掘的这五处遗址均有重要新发现：工字殿的"土"字形台基结构，基本与大都大明殿相似，但在月台及台基层次等方面又别具特色，提供了元代工字形大朝正殿的唯一发掘实例；采用三观过梁式门道的宫城正门直接仿自大都崇天门，但外无瓮城和行廊阙观、内设碧瓦夹壁红墙重门结构的广场独具一格；宫城西南角台应为递落式屋顶组合的三重子母阙角楼的墩台，在元代考古发掘中首次再现了传统角楼古制；简略式皇城正门，也是元代考古发掘所仅见；同时全石结构的排水涵洞具有宋元时期特征，保存较为完整，对研究元中都排水系统具有重大意义。

4．大量出土文物不但为研究元代都城制度、建筑特点、工艺水平提供了不可多得的实物资料，也对研究元中都毁废过程及当时的其他历史状况等具有重要意义。

（1）出土文物反映了建筑局部特点。

发掘出土的瓦分灰瓦和琉璃瓦，又有板瓦、筒板之别，灰瓦数量多于琉璃瓦，带有圆形瓦当和如意头滴水的均为琉璃瓦，说明建筑采用高等级的筒板瓦顶并用琉璃瓦剪边，硕大的琉璃鸱吻、大量的琉璃塑龙残块表明正脊装饰云朵行龙，端部装有龙吻，高耸富丽。凤鸟、海马、"行什"等饰件，证明垂脊排列走兽，绚丽多姿。一号台基出土的螭首及雕龙角柱反映了台基的一些特征：台基用砖礓面，转折部位立有角柱石，台面周边围以白石栏杆，台沿及角部伸出白石螭首。这均与大都宫殿具有相同的特征[63]。

根据走兽残块的数量较多这一现象，很可能正脊上也有走兽。宫城南门出土有铁索、铁橛钉、铁鹅台，还出土门上的铜饰件，可能为大门铜包叶。这对于复原研究元代宫廷建筑都是非常珍贵的实物资料。

（2）出土文物反映出建筑等级很高。

封建社会中，各朝代都对建筑形式和用材加以一定的等级限制，如宋代规定"凡民庶家不得施重栱藻井及五色文采为饰"[64]、非宫室寺观毋得雕镂柱础[65]等。所以，建筑构件都包含一定的等级意义。在元代中上层统治阶级的府第——北京后英房元代居住遗址中都是素面柱础[66]，而元中都宫城一号台基使用了宝装莲花柱础，表明了其等级很高。以前调查发现有楠木片，楠木木质坚固有香味，是建筑和制造器物的名贵材料，大都的宫殿就使用了大量楠木[67]，也说明中都建筑等级很高。琉璃构件在元代城址中见于王级以上宫室及寺观遗址，后英房遗址均使用灰瓦而无琉璃，中都宫城内多处遗迹均有琉璃，特别是"行什"目前仅见于故宫太和殿，按清琉璃瓦的规定，檐角最多为九个走兽，太和殿从上到下、从里到外均采用最高等级的工程做法，它在九兽之后又增加了"行什"，是一种破格做法[68]，而中都西南角台采用了"行什"，可见建筑等级之高。螭首只能用于重要的宫殿。目前发掘和调查采集的螭首很少，时代较早的见于邺城遗址[69]、长安含元殿基址[70]、勃海国东京宫殿[71]等。晋祠圣母殿台基两角的螭首是地面尚保留的古建筑中时代较早的[72]。这些螭首均未见带有前肢的角部螭首。明清两代的故宫、帝陵及皇家园林主要建筑都砌有汉白玉螭首，角螭均有前肢[73]。山东孔庙大成殿也有这种装饰[74]。至于元代，发现的古建筑中使用白石螭首的有曲阳的德宁殿[75]和居庸关过街塔[76]，且前者角螭无肢；有关元代建筑的文献中提到使用白石螭首的建筑，只有大都元宫正朝大明殿[77]，此前调查发现和发掘出土白石螭首的地点有元上都[78]、察罕脑儿行宫[79]，但发掘出土的有前肢的白石螭首是中都所仅见。综上，螭首特别是汉白玉螭首均用于重要建筑，尤其是元代，除都城和行宫外，德宁殿[80]和过街塔[81]也都是皇家敕修，螭首似都用于皇家及和皇家有关的重要建筑上。中都宫城一号台基所出土的白石螭首，当体现了当时建筑的最高等级，明清皇家建筑使用"行什"和带前肢的角部螭首的作法，可能源于元代或更早。

（3）出土文物体现了高度的艺术成就。

角部螭首堪称元代雕刻的极品。它采用了圆雕技法，造型和表现力令人叹为观止。龙的双肘半屈，有一跃而起之势，臂腮肌肉丰隆，爪背筋腱突起，趾尖嵌入石座。身躯前扑、头部微昂，蓄张扬之势，凸吻皱鼻、拧眉瞪目，蕴愠怒之情；双角贴颈、两耳后抿，含欲发之态。龇牙翘腭，须发飘摇，似箭之在弦、一触即发，如怒涛排壑、声震千里。动态造型蕴含着无穷力量，摄人心魄，令人不寒而栗，把雄健、凶悍和气吞山河的气势表现得淋漓尽致。

台沿螭首在细节装饰上变化多端。台沿螭首由后部的凹形石条和前端头部组成，头部形态与角螭头部相似，但吻、腭、唇、齿、眼、耳、鼻、角、额、腮、眉、毛等细节，以及丰瘦程度等差别十分明显。主要体现为：①吻部：上面分为平滑略显起伏、一排肉丘凸起、两排肉丘凸起等几种。一排肉凸者，如CS3，吻部上面有两个肉丘凸起，上唇髭须根部靠上，中分由下向上由里而外旋卷，须梢呈涡旋纹状附在两个肉凸的外侧，涡旋纹的涡心隆起；CS10，有三个肉丘凸起，微残。吻部上面有两排肉丘凸起者，如CS2，前排有5个，其中两侧者较小，后排有四个，两侧者亦较小；又如CS11，前排3个，后排4个，肉丘大小相差不大。吻部上面平滑略显有起伏者，如CS7，上唇髭须用阴刻竖道纹表示，由中间分别向两侧渐斜，至上唇两侧则旋成涡纹，两侧的涡纹均为由内向外、由下而上旋卷。值得注意的是：所发现的螭首一般都没有触须，唯CS47两侧上颌腮肉上各有一道较长的水波纹，类似触须，但用阴刻线表现似不合情理，此一孤例不能确定它就是代表触须。②上腭部：横向阴刻波纹形，略如连弧纹形，有3—13道，以5—9道较多见。横向波纹线并非生硬的线条，而是由下而上呈斜面有梯次变化，如CS20，或相邻两线之间为微弧面，如CS11，给人以真实的感觉。唇缘凸起，或圆润、或有棱，腭面比唇缘下凹。③牙齿：有6—12对，以6对和8对最多。牙齿整齐排列，牙根部位以刻出连弧状牙龈者为多，亦有个别无牙龈者。牙面微鼓，牙缝处较低，表现很真实，不呆板。上、下牙齿咬合相接的横缝处，有的略向前噘，有的略平；獠牙弧状，尖锐锋利，凶悍残酷，有的獠牙亦表现出牙龈。一般两侧各上二下一，个别上三下一，如CS35。有的牙齿上还有竖线纹。④下唇：一般为凸缘，亦有略平者，或有用一道阴刻线与下颌胡须分开者，如CS10。唇下为胡须，均为四股，外侧两股的胡梢尖部外旋成涡纹状，内侧两股呈人字形中分后向后曲屈飘拂贴附在颈下。短者至正对嘴角下方，长者可至腮的下方。⑤下腹：饰连弧纹如蛇腹状的腹甲，前后甲片叠交的边缘线条均有弧度，婉转自然、富有立体感。下颌略下沉，与颈交接处微微内凹，形态把握准确，非常逼真。⑥唇缘：唇缘凸起，一般后部有火焰纹，个别无有，如CS42。火苗有弧曲现象，有抖动之感，腮肉数量一般为唇上4、唇下3、嘴后1，少数腮肉数量亦有变化。腮肉鼓起，很有质感，非常写实、表现出咬合时的力量感。⑦鼻子：呈三角蒜头式，鼻中部拱起，两翼阴刻一至三道弧形线，似褶皱，鼻孔凹入、鼻翼外扩，表现了愤怒时贲张的状态。⑧额部：突出，额前中部有乳突，两眉内侧上卷呈旋涡纹，外侧后拂，眉下有火焰纹。额上部可分光滑平坦、三分、中部叶形、中凹两分等类。乳突富于变化。额顶是变化较明显的部位，细化大致分为6种情况：额顶光滑平坦、中略弧起、乳突较小；额顶分为左、中、右三部分，呈三角形状或叶形，中部突起明显，用圆润刀法表现，乳突较大；额顶中间有桃叶形突起，用阴刻线表示桃叶形边缘；额顶分两个部分，中间有缓沟分开；额部较短，中部有一棱状突起，突起的两侧微隆，圆滑；额中部，由眉间乳突至两角根处下凹呈三角形，分成两半、两侧微隆。⑨眼睛：眼窝深陷，眼球突出，眼珠呈卵圆形，一般都有一圈或二圈阴刻细线，使目光集中向前，有的眼珠与眼白分界处没有明显的刻线，但可看出眼白比眼珠要肥大突出，亦有包裹其外的感觉。个别的眼珠与眼白之间仅微凹、表现出眼珠较小之感。上下眼睑有的睑缘突起高棱，有的外侧刻有环绕凸缘的阴线，有的未加雕饰。内眦呈尖角形、圆形或略呈长方形向下凹陷，外眦呈三角形。⑩耳朵：外形如侧扁的喇叭花状，有的有凸缘，有的没有凸缘。耳廓随缘有阴刻线一道，但有的没有此线或不明显。耳根鼓起呈弧凸状，或大或小，上有数量不等的阴刻弧道装饰，一般为1—4道，表现肌肉的凸凹感，有的弧线类似月牙状。耳廓内或有放射形阴刻细线装饰表示耳毛，有的起筋线由耳廓通向耳内。⑪角：两角后伸平贴于颈部。角根部膨大，中部以一个圆形凸起分为前、后两节，各横刻3—5道水波纹。角根是变化最为明显的部位之一，有成组突起的肉瘤状、圆形、椭圆形、葵花状等，并凿有麻点或小坑窝等装饰，可分三叉形、不规则形、圆形、"V"字形等。细化大致分为七种情况：椭圆形角根凿有三角形坑窝、麻点的葵花状；圆饼状或花朵状凿有三叉形或"V"字形凹坑；角根连弧边缘呈花朵状，凿有不规则形坑窝、麻点；角根由多个肉瘤状突起组成，肉瘤排列整齐，个别凿有麻点及小坑窝；角根凿呈饼状或花朵状，上面无其他凿痕；角根凿有圆形、长方形、及不规则形的坑窝，坑窝突破边缘；角根凿有小圆饼状，其上再凿有一个小坑如铜钱形，还有凿有2—4个小坑如纽扣状的；角根呈饼状突起，左角凿有圆形坑窝麻点，右角无，此种为特例，可能是失误所致。另外还有两种特例：螭首CS24和CS13的龙角侧面有一个棘刺。螭首CS52的角外侧各有二道水平刻线和"〈"形折线。⑫头后装饰：从腮后伸出三重装饰，第一重为涡卷状虬髯；第二重为棘刺和火焰底纹组成的腮翅，一般为三尖形，亦有二尖形如CS35，或四尖形。此处火焰用刀较直，方向一致，与嘴角处的火焰纹相比更有力度，而嘴角处的火焰纹似微弱而颤动的小火苗，富于变化、体现出柔美感。二者对比明显。一般火焰纹上没有装饰，但个别两侧腮翅火焰纹上饰有小麻坑，如CS72。第三重为飘拂状的鬃毛、动感十足。螺卷虬髯、饰有火焰棘刺的腮翅、舒展的鬃毛通过有节奏的层次变化，丰富了空间感，具有强烈的感染力。

雕花角柱也是难得的艺术精品。正面及其一个侧面浮雕花纹，周留边框，主纹升龙、底纹牡丹，龙形与螭首风格相同，差别是龙角有四个枝叉，五爪。它主要采用浅浮雕技法，主体纹饰适当采用高浮雕技法，也就是《营造法式》所言"压地隐起"和"剔地起突"[82]。加之细部适当采用线刻技术。多种手法配合使用，使近景、远景有层次、有深度地充分表现出来。底纹牡丹枝叶，形态逼真，雍容华贵之姿栩栩如生；主纹游龙戏珠，飘浮的流云、飞焰的宝珠、飘扬的鬃毛和龙身流动的线条使凌空飞腾的游龙脱壁而出。整体构图疏密有致，各部位最高点参差错落，层次起伏和圆弧转折面利用合理，雕刻线条流畅，刀法精绝，图案生机充实，有极高的审美价值。

(4) 出土文物佐证了都城毁坏原因。

西南角台墙体的纤木有烧后的灰烬，砌壁之砖均为近代拆取，说明角楼曾经火烧，且当时毁坏原因并不是为了攫取建筑用材。南门的木柱及木板均被火烧毁，且地栿石仅一块稍微移位并未运走，还发现城门火烧以后又整体塌落的砖壁，说明当时可能仅以破坏为目的，并未取走砖石。一号台基有大量粘结在一起的砖瓦绕结物，且螭首均出于台基下，多数都很完整，说明它在很短的时间内就被毁坏掩埋了。从发掘的三个地点来看，中都应该是大规模地毁于火，且目的似仅限于破坏而已。据《鸿猷录》所记，"关先生以察罕帖木儿还兵河南，遂引兵自塞外东还，攻保定，不克，陷完州，又西出掠大同、兴和、中都诸郡，军声大振。乃还兵东向至高丽界，焚上都宫殿，攻陷辽阳，元总管李震死之"[83]。文中提到了起义军攻掠中都，火烧上都，但没有说明火烧中都。在《元史》[84]和《庚申外史》[85]中也有相似的记载，唯没有提到中都情况，但是关先生、破头潘的这次进攻路线是由完州向西攻克大同，又向东克兴和，直趋上都，三者一致，位于兴和路的中都是其必经之地，后者不提中都可能是因为中都已经撤归兴和之因。三者都没有明记火烧中都，但都记载了火烧上都的情况。根据他们火焚上都宫殿及鲁王宫府[86]做作法，曾经显赫一时的中都宫城亦当难逃此劫。因此结合发掘及文献，中都的毁坏最有可能系关先生、破头潘率领的红巾军所为。建筑遗址中的灰烬为红巾军烧毁中都这个结论提供了较为有力的佐证。

(5) 出土文物体现了宫殿的壮丽，也见证了建造过程的艰辛。

首先，出土文物反映出中都建材运自外地。所有螭首及部分柱础系用白石雕成，而附近山区还没有发现有这种石材。巨大的柱础边长1.05米，若依"造柱础之制，其方倍柱之径"[87]计算，柱径当在0.5米以上。这样粗的树木在地处坝上草原的中都地区，实难见到。以前的调查中还曾见有楠木片，楠木属常绿乔木，是南方树种，南门木头经化验为云杉。这两种树木，草原不见。工匠也是各地征调，上都、大都及明清宫殿的琉璃由山西人承作[88]，大都石刻有曲阳人参加[89]，中都亦或如此。精美的文物体现了宫殿的壮丽，也凝结着工匠的血汗。调查发现和发掘出土的文物，等级和艺术水平都很高，且宫城内的建筑遗迹上都可见砖瓦，说明宫殿已经建成，其豪华和气派也的确能满足皇帝"伏愿万国来朝，共仰京都之壮丽"[90]的欲望。而这壮丽的宫殿仅用一年完成，且当地属东亚大陆性季风气候中温带亚干旱区，严冬漫长，常有霜冻寒潮，平均气温5℃度以下季节长达6个月之久，最冷的1月均温零下16℃，极端低温可达零下34.8℃。且冬春风烈，春季风沙遮天蔽日，冬季风雪旋转狂舞，建造中都的一年中当有半年以上气候恶劣[91]。胼手胝足建造中都的宫匠们就是在这种条件下，创造了神奇的速度。建材输运路途遥远和施工条件艰苦困难，造成了无数的伤亡，朝廷曾采取"死于木石及病没者给钞有差"[92]的抚恤措施，可为旁证。监察御史张养浩把兴建中都等工程列为弊政，他说："今闻创城中都，崇建南寺，外则有五台增修之扰，内则有养老宫展造之劳。括匠调军，旁午州郡；或渡辽伐木，或济江取材，或陶甓攻石，督责百出，蒙犯毒瘴，崩沦压溺而死者，无日无之；粮不实腹，衣不覆体，万目睊睊，无所控告，以致道上物故者，在所不免。……彼董役者惟知鞭扑趣成，邀功觊赏，因而盗匿公费，奚暇问国家之财诎，生民之力殚哉？"[93]这段话反映了当时的真实情况：大量军匠从各个州郡调来修筑中都，烧砖攻石伐木取材可远至辽东和江南，大量工匠死于工程和路途，人们缺衣少食，愤怒之极。所以，这些巨大华丽的柱础、精雕细刻的螭首、流光溢彩的琉璃体现了帝王之居的尊严和华贵，也饱含着劳动者的心酸和血泪。

(6) 铜钱反映了货币制度。

《元史·食货志一》载："武宗至大三年初，行钱法，立资国院、泉贸监以领之。……历代铜钱，悉依古例，与至大钱通用。其当五、当三、折二，并以旧数用之。"[94]中都出土的铜钱均为北宋钱币，说明了元以前的铜钱还在继续流通，尤其是北宋钱币可能占有较大比例，甚至多于元钱。

(7) 阿拉伯幻方为研究元代中国同阿拉伯国家文化交流史和中国数学史提供了新物证。

在中国古代经常通过占卜来预测吉凶。"国家建元之初，卜宅于燕，因金故都。时方经营中原，未暇建城郭，厥后人物繁夥，隘不足以容，乃经营旧城东北而定鼎焉。于是，埤堄之崇，楼橹之雄，池隍之浚，高深中度，势成金汤。而后上都、中都诸城咸仿此而建焉"[95]。可见元中都的规划以上都、大都为蓝本，在营建中很可能也要占卜。中世纪的阿拉伯人已把幻方当作护身符，而且崇尚巫术，赋予具有数学或数字特征的幻方以神秘色彩，把它作为宗教、巫术和数学的综合体，以予卜未来，寻吉避祸。在中国古代社会，数学和数术是融为一体的。数术是中国古代人运用数理机制，"推往知来"的思想和方法。元中都宫城一号殿址是当年的大朝正殿所在，主持营建中都的萧珍是华化的穆斯林，有可能是他把中国数术习俗与阿拉伯穆斯林传统结合起来，刻制了青石幻方，作为人与数术中介物，埋设在前殿北部中心位置，以此实施方技占卜之事，趋吉避祸，求得中都永固、国祚长久。阿拉伯数码在数学史上叫印度—阿拉伯数码。在13、14世纪之间，传入中国。随着时间的推移，不同时期的阿拉伯数码字形渐渐演变出不同的结构特征。元中都出土的这块阿拉伯幻方是一个六阶幻方，其同行、同列、同一主对角线的数字之和均为111，且第一行与第六行的六个数字平方和相等，第一列与第六列的六个数字平方和相等。它是由不完全型四阶幻方组成的，在扩阶原则下的构造法及其阿拉伯组合数学的性质正是阿拉伯幻方的内涵，充分反映了阿拉伯古典数学的独到之处。其奇特的性质具有对称性、匀衡性或和谐性[96]。它所蕴含的组合数学知识，不仅是阿拉伯古典数学的重要部分，而且有利于我们了解阿拉伯幻方传入中国的脉络。

5. 四都比较研究取得可喜进展。

我们把蒙元时期的四个都城和林、上都、大都和中都进行比较，得出如下结论[97]：

（1）都城设计反映汉化程度逐步加深。

和林筑有两重城垣，到上都采取三套城垣的不完全形式，再到大都和中都都是三套城垣与北宋东京完全一致，体现了汉化程度的逐步加深。同时，在建筑的分布上，和林、上都不对称，在很大程度上受到其本民族传统习俗的影响，而大都和中都是中轴对称，体现了中原传统文化特点。

（2）中都具有都城规制，地位与上都相当，兼有行宫性质。

中都城垣配置与上都、大都同属都城等级，这在前文也已述及。但在规模上，中都与大都相差甚远，而与上都基本相当。而在大都和上都两者中，前者为正都，后者是陪都。所以，中都地位也应该与上都相当，具有陪都性质。大都宫城城墙用砖甃面，而中都仅角台及城门部位砌砖，或也可作为表明其等级差别的一个旁证。

（3）中都皇城区域狭小，其功能当以驻守军队为主。

皇城与宫城周长之比，上都、大都、中都分别约为2.4∶1、2.9∶1和1.5∶1。在比例上，上都、大都没有太大差距，而中都却明显不同，皇城范围极为狭小，可能反映了其设计思路有所不同。中都之地，周围没有大山作为屏障，所以也得依赖大量军队作为安全保障，来弥补地形上的不足。因此中都狭小的皇城应该与唐长安大明宫、唐东都（北宋西京）洛阳宫城以及上都宫城外的"夹城"相似，主要是突出了护卫宫城的作用。同时，隔墙将皇城分区，既便于军队的分区驻守，也增强了防御能力。

（4）中都模仿大都、上都，又有自身特点。

中都与蒙古帝国时期的都城和林相去甚远，而与建造时代最为相近的大都相似点最多，城垣配置、布局特征、建筑风格以及附属设施的配备均是一脉相承。通过比较还可看出，就宫城与皇城的相对位置而言，中都与上都更为接近，且中都宫城的形状与尺寸简直就是上都宫城的翻版，中都的规模也与上都相当，都说明中都的建设无疑受到了上都的影响。中都也具有本身的特点，如中都大朝正殿一号台基位于宫城的几何中心，与大都大明殿地处宫城南部有所不同，在皇城范围、城门结构等方面也都显出自身特点。所以，中都建设以模仿大都为主，也吸收了上都因素，又具有自身特点。

通过比较蒙元四都的布局、规模、建筑特点，揭示蒙元四都城墙设置的演变体现了汉化进程。元中都模仿大都和上都，是继承中原传统风格的草原陪都，同时受地理、政治、军事等因素影响，在布局和建筑某些方面别具特色。中都的城墙设置及其附属建筑特点表现了与大都、上都明显的承袭关系，但其皇城范围非常狭小，且在皇城中设置隔墙，突出了护卫宫城的作用，体现了自己的特点。

6. 在元中都地理历史背景的理论研究方面取得了长足进展。与元中都紧密关联的历史事件，如明文之争旺兀察都事件、张养浩的上时政书、红巾军烧毁中都等等，都在史料方面得到比较翔实的论证。

7. 由元中都引发的思考、衍生的文物保护课题正在逐步深入。遗址与生态保护相辅相成、协调发展，宫城西南角台、南门、一号殿址等部分遗迹的保护工程通过研究、论证，得到国家文物局批准，目前正在实施过程中。

（二）价值评估

对北方民族文化遗存的研究，在国内史学界、考古界均备受关注。鲜卑、契丹、女真、蒙古皆起源于北方，留下了很多值得后人研究的文物遗存。尤其是蒙古族，他们金戈铁马、逐鹿中原、并曾横跨欧亚大陆创造了辉煌历史。张北地区及其毗邻的闪电河流域是这些古代北方民族活跃的地方，契丹、女真、蒙古三个北方少数民族，从边远角落，走上历史发展大舞台，在中国历史上写下浓墨重彩的一笔，都与在这一区域的活动密切相关。这里古代遗存分布较为密集、且性质相对单一，有许多重大历史事件与这些遗存有关，其中一些遗迹史书记载曾为政治、交通、军事重镇，除上都、中都、抚州外，还有察罕脑儿行宫、桓州、九连城、大宏城、马神庙遗址等。内蒙古文物考古研究所近年来就一直对元上都进行考古勘测，取得很大成就[98]。《河北北部辽金元城址的调查、勘测与保护》课题组，2003—2007年在闪电河流域发现了十余处辽金元时期城址[99]。河北省文物研究所在闪电河流域发掘的梳妆楼元墓群，可能与元代汪古部首领阔里吉思家族有密切联系，与张北元中都为同时代的遗存，与元武宗可能也有一定的联系。元代有重要驿路经元中都与此地相连，两者之间也应有着内在关联。所以这里在研究北方民族文化史方面具有极为重要的地位。目前对蒙古历史研究更是国际性的，欧洲、东亚有很多学者均对神秘的蒙元大帝国历史有浓厚的兴趣，发表的研究文章不计其数。日、蒙联合考察队在蒙古国哈剌和林一带开展了一系列考古研究，并取得了很大的收获[100]。作为蒙元时期四个都城其中之一的元中都，是北方民族文化遗存的重要组成部分。此次考古工作多方面填补元代都城制度和建筑特征的考古空白，为蒙元时期历史研究补充了具有重大学术价值的新内容，引起学术界的高度关注。勘测和发掘报告整理出版，将为深入研究、有效保护和合理利用奠定基础，为探索文物保护和生态保护相结合的全新思路提供依据和实例。通过展示宣传提高当地知名度，可促进旅游经济发展，弘扬民族文化，激发爱国热情，对促进考古学和文物保护学科建设，指导重要历史文化遗产科学保护与利用，为构建和谐社会和社会的可持续发展提供经验和借鉴等，都具有十分重要的意义。

二　元中都考古工作目前存在的主要问题

1．关于中都建立的原因，众说纷纭，莫衷一是。都城是行使统治权力的中心，它的建立和迁徙，综其原因，主要是政治和地理两大因素。中都、上都、大都位置呈鼎立之势，各自距离不逾千里，在这样小的范围内，大都、上都的地位已经确立，武宗不惜耗费大量人力物力，再立一个都城，其原因确实值得深究。学者们对中都建立的原因从军事、交通等方面进行了深入的论述，这只是建都的地理因素，是立都的必要条件，在政治方面的因素虽有学者提及，但论述不够深入，也都没有确凿的证据。所以中都建立的原因还应该从当时帝国形势、武宗的背景和经历、贵族集团的利益并结合大的地理环境及大都、上都、和林之间的相互关系等多方面综合分析，最重要的是通过调查寻找考古学证据，这也是中都考古的一个重要而艰巨的任务。

2．宫廷广场的位置问题。宫廷广场很早就出现在我国封建都城的规划中，其位置多在宫城前面，上都也是如此，而大都却移位于皇城正南门前，并直接为明初南京城以及后来的北京城所因袭，在宫廷广场的演变过程中有承上启下的作用[101]。中都广场的位置问题尚未解决，有待勘明，这对研究都城布局演变具有重要意义。

3．主殿廊庑问题。古代宫城大朝正殿都有廊庑，在殿前围成庭院。中都宫城一号台基之南地面空旷，似为庭院，但尚未发现明确的廊庑遗迹，是否存在，有待下一步工作。

4．殿门问题。在朝殿与宫城城门之间设置与殿同名的殿门，也是中原都城的传统，大都也是如此。在宫城南门与其北一号台基之间地面未发现遗迹，钻探已经了解到一些地方地下有砖，为寻找殿门提供了线索，这个问题关系到庭院结构与宫城布局，是必须要解决的。

5．有关"行什"问题。"行什"这种脊饰，《清式营造则例》称之为猴，今称"行什"是以其位置而定，对于它的本质含义，尚无定论，且中都出土之"行什"手持螺纹锥状物，这种脊饰，面部似人又像猴，背有翅膀，手持之物似与清代太和殿"行什"所持金刚宝杵有所不同[102]。在此暂时称之为"行什"，尚不能确定它与佛教中人面鸟身的"妙音鸟"迦棱频迦是否有关联，作为一条线索记录于此。这种脊饰的含义还有待于深入的研究。

6．琉璃釉色、龙纹等级意义问题。明制王府限用绿色琉璃，比大内黄瓦降一等[103]，元代从发表的调查资料来看，集宁路庙宇遗址[104]和安西王府[105]都发现有黄釉琉璃，釉色的等级意义是否与明制有别，还有待研究。建筑构件使用龙纹，在寺观遗址也有发现，似非皇家所专用，在细部特点上《元史·舆服志》天子服饰龙为"五爪二角"[106]，而中都琉璃构件上的龙是四爪，角螭前肢表现出前面三爪，后面应该还有一爪，可能同前者一样也为四爪，角柱石上的龙为五爪，可见中都出现的龙有四爪和五爪之分，似可说明这两种爪形皇家都可采用，所以龙爪的等级意义也有待深究。

7．出土文物的类型学研究问题。中都出土的建筑构件与其他元代都城和行宫所出同类构件相似，但在细部特征又有差别，如螭首的鼻部、鬣毛等方面可以看出明显不同，但由于发表资料不多，且已发表简报对文物的细部特征也大多未作细致描写，照片也不清晰，因此在这方面还需要大量的调查工作和深入的比较研究。

8．野狐岭的具体地点还有黑风口说、土边坝说、全段山岭说三种。当年通过山岭的交通要路，也有黑风口说、土边坝说等。对野狐岭、安固里淖（古称鸳鸯泊）、狼尾巴山（元称鼠山)等史书上记载的军事和驻跸地点，证据较少或原有分歧没有定论，需要进行重点调查和确认。

9．"淖沿子遗址即为乌沙堡"之说目前尚不能确定是对是错。《张北文史资料》第六辑《乌沙堡与元中都》一文，指出"元朝建立后，武宗皇帝则在乌沙堡废墟上创建了"元中都"，"乌沙堡乃旺兀察都之地"。乌沙堡与乌月营也有重要关联，这两个地点在史料中有记载，但其地点存在争议。目前通过调查和局部钻探对淖沿子遗址的范围有了大体了解。希望通过进一步工作解决这个问题。

10．元中都所在地，很可能是金元时期汪古部的活动地带。汪古是金元时期阴山以北部族，金朝皇帝为了防御蒙古、克烈、乃蛮等部，修筑了一道大墙，交给该部守卫。12世纪末，汪古部主摄叔、阿兀思剔吉忽里兄弟相继为金朝守边，称北平王。1203年，成吉思汗灭克烈部，乃蛮太阳汗遣使约汪古一起对抗蒙古，阿兀思将太阳汗的意图报告成吉思汗，并发兵会合蒙古军同攻乃蛮。成吉思汗以阿兀思自动归附，乃任命他为五千户汪古人的首领，许嫁以女儿阿海公主，并相约两家世代通婚，互称"安答"（契交）、"忽答"（亲家）。阿兀思长子不颜昔班、侄镇国、次子孛要合相继袭位，称北平王，娶阿海公主。孛要合次子爱不花娶忽必烈女，至元间称为丞相，主汪古部事。爱不花长子阔里吉思继任，元成宗铁穆耳时，受封高唐王，娶成宗女，镇守西北边境，被笃哇军俘虏后遇害。其弟术忽难袭高唐王，又进封赵王。术忽难传位阔里吉思子术安，术安娶泰定帝姊。从此，汪古部主相继袭爵赵王。沽源的梳妆楼一号元墓（彩版五九），据出土文物尤其是一枚至大通宝推测，墓主时代很可能是元武宗时期。另外还出土有一块书有"襄阔里吉思"的石碑残片，墓主可能与汪古部首领有关联。在今后的工作中，对汪古部的遗存应予以足够关注。

11．一些谜题尚未能解开，如"旺兀察都"等一系列蒙古语音译的名词其含义等还需要深究。关于驿路及其相关驿站和"纳钵"的确切地点及实际建设情况，在文献研究方面取得很大进展，但在考古勘察和发掘方面还无建树。通过实地调查，我们在野狐岭土边坝北坡发现有龙纹滴水、瓦当和走兽羽翼，在元中都东侧约6公里的黑城子村北侧发现一处城址，城址内有柱础和砖瓦等建筑材料，另外根据1994年《张北县志》记载在安固里淖附近亦有古代建筑遗迹。这些都有可能与元代的驿站或"纳钵"有关，今后需要重点关注。同时，细致整理有关中都的文献史料包括元人诗作、文集等也是非常必要的。

12．虽然在元中都遗址范围内已经进行了一定的考古工作，但是由于各种条件的限制，截至目前考古工作做得还不够全面详细，尚有不少区域并没有进行过考古调查、勘探和系统科学的发掘。对元中都的认识，还只是冰山一角。这使我们目前尚不能全面地把握其丰富的历史内涵，从而在总体结构理解、科学有效保护、合理展示利用等方面还存在不足。元中都是保护较好、时代单一的一座草原都城，在历史、艺术、建筑等方面都具有相当重要的科学价值，我们已经按照国家规定"四有"的要求，划定了城址的保护范围，并制定了考古规划，勘察和发掘正在有步骤地进行。为使元中都研究更加深入，考古调查范围不应仅限于城址附近，还应包括周围相邻地区。

13．气象观测刚刚起步，现已积累了一些气象统计资料。元中都周围，气温、风向的季节变化及在昼夜之间的转变，鸟类迁徙时间，灾害天气的发生等，都有鲜明特色，掌握温差对土质膨胀率的影响、天气对遗址的影响，了解气候物候特征，对元中都土遗址保护和合理利用，具有非常重要的意义。但目前工作还是粗线条的，还没有详细的数据作为支撑，没有达到为远景规划提供指导意义的程度。

14．科技考古方法的应用还不理想。在不破坏遗址的前提下，要考虑采用新的科技考古方法，并按照国家"保护为主，抢救第一，合理利用，加强管理"的文物工作方针，树立文物的产业意识，寻求合理利用、积极保护的途径，力求做到研究、保护和利用相辅相成，使元中都考古成为一个包含多种学科的综合性课题。

三　元中都考古工作前景展望

元中都保护规划已通过国家文物局审批，部分保护工程正在实施，今后还需要继续开展考古研究和展示工作。

（一）必要性

首先，关于元中都的文献记载迷雾重重，考古成为破解历史疑难的最重要途径。再者，保障作为文明载体的文化遗产的传承和永续利用，就必须对相关遗存特别是大遗址进行重点保护和科学展示，这也是研究的重要内容，对文化遗产保护重要性的认识、保护措施的科学性也都依赖于考古研究的力度。同时，元中都考古研究也是一项需要全方位展开的综合性研究课题，仍有继续成长的空间，理念与方法需要在很多方面突出自己的特色，对发展、丰富考古学理论与方法，推动文化遗产保护学科建设、提高展示水平以及促进专业队伍的培养等都具有非常重要的意义。

（二）可行性

第一，国家对大遗址保护和考古遗址公园的建设，给予了政策倾斜和资金支持。第二，元中都遗址整体保存较好，随着考古工作的逐步开展，文物保护观念在当地已经越来越深入人心。第三，多年来，张北县政府和各级文博部门为维护遗址的完整性和周围景观的协调性做了大量持续的工作。第四，交通便利。张家口市有京包、大秦铁路横贯东西，境内有110、207、109、112四条国道和19条省级公路。从北京经八达岭高速公路至张家口的一级公路，使北京和张家口之间的往来只需3小时。现还开通有张家口至石家庄的直达客车。张石高速通车后，交通更为便捷。考古研究和展示具备了得天独厚的条件。

（三）主要内容

下一步的重点主要在全面调查、重点勘探、适当发掘、考古资料完善与学术研究等工作基础上，完成对元中都自然地理环境的全面了解，掌握翔实的信息，为大遗址保护提供基本的资料和规划建议，为考古学研究、文物保护打下坚实基础，为建成国家考古遗址公园提供科学依据和技术支撑。及时公布研究成果，为多学科综合研究提供资料，拓展学术研究领域，提高元中都的知名度和地位，保护和传承好祖国的优秀历史文化遗产。考古工作计划分为近期和中长期两个阶段。2012—

2016年为近期，2017—2025年为中长期。

1. 工作思路：将宫城南墙的附属遗迹和通过宫城南门—北门的南北向轴线上的遗迹搞清楚，通过重点发掘基本了解宫城、皇城建筑的不同特征，为建设考古遗址公园做好基础准备，进行先以宫城南墙和通过南门—北门的都城中轴线上的建筑为代表的既突出重点、又能以点代面的展示。对一些尚未搞清内涵而又易遭受破坏的相关遗存，先期进行发掘。在此基础上，将元中都的南北向和东西向两条中轴线两侧遗存探明，构建公园建设的框架。随着考古工作的进一步开展，使考古公园建设有步骤地逐渐由中轴线向两侧拓展。

2. 近期主要目标任务：了解遗址的交通、地理基础条件，力图廓清城址总体格局及其与外部环境的内在关联，为进一步的考古研究、保护和利用提供线索。建都原因也还有待搜集确凿史料、发掘实物证据。完成各种砖石木陶等建筑材料的取样分析；已经发掘但尚未完成的一号殿址西南角、殿门、殿墙及周围道路的解剖确证工作需进一步展开；通过对三套城墙的解剖定位，皇城南门附属结构、城内道路系统的继续钻探发掘，外城南北向和东西向的两条中轴线两侧宽120—240米区域的钻探，了解是否存在建筑、道路、护城河及引、排水系统；淖沿子遗址窑址区和皇城西侧遗址区的重点勘探和试掘工作，狼尾巴山遗址、马鞍桥墓地及其他遗址或墓葬区的调查勘探等工作，尚需深入进行。与此同时，及时有效地对揭露发掘出的各种遗迹进行现场保护。

3. 中长期主要目标任务：对元中都所有遗迹及可能发现的墓葬区进行详细勘探，全面掌握遗址基本内涵。对前期未涉及的外城建筑，有选择性地进行发掘，搞清三套城中建筑形制和性质的不同特征。选择重要遗迹进行适当发掘，以展示其特征。继续察访并借鉴其他学科研究方法，完善调查资料。最终廓清总体布局，为深入研究、有效保护和合理利用奠定基础。按照全国重点文物保护单位和《元中都遗址保护规划》的要求，对元中都遗址及其保护范围和建设控制地带进行整体、合理、有效的保护。建成国家考古遗址公园，充分利用元中都的历史文化底蕴进行学术研究和爱国主义教育，扩大元中都的影响，弘扬民族文化，促进地方经济的发展。立足长远，疏渠、蓄水以备干旱时期保持生态环境，具有必要性和可行性，应该纳入长远规划之中。

4. 展开多学科综合研究。学科的交叉渗透和融合以及现代科技的广泛应用，已经成为一种不可逆转的趋势。根据考古工作开展的情况，结合地理环境与主体遗存特点，适时展开如下课题研究：第一，建立属于计算机考古范畴的"考古地理信息系统"，包括资料安全存储、行政管理审批、遥感考古、实时监控、考古数据综合分析、新闻发布、公众展示平台等诸多功能。第二，进行历史地理学的研究。包括地理环境变迁、古地貌、水文资源的复原及其变化研究，古气候变化过程及其对植被、水文资源影响的研究，特定景观的复原及展示规划等。第三，动植物考古。现在遗址有众多的野兔、黄鼠、獾子、狐狸等栖息于此，秋季数以万计的大雁在城址上空徘徊，植物种类多种多样，结合动物学、植物学及考古学，通过科技分析古今对比研究生态变化。第四，冶金考古。运用现代科技分析手段分析遗址中的冶金遗物及金属器物，揭示当时的生产力发展水平。

5. 在公众考古方面做有益的探索。

总之，本报告结合勘察发掘与文献记载，基本确定了中都城垣的配置和建设情况，初步分析了宫城布局、建筑性质及单体遗迹的特点，从平面特征和文物特点等方面说明中都具有都城等级，使中都城址的基本轮廓逐渐清晰。对中都城址各方面的初步研究和探讨，对于在今后的勘察发掘中准确选址具有指导意义，使中都下一步研究工作更加具有目的性和针对性。元中都研究不仅在元代政治、军事、历史、经济、建筑等方面有重大意义，在艺术研究领域也有重要价值。特别是石雕艺术，通过对其雕刻技法、表现效果的分析，可看出元代雕塑形神俱备，极富感染力，使人充分认识到其极高的艺术价值。通过将元中都与和林、上都、大都相比较，认识到元中都是一座在草原上建立的基本具有中原风格、可能还保留某些草原民族风俗的都城，它主要模仿大都，兼收上都因素，并具有一定的自身特点。元代都城尤其是宫殿制度上承宋金、下启明清，对于了解我国古代宫殿制度的渊源演变颇具重要性。最能代表元代制度的大都元宫已毁于明永乐间营建北京之役，遗址压在今明清故宫和景山之下，虽钻探也没有可能，更不必谈发掘了。元中都直接继承大都，它的发掘和研究有实物资料做基础，补充了大都研究所无法达到的方面，而大都又在文献方面具有优势，两者可以相辅相成，并与草原特色较多的和林、上都的研究相互促进，有力地推动元代都城及其相关问题的研究。

元中都遗址的重要性越来越引起人们的关注，发展形势非常好。元中都周围方圆数公里的小范围，是能够全面反映坝上环境的具有代表性的地理单元。山坡、湖泊、旷野地形多样，草地、林带、农田错落有致，走兽交横驰，飞鸟相随翔，众多个性鲜明的元素汇聚成集约精致的微缩景观。放眼未来，只需一条曲径串通，把历史文化区与特色农林区、自然风景区、民俗风情区有机相联，便是一幅自然与人文交相辉映的壮美图画。凭借各级领导的高瞻远瞩、有识之士的真知灼见、塞外风情的烘云托月，元中都考古研究和保护利用的灿烂前景指日可待。

注释：

[1] 叶新民：《元上都研究》第1页，内蒙古大学出版社1988年版。

[2] 北京图书馆善本组辑：《析津志辑佚》第33页，北京古籍出版社1983年版。

[3] 侯仁之：《北京旧城平面设计的改造》，《文物》1973年第5期。

[4] 张养浩：《中都道中》，《归田类稿》卷一九。台湾商务印书馆1986年影印文渊阁《四库全书》第1192册第633页，上海古籍出版社1989年版，下文简称《四库全书》。

[5] 尹自先：《坝上牧业考略》，《河北学刊》1984年第4期。

[6] 《管子·乘马》，《二十二子》之《管子》卷一，第96页，上海古籍出版社1986年版。

[7] 张春长：《有关元中都城墙的几点思考》，《文物春秋》2003年第5期。

[8] 《周礼·冬官考工记》，《黄侃手批白文十三经》第129页，上海古籍出版社1983年版。

[9] 张春长：《关于元中都布局与建筑的几个问题》，河北省文物研究所编：《河北省考古文集》（三）第477页，科学出版社2007年版。

[10] 同[9]。

[11] 同[9]。

[12] 同[7]。

[13] 罗平：《对赵王城内外建筑布局的探讨》，《文物春秋》1996年第2期。

[14] 刘庆柱：《汉长安城的考古发现及相关问题研究》，《考古》1996年第10期。

[15] 王仲殊：《中国古代都城概说》，《考古》1982年第5期。

[16] 《后汉书·五行志一》第3274页，中华书局1965年版。

[17] 中国科学院考古研究所洛阳工作队：《汉魏洛阳城初步勘查》，《考古》1973年第4期。

[18] 同[15]。

[19] 崔铣:《邺都宫室志》注引《邺中记》,《嘉靖彰德府志》卷八。转自中国社会科学院考古研究所、河北省文物研究所邺城考古工作队:《河北临漳县邺南城朱明门遗址的发掘》,《考古》1996年第1期。

[20] 中国社会科学院考古研究所西安工作队:《唐代长安城明德门遗址发掘简报》,《考古》1974年第1期。

[21] 马得志:《唐代长安与洛阳》,《考古》1963年第6期。

[22] 方孝谦:《四十年来洛阳隋唐以降的考古发现与研究》,洛阳市文物工作队编:《洛阳考古四十年》第40—45页,科学出版社1992年版。

[23] 《日下旧闻考》卷二十九《宫室》第410页,北京古籍出版社1981年版。

[24] (明)萧洵等:《北平考·故宫遗录》第73页,洪氏出版社印行,1982年。

[25] 中国社会科学院考古研究所河南第二工作队:《1983年秋季河南偃师商城发掘简报》,《考古》1984年第10期。

[26] 中国社会科学院考古研究所、南京博物院、扬州市文化局扬州城考古队:《扬州宋大城西门发掘报告》,《考古学报》1999年第4期。

[27] 中国科学院考古研究所、北京市文物管理处元大都考古队:《元大都的勘察和发掘》,《考古》1972年第1期。

[28] 内蒙古大学历史系贾州杰:《元上都调查报告》,《文物》1977年第5期。另见魏坚:《元上都》,中国大百科全书出版社2008年版。

[29] 同[27]。

[30] 洛阳文物工作队:《洛阳发现宋代门址》,《文物》1992年第3期。

[31] 黑龙江省文物工作队:《渤海上京宫城第2、3、4号门址发掘简报》,《文物》1985年第11期。

[32] 王仲殊:《汉长安城考古工作的初步收获》,《考古通讯》1959年第5期。

[33] 中国社会科学院考古研究所洛阳汉魏故城工作队:《汉魏洛阳城北魏建春门遗址的发掘》,《考古》1988年第9期。

[34] 中国社会科学院考古研究所洛阳唐城队、洛阳市文物工作队:《隋唐洛阳永通门遗址发掘简报》,《考古》1997年第12期。

[35] 郭义孚:《邺南城朱明门复原研究》,《考古》1996年第1期。

[36] 中国社会科学院考古研究所西安唐城工作队:《陕西唐大明宫含耀门遗址发掘记》,《考古》1988年第11期。

[37] 中国社会科学院考古研究所西安唐城工作队:《唐长安皇城含光门遗址发掘简报》,《考古》1987年第5期。

[38] 中国科学院考古研究所洛阳发掘队:《隋唐东都城址的勘查和发掘》及《隋唐东都城址的勘查和发掘续记》,《考古》1961年第3期及1978年第6期。

[39] 中国科学院考古研究所洛阳发掘队:《洛阳隋唐东都1982—1986年考古工作纪要》,《考古》1989年第3期。

[40] 同[31]。

[41] 《三辅黄图》卷之六第108页,据清代毕沅重校乾隆四十九年刊本影印,成文出版社有限公司印行,1970年。

[42] 《太平御览》第1册第一七九卷第871页,中华书局影印本,1963年。

[43] 中国社会科学院考古研究所编:《新中国的考古发现和研究》第271页,文物出版社1984年版。

[44] 同[13]。

[45] 《汉书·高帝纪(下)》:"(七月)至长安。萧何治未央宫,立东阙、北阙、前殿、武库、大仓。"

[46] 《汉书·宣帝纪》卷八:"(五凤三年)三月辛丑,鸾凤集长乐宫东阙中树上。"又《汉书·刘屈氂传》卷六六:"太子引兵去,驱四市人,凡数万众,至长乐西阙下。"

[47] 《太平御览》第1册卷179第871页:"建章宫圆阙临北道,凤在上,故号曰凤阙也。闾阖门内东出有折风阙,一名别风。"中华书局影印本,1963年。

[48] 中国社会科学院考古研究所、河北省文物研究所邺城考古工作队:《河北临漳县邺南城朱明门遗址的发掘》,《考古》1996年第1期。

[49] 中国科学院考古研究所洛阳发掘队:《隋唐东都城址的勘查和发掘》引"元河南志隋城阙古迹"条,《考古》1961年第3期。

[50] 《唐六典》卷七:"殿即龙首山之东趾也……今元正冬至于此听朝也……阁下即朝堂,肺石、登闻鼓,如承天之制。"

[51] 李华:《含元殿赋》,《全唐文》第四册卷三一四第3186页,中华书局1982年版。

[52] 《东京梦华录注》卷之一《大内》第30页,宋孟元老撰,邓之诚注,中华书局1982年版。

[53] 《日下旧闻考》卷二十九《宫室》第410页,清于敏中等编纂,北京古籍出版社1981年版。

[54] 同[24]。

[55] 郭义孚《邺南城朱明门复原研究》注引刘若愚辑、吕毖编《明宫史》。

[56] 同[35]。

[57] 刘敦桢主编：《中国古代建筑史》第14页，中国建筑工业出版社1984年版。另参见注[35]和杨鸿勋：《唐长安明德门复原探讨》，《文物》1996年第4期。

[58] 同[35]。另参见刘敦桢主编：《中国古代建筑史》第18页。

[59] 王仲殊：《汉长安城考古工作的初步收获》，《考古通讯》1959年第5期。

[60] 同[36]。

[61] 同[31]。

[62] 参考傅熹年：《元大都大内宫殿的复原研究》，《考古学报》1993年第1期。

[63] 《故宫遗录》载："殿基高可十尺，前为殿陛，纳为三级，绕置龙凤白石阑。阑下每楯压以鳌头，虚出阑外，四绕于殿。"可知大都大明殿台基有白石栏杆和螭首。《辍耕录》卷二一《宫阙制度》载："（大都）诸宫门皆金铺朱户，丹楹藻绘，彤壁，琉璃瓦饰檐脊"，"角楼四，据宫城之四隅，皆三朵楼，琉璃饰檐脊。"可知系用琉璃瓦剪边。

[64] 《宋史》卷一五四《舆服志》第3600页，中华书局1977年版。

[65] 陈从周：《柱础述要》引宋会要舆服记景祐三年诏，《考古通讯》1956年第3期。

[66] 中国科学院考古研究所、北京市文物管理处元大都考古队：《北京后英房元代居住遗址》，《考古》1972年第6期。

[67] 刘敦桢主编：《中国古代建筑史》第268页，中国建筑工业出版社1984年版。

[68] 于倬云：《故宫三大殿形制探源》，《故宫博物院院刊》1993年第3期。

[69] 河北省临漳县文物保管所：《邺城考古调查和钻探简报》，《中原文物》1983年第4期。又俞伟超：《邺城调查记》，《考古》1963年第1期。

[70] 马得志：《1959—1960年唐大明宫发掘简报》，《考古》1961年第7期。

[71] 刘敦桢主编：《中国古代建筑史》第170页，中国建筑工业出版社1984年版。

[72] 山西古建筑保护研究所彭海：《晋祠圣母殿勘测收获——圣母殿创建年代析》，《文物》1996年第1期。

[73] 于倬云：《故宫太和殿》，《文物》1959年第11期；南京博物院编：《明孝陵》图版87—89，文物出版社1981年版；中国第一历史档案馆：《清代帝王陵寝》第39、52、65页图版，档案出版社1982年版；城乡建设环境保护部、中国建筑技术发展中心建筑历史研究所：《北京古建筑》图版71、72、131、279等，文物出版社1986年版。

[74] 山东省曲阜县文物管理委员会编：《孔庙孔府孔林》第14页，文物出版社1982年版。

[75] 《文物春秋》1993年第3期封面。

[76] 城乡建设环境保护部、中国建筑技术发展中心建筑历史研究所：《北京古建筑》彩版236"昌平县居庸关过街塔全景"；同书第48页载该塔始建于元至正二年（1342年），约在1346年完工，是元顺帝妥欢帖睦耳亲自下令建造的。

[77] 同[24]。

[78] 内蒙古大学历史系贾州杰：《元上都调查报告》，《文物》1977年第5期。

[79] 河北省文物研究所1999年10月在沽源县小宏城子察罕脑儿行宫遗址调查发现2件螭首，现存沽源县文化局。

[80] 张立方：《五岳祭祀与曲阳北岳庙》，《文物春秋》1993年第4期。

[81] 宿白：《居庸关过街塔考稿》，《文物》1964年第4期。

[82] 《营造法式》卷三《石作制度》，《四库全书》第673册第422页。

[83] 《鸿猷录》卷二《宋事始末》第20页，王云五主编丛书集成初编本第390函，商务印书馆，1937年版。

[84] 《元史》卷四五《顺帝纪八》第945页："（至正十八年）九月，关先生攻保定路，不克，遂陷完州，掠大同、兴和塞外诸郡。"

[85] 《庚申外史》卷下："至正十八年……关先生、沙刘二、破头潘等由大同直趋上都，焚毁宫殿，望虎贲司，犯大宁。"《豫章丛书》第五函第38册。

[86] 《庚申外史》卷下："至正十九年，破头潘、关先生赴全宁焚鲁王宫府，驻居辽阳。"《豫章丛书》第五函第38册。

[87] 同[82]。

[88] 陈万里：《谈山西琉璃》，《文物》1956年第7期。

[89] 曲阳人参加元代大都宫廷建筑雕刻在很多研究文章中有反映，同时在曲阳县羊平镇杨琼墓前的神道碑（现存曲阳县北岳庙）碑文中有提及。

[90] 程钜夫：《瓮郭察图建宫殿祭文四首·后土》，《雪楼集》卷一，《四库全书》第1202册第9页。"瓮郭察图"即

"旺兀察都"。

[91] 气候参见1994年尹自先主编《张北县志》第三章《自然环境》之第三节《气候物候》第74—82页。

[92] 《元史》卷二二《武宗纪一》。

[93] 张养浩：《归田类稿》卷二《上书·时政书》，《四库全书》第1192册第486页。

[94] 《元史》卷九三《食货志一》。

[95] 《国朝文类》卷四二之第14页，四部丛刊初编本，上海书店据商务印书馆1926年版重印，1989年版。

[96] 佟健华：《元中都阿拉伯幻方之研究》，未刊。

[97] 张春长：《元中都与和林、上都、大都的比较研究》，《文物春秋》2005年第5期。

[98] 内蒙古大学历史系贾州杰：《元上都调查报告》，《文物》1977年第5期。另见魏坚：《元上都》，中国大百科全书出版社2008年版。

[99] 河北省文物研究所"河北北部辽金元城址调查勘测与保护"课题组：《张家口地区辽金元时期城址勘查报告》，河北省文物研究所编著《河北省考古文集》（四）第214—249页，科学出版社2011年10月第一版。

[100] [日本]白石典之：《日蒙合作调查蒙古国哈拉和林都城遗址的收获》，《考古》1999年第8期。

[101] 侯仁之、吴良镛：《天安门广场礼赞——从宫廷广场到人民广场的演变和改造》，《文物》1977年第9期。

[102] 于倬云：《故宫三大殿形制探源》，《故宫博物院院刊》1993年第3期。

[103] 王璞子：《燕王府与紫禁城》，《故宫博物院院刊》1979年第1期。

[104] 张驭寰：《元集宁路故城与建筑遗物》，《考古》1962年第11期；又内蒙古自治区文物工作队：《元代集宁路遗址清理记》，《文物》1961年第9期。

[105] 马得志：《西安元代安西王府勘查记》，《考古》1960年第5期。

[106] 《元史》卷七八《舆服一》。

附录

元中都的研究现状与前景

张春长

元朝历史上曾出现过两个中都，一是忽必烈于至元元年（1263年）改燕京为中都，至元九年（1272年）又改为大都[1]；其二是元武宗海山于大德十一年（1307年）诏建于旺兀察都之地的中都[2]。本文述及系指后者，遗址在今张北县馒头营乡白城子。元中都兴废匆匆，文史记载寥寥，因而在蒙元四都中，唯其湮灭日久、鲜为人知。1997年，由河北省文物局、中国元史研究会、张北县人民政府联合举办"元中都学术研讨会"，学者们从文献角度对其进行了分析，元中都才逐渐引起人们的重视。从1998年至今，河北省文物研究所对其进行考古勘察与发掘。本文旨在总结过去考古勘察和研究的成果，探索进一步深入研究的方向、课题和方法，不当之处，敬请批评指正。

一 元中都遗址的认定

元中都遗址明清称之为沙城[3]，乾隆二十三年黄可润纂修的《口北三厅志》，疑其为辽置通市易之北羊城[4]。民国二十三年许闻诗修《张北县志》参考此说，对其位置及遗迹简要描述后提出"是否为北羊城待考"[5]。《察哈尔省通志》[6]及《坝上四县解放前的历史资料》[7]断章取义袭用史志，认为白城子即北羊城。1986年张北县文化馆据此将刻有"北羊城"字样的古迹标志立于白城子遗址。此前，虽然日本蒙古史学者箭内亘于1919年就首次提出白城子遗址为元中都，但又错误地以为昌州与中都实异名同地[8]，其说并未引起关注。80年代以来，张北县的史志考古工作者发现了元中都[9]。尹自先先生发表《白城子说》，考证白城子遗址就是故元中都[10]。此考最初受到南京大学历史系教授陈得芝先生的认可，后罗哲文、张羽新、郑绍宗等先生确认，"元中都"才得以正名[11]。1993年经河北省政府批准，白城子遗址被列为省级文物保护单位。1997年7月，国家文物局张文彬局长、河北省文物局刘世枢副局长、中国社科院考古所徐苹芳先生及北大考古系宿白先生对白城子遗址进行实地考察[12]。1997年8月，在张北县召开了"元中都学术研讨会"，与会代表参观了张北县举办的"元中都及元代文物陈列展览"，考察了白城子遗址，认定它就是当年的元中都[13]。

二 元中都遗址的实地调查

对元中都遗址的调查以1997年为限可分为前后两个阶段。第一阶段的调查是从20世纪80年代以来至1997年，主要是短期的或个人进行的踏查，有以下几项。

1983年刘建华和张书平两同志对城址进行了调查，发现城址为边长约560米的正方形，城址内有高出地面的建筑基址19处，采集到黄绿釉琉璃瓦当、滴水、泥质灰陶莲花瓦当、素面灰砖，泥质印花龙纹砖、石柱础、石螭首等建筑构件，指出"此城当为元中都"，是从上都到大都"途中小憩的一座'行宫'"，明洪武北征时烧毁[14]。虽然发现中都的时间较早，但因调查简报发表较晚，未引起重视。

尹自先先生对白城子进行实地考察后于1984年发表《白城子说》，认为白城子为一宫城遗址，有内外二城。还采集到楠木碎片、钧窑、龙泉青瓷器残片以及汉白玉质螭首石刻残块若干，指出"当年这是一规模宏伟、富丽堂皇的宫殿，不会是交易牲畜的北羊城"，并结合史料考证它是元代中都故址[15]。

1997年夏天，河北省文物研究所对白城子遗址进行调查，并草绘平面图[16]。调查认为，城址西及西南有山陵，山下有湖泊，引水入城解决了城内的用水问题，很可能在皇城内的地下修有水道的分布网，指出中城和皇城平面呈"回"字形，皇城内布局按南北轴线东西对称。因调查时间短，外城未明其地。

张北县文物保管所先后从元中都遗址内采集到许多建筑遗物，计有砖、瓦当、滴水、鸱吻、柱础、角石、螭首等建筑构件，并从遗址周围的魏家房、积善、淖沿子、陈家房子等村征集了部分文物，有白釉赭彩花卉罐、卵白釉碗、龙泉窑瓷碗、兴和路广储仓印、莲花灯、铜权、双鱼纹镜、摩羯纹长柄镜等遗物[17]。

第二阶段的调查是从1998年至今由河北省文物研究所、张家口市文物管理处、张北县元中都遗址管理处(前期为张北县文物保管所)联合组成考古队，对元中都遗址进行了连续性、有计划的勘察。包括对元中都周围环境、城墙、宫城区进行勘测，并对宫城西南角台、南门和一号台基进行发掘。调查了解了元中都周围良好的草原生态和依山临水的地理形势，测绘了"回"字形相套的宫城皇城及其地面建筑遗迹的等高线图，并发现了外城线索，证明元中都是采用三套城垣的都城规格。发现了三出阙角台、保存较好时代最晚的采用过梁式门道的三观制宫城城门以及工字殿的土字形台基等，并出土了汉白玉螭首、牡丹龙纹角柱、宝装莲花柱础、琉璃龙纹瓦当滴水、琉璃走兽等重要文物，不但从考古学角度证实了白城子遗址确为元代中都城，而且多项发现都填补了元代考古空白[18]。

三　元中都的相关认识

对元中都的认识主要涉及地理环境、历史沿革、兴废原因、修建过程、相关事件、平面布局等方面。

关于元中都的地理环境，周良霄先生著有《三朝夏宫杂考》[19]，认为"张北地区是辽金元三代的夏宫所在"，唐代称这一带为冷陉山，是奚部的避夏之所。辽时，皇帝夏捺钵地点有王国崖、葛里狋、凉陉（炭山）、胡土白山、燕子城、冰井、得胜口、鸳鸯泺、三义口、大鱼泺等，但辽代张北一带的行宫，多是临时以车帐环卫而成，随驾迁徙，今天恐已无迹可寻了。金代世宗从大定六年开始，连年或每隔一两年的四五月间就来张北一带避暑行猎，秋凉后返还。金代夏宫在金莲川有景明宫、扬武殿，大鱼泺有枢光殿，三义口有泰和宫，都有相当规模。从元初开始，隆兴不单是上都的畿辅重郡，而且也是行宫之所在，地位重要。在1998年以后的勘察中还发现元中都周围环境幽雅，依山邻水，有适宜建都的地理条件[20]。

关于元中都地区的历史沿革，无专文论述，但在《张北县志》[21]和尹自先先生《坝上的历史沿革》[22]中均有涉及，对中都所在地区人类在原始社会后期至今的历史长河中的活动及建置有所记述和考释。

关于元武宗建造中都的原因，意见不一。陈高华先生[23]和魏坚先生[24]认为，武宗海山急功近利，想效世祖建上都而建中都，以此为己树碑立传、巩固统治，且很可能欲以中都代替上都作为避暑巡幸之地。史为民先生认为武宗建造中都是考虑了此地在交通上具有特殊地位，并且因地形险要，地处农耕与游牧地区的分界线上，具有不可忽视的军事地位[25]。韩志远先生指出，元武宗建中都，可能是效仿金朝重视首战取胜之地而使出河店规格逐步升级的做法，借此纪念1211年成吉思汗在野狐岭破金之事[26]。孟繁清先生认为中都的兴建有武宗好大喜功的心理因素，但不能完全认为是一种个人行为，它是辽金多京制的继续，隆兴是上都强劲的支撑点具有重要的战略地位，是兴建中都的重要政治军事背景，同时，中都之兴与坝上地区的社会经济发展分不开，而这又是民族和解、民族交流的结果[27]。张羽新先生[28]、郑绍宗先生[29]和叶新民先生[30]都指出，中都地区具有适于驻跸避暑的自然条件，地处大都、上都中间，北通和林，西达西域，可北控漠北、南俯中原，对于统治全国的蒙古贵族来说是理想的建都之地。笔者认为元中都的建立是地理基础、政治需要和个人因素等综合作用的结果[31]。

关于中都停废的原因，孟繁清先生认为是仁宗受儒家文化影响较多，他对武宗的肆意挥霍和铺张极为不满，但根本原因还是国家面临的无法解决的财政危机[32]。张羽新先生认为，一是为了缓和因建造中都所造成的财政困难和社会矛盾的激化；二是元朝国家统一，上都和大都地位确定，没有另建新都的迫切需要；三是中都地区没有大河缺乏水源，生产力低，供给不足，缺乏历史的、传统的政治、经济、文化的深厚基础[33]。郑绍宗先生认为虽西路驿道路过此地，但从上都至大都走此路不如走黑谷路（沽源—赤城一线)近而方便，特别是两都之间的紧要军情非走黑谷路不可，这是中都建后未经久用而渐放弃的原因之一，它的废弃应该说主要还是政治原因[34]。

关于元中都修建过程与相关事件之研究，陈高华先生在《元中都的兴废》一文中，对元中都的始建时间、领导行宫建设的工部派出机构、建造中都的队伍、工程的速度、元政府采取的征用劳动力的措施做了翔实叙述。对武宗着手建立中都的行政管理机构也作了考释，如武宗立中都留守司兼开宁路都总管府，是将中都和大都、上都并列；立开宁县应是管辖中都所在地；以大同路隶属于中都留守司，是便于调集人力、物力供应中都的需要；立中都万亿库掌管各种财物；立光禄寺负责供应宫廷和诸王、百官所需之酒；立虎贲司是负责中都安全。对中都的罢废过程——"罢城中都"、退还民田、机构撤改、器物收归及泰定两幸、明文之争都依次析说，指出文宗因内疚而冷落中都，至正四年时中都宫殿已开始毁坏，到明初已有"沙城"之称[35]。

关于元中都平面布局，学者们指出元中都宫城布局有对称性，可能建有完备的排水系统，与上都、大都在建筑风格上既有继承又存在一定差异[36]。

四 元中都研究前景

元中都是在特定的历史条件下由少数民族统治者在草原上建立的古代都城，具有许多不同于其他古代城市的独特性，值得探究的问题很多，是一个涉及勘察发掘、遗址保护、生态保持等的综合性研究课题，关于元中都遗存本身的学术研究、文物价值如何充分体现以及在研究过程中对先进考古学方法论探索等多方面都可开辟新的思路。如何在国家当前文物工作"保护为主、抢救第一、合理利用、加强管理"的方针指导下使元中都研究更加深入，特提出如下拙见。

1. 田野考古与文献研究相结合

对遗址进行深入细致的田野勘察，揭示其内涵，是元中都研究的基础。有计划的考古勘察刚刚起步，已取得一定成就，但对整体布局及单体遗迹的详细情况还未完全搞清，对于周围较大区域地理环境的调查亦尚未进行。若要推动元中都的研究进程，就需要对附近的山脉水源、生态环境、人文地理以及经过此地的元代驿路——"纳钵西路"和"帖里干站道"，附近的古代战略要地安固里淖、野狐岭以及忽必烈所建的察罕脑儿行宫等进行认真细致的考古调查，对蒙古村落及有蒙古特点的地名都需察访深究，同时也不应忽略对民间散落文物的征集，最重要的是要对遗址本身进行科学勘察，搞清整体布局和遗迹内涵，测绘平面图，为深入研究奠定基础。

相关文史资料的搜集与整理是推动元中都研究走向深入的前提。元中都引起学术界注意时间不长，理论研究方面虽已取得较大成就，如对其政治、经济、军事地位等多方面的研究都比较深入，但在许多方面仍有很大潜力可挖，如对元中都的平面布局、建筑特点、相关人物和事件的研究以及根据出土文物进行元代城市制度、建筑史、社会史及雕刻艺术成就等专题的研究，都大有文章可做。若在这些方面进一步深入研究，必然需要对文献的旁征博引，所以对《元史》《元文类》《史集》《元朝密史》《元典章》《经世大典》《鸿猷录》《圣武亲征录》及元人文集等宋元明文献中相关的资料都应搜集整理。另一方面，发掘也需要相关文献做指导。要熟谙古代建筑，充分估计到可能会有什么样的遗迹和文物出土，才能在发掘中对出现的现象做出科学的记录、分析和保护，避免因发掘而造成的破坏和重要信息的丢失，所以与之相关的《营造法式》《辍耕录》等宋元文献以及建筑遗址的考古发掘报告都应搜集，特别是有关元代都城的资料应尽量齐备。上都有明清时代遗存叠压、破坏严重，大都宫殿毁于明初，且宫城遗址压在明清故宫和景山之下而无法勘察，但二者尤其是大都的文献记载较多，可作为中都勘察的参考，三者可以取长补短，互相印证。

2. 勘察发掘与遗址保护相结合

科学地揭示中都遗址内涵，必须首先进行全面勘察，采取访问、踏察、钻探、发掘等多种方式全面掌握遗址情况。尤其是要了解城墙、城门、角楼、建筑、街道等各类遗迹，需要进行发掘，但不可能对遗址进行全面揭露。因为发掘会受到资金、人力、保护措施等各方面的限制，同时发掘本身也会对文物造成破坏，所以既要搞清遗址内涵，又应尽量减少发掘面积，这就需要在发掘之前认真研究论证发掘方案，做到科学选点和发掘，并事先做好对出土遗迹和遗物的保护方案。以往的调查试掘，发现许多弥足珍贵的元代遗迹和遗物，如采用古制的角楼、城门、宫殿和琉璃脊饰等，对它们实施保护，必须科学慎重，做到万无一失。对遗址科学保护本身也是元中都研究的重要组成部分，研究采取的手段应以不破坏遗址为前提，要在最大限度保护的同时，发掘出元中都的内涵和意义，充分发挥其文物的价值。根据遗址面积大、附近空旷且地层相对简单的特点，应该多尝试采用对文物没有破坏性的遥感、航拍及其他各种先进的科技考古手段，在考古学方法论方面进行有益的探索。

3. 生态保护与遗址展示相结合

探索一条元中都保护研究和积极利用同步进行的新路子，是意义重大的新课题。国内其他地方在这方面都做过不少尝试，由于受到各方面条件限制，成功的例子不多。元中都是保存较好、时代单一的草原都城遗址，既具有丰富的文化内涵，又生态良好，夏季气候凉爽适宜避暑，还地近京畿，交通便利，发展文物旅游有得天独厚的条件，另外还有许多前人的经验教训可以借鉴和吸取。在进行考古同时，应使文物保护研究和利用相得益彰，充分发挥文物启迪民智的教育作用。中都地区为草原与农耕交接地带，碧草如茵，蓝花的胡麻、黄花的油菜、碧绿的莜麦等各色作物陆离斑驳，多种花卉更是争奇斗艳。遗址区内的遗迹在探明后可用不同花色农作物进行区分，既标志了文物，又发展了观赏农业；重点文物遗迹可选择性发掘后进行局部科学复原，复原部位要淡化人工设计的痕迹，追求"大象无形"境界；遗迹之间的空白带及性质未明的遗迹可保留草原并允许适当放牧牛羊。人们走进遗址区，复原建筑使人穿越时空回到从前，以植物区分的各类遗迹令人发思古幽情叹历史沧桑，绿地牛羊又让人感到草原情趣的自然天成，把元中都建成一座既具有牧园情调又科学展示其内涵并物化着智慧因素的遗址博物苑，使各阶层的人来此后，都会有各得其所的收益。同时扩大文物宣传力度，提高知名度。面向大众展示同时，还可有针对性的建立教育基地，组织学生夏令营活动，结合历史进行爱国主义教育，在简单的文化层分布区还可以让学生尝试发掘操作，激发兴趣，加深对文物的理解，对培养考古人才和进行文物宣传大有裨益。总之，元中都研究要闯出一条具有领先水平的大遗址保护的新路子，建成集文物保护、科学研究、旅游观光和社会教育多项功能为一体的良性保护机制。

4. 政府主导与专业主体相结合

河北省文物局张立柱局长曾经指出，要"使文物部门的管理真正成为政府的行为"[37]。今后元中都的研究、保护和管理应加强各级政府的责任，使元中都的工作纳入依法管理建设的轨道，发挥各级政府的主导作用。《西夏陵保护规划》就是经宁夏自治区政府颁布实施的，受到了高度评价[38]。同样作为国保单位的元中都，可对此予以借鉴。元中都的意义首先在于它的历史文物价值，所以保护规划的制定和实施，必须突出文物的主体作用，这是对遗址合理利用的依托。要力求从整体上对遗存的地理环境、历史概况、现存状况、文化内涵和价值评析充分把握，在高起点的研究成果之上进行合理利用，显示高质量的专业水准，这样才能抓住元中都的灵魂，体现出高品位。同时，要有长期的战略眼光，建设任何保护和利用项目都应周密考虑，避免急功近利的盲目行为。鉴此，元中都的研究和保护规划，应由省级文物部门组织专门业务机构经专家缜密论证后报请省政府批准通过，以保证其科学性、专业性、可操作性。

我们不能把元中都仅仅看作是一个古城遗址，它是多种文化因素孕育出的一颗璀璨明珠，它有着塞外风情的古朴清新，不乏草原文化的雄浑灿烂，又积淀着中原传统的深厚和凝重，所以对元中都的研究应该是多方位的。它已经入选1999年全国考古十大发现，2001年又被公布为第五批全国重点文物保护单位，并列入国家"十五"期间大遗址保护第一类重点项目[39]。随着考古工作的进一步开展，元中都必将重现辉煌。

在本文写作过程中，承蒙谢飞、孟繁峰二位先生悉心指导，谨致谢忱。

说明：本文原发表于《文物春秋》2002年第3期，略有修订。

注释：

[1] 《元史》卷五十八《地理一》第1347页，中华书局1976年版。

[2] 《元史》卷二十二《武宗纪一》第480页，中华书局1976年版。

[3] 明代称中都遗址为"沙城"参见《北征录》和《后北征录》，民国胡思敬辑《豫章丛书》第五函第42册，1984年杭州左旧书店刷印民国间南昌豫章丛书编刻局刻本；清代参见《大清一统志》卷548第12页《牧厂·镶黄旗牧厂》，四部丛刊续编第45册，上海书店据商务印书馆1934年版重印，1984年版。

[4] 《口北三厅志》卷二第28页《山川·炭山》，乾隆二十三年刊本，台湾成文出版社影印。

[5] 陈继淹、许闻诗：《张北县志》卷二《地理志下》，1935年铅印本影印本，台湾成文出版社印行。

[6] 沈云龙主编：《察哈尔省通志》第207页，文海出版1966年。

[7] 河北省张家口地区联合经济调查组编：《坝上四县解放前的历史资料》，1979年编，存张家口图书馆，转引自尹自先主编：《张北县志》第560页《白城子说》，中国社会科学出版社1994年版。下引1994年版《张北县志》均同此。

[8] [日本]箭内亘：《元代的东蒙古》，《蒙古史研究》第636页，刀江书院，1930年。

[9] 参见《文物春秋》1998年第3期《元中都遗址研究》。

[10] 尹自先：《白城子说》，1994年《张北县志》第560页。

[11] 同[9]。

[12] 河北省张北县文化局：《元中都概况》，1998年内部资料未刊稿。

[13] 同[9]。

[14] 刘建华：《河北省张北县白城子古城址调查简报》，《辽海文物学刊》1995年第2期。

[15] 同[10]。

[16] 同[9]。

[17] 同[9]。

[18] 任亚珊、张春长、齐瑞普：《元中都考古取得重大进展》，《中国文物报》1999年12月29日头版头条；《河北元中都》，《1999年全国十大考古新发现》，文物出版社2001年版；《元中都考古取得阶段性成果》，《河北日报》2001年10月12日12版。

[19] 同[9]。

[20] 张春长：《论元武宗在张北建立中都的原因》，《河北省考古文集》第二辑，北京燕山出版社2001年版。

[21] 1994年《张北县志》第一章第二节《历史沿革》。

[22] 尹自先：《坝上的历史沿革》，《河北学刊》1984年第1期。

[23] 同[9]。

[24] 同[9]。

[25] 同[9]。

[26] 同[9]。

[27] 同[9]。

[28] 同[9]。

[29] 同[9]。

[30] 同[9]。

[31] 同[20]。

[32] 同[9]。

[33] 同[9]。

[34] 同[9]。

[35] 同[9]。

[36] 同[9]。

[37] 张立柱：《市场经济条件下的文物工作》，国家文物局主办的《文物工作》2001年第5期。

[38] 林骏：《<西夏陵保护规划>近日颁布实施》，《中国文物报》2001年9月21日第一版。

[39] 《"十五"期间大遗址保护重点项目（一）》，国家文物局主办的《文物工作》2001年第2期。

论元武宗在张北建立中都的原因

张春长

引　言

元中都是蒙元时期的四个都城之一，大德十一年（1307年）六月由元武宗海山诏建于"旺兀察都"之地，遗址就是今天张北县境内的"白城子"。中都的修建过程与武宗在位相始终，时间不过四年，仁宗上台便"罢城中都"。因其修建和使用时间短暂，史籍记载不多，遗址很快湮没，以致没有引起学者们的足够重视。虽然它并未作为真正意义的都城使用，但它的等级是按都城规制建造，在政治、经济、军事以及建筑、艺术等各方面都有非常重要的意义。随着对蒙元时期都城和林、上都和大都研究的深入，中都的研究也势必提上日程。而要研究中都，首先需要回答的问题是：在元代大都、上都地位已经确立的情况下，元武宗又在张北地区建立中都，其原因何在？陈高华、周良霄、韩志远、史为民、叶新民、魏坚、张羽新、孟繁清、郑绍宗等先生在其有关元中都的文章中都从不同方面进行过讨论[1]，但由于多非专文考释建都原因，各自着眼点不同，难免简略与分歧，因此元中都建立的原因仍是有待深入研考的重要问题。本文主要结合历史地理、文献记载和实地考察，通过综合分析和探讨，提出中都的建立是政治、地理和个人三种因素综合作用的结果。下面就此试加论证，以求教于方家。

一　政治背景

长期镇守漠北的元武宗靠军事力量和漠北宗王推戴夺得政权，需要加强对漠北的联系和控制；同时武宗欲"创治改法"，既要驾驭大都和上都，又要摆脱两都势力的束缚。这种政治目的是其建都的充分条件。

1. 元武宗建立中都的主要目的是联系和林控引漠北。

(1) 元帝国形式及武宗的经历决定了控制漠北成为武宗首先要考虑的问题。

忽必烈将统治中心迁到了汉地，1279年，经过十多年的战争，最终平定了南宋王朝，结束了中国境内长期以来南北对峙、分裂战乱的局面。但西北的窝阔台、察合台两汗国却把"遵用汉法"、违背祖宗旧俗作为主要罪状与忽必烈兵戎相见，这实际上代表了相当大部分保守的蒙古贵族包括漠北诸王的思想情绪。漠北地区从成吉思汗到蒙哥汗四朝，是蒙古国的中心地域，忽必烈定都燕京后，才降为元朝的一个边区，但有元一代，特别是元朝前期，它在政治上仍占有重要地位。按照成吉思汗的分封，在漠北地区，诸王所部星罗棋布，各拥有自己的属民和军队[2]。蒙古时期汗位继承权或由前代大汗指定，或通过明争暗斗夺取，但都必须经过召开忽里台、诸王贵族共同推戴这一形式，才能最终登上汗位[3]。忽必烈企图确立中原封建王朝传统的嫡长子继承制，然而草原时代的忽里台旧制，仍然顽强地生存下来，蒙古诸王对皇位继承问题仍具有相当大的影响力。另一方面，忽必烈虽然战胜了阿里不哥，而蒙哥和阿里不哥的后裔仍分布在岭北各地，他们并不甘心放弃其取得皇位的权利。据有按台山以西广阔地区的海都势力，并不满足于统治窝阔台兀鲁思，还企图恢复其先人的大汗之位，因而始终把夺取岭北地区和故都和林作为实现其计划的主要目标。各兀鲁思的离心倾向与争夺汗位的斗争交织在一起，表现为海都、乃颜等藩王的武装叛乱[4]。在成宗铁木耳的时候，南方汉人的反抗入于尾声，虽然海都死，笃哇降，漠北诸王叛乱平定，但广阔的漠北草原作为蒙古"祖宗根本之地"，仍然在元代政治中起着极其重要的作用，成为威胁皇位的最主要因素。自成宗以下的元代诸帝，几乎无一不是经过召开忽里台才正式即位的。可以说元代的皇位继承事实上还是采取了一种蒙汉杂糅的方式——皇太子袭位与忽里台推戴的双轨制。忽里台制度缺乏对被推举者身份的充分限制，体现着一种自下而上的贵族选君观念，这就为争夺皇位行动提供了意识形态上的依据，大大加剧了政局的动荡。武宗及其以后的不少皇帝都是通过权臣拥立、武力夺位或是流血政变打出忽里台的幌子登上宝座的。武宗即位前拥重兵镇守岭北多年，成宗死后，他就凭借所掌握的强大武力，径自在和林召集诸王、贵戚、大臣会议谋取帝位[5]。及闻其母欲立弟仁宗，即与亲信大将床兀儿等率劲旅分三道南下[6]，仁宗不得不将已抢到手的帝位让给他。武宗从自己的经验中深知漠北故地及军事力量两方面在皇位继承中的利害，所以在他即位后为保障政局稳固必然要加强对漠北的联系与控制。

（2）元武宗采取的一系列措施反映了他加强对漠北联系与控制的企图。

取消亲王出镇，设立和林行省，加强中央集权。忽必烈和成宗在位期间，在军事上对叛乱势力坚决镇压，一方面命诸王镇守漠北，先后有北平王那木罕、燕王真金、晋王甘麻剌、皇太子铁穆耳、宁远王阔阔出、怀宁王海山等多位亲王出镇巡抚或统军[7]；一方面于至元九年（1272年)设立和林转运司，后改置和林宣慰司都元帅府，作为中书省的派出机构，管理政府所属军民和城郭、工局、仓廪、屯田廪、驿站等事务[8]。1307年，元武宗刚即位，就下令罢和林宣慰司，设和林等处行中书省（后改为岭北行省），治和林，同时置和林路总管府，管理和林城及其周围地区；置称海等处宣慰司都元帅府，分治岭北地区西部[9]。同时不再另派亲王出镇漠北。在岭北设立行省总军领民，岭北行省作为元朝中央政府分治北边的地方最高政府机构，凡钱粮、兵甲、屯种、漕运、军站等事，都由行省管领，这是元朝中央集权制的重大发展。

委任勋旧重臣担任岭北行省丞相，节制诸王。岭北是元朝皇室的故土，蒙古诸王最集中的地区，因此行省丞相常以蒙古勋旧重臣担任，授以节制诸王的大权。原来在岭北统兵、并积极参与定策拥立武宗的太师月赤察儿，被任命为和林行省右丞相，封淇阳王，有诏命宗藩、将领皆听其指挥[10]；又以中书右丞相哈剌哈孙出任行省左丞相。虽然哈剌哈孙因秃剌之谮，罢相出镇北边，似有谪迁之意，但皇帝在诏书中提到："和林为北边重镇，今诸部降者又百余万，非重臣不足以镇之，念无以易哈剌哈孙者"，并赐予他大量金银帛马等，闻之死迅，惊悼曰："丧我贤相"，追封顺德王[11]。这都说明武宗对他的器重。《元史》记载，哈剌哈孙"威重，不妄言笑，善骑射，工国书，又雅重儒术"，世祖也曾说他"非常人比，可善遇之"，成宗朝，拜中书省左丞相时"斥言利之徒，一以节用爱民为务。有大政事，必引儒臣杂议。"进中书省右丞相"每岁车驾幸上都，哈剌哈孙必留守京师"。"时帝弗豫，制出中宫，群邪党附，哈剌哈孙以身匡之，天下晏然。"[12]都说明哈剌哈孙威望高、能力强且忠于职守，历朝皇帝都对他恩宠有加，同时他又是武宗仁宗一系夺取帝位的支持者。武宗使他出任和林行省左丞相很可能考虑到他的威望，是想依靠他来治理和控制漠北。陈得芝先生指出当时哈剌哈孙曾参与密议谋立仁宗而引起武宗的不满才外调和林的[13]，即使如此，武宗使他罢相出任和林行省左丞相也并非是完全冷遇他，这样做可以说是一举两得，既割断了他与仁宗的联系，又能使他人尽其才，发挥重臣的作用。按照分封制度，岭北是晋王分藩之地，自行省设立行省后，晋王的权力相对削弱了，王府直接管辖的范围实际上只限于本位下，行省官对诸王的无理要索和干预可以拒绝，行省不能决定的事务，则报告中书省议决[14]。可以看出对漠北的控制是大大加强了。

调军屯田，经营漠北。忽必烈为了防御西北诸王的叛乱，于1278—1279年命大将刘国杰、石高山同忽都鲁领三卫侍卫亲军屯戍和林，掀起元朝在岭北地区屯田的第一次高潮，但未坚持下去，1284年和林屯田军并入五条河，和林屯田也一度中断[15]。成宗时，政府军与西北叛王军队在岭北地区发生激烈冲突，于是又大力经营称海屯田，但到成宗末年，西北叛乱平息，岭北基本安定下来，称海屯田也废弛了[16]。1307年武宗即位后，以哈剌哈孙为和林行省左丞相，"以汉军万人屯田和林"[17]。称海屯田也重新恢复，每年得米20万斛，这是岭北屯田的第二次高潮[18]。忽必烈与成宗都是为了与叛军作战而经营屯田，随着叛军失利，屯田也就放弃了。而武宗时期，叛军已平，掀起了元代漠北屯田的第二次高潮。屯田意义重大，一方面为岭北农业的发展开辟了道路，一方缓解了军粮供应的困难，反映了武宗一朝对漠北的重视。

滥赏泛封，极力拉拢。忽里台制度体现了一种君臣间的盟誓契约关系，诸王贵族推戴皇帝，以誓约表明自己的忠诚和义务，皇帝则以各种承诺特权和大笔赏赐作为报答。在激烈争夺中登上帝位的武宗，为稳固自己的统治地位，更是对拥护他的漠北诸王贵族慷慨解囊，数额之大、耗资之大，十分惊人。据《元史》记载，武宗即位之初，下令对诸王、宗亲、勋臣的赏赐遵成宗即位时"所赐之数赐之"，哈剌哈孙言："比者，诸王、驸马会于和林，已蒙赐与者，今不宜再赐。"帝曰："和林之会，国事方殷。已赐者，其再赐之。"朝会赏赐的结果，搞得"两都所储已虚"[19]。横赐同时，滥封遥授现象也十分严重，以至"加恩近臣，佩相印者以百数"[20]，对漠北诸王及从征贵族，封赏更是溥从宽大，毫无节制。元武宗就是想用封赏来拉拢蒙古诸王，以稳固自己的统治。

(3)都城转移的趋势说明建立中都是其联系和林的举措之一。

在我国历史上，都城转移的总体趋势，是趋向需要加强联系和控制的地区的。蒙古国前四汗的首都是在漠北和林。1251年蒙哥即汗位，忽必烈以皇弟之尊，总领漠南汉地军国重务。他志存高远，欲图夺取全国，但对于进一步攻占广大汉族地区，和林有诸多不便。1256年，他命刘秉忠仿金中都皇城，营建开平府作为藩邸，聚集了一大批有为的汉族知识分子，称为金莲川幕府，为后来夺取天下奠定了基础。1260年，忽必烈在开平即汗位，中统四年，升开平府为上都，正式取代和林的首都地位[21]。此后上都作为反击阿里不哥争位和对西北、东道蒙古诸王叛乱作战的基地以及维系蒙古族传统的夏都，发挥了重要作用。在1264年彻底击败阿里不哥后，平定南宋、统一全国成为战略重点，燕京便比上都日显重要了，因为这里位于华北平原的北端，是缩毂中原地区、蒙古高原和松辽平原的门户，地势险要，"南控江淮，北连朔漠"，从春秋战国至唐代，这里一直是我国北方重镇，辽设南京，金又扩建为中都，政治、经济、军事地位都极为重要。所以在击败阿里不哥后，忽必烈从统治全国的长远政治军事考虑，立即诏改燕京为中都，着手修建新城，至元四年迁都于此，至元九年改为大都，而上都则成了陪都[22]。可见在武宗之前，元朝的统治中心由和林—上都—大都，是随着各阶段帝国形势的变化，逐渐南移的，目的也是为了加强对其移动方向的统治。武宗在大都以北建立一个与上都地位相当的中都，移动趋势又转向西北，按例推断是要加强对漠北的控制（彩版二）。忽必烈和成宗时期，虽然上都地位已比不上大都，但由于北方叛乱，上都的战略地位仍很重要。经过世祖和成宗时期的经营，已奠定了全国统一的基础，西北和东北叛乱已平定，武宗上台时，大都地位确定，上都的地位更加弱化成了皇帝避暑的行都。此时，对于帝位的威胁主要来自成吉思汗的子孙们内部，久居漠北的武宗，他的亲信在漠北，而且从他自己的经历中知道"兴王故地"漠北的重要。地处大都、上都与漠北交通枢纽的隆兴路（今张北地区），与上都地区性质相似，具有浓郁草原特色，可以按蒙古传统习俗举行各种活动，也便于联络更多的蒙古宗亲贵族，而且在经济、交通、战略等多方面优于上都（详见后文"地理基础"部分）。武宗从漠北回来继位从这里经过，想建立一座相当于甚至能替代上都的中都城，来加强对漠北的联系和控制，非常符合当时的形势。

2. 建立中都也是摆脱旧都异己扶持心腹亲信的重要措施。

首先，武宗兴建中都可能有摆脱异己势力束缚的用意。仁宗击败安西王阿难答，夺得帝位并让于武宗，武宗即位后立仁宗为皇太子，相约兄弟叔侄依次相传，尊其母答己为皇太后，达成《元史》所谓的"三宫协和"[23]，其实这是《元史》的溢美之词，实际上三方关系并非十分和谐，这在武宗即位前后都有所表现。第一，武宗的帝位是靠武力威胁而得来的。答己借口星者之言，欲立幼子仁宗，而武宗以为自己"次序居长，神品所归"，令脱脱前往大都"往察事机"，并兵分三路南下，表明了夺取帝位的企图[24]。在这种情况下，太后、仁宗才被迫让出帝位，三方达成了妥协。第二，武宗对仁宗颇存戒心，并蓄意立子。在由和林南返时，武宗曾"迟回不进"，在其派往大都的使者阿沙不花被太后遣回"往道诸王群臣推戴之意"和脱脱相继而回"具致太后、仁宗之语"后，武宗方才"乃大感悟，释然无疑"[25]，反映了他对仁宗及答己的戒心。虽然海山立仁宗为"皇太子"，而且任命他为"中书令"兼领枢密院，但武宗常直接由宫中下旨任用百官，后又把中书省的六部大权挪空，成立尚书省，交给脱虎脱、三宝奴等一批言利之臣主持，仁宗的"中书令兼领枢密院"只是一个名义而已[26]。李孟曾辅导武宗和仁宗，但武宗大德三年便抚军北方，而仁宗依然留在宫中，"孟日陈善言正道，多所进益"，所以李孟与仁宗更加亲近，而且李孟曾首劝仁宗夺权，在武宗即位后他便受到排斥，"遂逃去，不知所之"，"仁宗亦不敢复言孟"[27]。至大三年，武宗、三宝奴、脱虎脱、李邦宁等还曾经密议废皇太子而另立自己的长子为储君，遭到脱脱的反对才作罢[28]。第三，答己倚权弄势，影响皇权。元代宣徽院不仅负责皇帝和怯薛的日常生活，也起着沟通皇帝与漠北诸王部落之间的联系的作用。漠北蒙古游牧民所纳差发、不经行省，直接交付给代表皇帝斡耳朵的宣徽院。皇帝通过宣徽院主管的朝会宴享、抚恤蒙古部众等工作对漠北诸王、部落进行控制[29]。答己崇信喇嘛教，有浓厚的游牧贵族思想意识，她以太后身份掌管宣徽院，很可能形成与皇权之间的矛盾，这在仁宗、英宗朝都明显地表现出来。宣徽使臣有可能与太后结成特殊密切关系，在宫廷中形成内侍集团，他们倚凭太后权势，常常外任政治要职并与朝内地主士大夫官僚集团形成对峙[30]。武宗时期虽无明确记载，但也有所表现。如成宗时供职宣徽院的铁木迭儿，武宗时为宣徽使，至大元年由江西行省平章政事拜云南行省左丞相，至大三年，自云南擅离职守回大都，为尚书省奏劾，奉旨诘问，但在答己庇护下，"贷罪还职"[31]。说明了答己有较大的权势。第四，仁宗捕杀武宗心腹，违约立子。武宗一死，仁宗就立即把武宗的心腹三宝奴、脱虎脱等在"变乱旧章，流毒百姓"的名义下杀掉了，并停止兴建中都的工程[32]，将先帝长子和世㻋外黜云南，迫其远遁漠北[33]，违背了仁宗死后皇位应由长侄和世㻋继承的成约，而立了自己的儿子硕德八剌为皇太子[34]。这都说明了仁宗与武宗之间的感情甚劣。武宗为了摆脱三方不和谐的境地，而考虑另建新都，也不无可能。这种方式在历史上是有先例的，唐朝的武则天为了摆脱和打击关陇豪强集团，离开长安，长居洛阳，"挟刑赏之柄以驾御天下"[35]，使她的政治才能得以施展。武宗或想以中都作为自己的根据地，摆脱各种不利因素。

其次，建都也是作为安置亲信的一种方式。历史上每一个皇帝即位，都要排斥旧势力，扶持新势力，这在元朝也非常突出。武宗的近臣乞台普济、康里脱脱兄弟、床兀儿、脱虎脱等都委以重任，成为新朝的军政大臣，而把中书省阿忽台与八都马辛以外的大员一概更换。武宗之后的仁宗，也同样面临这种境况，上台后就把武宗朝臣杀了很多，给他们冠以各种罪名，那只不过是借口而已，而后起用自己的心腹李孟等。武宗急需对亲信安置，而旧有的贵族势力不可能立刻全部除掉，新建都城不失为一个很好的方法。

二　地理基础

地理可分自然和人文两类，前者包括气候、水文、生物、地貌、土壤等方面，后者包括历史、政治、经济、人口民族、聚落城市、文化、军事地理等。任何历史事件都与当时的地理有着密切的关系。张北，辽称燕子城，建置抚州，金代至元初沿用此名，1262年升为隆兴府，1267年析为隆兴路，1308年中都建立后立中都留守司兼开宁路都总管府并立开宁县，降隆兴路为源州，1311年仁宗罢中都留守司，复置隆兴路，1312年改为兴和路。元武宗选择张北建立中都，首先是因为这里具备建都的地理基础，这是中都建立的必要条件。

1. 良好的草原生态，传统的避暑胜地

都城事关重大，不管是政治原因、经济原因或天灾人祸而建都，都要寻找条件最为优越的所在，以便进行统治。统观中国历代都城，无一处于荒漠之中，说明生态环境是选择国都要考虑的重要条件。中都所在的张北地区，地理坐标为北纬40°57′—41°34′，东经114°10′—115°27′，夏秋气候宜人，最热月平均气温18.3℃[36]，环境幽雅，元人"细草和烟展翠茵，杂花匀簇道傍春"的诗句[37]是其地迷人景色的真实写照。中都城址西侧的狼尾巴山，元称鼠山，曾出现在元人的诗句中[38]，忽必烈曾驻跸于此[39]。城南的张北镇辽置燕子城，景宗以后辽代帝后多次驻跸清暑[40]。中都西北约30公里的安固里淖，古称鸳鸯泊或遮里哈剌，蒙语称作昂兀脑儿，烟波浩渺、水草丰美，是辽金元三代夏宫所在，武宗曾猎于此[41]。中都所属的隆兴路境到沙岭，元代设有盖里泊、遮里哈剌、苦水河儿、回回柴、忽察秃、隆兴路、野狐岭、得胜口、沙岭多处纳钵[42]。这里距元帝经常纵鹰游猎的察罕脑儿行宫[43]、及得胜口御花园和行宫[44]都很近。元帝在幸上都期间，有时还到离上都七百里的三不剌川（今内蒙古乌兰察布盟北部一带）[45]去游猎，而三不剌川就在隆兴路西北境。

2. 合宜的山脉水源，理想的地理形势

元代建城很讲究地理形势。上都是经过刘秉忠"相地"后选择了"龙岗蟠其阴，滦水经其阳，四山拱卫，佳气葱郁"[46]的金莲川而建立的；大都据《析津志辑佚》记载，"其内外城制与宫室、公府，并系圣裁，与刘秉忠率按地理经纬，以王气为主。……盖地理，山有形势，水有源泉。山则为根本，水则为血脉。自古建邦立国，先取地理之形势，生王脉络，以成大业，关系非轻，此不易之论。"[47]无疑也考虑了地理形势，并指出了山、水因素的重要性。中都作为都城不可能不考虑地理形势问题。中都城西3公里是狼尾巴山，相对高度约70余米，东南北三面亦隐约可见山岭或缓丘，呈拱卫之势[48]。城西的狼尾巴山顶部高爽，视野开阔，发现有与城址同类的灰砖残块，当有烽燧建筑，城址之西和西南部地势低洼，淖泊连片，东南北三面地势平坦，碧草如茵[49]。总之，中都虽无高山，但低山亦呈周环之势，西侧山脉制高点可俯视四方。附近水量因无大河似显不足，但坝上草原地区有自己的生态特点，水泊也是重要的水源。在城址西侧和西南侧，地势较低，现在水泊仍有积水，据考证，元代处于湿润期[50]，元代水量比现在要大得多[51]，城址西侧淖沿村南面地势低，今虽无水，但据此村因位于淖之边沿而得名的事实推测古当有水，当时城址西侧及西南侧当是大面积的水域，足可满足中都之用。如此则此地可谓依山邻水的理想建都之地。中都选址于此，也是充分考虑了这里的地理形势的。

3. 重要的交通区位，决胜的战略要地

(1) 张北地区是"木怜站道"与"纳钵西路"的结合部。

蒙古国时期，抚州地区是中原汉地通向漠北的交通要道，1220年全真道首领邱处机去西域参见成吉思汗[52]，1247年张德辉北上漠北见忽必烈[53]，都途经此地。元朝建立后，屡次整治岭北与中原的驿路，"北方立站帖里干、木怜、纳怜等一百一十九处"[54]。前二者是王朝诏使往还、官吏迁转、粮饷运输的干道，合称为"兀鲁思两道"，帖里干站道起自大都，经上都、应昌至和林，是其中的东道；而木怜站道由李陵台西北行，经兴和、丰州、砂井、净州等地至和林，是其中的西道[55]（彩版二）。在西道上有重兵守护，使者客商不断，还有军队调动，在内蒙古四子王旗红格尔苏木曾发现守卫驿道的古堡，当地人称"营盘"，地上散布有铁箭头、铁甲等遗物[56]。丰州甸城道路碑记载了在该驿道穿过大青山的"故道捷径"上，设有巡兵警捕所，维护驿路的安全[57]。纳怜道是为军情急务而设的小道，其大致路线是自东胜州（今内蒙古托克托县托克托城）溯黄河北而西，经甘肃行省的北部而至和林[58]。

忽必烈定都大都后，上都与大都之间有四条驿路可资交通。"东道御史按行之路"、"纳钵西路"、黑谷辇路和望云驿路（彩版二）[59]。忽必烈以前，南北使臣往来都走西路。其路线是从大都西北行，出居庸关，入龙庆州（今北京延庆县），经宣德府（今河北宣化县）、宣平（今河北怀安县东左卫），越野狐岭（也称扼胡岭，今河北万全县膳房堡北），过抚州（治今张北县），转而东行，到察罕脑儿行宫（今河北沽源县小红城子古城遗址）接望云道，北上上都，全长约1400里，在中统元年（1260年）之前，这条交通要道为"正站"，凡使臣、官员均取此路，一般称为"孛老站道"[60]。中统元年，忽必烈在开平即位以后，命中书省于缙山至望云取径立海青站，传递急速军情公事，只许持有海青牌者走望云道，其余人员一律经由"大站"（即西路）[61]。蒙古中统四年五月开平府升号上都后，忽必烈又颁布圣旨，整顿上都到大都站赤，设立上都西路与上都南路诸驿站[62]。自此望云道遂与孛老道同列而成为大都到上都间的正站。因望云道较孛老道为近，后来便取代孛老道而成为大都至上都间的正站。但西路的交通地位仍然非常重要，一是肩负"专一搬运段匹、杂造、皮货等物"的运输任务[63]，二是皇帝每年"东出必西还"的必由之路，故又称"纳钵西路"[64]。

张北地区恰好位于"木怜站道"与"纳钵西路"的交汇处，另外南下野狐岭，经隆兴路坝下区域可西通大同路，自此过丰州境即可至东胜州与纳怜道相连，可见其具有交通枢纽的地位。

（2）重要的交通区位及其险要的地形决定了中都地区的重要战略地位。

张北地区，辽置抚州，金代隶属于西京路大同府，到章宗时发展到一定的规模，此后其地位从桓州的支郡——刺史郡，而升为独控一方的节镇，军事作用也越来越大。它北控界壕，南倚野狐岭，是金朝三道纵深防御蒙古势力南下的中心环节，屏蔽金西京（大同)和中都（北京)，它的得失关系到蒙金战争的成败，这已被史实证明[65]。位于西北部的安固里淖（鸳鸯泊)不但是避暑游猎胜地，而且军事地位也很能重要，辽代南伐多在此集结军队[66]。辽末金军破黄龙府、陷上京，天祚帝退守鸳鸯泊行宫，在金兵追击下逃往云中（大同)，还在此设兵屯守[67]。南部的野狐岭地势险要，历代兵家必争，1211年成吉思汗"自将南伐"[68]攻下抚州，直逼野狐岭，大破金兵四十万，"金精锐尽没于此"[69]，震撼了金王朝的统治，使野狐岭蜚声中外；后来此地进行的苏蒙联军对日攻击战、晋察冀军区组织的阻击战都影响深远[70]。前人有诗："野狐胜地古今传，路险山高云汉边。莫怪军家争此地，长驱直捣控幽燕。"[71]指明了野狐岭的战略地位。入元后，抚州逐渐上升为路，地处大都路、上都路、大同路以及木怜站道所必经的集宁路、净州路之间（彩版二），可谓锁控咽喉的要地，尤其输往和林、上都的各种物资大多经过这里，其战略地位不言而喻。

4．逐步升级的建置，不断提高的地位。

张北地区自商至唐游牧民族迁徙无定，其间西汉时地属上谷郡造阳，南北朝时期北魏怀荒镇治今张北城，自北齐后中原国家封疆及境多为遥领虚设[72]。辽时张北名"燕子城"，频见于《辽史》。辽秦国大长公主建抚州，为金所沿用[73]。金初西北路招讨司曾设在燕子城，金世宗采纳大臣移刺子敬的请求将西北路招讨司北迁，建起桓州[74]。大定十年置柔远县于燕子城，明昌三年复置刺史，为桓州支郡。明昌七年与抚州同为桓州下属县镇的昌州归属抚州。承安二年升抚州为节镇，军名镇宁[75]。1211年，成吉思汗率军进攻金朝，首先占领了桓、昌、抚三州[76]。在征伐金朝的战争中，成吉思汗经常到这一地区避暑。由于战争破坏，抚州可能一度荒废。宪宗四年（1254年）八月，忽必烈"驻桓抚间，复立抚州"[77]，以惠州滦阳人赵炳为抚州长官，"城邑规制，为之一新"[78]。中统三年（1262年)十一月，"升抚州为隆兴府，以昔刺斡脱为总管，割宣德之怀安、天成及威宁、高原隶焉。"[79]昌州亦同时划入。当年十二月即建行宫于此[80]。至元四年（1267年）正月，"析上都隆兴府自为一路，行总管府事"[81]。这逐步升级的行政建置说明它的地位越来越重要。元之隆兴（兴和）与大都、上都一样是一些王公贵族聚居之所，从《元史·成宗纪》元贞二年五月"诏诸王、公主、驸马及有分地功臣户，居上都、大都、隆兴者，与民均纳供需"的记载就可以证明。这里也是怯薛中养鹰鹘的昔宝赤（鹰人）人员的驻地，主领昔宝赤的阿沙不花就居此地[82]。

5. 农牧共荣的经济，充足便利的供给。

隆兴路东北与上都路相邻，东南紧靠大都路，西连集宁路，西南为大同路。此地在金朝时属桓、抚、昌三州，设兵屯守[83]，并在抚州建有特满、忒恩两个群牧所[84]。这里"素号富贵，人皆勇健"[85]，1211年被蒙古军队夺取后"得其监马几万匹，分属诸军，军势大振"[86]，可见当时这里畜牧经济相当发达。忽必烈曾经驻居于此[87]。这里正处在农业地区和游牧地区的交界线上，后来成为上都辅郡，继而析为隆兴路，它是接济漠北诸部食粮及驻军给养的基地，有许多民户从事生产，盛产良马，还设有隆兴毡局、杂造鞍子局、匠人提举司等管理手工业作坊，境内专门为皇室设立了鹰房，建有粮仓[88]。顺帝朝跟随皇帝往来上都的周伯琦所记兴和路的情况是："故置有司为供亿之所，城郭周完，阛阓丛夥"，"西抵太原千余里，郡多太原人"[89]。按照元朝的户籍统计，兴和路全路有8973户、39495人[90]。鸳鸯泺之地"壤土隆阜，广袤百余里，居者三百余家，区脱相比，诸部与汉人杂处，因商而致富者甚多"[91]，周伯琦诗句"原隰多种艺，农蹊犬牙错。涤场盈粟麦，力穑喜秋获"[92]以及"牛羊多蕃息，土沃农事专"[93]，都是当时繁富的写照。武宗所建中都城之南15公里便是隆兴路城，距此还不到一个驿站的路程，可作为中都城的支撑点，为其提供经济保障。上都"地寒，不敏于树艺，无土著之民，自谷粟布帛，以至纤靡奇异之物皆自远运至"[94]。而隆兴路除本身比较富足外，还与作为上都粮食物资重要来源地的宣德府、大同路等毗接，从这些地方到上都的运输，所走的西路，必经隆兴。所以在一定意义上，建于此地的中都经济供给要比上都更有优势。

三　个人因素

武宗自身的性格特点，对中都的建立起了十分重要的作用。

武宗海山生于至元十八年，大德三年便奉派北御海都。大德四年深入海都的根据地阔别列，次年与海都大战于迭怯里古与合剌合塔之地，海都、笃哇受伤兵退。大德八年，受封为怀宁王，十年进兵按台山西，追叛王斡罗思、执叛王也孙秃阿等，受秃满、明理帖木儿、阿鲁灰等人之降，袭走海都之子察八儿，大败复叛降王秃曲灭，"北边悉平"[95]，武宗可谓功勋卓著。这种环境和经历造就了武宗最为突出的三个特点。第一，蒙古色彩浓重。久居漠北，身边从征的又多为蒙古和色目人，接受的基本都是游牧民族的传统，很自然使他具有浓厚的草原贵族色彩，而对儒家文化十分隔膜。第二，好大喜功。在以下几个方面都表现出来：在即位诏中与太祖、世祖的功德相提并论，并对自己的军功颇为自诩[96]；姚燧《武宗皇帝尊号玉册文》说，武宗"还跸龙兴，徘徊太祖龙旗九旄，剪金于斯，肇基帝业，为城中都"[97]，表明他对太祖武功的景仰和他具有自己创业的雄心；至大二年诏创皇城角楼，并说"皇城若无角楼，何以壮观"[98]，建中都宫殿的祭文中也说"伏愿万国来朝，共仰京都之壮丽"[99]，都流露出武宗的炫耀性格。《元史》对武宗的评论"武宗当富有之大业，慨然欲创治改法而有为"，比较恰如其分。第三，刚愎自用。大德五年，武宗进击海都，"兵之始交也，武宗锐欲出战"，脱脱执辔力谏，武宗发怒竟挥鞭打其手[100]。阿沙不花曾对武宗"惟曲蘖是沉，姬嫔是好"进行劝诫，而武宗一边说"非卿孰为朕言。继自今毋爱于言，朕不忘也"，却又"因命进酒"[101]。中书省臣以农事正殷，蝗蝻遍野，百姓艰食为由劝他停建角楼，武宗并不采纳[102]。张养浩对创城中都等劳民伤财的做法提出非议，竟被罢官[103]。武宗不纳忠言武断专行的性格可见一斑。

草原民族建立的辽金元，其帝王都有建立行宫的传统。深受传统影响的元武宗，想建立一座自己的行宫也是十分自然的。同时也正是武宗的好大喜功刚愎自用，才使中都工程得以在国家财政危机且灾荒接踵的情况下能够顺利进行，而朝臣的屡次劝诫都不起作用，正如孟繁清先生所言："从这个意义上说，没有武宗，就没有中都城"[104]。

结　语

元朝皇帝继位的蒙汉双轨制，一方面使漠北蒙古宗王始终起着至关重要的作用，另一方面也使军事力量往往成为决定成败的关键因素。武宗长年抚军北边，靠武力威胁夺得帝位，南下继位后，为稳固统治，必然要加强对元朝"兴王故地"、也是武宗根本所在的漠北的联系和控制。在和林与大都之间新建一个政治中心，缩短距离以加强统治，这种政治目的，就是武宗建立中都的主导原因。而张北地区，草原环境与武宗所继承的浓重蒙古贵族传统相适应，在经济、交通、战略方面具备一定的建都基础，其地理区位处在上都、大都、大同与漠北之间，可谓地扼襟喉，既能满足联系漠北就近控制的政治需要，又能控引其他两都，为建都提供了必要的基础条件，建都于此成为必然。漠北征战经历引发了武宗控引和林的初衷，为其建立中都在思想上做好了准备，所以武宗上台十天就立即开始兴建中都。其间中都工程屡次受到劝阻与质疑，由于武宗的坚定立场，保证了它的顺利实施，所以它是由武宗个人立意并坚决实施的一项草率上马的工程，武宗的个人意志，在保障中都建设中起到了至关重要的作用。由此可见，元武宗在张北建立中都，是政治、地理、个人等多方面因素共同作用的必然结果。

说明：本文原发表于《河北省考古文集》(二)，北京燕山出版社2001年，略有修订。

注释：

[1] 参阅《文物春秋》1998年第3期"元中都遗址研究"部分。

[2] 韩儒林主编：《元朝史》上册第270页"平定诸王叛乱"，人民出版社1986年版。

[3] 中华文明史编纂工作委员会：《中华文明史》第七卷第13页，河北教育出版社1994年版。

[4] 同[2]。

[5] 《元史》卷二二《武宗纪一》。

[6] 《元史》卷一三八《康里脱脱传》。

[7] 韩儒林主编：《元朝史》下册第169页"亲王的出镇"。

[8] 韩儒林主编：《元朝史》下册第173页"岭北行省的建置"。

[9] 同[8]。

[10] (元)元明善：《太师淇阳忠武王碑》，《元文类》卷二三。

[11] 《元史》卷一三六《哈剌哈孙传》。

[12] 同[11]。

[13] 白寿彝总主编：《中国通史》第八卷第462页注释②，上海人民出版社1989年版。

[14] (元)虞集：《苏志道墓志铭》，《道园学古录》卷一五。

[15] 同[3]，第124页。

[16] 同[3]，第124页。

[17] 同[5]。

[18] 同[3]，第124页。

[19] 同[5]。

[20] (元)揭傒斯：《送程叔永南归序》，《揭傒斯集》卷八。

[21] 《元史》卷四《世祖纪一》。

[22] 《元史》卷五八《地理志一》。

[23] 同[6]。

[24] 同[6]。

[25] 同[6]。

[26] 黎东方：《细说元朝》第255页，上海人民出版社1997年版。

[27] 《元史》卷一七五《李孟传》。

[28] [美国]傅乐淑：《元代宦祸考》，《元史论丛》第二辑。

[29] 同[3]，第21页。

[30] 萧功秦：《英宗新政与"南坡之变"》，《元史论丛》第二辑。

[31] 《元史》卷二五○《奸臣》。

[32] 《元史》卷二四《仁宗纪一》。

[33] 《元史》卷三一《明宗纪》。

[34] 《元史》卷二七《英宗纪》。

[35] 《资治通鉴》卷二○五《长寿元年》条。

[36] 尹自先主编：《张北县志》第75页，中国社会科学出版社1994年版，下引此书同此。

[37] (元)张养浩：《中都道中》，《张文忠公集》卷六，北京图书馆影印元刻本。

[38] (元)杨奂：《抚州》诗，1994年《张北县志》第564页。

[39] 《元史》卷一六《世祖纪一三》。

[40] 《辽史》卷八《景宗纪》与卷九《圣宗纪》。

[41] 《元史》卷二三《武宗纪二》。

[42] 陈高华、史为民：《元上都》第45-49页，吉林教育出版社1988年版。

[43] 郑绍宗：《考古学上所见之察罕脑儿行宫》，《历史地理》第三辑，1983年。

[44] 周伯琦：《扈从集》，《近光集》卷三。

[45] 叶新民：《元上都研究》第51页，内蒙古大学出版社1998年版。

[46] (元)王恽：《中堂事记》，《秋涧集》卷八○，《四部丛刊》本。

[47] 北京图书馆善本组辑：《析津志辑佚》第33页，北京古籍出版社1983年版。

[48] 据实地调查资料。

[49] 据实地调查资料。

[50] 竺可桢：《历史时代世界气候的波动》，《竺可桢文集》，科学出版社1979年版。

[51] 尹自先：《坝上牧业考略》，《河北学刊》1984年第4期。

[52] (元)李志常：《长春真人西游记》卷上，《王国维遗书》第13册。

[53] (元)张德辉：《纪行》，《秋涧集》卷一○○，《四部丛刊》本。

[54] 同[22]。

[55] 李逸友：《黑城文书所见的元代纳怜道站赤》，《文物》1987年第7期。

[56] 王大方：《寻访元代古酒的遗韵》，《中国文物报》2000年1月16日第四版。

[57] 李逸友：《元丰州甸城道路碑笺证》，《元史论丛》第二辑，中华书局1983年版。

[58] 同[55]。

[59] 叶新民：《元上都研究》第144页，内蒙古大学出版社1998年版。

[60] 交通部中国公路交通史编审委员会：《中国古代道路交通史》第375页，人民交通出版社1994年版。

[61] 《经世大典站赤》，《永乐大典》卷一九四一六。

[62] 同[61]。

[63] 同[61]。

[64] 同[44]。

[65] 韩志远：《略论金抚州地区在蒙金战争期间的战略地位及元武宗在抚州建元中都的军事原因》，《文物春秋》1998年第3期。

[66] 《辽史》卷三四《兵卫志上·兵制》。

[67] 《辽史》卷二九《天祚皇帝三》。

[68] 《元史》卷一《太祖纪》。

[69] 《圣武亲征录》第166页，贾敬颜点校本。

[70] 1994年《张北县志》第477和486页。

[71] （民国）许闻诗：《野狐岭》，1994年《张北县志》第569页。

[72] 1994年《张北县志》第26、27页。

[73] 《金史》卷二四《地理志》。

[74] 《金史》卷八九《移剌子敬传》。

[75] 同[73]。

[76] 同[68]。

[77] 同[21]。

[78] 《元史》卷一六三《赵炳传》。

[79] 《元史》卷五《世祖纪二》。

[80] 同[79]。

[81] 《元史》卷六《世祖纪三》。

[82] 《元史》卷一三六《阿沙不花传》。

[83] 同[73]。

[84] 《金史》卷四四《兵志·诸群牧马政》。

[85] 《金史》卷九九《徒单镒传》。

[86] 同[68]。

[87] 《元史》卷一三四《八丹传》。

[88] 叶新民等：《元代的兴和路与中都》，《文物春秋》1998年第3期。

[89] 同[44]。

[90] 同[22]。

[91] 同[44]。

[92] 同[44]。

[93] 同[44]。

[94] （元）虞集：《贺丞相墓铭》，《道园学古录》卷一八。

[95] 同[5]和[22]。

[96] 同[5]。

[97] （元)姚燧:《武宗皇帝尊号玉册文》,《牧庵集》卷一,丛书集成本。

[98] 同[41]。

[99] （元)程钜夫:《瓮郭察图建宫殿祭文四首·后土》,《雪楼集》卷一,《四库全书》第120册。

[100] 同[6]。

[101] 同[82]。

[102] 同[41]。

[103] 《元史》卷一七五《张养浩传》。

[104] 孟繁清:《漫议元史都的兴衰》,《文物春秋》1998年第3期。

有关元中都城墙的几点思考

张春长

河北元中都遗址被评为1999年全国十大考古发现之一。关于元中都的城墙及其附属设施，文献中没有明确记载。遗址附近村民流传其有三套城墙。《张家口地区文物普查资料集》根据民国《张北县志》所记其"内有皇城，外有大城，有门四，外城甚大、其形迹已不甚明显"，理解为"城址原有大、中、小三城"[1]。但该县志只提到"内有皇城、外有大城"，并未明确指出有三城，后来尹自先先生调查城址也只提到二城[2]。所以此前关于元中都城墙的设置情况尚未完全清楚。自1998年开始，河北省文物研究所会同张家口市和张北县文物部门对城址进行勘察，发现城址确实存在依次相套的三道城墙迹象，并发掘了解了宫城的南门、西南角楼基址及中心殿址的情况[3]。现就与元中都城墙相关的几个问题谈几点粗浅认识。

1. 元中都城墙勘察情况与文献相符。

在现今的文章中，关于元代都城内、中、外三套城墙的称谓，元大都依次名为宫城、皇城和外郭城[4]；元上都有内城、外城、外苑和宫城、皇城、外城等称法，后者较为常见，有学者认为"似乎更符合作为都城的实际情况"[5]。所以我们把元中都依次相套的三重城亦称为宫城、皇城和外（郭）城。根据发表的有关资料，元中都宫城城墙高约3—4米，四角有角台，四面墙体中部有城门；皇城城墙，高出地表0.5—1米，宽5—7米，探有门址和水道，在东、北、西三面（南面待察）皇城内各发现两道隔墙将每面空间分为三部分；外城在东、北、南三面（西面待察）发现有微高于地表的断续土垄或探有夯土，据实地调查分析内中外城依次套叠没有重合；三重城内均发现建筑遗迹并可见柱础或砖瓦等建筑遗物；对宫城西南角台、南门、中心殿址的发掘，发现了平面呈曲尺形且向东向北均三级缩折的角台（附图一，1），内设连接闭合呈矩形墙垣的重门结构的三门道宫城城门（附图一，3），以及工字殿台基，三处地点都出土了大量琉璃龙纹瓦当和滴水、琉璃走兽等重要遗物[6]。文献中关于元中都的记载，条目不多，较为简略（附表）。把勘察发掘情况与文献记载印证分析，二者十分一致，可以看出中都建设的基本脉络。

大德十一年（1307年）六月甲午，武宗下令"建行宫于旺兀察都之地，立宫阙为中都"[7]，可知其工程最先应是修建宫殿。至大元年（1308年）七月壬戌，"旺兀察都行宫成"[8]，八月辛丑，武宗"以中都行宫成，赏官吏有劳者"[9]，说明宫殿历时13个月已经建成，中心殿址出土的白石螭首、琉璃脊饰及其他建筑遗迹上散见的建筑构件也为宫殿完成提供了佐证。十一月丁卯，"中书省臣言：'今铨选钱粮之法尽坏，廪藏空虚。中都建城，大都建寺，及为诸贵人营私第，军民不得休息。'"[10]己巳，武宗下诏："开宁路及宣德、云州工役供亿浩繁，其赋税除前诏已免三年外，更

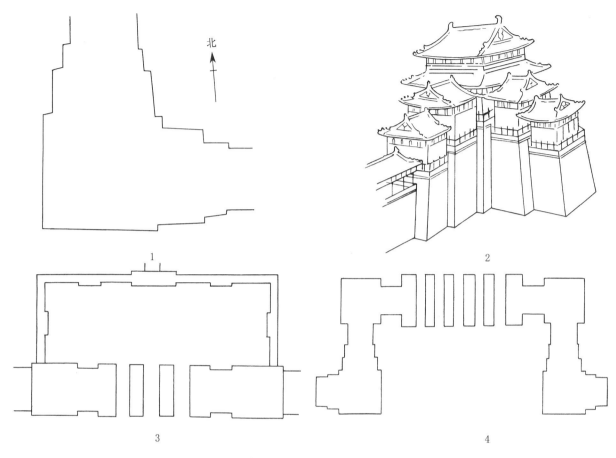

附图一　中都、大都局部结构比较示意图

1. 中都宫城西南角台平面示意图　2. 大都宫城崇天门西阙楼透视示意图　3. 中都宫城南门平面示意图　5. 大都宫城崇天门平面示意图

免一年。"[11]可见在宫殿完成后，"中都建城"还在进行，做为中都所在地的开宁路及其附近宣德、云州的百姓都承担了劳役。如前述史籍记载了"立宫阙"和"行宫成"，但未提到宫城城墙的建设，这里继续进行的"中都建城"工程应当是宫阙外的宫城城墙。至大二年四月壬午，"诏中都创皇城角楼（当指宫城角楼，详见下文）"[12]，此时距宫殿建成已10个月时间(至大元年有闰十一月)，显然城垣业已完成。根据勘察情况，宫城上部夯墙，与下层区别明显，据县志记载，它是民国十五年所筑围寨[13]。围寨下面即是宫城城墙，现仍高出地面3米以上，四角均有角台遗迹，四面有城门，还发现水道遗迹，西南角隅和南门发掘发现了角台以及城门的门道和墩台，并出土很多琉璃瓦和脊饰[14]，证实角楼和城门观楼均已建成，这都说明中都宫城城垣及附属结构已经完成。

　　至大三年十一月戊子"敕城中都"[15]，上距至大二年四月诏创皇城（指宫城）角楼有18个半月时间，其间除去修建宫城角楼，还应有筑城工程，可证以史：至大三年（1310年）十月甲寅，"敕谕中外：'民户托名诸王妃主、贵近臣僚，规避差徭，已尝禁止。自今违者，俾充军驿及筑城中都。郡县官司不觉察者，罢职。'"[16]这段时间内，宫城城墙已完工，又在"敕城中都"之前，则"筑城中都"当指修筑皇城城墙而言。十月辛酉，"大都、上都、中都比之他郡，供给烦扰，与免至大三年秋税……内外不急之役，截日停罢。"[17]其中中都"供给烦扰"，无疑是建城工程所致，这表明虽然史书未明确记载此时中都的建筑情况，但建城工程并未中断，内外不急之役应不包括中都。参考宫殿与宫城城墙修筑速度，宫殿从动议到完工，用了13个月，而大规模建设仅用半年多[18]，宫城城墙及其附属设施用了10个月，以此速度推算，在18个半月内完成宫城角楼、皇城城墙及附属设施当无问题。勘察表明，皇城城墙有较明显的封闭式城圈，且探出有门址、水道，还在东北西三面城内发现隔墙，说明主体可能亦基本完成。其现存较低的原因，可能为后期耕种、修路、村民取土破坏所致，也不排除民国依宫城原基筑围寨时曾取此垣之土的可能性。

至大三年十一月戊子，元武宗"敕城中都，以牛车运土，令各部卫士助之，限以来岁四月十五日毕集，失期者罪其部长，自愿以车牛输送者别赏之。"如前所述，在至大三年十一月以前，已经筑成宫城和皇城的城墙，这次所敕修的城墙显系外城。分析这条文献，筑城人员由三部分组成：一为役工，是筑城主力；二为协助的各部卫士；三为自愿者。役工和自愿者可能就在工地，是能够很快执行诏令开始筑城的，而卫士可能需要一定时间的调动。对于"毕集"的意义，也可有三种理解：一，协助筑城的各部卫士全部到齐；二，为夯筑做准备将四周城墙所需之土全部运齐；三，四周城墙夯筑完工。这段记载，还明确了赏罚政策，且能说明筑城用土是用牛车运来而非就地而取。武宗于至大四年正月驾崩，仁宗即位，在正月壬辰就下令"罢城中都"[19]，此时上距敕修之日仅2月，下距限定期限有3个月，姑且不论哪一种对"毕集"的理解正确，即使当时要求"毕集"的本义就是限定在5个月时间内完成夯筑城墙，限定的5个月恰恰时处严冬、冰封地冻，不利于筑城，尤其在元代，相对于较为寒冷的20世纪70年代，温度更低[20]，若以当时的人力、财力与技术水平计，在非常寒冷的气候条件下，在地广人稀的坝上草原地区全部完成数十里的城墙夯筑，是极其困难的，在两个月时间内也不可能提前夯筑完成。另外"罢城中都"这条文献，也可说明仁宗下令停建中都前，筑城工程正在进行之中。《元史》中还有这样一条记载："（二月甲寅）司徒萧珍以城中都徼功毒民，命追夺其符印，令百司禁锢之，还中都所占民田。"[21]这一方面说明筑城工程是由司徒萧珍主持，同时也从侧面反映了"城中都"——建设外城城墙的工程确实已经展开。调查发现，在皇城东、南、北三面外围（西面据当地村民讲述原来也有土垄，因多年耕种夷平，尚待进一步勘察）与相应皇城城墙平行，各有土垄微高于地表，但断续不全，土质与附近土质不同，当是从外地运来，与史册相符，说明此垄当是规划中的外城城垣位置所在，但筑城工程没有完成。

2. 武宗至大二年四月"诏中都创皇城角楼"之"皇城"当指宫城。

宋元文献中都有称宫城为皇城的记载。《宋东京考》引《国朝会要》载："今大内，即宣武军节度使治所。朱梁建都，遂以衙署为建昌宫。晋天福初，又为大宁宫，但改名而已。周世宗虽加营缮，犹未合古制。建隆三年，发开封、浚仪民广皇城。四年五月，太祖命有司画洛阳宫殿，按图修之，自是皇居始壮丽矣。"[22]《宋会要辑稿》等多种文献中也都有相似的记述[23]，通过比较分析，所谓"广皇城"当指扩建大内——宫城而言。东京宫城内还设有"掌禁庭出入"的"皇城司"[24]。《东京梦华录》有两条记载："大内正门宣德楼列五门"[25]，"自宣德东去东角楼，乃皇城东南角也"[26]。从中可知"宣德楼"是"大内"即宫城的正南门，很明显，其中"皇城东南角"所指应是在"大内"即宫城正南门宣德楼之东的宫城东南角，则其"皇城"是指宫城。这都可说明宋代史料中所谓的"皇城"有时是指宫城。元都宫城在当时即通称皇城，大都如此，并为明初延用，王璞子先生对此有所论证[27]。上都亦称宫城为皇城，据杨允孚诗注所记，上都"每年六月望日，帝师以百戏入内，从西华入，然后登城设宴，谓之游皇城是也"[28]。西华门为宫城西门，显然上都"游皇城"实际是游宫城。上都宫城亦称皇城除此可证外，还见于《析津志辑佚》，在述及穆清阁时说："上位每于中秋于此阁燕赏乐，如环佩隐隐然在九霄之上，着意听之，杳不可得，是为天下第一胜景。盖其地势抱皇城，缔构非凡故耳。"[29] 穆清阁是王士点《禁扁》所列上都五殿之一，关于它的位置有两种说法，其一是认为建在宫城北墙上[30]，其二是有人认为在宫城中[31]，无论哪种说法对，文中描述穆清阁的形势是相对于宫城而言，则文中"皇城"当指上都宫城。

勘察元中都宫城角楼基址的情况与文献不悖。《元史》记载：至大二年四月，"诏中都创皇城角楼"，中书省臣言："今农事正殷，蝗蝝遍野，百姓艰食，乞依前旨罢其役。"帝曰："皇城若无角楼，何以壮观，先毕其功，余者缓之。"[32] 据此可知，角楼修建是在宫阙完成之后，中书省官员对修建角楼有些异议，但武宗态度坚定，修建目的是使"皇城"因此而壮观。在中都的中城角部未发现角台，勘察发现宫城四隅都有明显角台遗迹，而根据发掘的宫城西南角台可知，其面积很大，向东、向北经三级缩折后与城墙相接，这是双向三出阙的墩台形制。同时发掘出土大量青砖灰瓦、琉璃构件及木板等遗物[33]。可以想象当时角楼规模宏大、向北向东均为递落式屋顶组合的三重子母阙，增加了空间变化，并采用高等级的筒板瓦顶和琉璃瓦剪边，脊饰龙吻与走兽，建筑金碧辉煌，在总体视觉效果上给人气魄雄伟、华美壮丽之感，这些都能达到武宗欲使皇城"壮观"的要求。

从时间角度来说，诏创"皇城角楼"指宫城角楼也较为合理。元上都是先建宫城，再围以皇城角楼，其后才在皇城的东墙和南墙向北向西延筑外城[34]。根据前文史料所反映的情况，中都也应是先建宫殿，再由内向外依次建筑城墙。诏创"皇城角楼"若指中城角楼，因它是为使"皇城"壮观而增设的，则它的修建时间很明显应该是在宫城城墙、宫城城门和观楼、宫城角楼、宫城城墙的其他附属设施、皇城（中城）城墙和各个城门、皇城（中城）城墙的其他附属设施及东、北、西三面（南面不明)皇城内的两道隔墙都完成之后。至大二年四月上距宫阙完成有10个月时间，其间包括6个月的漫长冬季，有4个月的严寒期[35]，尤其是夯筑土城相对于修筑宫殿在质量和速度方面受冷冻天气的制约更大，且城观、角楼等设施都需要在墩台等夯土工程完成之后才能施工，不能同时进行而缩短时间，因而在10个月期间全部完成上述这些工程，可能性较小。参考宫殿建设用了13个月这样的速度，在10个月时间里完成宫城城墙及其主要附属建筑比较符合当时的情形，也就是说，从时间上此时诏创角楼，以宫城四隅最为可能。所以，根据勘察情况并结合文献分析，武宗诏创"皇城角楼"当指修建宫城角楼。

3. 元中都三重城墙的设置是都城的规格。

关于元中都，在《元史》中有"行宫"和"中都"两种称法，今天也有学者认为它只是处于上都与大都路途中的一座行宫。但元中都采用三重城墙是按都城的等级设置的。

元代所建的路府州驿等城一般都是单重。经过调查的元代东胜州[36]、元袭辽的利州城[37]都是这样。新疆昌吉古城，为西辽至元代的昌八剌城，也是南北1000、东西600米的长方形单重城[38]。宁城县昭乌达盟黑城古城，是元代富峪驿所在，现在同时存在大小三城，花城居北，外罗城呈凹形套在黑城之东西南三面，这是战国、西汉和辽以后直至明这一漫长历史时期分别创建或重修的结果[39]。大宁路城，其城址范围呈"日"字形，是利用辽金旧城垣而致[40]。亦集乃路故城，城内东北隅有一个小城，但二者时代不一，小城是西夏所建黑水城[41]。

重要的路府城包括头下级王城也无三重城。汪古部为蒙古族扩张立下汗马功劳，成吉思汗相与缔结姻亲关系，子孙袭封赵王，集宁路是其封地，其城有勘察者认为分设里、内、外三城，但其里城长宽各60米，只建一组文庙，应为文庙院墙，外城东西1000、南北1100米，规模很小，内城位于外城东北隅，其东、北墙与外城部分重合，所以，它只能算是不完全的二重城[42]；净州路也为赵王封地，还是元代上都通往漠北草原鄂尔浑河畔哈拉和林的三条重要通道之一，在政治、经济、军事、交通、商贸等方面占有重要地位，城的平面是在东西约920、南北约670米的长方形大城的西南角凸出一个长方形小城，小城曾出土大德年间文庙石碑，应为孔庙所在[43]；达茂旗阿伦苏木古城，系汪古部所建，即赵王府所在地，故又称赵王城，它曾被称为黑水新城，延祐年间正式命名为德宁路，亦是单重城[44]。蒙古弘吉剌部地位显赫，"与国家为世姻，贵亚于国姓"[45]，是仅次于成吉思汗黄金家族的显要氏族，首领世封鲁王，全宁路城址曾出土与弘吉剌部上层人物有密切关系的纪年文物，其城址为边长1公里的单重正方形[46]；应昌路故城，囊加真公主所建，世为鲁国大长公主及鲁王所居，元亡顺帝北迁并死于此地，其城由内、外城及关郊部分组成，外城南北800、东西650米，规模相当于上都宫城，内城坐落于城中稍靠北部，近似方形，南北240、东西220米，实际是鲁王府故址[47]。安西路地位重要，忽必烈以其正后所生第三子忙剌哥为安西王镇守其地，延用韩建"新城"，亦是单重城[48]；忙剌哥和袭封王位的阿难答在当时统治集团核心的皇族中具有重要地位，阿难答是忽必烈皇孙、成宗堂弟，本有权承袭帝位，与武宗争位失败被杀，其王宫——安西王府城"壮丽视皇居"[49]，但也只是单重城，规模尚不及元中都宫城[50]。唐代始建延用至元的北庭古城，元称别失八里，也称"鳖思马"大城，先后在此设立了"行尚书省""宣慰司""元帅府"等重要机构，是平面均呈不规则的内外两重城[51]；作为蒙古察合台汗国政治中心地之一的阿力麻里古城，规模甚大，周约50华里，但没有发现城墙[52]。

蒙元皇家行宫也未见三重城。东凉亭，遗址在内蒙古多伦县白城子，南北长408、东西宽333米。城外北部及东北各有一小城，三城并不相套[53]；西凉亭，又称察罕脑行宫，遗址在今沽源县小宏城子，地面可见大小两城并列，有人认为两城均是行宫的组成部分[54]，还有一种意见认为东面的小城是云需总管府所在[55]。无论哪种意见对，城址不是三重都无异议。隆兴路和桓州的行宫，都是在大城的东北隅利用大城部分城墙筑成，也没有修建三重城墙[56]。

考古发现的元代城址，除中都外只有元大都和元上都采用三重城墙的建置。蒙古时期的都城和林是二重城[57]，上都皇城宫城套成"回"字形，而外城南东二墙系在皇城墙上延筑而成，是三城相套的不完全形式[58]，元大都是宫城、皇城、外城由内向外依次相套的完全形式[59]。根据上述分析可以得出结论：三城相套是元代城市建置的最高等级，只有都城才能使用。元中都平面建置使用三重城墙，继承了中原的都城传统，体现了都城等级。

4．中都城墙设置及附属建筑模仿大都上承古制。

　　在蒙元时期前后共有四个都城：和林、上都、大都和中都。元中都特点与蒙古帝国时期的都城和林相去较远而与建造时代最为相近的大都相似点最多。首先，元中都城墙设置，采用三重城墙依次相套和大都一致。其次，城墙附属建筑设施模仿大都。就勘察情况可表现在以下三个方面。第一是元中都的城隅角楼结构模仿大都上承古制。古代城址中，大多设有角楼，特别是都城，大城有角楼，宫城亦置城隅角楼。关于角楼墩台，根据考古调查和发掘的情况，平面概有四种，一是曲尺形，这种形制出现较早，如洛阳东周王城的西北角楼[60]、汉代未央宫西南角楼[61]；二是矩形，如邺北城东南角楼[62]；三是方形，出现较晚，最为常见，如唐大明宫宫城西南、西北和东北城隅角楼基址均为方形夯台[63]，北京明清内城也是如此[64]；四是圆形，这种形制在元代很流行，元上都皇城和宫城的四角[65]、奉元城西北角和西南角[66]及安西王府城角[67]都是圆台状角台。而中都宫城西南角台，与上述形制均不相同，它是向东向西经三级缩折后与墙体相接，说明角楼采用双向三出阙，在考古发掘的角楼基址中尚属首次发现。元中都西南角楼的这种形制极有可能是模仿大都宫城角楼。《故宫遗录》载元大都宫城正门崇天门突出两观，"观旁出为十字角楼，高下三级"，傅熹年先生对大都宫城进行复原研究，其所作"凹"字形城门向前突出的两观（阙）角楼图，即为三出阙（附图一，2），其墩台与中都西南角台形制完全相同[68]（附图一，4）。《故宫遗录》还记："内城广可六七里，方布四隅，隅上皆建十字角楼。"[69]可见大都宫城城隅角楼与城门前突的观（阙）楼名称相同。在《辍耕录》中，又把城门观（阙)楼和城隅角楼都称为"三朵楼"[70]，两书对元大都宫城角楼与城门观（阙）楼的称呼都一致，说明其形制也应一致，均为三出阙。由此可知，中都西南角楼当是模仿元大都宫城角楼形制而建。这种三出阙实例的遗址最早见于西汉景帝陵夯土围墙的四门，其中南门阙经过发掘，由一组两座三出阙相连而成[71]。时代稍后的实例有隋洛阳宫城则天门，现存完整的建筑实物见泰山岱庙城垣仿宋角楼[72]。元代三出阙的形制显然是继承了中原的传统制度。第二是中都宫城正门，从门道两壁排列的排叉柱推断，它应该是过梁式木构门洞。过梁式门洞是在门洞两壁排立木柱，木柱上再搭梁架、枋、椽板，门洞上部作三角形或扁梯形，前者时代较早，后者见于唐宋画中，是唐宋以来普遍采用的形式。就发掘来看，早在商代便采用过梁式门洞[73]，迄元为止，只发现扬州宋大城西门[74]、大都和义门瓮城城门[75]和上都宫城南门的一个门洞（其他门洞不明)[76]采用砖构券顶式，其他包括大都宫城的正门崇天门在内的门洞均为过梁式。中都宫城南门采用过梁式门洞，应该直接仿自大都崇天门。另外细部结构铁鹅台的作法与大都和义门瓮城城门所出者相同[77]，合于《营造法式》，也是传统作法的继承。第三，宫城南墙西部钻探的石砌排水涵洞等附属设施，结合尹自先先生在《白城子说》中的描述"高约6尺，栅有铁栏"，其形制也与大都涵洞相同[78]。另外元中都布局特征的对称性、工字殿的建筑风格也和大都一脉相承（关于布局和建筑以后再做专文详述）。据《国朝文类》记载："国家建元之初，卜宅于燕，因金故都。时方经营中原，未暇建城郭，厥后人物繁夥，隘不足以容，乃经营旧城东北而定鼎焉。于是，埤堄之崇，楼橹之雄，池隍之浚，高深中度，势成金汤。而后上都、中都诸城，咸仿此而建焉。"[79]可见文献关于中都仿造大都的说法与我们的分析比较结果相符合。可文献所记上都也仿大都，按照上都始建年代早于大都来说似不合逻辑。但是上都从1267年开始又进行扩建和改造，持续了五六年时间，主要是建造了上都宫城主体建筑大安阁和孔子庙、城隍庙等，并补建了一批官廨[80]，此后还屡有修建，正如《元史》所记："上都宫阙、创于先帝而修于累朝"[81]，说上都仿大都当在情理之中，这段文献应是可信的。

本文结合勘察发掘与文献记载，初步探讨了元中都城墙的设置和建设情况，认识到元中都是一座按都城等级设计、继承了大都传统因素的草原都城。文中仅从总体特征对城墙设置情况做了简析，城门、角楼、水道以及其他建筑的具体结构还有赖于正式报告的发表。所据已发表的有关元中都的材料中，因对城墙的勘察仍局限于调查和钻探两种方法，受当地气候、土质等条件限制，在夯土遗迹的确认方面难免偏差，所以对城墙的具体修建情况，尤其是对外城城墙建筑进程的准确定性，还需在今后的工作中做必要的解剖。有关数据的精确度，也需要在今后的勘测中进一步核实校正。

附记：本文对元中都有关城墙问题的肤浅看法，是基于现有发表材料提出的阶段性认识，因研究水平有限，难免失当与偏颇，发表出来，旨在抛砖引玉，引起学者对元中都的关注，使元中都研究走向深入。论文写作承蒙谢飞、孟繁峰、冯恩学等先生关心与指教，成稿后就教于徐苹芳先生，徐老在百忙中给予审阅，提出了宝贵意见，指明了今后元中都考古工作的方向，在此谨致谢忱。

附表一　《元史》记载元中都相关事件表

年　份	干支纪日	农历日期[82]	相关事件摘要	出处及页码	距诏建中都之日的实际天数
大德十一年（1307年）	六月甲午	初二	建行宫于旺兀察都之地，立宫阙为中都。	武宗纪一-480	0
	七月庚辰	十八	置行工部于旺兀察都	武宗纪一-484	46
	十二月丁巳	二十六	中书省臣言："……又各处民饥，除行宫外，工役请悉停罢。"	武宗纪一-492	203
至大元年（1308年）	正月癸亥	初三	敕枢密院发六卫军万八千五百人，供旺兀察都建宫工役。	武宗纪一-495	209
	二月戊戌	初八	以上都卫军三千人赴旺兀察都行宫工役	武宗纪一-493	244
	五月丙子	十八	御史台臣言："比奉旨罢不急之役，今复为各官营私宅。臣等以为俟旺兀察都行宫及大都、五台寺毕工，然后从事为宜。	武宗纪一-498	342
	七月壬戌	初六	旺兀察都行宫成。立中都留守司兼开宁路都总管府。	武宗纪一-500	388
	八月辛丑	十五	以中都行宫成，赏官吏有劳者。	武宗纪一-501	427
	八月戊申	二十二	立中都万亿库	武宗纪一-502	434
	九月癸未	二十八	立中都虎贲司	武宗纪一-503	469
	十一月丁卯	十二	中书省臣言：今铨选钱粮之法尽坏，廪藏空虚。中都建城，大都建寺，及为诸贵人营私第，军民不得休息。	武宗纪一-504	513
	十一月己巳	十四	诏：开宁路及宣德、云州工役供亿浩繁，其赋税除前诏已免三年外，更免一年。	武宗纪一-505	515
	十二月庚申	初六	中都立开宁县，降隆兴为源州……以大同路隶中都留守司。	武宗纪一-506	526

续附表一

年　份	干支纪日	农历日期[82]	相关事件摘要	出处及页码	距诏建中都之日的实际天数
至大二年（1309年）	二月甲戌	二十	弛中都酒禁	武宗纪二510	640
	三月庚寅	初七	摘五卫军五十人隶中都虎贲司	武宗纪二510	666
	四月壬午	三十	诏中都创皇城角楼。中书省臣言：今农事正殷，蝗蝻遍野，百姓艰食，乞依前旨罢其役。帝曰：皇城若无角楼，何以壮观，先毕其功，余者缓之。	武宗纪二511	708
	九月乙巳	二十六	以盗多，徙上都、中都、大都旧盗于水达达、亦剌思等地耕种。	武宗纪二517	851
至大三年（1310年）	六月己酉	初三	立上都、中都等处银冶提举司，秩正四品。	武宗纪二525	1095
	七月己亥	二十四	中都立光禄寺	武宗纪二526	1146
	八月甲子	二十	猎于昂兀脑儿之地（今安固里淖）	武宗纪二527	1170
	十月甲寅	十一	敕谕中外：民户托名诸王妃主、贵近臣僚，规避差徭，已尝禁止。自今违者，俾充军驿及筑城中都。	武宗纪二527	1220
	十月辛酉	十八	大都、上都、中都比之他郡，供给烦扰，与免至大三年秋税。内外不急之役，截日停罢。	武宗纪二528	1227
	十一月辛巳	初八	（尚书省臣）又言：上都、中都银冶提举司达鲁花赤别都鲁思……乞加授嘉议大夫。	武宗纪二529	1247
	十一月戊子	十五	敕城中都，以牛车运土，令各部卫士助之，限以来岁四月十五日毕集，失期者罪其部长，自愿以车牛输送者别赏之。	武宗纪二530	1254
至大四年（1311年）	正月庚辰	初八	武宗崩于玉德殿	武宗纪二530	1306
	正月壬辰	二十	罢城中都	仁宗纪一537	1318
	二月甲寅	十二	司徒萧珍以城中都徼功毒民，命追夺其符印，令百司禁锢之，还中都所占民田。	仁宗纪一538	1340
	四月癸亥	二十三	罢中都留守司，复置隆兴路总管府，凡创置司存悉罢之。	仁宗纪一541	1410
	——	——	畏兀儿人野纳又请以中都苑囿还诸民	阿里海牙传卷137	——
皇庆元年（1312年）	七月辛丑	初七	徙中都内帑、金银器归太府监	仁宗纪一552	——
至治三年（1323年）	十一月己丑	初一	车驾次于中都，修佛事于昆刚殿。	泰定帝纪二卷30	——
泰定三年（1326年）	八月辛丑	三十	次中都，败于汪火察秃之地。	泰定帝纪二卷30	——
天历二年（1329年）	八月乙酉	初一	明宗次王忽察都，丙戌（初二），帝入见，明宗宴帝及诸王、大臣于行殿。庚寅（初六），明宗崩，帝入临器尽哀。	文宗纪二卷33	——

说明：本文原载于《文物春秋》2003年第5期，略有修订。

注释：

[1] 张家口地区行署文化局、张家口地区博物馆：《张家口地区文物普查资料集》第17页，内部资料，1982年编印。

[2] 尹自先：《白城子说》，《张北县志》第560页，中国社会科学出版社1994年版。

[3] 任亚珊、张春长、齐瑞普：《元中都考古取得重大进展》，《中国文物报》1999年12月29日第1版；《河北元中都遗址》，国家文物局主编：《1999中国重要考古发现》第122页，文物出版社2001年版；《元中都考古取得阶段性成果》，《河北日报》2001年10月12日第12版。

[4] 中国科学院考古研究所、北京市文物管理处元大都考古队：《元大都的勘察和发掘》，《考古》1972年第1期。

[5] 叶新民：《元上都研究》第300页，内蒙古大学出版社1988年版。

[6] 同[3]。

[7] 《元史》卷二二《武宗纪一》第480页，中华书局1976年版。下引《元史》同此版。

[8] 《元史》卷二二《武宗纪一》第500页。

[9] 《元史》卷二二《武宗纪一》第501页。

[10] 《元史》卷二二《武宗纪一》第504页。

[11] 《元史》卷二二《武宗纪一》第505页。

[12] 《元史》卷二三《武宗纪二》第511页。

[13] 陈继淹修、许闻诗纂：《张北县志》卷三《建置志·城池围堡》，民国二十四年铅印影印本，成文出版社印行。

[14] 同[3]。

[15] 《元史》卷二三《武宗纪二》第530页。

[16] 《元史》卷二三《武宗纪二》第527页。

[17] 《元史》卷二三《武宗纪二》第528页。

[18] 《元史》卷二二《武宗纪一》第480页：大德十一年（1307年)六月甲午，"建行宫于旺兀察都之地"；第500页：至大元年（1308年）七月壬戌"旺兀察都行宫成"，可见行宫历时13个月建成。第484页：大德十一年（1307年）七月庚辰，"置行工部于旺兀察都"，是为建城之准备工作；第493页：至大元年（1308年），"春正月癸亥，敕枢密院发六卫军万八千五百人供旺兀察都建宫工役"；第495页：至大元年二月戊戌"以上都卫军三千人赴旺兀察都行宫工役"，可见大规模进行建设从至大元年正月开始，正月至七月为半年时间。

[19] 《元史》卷二十四《仁宗纪一》第537页。

[20] 马正林主编：《中国历史地理简论》第一章《气候的变迁》第1—9页，陕西人民出版社1987年版。

[21] 《元史》卷二十四《仁宗纪一》第538页。

[22] （清）周城撰、单远慕点校：《宋东京考》卷之一《宫城》第14页，中华书局1988年版。

[23] 邓之诚注：《东京梦华录注》第32页，中华书局。

[24] 同[22]。

[25] 《东京梦华录》卷一《大内》。

[26] 《东京梦华录》卷二《东角楼街巷》。

[27] 王璞子：《燕王府与紫禁城》，《故宫博物院院刊》1979年第1期。

[28] 杨允孚：《滦京杂咏》，《四库全书》第1219册第624页。

[29] 北京图书馆善本组辑：《析津志辑佚》第221页，北京古籍出版社1983年版。

[30] 史卫民：《都市中的游牧民——元代城市生活长卷》第31页，湖南出版社1996年版。

[31] 叶新民：《元上都研究》第36页，内蒙古大学出版社1988年7月版。

[32] 同[12]。

[33] 同[3]。

[34] 魏坚：《浅议元中都的兴建及对保护工作的建议》，《文物春秋》1998年第3期。

[35] 尹自先主编：1994年《张北县志》第三章第三节《气候物候》，第74页。

[36] 内蒙古文物工作队、内蒙古博物馆：《内蒙古文物考古工作三十年》，《文物考古三十年》第69—83页，文物出版社1979年版；又见李逸友：《内蒙古托克托城的考古发现》，《文物资料丛刊》(4)第210页，文物出版社1981年版。

[37] 喀左县博物馆：《辽宁喀左县辽代利州城址的调查》，《考古》1996年第8期。

[38] 新疆维吾尔自治区社会科学院考古研究所：《昌吉古城调查记》，《文物资料丛刊》第4期。

[39] 冯永谦、姜念思：《宁城县黑城古城址调查》，《考古》1963年第2期。

[40] 辽中京发掘委员会：《辽中京城址发掘的重要收获》，《文物》1961年第9期。

[41] 内蒙古文物考古研究所、阿拉善盟文物工作站：《内蒙古黑城考古发掘纪要》1987年第7期。

[42] 张驭寰：《元集宁路故城与建筑遗物》，《考古》1962年第11期；内蒙古自治区文物工作队：《元代集宁路遗址清理记》，《文物》1961年第9期。

[43] 内蒙古文物考古研究所、乌兰察布博物馆、四子王旗文物管理所：《四子王旗城卜子古城及墓葬》，《内蒙古文物考古文集》第二辑第688—712页，中国大百科全书出版社1997年版。

[44] 内蒙古文物工作组：《内蒙发现的元代遗存简况》，《文物参考资料》1957年第4期。

[45] 王大方：《翁牛特旗元代"张氏先茔碑"与"住童先德碑"探讨》，《内蒙古文物考古文集》第二辑第673—683页，中国大百科全书出版社1997年版。

[46] 参见[45]王大方文之注[10]。

[47] 李逸友：《元应昌路故城调查记》，《考古》1961年第10期。又见[45]王大方文之注[9]。

[48] 雷行、余鼎章主编：《西安》第50页，中国建筑工业出版社1986年版。

[49] 屠寄：《蒙兀儿史记》卷第七六第505页，北京市中国书店1984年版。

[50] 马得志：《西安元代安西王府勘查记》，《考古》1960年第5期。

[51] 中国社会科学院考古研究所新疆工作队：《新疆吉木萨尔北庭古城调查》，《考古》1963年第2期。

[52] 黄文弼：《元阿力麻里古城考》，《考古》1963年第10期。

[53] 尹自先：《元代察罕脑儿行宫及明安驿故址辨》，《河北师院学报》1984年第4期。

[54] 郑绍宗：《考古学上所见之元察罕脑儿行宫》，《北方考古研究（三）》第508页，中州古籍出版社1997年版。

[55] 郭郛：《元察罕脑儿行宫实地考辨》，《文物春秋》1993年第2期。

[56] 尹自先主编：1994年《张北县志》第531页。

[57] 韩儒林主编：《元朝史》第208—210页，人民出版社1986年版；白石典之：《日蒙合作调查蒙古国哈拉和林都城遗址的收获》，《考古》1999年第8期。

[58] 内蒙古大学历史系贾州杰：《元上都调查报告》，《文物》1977年第5期。

[59] 同[4]。

[60] 中国科学院考古研究所洛阳发掘队：《洛阳涧滨东周城址发掘报告》，《考古学报》1959年第2期。

[61] 中国科学院考古研究所汉长安城工作队：《汉长安未央宫西南角楼遗址发掘简报》，《考古》1996年第3期。

[62] 中国社会科学院考古研究所、河北省文物研究所邺城考古工作队：《河北临漳邺北城遗址勘探发掘简报》，《考古》1990年第7期。

[63] 同[61]。

[64] 刘敦桢主编：《中国古代建筑史》第16、179页，中国建筑工业出版社1984年版。

[65] 同[34]。

[66] 马得志：《唐长安城发掘新收获》，《考古》1987年第4期。

[67] 中国社会科学院考古研究所西安唐城工作队：《唐长安皇城含光门遗址发掘简报》，《考古》1987年第5期。另参见《文物春秋》1998年第3期《元中都遗址研究》。

[68] 傅熹年：《元大都大内宫殿的复原研究》，《考古学报》1993年第1期。

[69] (明)萧洵等：《北平考·故宫遗录》第73页，洪氏出版社印行。

[70] 《辍耕录》卷二一《宫阙制度》，《四库全书》第1046册第636页。

[71] 陕西考古所：《陕西咸阳汉景帝阳陵陪葬墓园与从葬坑》，国家文物局主编：《1999中国重要考古发现》第122页，文物出版社2001年版。

[72] 杨鸿勋：《宫殿考古通论》第547页，紫禁城出版社2001年版。

[73] 中国社会科学院考古研究所河南第二工作队：《1983年秋季河南偃师商城发掘简报》，《考古》1984年第10期。

[74] 中国社会科学院考古研究所、南京博物院、扬州市文化局扬州城考古队：《扬州宋大城西门发掘报告》，《考古学报》1999年第4期。

[75] 同[4]。

[76] 同[58]。

[77] 同[4]。

[78] 同[4]。

[79] 《国朝文类》卷四二之第十四页，四部丛刊初编本，上海书店据商务印书馆1926年版重印，1989年版。

[80] 史卫民:《都市中的游牧民——元代城市生活长卷》第8页，湖南出版社1996年版。

[81] 《元史》卷一八六《陈祖仁传》第4273页。

[82] 该日期据陈垣著《二十四史朔闰表》查证，中华书局1978年版。

元中都与和林、上都、大都的比较研究

张春长

　　蒙元时期先后建有四个都城：和林位于今蒙古国南杭县哈剌和林郡内；上都位于现在内蒙古自治区锡林郭勒盟正蓝旗上都河镇东北20公里；大都位于今北京市内；中都在河北省张北县馒头营乡魏家房村西南。元代都城上承宋金，下启明清，对于了解我国古代都城制度的渊源演变颇具重要性。最能代表元代制度的大都，宫城已毁于明永乐间营建北京之役，遗址压在今明清故宫和景山之下，其他城区也为现代都市所覆压，钻探和发掘的可能性不大。元中都直接继承大都，虽未正式作为都城长期使用，但保护较好、时代单一，在元代城市制度、政治、军事、历史、经济、建筑、雕塑等方面均有重大意义。对它的研究有实物资料做基础，可补充大都研究的不足，而大都又在文献方面具有优势，二者可以相辅相成，并与草原特色较多的和林、上都的研究相互促进，有力地推动元代都城及其相关问题的研究。本文试通过对蒙元四都的比较（附表），提出几点关于元中都布局与建筑的粗浅认识，就教于方家。

一　蒙元四都城墙设置的变化体现了汉化进程

　　北魏都城洛阳已开三套城垣之先河。它废除了东汉、魏晋以来洛阳城中南北两宫制度，建立了单一宫城制，并新筑郭城，形成了古代中原地区最早的三城相套的布局。北魏设计的洛阳城是隋创大兴、洛阳两城的主要根据[1]。唐代的长安、洛阳虽然没有完全继承三城依次相套的格局，但其设立外城、皇城、宫城并将全部宫廷建筑集中于宫城之中，在突出宫城核心地位和加强安全方面，体现了明显的继承关系[2]。北宋东京汴梁正是吸收了前代因素，采取了三城完全相套的做法[3]。金代的都城继承模仿东京。和林，是蒙古统治者吸收汉文化因素而建的早期都城，由汉人刘敏主要负责，利用的也大都是汉地的工匠，虽然宫殿、邸宅等建筑完全是汉族式样，但布局没有对称性，较多地保留了草原民族风俗，只筑有外城城垣和万安宫的砖墙，万安宫位于外城的西南隅，整座都城在布局上没有对称的主轴线。元上都采取了三重城墙，但不完全相套，建筑采用离宫别馆式布局风格，整体也不是中轴对称。元大都和元中都均是三重城墙依次相套，与北宋东京一致，宫城建筑基本是中轴对称，体现了汉化程度的逐步加深（附图一）。

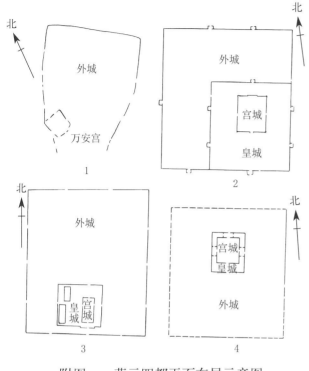

附图一　蒙元四都平面布局示意图
1.和林　2.上都　3.大都　4.中都

二　元中都规划是对大都、上都的模仿和创新

元中都的布局规划和建筑特点与蒙古帝国时期的都城和林相去甚远，而与建造时代最为相近、作为封建社会中原传统都城典范的大都相似点最多，无论是三套城垣配置、中轴对称的布局特征，还是三出阙角楼、工字殿的建筑风格以及石砌排水涵洞等附属设施的配备，均是一脉相承。中都对大都的模仿在文献中也有记载，如《国朝文类》所述："国家建元之初，卜宅于燕，因金故都。时方经营中原，未暇建城郭，厥后人物繁夥，隘不足以容，乃经营旧城东北而定鼎焉。于是，埤堄之崇，楼橹之雄，池隍之浚，高深中度，势成金汤。而后上都、中都诸城，咸仿此而建焉。"[4]。中都的城墙设置同时也受到元上都的影响。虽然在建筑分布上，上都在很大程度上受到其本民族传统习俗的影响而不对称，在这一方面元中都与之不同，但在规模、布局和政治地位方面，上都对中都的影响还是非常明显的。首先，城圈周长与形状，中都与大都相差甚远，而与上都比较接近。其次，就宫城与皇城的相对位置而言，中都宫城位于皇城的中北部，与上都更为接近，且中都宫城的形状与尺寸简直就是上都宫城的翻版。所以说中都的建设无疑受到了上都的影响。但中都也具有本身的特点，如中都大朝正殿1号台基位于宫城的几何中心，与大都大明殿地处宫城南部有所不同，这一点比元大都更合乎《周礼·考工记》的都城规划原则；皇城范围狭小且以隔墙分区、宫城城门不设向前凸出的行廊阙观而内附重门广场、采用简易牌楼式皇城正门等都别具一格。所以说，中都建设以模仿大都为主，也吸收了上都因素，又具有自身的独特性。

三　元中都地位与元上都相当

元中都三套城垣的配置等级与上都、大都同属都城之制，但在规模上，中都与大都相差甚远，而与上都基本相当。同时，就地理环境和气候条件而论，中都地处坝上，周围是草原生态，与位于草原深处的上都也较为相似。在大都和上都两者中，前者为正都，后者是陪都。所以，环境和规模均与上都相似的元中都，也应该与上都相当，具有陪都性质。在《元史》中所提到的中都多以"行宫"称之，如大德十一年六月"甲午，建行宫于旺兀察都之地，立宫阙为中都"[5]；十二月，中书省臣言："又各处民饥，除行宫外，工役请悉停罢"[6]。至大元年五月丙子，御史台臣言："……臣等以为俟旺兀察都行宫及大都、五台寺毕工，然后从事为宜。"[7]至大元年七月壬戌"旺兀察都行宫成"[8]等。这都说明了中都具有行宫性质，地位在大都之下。勘察结果也有明显反映：如大都宫城城墙用砖甃面，而中都仅角台及城门部位砌砖。大都宫城正门崇天门有5个门道，城门呈"凹"字形，向前突出两个阙楼，而中都宫城正门只有3个门道，也没有向前突出的阙楼，这些都说明中都地位在大都之下，应该与上都的地位相当，具有陪都性质。

四　元中都皇城区域狭小且以隔墙分区可能与驻军防卫有关

中都的城墙设置及其附属建筑特点表现了与大都、上都明显的承袭关系，但其皇城范围非常狭小且在皇城中设置隔墙，体现了自己的特点。皇城与宫城周长之比，上都、大都、中都分别约为2.4∶1、2.9∶1和1.5∶1。在比例上，上都、大都没有太大差距，而中都却明显不同，皇城范围极为狭小，可能反映了其设计思路有所不同。上都的皇城内有许多官署，而大都皇城内除环太液池鼎立的皇家三宫和御苑外，衙署很少，南部空间有限，仅有拱辰堂和留守处等[9]。中都皇城南部城区宽度只有200余米，或有衙署，但建筑应不会太多，在这一方面似与大都有相似之处。中都皇城东西北三面宽仅百余米，各有两道隔墙，城内地面无遗物，这与上都、大都不同。中都皇城功能史籍无载，我们只能与其他城址比附推测。历代宫城都有严格的禁卫制度，据《周礼》所载，周代设有"宫伯"，"掌王宫之士庶子凡在版者"，也就是主管列在名籍上担任宿卫职务的公卿大夫子弟，还有"阍人""掌守王宫中门之禁"，师氏"使其属帅四夷之隶，各以其兵服守王之门外，且跸"，保氏"使其属守王闱（王宫侧门）"[10]。唐太极宫的北门玄武门，是禁军宿卫的重地，在宫廷政治斗争中，是双方必争的要地[11]。后来取代太极宫的大明宫，东、西、北三面，都有与宫墙平行的夹城，驻有警卫宫廷的所谓"六军"和统领这些禁军的所谓"北衙"[12]。唐东都洛阳宫城四面设有重城禁苑，宫城、皇城与居民的坊宅完全不相连接，在西夹城北部，曾发现有大面积方砖地面和砖壁，以及军事防御材料"铁蒺藜"[13]，因此推测西夹城内的建筑可能与驻军有关。在洛阳的皇城和东城内也分布着诸卫[14]。北宋洛阳为西京，因袭隋唐东都城旧址，宫城之外利用隋唐夹城，并居住禁军，显然也与护卫宫城有关[15]。元代大都宫城外也有军队护卫，《元史·兵志》载："成宗元贞二年十月，枢密院臣言：'大朝会时，皇城（指宫城）外皆无墙垣，故用军环绕以备围宿。今墙垣已成，南北西三畔皆可置军，独御酒库西地窄不能容。臣等与丞相完泽议：各城门以蒙古军列卫，驻于周桥，南置戍楼以警昏旦。'从之。"[16]上都宫城外围有宽约1.5米的石砌夹城，外有一条环城街道，既保证了宫廷的安全，也显示出封建王宫的庄严[17]。元代以后，明代在宫城与护城河之间，砌筑看守红铺四十座，住有官兵往来巡更，紫禁城四门，出入各有制度，不能擅行，设有护军营官兵及值班大臣分班守卫，每班合计上千人，有的官兵就住在帐篷里[18]。可见历代都城中，皇城内都有驻军护卫宫城。在没有地形优势的情况下，军队的护卫作用显得尤其重要，如东京汴梁，"非若雍洛有山川足恃，特倚重兵以立国耳。"[19]中都之地，周围没有大山作为屏障，也没有发现护城河的迹象，所以也得依赖大量军队作为安全保障，来弥补地形上的不足。且中都具有行宫性质，官署当不会太多，皇城内没有大量发现建筑遗迹，或可为证。因此中都狭小皇城应该与唐长安大明宫、唐东都（北宋西京)洛阳宫城以及上都宫城外的"夹城"相似，主要是突出了护卫宫城的作用。同时，在皇城以内东北西三面（南面不明)每面都有两道隔墙将皇城分区，虽然隔墙大部分夯土因耕种破坏严重，但从相应位置的土色或作物生长的情况，还能辨明隔墙的位置。这两道隔墙很可能与城门有关，起到瓮城作用，既便于军队的分区驻守，也增强了防御能力。

附记：本文写作过程中，承蒙谢飞、孟繁峰、冯恩学先生的关心指教，谨致谢忱。插图由郝建文先生绘制，特此感谢。

附表　蒙元四都比较简表*

都城 项目		和　林	上　都	大　都	中　都
始建时间		窝阔台1235年	忽必烈1256年	忽必烈1267年	海山1307年
设计及负责建造者		刘敏	刘秉忠、董文炳、贾居贞、谢仲温等	刘秉忠、张柔、张弘略、段贞、野速不花、也黑迭儿等	察乃、塔利赤、萧珍、答失蛮、黑马、塔剌儿等
主轴方向		北偏东27°	北略偏东	正北方向	北偏东4°
城垣配置	重数	2重	3重	3重	3重
	相对位置	宫城位于外城西南隅，二者无重合	宫城位于皇城中部偏北，皇城在外城东南隅，部分重合	宫城在皇城东部，皇城在外城南部居中，三者无重合	宫城在皇城中偏北，皇城在外城中偏北，均无重合
规模	外城	东西1138，南北1450米，土墙	正方形，边长2200米，用黄土夯筑。	南北向长方形，南北长约7600、东西宽约6700米，用夯土筑成。	推测为南北向长方形，周约11800米左右，用夯土筑成
	皇城	没有皇城	正方形，边长1400余米，墙体用石块包砌	东西向长方形，周长约10000米	南北向长方形，周长约3400余米，用黄土夯筑
	宫城	万安宫用两重砖壁围着，基本为正方形，南北东西范围都是260米	南北向长方形，南北长605米、东西宽542米，周长约2294米，青砖包砌	南北长方形，南北长约1000米，东西宽约740米，周长3480米，青砖包砌	南北长方形，东南西北墙各长603.5、542、608.5、548.8米，城门和角台包砖
宫殿分布		不对称	不对称	南北向轴线对称	南北向轴线对称
建筑风格		宫殿、宅邸"完全是汉族式样"	有单一大殿，正殿前配平房、品字形建筑、工字形建筑	主要宫殿都是工字形平面	发掘的1号宫殿平面是工字形

续附表

都城 项目		和 林	上 都	大 都	中 都
城门配置	外城城门	4门（东南西北各1），最大通道在东门，有瓮城。	4门（南1，西1，北2）有方形或马蹄形瓮城	11门，（东南西3，北2），元末加筑瓮城	有待勘察
	皇城城门	——	6门（东西各2，南北各1）有方形或马蹄形瓮城	不明	已发掘南门，为三门道简易牌楼式城门
	宫城城门及正门特征	不明	3门（北面无门），南门缺口两侧台基间距80米，外设重门，发现有一砖券门洞，无瓮城	6门（南3，余各1），南门为过梁式五门道凹形平面，有行廊阙观，观楼为三出阙"十字角楼"	目前发现4门（四面各1），南门为内附重门广场的两阙三观三门道过梁式古制城门，无瓮城
城隅设置		不明	皇城、宫城有圆台形角楼基址	均设角楼，宫城记载为"十字角楼"	宫城四隅有三出阙角楼基址
附属设施		北城墙外发现有宽约12米、深约3米的城壕	城外山上有烽火台。外城有护城河并有石堤护坡。皇城筑有梯形马面。	外城有马面、护城河、排水涵洞等	没有发现护城河和马面，宫城有排水涵洞，城西北山上可能有烽火台

*该表参考资料：白石典之（日本）：《日蒙合作调查蒙古国哈拉和林都城遗址的收获》，《考古》1999年第8期；贾州杰：《元上都调查报告》，《文物》1997年第5期；中国科学院考古研究所、北京市文物管理处元大都考古队：《元大都的勘察和发掘》，《考古》1972年第1期；侯仁之：《元大都城和明清北京城》，《故宫博物院院刊》1979年第3期；韩儒林主编：《元朝史》第208—210页，人民出版社1986年版；史卫民：《都市中的游牧民——元代城市生活长卷》第26—30页，湖南出版社，1996年版；叶新民：《元上都研究》，内蒙古大学出版社1998年版；《元史》卷22《武宗纪一》第501—502页，中华书局；（日本）白石典之著、魏坚译校：《窝阔台的哈剌和林》及魏坚《忽必烈的元上都》，《文物天地》2003年第10期。

说明：本文原载于《文物春秋》2005年第5期，略有修订。

注释：

[1] 宿白：《北魏洛阳城和北邙陵墓——鲜卑遗迹辑录之三》，《文物》1978年第7期。

[2] 河南省文物研究所编：《河南考古四十年》第360—363、388页，河南人民出版社1994年版。

[3] 刘敦桢主编：《中国古代建筑史》第179页，中国建筑工业出版社1984年版。

[4] 《国朝文类》卷四十二，第14页，四部丛刊初编本，上海书店1989年据商务印书馆1926年版重印。

[5] 《元史》卷二十二《武宗纪一》。

[6] 同[5]。

[7] 同[5]。

[8] 同[5]。

[9] 侯仁之：《元大都与明清北京城》，《故宫博物院院刊》1979年第3期。

[10] 林尹：《周礼今注今译》，第32、74、138、139页，书目文献出版社1985年版。

[11] 陈寅恪：《唐代政治史述论稿》第50—62页，三联书店1965年版。

[12] 马得志：《唐代长安与洛阳》，《考古》1963年第6期。

[13] 方孝谦：《四十年来洛阳隋唐以降的考古发现与研究》，载《洛阳考古四十年》，科学出版社1992年版。

[14] 徐苹芳：《唐代两京的政治、经济和文化生活》，《考古》1963年第6期。

[15] 河南省文物研究所编：《河南考古四十年》第388页，河南人民出版社1994年版。

[16] 《元史》卷九十九和《兵志二》。

[17] 内蒙古大学历史系贾州杰：《元上都调查报告》，《文物》1977年第5期。

[18] 茹竞华：《紫禁城的总体规划——兼谈古代宫殿建筑的继承与发展》，《故宫博物院院刊》1995年第3期。

[19] 《宋史》卷三一八《张方平传》第10356页，中华书局1977年版。

关于元中都布局与建筑的几个问题

张春长

一　宫城内建筑分布特点

宫城内现已发现建筑遗迹31处。1号殿址位于宫城中心，现存工字殿的两层台基，呈"土"字形，从南向北由月台、前殿、穿廊、后殿、东西夹、香阁组成，下层宽出周匝平台。共计7条上殿通道，不同道路和坡段分别采用龙纹方砖、菱格纹方砖、卷草纹条砖铺面。前殿两侧上殿通道正对东西城门。台基南北通长101.1米、东西最宽49.2米，规模宏大[1]。历代宫殿布局一般都是把规模最大的大朝正殿安排在中轴线上显要位置，体现以朝寝为中心、天子至尊的核心地位。西汉长安城未央宫前殿系大朝正殿，基本位于宫城中央，规模最大，南北400、东西200、高15米[2]；东汉洛阳南宫中的前殿和北宫中的德阳殿都是最重要的大殿，尤其后者据说周旋容万人，陛高二丈，殿前朱雀阙高耸入云，足见其规模之雄伟[3]；在元大都宫城中轴线上的"大内前宫"大明殿规模最大[4]；后来的明清故宫太和殿亦如此[5]。所以，根据元中都宫城内1号殿址的位置、规模及使用有龙纹的高等级建筑构件推断，它应是大朝正殿。2号建筑遗迹仅发现地面散布砖瓦等构件残块，但地表平坦，性质尚不能确定；其他建筑遗迹均可见高于地表的土丘，其中宫城最西南角部的一处遗迹经调查可能为近现代遗存，除此以外，宫城内其他建筑均应该为元代建筑基址，基本以1号殿址为中心在南北轴线两侧对称分布。纵观历代宫城，大朝正殿之北都应是后宫所在，则位于1号殿址以北、呈东西向排列的3—6号建筑当为后宫区。1号殿址东侧和西侧的辅助建筑、宫城东北和西北的建筑以及宫城南部东西基本对称的诸建筑，应是进行内廷管理、服务、供应的衙署、府库或宗教祭祀性建筑（参见第二章图四）。

二　宫城内空白地带的功能

宫城内各建筑基址之间有七处没有建筑的空白地带，Ⅰ是在1号殿址的南面地带，地面没有遗迹现象；Ⅱ是3—6号建筑遗迹以北至北门之间没有发现建筑遗迹；Ⅲ、Ⅳ是3—6号建筑之东西两侧至城墙间也是空白；Ⅴ、Ⅵ是1号殿址东南和西南部位（参见第二章图四）。Ⅶ是整个宫城的南部也比较空旷。这些地点的功用有以下可能：Ⅰ处空白可能是庭院所在。从古代到明清，各种实例表明，宫廷内尤其是朝会区域的宫廷，不仅是为围合建筑而设置的，它还具有自身的功能，和房屋一样，是宫城内必要的工程设置[6]。也有可能有当时的道路等不高于地面的遗存,在毁后湮没于地下,地表未留下迹象。Ⅱ处有可能是内苑区。宫城内设内苑比较常见,且多位于宫城北部。如北魏平城、洛阳两京宫城北部是内苑[7],唐大明宫有太液池,池北直到宫城北面的玄武门是大明宫的园林风景区[8],宋时宫城有内苑、明宫有"宫后苑"[9]。所以此处空白地带以其位置判断最有可能为苑区。Ⅲ、Ⅳ处空地可能是根据蒙古族的生活习惯搭设蒙古包的地方。从成吉思汗时起,就建立了斡耳朵宫帐制,元朝沿袭此制,在大都和上都都设有斡耳朵宫帐,每年巡幸上都,累朝后妃的宫车要提前从大都到上都[10]。《析津志辑佚·岁纪》记载了大都"游皇城"活动入大内后的路线:"从历大明殿下,仍回延春阁前萧墙内交集,自东华门内,经十一室皇后斡耳朵前,转首清宁殿后,出厚载门外"[11]。"斡耳朵"是蒙古语ordo的音译,意为"宫帐"或"行宫","十一室皇后斡耳朵"又称为"火室房子"或"火失毡房",有人解释为"累朝后妃之宫车",即为具有蒙古特色的宫帐之类[12]。游行路线是从东门入从北门出,可见这些"斡耳朵"在大都宫城内的位置是在东华门以内北侧,这与中都宫城Ⅲ、Ⅳ处空白地带相当。Ⅴ、Ⅵ处空白有两种可能:原定建筑未完成或建筑遗迹湮没地下因未经钻探尚未发现,当然也不排除其他用途的可能性。Ⅶ处,在正对宫城南门与1号大殿之间的地带应有道路,其两侧可能情况与Ⅴ、Ⅵ处相同。另外,古代宫城中均可分为前朝和后寝南北两区。汉长安城未央宫在前殿之北有一条横贯宫城的东西干路,北为后宫区[13]。北魏洛阳城建春门和阊阖门(原上西门)之间有一条横贯全城的东西向大街,它从宫城的东门和西门穿过,将宫城分隔为南北两半,南半部为朝会之处,北半部为寝宫所在[14]。唐代大明宫遗址中可以看出,前朝与后寝之间采用两道大墙夹成横道形式,两墙之间门当户对,形成道南、道北的两大分区[15]。元大都在"前宫"、"后宫"之间有一条宽广的东西向横街,向东西延伸,通东华门,西华门,形成横亘全宫的东西大道、分全宫为南北两部分[16]。明代宫城中的乾清门外是一条扁长形的庭院,前为三台及后左、右门,东为景运门,西为隆宗门,这种扁长的比例仍有横道遗制[17]。朝寝相隔,不仅有利于朝寝二者不同功能的使用要求,也有利于各自体系的充分发展。元中都宫城1号殿址和3—6号殿址之间东西向的长条区域内亦可能存在具有横道性质的庭院。

三 周礼规划思想在元中都宫城布局中的体现

中都宫城主轴方向为北偏东4°,南门为宫城正门,东南西北四墙长度分别为603.5、542、608.5、548.8米[18]。基本为坐北朝南、规整的长方形,这种南向崇方的特征是我国古代宫城最为流行的。河南偃师商城宫城是目前考古发掘的时代最早的平面为方形的宫城[19]。《周礼·考工记》的记载和周王城的考古发掘,都可以证明西周的城市已进行过规划,而且最早使用了城市平面图。《考工记》记载了周朝的都城制度:"匠人营国,方九里,旁三门,国中九经九纬,经涂九轨,左祖右社,面朝后市。"说明了周王城平面取方。东西汉长安城的未央宫[20]、东汉洛阳南北宫[21]、北魏洛阳宫城[22]、唐长安的太极宫[23]、隋唐东都洛阳宫城[24]、北宋东京汴梁宫城[25]、元上都宫城[26]、元大都宫城[27]都为方形或长方形(或基本接近方形或长方形),且东汉以后降至明清的宫城均为坐北朝南方向,所以中都宫城平面形制的这种南向崇方特征在中原古代都城中具有普遍性。

　　《周礼》关于都城规划的原则，一直是封建社会都城规划的指导思想，影响中国达数千年之久，儒家的"居中不偏""不正不威"，也要求皇宫居中，以皇宫为中心对称布局。元中都宫城内的建筑按照通过南北城门的纵轴左右对称分布，这是其建筑分布的最基本的特征，所以元中都的规划思想，无疑体现了《周礼》的对称布局原则。宫城位于皇城北部中央，将帝王行使王权的朝和正寝1号宫殿，设在最尊贵的位置——宫城的几何中心，即宫城的中轴线上，体现了"择中论"思想。除《考工记》记述宫城应位于都城中心外，许多战国文献也都反映了"择中"思想。《荀子·大略篇》说，"王者必居天下之中，礼也"；《管子·度地篇》言"天子中而处"；《吕氏春秋》记载"择天下之中而立国，择国之中而立宫。" 元中都1号殿址设在宫城中心是周礼"择中"思想的反映，突出地体现了中心布局原则。

　　另外《礼记·礼器》记载："礼，……有以大为贵者：宫室之量，器具之度，棺椁之厚，丘封之大，此以大为贵也；……有以高为贵者：天子之堂九尺，诸侯七尺，大夫五尺，士三尺，天子诸侯台门，此以高为贵也。"1号建筑在所有建筑中最高最大，体现了帝王至尊，也反映了中都在宫殿设计方面遵从了"礼"的规范。《周礼·内宰》载："宪禁令于王之北宫。"林尹注："北宫，谓后之六宫，以后之六宫在北故也。"[28]从这个记载来看，按"礼"后寝是位于王宫之北的，中都也合于此制。

　　从上面的分析可以看出中都在布局方面反映出遵从周礼的思想。周代的制度和文化，为后来的儒家所推崇，在漫长的封建社会，成为历代帝王争相仿效的最高模式，元大都是最符合周礼的实例，把它的都城规划思想发展到顶峰，创造了中国都城的理想楷模[29]。这种思想也贯穿在元中都的规划设计之中。

四　建筑风格对中原传统的继承

　　1号殿址台基平面呈"土"字形，其上建筑应为工字殿。这种工字形殿模仿大都、溯源于唐宋时期。元大都的大朝正殿大明殿及其他主要宫殿都为工字形殿[30]，其年代早于中都，1号殿址台基的结构与大明殿十分相似，所以说中都的工字殿应是模仿大都宫城内的大明殿而建。工字形殿在唐代就已经出现，宋代遍用于宫殿、祠庙、衙署、住宅和园林各种类型建筑中[31]。据宋代赵彦卫《云麓漫钞》卷三载："本朝殿后皆有主廊，廊后有小室三楹，……今临安殿后亦然。"[32]可知两宋宫殿多是工字殿。《宋会要辑稿》在记述东京大庆殿、文德殿、紫宸殿、崇政殿、太极殿、天兴殿时，或说有后阁，或言接柱廊，可与前书相印证说明多是工字殿[33]。金代承袭北宋宫室制度。建于北宋沿用至金的山西万荣汾阴后土庙正殿坤柔殿与其后的寝殿以廊屋连成为工字形平面，金代中岳庙图碑里也可看到工字形殿[34]。金中都的宫殿是按照北宋汴京皇宫的规制构筑[35]，"其屏扆窗牖皆破汴都辇致于此"[36]，甚至所陈玉器珍玩，也"多宣和旧物"[37]。元大都的宫殿建造主要是依靠原金朝辖区的汉人文士和工匠，宫室制度和建造法式直接继承了金朝中都和南京（汴梁）的做法[38]。因此可知，中都的建筑风格也是继承了中原传统。

　　说明：本文原发表于河北省文物研究所著《河北省考古文集》（三），科学出版社2007版，略有修订。

注释：

[1] 张春长等：《元中都考古取得突破性进展》，《中国文物报》2004年1月14日第一版，采用最新校正数据。

[2] 刘庆柱：《汉长安城未央宫布局形制初论》，《考古》1995年第12期。

[3] 王仲殊：《中国古代都城概说》，《考古》1982年第5期。

[4] 傅熹年：《元大都大内宫殿的复原研究》，《考古学报》1993年第1期。

[5] 邹建华：《中国文物之最》第27页，中国旅游出版社1987年版。

[6] 茹竞华：《紫禁城的总体规划——兼谈古代宫殿建筑的继承与发展》，《故宫博物院院刊》1995年第3期。

[7] 宿白：《北魏洛阳城和北邙陵墓——鲜卑遗迹辑录之三》，《文物》1978年第7期。

[8] 马得志：《唐代长安与洛阳》，《考古》1963年第6期。

[9] 同[6]。

[10] 叶新民：《元上都研究》第42页，内蒙古大学出版社1988年版。

[11] 北京图书馆善本组辑：《析津志辑佚》第216页，北京古籍出版社1983年版。

[12] 史卫民：《都市中的游牧民——元代城市生活长卷》第31、25、8页，湖南出版社1996年版。

[13] 刘庆柱：《汉长安城未央宫布局形制初论》，《考古》1995年第12期。

[14] 王仲殊：《中国古代都城概说》，《考古》1982年第5期。

[15] 于倬云：《故宫三大殿形制探源》，《故宫博物院院刊》1993年第3期。

[16] 同[15]。

[17] 同[15]。

[18] 同[1]。

[19] 中国社会科学院考古研究所河南二队：《1984年偃师尸乡沟商城宫殿遗址发掘简报》，《考古》1985年第4期。

[20] 刘庆柱：《汉长安城未央宫布局形制初论》，《考古》1995年第12期。

[21] 同[3]。

[22] 段鹏琦等：《洛阳、汉魏故城勘察工作的收获》，《中国考古学会第五次年会论文集》第93页，文物出版社1988年版。

[23] 中国科学院考古研究所：《唐代长安考古记略》，《考古》1963年第11期。

[24] 中国科学院考古研究所洛阳发掘队：《隋唐东都城址的勘查和发掘》及《隋唐东都城址的勘查和发掘续记》，《考古》1961年第3期及1978年第6期。

[25] 河南省文物研究所编：《河南考古四十年》第387、360—363、388页，河南人民出版社1994年版。

[26] 内蒙古大学历史系贾州杰：《元上都调查报告》，《文物》1977年第5期。

[27] 中国科学院考古研究所、北京市文物管理处元大都考古队：《元大都的勘察和发掘》，《考古》1972年第1期。

[28] 林尹：《周礼今注今译》第73、32、74、138、139页，书目文献出版社1985年版。

[29] 侯仁之：《北京旧城平面设计的改造》，《文物》1973年第5期。

[30] 同[4]

[31] 傅熹年：《王希孟〈千里江山图〉中的北宋建筑》，《文物》1979年第2期。

[32] (宋)赵彦卫：《云麓漫钞》卷三，《四库全书》第864册第289页。

[33] 《宋会要辑稿》第八册第7320—7322页；《方域》一之三、一之四、一之六、一之七、一之八、一之九、一之一〇。中华书局1957年第1版，1987年北京第2次印刷。

[34] 刘敦桢主编：《中国古代建筑史》第197、179页，中国建筑工业出版社1984年版。

[35] 《日下旧闻考》卷二十九《宫室》第409页，北京古籍出版社1981年版。

[36] 同[35]，第414页。

[37] 同[35]，第424页。

[38] 同[4]。

走近元中都

张春长

元中都，坐落于今塞外名城张北辖境，是蒙元时期的四个都城之一，由元武宗创建。它迅速崛起，又倏然而逝。岁月流转，使它在人们的记忆中也消失了。浩繁的卷帙吝啬地提到它的只言片语，勾起人们的猜想，更平添了一分扑朔迷离。在考古工作者苦苦的探寻中，沉睡了七百年的古都，慢慢撩开了神秘的面纱。这座曾经显赫一时的帝王城阙，是苍茫草原孕育出的璀璨明珠，其雄壮的风姿和深厚的底蕴令人心往神驰。

南屏野狐岭　　北蔽鸳鸯泊

由张家口西北行约30公里，到了华北平原与内蒙古高原的过渡地段，俗称为坝。坝头海拔陡然升高，山势高峻。俯视南方，群峰错列如在井底，山道盘转九曲回肠。平眺北方，草原莽莽，缓丘绵延，"中原之风，自此隔绝"。仲夏之日，坝下酷热，坝上清凉；深秋季节，坝下飘雨，坝上飞雪。这里就是元中都南方的天然屏障——野狐岭，因古时獐狼结队野狐成群而得名。它向北15公里，就是坝上重镇张北，通过山口的道路曾是中原通往草原的必由咽喉。元世祖忽必烈的主要谋士郝经诗曰"中原南北限二岭，野狐高出大庚顶"，重要谋臣刘秉忠吟到"中原保障长安道，西北天高控九垓"，形象地指明了野狐岭的地理位置和战略地位。此地南屏燕蓟、北连朔漠，一夫当关、万夫莫开，古今战事兵家必争。当年，成吉思汗在此以不足十万兵力"钳形夹击"以少胜多，大败金兵四十万，注定了金朝灭亡的命运，野狐岭因此蜚声中外。观赏地埋奇观，不觉惊叹：咫尺之隔，风情迥异；凭吊古代战场，顿生感慨：一代天骄，用兵如神。

在张北西北30公里，有一个湖泊叫作安固里淖，古人称为鸳鸯泊。这里碧空深邃、白云纯粹、清风送爽、四野飘香。辽阔的水域烟波浩渺，广袤的草原坦荡苍茫。水上鸥鸟翔集、鸳鸯结对，湖畔毡房点点、牛羊成群。扬帆激浪，一尺多长的野生鱼儿会跃上船头；挥鞭催马，纵情翩飞的鸟儿也惊羡你的洒脱。古时，这里更是鹅雁鸳鹭集聚、鹿獐狍兔群栖。难怪辽代皇帝从圣宗到天祚帝120年间在这里设"捺钵"以游猎和处理政务。由于沉醉于美景、荒于畋猎、不理国政，公元1115年，金军攻克黄龙府，陷上京，辽天祚帝退守鸳鸯泊，最终在金兵追击下无奈永远离开了这美丽的地方，葬送了大好河山。这里不仅自然风光旖旎，交通和战略地位也十分重要。辽代强盛时南伐便在此集结军队，金时这里也是帝王畋猎和屯兵之所。元代，上都与大都之间有四条道路，鸳鸯泊就位于其中的西路上，设有"捺钵"（行帐）。元帝自忽必烈开始每年夏季带领大批随从人员由大都（今北京)前往上都（今在内蒙古正蓝旗)避暑，形成了固定的两都巡幸制度。去时走东路——皇帝专道"辇路"，返回由西路，所谓"东出西还"，必经此地。这里又是元代中原腹地联系蒙古皇室"兴王故地"漠北草原最为重要的道路。

1307年元武宗海山从和林兵分三路南下，路过这里，是为了夺取帝位。元代帝位的继承，在效法中原王朝太子袭位制的同时，其传统的"忽里台"大会公推大汗的做法也还存在，帝位之争非常激烈。当年，成宗驾崩，太子夭殇，帝位空悬，安西王阿难答争位被杀，武宗之母欲立武宗之弟仁宗为帝。镇守漠北的元武宗，亲率大军经由西路，徘徊于鸳鸯泊与野狐岭一带以威慑母亲和弟弟，他先领略了鸳鸯泊风光，又凭吊了野狐岭战场，思绪万千，想起先祖成吉思汗的赫赫战功，燃起了建功立业的激情，遂欲"肇基帝业"而"为城中都"。于是在南面关隘野狐岭与北面屏蔽鸳鸯泊之间名为"旺兀察都"的草原上，迅速崛起一座壮丽的皇居——元中都。

莽莽草原依旧　悠悠古都沧桑

武宗上台，急于寻找一个新的政治中心，以期摆脱上都和大都旧贵族的羁绊，并能联系他"捍御边陲"时在漠北从征的蒙古诸王贵族，因而他五月登基，六月即下诏"建行宫于旺兀察都之地，立宫阙为中都"。"旺兀察都"位于鸳鸯泊和野狐岭之间，南距隆兴路（今张北镇）仅15公里，从当时的地理、军事和经济角度，建都于此无疑是理想的选择。但这里绮丽的环境和独特的情趣也不失为武宗决心在此建都的一个重要因素。如今这里草原依然辽阔壮美，城址东侧数里之遥的原始草原，万顷碧绿、苍茫浩荡，引得郭沫若先生也直抒胸臆："坝上草原一望苍，草茵如海甚汪洋。"西侧山名狼尾巴山，古称鼠山，在平坦的草原上显得山势高爽，山坡上黄鼠众多，若找到黄鼠洞穴，用水一灌，肥滚滚的小东西便懵懵懂懂钻出来，突突突地摇着脑袋抖落着水滴，只要将它的脖儿梗一掐，就轻易将它捕捉住了，褪皮裹泥，拾些干牛粪一烤，香飘十里，令人垂涎。登上山顶，但见草原周边山丘拱卫，符合古代建城择地原则。山脚下湛蓝的湖水像是一面镜子镶嵌在茫茫草地上，洁白的鸥鸟盘旋飞翔，湖边芦草在风中摇曳，草丛中甘冽的泉水汩汩涌出，成群的野鸭筑起巢窠生儿育女。忽然几点冰凉的雨滴落下来，抬头仰望，蓝水晶一样的穹宇悬浮着凝脂般的云朵，只有头顶几片淡墨云团飘下闪亮的银丝，把天地连缀起来，那太阳给云团镶上彩边，从云缝中洒下万道金线，这就是草原太阳雨，它能洗去你的一切烦恼，令你宠辱皆忘。元太祖成吉思汗曾驻跸鼠山，他深情地凝望着这里美丽的草原，沐浴着太阳雨，陶醉其间，流连忘返。这曾使一代天骄心仪的地方，作为他的子孙，元武宗怎能不动情？人们为武宗征调大批军民竭尽国家财力建造中都表示不解，到中都看看，或许你会疑问顿消。

中都城址就坐落在缓丘四面合围的旺兀察都草原西部，有三重城墙依次相套，这是古代只有都城才能采用的最高等级的城市规格。由于武宗享年不永，只在位四年，深受儒家思想熏陶的仁宗为缓和因建中都而造成的财政困难和社会矛盾激化，尚未登基便"罢城中都"，此时距敕修外城仅一个月，外城尚未完成，今天地面只能隐约见到它的片断残迹了。岁月流逝，风雨洗礼，皇城也成了一条只微微高出地面的土垅，以至于当你行驶在穿行其间的张化公路上时，你已忽略了它的存在。当一座土城赫然入目的时候，已经到了中都的皇宫。它兀立于坦荡的草原，更显出高峻雄奇，岁月刻在宫墙上的一道道沟痕又浸透着不尽的悲凉。这方形的宫城围起了尘封的历史，任凭人们演绎着它的神秘。

有人说，城里有只美丽白狐，猎人欲打，枪未响而自己却晕厥仆地；有人讲，有一对鸿雁住在城里，年复一年，徘徊留恋；有人在明亮的白昼突然发现城中火光直冲霄汉；有人夜晚住在屋内，醒来却发现睡在庭院；有人在乌云翻滚的夜里听到喊杀震天；还有人远远地望见琼楼玉宇缓缓浮现。那些曾经住在宫城里的人家都纷纷搬出了城外……

这神奇的传说，撩拨着你走进宫城，你会惊异：是否到了梦幻桃园。空气中飘散着田野醇香，彩蝶飞舞，鸣虫鼓琴，鹊群起落，戴胜穿行，云雀儿当空鸣叫，只闻其声不见其形。浓绿的荞麦挑起了串串风铃，山药秧高擎着淡紫奶白的黄心花灯，冠带蓝花的胡麻顶着一粒粒金球儿，油菜把一片金黄举过头顶，小麦碧浪翻滚，大豆孕子凝香。这原本不同季节的植物织成五彩锦缎。毋庸再去追索那传说中的美丽，单是眼前这实实在在的田园风光已使你醉心其间了。

那锦缎上点缀着一个个突起的鼓包，有圆的，有长的，还有椭圆的，青草漫生，郁郁葱葱。草丛中俯拾皆是的残砖断瓦提示着，那就是当年曾辉煌一时的宫殿楼阁。触景伤怀，刚才还沉浸于美景的兴奋霎时烟消云散，皇宫——田园，殿宇——土丘，苍凉之感顿上心头。不仅使人想起了元人伤古的曲词《潼关怀古》："望西都，意踟蹰。伤心秦汉经行处，宫阙万间都做了土。兴，百姓苦；亡，百姓苦！"元人望长安，黯然忧伤，今人看中都，亦感悲怆。历代兴亡，人世沧桑，令人思绪起伏，感慨不已。

这首《潼关怀古》的作者，是元代著名谏臣监察御史张养浩，他在《上时政书》中把括匠调军兴建中都等劳民伤财的做法列为十大弊政之一，因"言皆切直，当国者不能容"，遂被罢官。他那种宁折不弯的凛凛气节，浩然留存于天地之间。

城中心有座高高的平台，像一个平躺的葫芦，登上高台，全城尽收眼底。天似穹窿，城做正方，大大小小几十个绿色土包以这个高台为中心以南北为轴线对称排列。站在台上，突然有一种神奇的感觉，你仿佛是一个帝王，君临天下，指点江山。这是融入建筑中的中国古代文化赋于你的幻觉。古代有"天圆地方"观念，所以自商朝以来，国君宫城多建成方形或近似于方形。古代还讲究"天子中而处"，"以高为贵"，"以大为贵"，借此以烘托国君的地位至高无上。这个高台正是当年的大朝正殿所在，位于中心，最高最大，所以站在上面，感到自己也成了天地中心，成了万物主宰。这正体现了传统的建筑设计思想，也反映了中华民族的智慧。

忽必烈出身于蒙古族，他改变追奔万里围猎游牧的草原民族风俗而营建上都，是仿效中原王朝的做法，顺应了历史潮流，最终建立元朝统一了全国。他的子孙建立的中都，宫城崇方、建筑对称，也是中原传统的体现。但它的局部也还保留着某些草原民族特点。城中东北和西北部没有建筑古迹，那生长了七百年的青草地，依然没有忘记：当年这里曾排列着座座蒙古包。你不经意间采集一朵蓝色的五瓣花，会惊异地发现，她的花蕊竟然是一张凄楚的脸庞，两只忧伤的眼睛望着你，充满哀怨。多情的少女们都叫她"勿忘我"，说那是居住在蒙古包中的宫妃们的化身。

自仁宗罢城之后，还念念不忘中都的要数泰定帝了，他是唯一两次巡幸中都的皇帝。1323年，泰定帝在漠北即位后起程前往大都，到达中都"修佛事于昆刚殿"，1326年又到此畋猎。他是借助宫廷政变之力登上帝位的，以致未被尊谥、没有庙号。他是否也和武宗一样，具有一种想摆脱两都旧势力的心理，而来中都寻求慰藉呢？不得而知，给人们留下了难解之谜。

虽然难说城中心的高台就是泰定帝修佛事的"昆冈殿"，更无人记起其他殿阁的名称，但曾经在这里上演的一幕历史活剧却历历在目。1329年明宗和世㻋在哈剌和林之北继位后南下，八月抵中都，在行宫内设宴招待前来迎接的其弟文宗图帖睦尔，文宗与权臣燕铁木尔毒杀明宗取得帝位，这就是元朝历史上的"明文之争"。元朝少数民族诗人萨都剌为此写下了这样的诗句："当年铁马游沙漠，万里归来会二龙，周氏君王空守信，汉家兄弟不相容。只知奉玺传三让，岂料游魂隔九重。天上武皇亦洒泪，人间骨肉可相逢？"揭露了事件真相。明宗和文宗是武宗的两个儿子，父亲建立了这座皇宫，儿子却在此同根相残，无情最是帝王家，令人震惊悲叹。

文宗虽攫取了帝位，却终生悔恨和害怕，至死未敢再来中都。1358年破头潘关先生率领的红巾军从山西经此攻陷上都，烧毁了华丽的宫殿，至今那烧结在一起的砖瓦块，还依然记得那冲天火光。终元一代除了元惠宗从大都北走上都路过这里，再无帝王驾幸于此。沙城、北羊城、白城子成了人们对它的称呼，中都湮没了。

古迹拂去封尘　中都再现辉煌

封建社会，有识之士伤怀古迹，也只能是扼腕长叹。而今天从中央到地方的领导者，面对古迹，却不仅仅是吊古伤怀，而是提出了"保护为主、抢救第一、合理利用、加强管理"的文物工作方针。全国人大常委会副委员长成思危来过，省委书记省长来过，国家文物局、河北省文物局的领导来过，著名考古专家来过，他们视察中都，抒发感慨，站在战略高度，提出要在积极保护前提下，努力做好文物利用这篇大文章。在国家文物局和河北省文物局的支持下，河北省文物研究所及张家口市张北县文物部门联合组成元中都考古队，连续对城址进行科学勘察和发掘，考古工作者用手铲拨开历史积淀的大地书页，用毛刷刷去文物宝笺的封尘，元中都终于返朴归真，这座在草原上沉睡了七百年的古都再次迎来了春天。

中都宫阙遗迹撩开了神秘面纱，透射着恢弘气势。那壮观的角楼基台，位于宫城之隅，曲尺平面，三次缩折，面积巨大，蔚为壮观，与元大都皇宫"十字角楼"如出一辙，增加了皇宫的气势和威严。那雄伟的南门，是皇宫的正门，阙台高耸，一门三途，巨石铺地，立柱承梁，只有皇帝出入方能开启的中间门道最为宽阔，气派非凡。那巨大的中心台基，曾经矗立着皇帝朝会的大朝正殿，两层平台逐层收退，"前朝后寝"联以柱廊，回廊周环，两阁分列东西，方砖铺地，局部还有花版石，据说这石产自澯州，"磨以核桃，光彩若镜"。那白石巨础，成行成列，气势磅礴，闪现了宫殿的庄重威严和宏大气魄。

重见天日的珍贵文物折射着中都的绚丽辉煌，硕大的琉璃龙吻，光洁鲜活，在向你讲述着当年它耸立于殿脊两端时的风光无限；琉璃仙人、凤鸟、天马、海马也念念不忘他们当年排立宫宇翼角时的仪态万方；那双翼神猴，曾几何时，被认为是最高等级的建筑故宫太和殿上的特例，没想到它早年就曾安身中都。

那琉璃瓦当、滴水、汉白玉角石上的龙，或团坐沉静、或凌空飞动，生机无限、华贵雍容，提示着人们他们是皇家的象征。几十个汉白玉螭首，原本是安放于台基的栏杆下面，据说是"龙生九子"之第六子。因生性好水，故多位于桥涵或台基望柱之下排水处。其中位于台基角部的一个最为雄健，它伏身昂头蓄张扬之势，皱鼻瞪目含愠怒之情，龇牙翘腭、如闻其声，双肘半屈、蕴力无穷，大有一跃而起之势。虽尘封日久，却依然威猛凶悍、气吞山河，展示着"大哉乾元"的帝国气魄。

　　元武宗建中都有个愿望："伏愿万国来朝，共仰京都之壮丽"，这发掘出土的古迹和文物的确告诉人们，当年的中都美丽深邃、金碧流辉，堪比天上清都，可拟海上蓬瀛。考古工作者还在孜孜不倦地寻找着，那元武宗设在中都的都总管府、万亿库、光禄寺和虎贲司都在等待着他们拂去尘埃。和林、上都、大都、中都，是蒙元时期先后建立的四座都城，在元代历史发展过程中分别起过不同的作用。中都在建设上模仿布局规整的元大都，也效法"离宫别馆"式的草原都城元上都，又具有鲜明的自身特色。元大都压在北京下面难以见到，元上都明清重复使用鱼龙混杂，而中都时代单一保存完整，再现历史风貌得天独厚，它呈现给世人的是原汁原味的元代帝都。元中都遗址，入选1999年全国十大考古新发现，不久的将来会建成遗址公园，使来到这里的人们，体味草原壮美，有回到远古童话世界的感觉，追思历史风云，又可从中吸取教益。

　　感怀期许，诗以志之：

　　　　　　　　九斿白纛壮思发，旺兀察都兴帝家。
　　　　　　　　三重矩垣拱广厦，一片塞色拥奢华。
　　　　　　　　憾惜英雄殇酒色，长恨天阙化昙葩。
　　　　　　　　轻掸尘沙见瑰秘，奇谲万千照流霞。

　　说明：本文是在宫城西南角台、南门和一号殿址发掘完成后应邀约而作的宣传介绍性散文。原以《漫谈元中都》之名发表于河北省文物研究所编著《河北省考古文集》第三辑第511—515页，科学出版社2007年版。因为其中描述了当时的环境、引用了一些史料、搜集了当地相关民间传说，并记下了当年工作的一点亲历和感受，或可为今后的研究做个提示或索引，故加以修订后亦附于此。

后　记

——曦光初透待霞飞

　　搁笔走出屋外，月亮刚好跃上城头，像个直径足有半米的超级水晶球，泛着淡淡的橘黄色。慢慢地，古老的宫城就像沉浸在透明的海水中，在晃动的光影里若隐若现。猛然发现，这夜色，这中都，竟然美妙得让我不敢相信自己的眼睛。愉悦清空了挤满文字的脑海，就在这旷野里静静地站着。一丝凉意袭来，才觉出湿重的衣衫不知何时已经干透，从低低的风声里已然听到了初秋的脚步。就在这收获的季节，元中都考古报告书稿杀青了。兴奋，为魂牵梦萦的中都！感动，为辛勤付出的人们！流年似水，花落香浓，蓦然回首，曾用青春和性情守望多年的元中都，依然还在记忆里等待，曾经在这里度过的日日夜夜、生活的点点滴滴，霎时浮现心头。一夜无眠！

　　考古是艰苦和新奇共存的经历，写作是汗水与笔墨齐下的工程。一摞书稿，万千思绪。这是元中都考古工作的阶段性总结，是勘察发掘者心智的结晶。她凝聚着领导、专家及所有热爱、关怀元中都的同仁们的深切期许和共同努力！二十多年前，当地的文史爱好者来到这座沉寂的古都，正是带着历史责任感和对家乡的深情，他们才能敏锐地捕捉到从厚重的泥沙中透射出的那一缕细微光华。他们不辞辛苦奔走呼吁，引来了关注的目光。在张北县委、县政府的努力下，学术会议论证了他们的发现。1998年，在国家文物局、河北省文物局的支持下，河北省文物研究所、张家口市文物管理处和张北县文物保管所联合组队，揭开了考古发掘的序幕。张北县政府对考古工作十分重视，先后专门成立元中都管理处和张北县文物局。发掘工作至2003年年底告一段落，暂停。自2004年开始进行文物修复、整理和出版工作，至2012年发掘报告完成，历时九年，期间因南水北调文物保护项目的考古发掘任务繁重而使整理进度受到一定影响。河北省文物研究所历任所长谢飞、郭瑞海、曹凯对元中都考古发掘工作给予全力支持和无私关怀，并对整理出版工作给予热情指导。发掘领队先后由任亚珊和张春长担任。其他参加勘察发掘工作的还有河北省文物研究所齐瑞普、姚明、樊书海、江霈、王建伟、王景勇、陈伟、黄信、梁亮，张家口市文物管理处的闫志勇、章华、田春风，张北县文化局（元中都管理处、张北县文物局）赵月莲、武有中、胡明、柴立波、赵桂香、董向英、赵学锋。参加野外测绘工作的有任涛、郝建文、魏曙光，参加室内文物绘图和墨线描图的人员有任涛、郝建文、郭少青、胡强、侣庆琦、柴佳、刘伟等。参加文物修复、资料整理及数字化成图工作的有张春长、齐瑞普、陈伟、魏曙光、闫世琴、闫越飞。文物拓片由马志刚完成。调查发掘现场、遗迹和出土文物由张春长拍摄；航拍热气球由洛阳队操控；高空照片由冯玲、张晓仓拍摄；录像工作由张春长和冯玲完成。修复、整理和出版工作由河北省文物研究所韩立森所长统筹安排，由张春长组织实施。本报告由张春长、齐瑞普、任亚珊执笔。河北省文物局副局长谢飞先生为本书写了序言。

元中都考古工作受到国家、省、市、县、乡各级领导的关怀，引起了学术界和新闻媒体的高度关注。勘查发掘期间，得到国家文物局、河北省文物局、张家口市文化局和张北县文化局（文物局）的大力支持。许多领导、著名专家亲临现场考察，对发掘工作给予热情指导。张北县政府、张北县文物局，为考古报告整理出版在人力、物力、财力等方方面面鼎力相助。谨致谢忱！感谢在调查、勘测、发掘、整理和出版过程中付出艰辛劳动的工作人员！感谢参加发掘整理工作的考古队员的家属们，和那些背后默默支持此项工作的所有人员，这里也有你们的爱心和力量（彩版四二三至四三六；图版二六三、二六四）！

元中都的研究起步较晚，我们对元中都微观的考古探索主要是对五处地点发掘资料的梳理。受调查范围影响，宏观的观察还有很大的局限性。对元中都的理论研究也是初步的、探索性的。本书若能对元中都的深入研究起到一定的推动作用，提供一些基础性资料和参考，我们就感到非常高兴了。因出土文物分别存放在元中都工作站、张北县文保所和省文研所库房内，还有一部分在省、县博物馆和境外展出，地点分散给修复整理工作带来诸多不便。参加整理工作的人员较多，难以集中工作，且因南水北调文物发掘任务繁重而使整理工作屡有停顿，在统稿校对阶段更是时间紧迫，加之我们水平有限，虽竭尽全力，仍有很多工作没有做到位，故而可能会存在很多疏漏和错误，恳请大家多多帮助予以斧正，以使我们在接下来的工作中，能够弥补不足，做得更好一些。

时光似白驹过隙，自开始元中都考古工作至今，已然十五个春秋。在2004年之后，因南水北调文物保护项目的展开，元中都发掘工作暂停。其间常年在野外发掘，马不停蹄地转战众多工地，经常至深夜才能静下心来整理元中都的发掘资料。千米城墙落在图上只是细细的一道线条，可那是多少人经春历冬查访线索、栉风沐雨钻探迹象、汗水流淌的轨迹！万千景物映入底片只是瞬间定格的一寸光影，可那是多少人跋山涉水追寻史迹、不厌其烦修复文物、甘苦调和的色彩！无数现象转成文字只是普普通通的一叠纸，可那是多少人经年不断勘查发掘、长夜无眠分类整理、心智熬炼的结晶！不是智者，来自尘世的压力、误会以及似是而非的猜测难免会袭扰心绪，令人生出许多感慨。对着明月高喊几声，浩瀚的苍穹便以博大的胸怀消解了所有的郁结和焦躁，崇尚磊落的心性未曾偏离善良和宽怀的轨道，淡墨逐清风，心香依旧！有朋友开玩笑说："从你们来到中都算起，送走了多少县委书记，多少文化局长也履新了，你们还在这里？"是啊，我们怎么还在这里？到底是什么原因呢？想了想，只有两个字：痴迷！痴迷于这方土地的醇美，痴迷于远离尘世的宁静，痴迷于探索史实的纯真，更痴迷于那些冰冷砖石竟在斧凿火炼之下被赋予生命的神奇。

岁月如歌！当年接受任务时，时任所长谢飞先生的殷殷期盼言犹在耳。张家口市文化局李鸿昌局长、陈希英副局长莅临指导的场景就如同发生在昨日。张家口市文管处贺勇处长、周云副处长、龙岩书记深切的慰问还萦绕脑际。张北县文化局赵月莲局长每逢中秋都带领全局同志们到工地与大家酣歌酬月的场景，依然历历在目。还记得张北县文化局副局长武有中，醇厚品性酿出浓浓墨香，精妙书法给每个人带来快乐。还记得壮心不已的张北县文化局老局长胡明，扪虱而言，谈吐生风。还记得诗、书、画样样全能的张北县文物局柴立波局长，豪放而不失圆融，为元中都的保护挥洒激情。如今已成长为年轻的县文物局副局长的赵学锋，白天拿手铲、晚上握笔杆，写出了篇篇精彩报道。粗犷又有些腼腆、但一谈起艺术便两眼放光的壮实汉子闫志勇，用相机拍下了大量珍贵的纪念。头脑灵活活泼开朗的田春风，给枯燥的考古生活增添了笑语欢声。吉林大学考古和博物馆专业98级的六名学子，徐韶刚、陆成秋、成璟瑭、白宝玉、熊增珑和张俊儒，虽只参加了一个月的钻探发掘，但灵动的思路化解了多个难题，喷涌的活力让2001年整个夏天都散发着青春的味道。最不能忘记的还有两位值得敬佩的女士：长期坚守工地、带给大家无微不至关心的老大姐赵桂香，和走出校门不久即到田野考古工地、被强烈的紫外线晒黑了皮肤、坚韧而聪慧的董向英。需要感谢的，还有张家口市文物保护研究所王培生所长，在报告整理期间多次到工地嘘寒问暖；县委副书记孙晓涵、副县长李品军，为本书的早日出版付出巨大努力；以县委宣传部常务副部长兼任文物局局长的闫世琴，雷厉风行，多方奔走，推动了保护进程，促动了发掘资料整理完成；年轻有为的张北县文物局现任局长闫越飞，为保护规划的审批和考古报告的付梓做出了积极贡献；落落大方的元中都博物馆馆长李映红，对文物整理工作给予热情协助；馒头营乡政府乡长常秀平，在考古工作开展期间始终如一地协助和配合。特别要提起的，还有张德林和王瑞刚，九个春节舍家撇业、坚守工地，保护文物，为我们树立了爱岗敬业的典范。另外还要说一说的，就是那条整整一生守护中都、因异常凶狠而远近闻名的黑狗——真真……

考古是一种溯源过程，更是一种情怀。正是带着尊重历史的执著，也正是满怀启迪未来的希望，我们才能用小小的手铲——这种纯朴老农用来种瓜点豆的原始工具，从层层的沉沙里挖出了朗朗光明。岁月无情剥蚀了人们的记忆，但历史却永远不会风化。林林总总的遗存，积淀了人文与自然交融的信息，聚结了冰霜和烽火淬砺的智慧。凤凰涅槃的元中都，在蒙元历史的烟雨迷蒙里，是一次明亮的闪耀。它不但揭开一段沉寂了七百年前的往事，它的光辉还将会照亮这方土地未来的日子。

张北是中原农耕文化与草原游牧文化的交汇带，多种文化在这里融合。对元中都的研究应是多方位的，历史传承的民俗风情和地方文化也是其中十分重要的内容。醇和的奶茶、芬芳的奶酒、喷香的手扒肉、曼妙的民族舞，都是这片草原孕育出的独特文化因子。草原的白天是清新的，无边的绿草如波荡的碧海，错落的穹庐似盛开的白莲，追风的骏马一踏万里风烟，稳健的骆驼洒下亘古驼铃。草原的夜晚是迷人的，星光熠熠，如同颗颗宝石近在咫尺；风飒芳野，融化缕缕清香润泽心田。悠扬的歌声涤除尘世喧嚣，跳动的篝火勾起万丈豪情。在我们感受游牧民族生活历程的同时，还能体会到人与自然的和谐之美，烦躁的心绪会立刻归于平静，无限的遐想也会油然而生。

这是一处开展公众考古的圣地。前景光明，但也任重而道远。回想在发掘和同期展示期间，为了不让一些游客随意踩踏遗迹，曾经出现激烈的争吵。为了全面收集文物和资料，苦口婆心地劝说乡亲们送回拿走的砖瓦。个别人贸然进入驻地，并随意拿起文物不按标签放回，对我们的善意提醒却横加指责，他不尊重文物却反说我们对他不尊重。一些人偏执狭隘，夜晚把发掘标识全部拔掉……然而无论如何，历史是人民创造的，考古本身是不应脱离开造福人类、促进文明这个宗旨的。封闭的考古，更会增加误会和不解。元中都考古作为综合性课题，应该在公众考古方面做更多的探索。考古研究实际是对民族和国家之魂——文化传统的溯源以及发展进程的探索和阐释，而在保证文物安全的前提下让公众了解与参与，对促进民族团结、构建和谐社会和促进社会可持续发展具有十分重要的现实意义。随着物质生活水平提高，精神文明需求水准全面提升，社会各界对历史关注的热情空前高涨，文化、历史认同成为维系中华民族的重要纽带，媒体经常报道的考古发现越来越吸引公众兴趣，因地制宜、适时适当地开展公众考古，扩大文物宣传，这也是我们考古工作者义不容辞的责任。

一缕晨曦穿透云层，烟笼雾罩的元中都渐渐清晰起来。考古取得了重大进展，但要全部廓清元中都的原貌，要走的路还很长。期待着元中都遗址建成国家考古遗址公园的这一天早日到来，让人们在这里与大自然亲密接触，与历史文化遗产直接对话，身临壮美草原，领略古朴而清新的塞外风情，体味童话般的世界；纵观古都沧桑，感悟草原文化的雄浑灿烂，从中吸取历史教益。希望本书的出版也能为推动张北的文化繁荣和经济发展尽一份绵薄之力。我们始终相信，在国家政策的大力扶持下，在各级政府的支持下，在各级领导的关怀下，元中都的未来会一片光明，就以一首《望江南·元中都考古》作为结束语，表达心中美好的祝愿吧！

风烟起，宫阙作陇丘。

芳簇栖鸿藏狐兔，青丛逸马漫羊牛。

沧桑讹传流。

沉沙去，迷都疑云收。

物华天宝涵异彩，耀古烁今续春秋。

辉煌承天休！

2012年8月3日于元中都工作站

Abstract

Zhongdu in Yuan Dynasty: Report on The Excavation from 1998 to 2003 is a research report. The site of Zhongdu in Yuan Dynasty is located in the place which is 15 kilometers northwest of the county town of Zhangbei County, Zhangjiakou City, Hebei Province, between Jishan Village,Weijiafang Village and Naoyanzi Village in Mantouying Township. From 1998 to 2003, the Institute of Cultural Relics of Hebei Province, formed jointly an archaeological team with the departments of cultural relics in Zhangjiakou City and Zhangbei County, carried out archaeological survey and excavation in Zhongdu in Yuan Dynasty site. The outer walls were dissected by 5 exploratory trenches. The five sites, which were the stylobate of southwest watchtower of Palace City, the No.1 Palace site, south gate, the No.1 drainage culvert and the south gate of Imperial City were explored. In addition, our archaeological survey shows that Naoyanzi site, Langweishan site, the Heichengzi city site, Xindiwan site, and Ma'anqiao cemetery may be associated with Zhongdu in Yuan Dynasty.

Zhongdu in Yuan Dynasty had triple walls of Palace City, Imperial City and outer city. There were two walls which were between the three sides of the east, north and west of the palace and the wall of the Imperial City separated the city space. In the triple city, 54 sites which have been founded could be construction remains. In Imperial City, every building as the No.1 palace a center distributed symmetrically in both sides of the north and south axis. The stylobate of southwest watchtower of Palace City was connected with city wall after three times shrinking from east and north. The foundation trench, ram and earth station were excavated firstly, and then the brick wall was packaged outside, the big stone named soil stone lining was paved in the bottom of brick wall. A big stone named corner post was erected in every outer corner of stylobate. The pin hole which was left when the watchtower was built and the scaffold was built up on the ground. City wall was tamper built directly on the ground, and the foot parts on both sides of walls formed a protective slope by padding earth and ramming to protect.

There were two layers stylobates in No.1 palace site of Palace City. It shaped as Chinese character "tu" in plane. From south to north, the platform, front hall, colonnade, back hall, east clip chamber, west clip chamber and pavilion of the fragrance constituted No.1 palace site of Palace City. The lower stylobate broadened out and became a platform. There was an east-west way on the south of stylobate. There were seven ways in all leading to the stylobate. Quadrel with different emblazonry and rectangle bricks were adopted in different ways. Stylobate was 101.1 meters long from north to south and 49.2 meters wide. Under the stylobate, a large pit was filled with rammed earth mixed with stones. There was a rectangle side hall of the palace site which was 9.6 meters wide from east to west and 49.2 meters long from north to south respectively on the both sides of north-east and north-west. In stylobate peripheral, it might be the remains of the hall walls discovered by drilling.

The south gate of Imperial City included two Que stations, two piers and abutments, two partition walls, three gateways, rectangle square and horse roads on both sides of east and west and other structures. The gate was 87.68 meters long from west to east. The doorway ground was paved by stones. The east, middle, west door ways were respectively wide 5.1 meters, 5.93 meters and 5.03 meters, 18.4 meters deep. Inside the partition was rammed earth and both ends were built by bricks. The walls of piers and abutments and Que stations and the walls between them were built by brick bags. In every outer corner, there was big stone named corner post. Brick walls and stone surface were brushed by lime. Rectangle square was surrounded by red walls. There were gates on the east, west and north side. The way paved by bricks in the north gate faced toward No.1 palace. The south gate should be woodiness frame and ancient system.

Drainage culvert of No.1 palace was built by large stones, penetrating rammed earth wall from north-south direction. It was made up of pitching, east and west walls, top, two steal bars, and was through 12.7 meters long. Its inner diameter was nearly square and the height and width were around 1.18 meters to 1.3 meters. The two steel bars consisted of iron bars which the length of a side was 0.06 meters respectively.

Three doorways constituted the south gate of Imperial City. There was a door pillow stone on both sides of abutment of every doorway and the top of the partition. The number of the door pillow stone was six. There were two rectangle large stones which distributed symmetrically on both north and south sides of every door pillow stone as supporting pole plinth obliquely supporting the stand column. The supporting pole plinths amounted to 12. There was a door-stopping stone which was blocking the door leaf when the door was closed in the middle of every doorway. Abutment and partition were built by bricks and the surface of the bottom was covered by a layer of lime and the upper may be put red-grey wall skin. The whole gate was 30.9 meters long from east to west. The west, middle and east door ways of the gate were respectively 5.3 meters, 6.2 meters and 5.1 meters wide and 1.2 meters deep.

A large number of significant cultural relics were excavated: white marble head of dragon, corner column with dragon design, plinth with lotus design, colored glaze eaves tile with dragon design, Di Shui colored glaze eaves tile with dragon design, colored glaze beast, Magic Cube with Arabia Digital and so on.

The primary results of the archaeological work in Zhongdu in Yuan Dynasty: the geographical environment and historical background were preliminarily understood, Zhongdu in Yuan Dynasty specific site was located, and the basic features of some important constructions were uncovered. The city's overall layout tended to be clear; Zhongdu in Yuan Dynasty was proven to be a capital with triple walls; it provided valuable information for researching the evolution of capital system in Yuan Dynasty. A large of fine cultural relics were rare not only physical material of studying the capital system of Yuan Dynasty, architectural features and the technological level, but also were significant to research the transportation, rise and fall processes at that time. In the aspect of theory, the comparative study of the four capitals made gratifying progress. The historical events related to Zhongdu in Yuan Dynasty got detailed argument. The thinking and preservation of cultural relics' projects are gradually going into deep. The necessity, feasibility, work ideas and main objectives and tasks of displaying and carrying out archaeological research.

In brief, this book is comprehensive report of the archaeological achievements in Zhongdu site in Yuan Dynasty at the former stage. It published detailed information, explored mystery of the history, and provided strong to evidence quell the controversy. It provided quite sufficient data of researching the layout, construction process and the capital system on Zhongdu in Yuan Dynasty. At the same time, it provided a basis of the next step of archaeological work planning and laid a foundation of further study of science in an orderly way and the conservation of great ruins in the future.